理想国家

（上册）

王海明　著

商务印书馆
The Commercial Press
2014 年·北京

本书获闽南师范大学学术著作出版基金资助

目　　录

上　册

下　册

绪　　论

绪论提要

国家制度虽然都是人制定的,但是,只有坏的、恶劣的国家制度才可以随意制定;而好的、理想的国家制度,则必须符合国家应该如何之价值,因而只能通过国家目的等国家制度价值标准,从人性与社会发展规律等国家事实如何的客观本性中推导出来。于是,国家制度之好坏,直接说来,取决于是否符合国家应该如何之价值;归根结底,一方面取决于是否符合国家目的等国家制度价值标准,另一方面取决于是否符合人性和社会发展规律:符合国家制度价值标准和人性以及社会发展规律,就是好的、理想的国家制度;违背国家制度价值标准和人性以及社会发展规律,就是坏的、恶劣的国家制度。

一、理想国家概念

国家范畴极为复杂,无论外延还是内涵都极端多种多样,方方面面,不胜枚举,因而成为众多科学研究对象。因此,所谓理想国家,并非国家所有方面,如人口、地理等,都达到理想境界:那是不

可能的乌有之乡。所谓理想国家,真正讲来,亦即理想国家制度:
国家制度无疑是最根本、最主要、最能够代表国家整体的那样一种
国家的方面、部分或属性。因为,正如亚里士多德所指出,国家最
根本最主要最能够代表国家整体的属性,就是决定各种国家同异、
使一种国家之所以成为一种国家而区别于其他国家的属性,就是
使一种国家保持其同一性的属性,说到底,就是国家制度:

　　"专从[自然条件,]例如土地(国境)和人民,考察城邦的异同,
这是很肤浅的方式。……城邦本来是一种社会组织,若干公民集
合在一个政治团体以内,就成为一个城邦,那么,倘使这里的政治
制度发生了变化,已经转变为另一品种的制度,这个城邦也就不再
是同一城邦。……由此说来,决定城邦的同异的,主要地应该是政
制的同异。[种族的同异不足为准;]无论这个城市还用原名或已
另题新名,无论其人民仍然是旧族或已完全换了种姓,这些都没有
关系。凡政制相承而没有变动的,我们就可以说这是同一城邦。
凡政制业已更易,我们就说这是另一城邦。……[城邦的同一性应
该求之于政制。]"①

　　确实,国家制度就是使一种国家之所以成为一种国家而区别
于其他国家的属性,就是国家最根本最能够代表国家整体的属性:
理想国家就是指理想国家制度。诚然,更全面些说,理想国家乃是
理想的国家制度和国家治理:国家制度与国家治理是最根本最主
要最具代表性的国家属性。然而,国家制度与国家治理是根本一
致的。因为国家制度是决定性、根本性和全局性的;国家治理是小

---

　　① 〔古希腊〕亚里士多德著,吴寿彭译:《政治学》,商务印书馆 1965 年版,第 120 -
123 页。

体，是被决定、非根本和非全局性的。如果一个国家的国家治理活动出了问题、错误、恶劣和罪恶，就表明国家制度存在缺陷，就可以归咎于国家制度存在缺陷、恶劣和罪恶。真正堪称好的、优良的国家制度，一定是这样的制度：在这种制度下，就是坏的和恶的国家统治者也只能做好事，而无法为非作歹。因此，邓小平说：

"制度好可以使坏人无法任意横行，制度不好可以使好人无法充分做好事，甚至会走向反面。即使像毛泽东同志这样伟大的人物，也受到一些不好的制度的严重影响，以至于对党对国家对他个人都造成了很大的不幸……不是说个人没有责任，而是说领导制度、组织制度问题更带有根本性、全局性、稳定性和长期性。"①

因此，所谓理想国家，说到底，也就是理想的国家制度。毋庸赘言，理想的国家制度，并非空想、违背人性和社会发展规律、没有科学根据而不可能实现的乌托邦；而是有科学根据、符合人性和社会发展规律因而能够实现的国家制度。准此观之，所谓理想国家制度，正如柏拉图和亚里士多德所言，也就是好的优良的应该的具有正价值的国家制度："理想的国家制度"与"好的国家制度"、"优良的国家制度"、"应该或正当的国家制度"、"具有正价值的国家制度"原本是同一概念，都是指与国家制度价值标准——主要是国家制度根本价值标准"公正与平等"和国家制度最高价值标准"人道与自由"以及国家制度终极价值标准"增进每个人利益总量"——相符的国家制度。

这样一来，探讨和实现理想国家，无疑是国家理论的核心问题。因此，不仅柏拉图的《理想国》，而且同样以国家制度为主要研

_____

① 《邓小平文选》第二卷，人民出版社1994年版，第333页。

究对象的亚里士多德的《政治学》，一以贯之者，都是关于优良的、正义的、应该的、理想的国家制度之研究。亚里士多德在阐述政治学究竟应该研究国家——亦即他所谓的政治团体——哪些属性时曾这样明确写道：

"这里，我们打算阐明，政治团体在具备了相当的物质条件以后，什么形式才是最好而又可能实现人们所设想的优良生活的体制。因此我们必须考察其他各家的政体的[理想]形式[不以我们的理想为限]；我们应该全面研究大家所公认为治理良好的各城邦中业已实施有效的各种体制，以及那些声誉素著的思想家们的任何理想形式。"①

特别是，亚里士多德确定以国家制度为核心的政治学术研究对象时，将其归结为四个方面，并使优良或理想国家问题像一条中轴线一样，将这些方面连接起来："政治（政体）研究[既为各种实用学术的一门]这一门显然也该力求完备：第一应该考虑，何者为最优良的政体，如果没有外因的妨碍，则最切合于理想的政体要具备并发展哪些素质。第二，政治学术应考虑适合于不同公民团体的各种不同政体。最良好的政体不是一般现存城邦所可实现的，优良的立法家和真实的政治家不应一心想望绝对至善的政体，他还须注意到本邦现实条件而寻求同它相适应的最良好政体。第三，政治学术还应该考虑，在某些假设的情况中，应以哪种政体为相宜；并研究这种政体怎样才能创制，在构成以后又怎样可使它垂于久远。这里，我们所假想的情况就是那种只能实行较低政体的城邦，这种城邦现在的确没有理想上最良好的政体——那里即使是良好政体的起码条件也是缺乏的——也不可能实行其他现存城邦

---

① 〔古希腊〕亚里士多德著，吴寿彭译：《政治学》，商务印书馆1965年版，第43页。

所能实行的最良好的政体,这就不得不给它设计较低的制度了。此外,第四,政治学术还应懂得最相宜于一般城邦政体的通用形式。政治学方面大多数的作家虽然在理论上各具某些卓见,但等到涉及有关应用(实践)的事项,却往往错误很多。我们不仅应该研究理想的最优良(模范)政体,也须研究可能实现的政体,而且由此更设想到最适合于一般城邦而又易于实行的政体。"①

　　自苏格拉底、柏拉图和亚里士多德以降,两千年来,国家理论研究的核心问题,一直是国家制度好坏价值问题,一直是好的优良的理想的国家制度及其实现条件问题。何以如此? 原因很简单:国家制度好坏是对于人类具有最大价值的问题。因为人是社会动物,是政治动物,说到底,是拥有国家的动物:国家是拥有最高权力的社会,因而是最高且最大的社会。每个人的一切,每个人的最根本最主要最重要的利益,都是社会给予的,说到底都是国家给予的。因此,探寻和实现理想国家,乃是每个国民最大利益之所在,是攸关每个国民幸福与否的最主要、最重要、最根本、最核心、最具决定性的问题。

二、理想国家推导公式

　　理想国家与优良的、好的、应该的、具有正价值的国家是同一概念,是否意味着:关于理想国家的科学只研究国家制度之应该如何,而不研究其事实如何? 是、事实、事实如何与应该、价值、应该

---

　　① 〔古希腊〕亚里士多德著,吴寿彭译:《政治学》,商务印书馆1965年版,第176—177页。

如何究竟是什么关系？这乃是所谓"休谟难题"或"休谟法则"，因为休谟首次提出了这个问题:能否从"是"推导出"应当"？这是关于理想的好的国家制度的来源、依据问题,是如何确定国家制度好坏价值的问题,是如何科学地确定理想国家的研究对象的问题,是关于理想国家科学体系等一切价值科学的核心问题。元伦理学等价值科学对于这个问题的研究表明:①

规范或制度——制度亦即规范体系——与价值根本不同。规范或制度都是人制定或约定的;价值却不是人制定或约定的。试想,玉米、鸡蛋、猪肉的营养价值怎么能是人制定或约定出来的呢?鸡蛋的营养价值不是人制定的,人只能制定应该如何吃鸡蛋的行为规范。人们所制定的应该如何吃鸡蛋的行为规范既可能与鸡蛋的价值相符,也可能不相符:与价值相符的规范就是优良的规范,不相符者就是恶劣的规范。一个人每天应该吃 10 个鸡蛋的行为规范,是恶劣的,因为这种行为规范与鸡蛋的营养价值显然不相符。反之,一个人每天应该吃一个鸡蛋的行为规范,是优良的,因为这种规范与鸡蛋的营养价值相符。那么,价值是怎么来的?

"价值、好坏、应该如何"与"是、事实、事实如何"都是客体的属性。只不过,"是、事实、事实如何"是客体不依赖主体需要而具有的属性,是客体无论与主体的需要发不发生关系都具有的属性,是客体的事实属性。反之,"价值、好坏、应该如何"则是客体依赖主体需要而具有的属性,是客体的"是、事实、事实如何"与主体的需要、欲望、目的发生关系时所产生的属性,是客体的"是、事实、事实如何"对主体的需要、欲望、目的的效用,是客体的关系属性:客体

---

① 参阅:王海明:《新伦理学》(修订版),商务印书馆 2008 年版,第 266–273 页。

事实属性是价值、好坏、应该如何产生的源泉和实体,叫做价值实体;主体需要、欲望、目的则是它们从客体事实属性中产生的条件和标准,叫做价值标准。

因此,"价值、好坏、应该如何"产生于"是、事实、事实如何",是从"是、事实、事实如何"推导出来的。只不过,仅仅"是、事实、事实如何"自身决不能产生"价值、好坏、应该如何";因而仅仅从"是、事实、事实如何"决不能推导出"价值、好坏、应该如何"。只有当"是、事实、事实如何"与主体需要欲望目的发生关系时,从"是、事实、事实如何"才能产生和推导出"价值、好坏、应该如何":"好、应该、正价值"等于"事实符合主体需要欲望目的之效用";"坏、不应该、负价值"等于"事实不符合主体需要欲望目的之效用"。

举例说,燕子是客体,人类是主体。于是,"燕子吃害虫"与"燕子是好鸟"都是客体燕子的属性。只不过,"燕子吃害虫"是燕子独自具有的属性,是无论是否与人的需要、欲望、目的发生关系都具有的属性,是燕子的事实属性。反之,"燕子是好鸟"则不是燕子独自具有的属性,而是"燕子吃害虫"的事实属性与人的需要、欲望、目的发生关系时所产生的属性,是燕子的关系属性:"燕子吃害虫"是"燕子是好鸟"的价值实体;主体需要、欲望、目的则是"燕子是好鸟"的价值标准。因此,"燕子是好鸟"便产生于"燕子吃害虫"事实,是从该事实推导出来的。但是,仅仅"燕子吃害虫"事实还不能产生和推导出"燕子是好鸟";只有当"燕子吃害虫"事实与人类的需要、欲望、目的发生关系时,从"燕子吃害虫"事实才能产生和推导出"燕子是好鸟":"燕子是好鸟"等于"燕子吃害虫"事实符合人的需要、欲望、目的之效用。因此,爱护燕子的规范与燕子的价值相符,是好的优良的规范;捕杀燕子的规范与燕子的价值不符,是

坏的恶劣的规范。这就是燕子的价值与规范的推导方法,我们可以将它归结为一个公式:

前提 1:燕子吃害虫(价值实体)
前提 2:人类需要消除害虫(价值标准)

___

结论 1:燕子是好鸟(价值)
结论 2:爱护燕子的行为规范是好规范(与价值相符的规范)

这就是休谟难题之答案,这就是规范或制度与价值的产生和推导的过程,这就是好坏、价值、应该如何的发现和证明方法。我们可以将它归结为一个公式而名之为"价值和规范推导公式":

前提 1:客体事实如何(价值实体)
前提 2:主体需要欲望目的如何(价值标准)

___

结论 1:客体应该如何(价值)
结论 2:规范之好坏(规范是否与价值相符)

这是一切价值和规范的普遍的推导方法,如果将其推演于国家制度价值领域,显然可以得出结论说:

国家制度与国家价值根本不同。国家制度是人制定或约定的,国家应该如何的价值却不是人制定或约定的。但是,人们只能根据关于国家应该如何的价值来制定国家制度:好的理想的国家制度是与国家应该如何之价值相符的制度;坏的国家制度是与国家应该如何之价值不符的制度。国家应该如何之价值,则是国家事实如何与国家目的发生关系时所产生的属性,是国家事实如何对国家目的之效用:国家事实如何是国家应该如何产生的源泉和存在的实体;国家目的则是国家应该如何从国家事实如何中产生的条件和标准。因此,国家之应该如何的好坏价值,是通过国家目的(价值标准)从国家事实如何(价值实体)中产生和推导出来的:"国家应该如何"等于"国家事实如何符合国家目的之效用";"国家不应该如何"等于"国家事实如何违背国家目的之效用"。

这就是国家制度好坏或理想国家的产生和推导过程,这就是国家制度好坏或理想国家的发现和证明方法,这就是如何确定理想国家科学体系研究对象的科学方法。我们可以将它归结为一个公式而名之为"国家制度价值推导公式"或"理想国家推导公式":

前提1:国家事实如何(价值实体)

前提2:国家目的如何(价值标准)

前提3:国家应该如何(价值)
_____

结论:国家制度之好坏(制度是否与价值相符)

试举一例以释之:

前提1:前苏联社会主义是一种生产力不发达的社会主义(国家事实如何·价值实体)。

前提2:国家最终目的是增进每个人利益(国家目的如何·价值标准)。

前提3:生产力不发达的社会主义因违背国家目的而是不应该的(国家应该如何·价值)
_____

结论1:前苏联社会主义制度(亦即认为应该在生产力不发达条件下实行社会主义的规范体系)不符合生产力不发达的社会主义的价值(在生产力不发达条件下实行社会主义是不应该的)。

结论2:因而是坏制度(国家制度之好坏·制度是否与价值相符)。

可见，人们所创建的国家制度之好坏，直接说来，取决于是否符合国家应该如何之价值；归根结底，则一方面取决于是否符合国家目的，另一方面取决于是否符合国家事实如何之本性：符合国家目的和国家事实如何之本性，就是好国家制度或理想国家制度；违背国家目的和国家事实如何之本性，就是坏的国家制度。因此，归根结底，国家目的——亦即国家好坏的价值标准——也就是国家制度好坏的价值标准，可以称之为国家制度价值标准（或理想国家价值标准）；国家事实如何——亦即国家好坏的价值实体——也就是国家制度好坏的价值实体，可以称之为国家制度价值实体（或理想国家价值实体）。

诚然，国家事实如何外延极为广泛，难以确定。但是，国家事实作为国家制度好坏（或理想国家）的价值实体，当然仅仅包括与国家制度（或理想国家）有关的事实，并且因其作为科学研究对象而仅仅是有关事实的普遍的客观本性：理想国家体系等科学都是关于事物普遍客观本性的理性知识体系。这些国家事实如何的普遍客观本性，一方面，无疑可以归结为国家性质、国家起源、国家类型和社会——国家是拥有最高权力的社会因而属于社会范畴——发展规律；另一方面则显然应该包括国家所由以构成的人——任何社会都无非是两个以上的人因一定联系所结成的共同体——之本性，亦即人性：人性与社会发展规律无疑是决定国家制度好坏的最重要的价值实体，是理想国家制度所赖以树立其上的最重要的国家事实如何之客观本性。举例说：

理想国家制度究竟应该按劳分配还是按需分配，便取决于理想国家人性究竟如何。试想，如果理想国家人们相互间仍然计较利益得失，那么，按需分配就必定会剥夺需要少而贡献大者按照公正原则应该多得的权利,因而是不公正的。这样一来,理想国家显然不应该实行按需分配制度:按需分配是一种不公正的、坏的制度。反之,如果理想国家人们相互间不计较利益得失,那么,按需分配就无所谓公正不公正,而是超越公正的仁爱原则了。这样一来,理想国家就应该实行按需分配制度了:按需分配是一种高于公正的仁爱制度。因此,人性乃是决定理想国家制度究竟应该如何的极其重要的价值实体,是国家制度应该如何的极其重要的依据。这就是为什么,政治经济学——布坎南称之为"关于规律和制度的科学"①——的出发点是经济人假设的缘故。

　　然而,理想国家究竟应该实行何种制度,并不仅仅取决于该国家的人性究竟如何,而且取决于社会发展规律究竟如何。试想,奴隶制无疑惨绝人寰,根本违背国家制度价值标准,是最坏的制度。但是,为什么恩格斯说奴隶制曾是巨大的进步,曾是一种好制度?原来,马克思关于"生产力决定生产关系、经济基础决定政治制度等上层建筑"的历史唯物论原理,是社会发展基本规律的发现,根据这一发现,以经济形态为划分根据的六种国家制度——原始共产主义、奴隶制、封建制、资本主义、社会主义和未来共产主义——都不具有普世性和普世价值,它们都因时因地而异,只可能和只应该实行于一定的国家、一定的社会、一定的时代;而不可能和不应该实行于一切国家一切社会一切时代。当一种经济制度适应和促

---

　　① 布坎南说:"经济学的基本理论是价格理论(不是正式的数学)和运用于实际世界问题的价格理论。经济组织、市场过程是人们注意的焦点,通过定价结构起作用的这个组织的功能是这个学科研究的主题。政治经济学就是由'规律和制度'说明的根植于社会框架中的这个主题,亚当·斯密写的就是关于规律和制度。"(〔美〕布坎南著,吴良健等译:《自由、市场和国家》,北京经济学院出版社1988年版,第8页)。

进生产力发展的时候,就是理想的、好的、应该的和具有正价值的。可是,随着生产力的发展,当同一种经济制度阻碍和不适应生产力发展的时候,它就是坏的、不应该的和具有负价值的了。

试想,奴隶制岂不仅仅对于它所取代的原始社会来说才是好的、应该的和具有正价值的?岂不仅仅在原始社会生产力水平逐渐提高以致出现了剩余产品的时代才是好的、应该的和具有正价值的?而对于其他任何时代任何社会岂不都是最坏的制度?资本主义是不好的不应该的制度,岂不仅仅对于生产力高度发达的社会才能成立?对于生产力不够发达的社会,资本主义岂不是最好的制度?共产主义是最美好的制度,岂不也仅仅对于生产力高度发达的社会才能成立?而对于生产力不够发达的国家来说,实行共产主义岂不意味着莫大的灾难?

综上可知,国家制度虽然都是人制定的、约定的;但是,只有恶劣的、坏的、不应该的和具有负价值的国家制度才可以随意制定、约定。反之,理想的、优良的、应该的、好的或具有正价值的国家制度决非可以随意制定,而必须符合国家应该如何之价值,因而只能通过国家目的(国家制度价值标准),从人性与社会发展规律等国家事实如何的客观本性(国家制度价值实体)中推导、制定出来。于是,国家制度之优劣好坏,直接说来,取决于是否符合国家应该如何之价值;归根结底,一方面取决于是否符合国家目的或国家制度价值标准,另一方面取决于是否符合人性和社会发展规律:符合国家制度价值标准和人性以及社会发展规律,就是理想的、好的、应该的、正确的、善的和具有正价值的国家制度;违背国家制度价值标准和人性以及社会发展规律,就是坏的、不应该的、错误的、恶的和具有负价值的国家制度。

三、理想国家科学体系之对象

关于理想国家的科学体系，显然不仅应该包括理想国家是什么，而且还应该包括理想国家如何实现之条件。因此，理想国家推导公式（国家制度好坏的价值推导公式）作为理想国家科学体系研究对象的确定方法，便应该包括理想国家如何实现之条件，因而可以归结如下：

前提 1：国家事实如何（价值实体）
前提 2：国家目的如何（价值标准）
前提 3：国家应该如何（价值）

———————————————————————

结论 1：国家制度之好坏（制度是否与价值相符）
结论 2：理想国家制度如何实现之条件

这一理想国家推导公式，之所以是确定理想国家研究对象的科学方法，就是因为从这一公式所由以构成的五个命题，可以推导出理想国家科学体系全部研究对象，理想国家科学体系的全部内容就是对这个公式所由以构成的五个命题的研究：

上卷：《本性论：国家事实如何》就是对理想国家推导公式"前提 1：国家事实如何（价值实体）"的研究。该卷详尽研究国家事实如何之本性，诸如国家概念、国家起源和国家类型：主要是以生产资料所有制为根据的六种国家类型，亦即原始公有制、奴隶制、封建制、资本主义、社会主义和共产主义。从此出发，进一步探讨决定国家制度应该如何的最重要的价值实体：人性与社会发展规律。该卷包括政治学、伦理学、历史唯物主义与科学社会主义等科学的核心理论。

中卷:《价值论:国家制度应该如何》就是对理想国家推导公式"前提2:国家目的如何(价值标准)"和"前提3:国家应该如何(价值)"以及"结论1:国家制度之好坏(制度是否与价值相符)"的研究。该卷从国家制度价值标准——主要是国家制度根本价值标准"公正与平等"和国家制度最高价值标准"人道与自由"以及国家制度终极价值标准"增进每个人利益总量"——出发,具体研究基于经济形态不同的六种国家制度(原始共产主义、奴隶制、封建制、资本主义、社会主义和共产主义)之价值,主要研究资本主义与共产主义价值,因而必须研究商品价值与商品价格以及劳动的价值与价格,从而说明资本主义劳动市场必定是买方垄断,必定导致工资低于劳动的不等价交换;不等价交换是垄断价格规律。因此,唯有共产主义因消除了生产资料或经济权力垄断而是好的理想的国家制度。该卷包括伦理学和经济学核心理论以及某些政治学理论。

下卷:《实现论:理想国家如何实现之条件》就是对理想国家推导公式"结论2:理想国家如何实现之条件"的研究。该卷主要研究共产主义实现的客观条件和主观条件,包括历史唯物论、政治学和科学社会主义核心理论。

总而言之,理想国家科学体系研究对象可以归结如下图:

理想国家——

上卷　*本性论:国家事实如何:国家概念、国家起源、国家类型以及人性与社会发展规律*

中卷　*价值论:国家应该如何:基于经济形态不同的六种国家制度之价值*

下卷　*实现论:理想国家如何实现之条件:共产主义实现的主客观条件*

四、理想国家科学体系之性质

理想国家推导公式及其所由以构成的五个命题,可以推导出理想国家科学体系的全部对象、全部内容,因而可以称之为"理想国家科学体系公理"。这样一来,理想国家科学体系便不仅因其包括政治学、经济学和历史唯物主义以及伦理学和科学社会主义等科学部分内容而是一门跨学科科学,而且是一门可以公理化的跨学科科学。诚然,理想国家推导公式及其所由以构成的五个命题,并不是自明的、直觉的、公认的,并不是不需要证明的;而按照亚里士多德和欧几里得的古典公理法的观点,公理和公设是不需要证明的,因为它们是自明的、直觉的、公认的、不言而喻的。然而,非欧几里得几何学的产生表明这种观点是片面的。因为非欧几里得几何学的第五公设——经过直线外的一点可作多条直线和原有的直线平行——显然不是自明的、直觉的;恰恰相反,它是完全违背人们的直觉的。因此,公理和公设不必是自明的、公认的。

公理之所以为公理,正如波普所说,只在于从它能够推演出该门科学的全部命题或全部内容:"公理是这样被选择的:属于该理论体系的全部其他陈述都能够从这些公理——通过纯逻辑的或数学的转换——推导出来。"[①]因此,国家学公理之为公理,也只在于从它能够推演出国家学的全部命题或全部内容,而与是否自明无关。国家制度价值推导公式及其所由以构成的五个命题之为国家

---

① Karl R. Popper, *The Logic of Scientific Discovery*, New York: Harper & Row, 1959, p. 71.

学公理，与非欧几里得几何学的第五公设相似，并不是因为它们是自明的——它们是人类思想的最大难题之一——而是因为由它们可以推导出国家学的全部内容、全部对象。

当然，理想国家科学的公理化体系与几何学、数学、力学的公理化体系有所不同。几何学是从若干公理和公设直接推出该门科学的全部命题；理想国家科学体系则是从若干公理直接推出构成理想国家体系全部内容的各个部分，而间接推出理想国家体系的全部命题。无疑，这是理想国家公理化体系的缺憾。因为几何学的公理化体系是从若干公理和公设直接推出或通过定理间接推出该门科学的全部命题，因而它所具有的真值传递功能遍及该门科学的全部命题；它能够把公理的真值直接或间接地传递给该门科学的全部命题。所以，几何学的公理化体系是完全精密的：不仅体系是精密的，而且这个体系所包含的全部命题也因其公理化而都是精密的。反之，理想国家科学体系是从若干公理和公设直接推出构成理想国家科学体系全部内容的各个部分，而间接推出理想国家科学体系的全部命题，因而它所具有的真值传递功能只能及于构成该门科学的各个部分和某些命题，而不能遍及该门科学的全部命题。所以，理想国家的公理化体系是部分精密的：只有体系自身因其公理化而是精密的，而这个体系所包含的全部命题却不能因其公理化而都是精密的。

但是，这恰恰也是理想国家公理化体系优越于几何学等数学公理化体系之处。因为理想国家科学体系是从若干公理通过直接推出构成理想国家科学体系全部内容的各个部分而间接推出理想国家科学体系的全部命题，因而理想国家公理化体系具有绝对的完全性：理想国家科学体系的任何命题都逃不出这个体系。反之，几何学等数学的公理化体系是从若干公理和公设直接推出或通过定理间接推出该门科学的全部命题,因而它所具有的完全性总是相对的、不完全的:总是存在着这样一些命题,这些命题是该门科学的公理所不能推出来的,因而游离于该公理化体系之外。这样,我们说数学比理想国家科学体系精密便是相对的:只是就构成公理化体系的每个命题来说,数学才比理想国家科学体系精密;然而,就公理化体系自身来说,理想国家科学体系却比数学更为完全,因而也就更为精密。

　　理想国家科学体系不但是一门精密的科学,而且堪称价值最大的科学。因为国家制度的好坏,乃是每个国民最大利益之所在,对于每个人具有最大价值。而问题的关键在于,国家制度无疑是人们在有关国家制度好坏理论的指导下创造的。这意味着,人们所创造的国家制度的好坏,直接说来,取决于人们所信奉的国家制度好坏的理论之真谬:如果人们所信奉的国家制度好坏的理论是真理,在其指导下所创造的国家制度就是理想的、好的、优良的,因而对每个国民具有最大正价值;如果人们所信奉的国家制度好坏的理论是谬误,在其指导下所创造的国家制度就是坏的、恶劣的,因而对每个国民具有最大负价值。这就是为什么,理想国家科学体系是价值最大的科学的缘故。

上　卷

本性论：国家事实如何

第一章　国家界说

本章提要　国家是拥有最高权力及其管理组织或政府的社会,因而也就是拥有主权的社会,也就是最大且最高的社会,也就是独立自主的社会。因此,最高权力及其管理组织或政府乃是国家区别于其他社会的最根本特征。这种特征是如此根本,以致现代主流思想竟然将国家与最高权力及其管理组织或政治组织、政治实体等同起来,从而认为国家就是最高权力及其管理组织,就是政权、政治组织或政治实体。这样一来——阶级社会的政权和政治组织在某种意义上无疑是阶级压迫工具——就可以得出结论说:在阶级社会,国家就是阶级压迫的工具,就是阶级统治机器。所以,"国家亦即阶级压迫工具"的定义不过是"国家亦即政权或政治组织"的现代主流定义在阶级社会的推演而已。

一、国家界说

何谓国家? 在人类所创造的概念中,国家恐怕是最难定义的了,以致列宁在界说国家时曾这样写道:"国家问题是一个最复杂最困难的问题。"[①]而到了 1931 年,C. H. 泰特斯所列举的国家定

---

① 《列宁选集》第四卷,人民出版社 1972 年版,第 41 页。

义竟然有 145 种！所以,克烈逊和斯卡尔尼克说:"几乎每位学者都会提出他(她)自己的国家定义,这些定义不可避免地会同已有定义有细微的差别,虽然其中有些由于有相似的方法而可以被认为是组成了一些'学派'。因此,要达到一种综合事实上是不可能的。……根本不存在为整个学术界所公认的国家定义。"①然而,有一点几乎无人质疑,那就是,国家最邻近的上位概念乃是社会:国家是一种特殊的社会。那么,国家究竟是一种怎样特殊的社会?国家不同于其他社会的种差或根本特征是什么?

1. 国家与社会:构成要素之比较

国家不同于其他社会的种差或根本特征,虽难捕捉,却可以从构成社会的要素看出来。那么,社会的要素是什么? 社会不过是两个以上的人因一定人际关系而结合起来的共同体,因而构成社会的基本要素包括人口与人口聚集之处:土地。没有二者,显然不可能存在社会。所以,周鲸文说:"社会是在一个地方,人们过共同的生活……马克微尔说:'据我的意思,社会是共同生活的场所,例如村庄、城市、区域、国家,或是再比较广大的区域。'此处我们看出社会的特性,它有土地性,及人群性。"②

然而,只有土地与人口,还不能构成社会:二者只是社会构成的必要条件,而不是社会构成的充分条件。社会的构成无疑还需要一个要素,那就是权力(及其管理组织或机关):权力(及其管理组织或机关)是任何社会存在发展的必要条件。只不过,权力管理

---

① 谢维杨:《中国早期国家》,浙江人民出版社 1995 年版,第 37 页。
② 周鲸文:《国家论》,天津大公报馆 1935 年版,第 4 页。

机关的复杂程度与社会的复杂程度成正比:社会越复杂,它的权力管理组织便越复杂;社会越简单,它的权力管理组织便越简单。比较复杂的社会,如阶级社会以来的国家,其权力管理组织也比较复杂,因而从社会其他组织脱离出来而成为一种独立的实体;比较简单的社会,如氏族部落,其权力管理组织也比较简单,因而还没有与该社会其他组织脱离出来而成为一种独立的实体;最简单的社会,如家庭,其权力组织与该社会则完全是同一组织。

权力(及其管理组织或机关)是任何社会存在发展的必要条件,因而便与人口、土地一起构成社会三要素。任何社会,不论是家庭学校还是乡县区市,不论是氏族部落还是国家城邦,皆由人口、土地和权力(及其管理组织或机关)三要素构成。那么,是否只要具备人口、土地和权力及其组织或机关,就必定存在社会呢?是的,人口、土地和权力(及其管理组织或机关)显然是构成社会的充分且必要条件。

但是,人们所构成并生活于其中的社会,并非简简单单只有一种,而是林林总总、多种多样的,如家庭、乡、县、市、省、国家等等。这些社会的构成,固然也不外人口、土地和权力(及其管理组织或机关)三要素;但构成这些社会的权力(及其管理组织或机关),相互间必须形成一种具有领导被领导关系的上级和下级的等级结构,从而存在一种不可抗拒的统帅所有权力的最高权力及其管理组织或机关。只有这样,这些社会相互间才可能互相配合、统一和谐,从而得以存在发展;否则,如果没有最高权力及其管理组织或机关,那么,林林总总的社会便势必各行其是、互相冲突、混乱无序、分崩离析,从而也就不可能存在发展了。

所谓最高权力管理组织或机关,也就是执掌和行使最高权力的一切管理组织或机关,亦即政权机关、政治组织或政治社会。这种政权机关、政治组织或政治社会就是国家吗? 不! 它还不是国家,而只是国家的政府:政府就是执掌和行使最高权力的一切管理组织或机关,就是掌握与行使最高权力或国家政权的团体及其成员,就是国家的政权机关、政治组织或政治社会。从政府的词源含义来看也是如此。中文"政府",据《词源》考证,原本指国家官吏办公的地方和机关,引申为国家的政治机关、政治组织:"政府,谓政事堂。"西文政府(government)一词,源于希腊文 kubernan 和拉丁文 gubinere,义为指导、驾驭、管理和统治,引申为政治组织、政治活动的组织形式。因此,邓初民说:"政府不过是执行政治任务、运用国家权力的一种机关罢了。"①《简明不列颠百科全书》也这样写道:"政府是治理国家或社区的政治机构。"

可见,政府只是国家的管理机关,只是管理国家的一种组织,是国家的领导集团;因而只是构成国家的一种要素,只是构成国家的一部分,也就是能够代表国家的那个部分,是国家的代表;正如一切社会的领导者和管理者都是该社会的代表一样。这个道理,在拉斯基那里曾有十分精辟的阐述:"国家需要一个人的团体替它行使它所掌握的最高的强制性的权威;而这个团体就被我们唤作国家的政府。政治学的基本原则之一,就是我们必须把国家和政府区分得清清楚楚。政府只是国家的代理人;它的存在,就是要贯彻执行国家的意旨。它本身并不是那个最高的强制权力,它不过是使那个权力的意旨发生效力的行政机构。"②

---

① 邓初民:《新政治学大纲》,中国社会科学出版社 1984 年版,第 110 页。
② 〔英〕拉斯基著,王造时译:《国家的理论与实际》,商务印书馆 1959 年版,第 7 页。

政府或最高权力及其管理组织,固然还不是国家,而只是构成国家的一种要素;但是,这种要素乃是国家区别于其他社会的根本特征或种差:国家就是拥有最高权力的社会,就是拥有最高权力管理组织的社会,就是拥有政府的社会。因为国家属于社会范畴,是一种特殊的社会,它与其他社会——如家庭学校乡县区市等等——的区别,显然不在于土地和人口两要素,而只在于权力及其组织:最高权力及其组织或政府是国家区别于其他社会而为国家所特有的要素。季尔克立斯(R. N. Gilchrist)在讨论国家的这一要素时讲得很清楚:"此为国家之最高原素,而国家与其他社会团体之分别,亦在于此。其他团体,虽亦能有一定之地域,统帅一部分之人民,及备有管理之机关,但有以上三者而又兼有主权者,仅有一个团体,此一团体,即是国家。"①拉斯基也这样写道:"国家因拥有主权,所以和其他一切人类的组织有所不同:一个都市是区分为政府和属民的有土地的社会;一个工会或者一个教会也可以是这样的。但是它们都不具有最高的强制权力。"②

这就是说,土地、人口和权力及其组织乃是构成一切社会的三要素,因而也是构成国家的三要素;只不过,构成国家的权力及其组织要素,乃是最高权力及其组织或政府罢了:土地、人口和最高权力及其组织或政府是构成国家的三要素。这就是西方传统的"国家三要素说"。然而,也有研究者将最高权力与执掌最高权力的管理组织或政府分离开来,而认为构成国家的是四要素:"国家

①　〔英〕吉尔克里斯特著,吴友三等译,孙寒冰校:《政治学原理》,黎明书局 1932 年版,第 30 页。

②　〔英〕拉斯基著,王造时译:《国家的理论与实际》,商务印书馆 1959 年版,第 6 页。

的基本原素有四：（一）人群（人民），（二）一个固定居所（领土），（三）一个统一人民的组织（政府），（四）对内的最高性及对外的独立性（主权）。"①这是不妥的。因为构成某物的两个要素，必须相互独立因而能够分离存在，而不可相互依赖不能分离存在；否则便是一个要素，而不是两个要素。土地与人口是相互独立可以分离存在的，因而堪称构成国家的两个要素；反之，最高权力与其管理组织或政府却是相互依赖不可分离存在的，因而并非构成国家的两个要素，而只是构成国家的一个要素。于是，构成国家的要素并非四个，而是三个：土地、人口和最高权力及其管理组织或政府。这恐怕就是为什么凯尔森赞成国家构成三要素"领土、人民和权力"的传统学说的缘故。② 他这里所说的"权力"，是指国家权力、最高权力或主权。因为他在解释构成国家的权力要素时这样写道："国家的权力通常被列为国家的第三个所谓要素。国家被认为是居住在地球表面上某一限定部分并从属于某种权力机构的人的集合，整体意义上的人民。一个国家、一片领土、一个整体意义上的人民及一个权力。主权被认为是界说这一权力的特征。"③

总而言之，土地、人口和权力及其组织是构成社会的三要素；而土地、人口和最高权力及其组织或政府则是构成国家的三要素。在国家构成的这三种要素中，只有最高权力及其组织或政府是区别于其他社会而为国家所特有的要素：国家就是拥有最高权力及其管理组织或政府的社会。确实，家庭、学校、县、市、州、省、自治

---

① 〔英〕吉尔克里斯特著，吴友三等译，孙寒冰校：《政治学原理》，黎明书局 1932年版，第 24 页。

② 〔奥〕凯尔森著，雷崧译：《法律与国家》，台北正中书局 1976 年版，第 233 页。

③ 同上书，第 283 页。

区等等为什么只是社会而不是国家？岂不就是因为它们虽然拥有土地、人口和权力，却不拥有最高权力？为什么诸如西藏、新疆那样大的自治区都不是国家，而只有百余英亩土地和千余人口的梵蒂冈城邦却是国家？岂不就是因为梵蒂冈拥有最高权力，而西藏、新疆却不拥有最高权力？岂不就是因为构成梵蒂冈的三要素是土地、人口和最高权力，而构成西藏和新疆的要素却是土地、人口和一般权力？所以，狄骥虽然认为一个社会只要拥有强制权力就是国家，但最后还是补充道：

"要有国家，这种强制权力就必须是不可抗拒的。我由此所说明的，只是：强制权力如果在团体内部遇不到敌对的权力与它相对抗并阻挠它用强力来确保它意志的实行，它便是一种国家权力。如果有这种敌对权力存在，而且它在一个时期内能抗拒先前所建的权力，那么，先前所建的权力就不再是国家权力了。如果两种权力有同等的效力并且平均发展，那么处在这种情况下就没有国家存在，而在语源学意义上讲便是无政府状态，这种状态一直将继续到组成一种不可抗拒的权力时为止。"①

所谓"不可抗拒的权力"，与"最高权力"无疑是同一概念。因此，叶赫林说，最高权力是国家之为国家的根本特征："国家的特征就是它成为超越一定领土上所有的其他意志的一种最高权力。要有一个国家存在，这种权力就是而且必须是一种实质的权力，即在事实上超越于一定领土上所存在的其他一切权力的权力。国家的一切其他条件则归结为这样一个条件，即它必须是一种实质的最高权力。"②一言以蔽之，国家是拥有最高权力的社会。

---

① 〔法〕狄骥著，钱克新译：《宪法论》，商务印书馆 1959 年版，第 383 页。
② 同上书，第 385 页。

因此,鲍桑葵说:"国家即作为最高权威的社会"。[①] 梅尔堡说:"国家是一种人类社会,居住在自己的土地上,并有维持它和社员关系,握有行动、命令及强制的最高权力的组织。"北冈勋说:"国家是占有国家的最高权力的人民所组成的地域社会。……国家是一种受最高权力和理性所支配的家族及其共同事务。"[②]齐吉林说:"国家是被法律联结成一个法律上的整体的,并由最高权力根据共同的福利来进行管理的人民的联盟。"[③]

从词源来看,也是如此。中文"国家"与"国"是同一名词。"国"字的古文为"璽",从一(土地),从口(人口),从戈(武力、权力),从王(拥有最高权力者),可以训为:生活在一定地域的人们所结成的拥有最高权力的社会。西文"国家"的词源含义比较复杂。古希腊是以城市为领域的国家,因而与"国家"相当的词是城邦:polis,指城邦人口、土地和政权、政治机构等一切社会团体的总和。古罗马人称国家为 res publica,可英译为 commonwealth,实际上也是指人口、土地和政权、政治机构等一切社会团体的总和。只是到了文艺复兴后期,意大利人马基雅维利才首次使用 stato 来称谓国家,赋予国家以与古代有别的现代含义,意指政权、政治机构、政治组织或政府。因为现今西文"国家"state(英)、état(法)、staat(德)诸词,皆源于意大利文 stato,专指政权、政治机构、政治组织或政府。因此,不论中西,国家的词源含义与其定义基本一致,都是指生活在一定地域的人们所结成的拥有最高权力及其组织或政府的社会。

---

① 〔英〕鲍桑葵著,汪淑钧译:《关于国家的哲学理论》,商务印书馆 1995 年版,第204 页。

② 马起华:《政治理论》,台湾商务印书馆 1977 年版,第 198－200 页。

③ 王勇飞编:《法学基础理论参考资料》上,北京大学出版社 1984 年版,第 439 页。

2．国家：最大最高的社会

国家是拥有最高权力的社会，意味着，国家内部具有一种权力的等级结构：较低的权力被较高的权力所领导，而最高权力则领导一切权力。拥有较高权力的社会，如省、市、自治区等等，是由拥有低权力的社会——如县、乡、家庭等等——构成的；而拥有最高权力的社会，亦即国家，则是由一切社会构成的。这样一来，国家便呈现一种由较小社会构成较大社会的包括与被包括关系的等级结构。在这种结构中，较小的社会，如家庭、乡和街道，所拥有的权力就较小，并被包括在较大的社会中而成为较大社会的一部分；较大的社会，如县市省，则包括较小的社会而成为这些较小社会的总和，因而拥有的权力就比较大，领导着它所由以构成的这些较小社会；最大的社会，亦即国家，则包括家庭、乡、县、市、省等一切社会而成为一切社会的总和，因而拥有最高权力，领导一切其包含的社会。

可见，国家是一切社会按照从小到大和从低级到高级的"包括与被包括以及领导与被领导"的关系所构成的最大最高的社会。国家是最大社会，因为它是一切社会的总和，是一切社会所构成的一个有机整体。国家是最高社会，因为它拥有领导一切社会的最高权力。国家是一切社会的总和，是最大且最高的社会，显然意味着：国家是社会发展的最高级最完备的形态。因此，亚里士多德认为，国家是"社会团体中最高而包含最广的一种。……这种至高而广涵的社会团体就是所谓'城邦'。"①"等到由若干村坊组合而为"城市（城邦）"，社会就进化到高级而完备的境界，在这种社会团体

---

① 〔古希腊〕亚里士多德著，吴寿彭译，《政治学》，商务印书馆1965年版，第3页。

以内,人类的生活可以获得完全的自给自足。"①

　　究竟言之,任何一种较大较高的社会,如省、自治区,显然都不是一种与较小的社会分离独立的社会,而是一切较小社会——如县乡和家庭——的结合、总和:一切较小的社会都是构成较大社会的一部分;而较大社会则是较小社会结合而成的整体。同理,国家这种最大且最高的社会,也不是一种与其他社会分开独立的社会,而是一切社会的结合、总和:一切社会都是构成国家的一部分;而国家则是一切社会结合而成的整体。这就是国家为什么是最大最高的社会的缘故:整体大且高于部分。所以,莫里斯·迪韦尔热说:"国家似乎就是一种完整的社团,不依赖其他社团并统治其他一切社团。"②拉斯基也这样写道:"我们发现我们是和其他的人们一同生活在一个社会里:这个社会,就它对于人类其他一切组织关系来说,是完整地结合成为一个单位,我们把它叫做国家……我之所谓国家,意思是指这样一种社会,它由于具有一种强制性的权威,在法律上高出于作为这个社会一部分的任何个人或集体,而构成一个整体。"③

　　另一方面,国家是最大且最高的社会,完全是相对的,而不是绝对的。因为任何一个国家,都只是其领土范围内的一切社会的总和,因而都只是其领土范围内的最大且最高的社会,都只是相对于其领土范围内的社会来说,才是最大且最高的社会。否则,对于领土范围之外的社会来说,一个国家完全可能是一个不大的、很小

---

　　① 〔古希腊〕亚里士多德著,吴寿彭译:《政治学》,商务印书馆1965年版,第7页。

　　② 〔法〕莫里斯·迪韦尔热著,杨祖功,王大东译:《政治社会学》,华夏出版社1987年版,第12页。

　　③ 〔英〕拉斯基著,王造时译:《国家的理论与实际》,商务印书馆1959年版,第5页。

的甚至极小的社会。就拿梵蒂冈国家来说,它只是其百余英亩领土内的一切社会的总和,因而只是对于这些社会来说,才是最大且最高的社会。反之,如果相对于梵蒂冈领土之外的西藏、内蒙古自治区来说,那么,这个百余英亩土地上的千余人口的国家岂非区区弹丸之地? 谈何最大且最高社会?

3. 国家:拥有主权或独立自主的社会

不难看出,一个社会,如果不拥有最高权力,如省市县,那么,该社会便必受拥有最高权力的社会——国家——的领导,便必定依附于拥有最高权力的社会而不能够自己说了算,不是独立自主的社会。反之,如果一个社会拥有最高权力,则显然意味着,这个社会不受其他社会领导,不依附于其他社会,而完全自己说了算,完全是独立自主的:最高权力就是独立自主的权力;拥有最高权力的社会就是独立自主的社会。因此,国家最高权力又叫做主权:主权就是国家独立自主的权力,就是国家最高权力。这个道理,马里旦讲得很清楚:"什么是主权概念的严格的和真正的意义呢? 主权指两件事情:第一,一种享有最高独立性和最高权力的权利……第二,一种享有某种独立性和某种权力的权利,这种独立性和权力在它们的固有的范围内是绝对的或超越地最高的。"[①]一句话,"主权意味着独立性和权力,这种独立性和权力是分开地和超越地最高的。"[②]

这样一来,国家是拥有最高权力的社会,便意味着:国家就是拥有主权的社会,说到底,就是独立自主的社会:"拥有最高权力的

---

① 〔法〕马里旦著,霍宗彦译:《人和国家》,商务印书馆1964年版,第38页。
② 同上书,第48页。

社会"、"拥有主权的社会"与"独立自主的社会"三者是同一概念。因为一切拥有最高权力或主权的社会,显然都是独立自主的社会;反过来,一切独立自主的社会,也都是拥有最高权力或主权的社会。诚然,独立自主的社会可能存在两种情形。一种是独立自主社会之常规,亦即由一切社会的总和所构成的独立自主的复合社会,如由家庭、乡、县、省等社会所构成的现代国家。这种社会之所以独立自主,显然是因为它拥有最高权力或主权:独立自主的社会是拥有最高权力或主权的社会。

反之,另一种则是独立自主的社会之例外,亦即极为原始的不包括其他任何社会的最简单的社会单位。举例说,大约一百万年以前,尚处于"狩猎—采集"阶段的原始社会的"队群"或"游团"(bands),少则只有 20 人,多则几百人。这种"队群"或"游团"虽然极为简单,不包括任何其他社会,通常却是一种独立自主的社会。粗略看来,这种社会并不拥有最高权力或主权。其实不然。因为主权或最高权力就是独立自主的权力,它无疑具有双重含义:高于一切权力的权力和没有高于最高权力的权力。现代国家高于一切权力的权力,是不受其他权力领导和支配的权力,因而是独立自主的权力,是主权或最高权力,是领导和支配一切权力的最高权力或主权。同样,"队群"或"游团"没有高于最高权力的权力,也是不受其他权力领导和支配的权力,因而也是独立自主的权力,也是主权或最高权力。

可见,不但一切拥有最高权力或主权的社会都是独立自主的社会,都是国家,而且一切独立自主的社会,也都是拥有最高权力或主权的社会,也都是国家:国家、拥有最高权力的社会与独立自主的社会三者实为同一概念。因此,蒂利在给国家下定义时这样写道:"国家是一种控制特定人口占有一定领土的组织,因而:(1)它不同于在同一领土上的活动的其他组织;(2)它是自主的;(3)它是集权的;(4)它的各个部分相互间存在着正式的协作关系。"[1]对于这个定义所指出的国家之所以为国家的自主特征,与国家的主权特征之关系,贾恩弗朗哥·波齐曾这样评论道:"蒂利关于国家定义的更深入的特征——自主——以多少更为隐蔽的方式表达出来,这也就是通常更富有争议和内涵更丰富的主权概念。一种控制组织只要拥有主权,它就是国家。"[2]

二、国家界说理论

1. 现代西方主流定义

国家的四个定义——拥有最高权力及其管理组织或政府的社会、拥有主权的社会、最大且最高的社会和独立自主的社会——的推演顺序表明,最高权力及其管理组织或政府是国家之所以为国家的最根本的特征。这种特征是如此根本,以致思想家们竞相将国家与最高权力及其管理组织或政府等同起来,将国家与政权、政治组织和政治实体等同起来,从而认为国家就是最高权力及其管理组织或政府,就是政权、政治组织或政治实体。亚里士多德说:"至高而广涵的社会团体就是所谓'城邦',即政治社团。"[3]斯宾诺

① Gianfranco Poggi, *The State: Its Nature, Development and Prospects*, Cambridge: Polity Press, 2007, p. 19.

② 同上书, p. 21。

③ 〔古希腊〕亚里士多德著, 吴寿彭译:《政治学》, 商务印书馆 1965 年版, 第 3 页。

莎说：“各种统治状态均称为国家状态。统治的总体称为国家。”①
马里旦说：“国家不过是一个有资格使用权力和强制力并由公共秩
序和福利方面的专家或人才所组成的机构，它不过是一个为人服
务的工具。”②凯尔森说：“既然社会是由组织构成的，那么将国家
界说为‘政治组织’就更加正确……有时人们以国家具有或就是
‘权力’为理由，将它说成是一个政治组织。”③“实质的国家概念，
指国家官吏组成的吏治器官而言。”④莱斯利·里普森说：“国家是
把政治的动力组织起来并使之形式化的机构。”⑤霍尔写道：“国家
是一套机构，这些机构是由国家的相关人员操纵的。国家最重要
的是作为暴力与强制手段的机构。”⑥贾恩弗朗哥·波齐说：“政治
权力的最基本和最重要的现代形式，即国家。”⑦韦伯说：“当行政
班子成功地维持了合法使用暴力的垄断权来贯彻自己的命令时，
这种能够持续运作的强制性政治组织就将被称为‘国家’。”⑧狄骥
写道：“把国家本身理解为唯一执掌着发号施令的权力的观念，几
乎为四十年来从事公法著述的德国法学者一致公认。”⑨甚至明确
指出“最高权力是国家根本特征”的拉斯基也居然将国家与权力或

　　① 〔荷兰〕斯宾诺莎著，冯炳昆译：《政治论》，商务印书馆1999年版，第24页。

　　② 〔法〕马里旦著，霍宗彦译：《人和国家》，商务印书馆1964年版，第15页。

　　③ 〔奥〕凯尔森著，雷崧译：《法律与国家》，台北正中书局1976年版，第213页。

　　④ 同上书，第242页。

　　⑤ 〔美〕莱斯利·里普森著，刘晓等译：《政治学的重大问题》，华夏出版社2001年版，第42页。

　　⑥ 〔美〕约翰·A.霍尔等著，施雪华译：《国家》，吉林人民出版社2007年版，第2页。

　　⑦ Gianfranco Poggi, *The State: Its Nature, Development and Prospects*, Cambridge: Polity Press, 2007, p.18.

　　⑧ 转引自〔英〕迈克尔·曼著，陈海宏等译：《社会权力的来源》第二卷上，上海世纪出版集团2005年版，第63页。

　　⑨ 〔法〕狄骥著，钱克新译：《宪法论》，商务印书馆1959年版，第438页。

最高权力等同起来："国家可以合理地被视为是组织公共的强制权力，以便在一切正常情形下，使政府的意志能贯彻执行的一种方法。它是在全部人民以外而且超过全部人民的一种权力。"①德莱什克则将这种思想归结为一句名言："国家就是权力"②。

这种将"国家等同于最高权力和政权机构、政治实体或政府"的界说，有其词源学根据。因为现今西文"国家"state（英）、état（法）、staat（德）诸词，皆源于意大利文 stato，专指政权、政治机构或政治组织。所以，《布莱克尔政治学百科全书》的"国家"词条指出，这种将"国家等同于最高权力和政权机构"的定义，逐渐形成于 14—17 世纪，而成为现代西方主流定义："最一般的用法也许是把'国家'等同于政治实体或政治共同体……这种用法有其词源学根据。国家一词是在 14 世纪到 17 世纪逐渐演变为表示政治实体的一般概念。"③

2. 马克思主义定义

马克思主义经典作家继承了这种将"国家等同于最高权力和政权机构、政治实体"的主流定义。恩格斯一再说："国家无非是有产阶级即土地所有者和资本家对被剥削阶级——农民和工人——施行的有组织的总和权力。……随着法律的产生，就必然产生出以维护法律为职责的机关——公共权力，即国家。"④列宁也这样

---

① 〔英〕拉斯基著，王造时译：《国家的理论与实际》，商务印书馆 1959 年版，第 10 页。

② 〔法〕狄骥著，钱克新译：《宪法论》，商务印书馆 1959 年版，第 385 页。

③ 〔英〕米勒等编，邓正来等编译：《布莱克尔政治学百科全书》，中国政法大学出版社 1992 年版，第 741 页。

④ 《马克思恩格斯选集》第二卷，人民出版社 1972 年版，第 539 页。

写道:"系统地采用暴力和强迫人们服从暴力的特殊机构,这样的机构就叫做国家。"①"国家一直是从社会中分化出来的一种机构,一直是由一批专门从事管理、几乎专门从事管理或主要从事管理的人组成的。"②

如果国家就是管理机构、政治组织、政权和最高权力,就是国家的政治权力机构、政府或政治实体,那么,在阶级社会,在某种意义上,国家就可能是阶级压迫的工具,就可能是阶级统治机器。因为在阶级社会,非民主制国家政权必定是垄断政治权力的官吏阶级对没有政治权力的庶民阶级的专政工具,必定是维护统治阶级对被统治阶级进行剥削和压迫的工具,是镇压被剥削被压迫阶级反抗的机器,是一个阶级压迫和剥削另一个阶级的机器:维护君主或寡头利益而剥夺绝大多数人权益乃是非民主国家政权之最根本的任务和职能。

这样一来,如果国家的现代主流定义——国家就是国家政权,就是政权、最高权力和政治组织或政府——是真理,那么,在专制等非民主制的阶级社会,根本说来,国家岂不就是阶级镇压的机器? 岂不就是镇压被剥削被压迫阶级反抗的机器? 岂不就是维护统治阶级对被统治阶级进行剥削的工具? 岂不就是一个阶级压迫和剥削另一个阶级的机器? 因此,恩格斯说:"迄今在阶级对立中运动着的社会需要有国家,即需要一个剥削阶级的组织,以便维护它的外部的生产条件,特别是用暴力把被剥削阶

---

① 《列宁选集》第四卷,人民出版社 1972 年版,第 44 页。
② 同上书,第 47 页。

级控制在当时的生产方式所决定的那些压迫条件下（奴隶制、农奴制、雇佣劳动制）。"[1]"国家无非是一个阶级镇压另一个阶级的机器。"[2]列宁说："国家是阶级统治的机关。"[3]"国家是维护一个阶级对另一个阶级的统治的机器。"[4]"国家是一个阶级压迫另一个阶级的机器，是使一切被支配的阶级受一个阶级控制的机器。"[5]

可见，马克思主义关于国家即阶级镇压的机器的定义，依据于国家的现代主流定义——国家亦即政治权力机构或政治实体——因而其能否成立，关键在于国家的现代主流定义能否成立。那么，后者是真理吗？非也！因为，一方面，政权或最高权力并非国家，而是国家区别于其他社会的种差，是国家之所以为国家的根本特征：国家是拥有最高权力的社会。因此，决不能将国家与最高权力或政权等同起来，而将国家界说为最高权力或政权。国家包括家庭、学校、企业、工厂、省市县等一切社会，包括土地、人口和最高权力。国家是所有这一切的总和，是这一切所构成的整体：它怎么能仅仅是一种政权、权力、最高权力呢？难道报效国家仅仅是报效最高权力，仅仅是报效政权？难道说热爱中国仅仅是热爱中国的政权或权力？难道包括13亿人口和960万平方公里土地的中国仅仅是一种权力或政权？

另一方面，正如拉斯基所指出，政治组织或政治实体和政府也并非国家，而是掌握与行使最高权力或政权的团体及其成员，是构

①　《马克思恩格斯全集》第二十卷，人民出版社1971年版，第305页。

②　转引自《列宁选集》第三卷，人民出版社1972年版，第239页。

③　《列宁选集》第三卷，人民出版社1972年版，第194页。

④　《列宁选集》第四卷，人民出版社1972年版，第48页。

⑤　同上书，第49页。

成国家的一部分,也就是能够代表国家的那个部分,是国家的代表:"国家需要一个人的团体替它行使它所掌握的最高的强制性的权威;而这个团体就被我们唤作国家的政府。政治学的基本原则之一,就是我们必须把国家和政府区分得清清楚楚。政府只是国家的代理人;它的存在,就是要贯彻执行国家的意旨。它本身并不是那个最高的强制权力,它不过是使那个权力的意旨发生效力的行政机构。"①

　　这样一来,如果将国家与国家的政治组织或政府、政治实体等同起来,而将国家界说为政治组织、政治实体、政治社会或政府,便正像杨幼炯所言,是将一个法团的董事会与该法团自身等同起来,犯了以偏概全的错误:"政府是国家所必不可少的机关或代理者,但它并不是国家本身,就如同一个公司的董事会不是公司本身一样。"②确实,国家怎么能是一种政治组织、政治机构或政府呢? 难道中国仅仅是中国政府,仅仅是中国的政治组织、政治机构,而不包括 13 亿人民和 960 万平方公里的土地? 难道热爱中国仅仅是热爱中国政府和国家领导机构,而不包括热爱中国人民和中国山河? 显然,国家绝不仅仅是政治实体、政治社会或政府,而是一切社会的总和。所以,鲍桑葵说:"国家就不仅仅是政治组织,'国家'(state)一词确实主要是指统一体的政治方面,并与那种无政府状态社会的概念相对立。但是,它包括从家庭到行业、从行业到教会和大学各方面决定生活的整套组织机构。"③

---

① 〔英〕拉斯基著,王造时译:《国家的理论与实际》,商务印书馆 1959 年版,第 7 页。
② 杨幼炯:《政治科学总论·现代政府论》,中华书局 1967 年版,第 322 页。
③ 〔英〕鲍桑葵著,汪淑钧译:《关于国家的哲学理论》,商务印书馆 1995 年版,第163 页。

　　综上可知,关于国家的现代主流定义——亦即将国家等同于最高权力、政权和政治组织或政府、政治社会或政治实体——是不能成立的。这样一来,马克思主义关于国家亦即阶级压迫工具的定义也就不能成立了。只有国家政权、最高权力和政治组织或政府才可能是阶级压迫工具;而国家乃是一切家庭、学校、工作单位等一切社会的总和,它怎么能是阶级压迫工具呢? 只有中国的国家政权、最高权力和政治组织或政府才可能是阶级压迫工具,而包括13亿人口和960万平方公里土地的中国怎么能是阶级压迫工具呢? 国家亦即阶级压迫工具的国家定义的根本错误,显然在于等同国家与国家政权、政治组织或政府,因而也属于国家的现代主流定义范畴:"国家亦即阶级压迫工具"的定义不过是"国家亦即政权或政治组织"的现代主流定义在阶级社会的推演而已。

第二章　国家起源

本章提要　国家是拥有最高权力及其管理组织或政府的社会，是最大且最高的社会。因此，一方面，从人的社会本性来看，国家必然起源于每个人对于社会最大化的需要（每个人需要的满足程度与社会的大小规模成正比）和使各种社会成为一个统一整体的需要（最高权力或国家是各种社会成为一个统一体的最根本的必要条件）。这是国家的内在的、间接的和终级的起源，它只是说明国家乃人类固有需要，只是说明国家产生的必然性；而未能说明国家产生的实然性和应然性。另一方面，从国家实际的产生状况来看，任何权力无疑必然都产生、形成和起源于社会成员的普遍同意；最高权力属于权力范畴，因而必定产生、形成和起源于社会成员的普遍同意。任何两个以上的人就某种利益交换关系所达成的同意无疑都是契约。于是，最高权力或国家便必然直接产生、形成和起源于契约，起源于社会成员就最高权力所关涉的的权利与义务等利益之交换所缔结的契约；但究竟起源于何种最高权力契约则是偶然的：唯有起源于民主地缔结的民主的最高权力契约，才是善的、应该的和道德的；否则便是恶的、不应该和不道德的。这是国家的直接的外在的起源，它说明国家实际上是怎样产生的，说明国家产生的实然性和应然性。

一、国家终极起源

1. 国家从来就有：从国家的科学的定义来看

从国家的科学的定义——亦即"拥有最高权力的社会"、"拥有主权的社会"、"最大且最高的社会"和"独立自主的社会"——可以看出，国家与社会一样，是从来就有的。因为现代人类学研究表明，人类最早的社会或最古老的原始社会，就是"队群"或"游群"（bands）。它是大约一万年以前，人类尚处于农业产生之前的"狩猎—采集"阶段的社会组织的普遍形态。对于这种社会形态，现代人类学家恩伯曾这样描述道：

"有些社会是由若干相当小的、通常是游动的群体组成。我们习惯于称每个这样的群体为队群，它在政治上有自主权。这就是说，在这种社会中，队群是最大的政治单位。鉴于大多数近代的食物采集者都曾经有过队群组织，一些人类学家认为，在农业产生以前，或者一直到大约一万年以前，队群这种类型的政治组织几乎是所有社会的特征。……队群的规模很小，通常不足百人，甚至更少。每个队群都拥有广大领土，因而人口密度很低。"①

可见，"队群"虽然通常只有几十个人，极为简单，不包括任何其他社会；却是一种独立自主的社会，因而也就是一种国家，亦即人类最原始最古老最简单的国家。这样一来，国家也就是一种人

---

①　Carol R. Ember，Mevin Ember，*Cultural Anthropology*，Ninth Edition，London：Prentice Hall，1999，p. 222。

类最早的社会,是一种最古老的社会,因而是人类从来就有的社会。所以,鲍桑葵说:"从某种意义上讲,可以说凡是有人类居住的地方就有国家。也就是说,从来就有某种规模比家庭大而且不承认任何权力高于它的联合组织或自治组织。"[①]

诚然,问题在于,说原始社会20人构成的独立自主的小小"队群"或"游团"是一个国家,岂不荒唐?咋一看来,确实荒唐。其实不然。因为哪一种极其高级伟大的事物,不是由极其简单渺小的事物发展而来?现代国家固然极其庞大复杂,但它显然并不是一下子无中生有,而无疑是从人类最原始最古老最简单的国家发展进化而来。那么,这种人类最原始最古老最简单的国家由20人构成,何荒唐之有?柏拉图早就指出,最小的国家可能只有4到5人:"最小的城邦起码要有4到5人。"[②]更何况,如果千余人口的梵蒂冈是一个国家并不荒唐,那么,千余人口的"队群"是一个国家也就不荒唐了。如果千余人口的"队群"是一个国家不荒唐,那么,百余人口的"队群"是一个国家也就不荒唐了。如果百余人口的"队群"是一个国家并不荒唐,那么,20个人构成的"队群"是一个国家,何荒唐之有?

显然,问题的关键全在于国家的定义。如果像我们在前面所证明的那样,国家的定义是"拥有最高权力、主权或独立自主的社会",那么,一个社会,不论如何庞大复杂,不论有多少人,哪怕是2亿人,只要它不拥有主权、不能独立自主,它就不是国家;相反地,一个社会,不论如何简单原始,不论有多少人,哪怕它只有两个人,

---

　　① 〔英〕鲍桑葵著,汪淑钧译:《关于国家的哲学理论》,商务印书馆1995年版,第46页。

　　② 〔古希腊〕柏拉图著,郭斌和、张竹明译:《理想国》,商务印书馆1986年版,第59页。

但只要它拥有主权、独立自主，它就是国家。因此，我们决不能因为"队群"或"游群"是人类最简单最古老最原始社会而否定其为国家。"队群"或"游群"究竟是不是国家，只能看它是否拥有主权，是否独立自主。既然"队群"或"游群"确实是一种拥有主权独立自主的社会，那么，它无疑是国家。所以，国家从来就有，它是一种人类从来就有的社会。

2. 国家并非从来就有：从国家的现代主流定义来看

如果不是从国家的科学的定义出发，而是从国家的现代主流定义——国家就是最高权力、政治权力和政治组织或政府、政治实体——来考察国家起源，那么顺理成章，自然会得出结论说：只有当政治组织从其他社会组织独立出来从而成为政治实体的时候，才产生了国家；只有当出现了同其他社会相脱离的正规的、正式的、专门的行政管理和政治机构或政府——包括官署、军队、警察和监狱等等——的时候，才产生了国家。因此，哈维兰说："国家是最正式的政治组织。"[1]恩格斯说："国家是以一种与全体固定成员相脱离的特殊的公共权力为前提的。"[2]"构成这种权力的，不仅有武装的人，而且还有物质的附属物，如监狱和各种强制机关。"[3]"这种从社会中产生但又自居于社会之上并且日益同社会脱离的力量，就是国家。"[4]列宁说："国家就是从人类社会中分化出来的

---

[1]　William A. Haviland, *Anthropology*(9th Edition), New York: Harcourt College Publishers, 2000, p. 663.

[2]　《马克思恩格斯选集》第四卷，人民出版社 1972 年版，第 91 页。

[3]　同上书，第 167 页。

[4]　同上书，第 166 页。

管理机构。当专门从事管理并因此而需要一个强迫他人意志服从暴力的特殊强制机构（即监狱、特殊队伍及军队等等）的特殊集团出现时,国家也就出现了。"①

那么,人类社会究竟从何时开始出现这种独立的政治组织或政治实体? 一个社会是否存在独立的政治组织或政治实体的判断标准,显然在于是否存在税收。因为正如恩格斯所言,政治实体必须依靠税收才可能存在发展,"为了维持这种公共权力,就需要公民缴纳费用——税收。"②这样一来,是否存在税收,便是衡量一个社会是否存在独立的政治组织或政治实体的一个显著标志,便是国家是否存在的显著标志。典型的原始社会固然有政治组织,但整体讲来,并不存在独立的政治组织或政治实体,不存在专业化的武装队伍——警察军队监狱——不存在税收,因而还不存在国家;只有到了阶级社会,政治组织才独立出来而成为一种政治实体,才存在专业化的武装队伍,才存在税收,因而才产生了国家:国家是阶级社会的产物,是社会分层和阶级分化以及人口增长、生产进步和战争的结果,是剥削阶级镇压被剥削阶级的工具。因此,恩格斯说:

"国家是从控制阶级对立的需要中产生的,同时又是在这些阶级冲突中产生的,所以,它照例是最强大的、在经济上占统治地位的阶级的国家,这个阶级借助于国家而在政治上也成为占统治地位的阶级,因而获得了镇压和剥削被压迫阶级的新手段。"③

---

① 《列宁选集》第四卷,人民出版社 1972 年版,第 45 页。
② 《马克思恩格斯选集》第四卷,人民出版社 1972 年版,第 167 页。
③ 同上书,第 168 页。

　　这就是基于国家的现代主流定义的国家起源论：它不仅是马克思主义的国家起源论，而且——在某种程度上——是广为接受的现代主流理论。就拿现代人类学来说，摩尔根认为原始社会没有国家，国家是阶级社会的产物，国家与氏族社会的根本区别在于前者以地域和财产为基础，后者以血缘关系为基础："一切政府形态都可以归结为两种普遍方式……这两种方式的基础根本不同。按时间顺序说，第一种方式以人身和纯人身关系为基础，可以称之为社会。这种组织的单位是氏族……第二种方式以地域和财产为基础，可以称之为国家。这种组织的基础或单位是用界碑划定范围的乡或区及其所辖之财产，政治社会即其结果。政治社会是按地域组织起来的，它通过地域关系来管理财产和人们。"①对于摩尔根的这一论断，恩格斯进一步补充说：

　　"国家和旧的氏族组织不同的地方，第一点就是它按地区来划分它的国民……第二个不同点，是公共权力的设立，这种公共权力已不再同自己组织为武装力量的居民直接符合了。"②

　　塞维斯等人类学家堪称人类学最新水平国家起源论的代表人物，他们同样认为国家并非从来就有，而是经过原始社会的"游群"、"部落"和"酋邦"三个发展阶段，到了阶级社会才产生的。所以，他们将人类社会分为四种类型：游群、部落、酋邦和国家："国家作为建立在世俗力量基础上的镇压机构，与文明的最初发展并没有衔接关系。"③这一学说影响深远，广为引用。美国今日的两本

---

　　①　Lewis H. Morgan, *Ancient Society*, Cambridge：Harvard University Press，1964，p. 14.

　　②　《马克思恩格斯选集》第四卷，人民出版社 1972 年版，第 167 页。

　　③　转引自〔美〕哈斯著，罗林平等译：《史前国家的演进》，求实出版社 1988 年版，第 67 页。

人类学教材——哈维兰的《当代人类学》和恩伯的《文化的变异》——也都认为国家是存在税收的正规的独立的政治实体,这种政治实体是经过原始社会的"游群"、"部落"和"酋邦"三个发展阶段,到了阶级社会才产生的:

　　"所谓国家,根据比较标准的定义,就是'享有自主权的政治单位,其领土内包括许多社会、设有中央政府,该政府拥有征税、征召人员服劳役或兵役和颁布并执行法律等权力。因此,各种国家都有一个复杂的中央政治机构,包含具有立法、行政和司法功能的一系列永久性机构和大批官吏。这个定义的核心是在国内外行驶政策的合法性力量这一概念。在国家中,政府力图保持使用武力的垄断权。这种垄断权表现为发展正规化和专业化的社会控制机构,如警察、民兵、常备军。"[①]

　　可见,认为国家并非从来就有的国家起源论,依据于"国家是以地域为基础的社会"和"国家是正规、专门或独立的政治组织"的国家之现代主流定义:它是根据这一定义从原始社会与阶级社会政治组织之实际状况推导出来的。这一推导过程可以归结为一个公式:

　　前提1　国家是正规的独立的政治组织或政治实体,其治理以地域为基础。
　　前提2　原始社会不存在正规或独立的政治组织,其治理以血缘为基础;正规或独立的政治组织出现于阶级社会,其治理以地域为基础。

　　结论　原始社会不存在国家;国家是阶级社会的产物。

---

　　①　Carol R. Ember, Mevin Ember, *Cultural Anthropology* (9th Edition), London: Prentice Hall, 1999, p. 226.

细究起来,这一推论的两个前提和结论都不能成立。诚然,大体说来,原始社会确实不存在正规的独立的政治组织或政治实体。但是,原始社会并非皆以血缘关系为基础。因为现代人类学发现,人类最古老的社会,并非如摩尔根所说,是氏族;而是群队,在群队社会中还没有氏族组织。群队社会的一个极其重要的特点恰恰在于,它们未必是血缘性的团体。霍贝尔甚至断然认为:群队是"基于地域的社会群体。"①所以,阶级社会固然皆以地域为基础,但原始社会却未必皆以血缘为基础,因而断言原始社会是以血缘关系——而不是以地域关系——为基础的社会,是不能成立的。

那么,将"社会治理究竟以地域还是血缘为基础"作为国家区别于非国家社会的根本特征,是否能够成立? 答案也是否定的:以地域还是血缘为治理基础,并非国家区别于其他社会的特征。试想,某个省,比如说,吉林省,该省的治理显然是以地域——而不是血缘——为基础。但是,该省并不是国家。那么,吉林省为什么不是国家? 显然只是因为它不拥有最高权力,不拥有主权,不是独立自主的社会。否则,如果吉林省拥有最高权力或拥有主权从而独立自主,那么,不论其治理如何,即使它的治理不是以地域——而是以血缘——为基础,它也是国家。因此,国家区别于其他社会的根本特征只在于是否拥有最高权力,而与其治理原则无关,与其是否以地域为基础无关。所以,哈斯在评价弗里德将"社会治理究竟以地域还是血缘为基础"作为国家区别于非国家社会的根本特征时,指出这种理论的始作俑者是梅因、维诺戈勒多夫和西格尔,进

---

① 芮逸夫主编:《云五社会科学大辞典·人类学》,台湾商务印书馆 1976 年版,第241 页。

而评述道:

"他们的结论主要依赖于由归纳法得出的判断,他们也没有排除某个国家按照某种方式由血缘关系构成的可能性。事实上,梅因得出结论说,最早出现的国家可能是以血缘关系为基础的组织,以地域为基础是在最早的国家形成以后不久出现的:'可以断言,早期的公民把他们在其中取得成员资格的组织当作建立在共同的血统基础上的。对于家庭适用的也被认为适用于家族,其次适用于部落,再次适用于国家。'……无论是血缘关系组织原则还是非血缘关系组织原则的变化,都不对国家发展的基本过程产生决定性影响。"①

可见,将"社会治理究竟以地域还是血缘为基础"作为国家区别于非国家社会的根本特征,是不能成立的。这样一来,不但断言原始社会皆以血缘为基础是错误的,而且认为国家必以地域为基础也是错误的:既有以地域为基础的原始社会,也有以血缘为基础的国家。这就意味着,从"原始社会皆以血缘为基础"的前提,得出"原始社会无国家"的结论,乃是一种双重错误:前提与结论皆错。

当然,由此还不能断言认为原始社会无国家的"国家起源的现代主流理论"是不能成立的。因为这种理论的依据还在于:"原始社会不存在正规的、专门的、独立的政治组织或政治实体——国家亦即正规的、专门的、独立的政治组织或政治实体——因而原始社会不存在国家"。这种推论能成立吗?答案也是否定的。诚然,原始社会不存在——而只有阶级社会才存在——正规的、专门的、独立的政治组织或政治实体。但是,将"国家"等同于"正规的、专门

---

① 〔美〕哈斯著,罗林平等译:《史前国家的演进》,求实出版社 1988 年版,第 39 页。

的、独立的政治组织或政治实体"却是大错特错的。因为，如上所述，这种关于国家的现代主流定义（国家亦即政治实体，亦即正规、专门或独立的政治组织）犯了以偏概全的错误：将国家与国家的一部分——国家的政治组织或政府——等同起来。

确实，国家怎么可以等同于正规、专门或独立的政治组织呢？国家怎么能仅仅是正规、专门或独立的政治组织，而不包括其他组织和人员呢？难道报效国家仅仅是报效国家的正规、专门或独立的政治组织，而不包括国家的其他组织和人民？难道中国仅仅是中国的正规、专门或独立的政治组织，而不包括中国其他组织、13亿人民和960万平方公里的土地？难道热爱中国仅仅是热爱中国正规、专门或独立的政治组织，而不包括热爱中国其他组织、中国人民和中国山河？显然，国家绝不仅仅是正规的、专门的、独立的政治组织或政治实体，而是其下一切组织和一切社会的总和。这样一来，将"国家"等同于"独立的政治组织或政治实体"，因而由原始社会不存在独立的政治组织或政治实体，进而断言原始社会不存在国家，便难以成立了。

诚然，问题的关键还在于：正规、专门或独立的政治组织是不是国家之所以为国家、国家区别于其他社会的根本特征？如果答案是肯定的，那就仍然可以由原始社会不存在正规、专门或独立的政治组织而得出结论说：原始社会不存在国家。但是，这答案不可能是肯定的，正规、专门或独立的政治组织不是国家之所以为国家、国家区别于其他社会的根本特征。试想，某个省，比如说，吉林省，该省无疑拥有正规、专门或独立的政治组织，拥有正规、专门或独立的行政管理和政治机构，包括官署或官僚系统、监狱、警察、军队等等。但是，该省并不是国家。那么，吉林省为什么不是国家？

显然只是因为它不拥有最高权力,不拥有主权,不是独立自主的社会。所以,国家区别于其他社会的根本特征只在于是否拥有最高权力或主权,而与是否拥有正规、专门或独立的政治组织无关。

总而言之,认为国家并非从来就有的"国家现代起源论"的两个论据——国家是以地域为基础的社会和国家是正规、专门或独立的政治组织——都是不能成立的。国家之所以为国家、国家区别于其他社会的根本特征既不在于是否以地域为基础,也不在于是否拥有正规、专门或独立的政治组织,而仅仅在于是否拥有最高权力、主权或独立自主。这样一来,原始社会便存在国家,国家便是从来就有的了。因为原始社会无疑存在着拥有最高权力或主权的社会,无疑存在着独立自主的社会:拥有最高权力或主权从而独立自主的社会无疑是从来就有的。只不过,原始社会的国家是一种原始国家,因而不存在独立的政治组织或政治实体,不存在专业化的武装队伍,不存在警察监狱军队,不存在税收;反之,阶级社会的国家则恰恰以独立的政治组织或政治实体为特征,因而存在专业化的武装队伍,存在警察、监狱和军队,存在税收罢了。国家既然从来就有,那么,它是否永远存在?

3. 永恒性与绝对性:国家的存在本性

按照国家定义及起源的现代主流理论和马克思主义理论,国家既然是一种独立的、专门的政治组织或政治实体,如官署、警察、监狱、军队等等;既然并非从来就有而只是产生于阶级社会,是阶级镇压工具,那么,毫无疑义,国家必将随着阶级的消灭而消亡。确实,皮之不存,毛将附焉! 阶级消灭了,阶级镇压工具岂能不随之消亡? 所以,恩格斯认为:

"国家并不是从来就有的。曾经有过不需要国家、而且根本不知国家和国家权力为何物的社会。在经济发展到一定阶段而必然使社会分裂为阶级时,国家就由于这种分裂而成为必要了。现在我们正在以迅速的步伐走向这样的生产发展阶段,在这个阶段上,这些阶级的存在不仅不再必要,而且成了生产的直接障碍。阶级不可避免地要消失,正如它们从前不可避免地产生一样。随着阶级的消失,国家也不可避免地要消失。以生产者自由平等的联合体为基础的、按新方式来组织生产的社会,将把全部国家机器放到它应该去的地方,即放到古物陈列馆去,同纺车和青铜斧陈列在一起。"①

可见,国家消亡是依据国家定义和起源的现代主流理论而从阶级必将消灭的事实推导出来的结论。这一推导过程可以归结为一个公式:

前提1　国家产生于阶级社会,是阶级镇压工具。

前提2　阶级必将消灭。

_____

结论　国家必将消亡。

这一推论的前提2:"阶级必将消灭"固然是真理;但前提1:"国家产生于阶级社会,是阶级镇压工具"和结论:"国家必将消亡"却皆为谬误。因为独立的专门的特殊的政治组织或政治实体和专业化的武装队伍——军队警察监狱——固然产生于阶级社会而成为阶级镇压工具;但它们绝不仅仅起因于阶级镇压需要,而同时也起因于人口增长、经济发展管理组织日益庞大复杂等需要。因此,

_____

① 《马克思恩格斯选集》第四卷,人民出版社1972年版,第170页。

随着阶级消灭而消亡的,仅仅是阶级镇压所必须和特有的那种政治组织或政治实体,如臃肿的官僚机构和庞大的军队等等。反之,与阶级镇压无关而起因于人口、经济、科学、教育、文化、艺术、卫生、体育等事业的发展和管理对象日益复杂之独立的专门的政治组织或政治实体,显然不会因阶级消灭而消亡。

退一步说,即使一切独立的专门的政治组织或政治实体皆随着阶级消灭而消亡,国家也不会消亡。因为即使不存在独立的专门的政治组织或政治实体,也绝不可能不存在权力和最高权力。因为,如上所述,只要存在社会,就必定存在权力和最高权力;如果没有了权力和最高权力,也就不可能存在任何社会。而只要存在权力和最高权力,也就存在国家了:国家是拥有最高权力的社会。所以,究竟言之,只有在一种情况下国家才可能消亡,那就是,每个人不再是社会动物,不再结成社会过社会生活;而完全形单影只孤零零地生活。只有在这种每个人都独自生存而彼此老死不相往来的情况下,国家才会消亡。否则,哪怕只有两个人在一起生活,也会因其是一种社会而必定拥有权力和最高权力,因而必然存在国家。

问题的关键在于,人是社会动物,人们绝不可能各自形单影只独自生活,而必然结成社会,过社会生活。这样一来,人类在任何情况下便都因其必然结成社会而必然存在权力和最高权力,必然存在拥有最高权力的社会,因而必然存在国家。所以,一方面,国家固然与社会根本不同:国家是拥有最高权力的社会;但是,另一方面,国家却与社会一样,从来就有并将永远存在:永恒性与绝对性乃是国家的存在本性。因此,国家不可能消亡,而只能随着社会发展和阶级生灭而不断转型:已由原始社会无阶级的部落国家,转型为阶级社会的阶级国家;已由公元前一千年多达一百万个国家,转型为今日一百多个国家;势必将由这一百多个阶级国家,转型为一个只拥有一个主权和一个政府的世界大同的无阶级的共产主义的全球国家。因此,考茨基说:

"当人们考虑阶级消灭对于国家所产生的后果时,人们似乎应该不那么大谈国家的消亡,而毋宁应该谈国家的机能变换。"[①]"关于术语的问题,我们是可以争论的。马克思恩格斯认为,国家将在阶级消灭以后自行消亡,但是在他们当时看来,术语问题没有重要到那样程度,使他们一定要为必将代替国家的那种组织提出一个特殊的名称。然而,我们既然必须谈论这种新组织,也就不得不用一个特殊的名词来指称它。也许,最恰当的还是仍旧保留国家这个名称,例如工人国家或社会国家这样的名称,来将未来的国家同至今的国家亦即同阶级国家区别开来。"[②]

4. 国家终极根源:国家最终源于社会的统一和最大化需要

国家与社会一样,从来就有并将永远存在,意味着:一方面,对于国家起源的研究,如同对于社会、生产关系、运动和时间等等从来就有并将永远存在的事物之起源或原因的研究一样,应该从空间方面——亦即该事物与其他事物的相互关系——进行。比如说,对于生产关系起源或原因的研究,可以从它与生产力的关系来进行,从而发现生产关系源于生产力:生产关系不过是生产力的表

---

① 〔英〕考茨基著,王造时译:《唯物主义历史观》第五分册,上海人民出版社 1964 年版,第 312 页。

② 同上书,第 327 页。

现形式,因而随着生产力变化而变化。另一方面,对于国家起源的研究,不应该考究国家最初是怎样产生的,不应该考究所谓前国家时代的社会是怎样产生国家的;而应该考究新国家是怎样产生的,应该考究各个国家的生灭更替,从而发现国家起源的普遍规律。

不论从哪方面看,对于国家起源的研究,都可以归结为对于最高权力起源的研究。因为正如狄骥所言,国家与最高或不可抗拒的权力的出现如影随形:"国家是由强制权力所构成的。无论在任何地方,如果我们证明某个共同体内存在一种强制的权力,我们就可以说也应该说已经有一个国家了。……要有国家,这种强制权力就必须是不可抗拒的。"①狄骥此见甚真。因为国家是拥有最高权力的社会,它区别于其他社会的根本性质是最高权力。这就意味着:哪里有最高权力,哪里就有国家;最高权力的起源和原因就是国家的起源和原因。那么,最高权力的起源和原因究竟是什么?

狄骥的回答颇为悲观:"几个世纪以来人们就讨论过这个问题,但对问题的解决却始终没有前进一步。其中的理由就是因为问题无法解决。"②狄骥此言过未免偏激。国家或最高权力的起源固然极其复杂,却不是个无法解决的难题。综观两千年来思想家们对于这个难题的研究及其学说,如神权说、武力说、契约说、自然说、进化说等等,可知国家或最高权力具有多重起源:一方面,国家或最高权力具有内在与外在、直接与间接(或终级)之双重起源;另一方面,国家或最高权力具有实然或事实与应然或应该之双重起源。

柏拉图和亚里士多德关于国家的"自然起源说"揭示了国家终

---

① 〔法〕狄骥著,钱克新译:《宪法论》,商务印书馆 1959 年版,第 383 页。
② 同上书,第 393 页。

级的必然的普遍的根源。柏拉图说："在我看来，之所以要建立一个城邦，是因为我们每一个人不能单靠自己达到自足，我们需要许多东西。你们还能想到什么别的建立城邦的理由吗?"①确实，每个人单独说来原本都是弱小无能而难以独自生存的动物；只有建立人际联系，分工协作，结成各种社会——如家庭、村庄、城镇和国家等等——才能生存发展，满足自己的各种需要。因此，人注定是一种社会动物，国家起源于每个人的社会需要，起源于每个人生存和发展之普遍的必然的自然的社会需要。诚然，这只是国家与其他一切社会的共同的起源——因而也就是国家的最普遍最根本的根源——而不是国家特有的起源；因而与其说是国家起源，不如说是社会起源。但是，从此出发，便不难发现国家特有的起源了。

原来，人是社会动物，每个人的生存发展需要不但只有通过社会才能够获得满足，而且这些需要的满足程度，显然与社会规模的大小成正比：社会的规模越小，人才的种类便越少，分工协作便越简单，从而每个人需要获得满足的程度便越低越少越差；社会的规模越大，人才的种类便越多，分工协作便越复杂，每个人需要获得满足的程度便越多越高越好。因此，每个人不仅需要和追求社会，而且需要和追求最大的社会，需要社会最大化：最大的社会就是每个人的需要可以获得最完备最充分最优良满足的社会。国家与最大的社会原本是同一概念。因此，这就是国家不同于其他社会的起源，这就是国家的特有起源：国家起源于每个人所固有的对于最大社会的需要，起源于每个人的需要的满足程度与社会的大小成正比之本性。所以，亚里士多德认为国家起源于人对完备的、自给

---

①　〔古希腊〕柏拉图著，郭斌和、张竹明译：《理想国》，商务印书馆 1994 年版，第 58 页。

自足的、至善的、优良的生活之追求：

"等到由若干村坊组合而为'城市（城邦）'，社会就进化到高级而完备的境界，在这种社会团体以内，人类的生活可以获得完全的自给自足；我们也可以这样说：城邦的长成出于人类生活的发展，而其实际的存在却是为了'优良的生活'。早期各级社会团体都是自然地生长起来的，一切城邦既然都是这一生长过程的完成，也该是自然的产物。这又是社会团体发展的终点。……事物的终点，或其极因，必然达到至善。那么，现在这个完全自足的城邦正该是自然所趋向的至善的社会团体了。"①

然而，问题在于，如果说国家起源于人所固有的对于最大社会的需要，那么，国家就应该通通是大国，最终形成只有一个政府的全球国家。可是，实际上，为什么会存在那么多小国家呢？原来，国家或最高权力还有一个更为根本和重要的起源，那就是使社会成为一个统一的整体的需要。因为任何社会，不论大小，不论人数多少，它存在与发展的最根本的条件，无疑是统一，是"完整地结合为一个单位"。只有当社会如同一个人那样"构成一个整体"，亦即成为一个统一体、一个"公共的大我"、一个"公共人格"，它才能够存在发展；否则，四分五裂、各行其是，势必崩溃灭亡。这个道理，阿奎那曾有十分精辟的阐述："'无论何物，只要统一即可存在。'这就是为什么我们会看到，各种事物都极力避免分裂，而一物的分裂则源于其某种内在缺陷。因此，不论管理众人者是谁，他的首要目标就是统一或和平。"②

---

① 〔古希腊〕亚里士多德著，吴寿彭译：《政治学》，商务印书馆 1965 年版，第 7 页。

② A. P. D'Entreve, *Aquinas Selected Political Writings*, Lanham: Rowman & Little field, 1981, p. 54.

那么,社会如何才能够成为一个统一的整体呢? 显然不但需要权力,而且需要一种统帅所有权力的最高的不可抗拒的权力。因为如果只有权力而没有最高的不可抗拒的权力,人们势必各行其是,社会便会处于四分五裂无政府状态而崩溃瓦解:"如果两种权力同等的效力并且平均发展,那么处在这种情况下就没有国家存在,而在语源学意义上讲便是无政府状态,这种状态一直将继续到组成一种不可抗拒的权力时为止。"①因此,最高权力乃是社会成为一个统一整体的最根本的必要条件。只有形成最高的不可抗拒的权力,社会才能够成为一个统一的整体,才能如拉斯基所说而"完整地结合为一个单位",才能如卢梭所说而成为一个"公共的大我":

"我们每个人都以其自身及其全部的力量共同置于公意的最高指导之下,并且我们在共同体中接纳每一个成员作为全体之不可分割的一部分。……共同体就以这同一个行为获得了它的统一性、它的公共的大我、它的生命和它的意志。这一由全体个人的结合所形成的公共人格,以前称为城邦,现在则称为共和国或政治体;当它是被动时,它的成员就称它为国家。"②

因此,只要有社会,就必定有最高权力或国家:最高权力或国家是社会成为一个统一的整体的最根本的必要条件,是社会存在发展的最根本的必要条件。这就是为什么国家从来就有并且永远存在的缘故,这就是最高权力或国家的最根本最重要的起源和目

---

① 〔法〕狄骥著,钱克新译:《宪法论》,商务印书馆1959年版,第383页。

② 〔法〕卢梭著,何兆武译:《社会契约论》,商务印书馆1991年版,第23-25页。

的:最高权力或国家源于社会成为一个统一体的需要,目的在于使
社会成为一个统一体,从而避免四分五裂各行其是,最终保障社会
存在发展。

可见,国家所特有的起源具有双重性:国家起源于每个人对于
社会最大化的需要和使社会成为一个统一体的需要。不难看出,
二者具有反比例关系:社会越大,便越难以统一;社会越小,便越易
于统一。这恐怕就是为什么国家虽然起源于社会最大化的需要,
可是实际上却存在众多小国家的缘故。但是,随着社会和人类的
进步,大国统一之困难必定会逐步被克服,从而不断实现社会最大
化和国家最大化。事实正是如此:我们已经由公元前一千年多达
一百万个国家,最大化为今日一百多个国家;最终岂不必定会最大
化为一个拥有一个主权和一个政府的全球国家?

综上可知,一方面,国家与其他社会一样,起源于每个人生存
和发展的社会需要,为了满足每个人生存和发展需要;另一方面,
国家与其他社会不同,起源于每个人的这些需要的满足程度与社
会的大小规模成正比之本性,起源于每个人对于社会最大化的需
要和使社会成为一个统一体的需要,为了最充分地满足每个人生
存和发展需要。但是,这些显然都只是国家的内在的间接的终极
的起源,只是说明国家是人类需要、人类需要国家,只是说明了国
家产生的必然性;而未能说明国家产生的实然性和应然性,未能说
明国家实际上是怎样产生的及其应该是怎样产生的:国家或最高
权力究竟是武力征服的结果还是上帝创造的抑或是人类契约而
成? 国家或最高权力究竟应该怎样产生? 这就是国家的直接的外
在的应然的起源问题。

二、国家直接根源：国家直接源于最高权力之契约

毋庸置疑，人类一切社会——从家庭到国家——无不直接源于某种契约：社会直接源于人们就"权力"问题所缔结的契约；国家则直接源于人们就"最高权力"问题所缔结的契约。因此，探究国家直接源头的起点乃是：究竟何谓契约？

1. 契约概念

中文契约原本由"契"与"约"两个字组成。"契"义为相合、投合、符合，如默契、契合。司空图《诗品·超诣》云："少有道契，终与俗违。"唐太宗《执契定三边》的"契"就是一种"兵符"。"约"意为缠束、约束、规约。《说文解字》云："约，缠束也。"《礼记·学记》云："大信不约"。契与约合成一词"契约"，意为"合意或同意之规约"。西文契约一词主要是 contract（英）、contrat（法）或 pacte（法）、vertrag（德）或 kontrkt（德），皆源于拉丁文 contractus。该词的前缀"con"由"com"转化而来，义为"共同"、"一起"；该词的后半部分"tractus"义为"交易"；合起来就是共同的、同意的交易。梅因进而指出，在拉丁语中，最早表示契约的名词是"耐克逊"（nex），意为"每一种用铜片和衡具的交易"。因此，梅因将契约的词源意义归结为："合意下的人们由一个强有力的约束或连锁联结在一起"。①

可见，不论中西，契约的词源含义都可以归结为：合意或同意

---

① 〔英〕梅因著，沈景一译：《古代法》，商务印书馆 1959 年版，第 177 页。

之交换和约束。那么,从概念上看,契约是否可以如此定义? 答案是肯定的。《法国民法典》便这样写道:"契约为一种合意"。但是,同意并不是契约的同一概念,而是契约的最邻近的类概念。因为正如科宾所指出:人们可以就很多东西达成同意,如同意拿破仑是伟大的将军、同意天气令人惬意等等。[①] 这些同意显然不是契约。那么,契约究竟是哪一种同意?

契约乃是人们就某种利益交换关系所达成的同意。因为正如麦克尼尔所言:"所谓契约,不过是有关规划将来交换过程的当事人之间的各种关系。"[②]"契约的基本根源,它的基础是社会。没有社会,契约过去不会出现,将来也不会出现。"[③]而所谓社会,说到底,不过是人们交互作用的产物:"社会——不管其形式如何——究竟是什么呢? 是人们交互作用的产物。"[④]这样一来,一切社会关系,说到底,便都是交换关系。只不过,这种交换可以分为根本不同的两大类型。一类是目的与手段关系的交换:交换者给予对方某物,是为了换取对方的他物,因而相互间的交换关系是目的与手段的关系。所有经济交换都属于此类。例如,卖菜妇给我三斤白菜,我付她一元钱,是经济交换。卖菜妇给我菜,是手段,其目的是要我的钱;我付给她钱,也是手段,目的是为了要她的菜。所以,我们之间的交换关系是目的与手段关系。

另一类是因果关系的交换:交换者给予对方某物,不是为了换

①　Arthur Linton Corbin,*Corbin On Contracts*,New York:West Publishing Co.,1952,p. 14.

②　〔美〕麦克尼尔著,雷喜宁、潘勤译:《新社会契约论》,中国政法大学出版社1994年版,第4页。

③　同上书,第2页。

④　《马克思恩格斯选集》第四卷,人民出版社1972年版,第320页。

取对方他物，而只是因为对方曾给予自己他物；因而相互间的交换关系不是目的与手段的关系，而只是因果关系。例如，我路见一乞丐，顿生怜悯心，给他一百元钱，当然不是为了换取他任何东西。他日后发达，竟认出已穷困潦倒的我，给了我一万元钱，显然也不是为了换取我的任何东西。然而，我们的前后行为无疑是一种交换，只不过不是目的与手段关系，而是因果关系罢了。

合而言之，交换乃是人们给予对方某物复从对方得到他物的行为，是相互给予的行为——如果给予对方某物必是为了从对方得到他物，便是目的与手段关系的交换，因而主要是经济交换；如果给予对方某物不是为了从对方得到他物，则是因果关系的交换，因而都属于非经济交换范畴。因此，交换乃是个外延极为广泛的范畴，它不仅存在于经济领域，而且存在于人类社会生活的一切领域，存在于一切人际关系之中：一切社会行为说到底都是交换行为；一切人际关系说到底都是交换关系。

这种交换关系和交换行为，一方面是我为人人：我为社会和他人谋取利益，也就是所谓的"贡献"、"付出"和"义务"；另一方面则是人人为我：我从社会和他人那里得到利益，也就是所谓的"索取"、"要求"和"权利"。这一切利益的付出与索取以及义务与权利成交的根本条件，无疑在于当事人的同意：只有当事人同意才能够进行交换；否则便不可能发生交换。人们对于这些利益的付出与索取以及义务与权利所达成的同意，就是所谓的"契约"：契约就是人们对于利益的付出与索取以及义务与权利之作为与不作为所达成的同意，就是人们就某种利益交换关系所达成的同意。所以，《法国民法典》第1101条给契约所下的经典定义是："契约为一种合意，依此合意，一人或数人对另一人或数人负担给付、作为或不作为的债务。"《牛津法律必备》也这样写道:"契约是两个或两个以上的人为了在他们之间创立合意债务并使这种债务在法律上可以执行而达成的合意。"

然而,这里所谓"债务"又是指什么? 科宾答曰,它就是"法律义务":"它已经成为几乎与'法律义务'完全同义的术语。"①因此,这些含有"债务"概念的契约之定义,正如麦克尼尔所言,仅仅是法律上的契约之定义,仅仅是法律上能够强制执行的契约之定义,亦即具有法律约束力的契约之定义,因而一般说来,也就是人们对于权利与义务相交换所达成的同意。② 除此之外,还存在不具有法律效力的契约或生活契约,亦即人们就某种非权利义务的利益交换关系所达成的同意。这种契约纷纭复杂,外延极为广泛,如商品买卖、生日宴会、互助协议、结义而为兄弟的约定、爱情的海誓山盟、结婚的约法三章、课堂纪律、党团章程等等。这些同意,固然不具有法律约束力,却都攸关某种利益和行为之交换,因而都是契约;只不过不是法律意义上的契约罢了。因此,麦克尼尔说:"法律可以说是全部契约关系的内在组成部分,不可忽视的一部分,但法律不是契约全部。契约是使现实世界中的各种事情得以完成——造房子,卖东西,合作办企业,获取权力和威望,家庭结构内的分享和竞争。"③

可见,契约的外延极其广泛而涵盖人类的全部社会生活,以致考夫曼这样写道:"人类生活的几乎整个过程都意味着、或者更确

---

①　Arthur Linton Corbin, *Corbin On Contracts*, New York: West Publishing Co., 1952, p. 3.

②　〔美〕麦克尼尔著,雷喜宁、潘勤译:《新社会契约论》,中国政法大学出版社1994年版,第5页。

③　同上。

切些说,等于是,接二连三地履行契约。"①确实,人类全部社会行为都可以说是对于契约的履行或违背。因为任何社会行为说到底都是某种利益交换行为,因而只有达成同意、缔结契约才能够进行。这种契约的最为普遍的、每个人的一切社会行为都无法逃避的形式,就是道德和法。因为道德和法不过是社会制定、认可的行为规范,不过是得到社会同意的行为规范,说到底,不过是人们就某种具有利害关系的行为所达成的同意:道德是人们就一切具有社会效用的行为应该如何所达成的同意;法则是人们就一切具有重大社会效用的行为应该且必须如何所达成的同意。

法和道德的这种"同意",说到底,无疑攸关每个人与社会和他人的利益交换,是每个人就自己与社会和他人的利益交换所达成的同意:如果一个人遵守道德和法,他就会得到社会和他人的称赞和奖赏,他就可以获得他能够从社会和他人那里所获得的一切利益;如果一个人不遵守道德和法,他就会遭受社会和他人的谴责和惩罚,他就会失去他能够从社会和他人那里所获得的一切利益。所以,法和道德乃是每个人就自己与社会和他人的利益交换所达成的同意,因而属于契约范畴:道德和法是每个人与社会和他人所缔结的社会契约。因此,埃斯库鲁说:"正义是一种防止人们相互伤害的权宜契约。"②伊壁鸠鲁说:"不能互相订立契约以保证彼此不伤害的动物,无所谓公正与不公正。既不能够也不愿意订立互利契约的部落也是这样。"③休谟说:"正义起源于人类契约。"④弗

① 〔俄〕考夫曼著,张守东译:《卡多佐》,法律出版社2001年版,第46页。
② 卞崇道等编:《西方思想宝库》,吉林人民出版社1988年版,第944页。
③ 苗力田主编:《古希腊哲学》,中国人民大学出版社1989年版,第653页。
④ David Hume,A Treatise of Human Nature,Oxford:Claredon Press,1949,p.494.

兰克纳说："就道德的起源、认可和作用来看,它也地地道道是社会的。它是用来指导个人和较小团体的全社会的契约。"①吉尔波特·哈曼(Gilbert Harman)则进一步提出"道德契约(moral bargaining)论"。他说:"我的论点是,道德发生于一个人群关于他们彼此的关系达成一种暗含的契约或无言的协议的时候。"②一言以蔽之曰:道德和法乃是规范一切社会行为的最普遍的社会契约。这恐怕就是为什么人类全部社会行为都不过是对契约的履行或违背之根本缘故。

总而言之,契约外延极为广泛而绝不仅仅具有法律上的意义:契约乃是人们对于一切利益的付出与索取以及义务与权利之作为与不作为所达成的同意,乃是人们就一切利益交换关系所达成的同意,换言之,也就是人们就一切利益交换关系所达成的协议。因为正如杨桢所言,协议就意味着一致、合意、同意:"协议者,双方当事人意思表示一致之谓也。"③科宾也这样写道:"当我们说有一个协议时,这一般意味着两个以上的人表明他们已经取得了一致。"④因此,安森(Anson)给法律上的契约下定义时写道:"一种法律上能够强制执行的协议,由两个以上的人订立,依据它,一方之人有权要求他方之人行为或不行为。"⑤杨桢亦如是说:"契约一词,一般乃指两人以上,以发生、变更或消灭某项法律关系为目的

---

① William K. Frankena：*Ethics*，New Jersey：Englewood Cliffs，1973，p. 6.

② Louis P. Pojman：*Ethical Theory：Classical and Contemporary Readings*，Massachusetts：Wadsworth Publishing Company，1995，p. 38.

③ 杨桢：《英美契约法论》第三版,北京大学出版社 2003 年版,第 3 页。

④ Arthur Linton Corbin，*Corbin On Contracts*，New York：West Publishing Co.，1952，p. 14.

⑤ 同上书，p. 4。

而达成之协议。"①《中国大百科全书》也这样写道："合同又称契约。广义泛指发生一定权利、义务的协议。……狭义专指双方或多方当事人关于建立、变更、消灭民事法律关系的协议。"

契约是人们就利益交换关系所达成的同意或协议，显然意味着，契约的构成要素有三。其一，交换的主体：契约不是单方的行为，而必定是双方或多方行为；否则显然无所谓交换，无所谓契约。其二，交换物：契约必有相互交换的东西、交换物，否则便无所谓交换，无所谓契约。交换物或交换的东西，就是所谓的"约因"或"对价"，亦即"consideration"："一个有价值的约因是指一方为换取另一方允诺，而给予或许诺对方的有价值的东西……任何一个有效的契约都可以简化为这样一种交易：如果我为你做一些事，你就得为我做一些事。"②其三，交换的根本条件：双方或多方的同意。只有双方或多方同意，才可能进行交换，才会有契约；没有双方或多方同意，不可能进行交换，不可能存在契约。因此，双方、约因和同意三者分别是构成契约的必要条件，合起来则是构成契约的充分且必要条件：契约就是两个以上的人就某种利益交换关系所达成的同意或协议。

然而，许多人，如科宾，却以为某些单务契约依一方当事人的单方行为便可以成立，既不需要他方同意，也不需要他方提供对价，从而否认三者为契约构成的要素或必要条件，否认契约就是两个以上的人就某种利益交换关系所达成的同意或协议："将契约定

① 杨桢：《英美契约法论》第三版，北京大学出版社 2003 年版，第 4 页。
② 〔英〕迈克尔·莱斯诺夫等著，刘训练等译：《社会契约论》，江苏人民出版社 2005 年版，第 11 页。

义为协议看来排除了后面将要分析和说明的单务契约。确实存在着多种类型的契约，它们依一方当事人的单方行为成立，既不需要他方当事人的同意，也不需要其提供对价。'协议'一词不能清楚地描述这样的契约。"①

这种观点是不能成立的。因为单务契约绝不是依一方当事人的单方行为便可以成立的契约，绝不是只有立约人而没有受约人的契约。单务契约也必须有受约人，只不过，单务契约的立约人与受约人分属一方：一方只能是立约人；另一方只能是受约人。反之，双务契约的立约人与受约人是相互的：每一方都既是立约人同时又是受约人。一句话，单务契约与双务契约的根本区别只在于立约人：单务契约是立约人为单方的契约；双务契约是立约人为双方的契约。这一点，科宾也完全承认："在单务契约的情况下，只有一个立约人……在双务契约中，双方当事人都是立约人同时又都是受约人。"②单务契约既然必有立约人与受约人双方，怎么可能只依立约人单方行为便可以成立呢？它的成立怎么可能不需要受约人的同意呢？怎么可能不存在立约人向受约人立约的对价或约因呢？因此，科宾也不得不承认：

"单务契约一词决不意味着这种契约只有一个当事人。不论如何，它决不意味着这一允诺或者这些允诺是由一方当事人单独作出的。不论如何，在绝大多数情况下，该当事人的允诺还不足构成一个能够强制执行的契约，除非充分的对价已作为它的交换物

---

① Arthur Linton Corbin, *Corbin On Contracts*, New York: West Publishing Co., 1952, p. 6.

② 同上书, p. 31。

而被付出，或者存在同意接收含有这种允诺的文件的表示。所以，在大多数场合，即使一个契约可以被恰当地称作单务的，它也是由两人作成的。第二当事人（通常是受约人）的行为在多数情况下对允诺发生约束力是必要的；而且，除非已作出的允诺在法律上能够被强制执行，我们决不能称它作契约。在所有的‘合约’的场合，一方当事人是以他的允诺为要约来换取某一特定的对价，为了成交和缔结契约，该对价必须付出。如果这一对价是作为或不作为的行为而不是允诺，那么所产生的契约便是‘单务’的，尽管如此，它还是由两人作成的。"①

那么，科宾等人所断定的"若干"无对价的单务契约究竟是怎样的？最主要的就是无偿赠与之单务契约："一般赠与性之允诺，由于欠缺约定人以其允诺换取受约人承诺或履行行为之情形，受约人仅单纯受其表示，亦无法律上损害之可言，为缺乏约因之约定。"②科宾所列举的首位无对价或约因的单务契约亦属此类："A作出支付给 B 100 美元的书面允诺并将这份文件签名盖章后交付。一旦 B 或其代理人收到这份文件，一份使 A 承担义务并使 B 获得相应权利的单务合同便告成立。这里的立约人是该要约人。这项交易并不是‘合约’；没有什么东西同这一允诺相交换。"③

殊不知，无偿赠与等所谓无约因单务契约既然存在立约人与受约人双方，既然双方关系是一种契约关系，那么，双方的关系必

---

①　Arthur Linton Corbin, *Corbin On Contracts*, New York: West Publishing Co., 1952, p. 32.

②　杨桢：《英美契约法论》第三版，北京大学出版社 2003 年版，第 66 页。

③　Arthur Linton Corbin, *Corbin On Contracts*, New York: West Publishing Co., 1952, p. 33.

然是一种交换关系,因而必然存在交换物或约因。只不过这种交换关系和交换物或约因,一方面,乃是因果关系的交换:交换者给予对方某物,不是为了换取对方它物,而只是因为对方曾给予自己它物;因而相互间的交换关系不是目的与手段的关系,而只是因果关系。另一方面,这种交换物或约因,不是目的,而只是一种原因;不是作为交换目的交换物,而只是一种作为交换原因的交换物;不是一种目的物,而只是一种原因物。

就拿科宾所列举的无约因单务契约来说。A 向 B 支付 100 美元,既然是一种契约,便必有交换物,如 B 过去曾经帮助过 A,或 B 与曾帮助过 A 的 C 密切相关等等:这些就是 A 支付 B 100 美元的交换物或约因。只不过,一方面,这种交换关系不是目的手段关系,而只是因果关系;A 支付 100 美元所交换的交换物或约因,不是 A 支付 100 美元的目的物,不是 A 进行交换的目的,而只是 A 支付 100 美元的原因物,只是 A 进行交换的原因。另一方面,这种约因或对价不具有法律约束力,是一种不具有法律约束力或不充分的约因、对价。

所谓无约因契约大都如此:这种契约的约因或者是一种不具有法律约束力的、不充分的约因;或者是不构成交换目的的因果关系之约因。甚至一个人无偿赠与素昧平生的慈善机构以巨款的单务契约也是如此:他之所以将巨款无偿赠与素昧平生的慈善机构,是因为他深感他的一切都是社会和他人给予的。那么,社会和他人曾经给予他的一切,就是他无偿赠与的交换物,就是此无偿赠与单务契约之约因或对价。只不过,一方面,这种交换物或约因不是作为交换目的的目的物,而是作为交换原因的因果物;另一方面,这种交换物或约因不是所谓充分的、具有法律约束力的约因或对价罢了。科宾等"无约因契约论"的错误，就在于将约因与具有法律约束力的约因或所谓充分约因等同起来，将约因与目的手段关系的约因等同起来，因而由一些单务契约不具有法律约束力的约因或目的手段关系的约因，便错误地得出结论说：存在着没有约因的单务契约。

那么，科宾等人断言"若干"单务契约不需要受约人同意的观点能否成立？否！任何单务契约的成立，都需要受约人的同意，需要受约人按照立约人的意思，而履行一定行为或不为一定行为。这个道理，杨桢说得很清楚："单方契约系一方为意思表示，而他方以行为之作为或不作为而为完成之契约。受意思表示之一方，并无必须履行所被请求行为或不行为之义务。但如受领意思表示人依其请求，而履行一定行为或不为一定行为，契约即可成立。……最具代表性之单方契约为悬赏广告之寻找失物。"[1]"悬赏广告契约之成立，必须以双方当事人之间具有合意为要件，无合意则双方无悬赏契约之可言。"[2]

可见，科宾等人认为"某些单务契约不需要受约人的同意和对价而依立约人单方行为便能够成立"的观点是错误的。无双不成约，立约的"双方"、"同意"和"约因"，乃是一切契约——不论双务契约还是单务契约——构成三要素：任何契约都是两个以上的人就某种利益（约因或对价）交换关系所达成的同意或协议。

准此观之，通常的契约定义——契约即允诺——是值得商榷的。这一定义的权威表述，是美国1932年的《契约法重述》："契约

---

① 杨桢：《英美契约法论》第三版，北京大学出版社2003年版，第8页。
② 同上书，第38页。

是一个或一系列允诺,违背这种允诺,法律将给予救济,履行这种允诺,法律将以某种方式确认这种履行是一种义务。"《英国大不列颠百科全书》也这样写道:"按照最简单定义,契约是可依法执行的诺言。这个诺言可以是作为,也可以是不作为。"科宾十分赞成这个定义:"一个很通行的定义是:契约是能够由法律直接或间接强制执行的允诺。这个定义具有简明的优点,而它的实际价值也许不逊于迄今为止所提出的任何一个契约定义。"①

这个定义看来十分全面,因为"契约即允诺"显然不仅包括双务契约,而且包括单务契约,尤其包括那些所谓"不需要受约人的同意和对价而依立约人单方行为便能够成立"的单务契约:这种观点无疑是这个定义的发源地。但是,该定义是不能成立的。因为立约人的允诺既可能得到受约人的同意,也可能得不到受约人的同意。只有得到受约人的同意,亦即按照立约人的意思而履行一定行为或不为一定行为,立约人的允诺之为契约才能成立;否则,如果得不到受约人的同意,受约人并不按照立约人的意思而履行一定行为或不为一定行为,那么,立约人的允诺便仅仅是一种允诺而并不构成契约。所以,"契约即允诺"的定义是不能成立的。

这恐怕就是为什么这个定义接着补充说:契约是可依法执行的允诺。确实,可依法执行的允诺都是契约。因为可依法执行的允诺无疑意味着:这种允诺拥有受约人的同意和约因或对价。但是,将契约定义为"可依法执行的允诺"是错误的。因为"契约是可依法执行的允诺"显然并不是契约的定义,而只是法律上的契约的

① Arthur Linton Corbin, *Corbin On Contracts*, New York: West Publishing Co., 1952, p. 5.

定义。所以,该定义实际上是说:法律上的契约是可依法执行的允诺。这样一来,定义概念中就存在着被定义概念,岂非同义语反复?所以,麦克尼尔在评价该定义时说:"这个定义不过是像'一个承诺就是一个承诺'一样的同义语反复。"[①]避免这一逻辑错误的途径显然只有一个,那就是将"可依法执行的允诺"所蕴含的意思——受约人的同意和对价——直接表述出来:契约是拥有受约人同意和对价(交换物)的允诺,说到底,也就是两个以上的人就某种利益(约因或对价)交换关系所达成的同意。

2. 最高权力契约:国家直接且必然起源

契约的概念分析表明,契约是两个以上的人就某种利益交换关系所达成的同意:这就是契约的精确定义。但是,契约概念极为重要且幽深晦涩,因而对于契约概念的定义,正如科宾所指出,学术界众说纷纭:"这一术语已有许许多多不同方式的定义。这些定义可以见诸几乎所有的法律著作和数以千计的司法意见。"[②]然而,不论人们的见地如何不同,有一点却是毫无争议的共识,那就是:两个以上的人就某种利益交换关系所达成的同意是契约。换言之,对于"任何契约都是两个以上的人就某种利益交换关系所达成的同意"的定义,绝非共识而必有持异议者;反过来,对于"任何两个以上的人就某种利益交换关系所达成的同意都是契约"的判断,却是共识而绝无持异议者。

---

① 〔美〕麦克尼尔著,雷喜宁、潘勤译:《新社会契约论》,中国政法大学出版社1994年版,第5页。

② Arthur Linton Corbin, *Corbin On Contracts*, New York: West Publishing Co., 1952, p. 4.

　　不论从"任何契约都是两个以上的人就某种利益交换关系所达成的同意"的定义出发，还是从"任何两个以上的人就某种利益交换关系所达成的同意都是契约"的共识出发，都可以得出结论说：国家直接且必然起源于契约，说到底，必然直接起源于最高权力契约。因为国家是拥有最高权力的社会，它区别于其他社会的根本性质是最高权力。这就意味着：哪里有最高权力，哪里就有国家；最高权力的起源和原因就是国家的起源和原因。

　　最高权力无疑必然产生、形成和起源于社会成员的普遍同意。因为，如所周知，一切权力——最高权力并不例外——都具有合法性；而合法性之所以为合法性，固然有强制必须符合法律之意，但并不局限于符合法律；而是泛指一个社会的强制力量所具有的被该社会成员普遍同意的性质：权力是仅为管理者拥有且被社会成员普遍同意的迫使被管理者服从的强制力量。这意味着，一切权力必然都产生、形成和起源于社会成员的普遍同意；失去社会成员普遍同意的权力便不再是权力，而仅仅是强制力量；强制力量一旦获得社会成员的普遍同意，就变成了权力，而不仅仅是强制力量。

　　然而，问题的关键在于：被管理者为什么会同意服从管理者所拥有的强制力量或权力？显然只能是因为，被管理者服从管理者的权力，就会获得利益，特别是获得受到管理者的权力所保障的利益，获得权利（权利就是受权力所保障的利益）：被管理者服从管理者权力的义务和对自身利益的损害，只能是对管理者给予的权利和利益的交换；管理者拥有权力的权利和利益，只能是对保障被管理者享有权利和利益的义务之交换。因此，一切权力，说到底，必然都产生、形成和起源于管理者和被管理者就权力所关涉的权利与义务等利益之交换所达成的普遍同意。

最高权力是一种权力，属于权力范畴，因而必定产生、形成和起源于社会成员的普遍同意：最高权力之所以是最高权力，只是因为它获得了社会成员的普遍同意；而一旦失去社会成员普遍同意，最高权力便不再是最高权力，而仅仅是强制力量。那么，被管理者为什么会同意服从最高管理者所拥有的强制力量或最高权力？显然也只能是因为，被管理者服从最高管理者的最高权力，就会获得受最高权力所保障的利益和权利：被管理者服从最高管理者的最高权力的义务和不利益，只能是对最高管理者给予的权利和利益的交换；最高管理者拥有最高权力的权利和利益，只能是对保障被管理者享有权利和利益的义务之交换。因此，最高权力必然产生、形成和起源于最高管理者和被管理者就最高权力所关涉的权利与义务等利益之交换所达成的普遍同意。

最高管理者和被管理者就最高权力所关涉的权利与义务等利益之交换所达成的普遍同意，无疑属于契约范畴：任何两个以上的人就某种利益交换关系所达成的同意都是契约。因此，最高权力或国家便必然产生、形成和起源于契约：一种最高管理者和被管理者就最高权力所关涉的权利与义务等利益之交换所缔结的契约，可以称之为"最高权力契约"。这就是源远流长的"社会契约论"之真谛。对于这一真谛，霍布斯曾有极为深刻的论述。通过这些论述，他得出结论说：

"当一群人确实达成协议，并且每一个人都与一个其他人订立信约，不论大多数人把代表全体的人格的权利授予任何个人或一群人组成的集体（即使之成为其代表者）时，赞成和反对的人每一个人都将以同一方式对这人或这一集体为了在自己之间过和平生活并防御外人的目的所作为的一切行为和裁断授权，就像是自己的行为和裁断一样。这时国家就称为按约建立了。由群聚的人同意授予主权的某一个或某些人的一切权利和职能都是由于像这样按约建立国家而得来的。"①

恩格斯也认为国家是契约的产物:"德意志帝国,同一切小国家,也同一切现代国家一样,是一种契约的产物:首先是君主之间的契约的产物,其次是君主与人民之间的契约的产物。如果有一方破坏契约,整个契约就要作废,另一方也不再受约束。这点已经由俾斯麦在1866年给我们绝妙地示范过。所以,如果你们破坏帝国宪法,那么社会民主党也就会放开手脚,能随意对待你们了。"②

究竟言之,人类一切社会——从家庭到国家——无不必然源于某种契约:社会必然源于人们就"权力"问题所缔结的契约;国家则必然源于人们就"最高权力"问题所缔结的契约。因为社会是两个以上的人因一定人际关系而结合起来的共同体;这里所谓的"一定人际关系",其最重要者,正如狄骥所指出,乃是统治与被统治或管理与被管理的关系,说到底,也就是权力关系。③ 因此,权力是社会形成的充分且必要条件:哪里有权力,那里就有管理者和被管理者,哪里就有两个以上的人因管理与被管理关系而结成的共同体,哪里也就有了社会。所以,权力的起源就是社会的起源。因此,权力必然产生、形成和起源于管理者和被管理者就权力所关涉的权利与义务等利益之交换所达成的普遍同意,便无异于说,社会产生、形成和起源于契约:一种管理者和被管理者就权力所关涉的

---

① 〔英〕霍布斯著,黎思复、黎廷弼译:《利维坦》,商务印书馆1986年版,第133页;参阅 Thomas Hobbes: *Leviathan*, New York: Simon & Schuster Inc., 1997, p. 134.

② 《马克思恩格斯选集》第四卷,人民出版社1995年版,第525页。

③ 〔法〕狄骥著,钱克新译:《宪法论》,商务印书馆1959年版,第382页。

权利与义务等利益之交换所缔结的契约,可以称之为"权力契约"。

总之,人类一切社会——从家庭到国家——无不必然源于某种契约。这可以从两方面看。一方面,任何社会皆必然起源于权力契约,起源于管理者和被管理者就权力所关涉的权利与义务等利益之交换所缔结的契约,可以名之为"社会原初契约":社会原初契约亦即权力契约,就是缔结任何社会的契约。因此,社会原初契约不必是人类缔结最早出现的那个原始社会之契约,而是缔结和建立任何一个社会——如某个新家庭——之契约。这种契约之所以叫做原始契约,因为它是该社会诞生之契约,完全相对该社会诞生之后所缔结的一切契约而言。另一方面,国家则起源于最高权力契约,亦即起源于最高管理者和被管理者就最高权力所关涉的的权利与义务等利益之交换所缔结的契约,可以名之为"国家原初契约":国家原初契约亦即最高权力契约,就是缔结和建立国家的契约。所以,康德说:"人民根据一项法规,把自己组成一个国家,这项法规叫做原始契约。"[1]因此,国家原初契约不必是人类所缔结的那个最早出现的原始国家之契约,而是缔结和建立任何一个国家——如中国的唐朝或宋朝——之契约。这种契约之所以叫做原始契约,完全相对该国诞生之后所缔结的一切契约(如该国的道德和法、法律、纪律、政策等等)而言。

社会原初契约无疑属于社会契约范畴。那么,国家原初契约呢? 也属于社会契约范畴。因为国家属于社会范畴:国家是最高且最大社会。所以,国家原初契约便是最高且最大的社会原初契约,因而也就是最高且最大社会契约。这样一来,岂不正如社会契

---

[1]　〔德〕康德著,沈叔平译:《法的形而上学原理》,商务印书馆1991年版,第143页。

约论者所言:国家起源于社会契约？是的。但是,这样说不够准确。因为社会契约的外延极为广泛,就连法和道德也都属于社会契约范畴:法和道德乃是规范一切社会行为的最普遍的社会契约。

岂止法和道德,真正讲来,一切契约都属于社会契约范畴:契约与社会契约乃是同一概念。因为任何契约都是两个以上的人就某种利益交换关系所达成的同意;而社会就是两个以上的人因一定人际关系而结合起来的共同体。所以,任何契约,哪怕是爱情的信誓旦旦,也都是一种社会活动,都是一种社会契约;只不过爱情婚姻契约是最小的社会——家庭——契约罢了。

因此,断言国家必然起源于社会契约固然不错,但确切说来,国家必然起源于最高权力契约,必然起源于国家原初契约,必然起源于缔结国家的契约。相应地,断言社会必然起源于社会契约也不错误,但确切说来,社会必然起源于权力契约,必然起源于社会原初契约,必然起源于缔结社会契约。最高权力契约或缔结国家的契约无疑是最根本的社会契约:它统摄权力契约或缔结社会契约而成为推演道德与法(宪法、法律、纪律和政策)等一切社会契约的基础和源泉。这恐怕就是欧内斯特·巴克为什么说缔结国家的契约是宪法的缘故:"一国之宪法即为构建该国契约的条款"。

否认国家必然起源于契约的最主要的根据,正如戴维·里奇所言,可见之于休谟的批评:"对社会契约论最重要且最有教益的批评来自休谟的批评。"①边沁甚至断言社会契约论已经被休谟彻底摧毁了。② 那么,休谟否定国家必然起源于契约的理由究竟是

---

① 〔英〕迈克尔·莱斯诺夫等著,刘训练、李丽红、张红梅译:《社会契约论》,江苏人民出版社 2005 年版,第 252 页。

② 〔英〕边沁著,沈叔平译:《政府片论》,商务印书馆 1995 年版,第 149 页。

什么？他的理由说起来颇为简单，那就是，几乎所有国家和政府事实上都是武力征服或篡夺的产物，而并非起源于社会成员的同意或契约："几乎所有现存的政府，或所有在历史上留有一些记录的政府开始总是通过篡夺或征伐建立起来的，或者二者同时并用，它们并不自称是经过公平的同意或人民的自愿服从。……地表上的情况在不断变化，小的王国发展成大的帝国，大的帝国分解成许多小王国，许多殖民地陆续建立，一些种族迁居他乡。在这一切事件中除了武力和强暴你还能看到什么呢？何处有那些文人奢谈的什么相互同意和自愿联合呢？"①

确实，几乎所有国家皆是武力征服或篡夺的结果，因而皆起源于武力征服和暴力强制。然而，这并不否定所有国家皆起源于社会成员的同意或契约：暴力强制与同意或契约并不矛盾。因为同意或契约可以分为两类：一类是自由的、无强制的、心甘情愿的同意或契约；一类是被迫的、强制的、不自由和不情愿的同意或契约，亦即所谓"强制缔约"。我到市场买东西，与卖者就钱货交换所达成的同意或契约，就是自由的、无强制的、心甘情愿的同意或契约。反之，强买强卖所达成的同意或契约，则是被迫的、强制的、不自由和不情愿的同意或契约，属于"强制缔约"范畴。试想，强盗持刀逼我交出钱财，我惧怕死亡而不做反抗，交出了钱财，是不是一种同意？是的。我只有拒绝交出钱财而进行反抗，才是不同意。我不做反抗而交出了钱财，就是与强盗达成了同意：只不过不是自由的、无强制的、心甘情愿的同意；而是被迫的、强制的、不自由和不情愿的同意罢了。

----

① 〔英〕休谟著，张若衡译：《休谟政治论文选》，商务印书馆1993年版，第122—123页。

可见，强制与同意或契约并不矛盾：武力征服或暴力强制既可能造成反抗不同意从而未能缔结契约；也可能造成屈服同意从而缔结契约。因此，几乎所有国家总是通过篡夺或征伐建立起来的，并不否定这些国家皆起源于社会成员的同意或契约：只不过不是起源于自由的、无强制的、心甘情愿的同意或契约，而是起源于被迫的、强制的、不自由和不情愿的同意或契约——亦即强制缔约——罢了。那么，几乎所有国家总是通过篡夺或征伐建立起来的，是否意味着：几乎所有国家总是起源于强制缔约，亦即起源于被迫的、强制的、不自由和不情愿的同意或契约？

是的。因为征服者或篡夺者既然通过篡夺或征伐建立了国家，那就意味着：征服者或篡夺者已经取得了最高权力。而任何权力都具有合法性，都具有社会成员普遍同意的性质：权力就意味着同意，不具有社会成员普遍同意的权力决非权力，而只是强制力量。所以，征服者或篡夺者已经建立国家从而取得了最高权力，便意味着：征服者或篡夺者已经与国家其他成员就最高权力所关涉的权利与义务等利益交换达成了普遍同意，缔结了最高权力契约；只不过这种同意和契约总是被迫的、强制的、不自由和不情愿的同意或契约，总是属于强制缔约罢了。否则，如果没有达成普遍同意，如果没有缔结最高权力契约，那么，征服者或篡夺者充其量也就仅仅拥有可能转化为最高权力的强制力量，而绝没有取得最高权力，绝没有建立起国家。

因此，当休谟发现几乎所有国家总是通过篡夺或征伐建立起来的时，实已意味着：几乎所有国家总是起源于强制缔约，亦即起源于被迫的、强制的、不自由和不情愿的同意或契约。休谟的错误，一方面在于不懂得权力就意味着同意，不懂得不论经过怎样的征伐或篡夺,只要建立了国家从而取得了最高权力,那就意味着达成了同意和缔结了契约;另一方面,则在于误以为同意皆是自由的、无强制的、心甘情愿的,而不懂得被迫的、强制的、不自由和不情愿的同意也是同意;于是便由"几乎所有国家总是通过篡夺或征伐建立起来的"正确前提,错误地得出结论说:几乎所有国家皆非起源于社会成员的同意或契约。

3. 何种最高权力契约:国家直接且偶然起源

国家起源于最高权力契约,亦即起源于社会成员就最高权力所关涉的权利与义务等利益之交换所缔结的契约,是必然的、普遍的、不可选择的,因而是不能进行道德评价的。但是,它究竟起源于何种最高权力契约,是起源于自由的、无强制的、心甘情愿的最高权力契约,还是起源于被迫的、强制的、不自由和不情愿的最高权力契约,则是偶然的、特殊的、可以选择的,因而是可以进行道德评价的。因为任何契约都是人制定的,因而皆具有可以自由选择的偶然性和主观任意性:既可能缔结自由的、公正的、道德的、应该的、优良的契约,也可能缔结不自由的、不公正的、不道德的、不应该的、恶劣的契约。因此,最高权力的本性——合法性或同意——虽然决定了国家起源于同意或契约是必然的普遍的不可选择的;但是,一个国家究竟起源于何种契约,是起源于自由的、公正的、道德的、应该的契约,还是起源于不自由的、不公正的、不道德的、不应该的契约,则是偶然的、特殊的、可以选择的。那么,究竟何种最高权力契约是道德的、应该的、好的和具有正价值? 换言之,国家究竟应该起源于何种最高权力契约? 说到底,衡量最高权力契约是否应该的价值标准究竟是什么?

最高权力契约的应然性主要包括两个方面:缔约过程的应然性或契约缔结的应然性与缔约内容或契约内容的应然性。毋庸赘言,任何契约缔约过程的主要价值标准都是"自由缔约"或"缔约自由",人们往往称之为"契约自由"。按照这一原则,缔结最高权力契约应该是缔约者自由缔结的,而不应该是被迫缔结的;从而所缔结的是自由的、无强制的、心甘情愿的最高权力契约,而不是被迫的、强制的、不自由和不情愿的最高权力契约。

这样一来,在最高权力契约的缔结过程中,实现契约自由的前提无疑是缔约者相互间的政治地位完全平等。否则,如果最高权力缔约者的政治地位是不平等的,譬如一边是征服者,另一边是被征服者,那么,他们所缔结的最高权力契约,显然不可能是自由的、无强制的、心甘情愿的;而必定是被迫的、强制的、不自由和不情愿的。因此,当休谟发现几乎所有国家都是通过篡夺或征伐建立起来的,实已意味着:几乎所有国家都是起源于被迫的、强制的、不自由和不情愿的同意或契约,因而都违背契约自由原则,都是恶的、不应该和具有负价值的。

不难看出,符合契约自由的关于最高权力契约的缔约过程,只能是一种民主的缔约过程。因为,一方面,民主——并且只有民主——才意味着每个缔约者的政治地位完全平等:"每个人只顶一个,不准一个人顶几个。"这种政治地位的完全平等,便保障了每个缔约者在最高权力契约的缔结过程中,谁也强制不了谁,谁也不会被谁强制,从而达成一种无强制的、自由的、心甘情愿的最高权力契约。

另一方面,缔结最高权力契约的全体社会成员往往数以千万计,怎样才能缔结毫无强制而为人人一致自由同意的最高权力契约呢？无疑只有实行民主，从而通过代议制和多数裁定原则而间接地取得一致的自由的同意。按照代议制原则，代表们所缔结的最高权力契约可能有一些条款是很多社会成员不同意的；但代表既然是他们自己选举的，那么，这些他们直接不同意的最高权力契约条款，却间接地得到了他们的同意。按照多数裁定原则，多数代表所确定的最高权力契约，可能有一些条款是少数代表不同意的；但他们既然同意少数服从多数的原则，那么，这些他们直接不同意的最高权力契约条款，也就间接地得到了他们的同意。

因此，正如洛克所言，只有实行民主，通过代议制和多数裁定原则，数以千万计的社会成员才可能缔结人人一致自由同意的最高权力契约："不论多少人都可以这样做，因为这样做并不损害其余人的自由；他们现在是自由的，就像以前在自然状态那样自由。当任一数量的人这样地同意建立一个共同体或政府时，他们因此就立刻结合起来组成一个政治共同体，那里的大多数人享有替其余的人作出行动和决定的权利。"①

不但最高权力契约的缔结只有通过民主的缔约过程才能够实现契约自由原则，而且最高权力契约的内容也只有达成民主才是应该的。诚然，契约内容的价值标准比契约缔结的价值标准复杂得多。契约缔结的价值标准主要是契约自由；而契约内容的价值标准却似乎可以涵盖全部价值标准，如善、公正、平等、人道、自由、诚实、为己利他、己他两利等等。但是，最高权力契约的契约内容之价值标准要狭窄得多，因为最高权力契约的首要且根本的内容，

① John Locke, *Two Treatises on Civil Government*, London: GEORGE ROUT-LEDGE AND SONS, LTD. , 1884, p. 240 – 241.

显然在于约定谁是主权者？谁执掌最高权力？对于这一问题，无疑只能有四种契约：约定由一个人不受任何限制地掌握最高权力，亦即专制契约或君主专制契约；约定由一个人受宪法或议会等机构限制地掌握最高权力，亦即君主立宪契约；约定由少数公民掌握最高权力，亦即寡头共和契约或寡头契约；约定由全体公民共同掌握最高权力，亦即民主契约或民主共和契约。衡量这些最高权力契约是否应该的价值标准——亦即最高权力契约内容的价值标准——显然是政治自由和政治平等两大国家制度价值标准。

毫无疑义，只有民主的最高权力契约才符合政治平等与政治自由两大国家制度价值标准，从而才是应该的、具有正价值的。因为只有民主——专制、君主立宪与寡头共和则不然——意味着全体公民完全平等地共同掌握最高权力，意味着被统治者能够与统治者完全平等地共同使国家政治按照自己的意志进行，因而也就意味着被统治者与统治者完全平等地拥有政治自由。这样一来，岂不只有民主的最高权力契约，才符合"每个人都应该完全平等地共同执掌国家最高权力"的政治平等标准？岂不只有民主的最高权力契约，才符合"每个人都应该同样享有使国家政治按照自己意志进行的政治自由"的政治自由标准？

相反地，专制的最高权力契约极端违背——君主立宪和寡头共和则程度轻重有所不同地违背——政治平等与政治自由两大国家制度价值标准，从而是极端不应该的。因为一方面，一个人不受限制地独掌最高权力，岂不意味着，一个人拥有全部最高权力而所有人拥有的都是零？岂不极端违背"每个人都应该完全平等地共同执掌国家最高权力"的政治平等标准？另一方面，一个人不受限制地独掌最高权力，岂不意味着：国家的政治只能按照专制君主自己一个人的意志进行,而不可能按照所有人的意志进行? 岂不意味着:只有专制君主自己一个人拥有政治自由,而所有人都没有政治自由? 岂不极端违背"每个人都应该同样拥有政治自由"的政治自由标准?

于是,衡量最高权力契约——契约缔结与契约内容——是否应该的价值标准便可以归结为十个字:"民主地缔结民主的契约"。这就是说,一个国家唯有起源于民主地缔结的民主的最高权力契约,才是善的、应该的和具有正价值的;否则便是恶的、不应该和具有负价值的。因此,洛克说,这样而且只有这样,才能创立世界上任何合法的国家:

"不论是谁,一旦脱离自然状态而联合成为一个社会共同体,必须把结成社会所必需的一切权力都交给这个共同体的大多数,除非他们明确同意交给多于这个大多数的任何人数。只要一致同意联合成为一个政治社会,就要做到这一点;而这种同意,乃是加入或建立一个国家的个人之间现存或需要存在的真正的契约。因此,起初和实际组成任何政治社会,不过是遵循多数裁定而进行结合并组成这种社会的自由人的同意。这样,而且只有这样,才曾或才能创立世界上任何具有合法性的政府。"[①]

卢梭所寻找的"社会契约",也正是这种"民主地缔结民主的契约";他所要缔结的国家,也正是这种诞生于"民主地缔结民主的契约"的国家:"要寻找出一种结合的形式,使它能以全部共同的力量来卫护和保障每个结合者的人身和财富,并且由于这一结合而使每

---

① John Locke, *Two Treatises on Civil Government*, London: GEORGE ROUT-LEDGE AND SONS, LTD. , 1884, p. 242.

一个与全体相联合的个人又只不过是在服从自己本人,并且仍然像以前一样地自由。'这就是社会契约所要解决的根本问题。……如果我们抛开社会公约中一切非本质的东西,我们就会发现社会公约可以简化为如下的词句:我们每个人都以其自身及其全部的力量共同置于公意的最高指导之下,并且我们在共同体中接纳每一个成员作为全体之不可分割的一部分。只是一瞬间,这一结合行为就产生了一个道德的与集体的共同体,以代替每个订约者的个人;组成共同体的成员数目就等于大会中所有的票数,而共同体就以这同一个行为获得了它的统一性、它的公共的大我、它的生命和它的意志。这一由全体个人的结合所形成的公告人格,以前称为城邦,现在则称为共和国或政治体;当它是被动时,它的成员就称它为国家。"①

毫无意义,一个国家只有产生、形成和起源于民主地缔结的民主的最高权力契约,才是善的、应该的和具有正价值的;否则便是恶的、不应该和具有负价值的。这固然是真理,却是相对的有条件的真理:它只有在一般的正常的常规的情况下才是真理。因为在一般的正常的常规的情况下,只有民主地缔结最高权力契约,才可能导致民主的最高权力契约。美国的建立,它的《独立宣言》和"独立宪法"(亦即 1787 年颁布的"美利坚合众国宪法"),堪称这种"民主地缔结的民主的最高权力契约"之典范。然而,凡是常规皆有例外。在例外的非常的特殊的情况下,正如柏拉图和波普的"自由的悖论"所说,全体公民可能一致同意由一个无与伦比的伟大领袖独掌最高权力,从而民主地缔结一种专制的最高权力契约。② 反之,

---

① 〔法〕卢梭著,何兆武译:《社会契约论》,商务印书馆 1991 年版,第 23－25 页。

② 〔法〕波谱著,杜汝辑等译:《开放的社会及其敌人》,山西高校联合出版社 1992 年版,第 130 页。

也不能排除同样例外的非常的特殊的情况，在这种情况下，由于种种原因，一个专制者——姑且假设戈尔巴乔夫就是这样的专制者——可能主动将最高权力转由全体公民掌握，从而专制地缔结了一种民主的最高权力契约。

这就是最高权力契约的两种例外：民主地缔结非民主的契约与非民主地缔结民主的契约。这两种例外显然意味着契约缔结的价值标准（契约自由）与契约内容的价值标准（契约正义等等）发生了冲突而不能两全：如果坚持契约自由标准而民主地缔约，就会导致所谓"自由悖论"，亦即违背契约正义等价值标准而缔结非民主或专制的契约；如果坚持契约正义等价值标准缔结民主的契约，就会违背契约自由标准而非民主地强制缔约。那么，在这种情况下应该怎么办？

在这种情况下，民主地缔结非民主的契约显然是恶的、不应该的和具有负价值的；而非民主地强制缔结民主的契约则是善的、应该的和具有正价值的。因为契约正义的价值无疑大于契约自由的价值；契约内容的价值无疑大于契约缔结的价值。这恐怕就是为什么现代契约法更加重视契约内容和契约正义——而不是契约缔结和契约自由——的缘故："现代契约法的中心问题，已不是契约自由而是契约正义的问题。约款内容的规制、消费者的保护、对新的契约类型的调整、附随义务理论等与其说是自由问题，不如说是正义问题。契约法已从重视其成立转移到契约内容上来了。"[①]这样一来，当二者发生冲突而不能两全之际，民主地缔结非民主的最高权力契约之价值净余额是负价值，因而是不应该的；而非民主地

———————

① 王晨：《日本契约法的现状与课题》，《外国法译评》1995年第2期。

强制缔结民主的最高权力契约之价值净余额是正价值,因而是应该的。

总而言之,一方面,在正常的常规的一般的情况下,亦即在契约缔结与契约内容的道德性不发生冲突的情况下,一个国家只有产生、形成和起源于民主地缔结的民主的最高权力契约,才是善的、应该的和具有正价值的。另一方面,在非常的例外的特殊的情况下,亦即在契约缔结与契约内容的应然性发生冲突而不能两全的情况下,一个国家只有产生、形成和起源于非民主地强制缔结民主的最高权力契约,才是善的、应该的和具有正价值的;而产生、形成和起源于民主地缔结的非民主的最高权力契约,则是恶的、不应该和具有负价值的。

综观国家起源,可知国家起源具有两面性。一方面,从人的社会本性来看,国家必然起源于每个人生存和发展的社会需要,必然起源于这些需要的满足程度与社会的大小规模成正比之本性,说到底,必然起源于每个人对于社会最大化的需要和使社会成为一个统一体的需要。这是国家的内在的、间接的和终极的起源,它只是说明国家乃人类固有需要,只是说明国家产生的必然性;而未能说明国家产生的实然性和应然性。

另一方面,从国家实际的产生状况来看,国家必然直接起源于最高权力契约,起源于全体社会成员就最高权力所关涉的权利与义务等利益之交换所缔结的契约;但究竟起源于何种最高权力契约则是偶然的:唯有起源于民主地缔结的民主的最高权力契约,才是善的、应该的和具有正价值的;否则便是恶的、不应该和具有负价值的。这是国家的直接的外在的起源,它说明国家实际上是怎样产生的,说明国家产生的实然性和应然性。

三、国家起源理论：社会契约论

国家起源问题极端复杂且极其重要，自古以来，思想家们围绕这个问题便一直争论不休。这些争论可以归结为五大学说：神源说、武力起源说、阶级斗争起源说、自然起源说或进化说和社会契约论。

1. 神源说、武力起源说、阶级斗争起源说与 自然起源说或进化说

神源说以为国家起源于神意，最高权力执掌者是神的代理人，如帝王乃真龙天子云云。这种说辞显然是非科学的。武力起源说以为国家乃是征服的产物，无不起源于武力或强制力量。这种学说的错误在于以偏概全。因为，即使如休谟所言，几乎所有国家都是通过征服或篡夺建立的，毕竟不是所有国家都是通过征服或篡夺建立的。总是有些国家——如美国——并非通过征服、篡夺和武力或强制建立的；而是通过民主地缔结民主的宪法等契约建立起来的。这样一来，断言国家起源于武力征服等强制力量，岂非以偏概全？

阶级斗争起源说认为国家起源于阶级社会，是从控制阶级对立、冲突和斗争的需要中产生的，是阶级矛盾不可调和的产物，说到底，是剥削阶级镇压被剥削阶级反抗的工具。对于这种学说，前面已有专门分析；其谬主要在于将国家与国家的一部分——正规的专门的和独立的政治组织——等同起来，从而由正规的专门的和独立的政治组织产生于阶级社会的事实，错误地得出结论说：国

家起源于阶级社会,是剥削阶级镇压被剥削阶级反抗的工具。

神源说和武力起源说以及阶级斗争起源说都是错误的;而自然起源说或进化说与社会契约论则堪称真理。自然说或进化说的代表人物主要是柏拉图、亚里士多德和斯宾塞。该说以为国家起源于人类需要,是为了满足人类需要而必然且自然产生和进化的结果。柏拉图说:"在我看来,之所以要建立一个城邦,是因为我们每一个人不能单靠自己达到自足,我们需要许多东西。你们还能想到什么别的建立城邦的理由吗?"①诚然,这只是国家与其他一切社会的共同的起源——因而也就是国家的最普遍最根本的根源——而不是国家特有的起源。

亚里士多德则进一步揭示了国家特有的起源,认为国家是"社会团体中最高而包含最广的一种",起源于人类对于社会最大化的需要,为了最充分地满足每个人生存和发展需要:"等到由若干村坊组合而为'城市(城邦)',社会就进化到高级而完备的境界,在这种社会团体以内,人类的生活可以获得完全的自给自足;我们也可以这样说:城邦的长成出于人类生活的发展,而其实际的存在却是为了'优良的生活'。"②

如果说国家起源于人类对于社会最大化的需要,那么,实际上为什么会存在众多小国家呢?斯宾塞的"社会有机体说"回答了这个问题。他将国家看成或比作有机体,揭示了国家起源于使社会成为一个统一体或有机体的需要。这样,一方面,国家起源于每个人对于社会最大化的需要;另一方面,国家又起源于使社会成为一

---

① 〔古希腊〕柏拉图著,郭斌和、张竹明译:《理想国》,商务印书馆 1994 年版,第 58 页。

② 〔古希腊〕亚里士多德著,吴寿彭译:《政治学》,商务印书馆 1965 年版,第 7 页。

个统一体的需要。不难看出，二者具有反比例关系：社会越大，便越难以统一。这恐怕就是为什么国家虽然起源于社会最大化的需要，可是实际上却存在众多小国家的缘故。

可见，"自然起源说"确为真理：它揭示了国家必然起源于每个人生存和发展的社会需要，必然起源于这些需要的满足程度与社会的大小规模成正比之本性，说到底，必然起源于每个人对于社会最大化的需要和使社会成为一个统一体的需要。然而，这只是国家的内在的、间接的和终极的起源，它只是说明国家乃人类固有需要，只是说明国家产生的必然性；而未能说明国家产生的实然性和应然性，未能说明国家实际上是怎样产生的及其应该是怎样产生的：这是国家的直接的外在的实然的和应然的起源问题。社会契约论所致力解析的，要言之，恰恰就是这些难题。

2. 社会契约论：自然状态

社会契约论，如所周知，认为国家起源于社会契约，原本由社会成员的同意或契约缔结而成：社会契约论就是认为国家起源于社会契约的学说。该学说不仅是最为重要影响最大的国家起源理论，而且堪称西方主流政治思想，一些学者甚至说："契约理论作为一种纯粹理论，其繁荣兴盛无任何其他理论所能比拟。"[①]确实，从古希腊的智者学派和伊壁鸠鲁一直到当代的道德哲学家罗尔斯和诺齐克，历代都不乏伟大的思想家倡导社会契约论。然而，真正讲来，恐怕唯有霍布斯、洛克和卢梭堪称经典社会契约论的主要代表人物。

---

① 夏勇：《为权利而斗争》，中国法制出版社 2000 年版，第 273 页。

社会契约论的基本概念是自然状态。社会契约论认为,人类生活的最初状态或原初状态是自然状态。但是,究竟何为自然状态,在社会契约论者之间,可谓仁者见仁、智者见智、意见纷呈、莫衷一是。不过,有一点却是他们的共识,那就是:自然状态乃是一种不存在共同权力——亦即最高权力——的人类生活状态;这种状态的尽人皆知的事例就是不存在共同权力的各个国家的相互关系。对此,艾伦·瑞安在界说"自然状态"词条时曾有颇为精当的阐述:

"自然状态是社会契约论者表述不存在确定政治权威之状态的人文科学术语。……霍布斯、洛克、普芬道夫、格劳秀斯、卢梭、康德以及17、18世纪许多其他思想家在他们的著作中都对此进行了阐述。这个概念在他们的思想中发挥的作用就是产生了对自然状态的多种不同的阐述:它是一种社会性但却非政治性的状态还是一种非社会性状态呢? 她是一种和平状态还是相当于战争状态呢? 它是纯粹假设的状态还是现在或过去人类某些阶段的真实状态呢? 著作家们对这个问题的回答迥然相异。但是所有著作家都同意,忠实于无确定政治权威的人们处于这种——或至少一种——相应的自然状态中:他们大多数认为,这意味着各主权国家的统治者处于这种互相尊重的自然状态之中。"[①]

因此,在自然状态中,一方面,由于不存在迫使人必须服从的政治权力或共同权力,每个人便都是完全自由的,而相互间则是完全平等的:自然状态是一种完全自由和平等的状态。另一方面,在

---

① 〔英〕米勒等编,邓正来等编译:《布莱克尔政治学百科全书》,中国政法大学出版社1992年版,第742页。

自然状态中,由于不存在迫使人必须服从的政治权力或共同权力,人们势必各行其是、相互冲突、对抗争夺、混乱无序,不但没有国家而且也不可能存在任何社会:自然状态是一种人人相互为敌的孤独而残忍的战争状态。

霍布斯有见于后者,强调自然状态的混乱无序方面,因而认为自然状态就是一种战争状态,在这种状态下,不可能存在任何社会,人的生活孤独而残忍,"根据这一切,我们就可以显然看出:在没有一个共同权力使大家慑服的时候,人们便处在所谓的战争状态之下。……在这种状态下,产业是无法存在的,因为其成果不稳定。这样一来,举凡土地的栽培、航海、外洋进口商品的运用、舒适的建筑、移动及卸除须费巨大力量的物体的工具、地貌的知识、时间的记载、文艺、文学、社会等等都将不存在。最糟糕的是人们不断处于暴力死亡的恐惧和危险中,人的生活孤独、贫困、卑污、残忍而短寿。"①

洛克有见于后者,强调自然状态的自由平等方面,因而认为自然状态就是一种完全自由和平等的状态:"那是一种完全自由状态,他们在自然法的规范内,以他们认为合适的方法,进行他们的行动,处理他们的财产和人身,而不需得到任何人的许可或遵循任何人的意志。这也是一种平等的状态,在这种状态中,一切权力和管辖都是相互的,没有一个人拥有多于别人的权力。"②诚然,洛克也看到自然状态因不存在共同权力而必然产生的种种严重的缺陷

---

① 〔英〕霍布斯著,应星、冯克利译:《论公民》,贵州人民出版社 2003 年版,第 103 页。

② John Locke, *Two Treatises on Civil Government*, London: GEORGE ROUT-LEDGE AND SONS, LTD. , 1884, p. 192.

与不便：每个人都"不断受到别人侵犯的威胁……很不安全，很不稳妥"；每个人都处在"一种虽然自由却是充满着恐惧和持续的危险的状况"。①

然而，这样一来，洛克岂不承认了霍布斯的"自然状态乃战争状态"？是的。只不过，洛克比较全面；他不仅强调自然状态的自由平等方面，而且也看到自然状态的侵犯战争方面。于是，洛克便与霍布斯一样，认为处于自然状态的人们必然因其种种缺陷、争夺、侵犯和战争而努力摆脱自然状态，从而建立最高权力或国家："避免这种战争状态是人类组成社会和脱离自然状态的重要原因。因为人间有一种权威和权力，可以向其诉求救济，那么战争状态就不会继续存在，纷争就可以由那个权力来裁决。"②"公民社会的目的就是为了避免和补救自然状态的种种弊端，而这些弊端必然源于人人是自己的案件的裁判者。因此，避免这些弊端的方法就是设置一个明确的权威，以便这社会的每一成员受到任何损害或发生任何争执的时候，可以向它申诉，同时也必须服从它。"③那么，究竟如何建立最高权力或国家呢？

3. 社会契约论："明示"或"默示"的最高权力契约

究竟如何建立最高权力或国家，这是社会契约论的核心问题。科学地解决这个问题的出发点，正如卢梭《社会契约论》第一卷的题旨所言，乃是权力的合法性，亦即权力区别于其他强制力量的根

---

① John Locke, *Two Treatises on Civil Government*, London: GEORGE ROUTLEDGE AND SONS, LTD. ,1884, p. 256.

② 同上书, p. 202。

③ 同上书, p. 240－236。

本性质,亦即社会的承认、认可或同意:权力是社会的承认、认可或同意的强制力量。权力的这一根本性质,自卢梭以来,便一直被称之为"合法性"。权力的合法性意味着:一切权力——最高权力并不例外——都具有合法性,因而必然都产生、形成和起源于社会成员的普遍同意或所谓社会契约。从此出发,社会契约论发现建立最高权力或国家从而脱离自然状态只有一个途径,那就是人们一起订立所谓"明示"或"默示"的社会契约,亦即订立"明示"或"默示"的最高权力契约,说到底,亦即就最高权力所关涉的权利与义务等利益之交换达成的"明示"或"默示"的普遍同意:最高权力或国家起源于"明示"或"默示"的社会契约。这就是社会契约论的核心思想。对于这一思想,霍布斯曾有极为深刻的阐述:

"如果要建立这样一种能抵御外来侵略和制止相互侵害的共同权力,以便保障大家能通过自己的辛劳和土地的丰产为生并生活得很满意,那就只有一条路:把大家所有的权力和力量付托给某一个人或一个能通过多数人的意见把大家的意志化为一个意志的多数人组成的集体。这就等于是说,指定一个人或一个由多数人组成的集体来代表他们的人格,每一个人都承认授权于如此承当本身人格的人在有关公共和平或安全方面所采取的任何行为、或命令他人作出的行为,在这种行为中,大家都把自己的意志服从于他的意志,把自己的判断服从于他的判断。这就不仅是同意或协调,而是全体真正统一于唯一人格之中:这一人格是大家人人相互订立信约而形成的,其方式就好像是人人都向每一个其他的人说:我承认这个人或这个集体,并放弃我管理自己的权利,把它授予这人或这个集体,但条件是你也把自己的权利拿出来授予他,并以同样的方式承认他的一切行为。这一点办到之后,像这样统一在一个人格之中的一群人就称为国家。"①

洛克也这样写道:"人类天生都是自由、平等和独立的,没有本人的同意,不应该将任何人置于这种状态之外,使其受制于他人的政治权力。任何人放弃这种自由而同意与其他人联合组成为一个共同体,是为了谋求舒适、安全和和平的生活,安稳地享受他们的财产,拥有更大的保障来防止共同体以外任何人的侵犯。不论多少人都可以这样做,因为这样做并不损害其余人的自由;他们现在是自由的,就像以前在自然状态那样自由。当任一数量的人这样地同意建立一个共同体或政府时,他们因此就立刻结合起来组成一个政治共同体,那里的大多数人享有替其余的人作出行动和决定的权利。"②

可见,洛克与霍布斯都十分明确地强调:缔结社会契约乃是建立共同权力或国家的唯一的道路和方法。这意味着:国家或最高权力只能——亦即必然——产生、形成和起源于社会契约。但是,进言之,最高权力或国家究竟产生、形成和起源于何种社会契约——是使最高权力由一人执掌从而缔结君主制的契约,还是由所有人执掌最高权力从而缔结民主制的契约——在霍布斯、洛克和卢梭等社会契约论者看来,则完全是偶然的、可以自由选择的。因此,如所周知,霍布斯主张君主制,因而以为缔结君主制的契约是最佳的:"君主制是这些国家类型——民主制、贵族制和君主

---

① 〔英〕霍布斯著,黎思复、黎廷弼译:《利维坦》,商务印书馆 1986 年版,第 131 页;参阅 Thomas Hobbes:*Leviathan*,New York:Simon & Schuster Inc.,1997,p.132。

② John Locke,*Two Treatises on Civil Government*,London:GEORGE ROUT-LEDGE AND SONS,LTD.,1884,p.240-241.

制——中最佳的。"①相反地,洛克和卢梭则主张民主制,因而以为唯有缔结民主制的契约才是合法的和应该的:"不论是谁,一旦脱离自然状态而联合成为一个社会共同体,必须把结成社会所必需的一切权力都交给这个共同体的大多数,除非他们明确同意交给多于这个大多数的任何人数。只要一致同意联合成为一个政治社会,就要做到这一点;而这种同意,乃是加入或建立一个国家的个人之间现存或需要存在的真正的契约。因此,起初和实际组成任何政治社会,不过是遵循多数裁定而进行结合并组成这种社会的自由人的同意。这样,而且只有这样,才曾或才能创立世界上任何具有合法性的政府。"②

4. 社会契约论:真理与迷误

综观社会契约论可知,社会契约论的研究对象可以归结为两个问题:为什么和怎么样建立最高权力或国家? 自然状态理论回答的是"为什么建立最高权力或国家"的问题:人们之所以建立最高权力或国家,就是为了避免自然状态的种种缺陷与不便,从而能够过上令人满意的生活。这意味着:国家或最高权力起源于每个人生存发展的社会需要。所以,自然状态理论实乃柏拉图和亚里士多德的国家起源自然说或进化说之复兴:国家起源于人类需要,是为了满足人类需要而必然且自然产生和进化的结果。因此,自然状态理论揭示了国家的内在的、间接的和终极的起源,说明了国家乃人类固有需要,说明了国家产生的必然性。

① 〔英〕霍布斯著,应星、冯克利译:《论公民》,贵州人民出版社 2003 年版,第 104 页。

② John Locke, *Two Treatises on Civil Government*, London:GEORGE ROUTLEDGE AND SONS LTD. ,1884,p. 242.

社会契约论的社会契约或普遍同意理论,回答的则是"怎样建立最高权力或国家"的问题。它从权力的合法性出发,发现最高权力或国家只能产生、形成和起源于社会成员的普遍同意或社会契约;但究竟起源于何种社会契约则是偶然的、可以自由选择的:洛克和卢梭认为唯有起源于民主制的社会契约才是合法的和应该的;霍布斯则以为唯有起源于君主制的社会契约才是最佳的。这样一来,社会契约或普遍同意理论便揭示了国家的直接的外在的实然的和应然的起源,说明了国家产生的实然性和应然性,说明了国家实际上是怎样产生的及其应该是怎样产生的。

显然,社会契约论乃是一种十分全面且深刻的国家起源论:它既揭示了国家的内在的、间接的和终极的起源,又揭示了国家的直接的外在的实然的和应然的起源。特别是,它从权力的合法性出发,因而发现最高权力或国家只能产生、形成和起源于社会成员的普遍同意或社会契约。试问,人类政治思想领域还有比这一发现更伟大的真理吗? 但是,国家起源乃公认极其复杂艰深的难题,因而解析这一难题的社会契约论难免存在种种缺憾、局限和错误。这些缺憾、局限和错误,如所周知,主要存在于它的自然状态理论:自然状态究竟是真实的历史还是纯粹的理论假设?

经典社会契约论以为自然状态是一种真实的历史。不但洛克和卢梭如此,霍布斯也是如此——虽然有研究者认为他将自然状态只是当作一种理论假设。因为霍布斯曾反驳否认自然状态历史真实性的观点,并且认为自然状态在他那个时代还实际存在着。[1] 经典社会契约论的这种观点可以称之为"自然状态真实论"。这种

---

[1]　Thomas Hobbes: *Leviathan*, New York: Simon & Schuster Inc., 1997, p. 101 - 102.

理论,现在看来,显然是不能成立的。因为人是社会动物,社会性是每个人生而固有的普遍本性;不可能存在没有社会而生活于纯粹自然状态的人类。自然状态真实论无疑是一种谬误;然而由此决不能断言经典社会契约论的自然状态理论完全错误。

因为霍布斯、洛克和卢梭等经典社会契约论者虽然都肯定自然状态是一种人类的真实状态;但是,自然状态在他们那里却首先是一种理论假设,亦即用以说明最高权力或国家起源的理论假设,说到底,亦即用以说明最高权力或国家产生和存在的必然性及其应然性的理论假设。对此,卢梭在论及自然状态时说得很清楚:"不应该把我们在这个主题所能着手进行的一些研究认为是历史真相,而只应认为是一些假定的和有条件的推理。这些推理与其说是适于说明事物的真实来源,不如说是适于阐明事物的性质,正好像我们的物理学家,每天对宇宙形成所作的那些推理一样。"①

自然状态在诺齐克和罗尔斯等当代社会契约论者那里,已非人类的真实历史,而仅仅是一种理论假设。诺齐克在《无政府、国家与乌托邦》的第一篇"自然状态,或如何自然而然地追溯出一个国家"一开篇就这样写道:"假如国家不存在,有必要发明它吗?假如国家有必要,人们必须去发明它吗?政治哲学和一种解释政治现象的理论要面对这些问题,要通过探讨'自然状态'——在此用传统政治理论的术语——来回答这些问题。"那么,社会契约论者的自然状态的理论假设究竟是怎样说明最高权力或国家起源的必然性与应然性的呢?

---

① 〔法〕卢梭著,李常山译:《论人类不平等的起源和基础》,商务印书馆1962年版,第71页。

原来,在社会契约论那里,如前所述,自然状态亦即不存在共同权力、最高权力或国家的人类生活状态。于是,便存在两种恰恰相反的人类生活状态:自然状态与存在最高权力或国家状态。这样一来,岂不正如诺齐克所言,只要能够证明国家状态甚至优越于人们所能够期望最好的自然状态,就证明了国家起源的必然性和应然性?所以,不论社会契约论者们所设想的自然状态如何不同,却至少都承认国家状态必然远远优越于自然状态;自然状态因不存在最高权力而必然存在种种不便和缺憾,这种不便和缺憾甚至如此严重,以致人类无法在其中生存。且不说霍布斯和洛克,就是极端美化自然状态的卢梭也这样写道:"我设想,人类曾达到过这样一种境地,当时自然状态中不利于人类生存的种种障碍,在阻力上已超过了每个个人在那种状态中为了自存所能运用的力量。于是,那种原始状态便不能继续维持;并且人类如果不改变其生产方式,就会消灭。"①

不难看出,自然状态作为揭示国家起源的理论假设是完全能够能成立的。因为揭示国家或最高权力起源的最有效的方法,岂不就是假设:如果没有最高权力或国家,人类将会怎样?如果真像卢梭所说的那样,不存在最高权力或国家人类就会消灭,岂不就最有效地证明了最高权力或国家产生的必然性和应然性?确实,卢梭与霍布斯所言甚真:如果没有最高权力或国家,人类势必处于一种纯粹的自然状态而终至灭亡。因为,如果没有最高权力或国家,即使存在各种社会,这些社会也必然因不存在统帅它们的最高权

---

① 〔法〕卢梭著,李常山译:《论人类不平等的起源和基础》,商务印书馆 1962 年版,第 69 页。

力而各行其是、互相冲突、混乱无序、分崩离析,最终势必统统解体灭亡;而一旦没有了社会,沦为纯粹自然状态的人类岂不也注定随之灭亡? 因此,自然状态作为一种真实的历史固然错误,但作为一种理论假设,确实可以科学地说明最高权力或国家乃人类生存发展的固有需要,可以科学地说明国家产生与存在的必然性及应然性,因而堪称国家起源之真理。这恐怕就是当代社会契约论者高明于经典社会契约论者之处:否认自然状态的历史真实性而仅仅将其当作一种理论假设。

第三章　国家类型

本章提要　五种社会形态是连续两次划分的结果,不但每一次划分都使用同一标准,而且穷尽了母项"社会"的全部外延,因而完全符合概念划分规则。退一步说,也许会有一天,人们发现了新的私有制或公有制社会,因而五种社会形态便没有穷尽母项"社会"的全部外延。但是,这并不会否定马克思以所有制为根据的社会分类的巨大的科学价值和实践意义,也并不会推翻——而只是发展和修正——五种社会形态分类的科学理论。因为生产资料所有制乃是任何社会和国家的最根本最重要的属性,因而以其为根据的分类具有最重要最根本最大的价值。这种分类的价值之无与伦比的根本性和重要性首先表现在:只有在这种社会形态的分类中,才能够找到自柏拉图的理想国和孔夫子的大同社会以降,二千五百年来思想家们一直追求的理想社会:共产主义社会。

一、国家六类型:五种社会形态说的诘难与辩护

1. 五种社会形态:马克思的发现

生产资料归谁所有是一切国家经济形态的根本性质,因而直

接是经济形态的分类依据,最终是国家分类根据。以生产资料归谁所有为根据,经济形态分为公有制经济形态与私有制经济形态。私有制经济形态依其私有者的性质不同可以进一步分为三类:奴隶制经济形态(生产资料归奴隶主所有的经济形态)、封建制经济形态(生产资料归地主所有的经济形态)和资本主义经济形态(生产资料归资本家所有的经济形态)。公有制经济形态以历史发生顺序为根据分为原始公有制经济形态与非原始公有制经济形态;后者又分为社会主义公有制经济形态与共产主义经济形态。

这样一来,经济形态便可以归结为六大类型:原始公有制经济形态、奴隶制经济形态、封建制经济形态、资本主义经济形态、社会主义经济形态和共产主义经济形态。因此,以经济形态类型为根据——最终以为生产资料所有制性质为根据——国家或社会也就相应地分为六大类型:原始国家或原始社会(原始公有制国家)、奴隶制国家或奴隶社会、封建制国家或封建社会、资本主义国家或资本主义社会、社会主义国家或社会主义社会和共产主义国家或共产主义社会。

显然,这就是马克思主义"五种社会形态说"所揭示的五种社会类型:原始社会、奴隶社会、封建社会、资本主义社会与共产主义或社会主义社会(社会主义是共产主义的低级阶段)。所谓五种社会形态说,如所周知,原本包括两部分内容:五种社会形态类型问题与五种社会形态依次更替问题。如果撇开五种社会形态依次更替问题而仅就其类型问题来说,那么毫无疑义。五种社会形态类型的明确表述虽然来自斯大林,但说到底,原本是马克思的发现。因为马克思在《雇佣劳动与资本》中这样写道:"各个人借以进行生产的社会关系,即社会生产关系,是随着物质生产资料、生产力的变化和发展而变化和改变的。生产关系总和起来就构成所谓社会关系，构成所谓社会，并且是构成一个处于一定历史发展阶段上的社会，具有独特的特征的社会。古典古代社会、封建社会和资产阶级社会都是这样的生产关系的总和，而其中每一个生产关系的总和同时又标志着人类历史发展中的一个特殊阶段。"①在《政治经济学批判序言》中，马克思又进一步总结说："大体说来，亚细亚的、古代的、封建的和现代资产阶级的生产方式可以看做是经济的社会形态演进的几个时代。"②

马克思这里所说的"古代的生产方式"和"古典古代社会"，如所周知，无疑是指奴隶制社会。这一点，恩格斯已经讲得很清楚："奴隶制是古代世界所固有的第一个剥削形式；继之而来的是中世纪的农奴制和近代的雇佣劳动制。"③但是，马克思这里所说的"亚细亚生产方式"却比较复杂。因为马克思所谓的"亚细亚生产方式"原本有两种含义，或者说，马克思有两种亚细亚生产方式概念：作为"东方专制主义理论"基本概念的"亚细亚生产方式"与作为"人类社会发展起点"的"亚细亚生产方式"。作为"东方专制主义理论"基本概念的"亚细亚生产方式"是指"印度、中国和俄国所特有的亚细亚生产方式"或"东方所特有的亚细亚生产方式"，亦即在中国、印度和俄国等东方原始社会向阶级社会的转化和过渡过程中所形成的独特的生产方式。这种生产方式最根本的特点，就是以土地"公有"或"国有"为其形式的"国王所有制"。因为从外表和

---

① 《马克思恩格斯选集》第一卷，人民出版社 1995 年版，第 345 页。
② 《马克思恩格斯选集》第二卷，人民出版社 1995 年版，第 33 页。
③ 《马克思恩格斯选集》第四卷，人民出版社 1972 年版，第 172 页。

名义上说,亚细亚生产方式仍然与原始社会一样,土地属于公社所有,不存在土地私有制。然而,实际上,土地的真正所有者却是能够代表公社的个人,亦即公社首脑人物:"土地所有者,可以说代表公社的个人,在亚洲在埃及地方就是如此。"①说到底,土地的真正所有者乃是凌驾于一切公社之上的"总合共同体"——亦即国家——的首脑人物、专制君主;而公社和它的首脑人物以及每个人只不过是土地的占有者和使用者:"国王是国中全部土地的唯一所有者"②。

这样,亚细亚生产方式的根本特点,便是保留原始社会土地"公有"的躯壳和形式,而改变其灵魂和实质,代之以土地"国王和官僚所有制";说到底,便是以"国有"为形式的"国王所有制"。因此,亚细亚生产方式这种原始社会向阶级社会的转化过程中所形成的独特的生产方式是"旧瓶装新酒":"旧瓶"就是原始公社公有制;"新酒"就是官僚所有制,就是国王所有制。因此,作为"东方专制主义理论"基本概念的"亚细亚生产方式",就其实质来说,固然属于私有制社会形态范畴,并且属于前资本主义社会私有制社会形态;却并不属于五种社会形态之一,不属于奴隶社会或封建社会:它既可能是一种奴隶制社会,也可能是一种封建制社会。

相反地,作为"人类社会发展起点"的"亚细亚生产方式",亦即"世界各地的亚细亚生产方式",则是五种社会形态之一,也就是五种社会形态的第一个社会形态:原始公社生产方式、原始公社所有制、公社所有制、原始社会。因为马克思的《政治经济学批判》有一条这样的注释:"仔细研究一下亚细亚的尤其是印度的公社所有制

---

① 〔德〕马克思著,中共中央编译局译:《资本论》第三卷,人民出版社 1973 年版,第 828 页。

② 《马克思恩格斯资本论通信集》,人民出版社 1976 年版,第 79 页。

形式,就会得到证明,从原始的公社所有制的不同形式中,怎样产生出它的解体的各种形式。例如,罗马和日耳曼的私人所有制的各种原型,就可以从印度的公社所有制的各种形式中推出来。"①10 年之后,马克思致恩格斯的一封信中又这样写道:"我提出的欧洲各地的亚细亚的或印度的所有制形式都是原始形式,这个观点在这里再次得到了证实。这样,俄国人甚至在这方面要标榜其独创性的权利也彻底消失了。他们所保留的,即使在今天也只不过是老早就被他们的邻居抛弃了的形式。"②

马克思说:"大体说来,亚细亚的、古代的、封建的和现代资产阶级的生产方式可以看做是经济的社会形态演进的几个时代。"这里的"亚细亚生产方式",显然是作为"人类社会发展起点"的"亚细亚生产方式",因而正如郭沫若、何兹全、童书业、田昌五、学盛和林志纯等人所言,是指原始公社生产方式、原始公社所有制、原始公有制社会:"他这儿所说的'亚细亚的',是指古代的原始社会。"③"按照马克思的原意,亚细亚生产方式指的是一切民族在其历史初期都曾有过的原始时代的形式。"④"马克思和恩格斯所说的亚细亚社会形态,作为一种特定的生产者和生产资料所有制的结合方式而论,无论在逻辑中或在历史中,都是指的原始共产主义,意味着完全成熟而具有典范形式的原始社会形态。"⑤这样一来,结合《哥达纲领批判》等论著中对于未来共产主义社会的大量论述,马

---

①　《马克思恩格斯全集》第十三卷,人民出版社 1974 年版,第 22 页。

②　《马克思恩格斯全集》第三十二卷,人民出版社 1974 年版,第 43 页。

③　林甘泉等编:《中国古代史分期讨论五十年》,上海人民出版社 1982 年版,第 27 页。

④　林志纯主编:《世界上古史纲》下册,天津教育出版社 1998 年版,第 222 页。

⑤　林甘泉等著:《中国古代史分期讨论五十年》,上海人民出版社 1982 年版,第 155 页。

克思关于人类社会形态演进的类型便可以归结为：原始社会、奴隶社会、封建社会、资本主义社会和共产主义社会。因此，五种社会形态原本是马克思的发现，而斯大林不过是将这些社会形态简单明确地排列起来罢了。

2. 五种社会形态：诘难与辩护

五种社会形态说，近年来却遭到冯天瑜、袁林、季正矩和叶文宪等学者质疑和驳斥；其中较有学术分量而需要认真对待者，正如冯天瑜所言，可以归结为三大诘难。第一，他们认为"五种社会形态"违背了概念分类规则。袁林写道："从概念划分的角度看，五种社会形态说有两个缺陷：一、违反了概念划分中每一次划分应当使用同一个划分标准的规则，将不等位概念并列于同一等级；二、违反了概念划分中各子项必须穷尽母项的规则，误将各社会形态间的对立（反对）关系视为矛盾关系，忽视了它们之间中间类型或过渡时期的存在。"①

这种驳斥是不能成立的。因为五种社会形态是对社会进行两次连续划分的结果，每一次都使用同一划分标准。第一次划分，是以生产资料是否公有的性质为标准，将母项"社会"分为"公有制社会"与"私有制社会"两个子项：二者显然穷尽了"社会"的全部外延。第二次是分别对两个子项进行划分。一方面，以历史发生顺序为标准，将子项"公有制社会"分为"原始公有制社会"与"非原始公有制社会"；后者又分为"社会主义社会"与"共产主义社会"：三者无疑穷尽了"公有制社会"的全部外延。另一方面，以生产资料

---

① 袁林：《两周土地制度新论》，东北师大出版社 2000 年版，第 38－52 页。

私有者的性质为标准,将子项"私有制社会"分为奴隶社会、封建社会和资本主义社会三类:奴隶社会是生产资料主要归奴隶主所有的社会;封建社会是生产资料主要归地主所有的社会;资本主义社会是生产资料主要归资本家所有的社会。试问,除了奴隶社会、封建社会和资本主义社会,还有什么私有制社会吗?没有了。所以,这三种社会也穷尽了"私有制社会"的全部外延。

可见,五种社会形态是连续两次划分的结果,不但每一次划分都使用同一标准,而且穷尽了母项"社会"的全部外延,因而完全符合概念划分规则。退一步说,也许会有一天,人们发现了新的私有制或公有制社会,因而五种社会形态便没有穷尽母项"社会"的全部外延。但是,这并不会否定马克思以所有制为根据的社会分类的巨大的科学价值和实践意义,也并不会推翻——而只是发展和修正——五种社会形态分类的科学理论。因为生产资料所有制乃是任何社会和国家的最根本最重要的属性,因而以其为根据的分类具有最重要最根本最大的价值。这种分类的价值之无与伦比的根本性和重要性首先表现在:只有在这种社会形态的分类中,才能够找到自柏拉图的理想国和孔夫子的大同社会以降,两千五百年来思想家们一直追求的理想社会:共产主义社会。更何况,确有一些极具科学价值和现实意义的概念划分,如马斯洛的需要类型论,并不完全符合概念划分的规则。因为按照这个理论,人的需要从低级到高级顺次排列为五类:生理需要、安全需要、爱的需要、自尊需要和自我实现需要。这五种需要合起来显然并不能包括人的全部需要,如不包括游戏需要、健康需要、权力欲、自由需要等等。但是,谁能否定马斯洛这种需要划分的巨大科学价值和实践意义呢?

第二,他们认为五种社会形态说误以单线历史观描述多线历史过程,将多样化的历史发展纳入单一、机械的模式之内。冯天瑜写道:"将'五种社会形态'概括西欧历史,本身即值得商榷,而其更大的失误在于,将自然环境、社会条件、文化传统复杂多样的人类诸民族的历史进程单一化、模式化,将西欧这一'特殊性'视作'普遍型',从而把包括中国在内的诸多国度纷纭错综的历史轨迹,一概套入一个简约化的公式,不免牵强附会。"①季正矩写道:"'五种社会形态说'无法解释这样一个历史事实,即除了西欧之外,几乎没有一个民族的发展是依次经历'五种社会形态'的。对历史的深入考察使我们得知,奴隶社会、封建社会、资本主义社会都被不同的民族在不同的历史条件下超越过。"②

这种驳斥,就其否定五种社会形态分类的科学性来说,也是不能成立的。因为,一方面,我们不能根据五种社会形态依次更替并非人类社会发展变化的普遍规律,就否定五种社会形态是对社会的普遍的科学的划分;正如君主国与共和国依次更替并非普遍规律,并不能否定其为国家普遍的科学的划分一样。五种社会形态依次更替究竟是不是人类社会发展变化的普遍规律,固然是"五种社会形态说"应有之义,却与五种社会形态类型能否成立的问题无关。这一点,就是否定"五种社会形态说"的叶文宪自己也承认:"它们并不是一个民族按内在逻辑顺序发展的几个形态,而是几个民族分别建立的不同形态的社会。"③另一方面,任何一种社会形态类型的成立,也并不需要它必须普遍存在于一切国家或一切社

---

① 　冯天瑜:《封建考论》,武汉大学出版社 2006 年版,第 301 页。
② 　季正矩:"关于'五种社会形态说'的若干论争",《北京日报·理论周刊》2008 年 5 月 5 日。
③ 　叶文宪:《重新解读 19 世纪前的中国》,中国文史出版社 2005 年版,第 92 页。

会。即使中国不存在奴隶社会和封建社会,我们也不能因此就否定奴隶社会和封建社会是一种类型的社会形态。问题的关键显然在于,是否有这样一种社会,这种社会在五种社会形态之外?如果中国或其他任何国家存在一种五种社会形态之外的社会,那么,五种社会形态就没有穷尽母项"社会"的全部外延,因而便违背了概念分类规则,是不科学的社会分类。但是,如上所述,五种社会形态乃是对母项"社会"连续两次划分的结果,穷尽了母项"社会"的全部外延:在世界的任何地方都不可能存在五种社会形态之外的社会。

然而,否定论者认为殷周社会并不是五种社会形态之中的任何一种,而是存在于五种社会形态之外的社会:既不是奴隶社会也不是封建社会。在他们看来,只有土地所有者才是地主,因而殷周社会不但不是奴隶社会;而且也不是封建社会,因为诸侯、封臣或领主不是地主,不是土地的所有者,而只是土地的占有者:他们受封的土地不可买卖。即使果真如此,也不足以否定殷周社会的生产资料的主要所有者是地主,也不足以否定殷周是五种社会形态中的封建社会。因为五种社会形态中的封建社会就是生产资料主要归地主所有的社会。这就是说,不论地主是多少,不论地主只是皇帝一个人抑或是无数可以自由买卖自己土地的私有者,只要全国的生产资料主要归地主所有,就是封建社会;只不过全国土地归皇帝一人所有的社会是属于所谓"亚细亚生产方式"的封建社会罢了。因此,殷周社会二者必居其一:皇帝仅仅是大地主,因而是封建社会;或者皇帝是大奴隶主,因而是奴隶社会。殷周乃至任何私有制社会都不可能逃出奴隶社会、封建社会和资本主义社会。因为任何私有制社会的生产资料,主要讲来,岂不是不归奴隶主所有,就是归地主所有抑或归资本家所有?

第三,他们认为五种社会形态以生产关系——归根结底以生产资料所有制——为根据划分社会形态,忽略了非经济的社会形态,因而将社会形态等同于社会经济形态:"五种社会形态说将社会形态等同于社会经济形态,例如斯大林就是根据物质生活资料的生产方式——一定的生产力和与其相适应的一定生产关系的总和——的不同,将整个人类社会历史划分为五种社会形态。这种学说把生产关系即经济的关系作为社会唯一的基础性关系,认为不同社会形态的根本区别在于生产关系的不同,而生产关系的核心内容就是生产资料的所有制,即'生产资料归谁所有,生产资料由谁支配'。"[①]

这种驳斥虽然荒唐无稽,但持此见者却多有学者,如袁林、冯天瑜和黄敏兰等。这种驳斥似乎不懂得概念分类的逻辑常识,实属荒唐无稽。因为照此说来,根据某种性质对任何事物所进行的分类,就都忽略了该事物的其他性质,都是将该事物等同于该性质了。然而,我们不能说,根据性别将人分为男人与女人,就忽略了人的其他性质,就将人与性别等同起来。同样,我们也不能说:根据生产关系将社会形态分为五种,就忽略了社会形态的其他性质,就将社会形态与社会经济形态等同起来。

二、原始国家

1. 游群国家

考古学和人类学的研究表明,原始社会按其历史发展的一般

---

① 袁林:《两周土地制度新论》,东北师大出版社 2000 年版,第 38 - 52 页。

顺序,呈现三种性质不同的社会形态:游群(bands,也译为游团、队群或群队)、部落(tribe)和酋邦(chiefdom)。游群是人类最早社会形态,因而与人类同时诞生,大约出现于二三百万年前,终结于一万年前,历时约二三百万年:人类的游群时代也就是旧石器时代。因此,在人类历史的百分之九十九以上的时间里,人们都是生活在游群社会。在这漫长的二三百万年中,社会经济处在狩猎—采集阶段,人类完全依靠采集和狩猎为生,因而到处游荡,没有固定居所,以致其独立自主的社会形态——游群——的规模相当小,实在与猿群、猴群或狼群差不多,少则几人、几十人,多则几百人。

因此,所谓游群,可以顾名思义,就是四处游动的小型自主社会,就是人类处于狩猎—采集阶段因而四处游动的独立自主社会。哈维兰说:"队群是一种小型的自主群……队群成员主要是狩猎采集者,他们往往必须四处游动,寻找食物资源,所以,一般说来一年中多数时间都在随动物群和收获期迁移。这种流动性的生存模式与群队的第二个重要特征——规模小——有关系。群队的人口密度相当低,从几人到几百人,人数不等,其规模依它所运用的采集食物的方法而定。"①

恩伯也这样写道:"有些社会是由若干相当小的、通常是游动的群体组成。我们习惯于称每个这样的群体为队群,它在政治上有自主权。这就是说,在这种社会中,队群是最大的政治单位。鉴于大多数近代的食物采集者都曾经有过队群组织,一些人类学家认为,在农业产生以前,或者一直到大约一万年以前,队群这种类

---

① 〔美〕哈维兰著,王铭铭译:《当代人类学》,上海人民出版社1987年版,第468页。

型的政治组织几乎是所有社会的特征。"①

　　游群的社会构成,亦如哈维兰所言,极其简单,原本是一种血缘家族群,是一种核心家庭的联合:"群队是亲属群,由具有亲属关系的男人和妇女以及他们的配偶及未婚的儿女组成。群队的特点可以归结为,它是有亲属关系的一些家庭的联合,这些家庭占据一块共同的领土,只要生存环境有利,就一起生活在那里。"②一句话,游群是一种血缘社会。

　　一般说来,游群实行公有制、平均分配和民主制,没有独立的、专门的、正规的政治组织。哈维兰说:"群队一般说来是相当民主的:任何群队成员都不会告诉别的人去干什么、怎么狩猎、跟谁结婚。不存在私人所有制(除了几件武器和工具),野兽肉和其他食物由该群队所有成员共享。等级(非指年龄与性别的地位差别)、劳动专门化,以及正规的政治组织在这种社会中都没有发现。"③赛维斯也这样写道:"游团文化的经济、政治和意识形态都是非专业化的和非正式的;简而言之,都仅仅是'家庭式'的。"④

　　总而言之,游群属于国家范畴,是一种国家,可以称之为"游群国家":游群国家就是人类处于狩猎—采集阶段的四处游动的自主的血缘社会。因为如前所述,一方面,国家属于社会范畴,是一种特殊的社会;一种社会是不是国家,与其是否拥有独立的、专门的、正规的政治组织无关;国家是拥有最高权力的社会,是独立自主的

　　① Carol R. Ember, Mevin Ember, *Cultural Anthropology* (9th Edition), London: Prentice Hall, 1999, p. 222.

　　② William A. Haviland, *Anthropology*, (9th Edition), New York: Harcourt College Publishers, 2000, p. 655.

　　③ 〔美〕哈维兰著,王铭铭译:《当代人类学》,上海人民出版社 1987 年版,第 468 页。

　　④ 转引自易建平:《部落联盟与酋邦》,社会科学文献出版社 2004 年版,第 162 页。

社会,而不必是拥有独立的、专门的、正规的政治组织的社会。另一方面,"游群"虽然可能只有几十个人,没有独立的、专门的、正规的政治组织,却正如恩伯所言,乃是一种独立自主的社会,是最高且最大的社会,不受其他权力领导和支配,拥有独立自主的权力[①],亦即拥有主权或最高权力,因而也就是一种国家,只不过是人类最原始最古老最简单的国家罢了。

2. 部落国家

部落继游群而起,原本在旧石器时代和中石器时代就已经存在,但只有到了新石器时代,亦即距今约八、九千年,才广泛地散布于世界各地。部落的形成,说到底,源于社会经济由狩猎—采集阶段向农耕—畜牧阶段的转化:部落是人类处于农耕和畜牧阶段因而趋向定居的社会。对此,恩伯讲得很清楚:"具有部落组织的社会一般都是食物的生产者。耕作和饲养牲畜一般都比狩猎和采集的生产力高,因而与狩猎—采集社会相比,部落社会的人口密度一般更高,地方性群体也更大,生活方式也更倾向于定居。"[②]

部落虽然与游群一样,也是一种血缘社会,但是,正如恩伯所指出,部落存在——游群却没有——一种泛部落组织,如氏族、年龄群、社团组织等等:"部落政治组织同队群政治组织的区别在于,前者具有某种泛部落社团(像氏族和年龄群),这些泛社团有潜力将当地一定数量的地方性群体整合为一个规模更大的整体。"[③]塞

---

① Carol R. Ember,Mevin Ember,*Cultural Anthropology*(9th Edition),London:Prentice Hall,1999,p. 222.

② 同上书,p. 224。

③ 〔美〕恩伯著,杜杉杉译:《文化的变异》,辽宁人民出版社 1988 年版,第 400 页。

维斯也认为这种泛部落组织的存在乃是部落区别于游群的根本特征：

"泛部落组织使得部落成其为部落。如果没有这种组织，那么，除了一系列游团之外别无其他，虽然人们生活得比狩猎采集者更为富足，但仍然是游团，联系某些团体之间的手段只有相互婚姻。换句话说，泛部落组织的发展是新出现的特征，它使得游团成为过去，使得社会文化的整合进入一个新阶段，由此使得一个新的文化类型出现。"①

氏族无疑是泛部落组织的核心，因而也就是部落社会的基础和中心："作为社会机体的基本单元，氏族自然就成为社会生活和活动的中心。"②那么，究竟何谓氏族？摩尔根答道："氏族是一个由共同祖先传下来的血亲所组成的团体。"③因此，一般说来，同一氏族内部不可以通婚："氏族组织之最普遍的特色之一便是外婚制。"④这样，任何氏族便都不可能单独存在，而至少必定伴有另一个可以通婚的氏族：两个氏族在通婚关系基础上结合起来就构成了最初的部落。所以，摩尔根在考察美洲和希腊以及罗马的部落时一再说："部落是一些氏族结成的集团。"⑤"部落是同一种族的若干氏族按胞族组织而结成的集团。"⑥

---

① 转引自易建平：《部落联盟与酋邦》，社会科学文献出版社 2004 年版，第 163 页。

② Lewis H. Morgan, *Ancient Society*, Cambridge: The Belknap Press of Harvard University press, 1964, p. 203.

③ 同上书, p. 61。

④ 罗纲：《初民社会》，江苏教育出版社 2006 年版，第 67 页。

⑤ Lewis H. Morgan, *Ancient Society*, Cambridge: The Belknap Press of Harvard University Press, 1964, p. 63.

⑥ 同上书, p. 63。

氏族是一个由共同祖先传下来的血亲所组成的团体,因而其为部落的基础和核心,便决定了部落与游群一样,实质上仍然是一种"家庭式"的平等社会:"具有部落政治组织的社会与队群社会相似,都是平等的社会。"①这种平等,一方面,是经济平等,主要是共产制:"家庭经济都是由若干个家庭按照共产制共同经营的,土地乃是全部落的财产,仅有小小的园圃归家庭经济暂时使用。"②就是怀疑部落实行共产制的罗纲,也不得不承认:"虽然排除一切私人所有权的全盛的共产制,或许从未发现过,不一定为全社会所有而只为某种团体所有的集体所有权则很普通。正如婚姻一事,在某方面看,是两个亲属群间的一种协定,财产也常常与团体相联系而不与个人相联系。"③

部落是一种平等的社会之另一方面,表现为政治平等:民主是部落政治的主流;专制等非民主政体不过是偶尔出现的特例。对于这一点,摩尔根曾这样写道:"不论在地球上任何地方,不论在低级、中级或高级野蛮社会,都不可能从氏族制度自然生出一个王国来……君主政体与氏族制度是矛盾的,它发生于文明社会比较晚近的时期。处于高级野蛮社会的希腊部落曾出现过几次专制政体的事例,但那都是靠篡夺建立起来的,被人民视为非法,实际上与氏族社会的观念也是背道而驰的。"④

部落虽然是一种基本定居的社会,社会规模远远大于游群,却

---

① Carol R. Ember, Mevin Ember, *Cultural Anthropology*, (9th Edition), London: Prentice Hall, 1999, p. 224.

② 《马克思恩格斯选集》第四卷,人民出版社 1972 年版,第 92 页。

③ 罗纲:《初民社会》,江苏教育出版社 2006 年版,第 123 页。

④ Lewis H. Morgan, *Ancient Society*, Cambridge: The Belknap Press of Harvard University Press, 1964, p. 110 – 111.

同样没有独立的、专门的、正规的政治组织："像在群队中一样,部落中的政治组织也是非正规和暂时性的。"①但是,部落也与游群一样,是一种"最高政治整合体"②,拥有最高权力,对各氏族选出来的首领和酋帅有授职、罢免之权,设有一个由酋长会议组成的最高政府等等。因此,恩格斯说:"凡是部落以外的,便是不受法律保护的……部落始终是人们的界限。"③一言以蔽之,部落是一种拥有最高权力的社会,因而也就是一种国家,可以称之为"部落国家(tribal state)":部落国家就是人类处于农耕和畜牧阶段因而趋向定居的拥有最高权力的血缘社会。

3．酋邦国家

赛维斯和弗里德等现代人类学家认为,在平等的部落社会与阶级社会之间,存在一个过渡的等级氏族社会:"如果我们认为,等级氏族社会不同于平等氏族社会,而且晚于平等氏族社会,处于平等氏族社会和政治文明社会的中间阶段,那么,许多悬而未决的问题将得到解决。"④这种等级氏族社会就叫做酋邦:酋邦就是处于平等的部落社会向阶级社会过渡阶段的等级社会。

酋邦与部落一样,仍然处于农耕和畜牧阶段,但其生产专门化的程度较高,出现较多剩余产品,因而从部落的实物和劳役的互惠原则,转化为行政性的再分配制度:"酋邦是有着常设中心协调机

---

①　William A. Haviland, *Anthropology*, (9th Edition), New York: Harcourt College Publishers, 2000, p. 657.

②　Carol R. Ember, Mevin Ember, *Cultural Anthropology*, Ninth Edition, London: Prentice Hall, 1999, p. 224.

③　《马克思恩格斯选集》第四卷,人民出版社 1972 年版,第 94 页。

④　转引自易建平:《部落联盟与酋邦》,社会科学文献出版社 2004 年版,第 152 页。

构的一种再分配社会。这样,这个中心机构不仅起着经济作用——不管在这种社会起源时这一因素是多么基本——而且另外还拥有社会、政治和宗教的职能。"[1]

这样一来,便产生了专门的、正式的、独立的、常设的官僚管理机构和政治组织。哈维兰和恩伯等人称这种酋邦社会为"酋长社会"或"酋长领地":"在酋长社会中,有一种公认的官僚机构,它由控制着酋长领地中较大区域和较小区域的主要和次要官员组成。这一安排实际上是一个控制链,它把各级管理领导联系起来。它的作用是把中心地带的部落群体与酋长中心指挥部紧密结合在一起。"[2]

这种正式的、常设的官僚管理机构无疑使酋长的权力和地位极大提高,甚至可能使他独掌最高权力而成为专制君主:"这种正式结构……大多数情况下总有一个人——酋长,他同其他人比起来,拥有更高的地位和权威。处于酋长领地政治发展阶段的社会可能在政治上完全统一于酋长的统治之下,但也可能不完全是这样。"[3]

即使酋长的统治不是专制的而是民主的,毕竟也使酋长家庭成员及其亲族群家庭成员的地位高于普通家庭成员,从而处于社会的中心位置,最终形成一种不平等的等级制社会。所以,哈维兰说:"酋长社会是一种等级社会。在这种社会中,每个成员在等级制度中都有一个地位。在这种共同体中,个人的地位是由他在一

---

① 转引自易建平:《部落联盟与酋邦》,社会科学文献出版社 2004 年版,第 339 页。
② 〔美〕哈维兰著,王铭铭译:《当代人类学》,上海人民出版社 1987 年版,第 476 页。
③ 〔美〕恩伯著,杜杉杉译:《文化的变异》,辽宁人民出版社 1988 年版,第 406 页。

个继翻群中的成员资格决定的；那些在最高层与酋长有最密切关系的人官位就高，而且较低等级人对他们还要毕恭毕敬。"[1]

不过，一方面，这种不平等的社会分层和等级只在政治和社会方面，而并不在经济方面。酋邦社会各个不同的社会阶层和等级之间，并无截然不同的经济差异，并没有生产资料私有制，并没有那样的经济地位不同的集团，以致某些集团依靠生产资料的独占而能够剥削另一些集团所创造的剩余价值。因此，赛维斯一再说：酋邦社会"拥有显著的社会分层和阶等，但是没有真正的社会经济阶级。"[2]"我并不同意那种意见，认为那些种不平等是一种占据优势者对于处于劣势者赤裸裸的剥削。"[3]"在哪里也没有基于财产分化、所有权形式或者'使用战略资源的不同权利'意义上的那种社会阶层。"[4]

另一方面，酋邦社会虽然存在正式的、独立的、专门的、常设的政治组织和管理机构，却没有正式的合法的暴力镇压工具："酋邦拥有集中的管理，具有贵族特质的世袭的等级地位安排，但是没有正式的、合法的暴力镇压工具。组织似乎普遍是神权性质的，对权威的服从，似乎是一种宗教会众对祭司—首领的服从。"[5]

总而言之，赛维斯十分精辟地将酋邦社会的特点概况为一句话："大体上说，酋邦是家庭式的，但是不平等；它没有政府，但是拥有权威与集中管理；它没有资源上的私有制，没有经营性质的市场

---

① 〔美〕哈维兰著，王铭铭译：《当代人类学》，上海人民出版社 1987 年版，第 476 页。
② 转引自易建平：《部落联盟与酋邦》，社会科学文献出版社 2004 年版，第 123 页。
③ 同上书，第 342 页。
④ 同上书，第 123 页。
⑤ 同上书，第 197 页。

贸易,但是在对物品与生产的掌控方面,却是不平等的;它有阶等区分,但是没有明显的社会经济阶级,或者政治阶级。"①

　　然而,赛维斯等现代人类学家却由酋邦没有正式的合法的暴力镇压工具而断言酋邦仍然是一种亲族社会而并非国家。这是不能成立的。因为国家之所以为国家只在于是否拥有最高权力,而与是否存在正式的合法的暴力镇压工具无关:正式的合法的暴力镇压工具只是阶级社会或文明社会的国家之特征。问题的关键在于,正如恩伯所言,酋邦无疑与游群和部落一样,是一种"最高政治整合体"②,是一种拥有最高权力的社会。因此,酋邦仍然属于国家范畴,属于原始国家范畴,可以称之为酋邦国家:酋邦国家就是处于平等的部落社会向阶级社会过渡阶段的拥有最高权力的等级社会。

＊　　　　　＊　　　　　＊

　　综上可知,原始国家按其历史演进的一般顺序,分为三类:游群国家和部落国家以及酋邦国家。这些原始国家不论如何不同,却都实行生产资料公有制,因而都属于公有制国家范畴,可以称之为原始公有制国家:原始国家与原始公有制国家是同一概念。原始公有制国家与私有制或阶级社会国家同样是拥有最高权力的社会,因而同样是国家,同样属于国家范畴。只不过,私有制或阶级国家拥有正式的、独立的、专门的、常设的政治组织和合法的暴力镇压工具;原始国家则没有合法的暴力镇压工具,整体说来,也没有正式的、独立的、专门的、常设的政治组织。酋邦国家不过是原

<hr/>

① 　转引自易建平:《部落联盟与酋邦》,社会科学文献出版社 2004 年版,第 207 页。

② 　Carol R. Ember, Mevin Ember, *Cultural Anthropology*, (9th Edition), London:Prentice Hall,1999,p. 224.

始国家向阶级国家的过渡阶段,因而兼具二者特征:有正式的政治组织却没有合法的暴力镇压工具。

三、奴隶制与封建制国家:两种封建概念

1. 奴隶制

当原始国家由游群进化到部落,复由部落达于酋邦时,虽然仍处于农耕和畜牧阶段,但其生产专门化的程度较高,以致出现第一次社会大分工和金属劳动工具,提高了劳动生产率,从而能够生产较多剩余产品,形成一种财产私有和不平等的等级制社会。这样一来,战争的胜利者便不再屠杀俘虏,而使他们成为自己的一种私有财产,亦即能够生产剩余价值的奴隶;而后,一些债务人也沦落为债权人的奴隶。这就是所谓的奴隶制:"生产力达到使人们能够生产比维持他们的生存所必需的东西为多的水平(即出现剩余产品),以及财产不平等现象和生产资料私有制的产生,是奴隶制出现的基本经济前提。"[①]

因为奴隶制虽然与原始国家一样,属于自然经济范畴;但其根本特征,如所周知,乃是奴隶主占有全部生产资料和奴隶,奴隶与牲畜一样,不过是奴隶主的私有财产。因此,马克思在论及奴隶制时曾这样写道:"按照古人的恰当的说法,劳动者在这里只是会说话的工具,牲畜是会发声的工具,无生命的劳动工具是无声的工具。"[②]一

---

① 《苏联大百科全书选译·奴隶制》,三联书店 1956 年版,第 13 页。
② 《马克思恩格斯全集》第二十三卷,人民出版社 1974 年版,第 222 页,注 17。

言以蔽之,奴隶制就是使一些人成为另一些人的财产的自然经济形态或自然经济制度。所以,《布莱克维尔政治学百科全书》奴隶制词条的定义是:"一人是另一人的财产的制度"。①

因此,奴隶主对奴隶便如同对其牲畜等财产一样,可以随意使用、买卖乃至处死奴隶。奴隶的价格也很便宜,在古代的巴比伦,一个奴隶的价格与租用一头牡牛的价钱相等。这样一来,奴隶主对奴隶的剥削便是人世间最为残酷的剥削:奴隶主不但占有奴隶的全部剩余劳动,而且还占有奴隶部分必要劳动:分配给奴隶消费的那部分产品,仅能维持奴隶生命,使奴隶能继续劳动,因而使奴隶常因饥饿和过度劳累而死。奴隶对于自己所受到的非人待遇,满怀仇恨,因而经常消极怠工,甚至破坏劳动工具。所以,马克思说:"这种生产方式的经济原则,就是只使用最粗糙最笨重因而很难损坏的劳动工具。"②

2. 封建制:封建概念的原初含义与后来含义

"封建社会"恐怕是人类所创造的争议最大且最难界定的概念。它曾经是 20 世纪二三十年代中国社会史论战的焦点。半个世纪后,亦即 80 年代末,90 年代初,论战的波澜再起;而争论的核心问题仍然是:如何看待封建概念及其演变? 中国秦汉以后是否属于封建社会? 仅就"封建"的概念辨析,冯天瑜教授就写了一本近 40 万字的专著:《"封建"考论》。封建社会概念争议之大,不独

---

① 〔英〕米勒等编,邓正来等编译:《布莱克维尔政治学百科全书》,中国政法大学出版社 1992 年版,第 700 页。

② 《马克思恩格斯全集》第二十三卷,人民出版社 1974 年版,第 222 页,注 17。

中国,西方亦然。马克·布洛赫在其巨著《封建社会》第32章"作为一种社会类型的封建主义"中写道:"今天,有关封建主义的各种各样充满异国色彩的说法,似乎充斥着世界历史……这个词语在世界上一直歧义纷呈,经历了许多曲解。"①那么,究竟何谓封建?

"封"字在甲骨文中状如"植树于土堆",本义是堆土植树、划分田界。唐代考据家颜师古说:"封,谓聚土以为田之分界也。"从此出发,进而引申为帝王将土地分赐给亲戚或功臣作领地、食邑。所以,《说文解字》写道:"封,爵诸侯之土也。从之,从土,从寸,守其制度也。公侯百里,伯七十里,子男五十里。"组成"封建"的"建"字,起配搭作用,与"封"义近,本义为"立"。唐人孔颖达说:"建是树立之义。"

"封"与"建"合为"封建"一词,意为"封土建国"、"封爵建蕃"。《左传》曰:"故封建亲戚,以蕃屏周。"孔颖达疏:"故封立亲戚为诸侯之君,以为藩篱,屏蔽周室。"这也就是"封建"概念的原初含义:"封建"就是帝王以土地爵位分赐亲戚或功臣,使他们在该地建立邦国或拥有某种最高权力的社会:邦国就是拥有某种最高权力的社会。所以,杨伯峻说:"封建,以土地封人使之建国。"顾颉刚说:"国王把自己的土地和人民分给他的子弟和姻戚叫做'封建',封是分画土地,建是建立国家。"

因此,"封建"概念的原初含义与其词源含义完全相同,亦即以土地封人而使之建立拥有某种最高权力的社会,因而属于政体或政府制度范畴,与"郡县"相对立;二者之优劣,遂成为秦汉以降列

---

① 〔法〕马克·布洛赫著,张绪山译:《封建社会》下卷,商务印书馆2007年版,第697-698页。

朝政论的大问题,历经千百年而不衰:郡县制的特征是地方政府没有主权,主权完全执掌于中央政府,因而属于单一制政府制度;封建制的特征是宗主国与诸侯国分享主权,是中央与地方政府分享主权,因而属于联邦制政府制度。因此,就封建概念的原初含义来说,秦汉至明清便不是封建社会,而只有商周才堪称封建社会:这种社会划分的根据是某种政体或政府制度的性质。

以中文"封建"对译的英文 feudalism 一词,从拉丁文 feodum(采邑、封地)演化而来,原本指封土封臣、采邑庄园,因而与中文"封建"概念的含义相同,都是以土地封人使其在该封地建立拥有某种最高权力的社会:诸侯邦国与领主庄园。所以,西欧 feudalism 概念的原初含义,正如布洛赫所言,也不是指社会经济形态;而是与中国"封建"概念的原初含义一样,指一种与中央集权相反的分权政体:"最初的命名者们在他们称作'封建主义'的社会制度中,所意识到的主要是这种制度中与中央集权国家观念相冲突的那些方面。"①马克垚将这些方面归结为三:"第一,封建主之间形成了特有的封君封臣关系;第二,形成了与封君封臣关系相适应的封土制度;第三,国家权力衰落,各封君在其领地内取得了独立的行政、司法权力。"②

显然,中西封建概念的原初含义完全相同,都是指一种政体、政府制度,都属于政体范畴,因而所谓封建社会便都是以政体的某种性质——单一制还是联邦制——为根据而对于社会的分类。但是,这只是封建社会的原初含义;封建概念后来是指一种经济形

---

① 〔法〕马克·布洛赫著,张绪山译:《封建社会》下卷,商务印书馆 2007 年版,第697 页。

② 马克垚:《中西封建社会比较研究》,学林出版社 1997 年版,第 4 页。

态：“无论中国和西欧，对自己的封建的理解，都有一个把它先当作法律、政治制度，后当作社会经济形态的发展过程。”①那么，它指的究竟是一种怎样的经济形态呢？这种后来大行其道而今成为主流意识形态的封建概念，如所周知，指的就是封建主占有绝大部分土地而农民或农奴却完全没有土地或只有极少土地的自然经济形态，就是生产资料主要归地主所有的自然经济形态。1989年出版的《辞海》的“封建制度”词条便这样写道：“以封建地主占有土地、剥削农民（或农奴）剩余劳动为基础的社会制度……在封建制度下，封建地主阶级拥有最大部分的土地。农民（或农奴）完全没有土地或只有很少的土地。他们耕种地主的土地，对地主阶级有不同程度的人身依附，受其剥削和压迫。”

封建概念的这种含义，固然与其原初含义大相径庭，却同样源于其词源而有其词源依据。因为“封建”的词源，不论中西，都是“封土”、“封地”；因而从其词源看，“封建制”的根本特征就是土地的所有制。所以，《云五社会科学大辞典》的“封建制度”词条写道：“英文feudalism一字来自德语fehu-od（英文fief一字又由此而来），原指牲口财产，后来指地产，强调土地享有权及其所属的权利义务。”英国《简明不列颠百科全书》词条“封建主义”也这样写道：“封建主义是一种以土地占有权和人身关系为基础的关于权利和义务的社会制度。”费正清亦如是说：“封建主义这个词就其用于中世纪的欧洲和日本来说，所包含的主要特点是同土地密不可分。”②

---

① 马克垚：《中西封建社会比较研究》，学林出版社1997年版，第4页。
② 〔美〕费正清著，孙瑞芹，陈泽宪译：《美国与中国》，商务印书馆1987年版，第26页。

因此,从"封建"的词源含义不仅引申出"以土地封人而使之建立拥有某种最高权力的社会"的封建概念的原初定义,而且引申出"封建制以土地所有制为根本特征"的封建概念的后来定义:封建制就是封建主占有绝大部分土地而农民或农奴却完全没有土地或只有极少土地的制度,就是生产资料主要归地主所有的制度。对于这个封建概念的后来定义,瞿同祖曾有十分精辟的论述;虽然他坚持封建概念的原初定义,因而认为秦汉以降并非封建社会。首先,他引证梅因的观点:"亨利·梅因从所有权来看,特别着重于土地所有权的不平等一点上。以为两重所有权——主人封邑的优越和农夫财产的卑微——为封建主义的主要特征。"[1]接着,他引证维纳格鲁道夫:"他也着重于土地的所有权,和梅因差不多。以为有优越和卑微两种。前者有所有权,而后者只有使用权。不但一切人的地位都以土地的有无来决定,土地的所有并且能决定政治上的权利和义务。"[2]最后,他得出结论说:

"(一)土地所有权的有无。(二)主人与农民的相互关系。前者实系封建社会的基本特征,为封建社会的中心组织;后者只是当然的现象,有土地者为主人,无土地而耕种他人的土地者为农民。这样便形成了特权与非特权阶级,而确定了两阶级间的权利义务关系。换言之,特权阶级的一切权利义务都以他的封土为出发点,他对于在上的封与者有臣属的义务,特别是兵役的供给。他对在下的臣民有治理的权利,最重要的是可以从他们那里得到各种义务的供给。从非特权阶级来看,因为他没有土地所有权,所以不是

---

① 瞿同祖:《中国封建社会》,上海人民出版社 2006 年版,第 7 页。
② 同上。

特权阶级,而必须对于给他耕地的主人忠诚地供给各种役作的义务。根据以上所述,更简要而言之,封建社会只是以土地组织为中心而确定权利义务关系的阶级社会而已。"①

于是,中文"封建"与英文 feudalism 不但词源含义相同,都是"封土"、"封地"的意思,而且两词所称谓的概念的定义也相同:"原初定义"都是指以土地封人而使之建立拥有某种最高权力的社会;"后来定义"都是指土地所有制,亦即生产资料主要归地主所有的制度。因此,严复以中文"封建"对译英文 feudalism 是完全正确的。问题显然并不在于翻译,而在于不论中西原本就同样有两种根本不同的"封建"概念,原本就有两种根本不同的"封建"定义。一种是原初的封建概念,是指以土地封人而使之建立拥有某种最高权力的社会,是指一种政体,属于政体范畴,因而所谓封建社会便是以政体的某种性质——单一制还是联邦制——为根据而对于社会的分类。准此观之,殷周是封建社会;而秦汉至明清则是非封建社会。另一种是后来大行其道的封建概念,是指生产资料主要归地主所有的制度,是一种经济制度,属于自然经济形态,因而所谓封建社会是以经济形态的某种性质——所有制——为根据对于社会的分类。准此观之,秦汉至明清无疑是封建社会。

3. 两种封建概念的矛盾:取舍原则

这样一来,两种封建概念或封建概念的两种定义便造成了概念的混乱和矛盾:同一种社会——秦汉至明清——是封建社会又不是封建社会。彻底消除混乱和矛盾的解决方法,无疑是冯天瑜

————————

① 瞿同祖:《中国封建社会》,上海人民出版社 2006 年版,第 8 页。

的方法:统一封建概念的定义或只要一个封建概念。这样,对于封建概念的两个定义就只能保留一个而清除另一个。应该保留哪一个,清除哪一个? 冯天瑜等众多资深学者认为应该保留封建概念的原初定义(以土地封人而使之建国),而清除其后来定义(生产资料主要归地主所有的制度)。[①]

这是极为不当的。因为,倘若非要二者择一不可,那么,显然应该保留价值较大的。原初的封建概念,是以政体的某种性质——中央与地方的集权还是分权——为根据的分类。这种分类不但仅仅属于政体分类范畴,而且远不是根本的主要的政体分类。根本的主要的政体分类,如所周知,乃是以政体的根本的主要的性质——亦即执掌最高权力的人数——为根据的四大类型:专制君主制、有限君主制、寡头共和制与民主共和制。相反地,原初的封建概念则是以政体的非根本非主要的性质——单一制还是联邦制——为根据的分类,显示的仅仅是中央政府与地方政府执掌最高权力的关系,隶属于"联邦制"或"邦联制"范畴。西周的封建社会是中央、宗主国与地方政府或诸侯邦国分享国家主权,是一种专制国家的联邦,属于"联邦制";春秋战国则是主权完全执掌于各诸侯邦国,而中央机关或宗主国没有主权,是一种专制国家的邦联,属于"邦联制"。

冯天瑜等学者以为只有中央集权的秦汉至明清才是专制社会,而封建就不是专制,因而讥笑"封建专制"、"封建专制帝王"、"封建专制皇权"等短语概念实属内在抵牾、自相矛盾的"封建箩筐"。[②] 殊

①　冯天瑜:《封建考论》,武汉大学出版社 2006 年版,第 327 - 366 页。
②　同上书,第 228 页。

不知,封建制与郡县制或中央集权制之分,与专制还是民主根本无关。因为专制与民主是以执掌最高权力的人数为根据的政体分类:一人独掌最高权力就叫做专制政体或君主专制政体。与此根本不同,封建制与郡县制或中央集权制则是以中央与地方的集权还是分权为根据的政体分类:中央集权可能是民主国家;非中央集权或封建制反倒可能是专制国家。中国殷周封建制社会的各宗主国和诸侯国的最高权力,正如梁启超所言,同样都是一人——皇帝或王侯——独掌,因而都属于专制或世袭君主制国家,只不过不是中央集权的专制国家罢了:"封建者,天子与诸侯俱据土而治……诸侯与天子同有无限之权,故谓之多君。"①

可见,原初的封建社会概念,虽然属于政体分类,却是以政体的非根本性质——中央集权与否——为根据的分类,远非根本的政体分类,实在无足轻重。相反地,后来的封建社会概念,则是以社会最根本最主要最重要的性质——生产资料所有制——为根据的分类,是五种社会形态(原始社会、奴隶社会、封建社会、资本主义社会和共产主义社会)之一,无疑是最根本最重要的社会分类。赖有对封建社会的这种理解,赖有这五种社会形态,我们才可能理解人类社会的深层本质,才能够把握历史最根本的内在联系,才能够求索和实现人类的理想社会:共产主义社会。更何况,冯天瑜承认,20世纪中叶以来,对于封建社会的这种理解已经普被国中而成为主流历史理念。因此,两利相权取其重,如果非要二者择一,显然应该保留后来的封建概念,淘汰原初的封建称谓而代之以"分封制"、"分封社会"、"分封制社会":殷周是分封制社会;秦汉至明

---

① 《梁启超全集》第一册,北京出版社1999年版,第97页。

清是非分封制社会、郡县制社会或中央集权制社会。

　　但是，更为稳妥可行的方法恐怕应该像对待"人道主义"和"形而上学"等概念那样尊重约定俗成、顺其自然：保留其两种根本不同的含义。大卫·戈伊科奇说："罗马帝国的格利乌斯时代，曾经对两类人道主义做出重要区分：一类意指'善行'，另一类意指'身心全面训练'。"①更确切些说，原本有两种人道主义概念：一种是视人本身为最高价值的博爱人道主义；另一种是视人本身的自我实现为最高价值的自我实现人道主义。我们并没有因为这两种人道主义概念有时会造成概念的混乱和矛盾，而一定要保留一个和清除另一个。在多数场合，人道主义究竟所指何义，从这个概念出现的语境中就可以显示出来；而在一些特殊场合，也不妨分别二者为"博爱人道主义"与"自我实现人道主义"。同理，我们岂不也应该同样保留封建概念的两种定义，岂不应该仍然使用同一名词称谓两种封建概念？在大多数场合，封建概念所指何义，从这个概念出现的语境中就可以显示出来；在某些场合，也不妨分别二者为"分封制或联邦制封建社会"与"非分封制或单一制封建社会"：西周和东周是分封制或联邦制封建社会；秦汉至明清是非分封制或单一制封建社会。

　　总而言之，应该尊重约定俗成，继续使用两种封建概念。但是，后来的封建概念不但远远重要于原初的封建概念，而且20世纪中叶以来对于封建社会的这种理解已经普被国中而成为主流历史理念。因此，一般说来，我们所谓封建社会都是指这种封建概念，而原初的封建概念则只在某些相当特殊和极其必要的场

---

① 大卫·戈伊科奇等编：《人道主义问题》，东方出版社1997年版，第2-3页。

合——如论及封建制与郡县制——才会使用。本书研究的国家类型，其划分的根据是执掌最高权力的公民人数和生产资料所有制，因而与封建制的原初定义无关，而是指后来的封建概念，亦即"五种社会形态"中的封建社会概念。

这种封建制的根本特征，如上所述，就是封建地主阶级占有绝大部分土地和生产资料，农民或农奴虽然拥有部分生产资料，如农具、牲畜、种子等等，却完全没有土地或只有极少土地。这样一来，农民便不得不使用地主土地，而地主则向农民收取地租，从而占有农民剩余劳动：封建制就是封建主占有绝大部分土地而农民或农奴却完全没有土地或只有极少土地的自然经济制度，就是生产资料主要归地主所有的自然经济制度，就是地主依靠拥有土地而占有农民（或农奴）剩余劳动的自然经济制度。因此，恩格斯说："在整个中世纪，大土地占有制是封建贵族借以获得代役租农民和徭役租农民的先决条件。"[①]

然而，在这种经济制度下，农民和农奴毕竟可以用自己的农具在归自己支配的小块土地上耕作，"独立地经营他的农业和与农业结合在一起的农村家庭工业"[②]，从而拥有了自己的小私有经济。不过，这种小私有经济并不具有完全的独立性。因为农民和农奴为了从地主那里取得土地，不但必须交纳地租，而且还必须接受某种超经济强制，亦即丧失自己的人身自由而依附于地主，不能离开本土和户籍：这就是所谓的人身依附。人身依附是地主从拥有自

---

① 《马克思恩格斯全集》第三卷，人民出版社 1974 年版，第 225 页。

② 〔德〕马克思著，中共中央编译局译：《资本论》第三卷，人民出版社 1975 年版，第 890 页。

己小私有经济的农奴或农民身上榨取地租等剩余价值的超经济强制手段。

因此,马克思说:"要能够为名义上的地主从小农身上榨取剩余劳动,就只有通过超经济强制,而不管这种强制采取什么形式……所以这里必须有人身依附关系,必须有不管什么程度的人身不自由和人身作为土地的附属物对土地的依附,必须有真正的依附制度。"[①]人身依附是封建制的显著特征。因为封建制与奴隶制虽然同属于超经济强制的自然经济制度,但奴隶主占有全部生产资料和奴隶,因而其超经济强制是人身占有;而地主阶级只占有绝大部分生产资料,并不占有农奴和农民,因而其超经济强制是人身依附。

四、资本主义国家

何谓资本主义?资本主义与封建一样,无疑是人类所创造的争议最大且最难界定的概念之一,以致布罗代尔在界说资本主义时曾这样写道:"自从本世纪初和 1917 年俄国革命以来,该词不断在增加新的含义,因而它使太多的人感到为难。杰出的历史学家赫伯特·希顿主张予以绝对排斥,他说:'在所有以主义结尾的词中,资本主义一词最容易招惹是非。它的含义和定义是如此混杂,因而一切懂得自重的学者应该把它同帝国主义一起从词汇中摈弃。'吕西安·费弗尔也认为该词已用的太滥,主张把它取消。如果我们听从这些合理建议,取消该词当然未尝不可,但是真的取消了以后,我们立即会感到缺憾。安德鲁·松费尔特(1971 年)说得

---

① 《马克思恩格斯全集》第二十五卷,人民出版社 1974 年版,第 891 页。

对,'继续使用该词的一个很好的理由是,任何人都没有提出一个更好的词来代替它,包括对它批评最严厉的人在内。'"①

殊不知,真正讲来,不但资本主义和封建概念,而且每门科学的重要范畴大都难以定义、众说纷纭;不但没有比资本主义更好的名词来代替它,而且资本主义是人类所能创造的最恰当最名副其实的名词。那么,资本主义这个名词所表达的概念的定义究竟是什么? 界说资本主义,正如布罗代尔所指出,首先必须界说资本:"'资本'和'资本家'是'资本主义'的支架并赋予其含义。若仅仅用于历史探索,只有当你把'资本主义'一词认真地用'资本'和'资本家'两个词套起来的时候,你才能界定其义……在这里,关键的字眼是资本。"②确实,界说资本主义的困难,说到底,难在界说"资本":资本概念的定义是个众说纷纭的难题。谈及此,庞巴维克曾如是叹曰:"资本这一概念本身已经成为理论家们争论的根源。分歧的解释多得令人惊诧,并且这些解释互相对抗,这种恼人的争论阻挡了资本理论的研究。"③那么,资本究竟是什么?

1. 资本和财富:概念分析

中文"资",义为财货、财物。《说文解字》:"资,货也,从贝。""本",义为根、根源、根基。《国语·晋语一》曰:"伐木不自其根,必复生。"因此,资本与本钱、本金同义,就其词源含义来说,就是财货

---

① 〔法〕布罗代尔著,顾良、施康强译:《15 至 18 世纪的物质文明、经济和资本主义》第二卷,生活·读书·新知三联书店 1993 年版,第 243 页。

② 〔法〕布罗代尔著,杨起译:《资本主义动力》,生活·读书·新知三联书店 1997 年版,第 32 页。

③ Eugen V. Böhm-Bawerk, *The Positive Theory of Capital*, New York: G. E. STECHERT & CO., 1930, p. 22.

或金钱的根源、源泉，就是能够产生和带来财货的财货，就是能够产生和带来钱财的钱财。元曲《杀狗劝夫》便这样写道："从亡化了双亲，便思营运寻资本，怎得分文"。清平山堂话本《错认尸》亦如是说："这在乔俊看来，有三五贯资本，专一在长安崇德收丝，往东京卖了"。

西文"资本"的词义，据庞巴维克考证，也是能够产生和带来财货的财货："起初，资本（capital 源出于 caput）一词，用来表示货款的本金，和利息相对而言。这种用法原本是希腊字的意思，后来为中世纪的拉丁语所固定，并且流行很长时间，直到新时代还是常用的。因此，资本在这里和'生息金额'是同一概念。"①布罗代尔也这样写道："资本（源自）拉丁语 caput 一词，作'头部'讲，于十二至十三世纪出现，有'资金'、'存货'、'款项'或'生息本金'等含义。"②

可见，不论中西，资本的词源含义都是指能够产生和带来财货的财货。那么，资本的概念是否可以如此定义？答案是肯定的。因为资本概念的根本特征，正如庞巴维克所言，乃是生利、增值，亦即产生和带来财富："资本具有生利增值的能力，能够带来财货。"③他还援引库纳斯特的定义"资本是……物质财货的具有的生殖能力的价值。"④斯密也曾这样写道："资金只有给自己的所有

---

① Eugen V. Böhm-Bawerk, *The Positive Theory of Capital*, New York: G. E. STECHERT & CO., 1930, p. 24.

② 〔法〕布罗代尔著，顾良、施康强译：《15 至 18 世纪的物质文明、经济和资本主义》第二卷，生活·读书·新知三联书店 1993 年版，第 236 页。

③ Eugen V. Böhm-Bawerk, *The Positive Theory of Capital*, New York: G. E. STECHERT & CO., 1930, p. 25.

④ 同上书, p. 34.

者带来收入或利润的时候,才叫资本。"[1]生利、增值或产生和带来财富之为资本的特征是如此根本,以致凡是能够生利、增值或产生和带来财富的东西都可以叫做资本,如所谓道德资本、人文资本、人力资本、自然资本等等。这种资本概念,正如庞巴维克所指出,乃是广义的资本概念:"意义最广的资本概念是指一切获利手段:不仅包括物质而且也包括人。"[2]

　　但是,经济学的资本范畴显然不是这种广义资本概念。经济学是关于物质财富的生产、交换、分配和消费的科学,因而其资本概念必定不能超出物质财富或财货——物质财富与财货实为同一概念——范畴。换言之,资本的最邻近的类概念是物质财富或财货。这个道理,庞巴维克在考究资本概念的历史发展时曾有极为透辟的分析,并得出结论说:"刚才提到的许多解释,虽然对资本包括哪些财货有分歧,但无论如何,却一致认为资本这个名称是用来称谓财货的。"[3]这样一来,经济学所谓的资本,就是能够产生或带来财货的财货,就是能够产生或带来物质财富的物质财富。可是,为什么马克思等经济学家宁愿用"价值"——而不是财货或财富——来界定资本?

　　原来,所谓财富,正如色诺芬所指出,就是能够满足人的需要的、有用的、有价值的东西:"凡是有利的东西都是财富。""财富首先是具有使用价值的东西。一支笛子对于会吹它的人是财富,而对于不会吹它的人,则无异于毫无用处的石头。与此同时,财富还

　　[1]　Adam Smith,*The Wealth of Nations*,London:Perguin Books,1970,p.193.

　　[2]　Eugen V. Böhm-Bawerk,*The Positive Theory of Capital*,New York:G. E. STECHERT & CO.,1930,p.50.

　　[3]　同上书,p.33。

必须具有交换价值。对于不会使用笛子的人们来说,一支笛子只有在他们卖掉它时是财富,而在保存着不卖时就不是财富。"①财富是具有价值的东西,因而一般说来,就是可以买卖的东西,就是可以当作商品进行交换的东西。因此,霍布森写道:"财富这个名词,按照现在一般的习惯用法,是指能够买卖的东西,所代表的财富的多少,是用它们在市场上能换得的钱数来计量的……财富就是这些价值的总和。"②西尼尔也这样写道:"这个名词包括所有下列事物,也只包括这些事物:可以转移的、其供给有定限的,可以直接或间接地产生愉快或防止痛苦的;或者换个说法,是可以交换的;或者再换个说法,是有价值的。"③"财富所包括的是一切有价值的事物,也就是可以购买或租借的事物,也只包括这些事物。"④

财富就是有价值的东西。因此,资本是能够产生或带来物质财富的物质财富,便意味着:资本是能够增值的物质财富,是能够增值的价值。这就是为什么马克思等经济学家用"价值"来界定资本的缘故。但是,马克思认为资本是能够带来剩余价值的价值:"一定的价值额,只有在它利用自己造成剩余价值时,才变成资本。"⑤显然,这并不是"资本"的定义,而是"资本主义的资本"或"资本家的资本"的定义。因为,如上所述,资本概念,不论是狭义的或经济学的资本概念,还是所谓道德资本等广义的资本概念,其

　　① 〔古希腊〕色诺芬著,张伯健、陆大年译:《经济论·雅典的收入》,商务印书馆1961年版,第3页。

　　② 〔英〕霍布森著,于树生译:《财富的科学》,上海人民出版社1958年版,第3页。

　　③ 〔英〕西尼尔著,蔡受百译:《政治经济学大纲》,商务印书馆1997年版,第17页。

　　④ 同上书,第41页。

　　⑤ 《马克思恩格斯选集》第三卷,人民出版社1995年版,第550页。

根本特征就是生利、增值或产生和带来财富。只要是能够生利、增值或产生和带来财富的东西，就是资本。只不过，能够生利、增值或产生和带来财富的非物质财富，是广义的资本概念；能够生利、增值或产生和带来财富的物质财富，是经济学的资本概念；能够带来剩余价值的价值、财货或物质财富则是资本主义资本概念。因此，经济学所谓的资本，亦即能够增值的物质财富，正如李嘉图所言，是任何社会都存在的："即使是在亚当·斯密所说的那种早期状态中，一些资本虽然可能是由猎人自己制造和积累的，却是他捕猎鸟兽所必须的。没有某种武器，就不能捕猎海狸和野鹿。所以这些猎物的价值不仅要由捕猎所需的时间和劳动决定，而且也要由制造那些使猎人能够有效捕猎的资本——武器——所需的时间和劳动决定。"①

2. 资本主义

所谓资本，如上所述，是能够产生或带来财货的财货，是能够产生或带来物质财富的物质财富，是能够增值的物质财富，是能够增值的价值。那么，顾名思义，所谓资本主义，也就是一种使资本增值的经济形态或经济制度，是一种使财货能够产生或带来财货的经济形态或经济制度，是使物质财富能够产生或带来物质财富的经济形态或经济制度，是使物质财富增值的经济形态或经济制度，是使价值能够增值的经济形态或经济制度。然而，这是资本主义的定义吗？答案是肯定的：资本主义就是直接目的在于使投入

---

① David Ricardo, *Principles of Political Economy and Taxation*, London: George Bell and Sons, 1908, p. 17.

的资本或物质财富增值——而不是满足消费需要——的经济形态
或经济制度,就是直接目的在于获得利润或更多的交换价值——
而不是使用价值或直接消费——的经济形态或经济制度。

因此,桑巴特在界说资本主义时一再强调,资本主义是受营利
原则支配的经济制度:"营利原则的特性所表现的是,在它的支配
之下,经济的直接目的不复是一个生存的人的满足需要,专在增值
货币的额数。此项目的的设定是资本主义组织的观念所固有的;
所以人们可以指获取利润(即由经济的活动使最初的金额增大起
来)为资本主义经济客观目的。"①马克思论也这样写道:"我们的
资本家所关心的是下述两点。第一,他要生产具有交换价值的使
用价值,要生产用来出售的物品、商品。第二,他要使生产出来的
商品的价值,大于生产该商品所需要的各种商品即生产资料和劳
动力——为了购买它们,他已在商品市场上预付了真正的货
币——的价值总和。"②

这样,一方面,资本主义便与封建制以及奴隶制经济形态根本
不同。奴隶制和封建制经济形态都是自然经济,目的都是为了直
接满足生产者个人或经济单位的需要,而不是为了交换,不是为了
更多的交换价值或获得利润。相反地,资本主义则是交换经济,是
商品经济,目的是为了交换价值,是为了获得更多的交换价值,而
不是为了直接满足生产者个人或经济单位的需要。更确切些说,
资本主义乃是一种商品普遍化的经济制度,在这种制度下,商品成
为一切经济活动的普遍的和统治的形式。所以,马克思《资本论》

---

① 〔德〕伟·桑巴特著,李季译:《现代资本主义》第一卷,商务印书馆 1958 年版,
第 206 页。

② 〔德〕马克思著,中共中央编译局译:《资本论》第一卷,人民出版社 1975 年版,
第 211 页。

的第一句话就是："资本主义生产方式占统治地位的社会的财富，表现为'庞大的商品堆积'。"①伊曼纽尔·沃勒斯坦也这样写道："资本主义历史发展的冲动是把万物商品化。"②

另一方面，资本主义与社会主义根本不同。虽然社会主义也应该是商品经济，但是，社会主义是公有制的商品经济；相反地，资本主义则是私有制商品经济。鲍尔斯称之为资本主义第二个特征："资本主义的第二个本质特征（商品生产是第一个本质特征）在于，生产中所使用的资本品是资本家的私人财产。"③因此，布罗代尔在界说资本主义时曾援引路易·勃朗和普鲁东的定义："我所说的资本主义，是指一些人在排斥另一些人的情况下占有资本……资本主义是一种经济和社会制度，根据这种制度，作为收入来源的资本一般说来不属于通过自己劳动使资本发挥效用的人。"④更确切些说，资本主义是一种生产资料与劳动者相分离的经济制度，在这种制度下，生产资料被资产阶级占有，成为雇佣劳动者的资本；劳动者有人身自由而没有生产资料，成为只能靠出卖劳动力过活的雇佣劳动者："这里所说的自由，具有双重含义：一方面，工人是自由人，能够把自己的劳动力当作自己的商品来支配，另一方面，他没有别的商品可以出卖，自由得一无所有，没有任何实现自己的劳动力所必需的东西。"⑤

① 〔德〕马克思著，中共中央编译局译：《资本论》第一卷，中国社会科学出版社1983年版，第11页。

② 转引自白永秀等主编：《现代政治经济学》，高等教育出版社2008年版，第35页。

③ Samuel Bowles, Richard Edwards and Frank Roosevelt, *Understanding Capitalism: Competition, Command, and Change* (3rd Edition), New York: Oxford University Press, 2005, p. 135.

④ 〔法〕布罗代尔著，顾良、施康强译：《15至18世纪的物质文明、经济和资本主义》第二卷，生活·读书·新知三联书店1993年版，第242页。

⑤ 《马克思恩格斯全集》第二十三卷，人民出版社1972年版，第192页。

因此,所谓资本主义,说到底,也就是资本拥有者雇佣没有资本的劳动者从而使投入的物质财富或资本增值的经济形态,是资本通过雇佣劳动而增值的经济制度。所以,鲍尔斯说:"资本主义是这样一种特定的经济制度,雇主为了获取利润,使用其私人占有的资本品,雇佣工人生产商品。"①马克思也这样写道:"资本主义生产是这样一种社会生产方式,在这种生产方式下,生产过程从属于资本,或者说,这种生产方式是以资本和雇佣劳动的关系为基础,而且这种关系是起决定作用的、占支配地位的生产方式。"②

综上所述,资本主义可以归结为一个中心和两个基本点。一个中心:使资本或财货能够增值。两个基本点:商品经济和雇佣劳动。合而言之,资本主义乃是一种交换经济、商品经济或市场经济,是一种使资本或财货能够增值的商品经济形态或经济制度,是目的在于资本或物质财富增值而不是满足消费需要的商品经济形态或经济制度,说到底,是资本通过雇佣劳动而增值的商品经济制度。因此,桑巴特在总结资本主义的定义时这样写道:"我们所谓资本主义是指一种一定的经济制度,具有以下的特征:它是一种交通经济的组织,在此项组织中,通常有两个不同的人口集团对峙着:即生产手段的所有人和无产的纯粹工人,前者具有指导权,为经济主体,后者则为经济客体,他们经过市场,互相结合,共同活动,此项组织并受营利原则与经济的合理主义的支配。"③鲍尔斯

---

① Samuel Bowles,Richard Edwards and Frank Roosevelt,*Understanding Capitalism:Competition,Command,and Change*(3rd Edition),New York:Oxford University Press,2005,p.129.

② 《马克思恩格斯全集》第四十七卷,人民出版社 1972 年版,第 151 页。

③ 〔德〕伟·桑巴特著,李季译:《现代资本主义》第一卷,商务印书馆 1958 年版,第 265 页。

说得更为简明："资本主义可以通过其劳动过程的三个特征来定义。第一,生产部门的大多数劳动过程生产的是商品。第二,生产过程所使用的资本品属于私人所有。第三,生产商品所需要的劳动时间是在劳动市场上购买的。在劳动的每次市场交易中,某人同意在某段时期为雇主劳动以换取工资(或薪酬)。因此,资本主义劳动形式是'雇佣劳动'。"①

3. 私有制国家:奴隶制国家和封建制国家以及资本主义国家

奴隶制、封建制和资本主义都属于经济形态、经济制度范畴,而不属于国家范畴。那么,何谓奴隶制、封建制和资本主义国家?如前所述,人们大都将"国家"与"国家政权"等同起来,因而大都以为奴隶主阶级执掌政权的国家就是奴隶制国家、地主阶级执掌政权的国家就是封建制国家、资产阶级执掌政权的国家就是资本主义国家。这是一种似是而非的观点。因为奴隶制、封建制和资本主义国家都是以经济形态——而不是政权或政体——为划分根据的国家分类,因而原本与政权如何无关。一个国家,只要其基础的、核心的、支配的或主导的经济形态是资本主义,那么,即使资产阶级还没有执掌政权,即使政权仍然执掌于封建地主阶级或人民大众、无产阶级,它也已经是资本主义国家,而不再是封建制国家或社会主义国家了。这就是为什么,资本主义国家诞生的标志并

---

① Samuel Bowles, Richard Edwards and Frank Roosevelt, *Understanding Capitalism: Competition, Command, and Change* (3rd Edition), New York: Oxford University Press, 2005, p. 129.

不是政治革命而是工业革命的缘故。

准此观之,一个国家存在奴隶制,未必就是奴隶制国家;只有当奴隶制是一个国家的基础的、核心的、支配的或主导的制度时,该国才堪称奴隶制国家:奴隶制国家就是奴隶制自然经济居于支配地位的国家,就是一些人成为另一些人之财产的制度居于支配地位的国家;封建制国家就是封建制自然经济居于支配地位的国家,就是地主依靠土地而占有农民(或农奴)剩余劳动的经济制度居于支配地位的国家;资本主义国家就是资本主义经济制度居于支配地位的国家,就是商品经济或市场经济居于支配地位的国家,就是一种使资本或财货能够增值的商品经济形态或经济制度居于支配地位的国家,是目的在于资本或物质财富增值而不是满足消费需要的商品经济形态或经济制度居于支配地位的国家,说到底,是资本通过雇佣劳动而增值的商品经济制度居于支配地位的国家。

因此,奴隶制国家最早形成于公元前 4000 年至前 3000 年之间,如埃及、米索不达米亚等奴隶制国家,约诞生于公元前 3500 年左右。但是,最发达的奴隶制国家,是公元前 5 世纪至前 4 世纪的古希腊奴隶制国家和公元前 2 世纪至公元 1 世纪的古罗马奴隶制国家。在西欧,奴隶制国家一直存在到公元 3 世纪至 5 世纪才被封建制国家取而代之。封建制国家存在的时间也比较长,从公元5 世纪罗马帝国灭亡开始,最迟到 18—19 世纪英、法等国发生工业革命,而终于被资本主义国家所取代,经历了 1000 余年。中国的封建制国家比西欧长得多,一直到 1840 年鸦片战争以后,随着外国资本主义的侵入,才开始解体而沦为半殖民地半封建国家。

奴隶制国家、封建制国家和资本主义国家都属于私有制国家或阶级国家范畴，它们与原始国家或原始公有制国家——游群国家和部落国家以及酋邦国家——的显著区别乃在于，原始国家没有合法的暴力镇压工具，如警察、监狱和军队等等；整体说来，也没有正式的、独立的、专门的、常设的政治组织，其治理主要以血缘为基础；并且民主是主流，而专制等非民主政体不过是偶尔出现的特例。相反地，私有制国家则拥有正式的、独立的、专门的、常设的政治组织和合法的暴力镇压工具，其治理完全以地域为基础；并且其政体拥有广泛的可能性：既可能是民主也可能是专制还可能是君主立宪或寡头共和等等。因此，恩格斯论及阶级国家与原始社会的根本区别时，曾这样写道：

"国家和旧的氏族组织不同的地方，第一点就是它按地区来划分它的国民……第二个不同点，是公共权力的设立，这种公共权力已不再同自己组织为武装力量的居民直接符合了……构成这种权力的，不仅有武装的人，而且还有物质的附属物，如监狱和各种强制机关，这些东西都是以前的氏族社会所没有的。"[1]

我们考察了原始国家、奴隶制国家、封建制国家和资本主义国家，接下来似乎毫无疑问，应该考察社会主义和共产主义国家。其实不然，因为与其他四种国家根本不同，共产主义国家乃是一种理想国，即使其低级阶段（社会主义）已经实现而变成事实，但就其实质来说，显然并不属于国家事实如何范畴，而属于国家应该如何范畴；因而并非《国家学》上卷《本性论：国家事实如何》研究对象，而是中卷《价值论：国家制度应该如何》研究对象。否则，如果在对原始国家、奴隶制国家、封建制国家和资本主义国家四种国家类型事

---

① 《马克思恩格斯选集》第四卷，人民出版社1972年版，第167页。

实如何的考察之后,接下来考察社会主义和共产主义国家,那么,就会发现这种考察是无法科学地进行的。因为共产主义是一种完全符合国家制度价值标准——公正与平等以及人道与自由等——的理想国,因而在考察共产主义之前,必须考察国家制度价值标准体系,进而用以衡量原始国家、奴隶制国家、封建制国家和资本主义国家之价值,然后,才能科学地描述究竟共产主义究竟是一种怎样的国家:这些正是中卷《价值论:国家制度应该如何》研究对象。

第四章　国家本性——人类社会发展规律与人性定律

本章提要　最重要的社会发展规律是经济制度的历史必然性与政体制度的偶然任意性。马克思关于"生产力决定生产关系、经济基础决定政治制度等上层建筑"的历史唯物论原理,是社会发展基本规律的发现,堪称 20 世纪人类思想最伟大的成就。根据这一发现,一个国家究竟实行何种经济制度,亦即何种经济形态占据统治地位,说到底,六种经济形态——原始共产主义、奴隶制、封建制、资本主义、社会主义和共产主义——中的何种经济形态占据统治地位,皆取决于该国的生产力发展水平究竟如何,因而具有历史必然性,是历史的、必然的、不依人的意志而转移和不可自由选择的。相反地,任何政体制度,不论是民主制还是非民主制,却都曾出现于生产力发展的任何历史阶段,都曾出现于原始社会、奴隶社会、封建社会、资本主义社会和社会主义社会。这是因为,任何政体制度都不是被生产力和经济发展水平所必然决定的,不具有历史必然性,不是必然的、不可选择的、不可避免的;而是充满各种可能,是偶然任意、可以自由选择的。

国家是拥有最高权力的社会。社会是两个以上的人因一定联系所结成的共同体。因此,国家最普遍最一般的本性——因而也是最根本最重要最主要的本性——可以分为两方面。一方面,这种国家本性可以归结为人类社会——国家是一种特殊社会——发展规律,说到底,可以归结为"经济制度的历史必然性"与"政体制度的偶然任意性";另一方面可以归结为人——社会和国家都属于人类共同体范畴——的本性,亦即人性,说到底,可以归结为爱有差等:爱有差等是最深刻的人性定律。

一、经济制度的历史必然性

1. 生产关系高低与生产力高低正比例定律

毋庸赘言,生产关系与经济、经济基础或经济活动是同一概念,都是关于物质财富的活动,亦即生产与交换以及分配与消费之和。经济制度与生产关系或经济、经济形态固然并不相同,却也相去不远。因为所谓制度,正如罗尔斯所言,无非是一定的行为规范体系:"我将把制度理解为一种公开的规范体系。"[①]因此,所谓经济制度,就是经济、经济形态或生产关系的行为规范体系。这样一来,生产关系或经济活动虽然不是经济制度;但是,一个社会实行、选择何种生产关系或经济形态与经济制度却是同一概念:实行何种生产关系或经济形态属于生产关系或经济形态的行为规范体系范畴。

最重要的人类社会发展规律,恐怕是马克思历史唯物主义原理所揭示的经济制度的历史必然性,亦即一个社会实行何种生产

---

① John Rawls:*A Theory of Justice*(Revised Edition),Cambridge:The Belknap Press of Harvard University Press,2000,p. 47.

关系或经济形态的历史必然性。这一规律可有名之为"生产关系高低与生产力高低正比例规律"。首先，马克思发现，生产关系具有不以人的意志为转移的历史必然性："人们在自己生活的社会生产中发生一定的、必然的、不以他们的意志为转移的关系，即同他们的物质生产力的一定发展阶段相适合的生产关系。"①

确实，一个社会实行何种生产关系、经济形态或经济制度，具有不以人的意志为转移的历史必然性。因为，如果某种生产关系或经济形态、经济制度适合生产力，就会促进生产力发展，就会给人们带来巨大利益；那么，即使人们讨厌和不想实行这种生产关系，或迟或早也必定实行这种的生产关系。相反地，如果某种生产关系不适合生产力，就会阻碍生产力发展，就会给人们带来巨大损失；那么，即使人们喜欢与渴望实行这种生产关系，或迟或早也必定改变和抛弃这种生产关系，而代之以与生产力相适合的生产关系：

"为了不致丧失已经取得的成果，为了不失掉文明的果实，人们在他们的交往方式不再适合于既得的生产力时，就不得不改变他们继承下来的一切社会形式。"②

生产关系所具有的适合或不适合生产力的性质，不是生产关系的独自具有的属性，不是生产关系的固有属性；而是生产关系被生产力发展变化所决定的属性，是生产关系的关系属性。因此，任何生产关系、经济形态或经济制度，即使是惨绝人寰的奴隶制，在生产力发展的一定限度——亦即没有变成新的更高级的生产力的

---

① 《马克思恩格斯选集》第二卷，人民出版社 1995 年版，第 32 页。
② 《马克思恩格斯选集》第四卷，人民出版社 1995 年版，第 533 页。

限度——内,都是适合、促进生产力发展的。但是,当生产力的发展超过一定限度,从而成为新的更高级的生产力的时候,原来的生产关系便由适合、促进生产力发展,变成不适合与阻碍生产力发展了;或迟或早,必定发生生产关系革命,转化为新的更高级的生产关系,从而能够适合、促进新的更高级的生产力:

"社会的物质生产力发展到一定阶段,便同它们一直在其中运动的现存生产关系或财产关系(这只是生产关系的法律用语)发生矛盾,于是这些关系便由生产力的发展形式变成生产力的桎梏。那时社会革命的时代就到来了。随着经济基础的变更,全部庞大的上层建筑也或慢或快地发生变革。"①

新的更高级的生产关系,只能适合且产生于新的更高级的生产力,而不适合或不可能产生于比较低级的生产力。奴隶制或封建制比原始共产主义更高级,因而只能适合比原始社会更高级的生产力,如金属工具生产力;而不适合原始社会生产力,不适合石器生产力。如果在生产力还处于石器水平因而没有剩余产品的时代,就实行奴隶制或封建制,奴隶或农奴必定饿死无疑。因此,不但比较低级的生产关系只能适合比较低级的生产力,不能适合比较高级的生产力;而且比较高级的生产关系也只能适合比较高级的生产力,而不能适合或不可能产生于比较低级的生产力。

因此,任何生产关系便都只能适合一定的生产力,而不能适合一切生产力;它对于生产力的适合或不适合都是暂时的、历史的,随着生产力的发展变化而变化:"人们借以进行生产、消费和交换的经济形式是暂时的和历史性的形式。随着新的生产力的获得,

---

① 《马克思恩格斯选集》第二卷,人民出版社 1995 年版,第 32 页。

人们便改变自己的生产方式,而随着生产方式的改变,他们便改变所有不过是这一特定生产方式的必然关系的经济关系。"①

　　这样一来,一个社会究竟实行比较高级的生产关系,还是比较低级的生产关系,便决定于生产力发展水平,因而具有不以人的意志为转移的历史必然性。这可以从两方面看。一方面,正如马克思所指出,比较高级的生产力,必定产生比较高级的生产关系。如果仍然是比较低级的不发达的生产关系,或迟或早,必定会发生生产关系的革命,从而产生比较高级的生产关系。② 因为只有比较高级的生产关系,才能适合、促进比较高级的生产力,给人们以巨大利益;而比较低级的生产关系则不适合、阻碍比较高级的生产力,给人们以巨大损害。

　　另一方面,正如马克思所断言,比较低级的生产力,必定产生比较低级的生产关系。如果产生了比较高级的生产关系,或迟或早,必定又回到比较低级的生产关系:"当使资产阶级生产方式必然消灭、从而也使资产阶级的政治统治必然颠覆的物质条件尚未在历史进程中、尚未在历史的'运动'中形成以前,即使无产阶级推翻了资产阶级的政治统治,它的胜利也只能是暂时的,只能是资产阶级革命本身的辅助因素……他们在自己的发展进程中首先必须创造新社会的物质条件,任何强大的思想或意志力量都不能使他们摆脱这个命运。"③因为只有比较低级的生产关系才能适合与促进比较低级的生产力的发展,给人们以巨大利益;而比较高级的生

---

①　《马克思恩格斯选集》第四卷,人民出版社1995年版,第533页。
②　《马克思恩格斯选集》第二卷,人民出版社1995年版,第32页。
③　《马克思恩格斯选集》第一卷,人民出版社1972年版,第171页。

产关系必定阻碍与不适合比较低级的生产力,给人们以巨大损害。

于是,无论哪一种生产关系,只要生产力还没有成为新的、比较高级的生产力,因而还适合生产力发展,是决不会灭亡的;而新的比较高级的生产关系,是决不会产生的。在新的比较高级的生产力还没有获得以前,如果比较低级的生产关系灭亡了,新的比较高级的生产关系产生了,那么,或迟或早,必定会发生生产关系的复辟,又回到原来比较低级的生产关系。因此,马克思说:

"无论哪一个社会形态,在它所能容纳的全部生产力发挥出来以前,是决不会灭亡的;而新的更高的生产关系,在它的物质存在条件在旧社会的胎胞里成熟以前,是决不会出现的。所以,人类始终只提出自己能够解决的任务,因为只要仔细考察就可以发现,任务本身,只有在解决它的物质条件已经存在或至少是在生成过程中的时候,才会产生。大体说来,亚细亚的、古代的、封建的和现代资产阶级的生产方式可以看做是经济的社会形态演进的几个时代。"①

2. 生产关系高低与生产力高低微观正比例定律

马克思关于生产关系高低与生产力高低关系理论,无疑是历史唯物主义核心原理,堪称二十世纪人类所发现的最伟大的规律,可以名之为"生产关系高低与生产力高低正比例定律";更确切些,毋宁名之为"生产关系高低与生产力高低宏观正比例定律"。因为只是宏观言之,生产力产生和决定生产关系,生产力较高,生产关系必较高;生产力较低,生产关系必较低:生产关系高低与生产力高低正比。倘若微观言之,则因为生产关系高低与生产力高低成

---

① 《马克思恩格斯选集》第二卷,人民出版社 1995 年版,第 33 页。

正比,所以,较高与较低生产力的高低差异程度,必定与它们所产生的较高级与较低级生产关系重要属性的差异程度成正比。

较高级与较低级生产关系重要属性差异越多越大,它们所适合的较高与较低生产力的高低差异就越大越显著;较高级与较低级生产关系的重要属性差异越少越小,它们所适合的较高与较低生产力的高低差异就越小越不显著;较高级与较低级生产关系的重要属性接近完全相同,它们所适合的较高与较低生产力的高低差异就接近消失而归于零,它们就能够同样适合同一水平的生产力。

这就是生产关系高低与生产力高低微观正比例定律,它随着生产力和生产关系由低级到高级的发展而越来越彰显昭著。举例说,奴隶制或封建制生产关系与原始共产主义生产关系,相同点极少,似乎只有自然经济;而不同属性较多且重要,如公有制与私有制之别、无阶级无剥削与有阶级有剥削之别等。因此,奴隶制或封建制生产关系所适合的生产力,高于原始共产主义生产力,二者截然不同。资本主义生产关系与奴隶制或封建制生产关系,共同点极少,似乎只有私有制;而不同点较多且重要,如自然经济与市场经济之别,经济强制与超经济强制之别等。因此,资本主义所适合的生产力,远远高于奴隶制或封建制所适合的生产力,二者极为不同。

相反地,奴隶制与封建制生产关系虽有高低之分,但就其重要属性来说,几乎完全相同:都是私有制、都是自然经济、都是超经济强制。二者的不同点,只不过在于,奴隶制的超经济强制是人身占有,而封建制的超经济强制是人身依附罢了。封建制与奴隶制生产关系重要属性几乎完全相同,这意味着,封建制与奴隶制生产关系所适合的生产力之间的高低差异极其微小,接近于零,因而能够与奴隶制一样适合同样低级的生产力,亦即一样适合原始社会末期生产力:铜器生产力。试想,奴隶与农奴,岂不同样能够使用铜器生产工具?岂不同样能够进行以铜器生产工具为基础的自然经济劳动?这就是为什么,封建制生产关系虽然比奴隶制生产关系高级,封建制生产力却未必高于奴隶制生产力。

可见,封建制生产力未必高于奴隶制生产力,不是别的,恰恰是"生产关系高低与生产力高低微观正比例定律"所能够解释的典型事实,完全符合这一定律,因而并没有否定"生产关系较高生产力必定较高、生产关系较低生产力必定较低",并没有否定"生产关系高低与生产力高低成正比例定律"。那么,社会主义社会生产力普遍低于资本主义社会的事实,否定了这一定律吗?也没有。

诚然,按照这一定律,社会主义生产力必定远远高于资本主义生产力。因为社会主义生产关系高于资本主义生产关系,二者不同属性多且重要,如公有制与私有制之别、有经济强制和经济权力垄断与没有经济权力垄断和经济强制之别、无阶级和剥削与有阶级和剥削之别等等。更何况,社会主义与资本主义的不同,虽然跟原始共产主义与奴隶制或封建制的区别极为相似;但是,一方面,原始共产主义与奴隶制或封建制是私有制取代公有制,而社会主义与资本主义是公有制取代私有制:公有制取代私有制无疑需要远为高级且复杂的条件;另一方面,原始共产主义与奴隶制或封建制是社会发展的低级阶段,而社会主义与资本主义是社会发展的高级阶段,因而二者生产力的高低差异必定更为巨大。

因此,社会主义生产关系所适合的生产力,与资本主义生产关系所适合的生产力之间的差异必定极大:社会主义生产力必定远远高于资本主义生产力。如果说资本主义生产力是发达的生产力，那么，社会主义生产力必定是高度发达的生产力：高度发达的生产力是实现社会主义的必要条件。这是必然的、不以人的意志为转移的客观规律。然而，事实却是，几乎所有社会主义国家的生产力都低于资本主义生产力。这一事实岂不否定了社会主义生产力必定高于资本主义生产力的理论？岂不否定了生产关系较高、生产力必定较高的论断？岂不否定了生产关系高低与生产力高低正比例定律？不！绝没有否定。

因为社会主义生产力低于资本主义生产力的事实，充其量，不过意味着对"生产关系高低与生产力高低正比例定律"的违背；而任何规律或必然性都绝不会因其被违背而不成其为规律或必然性。违背规律或必然性的自由活动必定受到规律或必然性的惩罚，必定达不到目的而失败；只有遵循和利用规律或必然性的自由活动，才能够达到目的获得成功。因此，违背规律或必然性的人们，或迟或早，必定会改正错误，遵循规律或必然性，最终达到目的获得成功：违背规律不过是遵循规律的一段弯路而已。社会主义生与资本主义重要属性极为不同，决定了社会主义所适合的生产力与资本主义所适合的生产力的高低差距必定极为巨大，决定了社会主义生产关系只可能适合高度发达的生产力，而不可能适合不发达的生产力。

如果违背这一定律和历史必然性，强行在不发达的生产力基础上建立社会主义，那么，必定要受到这一定律和历史必然性的惩罚，遭受极大苦难。结果，或迟或早必定改正错误，抛弃较高的生产关系，抛弃社会主义；而回到较低的生产关系，复辟资本主义：或者是完全复辟，或者是不完全复辟。苏东九国违背这一定律和历史必然性,在不发达的生产力基础上建立社会主义,尽管长达半个多世纪之久,结果终因遭受这一规律和历史必然性的严重惩罚,而无不改正错误,复辟资本主义。中国经济体制改革也以恢复私有制和市场调节为主要特征。这岂不足以证明:生产力产生和决定生产关系,生产力较高生产关系必较高、生产力较低生产关系必较低? 岂不足以证明:生产关系高低与生产力高低正比?

综上可知,一个国家究竟实行何种经济制度,亦即何种经济形态占据统治地位,说到底,六种经济形态——原始共产主义、奴隶制、封建制、资本主义、社会主义和共产主义——中的何种经济形态占据统治地位,皆取决于该国的生产力发展水平究竟如何,因而具有历史必然性,是历史的、必然的、不依人的意志而转移和不可自由选择的。这就是为什么,以经济形态为划分根据的六种国家制度——原始国家、奴隶制国家、封建制国家、资本主义国家、社会主义国家和共产主义国家——具有历史必然性的缘故。

二、政体制度的偶然任意性

1. 政体制度偶然任意性之事实

马克思关于"生产力决定生产关系、经济基础决定国家政治制度等上层建筑"的历史唯物论原理,无疑是人类思想的伟大成就。然而,人们却往往将其绝对化,以为任何国家制度都必然决定于经济基础和生产力,都具有历史必然性,都是历史的、时代的,都仅仅适用于一定历史条件下的一定的社会和一定的时代,而不能普遍适用于一切社会一切时代,因而不具有普世性。殊不知,只有以经济形态性质为划分根据的六种国家——原始公有制国家、奴隶制国家、封建制国家、资本主义国家、社会主义国家和共产主义国家——制度，才必然决定于经济基础和生产力，才具有历史必然性，才是历史的、时代的，都仅仅适用于一定历史条件下的一定的社会和一定的时代，而不能普遍适用于一切社会一切时代，因而不具有普世性；以经济形态性质为划分根据的六种国家制度之所以都仅仅适用于一定历史时代而不具有普世价值，只是因为一个国家实行何种经济形态具有历史必然性，是被生产力的发展水平所必然决定的。

倘若不是以经济形态，而是以政体的根本性质——亦即执掌最高权力的公民人数——为划分根据，那么，所划分的民主制与非民主制国家制度，便不具有历史必然性，便与经济发展的历史阶段没有必然联系，便是超经济、超阶级、超历史、超时代的，因而都具有普世性和普世价值。因为一个国家究竟实行何种政体，究竟实行民主制还是君主专制等非民主制国家制度，完全取决于执掌国家最高权力的人数，完全取决于掌握最高权力的人数究竟是一个人（君主制）还是少数人（寡头制）抑或是多数人（民主制），因而完全是偶然的、可以自由选择的，而不具有历史必然性，不是必然的、不可选择的、不可避免的。

确实，执掌国家最高权力的人数——究竟是一个人还是少数人抑或是多数人——怎么可能与经济以及生产力发展水平有必然联系？怎么可能被经济和生产力发展水平所必然决定？怎么会具有历史必然性？怎么可能不是偶然的呢？任何时代任何国家的最高权力岂不都既可能独掌于一个人，也可能执掌于少数人，还可能执掌于多数人？显然，掌握最高权力的人数的多少的本性就是偶然性和普世性。因此,政体——政体就是以执掌最高权力的人数的多少为根据的政治分类——的根本的特征就是偶然性和普世性。任何一种政体,不论民主制还是专制等非民主制,都具有普世性,都超经济超历史超社会超阶级超时代而能够普遍实行于任何国家任何时代任何生产力和经济发展水平。

　　这就是为什么,世界历史告诉我们,任何一种政体,不论是民主制还是非民主制,都既可能实行于原始社会,也可能实行于奴隶社会,还可能实行于封建社会和资本主义社会以及社会主义社会。首先,考古学和人类学的研究表明,原始社会按其历史发展的一般顺序,呈现三种性质不同的社会形态:游群、部落和酋邦。游群是人类处于狩猎——采集阶段的四处游动的自主的血缘社会,大约出现于二三百万年前,终结于一万年前,历时约二三百万年;人类的游群时代也就是旧石器时代。部落——氏族为其基础和中心——是人类处于农耕和畜牧阶段因而趋向定居的社会,只有到新石器时代,亦即距今约八九千年,才广泛地散布于世界各地。酋邦是处于平等的部落社会向阶级社会过渡阶段的等级社会。

　　队群和部落虽然也有实行非民主制的可能性,但一般说来,都实行民主制。因此,哈维兰说:"群队一般说来是相当民主的:任何群队成员都不会告诉别的人去干什么、怎么狩猎、跟谁结婚。"[1]恩伯说:"具有部落政治组织的社会与队群社会相似,都是平等的社会。"[2]酋邦虽然是一种等级社会,特别是正式的官僚管理机构使

---

　　①　哈维兰:《当代人类学》上海人民出版社1987年版,第468页。

　　②　Carol R. Ember, Mevin Ember, *Cultural Anthropology* (9th Edition), London: Prentice Hall, Inc. , 1999, p. 224.

酋长的权力极大提高,甚至可能使他独掌最高权力而成为专制君主,但也可能未必如此:"处于酋长领地政治发展阶段的社会可能在政治上完全统一于酋长的统治之下,但也可能不完全是这样。"[1]

可见,在原始社会,民主制固然是主流;但是,不管怎样与人心背道而驰,还是出现过专制等非民主制:"不论在地球上任何地方,不论在低级、中级或高级野蛮社会,都不可能从氏族制度自然生出一个王国来……君主政体与氏族制度是矛盾的,它发生于文明社会比较晚近的时期。处于高级野蛮社会的希腊部落曾出现过几次专制政体的事例,但那都是靠篡夺建立起来的,被人民视为非法,实际上与氏族社会的观念也是背道而驰的。"[2]

奴隶社会可能实行任何政体——民主共和制与寡头共和制以及君主专制和有限君主制——已经是事实。古巴比伦、亚述帝国和波斯帝国,古埃及托勒密王朝和古印度孔雀帝国,无疑都是典型的君主专制。相反地,古希腊和古罗马则实行共和制。斯巴达是寡头共和制。雅典初期也是寡头制,梭伦改革使雅典由寡头制转变为民主制,到伯利克里时代,雅典民主制臻于全盛。公元前509至27年的古罗马,国家最高权力实际上执掌于原本由贵族组成的元老院,堪称贵族共和制——贵族共和属于寡头共和范畴——的典范。从公元前27年到公元476年,罗马实行帝制,一人独掌国家最高权力,是典型的君主专制。奴隶社会还存在有限君主制,特

<hr>

[1] 〔美〕恩伯著,杜杉杉译,刘钦审校:《文化的变异》,辽宁人民出版社1988年版,第406页。

[2] Lewis H. Morgan: *Ancient Society*, Cambridge: The Belknap Press of Harvard. University press,1964,pp. 110-111.

别是贵族君主制,如公元前 2369 至前 2314 年,阿卡德城的国王萨尔贡一世建立的统一的阿卡德王国,实行的就是贵族君主制,亦即以君主为主而与贵族元老院共同执掌最高权力的政体。

封建社会大都实行君主专制与有限君主制:贵族君主制与等级君主制。贵族君主制是以君主为主而与贵族元老院或地方割据势力共同执掌最高权力的有限君主制,如封建割据时期的法兰西、德意志和俄国中的一些大公国,国王虽然执掌最高权力,却不可独自行使,而必须得到某种形式的贵族会议的同意。等级君主制是以君主为主而与等级会议——亦即教会贵族、世俗贵族和市民组成的三级会议——共同执掌最高权力的有限君主制,如俄国伊凡三世和伊凡四世的大贵族杜马和缙绅会议的等级君主制;法国腓力四世"三级会议"的等级君主制;英国爱德华一世和爱德华三世的议会君主制等。诚然,封建社会更为盛行的政体还是君主专制,如英国威廉一世、亨利一世和亨利二世以及都铎王朝和斯图亚特王朝的君主专制;俄国彼得一世和叶卡捷琳娜二世的君主专制;法国路易十三、路易十四、路易十五和路易十六的君主专制;德国威廉一世和威廉二世的君主专制。中国封建社会的君主专制最为漫长,自大禹开创家天下的专制政体,直至清朝,实行君主专制竟然长达四千余年。

封建社会虽然盛行君主制,但也曾存在过共和政体。中世纪的威尼斯共和国便属于封建社会的寡头共和制:最高权力掌握在少数公民(贵族和富商)选举的大议会、元老院和共和国元首(总督或执政)手中。从 12 世纪开始,威尼斯设立大议会,拥有国家最高立法和监察权力。议员 480 人,皆从姓名列入"黄金簿"的少数贵族和富商中选出。国家最高行政权力则执掌于大议会所选出的

40 人委员会(元老院)。佛罗伦萨则堪称民主共和政体:国家最高权力执掌于庶民——亦即"肥民"和"瘦民"——的代表所组成的议会。所谓肥民,主要是企业主、银行家、大商人、律师和医生;所谓瘦民,主要是小行东和手工业者,如鞋匠、成衣匠、铁匠和泥瓦匠等。肥民结成 7 个行会,叫作"大行会",包括丝绸商行会、毛皮商行会、羊毛商行会、银行家行会、律师行会和医生行会等。瘦民则结成 14 个行会,叫做"小行会"。佛罗伦莎国家最高权力执掌于这些行会会员所选出的议会。最高管理机关叫作执政团或长老会议,由每个大行会选出一个代表和两个小行会代表组成。长老会议的主席叫作旗手,由行业议会推选,任期两个月,可以连选连任;其他八人叫作"首长",协助旗手管理国家内政和外交等事务。

　　资本主义社会最主要最普遍最典型的政体无疑是民主制,以致今天世界上所有资本主义国家几乎统统实行民主制。但是,资本主义社会也曾存在过君主制:君主专制与君主立宪。法国资产阶级 1789 年大革命推翻封建社会君主专制,1791 年通过新宪法,确立君主立宪制。该宪法规定,法国实行按分权原则建立的君主立宪制:"政府是君主制,行政权委托给国王……但在法国,没有比法律的权力更高的权力;国王只能依据法律来治理国家。"1799 年拿破仑发动政变,独掌国家最高权力,1804 年加冕为皇帝,建立了资本主义君主专制政体。20 世纪意大利和德国出现的墨索里尼与希特勒独掌国家最高权力的法西斯独裁政体,则是资本主义君主专制的另一种类型。资本主义社会还存在一种民主制与君主制的混合政体:名义君主立宪制而实为民主共和制。这种政体的典型,如所周知,就是明治维新后的日本和 1714 年乔治一世登基以后的英国。绝大多数社会主义国家也都实行民主制与君主制的混合政体；只不过与英国和日本"名为君主立宪而实为民主共和"恰恰相反，乃是"名为民主而实为专制"，如苏东九国的所谓苏联社会主义模式。

可见，一方面，所有政体——民主共和与寡头共和以及有限君主制与君主专制及其混合政体——几乎都曾经出现在生产力和经济发展的任何历史阶段，几乎都曾出现在于以经济形态性质为划分根据历代社会，几乎都曾出现在于原始社会、奴隶社会、封建社会、资本主义社会和社会主义社会。这意味着，任何政体，不论是民主制还是非民主制，都不是被生产力和经济发展水平所必然决定的，都不具有历史必然性，都是超经济超历史超社会超阶级超时代的，都能够普遍实行于任何国家任何时代任何生产力和经济发展水平，都具有普世性。

另一方面，绝大多数封建社会都实行君主制和绝大多数资本主义社会都实行民主制的事实，特别是，人类迄今在99％以上的时间——亦即原始社会二三百万年的队群和部落时代——都生活在民主制社会的事实，显然又意味着，政体类型与经济发展水平密切相关：一个社会实行何种政体在很大程度上是被生产力和经济发展的水平决定的。但是，生产力和经济发展水平对政体类型的决定作用，并不具有必然性，并不是必然的决定作用，并不必然决定政体类型，并不必然导致民主制或非民主制。否则，全部封建社会岂不统统都只能实行君主制？只要有一个封建社会实行共和制，岂不就意味着：封建社会并不必然实行君主制？因此，只要有一个封建社会实行共和制，就意味着，封建社会的生产力和经济发展水平对君主制的决定作用不是必然的：封建社会的生产力和经济发展并不必然导致实行君主制。

2. 政体制度偶然任意性之原因

确实,无论生产力和经济发展水平对政体类型的决定作用是多么巨大,即使巨大到大势所趋,顺之者昌逆之者亡,也不是必然的,也不可能必然导致某一种政体。因此,亨廷顿说:"经济因素虽然对民主化有重大影响,却不是决定性的。在经济发展水平与民主之间有一种全面的相关性。然而,没有一种经济发展的水平和模式,就其自身来说,是造成民主化的必要条件或充分条件。"[①]王绍光则援引雪瓦斯基的话说:"经济发展不一定能导致民主,民主可以在任何情况下随机出现。换句话说,在经济发展的任何水平都可以出现民主。在一些被人们认为最不太可能实现民主的国家或地区,也出现过民主政权。"[②]

那么,是否有其他因素能够必然导致某一种政体?许多学者的回答是肯定的。在他们看来,可以必然导致某一种政体的因素,除了生产力和经济,还有政治状况,亦即国内外的某种政治局势和政治需要,如革命、战争、分裂、无序、武力征服和激烈的阶级斗争等必然需要集权和独裁,因而必然导致独掌最高权力的伟大人物的出现:专制具有历史必然性。恩格斯也曾这样写道:

"恰巧拿破仑这个科西嘉人做了被本身的战争弄得筋疲力尽的法兰西共和国所需要的军事独裁者,这是个偶然现象。但是,假如没有拿破仑这个人,他的角色也会由另一个人来扮演。这一点

---

①　Samuel P. Huntington, *The Third Wave: Democratization in the Late Twentieth Century*, Norman: University of Oklahoma Press, Norman, 1991, p. 59.

②　王绍光:《民主四论》,三联书店 2008 年版,第 87 页。

可以由下面的事实来证明:每当需要有这样一个人的时候,他就会出现,如恺撒、奥古斯都、克伦威尔等。"①

诚然,在国家发生革命、战争、分裂、无序和激烈的阶级斗争等非常时期,需要集权和强有力的伟大领袖,因而极易导致专制,如恺撒、奥古斯都、克伦威尔、拿破仑、希特勒、斯大林、金日成等就是如此。但是,这种非常政治局势只是极易导致专制,却非必然导致专制。否则,我们如何解释美国独立战争为什么没有导致华盛顿的专制?难道还有比美国独立战争时期的国内外政治局势更需要集权、更需要一个强有力的伟大的铁腕人物吗?显然,政治局势、政治因素与经济因素一样,对政体类型的决定作用可能极其巨大,甚至大势所趋,但也不是必然的,也不可能必然导致某一种政体。

经济因素与政治因素都是偶然因素,其他因素就更不用说了。因此,亨廷顿认为民主化是多种具体的特殊的偶然的原因相结合的结果:"寻找一个可以在解释这些不同国家政治发展中具有重要作用的共同的普遍的自变项,几乎注定是不成功的,如果不是同义语反复的话。民主化的原因因时因地而异。理论的多重性和经验的多样性意味着下述命题可能成立:(1)没有一个单一的因素足以解释所有国家或一个国家的民主的发展。(2)没有一个单一的因素是所有国家的民主发展的必要条件。(3)每一个国家的民主化都是各种原因复合结果。(4)这些产生民主的原因之复合因国家不同而不同。(5)通常导致一波民主化的复合原因不同于导致其他各波民主化的复合原因。(6)在民主化波浪中最初政权变化的

---

① 《马克思恩格斯选集》第四卷,人民出版社1995年版,第733页。

原因可能不同于这一波中后来政权变化的原因。"①

确实,任何一种政体——不论是民主制还是非民主制——的实行都是当时社会的地理环境、生产力、经济、政治、文化、法律、道德、意识形态、阶级结构、争夺最高权力者的斗争、国民的人格、传统习俗、国内外形势和思想家们的理论等多种因素的具体的、特殊的、偶然的情况共同决定的。这些因素对于导致某种政体虽然有根本与非根本、内因与外因以及主因与次因之分——生产力和经济发展状况无疑是最根本的原因——但无论是哪一种因素都不足以必然导致某种政体,因而都是某种政体产生的偶然性原因。在这些偶然的具体的特殊的多种因素作用下,人们争夺最高权力的斗争便既可能使最高权力无限制地被一个人所掌握(君主专制);也可能使最高权力受限制地被一个人所掌握(有限君主制);还可能使最高权力被少数公民所掌握(寡头共和);亦可能使最高权力被多数或全体公民所掌握(民主共和)。

因此,任何社会实行何种政体便都是偶然的、可能的、可以自由选择的和依人的意志而转移的;而不具有历史必然性,不是必然的、不可选择的、不可避免的和不依人的意志而转移的。这意味着,任何社会在任何条件下实行任何一种政体,不论是民主制还是专制等非民主制,都不具有历史必然性,都是可能的、偶然的、可以自由选择的和依人的意志而转移的:实行何种政体绝对不具有历史必然性,是绝对偶然的、绝对可能的、绝对可以自由选择的和依人的意志而转移的。否则,如果一个社会只有在一定历史条件下

---

① Samuel P. Huntington, *The Third Wave: Democratization in the Late Twentieth Century*, Norman: University of Oklahoma Press, 1991, p. 38.

才可能实行民主政体,那就无异于说,在不具备这种历史条件的时候,只可能实行非民主政体;非民主制具有历史必然性。因此,实行何种政体的偶然性如果不是绝对的,就等于说实行何种政体具有历史必然性。所以,一个社会实行何种政体,不仅不具有历史必然性,而且绝对不具有历史必然性;不仅是偶然的、可能的和可以自由选择的;而且是绝对偶然的、绝对可能的和绝对可以自由选择的。

诚然,任何偶然都表现着某种必然性,没有纯粹的、不表现必然性的偶然性。但是,这并不能否定实行何种政体的本性是一种纯粹的绝对的偶然性。因为"纯粹的绝对的偶然性"与"不表现必然性的纯粹的绝对的偶然性"根本不同。纯粹的绝对的偶然性,无论如何,也总是表现着某种必然性。一个人究竟如何死亡,是纯粹的绝对的无条件的偶然性。但是这种纯粹的绝对的无条件的偶然性也总是表现着某种必然性:他必有一死。他必有一死,是纯粹的、绝对的、无条件的必然性。同理,实行何种政体是一种纯粹的、绝对的偶然性,也并没有否定这种纯粹的偶然性表现着某种必然性。这种必然性就是:任何社会都必然存在政体。任何社会都必然存在政体是绝对的、无条件的,任何社会都存在政体具有绝对必然性。相反地,任何社会存在何种政体则绝对地、无条件地是偶然的,任何社会存在何种政体具有绝对的偶然性和绝对的可能性。

任何一种政体,不论是民主制还是专制等非民主制,都绝对可能实行于任何社会。这仅仅是说,民主制或非民主制的实现的可能性是无条件的;而不是说民主制或非民主制的实现是无条件的。任何政体都具有绝对的、无条件的可能性;但是,任何政体的实现却都是相对的、有条件的。换言之,任何政体都是绝对可能的,任何社会都绝对可能实行任何政体。但是,可能变成现实,却是有条件的。一个社会要将实行某种政体的可能性变成现实，是有条件的。就拿民主来说。任何社会都绝对可能实行民主。但是，要将这种可能性变成现实，亦即实现民主，是有条件的。毋庸置疑，一些社会具备实现民主的条件；另一些社会则不具备实现民主的条件。然而，问题的关键在于，一个社会不论是否具有实现民主的条件，民主都是可能的，而不是不可能的。

只不过，对于具备民主实现条件的社会，民主具有所谓"现实的可能性"或"实在可能性"，亦即经过人们的活动现在就可以实现的可能性；而对于不具有民主实现条件的社会，民主则具有"抽象的可能性"或"形式可能性"，亦即只有将来才可以实现——而现在则不会实现——的可能性，是需要经过人们的活动到将来才会实现的可能性。试想，秦皇汉武时代，确实不具有实现民主的条件。今日的中国则具有实现民主的条件。但是，即使对于秦皇汉武时代，能否实现民主也同样完全依人的意志而转移的，因而也是偶然的、可能的、可以自由选择的。假设当时人们都想实行民主，或者想实行民主的人的力量占据上风，那么，民主就会实现。因此，秦皇汉武时代，专制也不具有历史必然性，民主也不是不可能的。那时民主也具有可能性；只不过不是实在可能性，而是抽象可能性，是要经过努力奋斗才会在将来实现的抽象可能性。

抽象可能性与不可能性根本不同：抽象可能性的本性是偶然性，因而依人的意志而转移；而不可能性的本性是必然性，因而不依人的意志而转移。想当年秦始皇寻求长生不老，无疑是荒唐的。因为长生不老是不可能的，是不依人的意志而转移的。相反，如果他寻求长寿，立志活到 100 岁，则并不荒唐。因为他活到 100 岁，不是不可能的，而是可能的，是依人的意志而转移的；只要他经过漫长的养生年月在遥远的将来就可能实现,因而属于抽象可能性范畴。这种可能性几率极小,几乎是不可能。但可能性几率不论如何小,仍然属于可能性和偶然性范畴,是依人的意志而转移的;而不属于不可能范畴,不属于必然性范畴,不是不依人的意志而转移的。秦皇汉武时代民主的可能性就属于这种抽象可能性范畴,这种可能性几率极小,接近于零,因而几乎是不可能。但是,即使可能性接近于零,也仍然是可能性,仍然是依人的意志而转移的;而不是不可能性,不是必然性,不是不依人的意志而转移的。因为,说到底,民主实现条件与民主实现可能根本不同。任何社会,不论是否具备实现民主的条件,都具有实行民主的可能性:民主可能或能够实行于任何社会。

因此,任何一种政体,不论是民主制还是专制等非民主制,在任何历史条件下,不论是否具备实现的条件,都具有实行的可能性,都是绝对可能的、绝对偶然的、绝对可以自由选择的和绝对依人的意志而转移的,都是绝对超经济、超历史、超社会、超阶级、超时代的,都绝对能够实行于任何国家、任何时代、任何生产力和经济发展水平,都具有绝对的普世性。

综上可知,任何政体,不论是民主制还是非民主制,事实上都曾出现于生产力发展的任何历史阶段,都曾出现于原始社会、奴隶社会、封建社会、资本主义社会和社会主义社会。这意味着,任何政体都不是被生产力和经济发展水平所必然决定的,都不具有历史必然性。究其原因,可知任何一种政体的实行,都是当时社会的地理环境、生产力、经济、政治、文化、社团、法律、道德、意识形态、阶级结构、争夺最高权力者的斗争、领袖们的人格、才能和贡献以及国民的人格、传统习俗、国内外形势和思想家们的理论等多种因素的具体的、特殊的、偶然的情况相互作用、共同决定的。这些因素对于导致某种政体虽然有根本原因与非根本原因以及主因与次因之分——生产力和经济发展状况无疑是最根本、最主要的原因——但无论哪一种因素都不足以必然导致某种政体，皆非必然产生某种政体的必要条件或充分条件；而都只是某种政体产生的偶然性原因，都只是产生某种政体的有利条件或不利条件。在这些偶然的特殊的有利或不利的多种因素作用下，人们争夺最高权力的斗争便既可能使最高权力无限制地被一个人所掌握（君主专制）；也可能使最高权力受限制地被一个人所掌握（有限君主制）；还可能使最高权力被少数公民所掌握（寡头共和）；亦可能使最高权力被全体公民所掌握（民主共和）。这就是为什么，一个国家实行何种政体，不具有历史必然性，不是必然的、不可选择的、不可避免的；而是充满各种可能，是偶然任意、可以自由选择的。这就是为什么，以政体为划分根据的国家制度——民主制与专制等非民主制——是偶然任意而并不具有历史必然性的缘故。

三、人　性

国家是拥有最高权力的社会；社会是两个以上的人因一定联系所结成的共同体。因此，一方面，社会本性——亦即社会发展规律——就是国家最普遍的本性；另一方面，人性就是国家最根本的本性。但是，人性与其他任何具有多层次本性的复杂事物一样，都是若干门不同科学的研究对象，而皆非一门科学的研究对象：一门科学只研究其一部分本性。那么，国家理论所研究的人性究竟是人性的哪一部分呢？

国家是拥有最高权力的社会,属于社会范畴;而任何社会,说到底,不过是一种"我为人人,人人为我"的利益合作形式。这样一来,任何国家,说到底,无非是一种利益合作形式。因此,国家等任何社会存在的根本条件,正如斯密和休谟所言,一方面,必须避免人们相互间的伤害;另一方面,必须使每个人努力增进社会和他人利益。[①]

因此,国家理论所研究的人性,说到底,乃是每个人对社会、他人与自己具有利害效用的行为之本性,是人的利己与利他以及害己与害他行为之本性,是人的受利害己他意识支配的行为之本性,说到底,是人的伦理行为之本性:受利害己他意识支配的行为与伦理行为是同一概念。因此,作为国家理论研究对象的人性,说到底,也就是人的伦理行为事实如何之本性。这种本性,要言之,可以归结为爱有差等:爱有差等是国家理论必须研究的最深刻的人性定律。

1. 爱:原因与结果

人生在世,恐怕没有什么比爱和恨更熟悉的了。可是,爱与恨究竟是什么,却很难说清。不过,遍查典籍,推敲生活,可以看出,洛克、斯宾诺莎、休谟、费尔巴哈、弗洛伊德的阐释较为真切:"我们的爱恨观念,一般说来,不过是快乐和痛苦所引起的一些心理特质而已。"[②]"爱不是别的,乃是为一个外在的原因观念所伴随着的快

---

①　Adam Smith: *the Theory Of Moral Sentiments* , Beijing: China Sciences Publishing House Chengcheng Books Ltd,1979, p. 86.

②　John Locke, *An Essay Concerning Human Understanding* , Oxford: The Clarendon Press,1975, p. 230.

乐。恨不是别的,乃是对一个外在原因的观念所伴随着的痛苦。"①"谁喜欢帮助我们,我们就爱他……谁企图损害我们,我们就恨他。"②"任何人都知道,通过他的服务、他的美貌或他的献媚,从而使他对于我们是有利的或令人愉快的,就一定会得到我们的爱;而在另一方面,任何人伤害我们或使我们不快,就必定会引起我们的愤怒或憎恨。"③"对现在或后来成为愉快的感觉的原因的东西的爱也是人的本质。反过来,对不愉快的感觉的原因的仇恨也同样。"④"爱就是自我与其快乐之源的关系。"⑤"恨原本表示自我与异己的、带来痛苦的外部世界之关系。"⑥

总之,爱与恨乃是一种心理反应,它们与快乐、利益与痛苦、损害有必然联系:爱是自我对其快乐之因的心理反应,是对给予自己利益和快乐的东西的心理反应;恨是自我对其痛苦之因的心理反应,是对给予自己损害和痛苦的东西的心理反应。可是,这个定义能成立吗?

父母之爱似乎与这个定义相悖。因为按照这个定义,爱与恨都是有条件的:爱以快乐和利益为条件;恨以痛苦和损害为条件。可是,根本说来,正如弗洛姆和蔡元培所言,母爱乃是一种无条件的、生而固有的本能:"母爱,就其真正的性质来说,是无

---

① 〔荷〕斯宾诺莎著,贺麟译:《伦理学》,商务印书馆1962年版,第102页。

② 周辅成编:《西方伦理学名著选辑》下卷,商务印书馆1987年版,第120页。

③ David Hume, *A Treatise of Human Nature*, Oxford: The Clarendon Press, 1949, p. 348.

④ 〔德〕费尔巴哈著,荣震华译:《费尔巴哈哲学著作选集》上卷,三联书店1959年版,第430页。

⑤ Sigmund Freud, *Sigmund Freud Collected Papers*, vol. 4, New York: Basic Books, Inc. Publishers, 1959, p. 78.

⑥ 同上书,p. 79.

条件的。"①"父母之爱其子也,根于天性,其感情之深厚,无足以尚之者。"②然而,这种无条件的本能形成的原因是什么？细究起来,其原因恐怕正如无数先哲所说,乃在于:人生的最重大、最根本的苦痛和不幸,无过于意识到自己总有一天要死亡;而人生的最重大、最根本的渴望便是永生。父母爱其子女的感情之所以"无足以尚之者",说到底,岂不就是因为子女给了父母最重大、最根本的利益和快乐:满足了父母永生的渴望？因此,柏拉图说:"不要为所有的人都爱自己的子孙而感到惊奇,因为这普遍的关切和爱都是为了通向永生。"③这就是说,父母之爱的本能是无条件的;但产生这种本能的原因却是有条件的:给予父母以利益和快乐。所以,父母之爱的本能,说到底,也是对于子女所给予的利益和快乐的心理体验;只不过这种心理体验代代相传因而进化为先天的、无意识的罢了。

不过,全面地看,父母之爱显然不仅仅是先天固有的本能,而且还有后天习得的部分。先天固有的父母之爱,如上所述,乃是对子女给予的利益和快乐的无意识的心理反应。反之,那后天习得的父母之爱,则是对子女给予的利益和快乐的有意识的心理反应。茅盾先生在谈到这种后天习得的父母之爱时,便这样写道:"凡母亲爱子的感情,总是和一个强烈的快感相连的。做母亲者当偎抱子女柔软的身体时,简直可以使自己忘却种种

---

①　Erich Fromm, *The Art of Love*, New York: Harper & Row Publishers, 1962, p. 41.

②　蔡元培语,转引自《人生哲学宝库》,中国广播电视出版社1992年版,第620页。

③　〔古希腊〕柏拉图著,戴子钦译:《柏拉图"对话"七篇·会饮篇》,辽宁教育出版社1998年版,第198页。

愁苦,而只觉得快感。"①如果子女不是给父母以利益和快乐,而是给父母以痛苦和损害,那么,父母便不会爱而会恨子女了。那些控告子女于法庭,甚至亲手勒死子女的父母,为什么对自己的子女那么恨?岂不就是因为这些子女给他们父母以极大的痛苦和损害?反过来,子女之所以爱父母,也是因为父母给了自己莫大的利益和快乐:"父母之恩,世岂有足以比例之者哉!"②如果父母给予子女的不是快乐而是痛苦,那么,子女也不会爱而会恨父母了。

可见,父母之爱,不论就其先天固有的本能还是就其后天习得的部分来说,都是对于子女给予的快乐和利益的心理反应:爱就是对给予自己利益和快乐的东西的心理反应。这个道理,在其他类型的爱中就更加直接、简单、一目了然了。试想,我为什么爱国?岂不就是因为祖国生我、养我、育我,给了我巨大的利益?相反,如果祖国压迫我、剥削我、折磨我、蹂躏我,我还会爱国吗?穆勒甚至说:"在独裁统治下最多只有一个爱国者,那就是独裁者本人。"③试想,我为什么会博爱而爱一切人?岂不就是因为"除了人,没有别的东西对于人更为有益"?④ 相反,如果张三诬陷我、损害我、欲置我于死地而后快,我又怎么会不恨他呢?同理,我爱狗爱猫,是因为它们给我的生活带来了情趣;可是,如果它们每天咬我一口,我还会爱它们吗?试问,谁会爱给他痛苦的东西而恨给他快乐的东西?给谁快乐谁不爱,给谁痛苦谁不恨?

---

① 《茅盾全集》第十四卷"爱伦凯的母性论",转引自《人生哲学宝库》,中国广播电视出版社1992年版,第598页。

② 蔡元培语,转引自《人生哲学宝库》,中国广播电视出版社1992年版,第620页。

③ 〔英〕阿德勒等著,周汉林等编:《西方思想宝库》,中国广播电视出版社1991年版,第250页。

④ 〔荷〕斯宾诺莎著,贺麟译:《伦理学》,商务印书馆,第170页。

因此，就像铁遇氧和水必然生锈、水加热必然蒸发一样，人遭受损害和痛苦必恨，而接受利益和快乐必爱：爱是一个人对给予他利益和快乐的东西的必然的、不依人的意志而转移的心理反应；恨是一个人对给予他损害和痛苦的东西的必然的、不依人的意志而转移的心理反应。

这样一来，每个人，不管他多么自私，必定都或多或少地存在着无私利他的行为。因为每个人，不管多么自私，必定都或多或少会从他人那里得到快乐和利益，从而必然或多或少有爱人之心：爱人之心是对于成为自己快乐之因的他人的心理反应。爱人之心这种对于成为自己快乐之因的他人的心理反应，便会驱使自己相应地为了他人的快乐和利益而劳作：爱人之心会导致无私利人的行为。

举例说，据1993年《印度斯坦时报》报道，在印度西部古吉拉特邦的哈特米塔雅纳村，一名小童希什在他家附近玩耍时，被一头雌狮攻击压倒在地。他27岁的母亲拉娜闻声出来看见，便飞身撞向狮子，大声呼叫。村民赶到，吓跑母狮。母亲身受重伤，儿子化险为夷。试问，这位母亲的行为是不是无私利他、自我牺牲？有人说不是，因为她救的是她自己的儿子。照此说来，一个人为了他的朋友也是为了自己，因为那是他自己的朋友；他只有为了路人才是无私利他。即使为了路人也是为自己，因为那是他自己的同胞；他只有为外国人才是无私利他。即使为外国人也是为自己，因为那是他自己的同类；他只有为了驴马、狮虎，才堪称无私利他。难道还有比这更荒唐的吗？所以，一个人只要不为自己，那么，不管他所为的别人离他多么近，都是无私利他。只不过他所为的别人与他亲近，他的无私利他的境界便越低；与他疏远，他的无私利他的境界便越高罢了。所以，这位母亲撞狮救子是一种无私利他、自我牺牲的行为。

那么，驱使她如此无私利他、自我牺牲的根本原因究竟是什么？无疑是对儿子的爱，是母爱。"一个年轻胆小的母亲"，达尔文说，"在母爱的驱策下，会毫不犹豫地为了救自己的婴儿而甘冒天大的危险。"①任何一位深爱自己子女的母亲，受着爱的驱使，为了救她所爱的子女出危难，岂不都可能牺牲自己的幸福乃至生命吗？爱人便会无私利人乃至自我牺牲的道理，先哲论述颇多。孔子曰："爱之能勿劳乎？"②孟子亦曰："爱之，欲其富也。"③斯宾诺莎说："假如一个人爱另一个人，他将努力设法为后者谋幸福。"④休谟也说："爱总是跟随着一种使被爱者幸福的欲望。"⑤弗洛伊德多次说："不管是性爱还是升华了的爱，它都会发展到牺牲自己的地步。"⑥弗洛姆也一再说："爱，原本是给予，而不是接受。"⑦

可见，爱的本性乃在于利益交换，因而爱的原因与结果相反相成：爱的原因是从他人那里获得了快乐和利益，因为爱是自我对于给予自己的快乐和利益的东西的心理反应；爱的结果则是为所爱的人谋取快乐和利益，爱人之心会导致无私利人的行为。

---

①　Charles Darwin：*Descent of Man and selection In Relation to Sex*，London：John Murray，1922，p. 168.

②　《论语·里仁》。

③　《孟子·公孙丑章句上》。

④　〔荷〕斯宾诺莎著，贺麟译：《伦理学》，商务印书馆1962年版，第120页。

⑤　David Hume：*A Treatise of Human Nature*，Oxford：Clarendon Press，1949，p. 367.

⑥　〔奥〕弗洛伊德著，顾闻译：《弗洛伊德自传》，上海人民出版社1987年版，第81页。

⑦　Erich Fromm：*The Art of Loving*，New York：Harper & Row，1962，p. 22.

2．爱有差等：最深刻的人性定律

爱的因果关系实已蕴涵爱有差等之人性定律。因为爱是自我对于给予自己的快乐和利益的东西的心理反应，显然意味着：谁给我的利益和快乐较少，谁与我必较疏远，我对谁的爱必较少，我必较少地为了谁谋利益；谁给我的利益和快乐较多，谁与我必较亲近，我对谁的爱必较多，我必较多地为了谁谋利益。

试想，为什么我会觉得自己的祖国比他人的祖国对我更亲近？为什么我对自己祖国的爱多于对他人祖国的爱？为什么我无私为自己祖国谋利益多于无私为他人祖国谋利益？岂不仅仅是因为自己的祖国给我的利益多于他人的祖国？否则，如果我自幼及老一直生活于他人的祖国，从而他人的祖国给我的利益多于自己的祖国，那么，他人的祖国必亲近于自己的祖国，对他人祖国的爱必多于对自己祖国的爱，无私为他人祖国谋利益必多于无私为自己祖国谋利益。为什么对自己的父母更亲近于他人的父母，对自己父母的爱多于对他人父母的爱，无私为自己父母谋利益多于无私为他人父母谋利益？岂不仅仅是因为自己的父母给我的利益多于他人父母？否则，如果我不幸被父母遗弃而被他人的父母收养，从而他人父母给我的利益多于自己父母，那么，他人父母必亲近于自己父母；我对他人父母的爱必多于对自己父母的爱；我无私为他人父母谋利益必多于无私为自己父母谋利益。

人生在世，为什么我最亲近的人是自己的父母、配偶、儿女、兄弟、姐妹？为什么我对他们的爱最多、为他们谋利益最多？岂不仅仅是因为他们给我的利益和快乐最多？否则，如果父母遗弃我、妻子背叛我、儿女虐待我、兄弟姐妹敲诈我，从而他们给我的利益和快乐少于朋友给我的利益和快乐,那么,朋友对于我必亲近于父母、妻子、儿女、兄弟,我对朋友的爱必多于对父母、妻儿、兄弟、姐妹的爱,我为朋友谋利益必多于为父母、妻子、儿女、兄弟姐妹谋利益。

可见,谁给我的利益和快乐较少,谁与我必较远,我对谁的爱必较少,我必较少地为了谁谋利益;谁给我的利益和快乐较多,谁与我必较近,我对谁的爱必较多,我必较多地为了谁谋利益。于是,说到底,我对我自己的爱必最多,我为了我自己谋利益必最多,亦即自爱必多于爱人、为己必多于为人,说到底,每个人必定恒久为自己,而只能偶尔为他人:恒久者,多数之谓也,超过一半之谓也;偶尔者,少数之谓也,不及一半之谓也。这就是"爱有差等"之人性定律。这个定律可以用若干同心圆来表示:

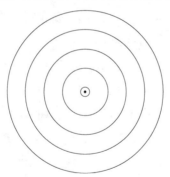

圆心是自我,圆是他人。离圆心较远的圆,是给我利益和快乐较少因而离我较远的人:我对他的爱必较少,我必较少地无私为他谋利益。反之,离圆心较近的圆,是给我的利益和快乐较多因而离我较近的人:我对他的爱必较多,我必较多地无私为他谋利益。因此,我对圆心即自我本身的爱必最多,我为自己谋利益的行为必最多,亦即自爱必多于爱人、为己必多于为人:每个人必定恒久为自己,而只能偶尔为他人。

然而,发现这一人性定律的最早理论,恰恰是反对"为自己"的利他主义开创者孔子提出的。这个理论就是儒家那鼎鼎有名的"爱有差等"。何谓爱有差等?《论语》等儒家典籍对此解释说:

爱父母,是因为我最基本的利益是父母给的;爱他人,是因为我的利益也是他人给的。但是,父母给我的利益多、厚、大;而他人给我的利益少、薄、小。所以,爱父母与爱他人的程度便注定是不一样的,是有多与少、厚与薄之差等的:谁给我的利益较少,我对谁的爱必较少;谁给我的利益较多,我对谁的爱必较多。因此——墨子进而引申说——我对我自己的爱必最多。《墨子》"耕柱"篇便借用巫马子的口,对孔子的爱有差等这样概述道:

"巫马子谓子墨子曰:'我与子异,我不能兼爱。我爱邹人于越人,爱鲁人于邹人,爱我乡人于鲁人,爱我家人于乡人,爱我亲人于我家人,爱我身于吾亲,以为近我也。'"

对于这段话,冯友兰说:"巫马子是儒家的人,竟然说'爱我身于吾亲',很可能是墨家文献的夸大其词。这显然与儒家强调的孝道不合。除了这一句以外,巫马子的说法总的看来符合儒家精神。"[①]

其实,冯友兰只说对了一半。他忽略了"爱有差等"具有双重含义:一是作为行为事实如何的客观规律的"爱有差等";一是作为行为应该如何的道德规范的"爱有差等"。从道德规范看,"爱我身于吾亲"确与儒家的孝道不合,也与儒家认为"为了自己即是不义"的义利观相悖。墨子断言"爱我身于吾亲"是儒家的主张,无疑是夸大、歪曲。这一点,冯友兰说对了。但是,从行为规律来说,既然

---

① 　冯友兰:《中国哲学简史》,北京大学出版社 1985 年版,第 87 页。

谁离我越近、给我的利益越多，我对谁的爱必越多，那么，我对我自己的爱无疑必最多：爱我身必多于爱吾亲。因此，"爱我身于吾亲"虽是作为儒家道德规范的"爱有差等"所反对的，却是作为行为规律的"爱有差等"的应有之义，是其必然结论，而决非墨子夸大其词。儒家回避这个结论，适足见利他主义体系不能自圆其说之一斑而已。

这个爱有差等之人性定律，无疑是极其重要的人性定律。然而，耐人寻味的是，西方对于这一定律的研究，主要讲来，并不是伦理学，而是其他的人性科学：心理学、社会心理学和社会生物学。心理学家弗洛伊德和社会生物学家威尔逊以及社会心理学家埃尔伍德（Charles A. Ellwood），通过大量论述都得出结论说，仅仅看到每个人既有利己目的，又有利他目的，是肤浅的；问题的本质乃在于：每个人的主要的、经常的、多数的行为目的必定是自爱利己；而无私利他只可能是他的次要的、偶尔的、少数的行为目的。[①]

当然，不能说西方伦理学家们没有研究这一人性定律。但是，恐怕一直到 19 世纪，边沁才看破了这一点："每个人都是离自己最近，因而他对自己的爱比对任何其他人的爱，都是更多的。"[②]包尔生则将这个规律叫作"心理力学法则"："显然，我们的行为实际上是由这样的考虑指导的：每个自我——我们可以说——都以自我为中心将所有其他自我安排到自己周围而形成无数同心圆。离中心越远者的利益，它们引发行为的动力和重要性也就越少。这是

---

①　Edward O. Wilson，*On Human Nature*，New York：Bantam Books，1982，p. 160.

②　Ignacio L. Gotz：*Conceptions of Happiness*，New York：University Press of America，1995，p. 287.

一条心理力学法则(a law of psychological mechanics)。"①比包尔生小 33 岁的"厚黑教主"李宗吾,似乎由此受到启发,进而贯通中西,颇为机智地阐释了这一定律。通过这些阐释,他得出结论说:

"吾人任发一念,俱是以我字为中心点,以距我之远近,定爱情之厚薄。小儿把邻人与哥哥相较,觉得哥哥更近,故小儿更爱哥哥。把哥哥与母亲相较,觉得母亲更近,故小儿更爱母亲。把母亲与己身相较,自然更爱自己。故见母亲口中糕饼,就取来放在自己口中。……由此知人之天性,是距我越近,爱情越笃,爱情与距离,成反比例,与磁电的吸引力相同。"②

---

① Friedrich Paulsen, *System of Ethics*, Translated By Frank Thilly, New York: Charles Scribner's Sons, 1908, p. 393.

② 李宗吾:《厚黑学续编》,团结出版社 1990 年版,第 108 页。

中　卷
价值论：国家制度应该如何

导论　国家制度价值评估的科学方法

一、导论

导论提要　国家制度终极价值标准(增减每个人利益总量)和根本价值标准(公正与平等)以及最高价值标准(人道和自由)是衡量各种国家制度好坏的标准:符合这些标准的国家制度,无论对某个人或群体有多少缺点、错误和恶,都是具有正价值的、应该的、好的、善的国家制度;违背这些标准的国家制度,无论对某个人或群体有多少优点、正确和善,都是具有负价值的、不应该的、坏的和恶的国家制度;完全符合这些标准的国家制度,就是最好的国家,就是人类的理想国家了。

1. 国家制度价值评估的科学方法

《理想国家》上卷《本性论》研究国家定义、起源和类型,揭示国家根本性质和本质,显现各种国家事实如何之本性,因而名曰《本性论》;《本性论》研究对象就是各种国家事实如何之本性,亦即理想国家推导公式"前提1:国家事实如何(国家制度价值实体)"。完成了对各种国家事实如何之本性的研究,接下来应该研究什么?显然应该像自柏拉图和亚里士多德以降的理想国家理论那样,接下来研究这些国家应该如何之价值:哪些是具有负价值的、不应该的、坏的、恶的国家;哪些是具有正价值的、应该的、好的、善的国家? 哪种国家堪称理想国? 这就是《理想国家》中卷《价值论》的研究对象:《价值论》的研究对象就是国家制度价值标准体系和各种国家应该如何之价值,亦即理想国家推导公式"前提 2:国家目的如何(国家制度价值标准)"和"结论 1:国家制度应该如何(国家制度价值)"。那么,对于二者的研究应该如何进行? 国家制度和国家治理好坏价值评估的科学方法究竟如何?

不难看出,要确定各种国家好坏之价值,必须有衡量各种国家价值之标准。伦理学关于价值标准的研究表明,正如普鲁泰戈拉所言:人是万物的尺度。更确切些说,人或主体的需要、欲望和目的是衡量一切事物价值之有无、大小、正负、好坏的唯一标准:主体的活动目的是衡量一切事物实在价值之有无、大小、正负、好坏的唯一标准。[1] 所以,穆勒说:"所有行为都源于某种目的的追求,因而行为的规范应该从它们所从属的目的得到它们一切的性质和色彩。"[2]沃尔诺克(G. J. Warnock)说得就更清楚了:"理解某种评价,实质上就是领会它的目的是什么,做它是为了什么。确实,当且仅当一个人理解了评价的目的,他才能够在任何情况下估定所使用的标准和准则的恰当乃至中肯的程度。"[3]

因此,国家和政府的目的就是衡量各种国家和政府好坏价值

---

[1] 参见王海明:《新伦理学》(修订版,全三册)上册,商务印书馆 2008 年版,第152－197 页。

[2] J. S. Mill: *Utilitarianism*, *On Liberty and Representative Government*, London:J. M. Dent & Sons Ltd. ,1929,p. 2.

[3] G. J. Warnock, *The Object of Morality*, London:Methuen & Co. Ltd. ,1971,p. 15.

之标准。这个道理，先哲多有论述。高纳说得好："一个特殊的政府的优点和弱点的试验，一部分在于它的能力，这就是说，所以要有政府的最重要的目的它到底达到了多少。一部分在于它所行使职权的民众身上，它到底造成了多少教育上的、社会上的和民众上的功效。根据政府所以组织的目的和依照人民的意志而达到这目的的性质判断起来，那么民主政府被认为比其余的政府优良。"①

然而，问题的关键在于，国家的目的、政府的目的、政治的目的、法律的目的和道德的目的，如果就其具体的特殊的目的来说，固然有所不同；但就其最终的终极的目的来说，无疑完全一样，都是为了增进全社会和每个人的利益。因此，增减全社会和每个人利益总量，既是衡量国家和政府好坏的终极价值标准，也是衡量法律好坏的终极价值标准、政治好坏的终极价值标准、道德好坏的终极价值标准：五者实为同一概念。于是，可以断言，增减全社会和每个人利益总量，乃是衡量各种国家好坏的价值终极标准：增进全社会和每个人利益总量的国家就是具有正价值的、应该的、好的、善的国家；减少全社会和每个人利益总量的国家就是具有负价值的、不应该的、坏的、恶的国家。对于这个道理，科恩可谓一语中的："政策是否明智，最终要依据所有社会成员的利益来判断。"②穆勒也曾这样写道："既然我们不得不将社会利益总量这样复杂的一种东西作为检验政府好坏的标准，我们就应该尝试对这些利益作某种的分类。"③

国家价值之终极标准是最普遍、最一般、最抽象的、绝对的价

---

① 〔美〕高纳著，顾敦鍒译：《政治学大纲》，世界书局1935年版，第332页。

② 〔美〕科恩著，聂崇信、朱秀贤译：《论民主》，商务印书馆2004年版，第215页。

③ John Stuart Mill, *On Liberty • Representative government • Utilitarianism*, Chicago：Encyclopaedia Britannica，1952，p. 333.

值标准,因而极其稀少、贫乏、简单、笼统,以致只有一个:增减全社会和每个人利益总量。然而,国家类型及其行为却极其复杂、具体、丰富、多样。因此,仅凭终极标准便不可能准确和迅速地衡量各种国家类型的价值和指导国家的各种行为。于是,便须从终极标准引申、推演出与国家类型及其行为相应的复杂、具体、多样的价值标准,从而才可以准确、迅速地衡量各种国家类型价值和指导国家的各种行为。

粗略看来,从国家价值终极标准推导出的价值标准或价值原则似乎有法律原则、政治原则和道德原则等原则之分。但是,细究起来,从国家价值终极标准推导出的普遍的国家价值标准或价值原则,却无不属于道德原则范畴。因为,如果抛开规范所依靠的力量而仅就规范本身来讲,道德的外延显然宽泛于法:一般说来,二者是普遍与特殊,整体与部分的关系。一方面,道德不都是法,如谦虚、谨慎、贵生、勤劳、中庸、节制、勇敢、仁爱等都是道德,却不是法;另一方面,法同时都是道德,如"不得滥用暴力"、"不得杀人"、"不得伤害"、"不可盗窃"、"抚养儿女"、"赡养父母"等岂不都既是法律规则同时也是道德规则吗? 所以,法是道德的一部分:道德是法的上位概念。那么,法究竟是道德的哪一部分呢? 无疑是那些最低的、具体的道德要求:法是最低的、具体的、具有重大社会效用的道德。这个道理被耶林(Jhering,1818—1892)概括为一句名言:"法是道德的最低限度"。法就是最低的、底线的道德;反之,最低的、底线的道德就是法。因此,最低的、底线的道德与法乃是同一规范;二者的不同并不在于规范,而在于规范所赖以实现的力量:同一规范,若依靠权力实现,即为法,若其实现不依靠权力而依靠舆论、良心等,则是道德。

　　可见,抛开规范所依靠的力量而仅就规范本身来讲,一切法都不过是那些具体的、最低的道德,因而也就都产生于、推导于、演绎于道德的一般的、普遍的原则。所以,法自身都仅仅是一些具体的、特殊的、琐碎的规则,法自身没有原则;法是以道德原则为原则的:法的原则就是道德原则。法的原则、法律原则,如所周知,是正义、平等、自由等。这些原则,真正讲来,并不属于法或法律范畴,而属于道德范畴,属于道德原则范畴。这是不言而喻的,因为谁会说正义是一项法律呢? 谁会说平等是一项法律呢? 谁会说自由是一项法律呢? 岂不是只能说正义是道德、平等是道德、自由是道德吗? 正义、平等、自由等道德原则都是法的原则,因而也就应该是政治——政治以法为规范因而应该是法的实现——的原则。这就是为什么法理学和政治哲学的核心问题都是正义、平等、自由的缘故:正义、平等、自由都是法和政治的原则。

　　法和政治应该如何的价值原则既然都属于道德原则范畴,那么,从国家价值终极标准所推导出的价值标准或价值原则也就没有法律原则、政治原则和道德原则之分:它们都是道德原则。这样一来,一方面,国家价值终极标准——增减全社会和每个人利益总量——与法律价值终极标准、政治价值终极标准和道德价值终极标准虽然是同一概念,但是,说到底,原本属于道德价值终极标准或道德终极标准范畴。另一方面,道德终极标准或道德价值终极标准——道德价值标准与道德标准是同一概念——就是法律价值终极标准、政治价值终极标准和国家价值终极标准;国家价值原则、政治价值原则和法律价值原则就是道德原则。不过,国家价值终极标准与道德终极标准固然是同一概念,但是,道德原则与国家价值原则并非同一概念。因为道德原则纷纭复杂,显然不可能都是衡量国家好坏的价值标准。试想，谁能说勇敢或谦虚是衡量国家好坏的价值标准呢？那么，衡量各种国家好坏价值的道德标准究竟是哪些道德原则？

细究起来，所谓各种类型的国家好坏之价值，显然也就是实行各种类型的国家好坏之价值，也就是各种类型国家的行为及其规范——亦即国家制度——的价值，亦即各种类型国家的治理行为和国家制度的价值。因此，衡量各种国家好坏价值的道德原则，也就是国家治理和国家制度道德原则。但是，没有规矩，不成方圆。各种类型的国家治理行为，说到底，无疑应该是各种类型国家行为规范——亦即国家制度——的实现。因此，国家治理的道德原则、道德标准，说到底，也就是国家制度的道德原则、道德标准：二者实为同一概念。那么，国家制度或国家治理的道德原则或道德标准究竟是什么？

无疑是公正（特别是平等）和人道（主要是自由）两大系列道德原则。因为这两大系列道德原则有一个极其重要的共同点：它们不但都是约束一切人的道德，是每个人的行为所当遵循的道德原则；而且，更重要的，它们都是国家的统治者应该如何治理的道德原则，都是国家制度应该如何的道德原则。诚然，被统治者也有个如何公正与人道地善待他人的问题。但是，主要讲来，公正与人道却是约束统治者而不是约束被统治者的道德。因为公正的主要原则是社会公正，是社会对于每个人的权利与义务的分配的公正：能够对每个人的权利与义务进行分配的岂不主要是社会和国家的统治者吗？平等的全部原则不过是社会公正原则的推演，不过是社会和国家对于每个人的比较具体的权利（基本权利、非基本权利、政治权利、经济权利、机会权利）的分配的公正：能够对每个人的这些权利进行分配的岂不也主要是社会和国家的统治者吗？人道的主要原则是应该和怎样使人自我实现，是使人自由和消除异化：这些岂不也都主要是统治者的行为吗？

因此，公正、平等、人道和自由看似任意排列，实为一有机整体，它们构成了统治者应该如何进行国家治理的价值标准体系：公正——特别是平等——诸原则是衡量国家治理和国家制度好坏的根本价值标准；人道——主要是自由——诸原则是衡量国家治理和国家制度好坏的最高价值标准。这样一来，公正、平等、人道、自由等道德原则，便与仁爱、宽恕和善等道德原则根本不同：仁爱、宽恕和善是约束一切人的道德，是每个人的行为所当遵循的道德原则；而公正等道德原则则主要是约束统治者、领导者、管理者的道德，是衡量国家治理和国家制度好坏的价值标准。最早系统发现和确证这一伟大真理的，是亚里士多德。他曾这样总结道："城邦以正义为原则。由正义衍生的礼法，可凭以判断人间的是非曲直，正义恰正是树立社会秩序的基础。"①

《价值论》研究各种国家的价值，也就是运用国家制度好坏的终极价值标准（增减全社会和每个人利益总量）和根本价值标准（公正与平等）以及最高价值标准（人道和自由）来衡量各种国家事实如何之本性：符合这些标准的国家，无论有多少缺点、错误和恶，都是具有正价值的、应该的、好的、善的国家；违背这些标准的国家，无论有多少优点、正确和善，都是具有负价值的、不应该的、坏的和恶的国家；完全符合这些标准的国家，就是最好的国家，就是人类的理想国家了。这就是国家制度价值评估的科学方法。罗尔

---

① 〔古希腊〕亚里士多德著，吴寿彭译：《政治学》，商务印书馆1996年版，第9页。

斯《正义论》一开篇就将这一见地概括为一段气势磅礴的宣言："公正是社会制度的首要善,正如真理是思想体系的首要善一样。一种理论,无论多么高尚和简洁,只要它不真实,就必须拒绝或修正;同样,某些法律和制度,无论怎样高效和得当,只要它们不公正,就必须改造或废除。"①

因为正如布莱斯所言说:"所有制度都不是十全十美的"②不可能有十全十美的国家制度。有一利必有一弊,任何一种国家的治理和制度,不论是民主还是专制,都必定既有一些优良的、好的、善的和正确的方面,又有一些恶劣的、坏的、恶的和错误的方面,而不可能全部是优良正确或全部是恶劣错误。这就是为什么自柏拉图和亚里士多德以降,一直有思想家否定民主而赞成贤人政治或贵族政治的缘故。他们否定民主,因为民主有很多弊端和缺憾;他们赞成贵族政治,因为贵族政治有很多的优越和美好。这样来评估各种国家制度好坏价值的方法是不科学的:按照这种方法,我们既可以说任何制度都是好的、优良的,因为任何制度都有很多优越和美好;也可以说任何国家制度都是坏的、恶劣的,因为任何制度都有很多弊端和缺憾。

因此,评价一种国家制度或国家治理之好坏价值,只能是就其处于基础与核心地位的——亦即具有决定意义——的价值来说的:如果处于基础与核心地位的价值是优良的,该国家制度就是优良的;如果处于基础与核心地位的价值是恶劣的,该国家制度就是

---

① John Rawls: *A Theory of Justice* (Revised Edition) Cambridge: The Belknap Press of Harvard University Press, 2000, p. 3.

② 〔英〕詹姆斯·布莱斯著,张慰慈等译:《现代民治政体》下册,吉林人民出版社 2001 年版,第 1027 页。

恶劣的。国家制度好坏的三大价值标准——终极价值标准和根本价值标准以及最高价值标准——无疑构成了衡量国家制度好坏的基础与核心价值的标准：三者所衡量的就是国家制度的基础与核心价值。因此，无论如何，只有符合或违背三者的国家才是好国家或坏国家：三者所构成的价值标准体系是衡量国家制度好坏价值的科学标准。

2．国家制度价值标准体系

伦理学和国家学的研究表明，国家制度终极价值标准"增减每个人利益总量"和国家制度根本价值标准"公正与平等"以及国家制度最高价值标准"人道与自由"都并非单一的价值标准，而皆是由若干条具体标准构成的价值标准体系。这些国家制度价值标准，总而观之，可以归结为二十六条：[①]

①**增减每个人利益总量**：在任何情况下都应该遵循的国家制度与国家治理终极价值标准。

②**无害一人地增加利益总量**：利益不发生冲突或可以两全情况下的国家制度与国家治理终极价值分标准。

③**最大利益净余额**：利益发生冲突而不能两全情况下的国家制度与国家治理终极价值分标准。

④**最大多数人的最大利益**：多数人与少数人之间发生利益冲突而不能两全情况下的国家制度与国家治理终极价值分标准。

以上四条属于国家治理和国家制度终极价值标准：增减每个

---

① 参见王海明：《新伦理学》（修订版，全三册），商务印书馆 2008 年版，有关道德终极标准和公正以及人道等章节。

人利益总量。下面八条则属于国家制度与国家治理根本价值标准：公正。

⑤**公正总原则**：等利害交换。

⑥**公正根本原则**：权利与义务应该相等，亦即一个人所享有的权利应该等于他所负有的义务；而他所行使的权利则应该至多等于他所履行的义务。

⑦**贡献原则，亦即社会根本公正实在原则**：社会分配给一个人的权利应该与他的贡献成正比而与他的义务相等。

⑧**德才原则，亦即社会根本公正潜在原则**：社会应该用人如器，根据每个人所具有的品德与才能的性质而分配与其相应的职务和权利。

如果运用这些社会公正原则解决每个人的各种具体权利的分配问题，那么，便不难从中推导出如下四个社会公正分原则，亦即四大平等原则：

⑨**平等总原则**：一方面，每个人因其最基本的贡献完全平等——每个人都同样是缔结、创建社会的一个股东——而应该完全平等地享有基本权利、完全平等地享有人权（这是完全平等）；另一方面，每个人因其具体贡献的不平等而应享有相应不平等的非基本权利、非人权权利，也就是说，人们所享有的非基本权利、非人权权利与自己所做出的具体贡献的比例应该完全平等（这是比例平等）。

⑩**政治平等原则**：一方面，每个人不论具体政治贡献如何，都应该完全平等地享有政治自由，亦即完全平等地共同执掌国家最高权力从而完全平等地共同决定国家政治命运；另一方面，每个人又因其具体政治贡献（政治才能＋道德品质）的不平等而应该担任

相应不平等的政治职务,从而使每个人所担任的政治职务的不平等与自己的政治贡献(政治才能+道德品质)的不平等的比例完全平等。

⑪**经济平等原则**:一方面,每个人不论劳动多少、贡献如何,都应该按人类基本物质需要完全平等地分享基本经济权利(即按需分配)。另一方面,在私有制社会,应该按照每个人所提供的生产要素的边际产品价值,而分配给他含有等量交换价值的非基本经济权利,以便使每个人所享有的非基本经济权利的不平等,与自己所贡献的生产要素的边际产品价值的不平等的比例,完全平等(即按生产要素分配);在公有制社会,则应按每个人所贡献的社会必要劳动时间,而分配给他含有同量社会必要劳动时间的非基本经济权利,以便使每个人所享有的非基本经济权利的不平等与自己所贡献的社会必要劳动时间的不平等的比例,完全平等(即按劳分配)。

⑫**机会平等原则**:政府所提供的发展才德、做出贡献、竞争职务和地位以及权力和财富等非基本权利的机会,是全社会每个人的基本权利,是全社会每个人的人权,应该人人完全平等。反之,家庭、天赋、运气等非社会所提供的机会,则是幸运者的个人权利,无论如何不平等,他人都无权干涉;但幸运者利用较多机会所创获的较多权利,却因较多地利用了共同资源"社会合作"而应补偿给机会较少者以相应权利。

以上八条公正和平等原则构成国家制度与国家治理根本价值标准体系;下面十四条人道、自由和异化原则构成国家制度与国家治理最高价值标准体系:

⑬**广义的人道总原则**:把人当人看(视人本身为最高价值而把任何人都首先当作人来善待的行为)。

⑭**狭义的人道总原则**：使人成为人（视人本身的自我实现为最高价值而使人实现自己的潜能从而成为可能成为的最有价值的人的行为）。

⑮**人道正面根本原则**："使人自由"。该原则具体表现为以下五个原则：

⑯**自由法治原则**：一个国家的任何强制，都必须符合该国家的法律和道德；该国家的所有法律和道德，都必须直接或间接得到全体成员的同意。

⑰**自由平等原则**：人人应该平等地享有自由：在自由面前人人平等；人人应该平等地服从强制：在法律面前人人平等。

⑱**自由限度原则**：一个国家的强制，应该保持在该国家的存在所必需的最低限度；该国家的自由，应该广泛到这个国家的存在所能容许的最大限度。

⑲**政治自由原则**：一个国家的政治，应该直接或间接地得到全体成员的同意，应该直接或间接地按照每个成员自己的意志进行，说到底，应该按照被统治者自己的意志进行。

⑳**经济自由原则**：经济活动应由市场机制自行调节，而不应由政府强制指挥，政府的干预应仅限于确立和保障经济规则；而在这些经济规则的范围内，每个人都应该享有完全按照自己的意志进行经济活动的自由，都享有完全按照自己的意志进行生产、分配、交换和消费等经济活动的自由。

㉑**思想自由原则**：每个社会成员都应该享有创获与传达任何思想的自由。或者说，每个社会成员创获与传达任何思想都不应该被禁止。说到底，言论与出版应该自由而不应该受到任何限制。

㉒**人道负面根本原则**："消除异化"。该原则具体表现为以下四个原则。

㉓**经济异化原则**：经济异化起因于人身占有、人身依附等非经济强制和私有财产、经济权力垄断等经济强制；所以其消除可以归结为三个原则：一是消除人身占有；二是消除人身依附；三是消除私有制。

㉔**政治异化原则**：政治异化源于非民主制的政治权力垄断。因为非民主制意味着政治权力皆为官吏阶级垄断，而庶民阶级则毫无政治权力；因而只有官吏阶级才能享有政治自由，而庶民阶级则只能处于政治异化状态。因此，消除政治异化的原则是实现民主；只有实行民主，全体公民才因共同执掌最高权力而消除政治权力垄断，从而享有政治自由而避免政治异化。

㉕**社会异化原则**：社会异化源于社会之非法治、不民主、无人权和个人之缺乏自我实现的热烈追求，所以其消除原则是：创造法治、民主、人权的社会和培养热烈追求自我实现的个人。

㉖**宗教异化原则**：宗教异化一方面源于人们的情感渴求：神灵的信仰是人们摆脱在现实社会无法摆脱的苦难的手段；另一方面则源于人们的理智迷信：神灵的信仰是人们对于梦幻、死亡、命运等错误认识的结果。所以，宗教异化的消除便可以归结为四大原则：一是发展科学，破除引发神灵信仰的理智迷信；二是正确对待死亡，避免引发神灵信仰的死亡恐惧；三是提高生产力，消除导致神灵信仰的自然压迫；四是消除经济异化和政治异化以及社会异化，摆脱造成神灵信仰的社会苦难。

从这些价值标准可以看出，它们有一个极其重要的共同点：它们不但都是国民应该如何相互善待的道德原则；而且，更重要的，它们都是社会和国家的统治者应该如何治理的道德原则,都是国家治理和国家制度好坏的价值标准。诚然,被统治者也有如何公正与人道地善待他人的问题,也有在道德规范发生冲突时如何运用道德终极标准的问题。但是,主要讲来,它们只是约束统治者而不是约束被统治者的道德,只是国家治理和国家制度好坏的价值标准。

因为道德终极标准主要是增减全社会和每个人利益总量、最大多数人的最大利益、无害一人地增进社会利益总量:这些岂不都主要是规范社会治理和国家制度的价值标准吗? 公正的主要原则是社会公正,是社会对于每个人的权利与义务的分配的公正:能够对每个人的权利与义务进行分配的岂不只是社会的统治者、国家治理者和国家制度吗? 平等的全部原则不过是社会公正原则的推演,不过是社会对于每个人的比较具体的权利(基本权利、非基本权利、政治权利、经济权利、机会权利)的分配的公正:能够对每个人的这些权利进行分配的岂不也仅仅是社会的统治者、国家治理者和国家制度吗? 人道的主要原则是应该和怎样使人自我实现,是使人自由和消除异化:这些岂不也都仅仅是统治者的行为吗? 所以,增建每个人利益总量、公正、平等、人道和自由看似任意排列,实为一有机整体,它们构成了统治者应该如何进行国家治理和国家制度应该如何制定的价值标准的体系:增减每个人利益总量——特别是最大多数人最大利益和无害一人地增进利益总量——是国家治理和国家制度应该如何的终极价值标准;公正——特别是平等——诸原则是国家治理和国家制度应该如何的最基本且最重要的价值标准;人道——主要是自由——诸原则是国家治理和国家制度应该如何的最高且最完美的的价值标准。

3. 国家制度价值标准发生冲突的取舍原则

增减每个人利益总量——特别是最大多数人最大利益和无害一人地增进利益总量——等四条标准是国家治理和国家制度应该如何的终极价值标准；公正——特别是平等——八条标准是国家治理和国家制度应该如何的基本价值标准；人道——主要是自由——十四条标准是国家治理和国家制度应该如何的最高价值标准：这三大系列二十六条标准融合起来，便构成了国家治理和国家制度应该如何的价值标准体系。但是，正如伯林所言，这些价值标准有时可能发生冲突而不能两全："并非所有的善都相容一致，人类的全部理想就更难完全相容。"[①]那么，在这种情况下，应该如何取舍？

究竟言之，最终无疑应该诉诸国家制度终极价值标准，特别是最大利益净余额。按照这一标准，如前所述，应该保全和遵循价值较大的价值标准，而牺牲和违背价值较小的价值标准，从而使价值净余额达到最大化。可是，公正、平等与人道、自由究竟何者的价值大呢？最重要的东西的价值，无疑是最大的。因此，公正和平等是社会治理的最重要的价值标准，便意味着，公正和平等的价值大于人道和自由的价值，因而当二者发生冲突而不能两全时，应该牺牲人道和自由而保全公正和平等，亦即应该违背人道和自由原则而遵循公正和平等原则：公正和平等对于人道和自由来说，具有神圣不可侵犯性的绝对优先性。

---

① Isaiah Berlin, *Four Essay on Liberty*, New York: Oxford University Press, 1969, p. 165.

　　首先,我们考察公正与人道的冲突。试以按需分配为例。真正讲来,按需分配只应该实行于以爱为基本联系的社会,而不应该实行于以利益为基本联系的社会。因为,如果一个社会,比如家庭,它的成员相互间的基本联系是爱,而不是各自的利益,那么,该社会的成员便都不会计较利益得失,而会心甘情愿按需分配。这样,虽然按照公正原则,贡献较多者的所得应该较多,而贡献较少者的所得应该较少;但是,在家庭中,贡献多而需要少者分有较少权利,而贡献少需要多者分有较多权利,并不是不公正,并没有违背公正原则。因为在家庭中,贡献多而需要少者,是出于对贡献少而需要多者的爱,而完全自愿按需分配,因而也就是自愿把自己按照公正原则所应多得的权利转让、馈赠给了贡献少而需要多者。所以,按需分配如果实行于以爱为基础的社会,虽然不是公正的,但也不是不公正的:它是一个高于公正、超越公正因而无所谓公正不公正的仁爱原则、人道原则。这就是按需分配的人道原则应该实行于以爱为基本联系的社会的依据:它并不违背公正原则。

　　然而,如果一个社会,比如某工厂,它的全体成员的基本联系是各自的利益,而不是相互间的爱,那么,该社会的成员便会计较利益得失。因此,贡献较多而需要较少者,也就不会把自己按照公正原则所应分有的较多权利,自愿转让、馈赠给贡献较少而需要较多者。于是,如果实行按需分配,便是对贡献多而需要少者的按照公正原则所应多得的权利的强行剥夺,便违背了公正原则,是不公正的。这样,按需分配的人道原则便与公正原则发生了冲突。在这种情况下应该怎么办? 显然应该违背人道原则而放弃按需分配,从而遵循按贡献分配的公正原则。这就是按需分配之人道原则不应该实行于以利益为基本联系的社会的依据:它违背了公正原则,是不公正的。

可见,遵循人道原则是以不违背公正原则为条件的:只有当其不违背公正原则时,才应该遵循;而当其违背公正原则时,则应该牺牲人道原则而遵循公正原则。这就是说,当人道与公正发生冲突不能两全时,应该违背人道原则而遵循公正原则。公正原则的这种神圣不可侵犯性的优先性,在它与自由原则发生冲突时,就更加明显了。因为公正显然是纯粹的善原则:符合公正原则的行为,必定是应该的、善的、好的,必定具有正价值。同样,平等原则也是如此。当然,平等未必是善的、公正的、应该的。但是,平等原则,如前所述,与平等根本不同:平等原则是最重要的公正原则。因此,平等原则也是纯粹的善原则:符合平等原则的行为,必定是善的、应该的,必定具有正价值。

相反地,自由原则并不是纯粹的善原则,而是可能善也可能恶但净余额是极其巨大的善的原则。因为自由的行为或符合自由原则的行为,未必是应该的,未必具有正价值。恰恰相反,杀人、放火、奸淫、抢劫等数不胜数的罪恶,无疑都可能是自由的结果。因此,罗兰夫人当年感叹道:“自由啊自由,多少罪恶假汝以行!”这是因为,所谓自由,如前所述,亦即没有外在障碍因而能够按照自己的意志进行的行为。按照自己意志进行的行为或自由的行为,无疑既可能符合善原则,从而是善的、应该的;也可能违背善原则,从而是恶的、不应该的。然而,无论自由或符合自由原则的行为可能造成的罪恶或负道德价值是何等的严重和众多,也都只是局部的、暂时的、非根本的,而它的正道德价值则是根本的、长久的、全局的。因为,如上所述,自由乃是每个人的创造性潜能得到实现和社会繁荣进步的最根本的必要条件:自由具有最高价值。于是,自由的行为或符合自由原则的行为的净余额,便是极其巨大的善了。这就是自由为什么被确立为社会治理最高道德原则的缘故。

　　然而,能否由此——自由是社会治理最高道德原则——便断言自由不受其他任何价值标准限制,而只受更大的自由限制? 阿克顿的回答是肯定的:"自由乃至高无上之法律。它只受更大的自由的限制。"①这一次是阿克顿错了。因为自由原则所倡导的自由,无疑是无害他人、符合善原则的自由,是善的、应该的自由;而不是有害他人、违背善原则的自由,不是恶的、不应该的自由:只有符合善原则的行为方可自由,而违背善原则的行为则不可自由。一句话,所谓自由原则,只是给人以无害他人、符合善原则的行为之自由。

　　因此,自由原则之为价值标准——亦即自由原则之为社会治理的最高价值标准——完全是以接受善和公正等价值标准的限制为前提的,是以符合这些价值标准为前提的:只要自由或自由原则受到其他价值标准——特别是善和公正原则——的限制,从而符合善和公正等价值标准,那么,自由或自由原则就是纯粹的善了。这一道理,至为明显,以致自由主义大师贡斯当也承认,公共意志、人民主权或政治自由原则必须受到公正原则的限制:"人民主权并非不受限制,相反,它应被约束在正义和个人权利所限定的范围之内。即使全体人民的意志也不可能把非正义变成正义。"②这样一来,当自由原则与公正原则或平等原则发生冲突不能两全时,显然

---

　　①　〔英〕阿克顿著,侯健等译:《自由与权力》,商务印书馆 2001 年版,第 310 页。
　　②　〔法〕贡斯当著,阎克文、刘满贵译:《古代人的自由与现代人的自由》,商务印书馆 1999 年版,第 63 页。

应该违背自由原则而遵循公正或平等价值标准:公正与平等原则对于自由原则具有绝对的优先性。举例说:

按照自由原则,一个社会的任何强制——特别是对于每个人的权利与义务的分配——必须直接或间接得到全体成员的同意。按照公正原则,社会应该任人唯贤,根据每个人所具有的品德与才能而分配与其相应的职务和权利。一般说来,这两个原则当然是一致的。但是,全体成员同意的,未必就是公正的:公共意志有时可能是不公正的。可以设想,有一个社会的全体成员一致同意制定这样一个原则:所有长官的任免均由财产多少决定。如果照此行事,无疑符合自由原则,却违背了"任人唯贤"的公正原则:自由原则与公正原则发生了冲突。在这种情况下,应该怎么办呢? 显然不应该按照财产而应该任人唯贤,亦即应该违背自由原则而遵循公正原则:公正原则对于自由原则具有绝对的优先性。平等原则——平等原则是最重要的公正原则——对于自由原则当然也具有同样的绝对优先性,试以经济平等原则与经济自由原则的冲突为例:

按照经济平等原则,一方面,每个人不论劳动多少、贡献如何,都应该完全平等地分享基本经济权利(亦即经济人权);另一方面,则应按每个人所贡献的社会必要劳动时间,而分配给他含有同量社会必要劳动时间的非基本经济权利(亦即非人权经济权利),以便使每个人所享有的非基本经济权利的不平等与自己所贡献的社会必要劳动时间的不平等的比例,完全平等。按照经济自由原则,经济活动应由市场机制自行调节,而不应由政府强制指挥,政府的干预应仅限于确立和保障经济规则;而在这些经济规则的范围内,每个人都应该享有完全按照自己的意志进行经济活动的自由,都享有完全按照自己的意志进行生产、分配、交换和消费等经济活动的自由。

　　一般说来，这两个原则当然是一致的。但是，如果强者的经济自由剥夺了那些运气不好的弱者的经济权利，那么，这种剥夺虽符合经济自由原则，却违背经济平等原则：经济自由原则与经济平等原则发生了冲突。在这种情况下，应该怎么办呢？显然应该牺牲经济自由原则而保全经济平等原则，亦即应该由政府干预和限制强者的经济自由——确立和保障经济规则的活动属于政府应该干预的领域——通过个人所得税等而从强者的收入中拿出一部分补偿给弱者，从而使人们遵循经济平等原则，做到每个人完全平等地分享基本经济权利：平等原则对于自由原则具有优先性。平等原则对于自由原则所具有的这种优先性，在政治平等原则与政治自由原则的冲突中表现得更为复杂和曲折：

　　按照政治平等原则，每个公民应该完全平等地享有政治自由权利，亦即完全平等地享有共同执掌国家最高权力的权利，从而完全平等地享有共同决定国家政治命运的权利。按照政治自由原则，一个社会的政治，应该直接或间接得到每个公民的同意，应该直接或间接按照每个社会成员自己的意志进行，说到底，应该按照被统治者自己的意志进行。这两个原则显然是一致的。但是，正如托克维尔所言，多数公民可能滥用权力，从而导致对于少数公民的暴政。那么，按照多数公民的意志而实施对于少数公民的暴政，虽符合政治自由原则，却违背政治平等原则：政治自由原则与政治平等原则发生了冲突。在这种情况下，应该怎么办呢？显然应该牺牲政治自由原则而保全政治平等原则，亦即应该违背多数公民的意志，废除对于少数公民的暴政，从而遵循政治平等原则，做到每个人完全平等地享有共同执掌国家最高权力的权利：平等原则（亦即所谓权利原则）对于自由原则具有绝对的优先性。

因此，自由主义大师伯林在论及多数的暴政时写道："唯有权利——而不是权力——才可以被当做绝对的东西。这样，所有的人才拥有绝对的权利拒绝从事非人的行为，而不论他们是被什么权力所统治。"[1]就自由主义宪政思想传统来看，宪法的权利法案所体现和遵循的，也是这种权利原则——亦即平等原则——对于政治自由原则的绝对优先性："权利法案的真正宗旨，就是要把某些事项从变幻莫测的政治纷争中撤出，将其置于多数派和官员们所能及的范围之外，并将其确立为由法院来适用的法律原则。人的生命权、自由权、财产权、言论自由权、出版自由、信仰和集会自由以及其他基本权利，不可以受制于投票：它们不依赖于任何选举之结果。"[2]

然而，最能显示平等原则对于自由原则优先性同时也最令人困惑的，乃是波谱所谓的"自由悖论"。这种悖论，在波谱看来，首先由柏拉图成功地用来反对自由和民主原则："柏拉图在批评民主以及他对僭主的出现的叙述中，隐晦地提出了如下问题：如果人民的意志是他们不应该执行统治，而应该由一个僭主来统治，这又如何呢？柏拉图提示，自由的人可以行使他的绝对自由，起先是蔑视法律，最后是蔑视自由本身，并吵吵嚷嚷地要求一个僭主。这并非完全不可能，而且已经发生过多次了；而每次出现都使那些把多数或类似的统治原则为政治信条的基础的民主派处在理亏的境地。"[3]

---

①　Isaiah Berlin, *Four Essay on Liberty*, New York: Oxford University Press, 1969, p. 165.

②　〔美〕埃尔斯特等编著，潘勒等译：《宪政与民主》，三联书店1997年版，第224页。

③　〔英〕波谱著，杜汝楫，戴雅民译：《开放的社会及其敌人》，山西高校联合出版社1992年版，第130页。

　　柏拉图的这种自由悖论,果然如波谱所言,成功地否定了民主的原则——亦即政治自由原则——吗?当然没有。自由悖论只是表明:当政治自由原则与政治平等原则发生冲突时,应该否定政治自由原则而遵循政治平等原则。因为,如果像柏拉图所说的那样,发生了所谓自由悖论,亦即一个国家的多数公民的意志竟然是推举一个僭主,委托他进行专制统治,那么,按照多数公民的意志而由这个僭主进行专制统治,虽符合政治自由原则,却违背政治平等原则:政治自由原则与政治平等原则发生了冲突。在这种情况下,应该怎么办呢?显然应该牺牲政治自由原则而保全政治平等原则,亦即应该违背多数公民的意志,废除僭主专制而遵循政治平等原则,从而做到每个人完全平等地共同执掌国家最高权力:政治平等原则对于政治自由原则具有优先性。

　　可见,公正和平等既是国家制度和治理的最重要的价值标准,又是纯粹的善原则。反之,人道与自由虽然是国家制度和治理的最高价值标准,却不是最重要的价值标准;并且,自由原则是兼有善恶而只是净余额为善的原则:自由原则之为纯粹的善原则,是以符合公正和平等诸价值标准为前提的。因此,当公正、平等与自由、人道发生冲突而不能两全时,应该违背人道和自由原则而遵循公正和平等原则:公正与平等原则对于自由与人道原则具有绝对的优先性。所以,自由主义论者罗尔斯也这样写道:"公正是社会制度的首要善,正如真理是思想体系的首要善一样。一种理论,无论多么高尚和简洁,只要它不真实,就必须拒绝或修正;同样,某些法律和制度,无论怎样高效和得当,只要它们不公正,就必须改造或废除。每个人都享有一种基于公正的不可侵犯性,这种不可侵犯性即使是社会全体的幸福也不得逾越。"①

　　然而,公正与平等并非对于任何价值标准都具有绝对的优先性;对于任何价值标准都具有绝对优先性的价值标准只能是国家制度价值终极标准。因为国家制度价值终极标准之为终极标准,就在于它是在任何条件下都应该遵守的绝对标准。这意味着:任何标准如果与终极标准发生冲突,都应该牺牲该标准,而遵循和保全国家制度价值终极标准。因此,当公正或平等原则与国家制度价值终极标准发生冲突而不能两全时,便应该牺牲公正与平等,而遵循和保全国家制度价值终极标准:国家制度价值终极标准是解决国家制度价值标准发生冲突的最终取舍原则。

　　就拿那个著名的理想实验"惩罚无辜"来说吧。按照这个理想实验,法官明知一个人无辜,但如果遵循公正原则,从而不惩罚和宣判这个无辜者死刑,一定要发生一场必有数百人丧命的全城大骚乱;如果违背公正原则,从而惩罚和宣判这个无辜者死刑,就可以避免那场必有数百人丧命的全城大骚乱。法官应该怎么办? 显然应该惩罚无辜。诚然,按照公正原则,善有善报,恶有恶报,因而应该惩罚罪犯,而不应该惩罚无辜:惩罚无辜是不公正、非正义的。因此,如果遵循公正原则,就不应该惩罚无辜,不应该宣判这个无辜者死刑。可是,这样做却是不应该的。

　　因为遵循公正原则而保全一个无辜者的生命,却必定牺牲数百人的生命,净余额是负价值,因而违背了最大利益净余额的国家制度价值终极标准。反之,违背公正原则牺牲一个无辜者的生命,

---

　　①　John Rawls:*A Theory of Justice*(Revised Edition),Cambridge:The Belknap Press of Harvard University Press,2000,p. 3.

却能够保全数百无辜者的生命,净余额是正价值,因而符合最大利益净余额的国家制度价值终极标准。这样一来,公正原则与国家制度价值终极标准便发生冲突而不能两全。应该怎么办? 显然应该违背公正原则而惩罚无辜,从而遵循最大利益净余额的国家制度价值终极标准,保全数百无辜者的生命。因为任何价值标准与终极标准发生冲突都应该被放弃,而只应该遵循终极标准:国家制度价值终极标准对于任何道德原则和价值标准都具有绝对的优先性。

罗尔斯等众多思想家反对功利主义的理由,真正讲来,无非是因为遵循功利主义必然导致非正义。[①] 殊不知,功利主义和义务论虽然相反,却同样是关于道德终极标准(道德终极标准与国家制度价值终极标准是同一概念)的理论,因而必定同样必然导致非正义。因为只要正义与道德终极标准——不论是功利主义道德终极标准还是义务论道德终极标准——发生冲突,就应该违背正义而遵循道德终极标准。否则,如果遵循正义而违背道德终极标准,那么,道德终极标准也就不是在任何条件下都应该遵循的道德标准,因而也就不成其为道德终极标准了。因此,不论是功利主义还是义务论的道德终极标准,只要它是道德终极标准,就必定导致非正义——当然是在正义与道德终极标准发生冲突而不能两全的条件下。

遵循功利主义和义务论的道德终极标准不但可能导致非正义,而且可能导致不平等、非人道、不自由、不诚实、不谦虚、不自

---

① John Rawls:*A Theory of Justice* (Revised Edition),Cambridge:The Belknap Press of Harvard University Press,2000,p. 20.

尊、不勇敢等。一句话，不论是公正和平等，还是人道和自由，总而言之，任何道德原则、道德规范，只要与道德终极标准发生冲突都应该被否定、被违背和被牺牲，都必死无疑！这样一来，遵循功利主义或义务论道德终极标准何止必定导致非正义？岂不必定导致违背和否定所有道德规范——当然是在它们与道德终极标准发生冲突而不能两全的条件下！

遵循功利主义或义务论道德终极标准势必导致非正义，甚至导致违背和否定所有道德规范。但是，这种非正义、不道德和不应该，仅仅是行为的局部的、部分的性质，而不是行为的全局的、整体的性质。就行为的整体和全局性质来说，却不是非正义和不应该的，而是应该的和善的。因为惩罚无辜固然是非正义、不应该和恶的，却能够避免更大的非正义和恶，净余额是正价值，符合最大利益净余额道德终极标准，因而就行为整体和全局的性质来说是应该的和善的。既然是应该的和善的，就决不会是非正义的，因为非正义属于不应该和恶的行为范畴；正义属于善、应该的行为范畴。

这样一来，惩罚无辜等非正义的行为，仅仅就其局部和部分性质来说，才是非正义、不应该和恶的；而就其全局和整体性质来说，却是善的和应该的。整体大于部分，全局大于局部。因此，遵循道德终极标准所必然导致的惩罚无辜等违背正义、平等、人道和自由以及所有道德规范的行为，统统属于善的、应该的行为，而决不属于恶的、不应该的行为：它们都是为了遵循更重要的道德终极标准不得已而为之的必要的牺牲。当然也不能由此说惩罚无辜是正义的、公正的：它们仅仅是应该的和善的，而无所谓正义不正义、公正不公正。

4. 资本主义价值:考究六种国家价值之核心和关键

有了国家制度价值标准,就可用以衡量各种国家好坏价值了。我们知道,以经济形态为划分根据,国家分为六大类型:原始国家(原始公有制国家)、奴隶制国家、封建制国家、资本主义国家、社会主义国家和共产主义国家。因此,研究各种国家之价值,说到底,也就是研究这六大类型国家之价值,亦即运用国家制度好坏的终极价值标准(增减全社会和每个人利益总量)和根本价值标准(公正与平等)以及最高价值标准(人道和自由),来考量这六大类型国家的国家治理和国家制度之价值。

不难看出,研究以经济形态为划分根据的六种国家的价值之核心和关键,乃是确证资本主义国家的价值。因为原始共产主义国家无疑不是人类理想的国家。奴隶制国家和封建制国家,姑且不论如何违背国家制度价值标准——公正与平等以及人道、自由和最大多数人最大利益——至少远不及资本主义国家进步,是不言而喻之理,因而皆非人类理想国家。但是,资本主义国家是否符合国家制度价值标准,是否人类理想的国家,却是个争论不休的大问题:如果资本主义国家符合国家制度价值标准,社会主义与共产主义岂不就失去了存在的价值和根据?因此,资本主义国家价值之考量,乃是研究其他各种国家价值的前提、基础和核心。

确证资本主义国家的价值,说到底,也就是确证资本主义价值。因为资本主义国家就是资本主义经济制度居于支配地位的国家。那么,资本主义是否违背国家制度价值标准,是否人类理想的经济制度?我们业已证明,一方面,市场经济制度是唯一符合国家制度价值标准和可以导致资源配置效率最佳状态的经济制度;而其他一切经济制度(计划经济和自然经济以及存在政府指挥的市场经济或混合经济)都程度不同地违背国家制度价值标准,都是不自由、非人道、不公正和低效率的经济制度。另一方面,资本主义就是一种商品普遍化的经济制度,就是一种商品经济或市场经济——商品经济与市场经济原本是同一概念——就是一种使资本或财货能够增值的商品经济或市场经济制度,是目的在于资本或物质财富增值而不是满足消费需要的商品经济或市场经济制度,说到底,是资本通过雇佣劳动而增值的商品经济或市场经济制度。

这样一来,资本主义就其为市场经济制度来说,无疑符合国家制度价值标准,堪称理想经济制度;然而,就其为资本通过雇佣劳动而增值的经济制度来说,它符合国家制度价值标准吗? 符合公正与平等以及人道、自由和最大多数人最大利益吗? 这是一直争论不休而极难确证的问题。因此,资本主义价值考量之核心,并不是考量其市场经济,而只是考量其资本通过雇佣劳动而增值,也就是考量资本家是否剥削雇佣劳动者的问题,说到底,也就是工资或劳动价格是否等于劳动价值? 是否等于劳动的边际产品价值?

如果工资或劳动价格等于劳动价值,等于劳动的边际产品价值,因而资本家没有剥削雇佣劳动者,资本主义国家就是理想的国家,那样一来,社会主义与共产主义就失去了存在的价值和根据;否则,如果资本必定剥削雇佣劳动,资本主义国家就违背国家制度价值标准,就应该代之以理想国家,如社会主义。这个道理,克拉克亦表赞同:"许多人指责现在的社会制度,说它'剥削劳动'。他们说,'工人常被夺去他们的劳动成果。这种剥削是通过竞争的自然作用,并在法律的形式下实现的。'如果这种说法被证实,那么,每一个正直的人都应当变成社会主义者,而他对改革产业制度的热情的高低,就可以表现和衡量他的正义感的程度。"①

然而,工资或劳动价格是否等于劳动价值? 这恐怕是经济学最复杂难解的问题,以致被经济学家们称之为"分配之谜"。该问题之所以复杂难解,因为它是商品的价值与价格的特例:商品的价值与价格无疑是经济学最根本、最核心、最重要、最艰深的问题。维克塞尔说:"价值理论在经济学中具有根本的和普遍的重要性。"②庞巴维克说:"价值、价格和成本之间的联系,我想如果我说,清楚地理解这一联系就清楚地理解了政治经济学的精华,并非夸大其词。"③马克思《资本论》第一章主要研究商品价值,他也这样写道:"万事开头难,每门科学都是如此。所以本书第一章,特别是分析商品的部分,是最难理解的。"④

劳动的价值与价格是商品的价值与价格的特例,因而就更加复杂难解:商品的价值与价格是比较抽象、一般和简单的范畴;劳动的价值与价格则是比较具体、个别和复杂的范畴。因为抽象和具体的关系,正如马克思所说,也就是内涵比较简单的范畴与包含它的比较复杂的范畴的关系:"具体之所以具体,因为它是许多规定的综合,因而是多样性的统一。"⑤价值与剩余价值是抽象与具体关系:价值是内涵比较简单、比较片面的范畴,而剩余价值则是

————————

①　〔美〕克拉克著,陈福生、陈振骅译:《财富的分配》,商务印书馆1984年版,第3页。

②　Knut Wicksell, *Lectures on Political Economy*, London: GEORGE ROUT-LEDGE AND SONS, LTD. ,1934, p. 6.

③　Eugen V. Böhm-Bawerk, *The Positive Theory of Capital*, New York: G. E. STECHERT & CO. ,1930, p. 224.

④　〔德〕马克思著,中共中央编译局译:《资本论》第一卷,人民出版社1975年版,第7页。

⑤　《马克思恩格斯选集》第二卷,人民出版社1977年版,103页。

内涵包含价值的比较复杂、比较全面的范畴。商品的价值价格与劳动的价值价格也是抽象与具体关系：商品的价值价格是内涵比较简单、比较片面的范畴；而劳动的价值价格则是内涵包含价值的比较复杂、比较全面的范畴。

这样一来，如果不理解商品的价值与价格，也就不可能理解劳动的价值与价格。因为不懂一般和抽象，也就不可能懂内涵包含它们的更加复杂的个别和具体。不懂得鱼是什么，也就不可能懂得内涵包含鱼的更加复杂的大马哈鱼是什么。所以，科学体系的各个范畴相互间的排列、推演顺序，正如马克思所指出，乃是从抽象到具体；而如果走相反的道路，则两者都无法理解："只要知道了剩余价值的各个规律，利润率是容易理解的。如果走相反的道路，则既不能了解前者，也不能了解后者。"[①]因此，要弄清比较具体的劳动价值与价格，必须首先弄清比较抽象的商品价值与价格。于是，考究资本主义国家的价值，必须考究商品价值与价格以及劳动的价值与价格，必须考究这些经济学最根本、最核心、最重要、最艰深的问题。

---

① 《马克思恩格斯全集》第二十三卷，人民出版社1971年版，第242页。

第五章　商品价值

本章提要　任何商品价值都是商品对人的需要的效用：商品使用价值是商品满足人的使用、消费需要的效用；而商品交换价值则是商品使用价值对于换取其他商品的交换需要的效用。但是，单位商品使用价值，既不是单位商品的最大效用，也不是平均效用，而只能是最后增加的那个单位商品的效用，因而是单位商品的最小效用。因为商品使用价值，真正讲来，乃是对人的还没有满足的使用、消费需要的效用，而不是对已经满足的使用、消费需要的效用：需要一旦得到满足便不再是需要。使用价值是对人的还没有满足的需要的效用，显然意味着：使用价值也就是对人的剩余需要的效用，是对人的剩余需要的满足。因此，每个单位商品的使用价值也就同样都是对人的"减去其他商品已经满足的需要"之后所剩余的需要的满足，是对人的减去其他商品已经满足的需要之后所"剩余的需要"的效用，因而也就是最后增加的那个单位商品对人的需要的效用，是最后增加的那个单位商品对人的需要的满足效用，也就是对全部商品所满足的一切需要中最不重要、最后置的需要的满足效用，说到底，也就是商品的边际效用：边际效用就是最后增加的那个单位商品的效用。商品的使用价值是商品的边际效用；而商品交换价值则是商品使用价值对于换取其他商品的交换需要的效用，说到底，也就是商品边际效用对于换取其他商品的交换需要的效用：商品使用价值——亦即商品边际效用——是商品交换价值的源泉和实体。这样一来，一方面，交换价值量的大小便与使用价值量的大小一样，都是用边际效用量来衡量：商品的交换价值量与其边际效用量相等。另一方面，商品中所凝结和耗费的生产三要素——劳动、资本和土地——便因其是使用价值的源泉和实体而最终是交换价值的源泉和实体：劳动、资本和土地是使用价值的直接的源泉和实体，是交换价值的终极的源泉和实体。

一、商品价值界说：效用价值论定义与劳动价值论定义

1. 商品：进行买卖的事物

何谓商品？门格尔答道："生产者或中间商人准备用以交换的生产物，我们依照通常的用语，叫它做商品。……但在科学的叙述上，对于用以交换的一切经济财货，颇感有不顾其物体性、可动性、劳动生产物性及其供应者等而加以命名的必要，所以德国多数的经济学者，就把商品解成'用以交换的各种经济财货'。"[①]他又援引其他经济学家的定义说："傅尔波内以'可被交换的多余数量'为商品；亚当·斯密以'未最后到达使用人手中之物'为商品；奥尔特士以'因自用有余而转让他人之物'为商品。但康第拉克则认为商品是'提供交换之物'。他的这个说法为后来斯托尔西的先驱。斯

---

① 〔奥〕门格尔著，刘絜敖译：《国民经济学原理》，上海人民出版社1958年版，第172页。

氏给商品下一定义说:'具有被交换的命运之物为商品'。"①门格尔还引证说,诸如霍夫兰、罗协尔、曼古特、格拉色、洛思勒等学者也都以为商品就是"用以交换的一切财货"。②

可见,界定商品为进行交换的物品,实乃西方主流经济学观点。我国经济学家们关于商品的定义也是如此。蒋学模说:"商品是用来交换的劳动产品"。许涤新说:"商品是用来交换、能满足人们某种需要的劳动产品。"③《辞海》也这样写道:"商品是为交换而生产的劳动产品"。显然,这一定义源于马克思和恩格斯的两个著名命题:"能同别的生产品交换的一切产品都是商品。"④"加入交换范围的生产品就是商品。"⑤

然而,这种主流定义,近年来,遭到许多学者质疑。细究起来,这种定义确实不能成立,因为它的种差(进行交换)和最邻近的类概念(劳动产品)都是不能成立的。首先,"用来交换"或"进行交换"并不是商品区别于非商品产品的种差:"用来交换"或"进行交换"的劳动产品并不都是商品。因为以是否买卖为根据,进行交换的劳动产品可以分为两类。一类是计较利益或价值的交换,是以买卖形式进行的交换,是要求等价交换的劳动产品;另一类是不计较利益或价值的交换,不是以买卖形式进行的交换,是不要求等价交换的劳动产品:只有前者才是商品而后者并不是商品。试想,一位

① 〔奥〕门格尔著,刘絜敖译:《国民经济学原理》,上海人民出版社1958年版,第174页。

② 同上书,第175页。

③ 许涤新主编:《政治经济学辞典》上,人民出版社1980年版,第330页。

④ 马克思:《雇佣劳动与资本》,《马克思恩格斯文选》第2卷,莫斯科外文局1954年中文版,第68页。

⑤ 恩格斯:"论卡尔·马克思著《政治经济学批判》一书",《马克思恩格斯文选》第一卷,莫斯科外文局1954年中文版,第352页。

农民,如果与弟弟交换各自的农作物,他给弟弟 1000 斤土豆,弟弟给他 500 斤玉米,那么,这些土豆和玉米都是进行交换的劳动产品,却都不是商品,而只是产品。但是,如果他卖给弟弟 1000 斤土豆,再从弟弟那里买来 500 斤玉米,那么,这些劳动产品就都是商品了。

这显然是因为,兄弟之间交换土豆和玉米,是在亲情和爱的关系的基础上进行的,并不计较利益或价值,并不要求等价交换,因而不是商品交换,而只是劳动产品的交换。反之,当兄弟之间的土豆和玉米的交换是以买卖的形式进行时,两人的关系就不再以亲情和爱为基础,而是以利益为基础,从而这种交换便计较利益或价值,要求等价交换,因而就是商品交换了。空想社会主义思想家们认为共产主义社会消灭了商品,如所周知,也是因为在他们看来,共产主义社会人与人之间的基本联系是爱而不是利益,从而劳动产品的交换不再计较利益或价值,不再要求等价交换,因而也就只是产品而不再是商品了。

因此,"用来交换"或"进行交换"的劳动产品并不都是商品,而是分为商品与非商品劳动产品两类。两类之根本不同全在于是否计较利益或价值。商品交换必定要计较利益、价值,必定要以价值为基础,必定要求等价交换,必定要买卖:商品是以买卖形式进行交换的劳动产品,是进行买卖的劳动产品。相反地,如果一种产品交换不以价值为基础,不要求等价交换,不必买卖,那么,这种产品交换便不是商品交换,这种进行交换的产品便只是劳动产品而不是商品。对于这个道理,于光远曾有十分透辟的论述:"什么是商品交换这种交换方式的特点呢? 一句话说,就是双方处于平等地位、在交换中比较所交换的使用价值中结晶的社会必要劳动,实行等量劳动与等量劳动交换的等价交换原则。凡是用这样一种方式进行的交换，就是商品交换。凡是进入这种交换的生产物就是商品。"①

准此观之，马克思和恩格斯的两个著名命题——"能同别的生产品交换的一切产品都是商品。"和"加入交换范围的生产品就是商品。"——并非商品定义；而将商品定义为"用来交换或进行交换的劳动产品"的主流定义犯了定义过宽的错误。能够交换、用来交换或进行交换的产品未必是商品，只有以买卖为形式而进行交换的产品才是商品：商品是通过买卖进行交换的产品，是以买卖的形式进行交换的产品，是以交换价值为基础进行交换的产品，是要求等价交换的产品。因此，马克思一再说："商品即交换价值量的总和。"②"各种商品依照它们的价值来交换或售卖。"③"在一切社会状态下，劳动产品都是使用物品，但只是历史上一定的发展时代，也就是使生产一个使用价值所耗费的劳动表现为该物的'对象的'属性即它的价值的时代，才使劳动产品转化为商品。"④列宁也这样写道："为了满足社会需要，就必须在市场上买卖产品（产品因此变成了商品）。"⑤门格尔也曾看到只有买卖这种特殊的交换才是商品之所以为商品的根本特征："支配着一个财货的经济主体，若放弃其出卖这个财货的意志，这个财货就停止为商品。一个财货若落到不想出卖它而想消费它的人手里，这个财货也不再为商品。"⑥

---

① 张问敏等编：《建国以来社会主义商品生产和价值规律论文选》上卷，上海人民出版社 1979 年版，第 437 页。

② 马克思：《雇佣劳动与资本》，《马克思恩格斯文选》第 2 卷，第 68 页。

③ 〔德〕马克思著，中共中央编译局译：《资本论》第三卷，人民出版社 1973 年版，第 215 页。

④ 《马克思恩格斯全集》第二十三卷，人民出版社 1972 年版，第 76 页。

⑤ "论市场问题"，《列宁全集》第一卷，人民出版社 1984 年版，第 77 页。

⑥ 〔奥〕门格尔著，刘絜敖译：《国民经济学原理》，上海人民出版社 1958 年版，第 173 页。

另一方面，商品主流定义将劳动产品当作商品的"最邻近的类概念"又犯了定义过窄的错误。因为正如卢小珠等学者所指出，不是人类劳动的产品，如未经开发的土地和矿产资源以及权力、良心和名誉等，也可以买卖，因而也可以是商品："这类商品在现代社会绝不是个别的例外，而是越来越多。例如：未经开发的土地、矿产资源、具有旅游价值的自然风景、商标、牌子、信誉、保证等都属此类。这些东西作为商品，不仅在西方资本主义社会早已司空见惯，而且在改革开放后的中国也比比皆是。它们同劳动产品一样，可以一次性出售（让出所有权），也可以多次出售（让渡使用权）。"①

因此，并非只有劳动产品才是商品，也并非只有有形的物品才是商品；商品乃是进行买卖的一切事物，是通过买卖进行交换的一切东西，是以买卖的形式进行交换的一切事物，是要求等价交换的一切事物：既包括衣、食、住房、汽车等劳动产品，也包括野山、荒地、河流、岛屿等非劳动物品；既包括蔬菜、粮食、鸡猪等有形的物品，也包括权力、良心、名誉等无形事物。然而，问题是，面对如此之多的非劳动产品皆为商品之事实，为什么中国主流经济学家们竟然置事实于不顾，而否定非劳动产品是商品呢？

原来，他们信仰所谓马克思主义商品观，亦即商品必定具有价值，而商品价值乃是商品中凝结的劳动，因而商品必然凝结着劳动：不是劳动产品必定不是商品。确实，商品必定具有价值，必定具有商品价值。但是，商品价值果真是商品中所凝结的劳动吗？如果商品价值是商品中所凝结的劳动，那么，非劳动产品便不是商

---

① 卢小珠："对商品、价格概念的新思考"，《广西社会科学》1997 年第 1 期。

品;如果非劳动产品是商品,那么,商品价值便不是商品中所凝结的劳动。这样一来,非劳动产品是否商品的问题最终便可以归结为:商品价值究竟是什么?

2.　商品价值:商品对人的需要的效用

我国学术界颇为流行"两种价值概念"。一种是哲学的价值概念:价值是客体对主体需要的效用;另一种是经济学的价值概念:商品价值不是商品对人的效用,而是凝结在商品中的一般人类劳动。两种价值概念说显然是不能成立的:它违背了两个矛盾判断——亦即"一切价值都是客体对主体需要的效用"与"商品价值不是商品对人的需要的效用"——不可能同真的逻辑规律。"价值是客体对主体需要的效用"与"商品价值不是商品对人的效用"不可能同真:一个是真理;另一个必是谬误。我们已经说明,所谓哲学的价值定义——价值是客体对主体需要的效用——是真理。这就意味着:"商品价值不是商品对人的效用"是谬误。那么,为什么商品价值是凝结在商品中的一般人类劳动——而不是商品对人的效用——的定义是谬误? 商品价值是什么?

晏智杰教授说:"经济学中的价值概念应是一般意义的价值概念、即主体与客体关系的具体化,就是说,商品价值是指财富和商品同人的需求的关系。价值有无及其大小,均以是否能够满足需求以及满足的程度为转移。"[①]诚哉斯言! 所谓价值,如前所述,就是客体对于主体的需要的效用性。因此,根据"遍有遍无"演绎公理,价值是客体对于主体的需要的效用性,显然意味着:商品价值

---

① 晏智杰:《经济价值论再研究》,北京大学出版社 2005 年版,第 9 页。

是商品对于人的需要的效用性,是商品所具有的满足人的需要的效用,是商品对人的需要的满足。这就是商品价值的定义,这也就是自亚里士多德以来历代相沿——斯密、李嘉图和马克思所代表的历史阶段除外——的所谓效用价值论的商品价值定义。

亚里士多德不但发现商品价值就是商品效用,而且将商品价值分为使用价值与交换价值,认为两者都是对于人的需要的效用、用途。只不过,他将使用价值看作商品的"适当的用途",而将交换价值当作商品的"不适当的或交换的用途":"我们所有的任何东西都有两种用途。这两者都属于物品本身,但是方式不同。一个是适当的用途,另一个则是不适当的或次要的用途。例如,鞋可穿,也可用于交换,两者都是鞋的用途。"①不过,效用论商品价值定义最清楚的表达,当推英国重商主义者尼古拉·巴尔本的界说:"一切商品的价值都来自商品的用途;没有用处的东西是没有价值的,正如一句英文成语所说,它们一文不值。商品的用途在于满足人们的需要。"②

边际效用论也属于效用论范畴,因而也认为一切商品价值都是商品效用:使用价值是商品的边际效用,交换价值则是商品边际效用对于换取其他商品的交换需要的效用。因此,杰文斯说:"反复的思考和考察是我得到了这样一个新奇的想法,价值完全决定于效用。"③门格尔则援引众多效用论的价值定义,进而得出结论说:"所谓价值,就是一种财货或一种财货的一定量,在我们意识到

①　晏智杰:《劳动价值学说新探》,北京大学出版社 2001 年版,第 98 页;参阅《亚里士多德全集》第九卷,中国人民大学出版社 1994 年版,第 18 页。

②　〔英〕巴尔本等著,顾为群等译:《贸易论》,商务印书馆 1982 年版,第 55 页。

③　〔美〕马克·斯考森著,马春文等译:《现代经济学的历程》,长春出版社 2009 年版,第 198 页。

我们对于它的支配,关系于我们欲望的满足时对我们所获得的意义。"①只不过,由于他们把效用归结为边际效用,因而往往以偏概全,误将商品价值定义为边际效用:"价值看来是指一种商品的最后效用程度。"②

3. 商品价值的误解:商品中凝结的人类劳动

否定效用论商品价值定义的观点,正如杜冈—巴拉诺夫斯基所言,主要依据这样一种所谓的"事实":"有些众所周知的事实,显然与主张效用是经济物品价值基础的理论,有着不可调和的矛盾。因为最有效用的物品,如水和空气,并不具有任何价值。相反,从表面看没有多大效用的物品,如宝石或金子,却具有很高的价值。面包比钻石有用得多,铁比金子有用得多,但是,面包和铁的价值却比金子和钻石低得多。这些事实清楚地表明,价值不仅不与经济物品的效用成正比,反而与效用成反比。"③

这是经济学价值理论面对的最重要的所谓"事实",亦即所谓"价值悖论":效用价值论内含着悖论。因为按照效用价值论定义,商品价值亦即商品效用。这样一来,"水的效用大却价值小",也就无异于说"水的价值大却价值小",亦即"水的价值大又不大":悖论。效用价值论内含着悖论,意味着效用价值论是谬误。这就是为什么面对"价值悖论",一些经济学巨匠,如李嘉图和马克思,遂

---

① 〔奥〕门格尔著,刘絜敖译:《国民经济学原理》,上海人民出版社 1958 年版,第 61 页。

② W. Stanley Jevons, *The Theory Political Economy* (4th Edition), London: Macmillan Co. ,1911,p. 80.

③ 〔俄〕杜冈—巴拉诺夫斯基著,赵维良等译:《政治经济学原理》上册,商务印书馆 1989 年版,第 56 页。

否认商品价值或交换价值是商品效用,而认为价值是商品所包含的劳动。李嘉图引证斯密的"价值悖论"之后,接着就这样写道:"所以,效用对于交换价值虽是绝对不可缺少的,却不是交换价值的尺度……商品的交换价值有两个源泉——一个是它们的稀少性,另一个是获得它们所需要的劳动量。"[①]马克思也一再说:"在商品的交换关系本身中,商品的交换价值表现为同它们的使用价值完全无关的东西。"[②]"使用价值或某种物品具有价值,只是因为有人类劳动物化在里面。"[③]这就是劳动价值论的商品价值定义。

劳动价值论的商品价值定义不能成立。首先,这个定义的前提,是价值悖论,亦即商品价值或交换价值与效用或使用价值无关甚至相反的所谓"事实"。然而,边际效用论发现,这一"事实"或价值悖论不过是一种假象;实质恰恰相反:商品价值或交换价值与效用或使用价值完全成正比例变化。边际效用论的出发点,正如杜冈—巴拉诺夫斯基所言,是区分某种物品的总和的、一般的、抽象的效用与该物品的单位的、具体的、实际的效用。[④] 水无疑具有最大的效用。但是,这仅仅是就水的总和的、一般的、抽象的效用来说的。具体地、实际地看,每一单位的水都具有不同的效用:一个人所拥有的水越多,每一单位的水对于他的效用就越小,超过一定

---

① David Ricardo, *Principles of Political Economy and Taxation*, London: George Bell and Sons, 1908, pp. 5 - 6.

② 〔德〕马克思著,中共中央编译局译:《资本论》第一卷,人民出版社 1975 年版,第 50 - 51 页。

③ 〔德〕马克思著,中共中央编译局译:《资本论》第一卷,中国社会科学出版社 1983 年版,第 15 页。

④ 〔俄〕杜冈—巴拉诺夫斯基著,赵维良等译:《政治经济学原理》上册,商务印书馆 1989 年版,第 57 页。

量后,其效用就会等于零,甚至成为负数。杜冈—巴拉诺夫斯基举例说:"假设我有四罐水,第一罐水,没有它,我会渴死,所以第一罐水效用最大。第二罐水,我用来洗漱,那它的效用就差一些。第三罐水,我可能用它浇花,那它的效用就更差些。最后第四罐水,我可能完全不需要它了。这也就是普遍的经济规律。不论以什么物品为例,我们都可以看到:我们占有的这些物品数量越大,它们用来满足的需要就越不重要,它们的效用也就越小。"[1]于是,水和空气没有价值恰恰是因为水和空气应有尽有因而其单位的、具体的、实际的效用等于零的缘故:"价值在其发展中一定两度为零:一次是在我们什么都没有的时候;另一次是在我们什么都有了的时候。"[2]

可见,边际效用论便通过区分某种物品的"总和效用与单位效用",依据"一种物品的数量越多其单位效用就越小"的定律,科学地解释了与效用论价值定义矛盾的现象:水没有价值并不是因其总和效用大,而是因其超过一定量后,其单位效用是零;钻石价值大,不是因其总和效用小,而是因其单位效用大。因此,诸如水的效用大却无价值而钻石无用却有大价值的所谓"价值悖论",乃是一种误解:"其原因就是没有把某种物品的一般的抽象的效用和某一具体物品的实际效用区别开来。例如,水对我们有用,它具有抽象的效用,但不是每一杯水对我们都有用,都具有具体的效用,而只有一小部分水是具体有用的。如果指的是水的抽象效用或全部

---

① 〔俄〕杜冈—巴拉诺夫斯基著,赵维良等译:《政治经济学原理》上册,商务印书馆 1989 年版,第 57 页。

② Friedrich Von Wieser, *Natural Value*, New York: KELLEY & MILLMAN, INC., 1956, p. 31.

水的效用的话,那么,我们应该承认水是有用的。但是,如果指的是具体的某一部分水的效用的话,那么毫无疑问,大部分水对我们完全是不需要的,也是没有用的。"①

这样一来,边际效用论便科学地揭示了误以为"价值与效用往往成反比"的所谓价值悖论之错误,就在于未能区分某种物品的总和效用与该物品的单位效用,因而由水总和效用大而单位价值小得出错误的结论说:水的效用与其价值成反比。如果将某种物品的总和效用与该物品的单位效用区别开来,就会发现水的效用与其价值成正比:水的总和效用大因而总和价值大;水的单位价值小因为水的单位效用小。因此,事实上并不存在"价值悖论",并不存在价值与效用成反比的所谓"事实",亦即不存在与商品价值效用论定义——商品价值就是商品对人的需要的效用——相矛盾的所谓"事实"。商品价值就是商品的效用,只不过,它可能不是商品的总和的、一般的、抽象的效用,而是商品的单位的、具体的、实际的效用罢了。

因此,商品价值是商品中凝结的人类劳动的劳动价值论定义的前提——所谓价值悖论——是不能成立的。价值是商品中凝结的人类劳动,就其自身来说,也是不能成立的。因为商品中凝结的人类劳动无疑是商品所具有的这样一种属性,这种属性与"好坏"或价值根本不同。好坏依赖于人的需要,离开人类需要,商品无所谓好坏。因此,好坏是商品的关系属性,是商品与人的需要发生关系的产物,说到底,好坏是商品对人的需要的效用:符合、满足人的

---

① 〔俄〕杜冈—巴拉诺夫斯基著,赵维良等译:《政治经济学原理》上册,商务印书馆1989年版,第57页。

需要的效用就是好;不符合、不能满足人的需要的效用就是坏。相反地,商品中凝结的人类劳动,它的存在并不依赖于人的需要,甚至也不依赖于人。一件金首饰所凝结的人类劳动,即使人类灭亡了,它也照样凝结在该金首饰中。一部红楼梦凝结着曹雪芹"十年辛苦不寻常"的劳动,即使人类灭亡了,它也照样凝结这些人类劳动。因此,商品中凝结的人类劳动乃是商品的不依赖人的需要而存在的属性,是一种独立于人而存在的实在,是商品的固有属性。

这样一来,如果商品价值是凝结在商品中的人类劳动,岂不意味着:商品价值是商品的固有属性? 是的,马克思确实认为价值是商品的固有属性,因而一再说:"生产使用物所耗费的劳动,表现为这些物固有的性质,即它的价值。"①"如果我们说,一切商品作为价值只是结晶的人类劳动,那么,我们的分析就是把商品化为价值抽象,但是,它们仍然只是具有唯一的形式,即有用物的自然形式。在一个商品和另一个商品发生价值关系时,情形就完全不同了。从这时起,它的价值性质就显露出来并表现为决定它与另一个商品的关系的国有的属性。"②可是,以为商品价值是商品的固有属性,岂不荒谬之极? 因为毫无疑义,正如罗德戴尔和晏志杰教授所言,任何价值都不可能是客体固有属性,而只能是客体关系属性:"价值一词,无论是在其本来意义上,还是在人们通常说法中,都不表示商品固有属性。"③"价值是一个关系范畴,不是实体范畴。"④

---

① 〔德〕马克思著,中共中央编译局译:《资本论》第一卷,中国社会科学出版社1983 年版,第 39 页。

② 同上书,第 27 页。

③ 晏志杰:《经济学中的边际主义》,北京大学出版社 1987 年版,第 49 页。

④ 晏智杰:《经济价值论再研究》,北京大学出版社 2005 年版,第 9 页。

　　不但此也，价值就是商品中所凝结的劳动的定义之荒谬还在于：如果商品价值就是商品中所凝结的劳动，那么，非劳动或不凝结劳动的物品，如土地等，就不可能有商品价值或交换价值。是的，马克思认为确实如此："如果一个使用价值不用劳动也能创造出来，它就不会有交换价值。"①"土地不是劳动产品，从而没有任何价值。"②"瀑布和土地一样，和一切自然力一样，没有价值，因为它本身中没有任何对象化劳动。"③

　　这种论断，岂止不能成立，而且近乎荒唐。因为不论任何东西，只要能够买卖，只要能够交换，只要能够用以换取其他东西，显然就必定具有交换价值；否则，如果一种东西不具有交换价值，就必定不能够买卖，必定不能够进行交换，必定不能够用以换取其他东西。那么，能够买卖、交换从而具有交换价值的条件是什么？不难看出，一个条件是有用，亦即具有使用价值；没有使用价值的东西显然不能够买卖，不能够交换，因而不具有交换价值。另一个条件是稀缺性，因为具有使用价值的东西如果不具有稀缺性，而是无限多的，如水、阳光和空气等，显然不能够买卖交换，不具有交换价值。任何东西，不论是否包含或凝结劳动，只要具有使用价值并且稀缺，显然就能够进行交换或买卖，因而必定具有交换价值：使用价值和稀缺性是任何东西具有交换价值的充分且必要条件。

　　因此，土地与空气和水根本不同。空气和水等使用价值不具有交换价值，并不是因其不包含劳动，而是因其不具有稀缺性从而

---

　　①　〔德〕马克思著，中共中央编译局译：《资本论》第三卷，人民出版社 2004 年版，第 728 页。

　　②　同上书，第 702 页。

　　③　同上书，第 729 页。

不能够买卖交换。相反地，不论是否经过开垦从而凝结劳动的土地，还是未经开垦从而不包含劳动的土地，显然都同样既具有使用价值又具有稀缺性，因而同样能够买卖交换，同样具有交换价值，同样具有价值。土地能够买卖交换是个不争的事实，恐怕只有傻瓜才能否认。既然土地能够买卖交换，怎么会不具有交换价值？天地间哪里会有能够买卖交换却不具有交换价值的东西！土地能够买卖交换，就已经意味着土地具有交换价值；断言能够买卖交换的东西却不具有交换价值岂不自相矛盾？土地既具有使用价值又具有交换价值，怎么能说土地不具有价值？

　　商品价值就是商品凝结的劳动，既然意味着非劳动产品皆无商品价值，也就意味着非劳动产品皆非商品。因为商品必然具有价值，必然具有商品价值；没有商品价值的东西必非商品。这就是马克思为什么说良心与名誉本身不是商品的缘故。这就是为什么，马克思主义经济学家们一致认为非劳动产品不是商品："商品是用来交换、能满足人们某种需要的劳动产品。"[①] 这是"价值就是商品凝结的劳动"的劳动价值论定义所必然导致的又一教条：只有劳动产品才可能是商品；而非劳动产品皆非商品！这是极其荒谬的教条。

　　因为不难看出，一方面，并非只有劳动产品才是商品，任何东西，只要可以买卖就都是商品：商品乃是进行买卖的一切事物，是通过买卖进行交换的一切东西。另一方面，不论土地是否经过开垦，不论土地是否凝结劳动，都同样可以买卖交换，都同样具有交换价值，都同样可以是商品。但是，按照商品只能是劳动产品的教条，只有经过开垦的土地才是商品；而未经开垦的土地就不是商

---

① 　许涤新主编：《政治经济学辞典》上，人民出版社1980年版，第330页。

品。因此,你买来的土地如果是经过开垦的,就是商品,就属于商品交换范畴;如果是未经开垦的,就不是商品,就不属于商品交换范畴。难道还有比这更荒谬的吗?

商品价值是商品凝结的劳动——而不是商品满足人的需要的效用——的定义不能成立,还在于它与哲学的价值定义(价值是客体对主体需要的效用)不是特殊与一般的从属关系,而是互相矛盾或互不相干。这一点,晏志杰已有深刻分析:"经济学意义的价值概念同哲学意义的价值概念应当是特殊与一般的关系,而不是互不相干。这是经济学价值概念能否成立的一个前提。如果经济学的价值概念、商品价值概念,离开了哲学意义的价值概念,不能同哲学意义的价值概念相吻合,那它就脱离了价值论的一般轨道,也就脱离了社会经济生活的一般实践,这样的价值概念还能有什么一般的科学依据呢?"[①]

二、商品价值分类:使用价值与交换价值

1. 使用价值与交换价值:商品的两种效用

确立了商品价值定义,就可以进一步对商品价值进行分类了。但是,一旦进入商品价值分类领域,就会发现,这一领域与商品价值定义一样,充满混乱和困惑。首先,经济学的"价值"或"商品价值",正如穆勒所指出,往往是指"交换价值"或"商品交换价值":"价值一词在没有附加语的情况下使用时,在政治经济学上,通常

---

① 晏智杰:《经济价值论再研究》,北京大学出版社2005年版,第9页。

是指交换价值。"①然而,三者——价值与商品价值以及商品交换价值——的等同,堪称经济学家的一大陋习。因为三者根本不同,等同三者势必造成理论混乱。这种混乱的典型——在商品价格的研究中我们将看到——就是交换价值与价格的混同;这种混同甚至得到了经济学家的认可,以致维克塞尔说:"价格这个词和交换价值的含义有时完全一样。"②殊不知,经济学理论的一系列混乱皆源于此!因此,一方面,我们须知经济学家们所谓的价值或商品价值,通常与交换价值是同一概念;另一方面,我们必须将三者严格区别开来。

我们已经确证,价值是客体对于主体的需要的效用性;商品价值是商品对于人的需要的效用性。然而,正如加里安尼所言,人的需要纷纭复杂,相应地,商品效用必定同样纷纭复杂,最终商品价值必定同样纷纭复杂:"人的心性是各种各样,欲望也是各种各样,所以,物的价值也是各种各样。"③但是,总而言之,商品所满足的人的需要或欲望无非两大类型:使用需要与交换需要。这一点,实已蕴涵于商品的定义:商品是通过买卖进行交换的一切事物。因为这一定义显然意味着:商品不但可以自己使用,从而满足自己直接使用的需要,而且可以交换,满足自己从他人那里换回其他商品的需要。商品满足换回其他商品的需要的效用,叫作交换价值:商品交换价值就是商品满足交换需要的效用,就是商品对其交换者

---

① 〔英〕穆勒著,赵荣潜等译:《政治经济学原理》上卷,商务印书馆1997年版,第493页。

② Knut Wicksell, *Lectures on Political Economy*, London: GEORGE ROUT-LEDGE AND SONS, LTD. , 1934, p. 16.

③ 〔奥〕门格尔著,刘絜敖译:《国民经济学原理》,上海人民出版社1958年版,第83页。

的效用,是商品仅仅作为商品而不是作为物品对人的效用,说到底,亦即商品所具有的换回其他商品的效用,斯密称之为"对于他种商品的购买力"。①

商品满足使用需要的效用,叫作使用价值:商品使用价值就是商品满足物主、所有者自己直接使用的需要的效用,就是商品满足使用需要的效用性,就是商品对使用需要的满足。因此,马克思说:"谁用自己的产品来满足自己的需要,他生产的就只是使用价值。"换言之,商品使用价值也就是是商品对其消费者和使用者的效用:"使用价值只是在使用或消费中得到实现。"②因此,商品使用价值也就是商品不是作为商品——而是作为物品——对人的效用,也就是物对人的效用:"物的有用性使物成为使用价值。"③说到底,商品使用价值也就是商品满足消费需要和生产需要的效用。因为商品分为消费资料与生产资料,因而所能够满足的直接使用的需要,无疑可以分为消费需要和生产需要。商品能够满足消费需要,自不待言,如我们购买的大米、苹果、白菜等生活资料商品,可以满足我们一日三餐的消费需要。商品还能够满足生产需要,如石油、钢铁等生产资料商品,可以满足我们生产的需要:这就是斯拉法所谓"用商品生产商品"之真谛。消费需要与生产需要都是一种自己直接使用商品的需要,都是自己使用而不是用以交换商品的需要,是商品所满足的非交换需要。因此,商品满足人的消费

---

① Adam Smith, *The Wealth of Nations*, Books I-III, London: Penguin Inc., 1970, p. 131.

② 〔德〕马克思著,中共中央编译局译:《资本论》第一卷,中国社会科学出版社1983年版,第48页。

③ 同上。

需要和生产需要的效用，虽然可以分别称之为消费价值与生产价值，但都属于商品满足所有者自己直接使用的需要的效用，因而都属于使用价值范畴：使用价值就是商品满足使用需要——亦即消费需要和生产需要——的效用。

可见，界定使用价值与交换价值虽堪称经济学千古难题，原来却可以顾名思义：商品使用价值就是满足物主自己直接使用需要的效用；商品交换价值就是满足物主用以与其他商品相交换的需要之效用。这个定义是如此确凿无疑，以致马克思也曾将使用价值和交换价值分别等同于物品"满足直接使用需要的效用"和"用于交换需要的效用"："物满足直接需要的效用和物用于交换的效用的分离固定下来了。它们的使用价值同它们的交换价值分离开来。"①那么，使用价值与交换价值是否包括商品价值全部外延？或者说，使用价值与交换价值是不是商品价值之分类？

答案是肯定的。因为商品所能够满足人的需要无非三类：消费需要、生产需要和交换需要。商品满足的交换需要与其他两种需要——消费需要与生产需要——根本不同。因为消费需要与生产需要都是一种物主自己直接使用商品的需要，都是自己使用而不是用以交换的需要，是非交换需要。相反，交换需要则是非使用需要，是物主用以交换而不是自己直接使用的需要。不难看出，商品所能够满足人的需要，不是直接使用需要，就是用以交换的需要：非此即彼。这就是说，交换需要与使用需要乃是包括商品能够满足的需要之全部外延的矛盾概念：交换需要就是非使用需要，二者是同一概念；使用需要就是非交换需要，二者是同一概念。所

---

① 《马克思恩格斯全集》第二十三卷，人民出版社 1972 年版，第 106 页。

以,使用价值(商品满足直接使用需要的效用)与交换价值(商品满足用以交换需要的效用)包括商品价值(商品满足人的需要的效用)全部外延,因而堪称商品价值之分类。

商品的使用价值与交换价值是包括商品价值全部外延之分类,已蕴涵于商品价值以及商品定义,特别是维塞尔的商品定义:"商品就是有用且能够进行买卖交易的许多同一单位的物品。"①斯密则明确将使用价值与交换价值当作界定商品价值全部外延的两种含义:"价值一词有两种不同含义。它有时表示特定物品的效用,有时又表示因占有某物而取得的对于他种物品的购买力。前者可以叫做使用价值,后者即交换价值。"②马尔萨斯在《政治经济学原理》的"价值的不同种类"一节,首先将商品价值分为使用价值与交换价值,进而又将交换价值分为名义交换价值与内在交换价值:"有三种不同价值:(1)使用价值,这可以界说为物品的内在效用。(2)名义交换价值,或价格,除特别指明其他物品外,这可以界说为以贵金属来估量的商品的价值。(3)内在交换价值,这可以界说为由内在原因所产生的购买力。"③马克思也曾这样写道:"每个商品表现出使用价值和交换价值两个方面。"④诚然,真正讲来,最早将商品价值分为使用价值与交换价值两类者,恐怕还是亚里士多德。只不过,他将使用价值看作商品的"适当的用途",而将交换

---

①　Knut Wicksell, *Lectures on Political Economy*, London: GEORGE ROUTLEDGE AND SONS LTD. ,1934,p. 15.

②　Adam Smith, *The Wealth of Nations*, Books I-III, London: Penguin Inc. , 1970,p. 131.

③　〔英〕马尔萨斯著,厦门大学经济系翻译组译:《政治经济学原理》商务印书馆1962年版,第55页。

④　《马克思恩格斯全集》第十三卷,人民出版社,1975年版,第15页。

价值当作商品的"不适当的或交换的用途"："我们所有的任何东西都有两种用途。这两者都属于物品本身，但是方式不同。一个是适当的用途，另一个则是不适当的或次要的用途。例如，鞋可穿，也可用于交换，两者都是鞋的用途。"[①]

可是，亚里士多德已明确将交换价值归属于"用途"、"效用"范畴；斯密却因所谓"价值悖论"而有意使交换价值离开"效用"范畴，而将其归属于"力"、"力量"、"购买力"范畴：交换价值是"由于占有某物而取得的对于他种货物的购买力"。马克思等众多经济学家，更进一步把交换价值界定为商品相交换的量的比例。殊不知，"商品相交换的量的比例"与"由于占有某物而取得的对于他种货物的购买力"根本不同。因为"商品相交换的量的比例"并不是交换价值，而是价格。这个道理，至为明显。试想，如果交换价值就是商品相交换的量的比例，那么，一种商品可以换得的货币数量岂不就是该商品的交换价值了？可是，一种商品可以换得的货币数量岂不是该商品的价格吗？所以，把交换价值界定为商品相交换的量的比例，便是把交换价值与价格等同起来：这种等同我们将在商品价格的研究中详尽辨析。

与"商品相交换的量的比例"根本不同，"商品所具有的对于他种货物的购买力"显然是商品所具有的某种效用，亦即商品所具有的换回其他商品的效用，说到底，亦即商品满足人的交换需要的效用性。那么，为什么斯密不用"效用"——而用"力量"、"购买力"——来界定交换价值？显然因为他与李嘉图、马克思等经济学家一样，将商品使用价值与商品效用等同起来：使用价值是特定物

---

① 晏智杰：《劳动价值学说新探》，北京大学出版社 2001 年版，第 98 页；参阅《亚里士多德全集》第九卷，中国人民大学出版社 1994 年版，第 18 页。

品的效用。商品使用价值与商品效用之等同,正如门格尔所指出,在李嘉图和马尔萨斯那里亦然:"李嘉图、马尔萨斯与穆勒等,与斯密相同,对于使用价值,亦用来与效用同意义。"①马克思则进一步将使用价值与效用等同起来:"物的有用性使物成为使用价值。"②这种等同被今日马克思主义经济学家奉为圭臬:"使用价值是物品能满足人们某种需要的效用。"③"商品能满足人们某种需要的属性,就是商品的使用价值。"④毋庸赘言,这种等同,显系以偏概全:交换价值岂不也是物品和商品满足人们某种需要——交换需要——的效用吗?

门格尔关于使用价值与交换价值的定义,堪称另一种误解。他的名著《国民经济学原理》曾列专章探究使用价值与交换价值,最后得出结论说:使用价值是商品直接满足消费需要的效用、价值和意义;交换价值是商品间接满足消费需要的效用、价值和意义。他这样写道:"财货对于经济主体之所以具有价值,自然是由于它能直接满足经济人及其家族的欲望……但同一效果,亦可以通过间接的方法,即通过其他财货的支配,以逐渐换得所需财货,来间接满足其欲望的方法而获得……使用价值是财货在直接保证我们欲望的满足上对我们所获得的意义;而交换价值则是财货在间接保证同样的效果上对我们所获得的意义。"⑤粗略看来,此见甚真;

----

① 〔奥〕门格尔著,刘絜敖译:《国民经济学原理》,上海人民出版社1958年版,第164页注。

② 〔德〕马克思著,中共中央编译局译:《资本论》第一卷,中国社会科学出版社1983年版,第48页。

③ 许涤新主编:《政治经济学辞典》上册,人民出版社1980年版,第337页。

④ 程恩富等主编:《现代政治经济学新编》,上海财经大学出版社2008年版,第21页。

⑤ 〔奥〕门格尔著,刘絜敖译:《国民经济学原理》,上海人民出版社1958年版,第161、163页。

细究起来,大谬不然。诚然,交换,说到底,也是为了满足消费需要;因而交换价值也就是商品间接满足消费需要的效用。但是,反过来,商品间接满足消费需要的效用却未必是交换价值。因为,不但交换,而且生产,说到底,也都是为了满足消费需要。这样一来,不但交换价值而且生产价值,也都是商品间接满足消费需要的效用。但是,商品的生产价值,亦即商品满足生产需要的效用,属于商品直接满足使用需要的效用范畴,说到底,属于使用价值范畴。所以,商品间接满足消费需要的效用,乃是交换价值与使用价值(生产价值)的共同属性,不能将交换价值与使用价值区别开来,因而将其作为交换价值定义是错误的。

2. 使用价值与交换价值关系:斯密的"价值反论"

不难看出,交换价值与使用价值的关系乃是一种因果关系:使用价值是交换价值所由以产生的原因、源泉和实体;交换价值不过是使用价值对于交换需要的效用罢了。因为商品之所以能够进行交换,从而具有交换价值,显然是因为商品具有使用价值;不具有使用价值的东西不可能具有交换价值:使用价值是交换价值的原因、实体和物质承担者。尼古拉·巴尔本说:"一切商品的价值都来自商品的用途;没有用处的东西就没有价值。"[①]李嘉图说:"一种商品如果毫无用处,换言之,如果它对我们欲望的满足毫无用处,那么,不论它怎样稀少,也无论获得它耗费多少劳动,也不会具有交换价值。"[②]马克思说:"没有一个物可以是价值而不是有用

[①] 〔英〕巴尔本等著,顾为群等译:《贸易论》,商务印书馆1982年版,第55页。

[②] David Ricardo, *Principles of Political Economy and Taxation*, London: George Bell and Sons, 1908, p. 6.

物。如果物没有用，那么其中包含的劳动也就白白耗费了，因此不创造价值。"①因此，说到底，商品交换价值也就是商品使用价值对人的交换需要的效用。试想，为什么暖气片具有交换价值？岂不就是因为暖气片具有保暖的使用价值？暖气片交换价值实体岂不就是暖气片所具有的保暖的使用价值？暖气片的交换价值岂不就是暖气片保暖的使用价值对交换需要的效用？

诚然，如果说使用价值是交换价值的实体，细究起来，却不免令人困惑：价值原本是一种效用性，属于属性范畴，甚至被西方哲学家称之为"第三性质"，它怎么可能是实体？究竟何谓实体？亚里士多德说："实体，在最严格、最原始、最根本的意义上说，是既不能述说一个主体，也不存在一个主体之中，如'个别的人'、'个别的马'。而人们所说的第二实体，是指作为属而包含第一实体的东西，就像种包含属一样，如某个具体的人被包含在'人'这个属之中，而'人'这个属又被包'这个种之中。所以，这些是第二实体，如'人'、'动物'。"②

这就是说，所谓实体，也就是能够独立存在的东西，因而也就是一切独一无二的、单一的、个别的、感官能够感到的事物以及这些事物的总和，亦即单一事物及其"属"或"种"：单一事物是第一实体；单一事物的属或种则是第二实体。反之，所谓属性，则是依赖的、从属的而不能够独立存在东西，也就是不能够独立存在而从属于、依赖于实体的东西，也就是实体之外的一切东西，如马和人的各种颜色、感情心理活动等。

---

① 〔德〕马克思著，中共中央编译局译：《资本论》第一卷，中国社会科学出版社1983年版，第17页。

② 《亚里士多德全集》第一卷，中国人民大学出版社1990年版，第6页。

因此,只有第一性的实体——如"个别的人"——之为实体才是绝对的;而第二性的实体——如"人"——之为实体则是相对的:"人"相对人的肤色是实体,而相对"个别的人"则是属性。难道"人"不是无数"个别的人"的共同的一般的普遍的属性吗?这就是说,一种属性(人)可以是另一种属性(肤色)的实体:属性可以是实体! 所以,马克思说:"价值实体就是劳动。"①劳动是一种活动、运动,因而也就是一种属性:运动不就是物质的根本属性吗? 那么,两种属性在怎样的条件下可以构成实体与属性的关系?

不难看出,一般说来,在甲能够相对独立存在,而乙的存在却依赖于甲的条件下,甲就是乙的实体。交换价值与使用价值的关系恰恰如此。因为,如上所述,使用价值是交换价值的物质承担者,商品之所以能够进行交换,从而具有交换价值,只是因为商品具有使用价值;不具有使用价值的东西不可能具有交换价值。反之,不具有交换价值的东西却仍然可以具有使用价值:"一物可以是使用价值而不是价值。"②因此,交换价值的存在依赖于使用价值;使用价值却不依赖交换价值而能够相对独立存在。所以,使用价值是交换价值的实体;交换价值是使用价值对人的交换需要的效用。

交换价值实体是使用价值,交换价值是使用价值对人的交换需要的效用,显然意味着,交换价值量的多少大小是由商品的使用价值价值量的多少大小决定的,二者成正比例变化:商品的使用价值越大,它的交换价值便越大;反之亦然。这个道理,亚里士多德已经发现:"一切事物都应该用同一种东西来度量,这种东西真正

---

① 〔德〕马克思著,中共中央编译局译:《资本论》第一卷,中国社会科学出版社1983年版,第17页。

② 同上。

说来就是使用。"①到了奥古斯丁,说得就更清楚了:"每件物品的不同价值与其使用成比例。"②

　　然而,事实似乎恰恰相反,因为正如斯密所指出:"使用价值极大的东西,往往具有极小或没有交换价值;反之,交换价值极大的东西,往往具有极小或没有使用价值。没有什么东西比水更有用,但用水不能购买任何物品,也不会拿任何物品与水交换。相反,金刚钻几乎没有任何使用价值言,却须具有大量其他物品才能与之交换。"③这就是斯密两百多年前在《国富论》中提出的所谓"价值反论"、"价值悖论"或"价值之谜"。这个难题直至一百年后,才被边际效用论经济学家所破解。这些经济学家,如戈森、门格尔、杰文斯、瓦尔拉斯、庞巴维克、维塞尔等,通过发现和论证使用价值的两个规律——"需要和欲望递减定律"和"边际效用递减定律"——从而科学地破解了这个令经济学家困惑百年的"价值之谜",说明了交换价值与使用价值必定成正比例变化,进一步揭示了商品价值效用论定义的真理性。

三、价值规律

1. 使用价值规律:需要与欲望递减定律

　　"价值之谜",自斯密提出,几乎百年之内无人能解。究其原

---

　　①　〔古希腊〕亚里士多德著,吴寿彭译:《尼各马可伦理学》,中国社会科学出版社2007年版,第99页。

　　②　〔美〕亨利·威廉·斯皮格尔著,晏智杰等译:《经济思想的成长》,中国社会科学出版社1999年版,第53页。

　　③　Adam Smith, *The Wealth of Nations*, Books I-III, London: Penguin Inc., 1970, pp. 131 – 132.

因，或许因为经济学家们误以为经济学只应该研究商品价值、价格和交换价值，而不应该研究使用价值："商品的使用价值为商品学和商业成规这种专门的知识提供材料。"[①]殊不知，商品价值、价格和交换价值等，说到底，皆决定于商品使用价值；不理解使用价值本性，不理解使用价值的两个定律——"需要和欲望递减定律"和"边际效用递减定律"——不可能理解商品价值、价格和交换价值，不可能破解"价值之谜"。这个道理，庞巴维克论及使用价值与交换价值的区别时曾有所见。他这样写道："这种区别，一经造成，所谓使用价值差不多就完全淡出了视野。经济学家们不再费神更加深入探索它的本质，它在更进一步研究中已经毫无用处。他们只不过将它作为一个概念列入政治经济学中，而使之一块无用的石头躺在他们的体系之一隅。直到最近，经济研究才在这块被建筑师遗弃的石头中发现了一个经济学中最重要概念的基础和支柱，并觉察到这样一个事实：有许多著名的规律是以它为基础的——这些规律的影响所及远远超出价值理论的界限，它们几乎也是经济学中的每一种理论所赖以成立的基础和源泉。"[②]

庞巴维克所谓使用价值包含的经济学中的最重要概念，无疑是"边际效用"。但是，边际效用及其递减定律无疑基于"需要和欲望递减定律"；不理解后者不可能理解前者。"需要和欲望递减定律"因其发现者是戈森而被称作"戈森第一定律"或"戈森需要饱和定律"。不过，该定律在戈森的表述中，与其说是"需要或欲望递减定

①　〔德〕马克思著，中共中央编译局译：《资本论》第一卷，中国社会科学出版社1983年版，第12页。

②　Eugen V. Böhm-Bawerk, *The Positive Theory of Capital*, New York: G. E. STECHERT & CO., 1930, p. 130.

律"，不如说是"享乐递减定律"。因为对于这一定律，戈森这样总结道："如果仔细考察一下享受是怎样发生的，那么我们就会发现，在所有享受中有下列一些共同特征。1. 如果我们连续不断地满足同一种享受，那么这同一种享受的量就会不断递减，直至最终达到饱和。2. 如果我们重复以前已满足过的享受，享受量也会发生类似的递减；在重复满足享受的过程中，不仅会发生类似的递减，而且初始感到的享受量也会变得更小，重复享受时感到其为享受的时间更短，饱和感觉则出现得更早。享受重复进行得越快，初始感到的享受量则越少，感到是享受的持续时间也就越短。"①戈森所谓享乐，无疑是消费需要和欲望得到满足的心理体验。因此，戈森的这一享乐递减定律可以转换为如下消费需要、欲望和快乐递减定律：

人对于物品的消费需要和欲望随着该物品的增多而递减，因而物品因满足人的需要和欲望而给人带来的快乐的量也就会随着该物品的增多而递减。物品的增多达到一定点，人的消费需要和欲望就会递减至零而达于饱和，此时物品因满足人的需要和欲望而给人带来的快乐的量便会递减至零。物品的增多超过饱和点，就会因其不符合人的需要和欲望而给人带来痛苦。

举例说，不论是谁，他对于他爱吃的某种食物——如西红柿——的需要和欲望都必定会随着西红柿的增多而递减，西红柿带给他的快乐也就会随着西红柿的增多而递减。他吃第一个西红柿的时的欲望和快乐最大，吃第二个和第三个的欲望和快乐必定越来越小。吃到一定数量，比如说十个，他吃西红柿的欲望和快乐就会

---

① 〔德〕戈森著，陈秀山译：《人类交换规律与人类行为准则的发展》，商务印书馆1997年版，第9页。

递减至零而达于饱和,这时如果再继续吃下去就会厌恶和痛苦了。

然而,如前所述,商品所能够满足的需要和欲望,不但是消费的需要和欲望,而且还包括生产与交换的需要和欲望。那么,是否如戈森所言,只有消费需要随着物品或商品增多而递减?非也!生产需要显然也随着商品的增多而递减:随着某种商品的量的增多,生产该商品的需要无疑必定趋于递减。但是否商品所能够满足的一切需要和欲望都随着商品的量的增多而趋于递减?非也!因为交换需要不但不随着商品增多而递减,而且恰恰相反,随着某种商品的增多,各种商品用于交换的需要势必趋于递增。试想,如果你仅有一袋大米,一般说来,就不会有用它来交换其他商品的需要。但是,如果你有一万袋大米,你会怎样呢?显然不但会有交换需要,而且会有强大的交换需要;并且随着你所拥有的大米的增多,你的交换需要必定趋于递增。因此,随着商品增多,生产需要与消费需要递减而交换需要递增。生产需要与消费需要,如前所述,构成商品的使用需要。因此,戈森的"消费需要递减定律"可以推广为"使用需要递减定律":商品的使用需要——亦即消费需要与生产需要——随着商品的增多而递减。

这一定律蕴涵使用价值递减定律:物品的使用价值随着该物品的增多而递减。因为物品的使用价值,如前所述,就是物品对人的直接使用需要——亦即消费需要与生产需要——的效用,就是物品对人的使用需要的满足。所以,物品满足人的直接的使用需要越多,该物品的使用价值就越大;物品满足人的直接的使用需要越少,该物品的使用价值就越小。人对于物品的直接的使用需要随着该物品的增多而递减,意味着该单位物品随着量的增多所能够满足的直接使用的需要和欲望递减而越来越少,因而该单位物品的使用价值随着量的增多便递减而越来越小。物品的增多达到一定点,人的直接使用的需要和欲望就会递减至零而达于饱和,此时物品便因其所能够满足的直接的使用需要是零而毫无使用价值。物品的增多超过饱和点,就会因其违背、损害人的直接的使用需要而具有负使用价值。

最早系统阐述这一使用价值递减定律的,当推戈森。他在论述需要、欲望和快乐递减定律之后,接着推论说:"由此便形成一个普遍适用的定理:同一种享受资料的各个原子具有极为不同的价值。一般地讲,对每一个人来说,只有一定个数的原子,即只有一定的量才有价值;这种量的增加超过了上述范围,便对这个人完全丧失了价值。但是,只有在价值逐渐通过量的不同阶段之后,才会到达这个价值丧失的点。因此,如果我们从这种观点来考察其原子量在一个人手中逐渐增加的享受资料,那么便可以由此作出结论:随着量的增加,每一个新增加的原子的价值必然不断递减,直到降至为零。"①

然而,戈森所发现的这一使用价值递减定律,还不够完善。因为按照这一定律,单位商品的使用价值随着该商品的量的增加而递减,因而其大小是个不定量:它因其数量的增多而减少,因其数量减少而增大。但是,如果商品的数量是一定的,单位商品使用价值的大小无疑也是一定的。那么,在这种情况下,单位商品的使用价值究竟是其最大效用还是最小效用抑或平均效用? 戈森的使用价值递减定律没有解决这个问题。戈森的后继者,亦即杰文斯、门格尔、维塞尔和庞巴维克等,通过创造"边际效用"概念解决了这个

---

① 〔德〕戈森著,陈秀山译:《人类交换规律与人类行为准则的发展》,商务印书馆1997年版,第36页。

难题,从而使使用价值递减定律得到了完善的精确的表述。这种借助边际效用概念而得到精确表达的使用价值递减定律,就是鼎鼎有名的"边际效用递减定律"。

2. 使用价值规律:边际效用递减定律

毋庸赘述,"边际"(margin)的词源含义,不论中西,都是边缘、界限、限度和极限的意思。它原本是称谓两种变量关系的数学概念,边际效用论经济学家则进一步用以表达经济现象的这样两种变量的关系:一个变量的最后界限的单位增量所导致的另一变量的单位增量。维塞尔就此曾这样写道:"实际上,所谓边际原理不过是由高等数学和数学物理学所发展的基本思想的适用。这个思想就是,将已知量视作可变的(通常是连续变动的)数量和将它们的变动率视作新的数量(牛顿的流分法,莱布尼茨的微分系数)。"①

因此,所谓边际,说到底,就是最后界限的单位增量,就是最后的单位增量;所谓边际效用就是最后增加一个单位所增加的效用;所谓商品边际效用就是最后增加的那个单位商品的效用。萨缪尔森说:"'边际'是经济学的关键词,通常义为'额外'或'新增'。边际效用是指多消费一单位产品时所带来的新增的效用。"②"我们使用边际效用这个词表示'添增最后一个单位的物品所增加的效用'。"③克鲁格曼也这样写道:"一个商品或服务的边际效用是消

① 〔瑞典〕维克塞尔著,刘絜敖译:《国民经济学讲义》,上海译文出版社 1983 年版,第 20 页。

② Paul A. Samuelson,William D. Nordhaus,*Microeconomics*(16th Edition),Boston:The McGraw-Hill Companies Inc. ,1998,p. 81.

③ 〔美〕萨缪尔森著,高鸿业译:《经济学》中册,商务印书馆 1986 年版,第 77 页。

费额外一单位该商品或服务所产生的总效用的变化。"①因此,所谓单位商品的使用价值是商品的边际效用,也就是最后增加的那个单位商品的效用,说到底,每个商品的使用价值都是最后增加的那个单位商品的效用,因而是商品的最小效用。然而,这究竟是为什么? 为什么单位商品使用价值既不是单位商品的最大效用也不是平均效用而只能是最小效用?

原来,单位商品使用价值都是单位商品对于人的使用、消费需要的效用,是单位商品所具有的满足人的使用、消费需要的效用,是单位商品对人的使用、消费需要的满足。这也就等于说,商品使用价值是对人的还没有满足的使用、消费需要的效用,而不是对已经满足的使用、消费需要的效用。因为需要和欲望一旦得到满足,便不再是需要和欲望。因为得到满足的需要和欲望失去了需要和欲望的本性:缺乏。需要和欲望之所以为需要和欲望,便在于缺乏和不满足;满足了的、因而不具有缺乏本性的需要和欲望,不再是需要和欲望。只有尚未满足的需要才是需要,而已被满足的需要不再是需要。只有对未被满足的需要的心理体验才是欲望,而对于已被满足的需要的心理体验不再是欲望;欲望是需要不满足而求满足的心理体验。因为已被满足的需要不会产生欲望,只有未被满足的需要才会产生欲望。因此,弗瑞德曼(Yona Friedman)说:"需要可以界定为只有通过具体的满足物才能加以解除的东西。所以,应该把需要和满足物看作一对不可分离的事物。"②

---

① 〔美〕克鲁格曼,韦尔斯著,黄卫平等译:《微观经济学》,中国人民大学出版社2009年版,第296页。

② John Burton: *Conflict: Human Needs Theory*, London: The MACMILLAN Press Ltd. ,1990,p. 257.

单位商品使用价值是对人的还没有满足的需要的效用——而不是对已经满足的需要的效用——意味着：商品使用价值也就是对人的剩余需要的效用，是对人的剩余需要的满足。因此，每个单位商品的使用价值也就同样都是对人的"减去其他商品已经满足的需要"之后所剩余的需要的满足，是对人的减去其他商品已经满足的需要之后所"剩余的需要"的效用，因而也就是最后增加的那个单位商品对人的需要的效用，是最后增加的那个单位商品对人的需要的满足效用，也就是对全部商品所满足的一切需要中最不重要、最后置的需要的满足效用，说到底，也就是商品的边际效用：边际效用就是最后增加的那个单位商品的效用。每个商品的边际效用之和就构成商品总效用或总价值："消费一定量商品的总效用等于所消费的每个商品的边际效用之和。"①

举例说，假设现有十个暖瓶。每个暖瓶的价值都同样是对人的还没有满足的需要的效用，都同样是对人的剩余需要的效用，说到底，也就都同样是对减去其他九个暖瓶已经满足的需要之后所剩余的需要的满足，因而也就是最后的那个暖瓶——亦即第十个暖瓶——的效用，也就是暖瓶的边际效用。十个暖瓶各自的边际效用之和，构成十个暖瓶的总效用、总价值。

可见，边际效用就是最后的单位增量的效用，它满足的是剩余需要，亦即还没有得到满足的需要。这个道理，庞巴维克曾有所见："问题在于，这些需要之中究竟哪一个需要是依靠这件物品满足的？只要我们知道，如果没有这件物品，哪一个需要将得不到满

---

① Paul A. Samuelson, William D. Nordhaus, *Microeconomics*(16th Edition), Boston: The McGraw-Hill Companies Inc., 1998, p. 81.

足,那么,问题解决就很简单了:这个需要显然就是依靠这个物品满足的需要。现在显而易见,得不到满足的需要,不会是这种物品偶然和任意地被选定用来满足的那一个需要,而总是这一切需要中最不重要的那一个需要。"①

诚然,细究起来,最后的单位增量满足的是剩余需要或还没有得到满足的需要,因而应该包括两个单位量:一个是现有商品的最后单位商品(第十个暖瓶);另一个是新增加的第一个单位商品(第十一个暖瓶)。因此,边际效用应该是现有商品的最后单位商品和新增加的第一个单位商品的效用。所以,杰文斯认为"最后效用"(或边际效用)包括两个量——最后加量和第一新加量——的效用:"除了在最后加量(last increment)已被消费或第一新加量(next increment)将被消费时,我们几乎不必考虑效用程度。所以我们通常用最后效用程度(final degree of utility)一语,以表示现有商品量中,那极小的或无限小的最后加量或第一个新的可能加量的效用程度。"②维克塞尔在界说边际效用时也这样写道:"这种程度的效用被叫做边际(最终)效用,它满足的是那种商品已经满足的最不重要的需要,也就是在该商品没有获得或获得的数量极小时所未被满足的最重要的需要。"③但是,真正讲来,这两个量——最后单位量与新加量——实际上可以当作一个量。因为新增加的第一个单位商品(第十一个暖瓶)也可以看作是现有商品

---

①　Eugen V. Böhm-Bawerk, *The Positive Theory of Capital*, New York: G. E. STECHERT & CO., 1930, p. 147.

②　W. Stanley Jevons, *The Theory Political Economy* (4th Edition), London: Macmillan and Co., 1911, p. 51.

③　Knut Wicksell, *Lectures on Political Economy*, London: GEORGE ROUTLEDGE AND SONS LTD., 1934. p. 30.

（十一个暖瓶）的最后单位商品，叫作"最后单位增量"；反之，也可以将现有商品的最后单位商品（第十个暖瓶）看作是新增加的第一个单位商品，因而也叫作"最后单位增量"。这就是为什么不叫作"最后单位"而毋宁称之为"最后单位增量"，这就是为什么边际效用就是最后单位增量的效用。

这样一来，商品使用价值是商品对人的使用、消费需要和欲望的效用，固然不错；但是，精确言之，商品使用价值乃是商品的边际效用：这是商品使用价值的定义。因为，精确言之，商品使用价值乃是对人的还没有满足的需要的效用，是对人的剩余需要的效用，是对人的剩余需要的满足，因而也就是最后单位增量的效用，说到底，乃是商品的边际效用。所以，说到底，商品使用价值与商品边际效用实为同一概念：单位商品使用价值是商品边际效用，商品总使用价值则是每个商品的边际效用之和。使用价值的这一定义，堪称边际效用论的伟大发现："边际主义者重新定义了使用价值，决定使用价值的不再是整体效用，而是边际效用（每多消费一个单位商品的效用）。"①

因此，单位商品使用价值或边际效用势必随着该商品的增多而递减。因为商品越多，人的需要和欲望得到满足便越多，而没有得到满足的需要和欲望——亦即剩余的需要和欲望——便越少且越不重要，最后的单位增量所能够满足的需要和欲望也就最少且最不重要，因而商品的边际效用也就最小，单位商品的价值也就越小。商品的增多达到一定点，没有得到满足的需要和欲望——亦

---

① 〔美〕瓦尔特·尼科尔森著，朱宝宪译：《微观经济理论：基本原理与扩展》（第六版），中国经济出版社1999年版，第9页。

即剩余的需要和欲望——就会递减至零而达于饱和,此时单位商品所能够满足的需要和欲望是零,因而其价值或边际效用就是零。此时商品总效用和总价值最大。如果商品的增多超过饱和点,就会因其违背、损害人的需要和欲望而具有负边际效用、负价值。这时,商品总效用、总价值就会随着商品的增多而递减,最终可能导致负总效用和负总价值。这就是所谓的边际效用递减定律。

这个定律的核心内容,如今已被西方经济学归结为一句话,亦即商品的边际效用随着该商品的增多而递减:"边际效用递减规律可以归结为:当一种消费品的量增加时,该消费品的边际效用趋于递减。"[①]然而,对于这一核心内容的论证决非如此简单。因为细究起来,边际效用递减定律恐怕是经济学领域最重要最复杂最难解也最难论证清楚的定律。对于这一定律,边际效用论经济学家多有论述。杰文斯曾就此这样写道:"最后效用程度这个函数的变化,是理解经济问题的关键。我们可以将其归结为一个法则:效用程度随商品量而变化,其量增加,其效用将随之减少。"[②]对此,维塞尔解释说:"首先得到的物品带来的效用是最大的,因为它满足的是最急切的需求;随后得到的每一件物品便依次有越来越小的效用,因为它满足的是越来越趋向满足了的欲望。如果物品的增加超过了需要的边际,那就不会再增进正价值。这时增加的物品就毫无用处;它们就不会给任何人带来享受。"[③]庞巴维克进一步

---

① Paul A. Samuelson, William D. Nordhaus, *Microeconomics* (16th Edition), Boston: The McGraw-Hill Companies Inc., 1998, p. 81.

② W. Stanley Jevons, *The Theory Political Economy* (4th Edition), London: Macmillan and Co., 1911, p. 53.

③ Friedrich Von Wieser, *Natural Value*, New York: KELLEY & MILLMAN, INC., 1956, p. 29.

总结道:"任何种类的有用的物品越多,需要就越能得到相对充分的满足,而最后得到满足的需要——这些需要如果物品数量减少就不能满足——就越不重要。换句话说,任何种类的有用物品越多,决定其价值的边际效用就越小。"①

3. 交换价值规律:商品价值递减定律

显然,边际效用递减定律科学地破解了斯密提出的交换价值与使用价值成反比的"价值反论"。因为边际效用递减定律发现,单位商品使用价值是商品的边际效用,是商品的最后单位增量的效用;商品的边际效用随着该商品的增多而递减,因而单位商品使用价值便随着该商品的增多而递减。因此,钻石交换价值大,绝不是因其效用和使用价值小;恰恰相反,钻石交换价值大,只是因其数量小,因而边际效用大,从而使用价值大。水交换价值小,绝不是因其效用大,而是因其数量多,因而边际效用小,从而使用价值小。水的增多达到人的需要的饱和点,水的边际效用就是零,因而单位水的使用价值就是零,从而水的交换价值也就是零。此时水的总效用最大,水的总使用价值最大,因而水的总交换价值最大。如果水的增多超过饱和点,单位的水就会因其违背、损害人的需要和欲望而具有负边际效用,具有负使用价值和负交换价值。这时,水的总效用、总使用价值和总交换价值就会随着水的增多而递减。如果水仍然持续不断增多,最终泛滥成灾,水的总效用、总使用价值和总交换价值就是负数了。

---

①　Eugen V. Böhm-Bawerk, *The Positive Theory of Capital*, New York: G. E. STECHERT & CO. ,1930,p. 152.

这样,边际效用递减定律不但破解了斯密所谓交换价值与使用价值成反比的所谓"价值反论",说明二者实质上完全成正比例变化;而且进一步破解了与效用论商品价值定义相矛盾的"效用与价值成反比"所谓"价值悖论",说明效用与价值完全成正比例变化,从而科学地地证明了一切商品价值都是商品效用。只不过,商品使用价值是商品的边际效用,是商品满足人的使用、消费需要的边际效用;而商品交换价值则是商品使用价值对于换取其他商品的交换需要的效用,说到底,也就是商品边际效用——亦即交换价值实体——对于换取其他商品的交换需要的效用罢了。

这一破解的关键,无疑在于发现边际效用概念,进而发现商品使用价值是商品的边际效用。倘若没有这一发现,势必会像斯密、李嘉图和马克思那样,将使用价值与商品的使用、满足消费需要的效用等同起来——而不懂得使用价值乃是商品满足使用、消费需要的边际效用——因而将水的使用价值与其满足使用、消费需要的效用地等同起来,于是误以为水的使用价值最大而交换价值却极小,堕入交换价值与使用价值成反比例变化的"价值反论"。因此,没有边际效用概念的发现,没有商品使用价值是商品的边际效用的发现,固然不难理解交换价值的实体是使用价值,因而交换价值与使用价值必定成正比例变化;但是,要科学地证明这个真理却是不可能的。这就是为什么古代思想家们,如亚里士多德和奥古斯丁,甚至李嘉图和马克思,大体说来,虽然已经发现了这一真理——交换价值的实体是使用价值——却为到处都可以看到的使用价值与交换价值成反比例变化的假象所动摇、遮掩和否定。

使用价值是商品边际效用的发现表明,商品交换价值实体固然是使用价值,亦即商品对人的使用、消费需要的效用;但是,精确言之,商品交换价值实体乃是商品边际效用,亦即商品最后单位增量对人的使用、消费需要的效用:商品交换价值就是商品的边际效用——亦即使用价值——对于换取其他商品的效用。商品换取其他商品的效用量,亦即交换价值量,说到底,也就是该商品的边际效用量。因为商品应该等价交换,并且在自由竞争条件下,这种等价交换具有必然性。因此,商品应该且必然等价交换,亦即相交换的商品的价值——交换价值和使用价值——应该且必然相等,说到底,商品所换取的其他商品,就其边际效用来说,应该且必然相等:它具有多少边际效用量,就应该换取具有同样多的边际效用量的商品。这样一来,商品的使用价值与交换价值固然根本不同,商品的边际效用(使用价值)与其换取其他商品的效用(交换价值)固然根本不同,但交换价值量却是用边际效用量来衡量的,因而二者的价值量却是相等的:商品有多少边际效用量——亦即有多少使用价值量——就有多少交换价值量。

因此,虽然只有使用价值是边际效用,而交换价值并不是边际效用,但交换价值实体却是边际效用,因而交换价值量的大小与使用价值量的大小一样,都是用边际效用量来衡量:商品的交换价值量与其边际效用量相等。这个道理,庞巴维克曾有十分精辟的论述,通过这些论述,他得出结论说:"使用价值量,根据我们已知规律,是由该物品被使用时给予物主的边际效用量来衡量的。另一方面,交换价值量(主观的)显然同交换中得到的该物品的使用价值量相一致。当我用一件物品来做交换时,我为自己福利所取得的东西,全等于我所换得的物品的效用。因此,物品的主观交换价值量,是由它交换得来的物品的边际效用量来衡量的。"[1]

这样一来,交换价值量的多少大小便是由商品的使用价值价值量的多少决定的,说到底,乃是由商品边际效用量的多少决定的,二者成正比例变化:商品边际效用越大,商品的使用价值越大,它的交换价值便越大;反之亦然。究竟言之,商品价值或其实体就是商品的边际效用,因而商品价值量就是商品的边际效用量:商品价值量＝商品边际效用量。这个公式,正如庞巴维克说,堪称商品价值量的决定规律:"统摄价值量的规律,可以用归结为一个相当简单的公式:一件物品的价值是由它的边际效用量来决定的。"[2]因此,边际效用递减定律虽然属于使用价值递减定律范畴,实已蕴涵交换价值递减定律:

单位商品边际效用必定随着该商品的增多而递减,因而其交换价值必定随着该商品的增多而递减。因为交换价值实体是使用价值,说到底,是商品边际效用,亦即商品最后单位增量对人的使用、消费需要的效用。这样一来,商品越多,人的需要和欲望得到满足便越多,而没有得到满足的需要和欲望——亦即剩余的需要和欲望——便越少且越不重要,最后的单位增量所能够满足的需要和欲望也就最少且最不重要,商品的边际效用也就最小,单位商品的使用价值也就越小,单位商品的交换价值实体也就越小,因而单位商品的交换价值也就越小。商品的增多达到一定量,没有得到满足的需要和欲望——亦即剩余的需要和欲望——就会递减至零而达于饱和,此时单位商品所能够满足的需要和欲望是零,边际

---

① Eugen V. Böhm-Bawerk, *The Positive Theory of Capital*, New York: G. E. STECHERT & CO., 1930, p. 167.

② 同上书, p. 149。

效用就是零,单位商品的使用价值是零,单位商品的交换价值实体是零,因而单位商品交换价值是零。此时商品总效用最大,总使用价值最大,因而总交换价值最大。如果商品的增多超过饱和点,就会因其违背、损害人的需要和欲望而具有负边际效用、负使用价值和负交换价值。这时,商品总效用、总使用价值和总交换价值就会随着商品的增多而递减,最终可能导致负总效用、负总使用价值和负总交换价值。这就是交换价值递减定律,也是使用价值递减定律,也是交换价值与使用价值成正比定律,说到底,乃是以边际效用递减定律为核心的商品价值递减定律。

四、商品价值的源泉和实体

1. 劳动、资本与土地:使用价值的源泉和实体

显然,以边际效用递减定律为核心的商品价值递减定律进一步印证了:使用价值是交换价值产生的源泉和存在的实体,交换价值是使用价值满足人的交换需要——亦即换回其他使用价值——的效用。那么,使用价值产生的源泉和存在的实体是什么？不难看出,商品使用价值实体是商品的事实属性,亦即不依赖人的任何需要而存在的属性,如暖气片的使用价值实体就是它的保暖属性,这种属性固然能够满足人的取暖需要,却不依赖人的取暖需要而存在,因而属于事实属性范畴。因此,马克思说:"商品首先是一个外界的对象,一个靠自己的属性来满足人的各种需要的物。"①这

---

① 〔德〕马克思著,中共中央编译局译:《资本论》第一卷,中国社会科学出版社1983年版,第11页。

样一来，暖气片的使用价值，说到底，也就是暖气片所具有的保暖之事实属性对人的消费需要的效用性。因此，商品使用价值，说到底，也就是商品的事实属性对人的消费需要的效用性。那么，商品的事实属性又是什么？

商品如果不是人类劳动的产品，其事实属性或使用价值实体，主要讲来，无疑仅仅是自然物质。就拿马尔萨斯所说的海边偶然拾到的砖石来说，它没有花费什么劳动，没有经过劳动改变，但它同样可以买卖，属于商品范畴。这种砖石商品的事实属性或使用价值实体显然仅仅是一种自然物质；与未经开发的土地和矿产资源之为商品一样，其事实属性或使用价值实体仅仅是一种自然物质。但是，正如穆勒所言，绝大多数商品都是劳动产品。商品如果是产品，那么，它的事实属性或使用价值实体，显然就是经过劳动而有所改变的自然物质：使用价值就是"经过劳动而有所改变的自然物质"所具有的满足人的消费需要的效用。这种经过劳动而有所改变的自然物质，如暖气片，虽然具有满足人的消费需要的效用，却不依赖人的消费需要而存在，因而属于事实属性范畴。因此，"经过劳动而有所改变的自然物质"并不是使用价值，而是使用价值产生的源泉和存在的实体：使用价值是"经过劳动而有所改变的自然物质"对于人的消费需要的效用。

经过劳动而有所改变的自然物质，显然是劳动与自然物质的结合。因此，使用价值产生的源泉和存在的实体，说到底，就是劳动与自然物质的结合：使用价值是由劳动与自然物质两种生产要素创造的。这个道理，马克思在《资本论》第一卷中曾有十分精辟的论述："上衣、麻布等等使用价值，是物质和劳动这两种要素的结合。如果把上衣、麻布等等包含的各种不同的有用劳动的总和除外,总还剩有物质,剩有某种天然存在的、完全不依赖人的东西。人只能像自然本身那样发挥作用,就是说,只能改变物质的形态。不仅如此,他在这种单纯改变形态的劳动中还要经常依靠自然力的帮助。因此,劳动并不是它所生产的使用价值即物质财富的唯一源泉。正像威廉・配第所说,劳动是财富之父,土地上财富之母。"①

　　然而,细究起来,劳动或改变自然物质的过程,正如马克思所指出,不能不借助一定的工具:"劳动只要稍有一点发展,就不能没有经过加工的资料。在最古老的洞穴中,我们发现了石制工具和石制武器。"②这些生产工具虽然属于劳动产品范畴,但与自然物质或劳动对象一样,可以称之为"生产资料":"如果说一个使用价值是一个劳动过程的产品,那么另一些使用价值,先前劳动的产品本身,则作为生产资料进入该劳动过程。同一个使用价值,既是这种劳动产品,又是那种劳动的生产资料。"③这样一来,使用价值产生的源泉和存在的实体便可以进一步归结为劳动与生产资料两大生产要素,使用价值是由劳动与生产资料两要素创造的:"不论生产的社会形式如何,劳动力和生产资料始终都是生产的因素。但是,在二者彼此分离的情况下,只在可能性上是生产的因素。凡是要进行生产,就必须把它们结合起来。"④

　　细究起来,生产资料依其是否为劳动产品而分为两类:一类是劳动产品,是经过劳动改变的自然物质,这些产品被用作投入以便

----

① 〔德〕马克思著,中共中央编译局译:《资本论》第一卷,中国社会科学出版社1983年版,第20页。

② 同上书,第167页。

③ 同上书,第169页。

④ 《马克思恩格斯全集》第十六卷,人民出版社1972年版,第244页。

进一步生产物品,如工厂、机器、设备等,西方主流经济学称之为"资本";另一类是非劳动产品,是没有经过劳动改变的自然物质、自然资源,西方主流经济学简称为"土地"。对此,萨缪尔森曾这样辨析道:"像美国那样发达的工业经济使用大量的建筑物、机器和计算机等。这些生产要素被称为资本,亦即一种被生产出来的要素,一种本身就是经济产品的耐用投入品。……资本是三个主要的生产要素之一。其他两种是土地和劳动,通常被叫做基本生产要素。这意味着它们的供给主要取决于非经济要素,如土地的肥沃程度和地理条件。与这两种要素不同,资本在使用之前就必须被生产出来。"①

这样一来,"劳动"与"土地(自然物质)"以及二者的结合物与中介物"资本"就是生产或创造使用价值的三大生产要素,使用价值产生的源泉和存在的实体就是生产三要素:劳动、土地和资本。确实,土地是最重要的自然资源,将没有经过劳动改变的自然物质或自然资源简称为土地,未尝不可。但是,将资本定义为用作投入的劳动产品,意味着资本并不是一个历史范畴,并不是资本主义所特有的,而是一个超历史范畴,是任何社会都存在的。这样的资本定义能成立吗?

经济学所谓的资本,如前所述,就是能够产生或带来财货的财货,就是能够产生或带来物质财富的物质财富,就是能够增值的物质财富,是能够增值的价值。这就是为什么马克思等经济学家用"价值"来界定资本的缘故。但是,马克思认为资本是能够带来剩

①　Paul A. Samuelson, William D. Nordhaus, *Microeconomics*(16th Edition), Boston: The McGraw-Hill Companies Inc., 1998, p. 33.

余价值的价值:"一定的价值额,只有在它利用自己造成剩余价值时,才变成资本。"①显然,这并不是"资本"的定义,而是"资本主义的资本"或"资本家的资本"的定义。因为,如上所述,资本的根本特征就是生利、增值或产生和带来财富。只要是能够生利、增值或产生和带来财富的东西,就是资本。只不过,能够生利、增值或产生和带来财富的非物质财富,是广义的资本概念;能够生利、增值或产生和带来财富的物质财富,是经济学的资本概念;能够带来剩余价值的价值、财货或物质财富则是资本主义资本概念。因此,经济学所谓的资本,亦即能够增值的物质财富,正如李嘉图所言,是任何社会都存在的:"即使是在亚当·斯密所说的那种早期状态中,一些资本虽然可能是由猎人自己制造和积累的,却是他捕猎鸟兽所必需的。没有某种武器,就不能捕猎海狸和野鹿。所以这些猎物的价值不仅要由捕猎所需的时间和劳动决定,而且也要由制造那些使猎人能够有效捕猎的资本——武器——所需的时间和劳动决定。"②

准此观之,生产资料依其是否为劳动产品而分为两类,亦即用作投入的劳动产品和没有经过劳动改变的自然资源,显然并不都属于资本范畴。属于劳动产品的生产资料,亦即用作投入的劳动产品,如工厂、机器、设备等,无疑不但属于物质财富或财货范畴,而且是能够生利、增值或产生和带来财富的物质财富或财货,是能够增值的价值,因而叫作资本。相反地,以土地为代表的自然资

---

　　①　《马克思恩格斯选集》第三卷,人民出版社 1995 年版,第 550 页。

　　②　David Ricardo, *Principles of Political Economy and Taxation*, London: George Bell and Sons, 1908, p. 17.

源,一般说来,只是物质财富或财货的源泉,而并不是物质财富或财货本身,因而并不属于资本范畴。这个道理,庞巴维克曾有极为周详的论述。通过这些论述,他得出结论说:"资本这个词在经济学中有许多意义。在这种批判的研究中,我将资本限定为被生产出来的生利手段的复合体,亦即源于前一生产过程的物品的集合体,这些物品不是用来直接消费,而作为进一步获取财货的工具。因此,直接消费物与土地——因其不是被生产出来的——在我们的资本概念之外。"[①]

这样一来,便正如西方主流经济学所言:"劳动"与"土地(自然物质)"以及二者的结合物或中介物"资本"乃是生产或创造使用价值的三大生产要素;使用价值产生的源泉和存在的实体可以归结为生产三要素:劳动、土地和资本。其实,马克思主义的观点也是如此。因为如上所述,马克思主义与西方经济学一致认为使用价值产生的源泉和存在的实体不仅仅是劳动。马克思首先将使用价值产生的源泉和存在的实体归结为劳动和自然或以土地为代表的自然资源;进而归结为劳动和生产资料;最后岂不也只能归结为劳动、资本和土地?因为生产资料无疑由资本和土地构成。诚然,明确提出生产三要素——劳动和资本以及土地——并不是马克思主义,而是西方经济学,首先是斯密、李嘉图和萨伊。萨伊的生产三要素理论最为清楚,他通过详尽的论述,得出结论说:

"如果没有资本,劳动就不能生产什么东西。资本必须和劳动协力合作,这个协作,我叫做资本的生产作用。……劳动除借助于

---

① Eugen V. Böhm-Bawerk, *Capital and Interest-A Critical history of Economical theory*, New York: BRENTANO'S, 1922, p. 6.

资本即劳动自己从前所创造的产品以创造别的产品外,同时还利用各种各样的其他因素的力量。这些因素不是劳动自己创造的东西,而是自然赐给人类的东西。通过这些自然力的合作,劳动把一部分效用给予各种东西。……自然力的这种作用,我叫做自然力的生产作用。……事实已经证明,所生产出来的价值,都是归因于劳动、资本和自然力这三者的作用和协力,其中以能耕种的土地为最重要因素但不是唯一因素。除这些外,没有其他因素能生产价值或能扩大人类的财富。"①

那么,是否如萨伊所言,使用价值产生的源泉和存在的实体只有这样三种生产要素?答案是肯定的。诚然,马歇尔认为还应该增加一个要素:生产经营或生产经营管理。这是不当的,因为经营管理无疑属于劳动范畴;只不过它不属于工人劳动或体力劳动,而属于企业家和资本家的劳动罢了。20世纪50年代以来,随着科学技术、知识和信息等无形资产和精神方面的要素日益成为经济增长的重要来源,许多经济学家认为生产要素应该再增加两个:科学技术和信息。这种观点也是不合逻辑的。因为就这些概念的外延来看,不论是"科学技术"还是"信息",与"劳动"或"资本"显然都存在部分重合或交叉关系:二者或者属于资本概念,或者属于劳动概念,或者兼而有之。

总而言之,使用价值产生的源泉和存在的实体,是经过劳动而有所改变的自然物质,也就是劳动与自然物质的结合,也就是劳动与自然资源的结合,也就是劳动与生产资料的结合,也就是生产商

① 〔法〕萨伊著,陈福生、陈振骅译:《政治经济学概论》,商务印书馆1963年版,第72-76页。

品所耗费的劳动与生产资料,也就是商品中所凝结的劳动与生产资料,说到底,也就是商品中所凝结和耗费的生产三要素:劳动、资本与土地。劳动显然是使用价值产生的直接源泉和存在的直接实体;土地等自然资源或自然物质无疑是使用价值产生的终极源泉和存在的终极实体;资本则是劳动与土地等自然物质的产物、结合物与中介物,决非使用价值的终极的源泉和实体,因而——正如马克思所言——也就与劳动一样,属于"使用价值的直接的源泉和实体"范畴:"作为生产资料进入新的操作的一切使用价值,也就丧失它的产品性质,只是作为活劳动的因素起作用。"①

2. 劳动、资本和土地:交换价值的终极的源泉和实体

劳动、资本与土地是使用价值的源泉和实体,经济学家们——不论是劳动价值论者还是边际效用论者——原本是没有什么争议的。他们争论不休的是:价值或交换价值产生的源泉和存在的实体是什么? 这一争论的根源,说到底,乃在于斯密所承认的"价值反论":"使用价值极大的东西,往往具有极小或没有交换价值;反之,交换价值极大的东西,往往具有极小或没有使用价值。"②斯密的这一"价值反论"实在令人困惑,直至一百年后,才被边际效用论经济学家破解。这些经济学家通过发现使用价值的两个定律——"需要和欲望递减定律"和"边际效用递减定律"——科学地说明了使用价值乃是交换价值的源泉和实体,二者必定成正比例变化。

---

① 〔德〕马克思著,中共中央编译局译:《资本论》第一卷,中国社会科学出版社1983年版,第171页。

② Adam Smith, *The Wealth of Nations*, Books I-III, London: Penguin Inc., 1970, p. 131.

这样一来,一方面,商品中所凝结和耗费的生产三要素——劳动、资本和土地——是使用价值产生的源泉和实体;另一方面,使用价值是交换价值产生的源泉和存在的实体。于是,合而言之,商品中所凝结和耗费的生产三要素——劳动、资本和土地——便是交换价值的源泉和实体:它们是使用价值的直接的源泉和实体,是交换价值的间接的、终极的源泉和实体,从而也就是商品一切价值的源泉和实体。因此,正如萨伊所言,劳动并不是创造价值的唯一源泉;劳动和资本以及土地等自然资源是创造价值的三个源泉:"只有人的劳力才能创造价值,这是错误的。更严密的分析表明,一切价值都是来自劳力的作用,或说得正确些,来自人的劳动加上自然力与资本作用。"①

李嘉图和马克思误以为劳动是创造价值的唯一源泉——因而断言价值就是商品中所凝结的劳动——说到底,就是因为他们被价值反论所惑,误以为使用价值往往与交换价值成反比,因而不可能是交换价值的源泉和实体。这样一来,使用价值的源泉和实体——劳动、资本和土地——也就不可能是交换价值的源泉、实体;否则,交换价值怎么能够与使用价值的大小相反呢?那么,交换价值和价值的源泉、实体是什么?只有劳动:劳动是创造价值的唯一源泉;价值就是商品中所凝结的劳动。确实,如果劳动是创造交换或价值的唯一源泉,如果价值就是商品中所凝结的劳动,那么,价值或交换价值与使用价值往往相反就可以理解了。因此,有关劳动是创造价值唯一源泉和价值是商品中所凝结的劳动之争论,说到底,乃在于价

---

① 〔法〕萨伊著,陈福生、陈振骅译:《政治经济学概论》,商务印书馆1963年版,第39页。

值反论能否成立：误以为价值反论能够成立，乃是劳动价值论最深刻的理论根源；只要价值反论不能成立，交换价值与使用价值的大小成正比，使用价值是交换价值的源泉和实体，那么，劳动和资本以及土地等自然资源便无疑是创造价值的三个源泉。

3. 分配之谜：劳动、资本和土地各自创造多少价值

劳动、资本和土地等自然资源不但是创造商品价值的三个源泉和实体，而且任何商品价值，一般说来，都是三者相辅相成、共同创造或生产出来的："这意味着，在一般情况下，不能说某一种投入独自创造了多少产出，因为产出是不同投入的相互作用所致。威廉·配第爵士曾用过这样一个令人难忘的比喻：劳动是产品之父，而土地则是产品之母。我们不能说，生孩子是父亲更重要还是母亲更重要。同样，一般也不能说多种投入中哪一种投入单独创造了多少产出。正是由于土地、劳动和资本是相互依赖的生产要素，才使得收入的分配成为一个复杂的难题。"[1]那么，在劳动、资本和土地等自然资源相辅相成共同创造的商品中，究竟如何才能确定这些生产要素各自创造的价值份额？究竟如何才能确定劳动、资本和土地等自然资源各自究竟生产了多少产品？

这个被经济学家称之为"分配之谜"的难题，在熊彼特看来，已为门格尔的《国民经济学原理》所破解："门格尔的《原理》阐释了该理论的所有要点。"[2]但是，这个分配之谜，也确如萨缪尔森所言，

---

[1]　Paul A. Samuelson, William D. Nordhaus, *Microeconomics*(16th Edition), Boston: The McGraw-Hill Companies Inc. ,1998, p. 214.

[2]　Joseph A. Schumpeter, *History of Economic Analysis*, London: GEORGE ALLEN & UNWIN LTD. ,1955, p. 592.

一直到 1900 年左右,才最终由克拉克所系统论证的边际生产力分配理论予以科学的解决。[①] 边际生产力分配理论的核心概念是边际产品:"某种生产要素的边际产品是在其他生产要素保持不变时,由于增加该生产要素一个单位而增加的产品或产量。劳动的边际产品是在其他投入物保持不变时,增加一个单位的劳动量而增加的产量。同样,土地的边际产品是在其他投入物保持不变时,增加一个单位的土地而导致的总产量的变动——如此等等。"[②] 边际生产力分配理论的根据和出发点,就是边际效用论的基本原理,亦即商品价值可以归结为商品的边际效用、边际产品效用或边际产品价值:单位产品价值量=边际产品价值量。从此出发,克拉克推论说,劳动、资本和土地等生产要素所创造的商品价值份额同样可以归结为劳动、资本和土地的边际效用、边际产品效用或边际产品价值:单位生产要素所创造的价值量=生产要素边际产品价值量。他这样写道:

"有一个商业原则使任何商品的最后部分或边际部分对全部商品的价值起着重要作用。例如,所有麦的价值,和边际一斗的麦的价值是相符的。如果有边际的工人,其意义和边际的麦、棉、铁等等相同,这些最后的工人或是边际的工人,同样是占有重要的地位,因为他们的产品提供了各人工资的标准。"[③]"任何一批工人对雇主的价值,总是等于上面所举例子中最后一批工人的产量。"[④]

---

① 〔美〕萨缪尔森著,高鸿业译:《经济学》中册,商务印书馆 1986 年版,第 225 页。

② 同上书,第 223 页。

③ 〔美〕克拉克著,陈福生、陈振骅译:《财富的分配》,商务印书馆 1984 年版,第 68 页。

④ 同上书,第 134 页。

"任何一个人对他的雇主的实际价值,等于他停止工作给他雇主所带来的损失。这种损失就是工人队伍里任何一个工人的实际产量。"①

这种劳动的边际产品,正如克拉克所言,无疑是可以识别和测量的。因为劳动的边际产品就是最后增加的劳动所增加的产量,也就是最后减少的劳动所减少的产量:"这种产量要怎样来衡量呢?把一个单位的社会劳动抽出来,看看这一个单位退出以后会遇到什么损失,或是增加一个劳动单位,看看增加一个单位会得到什么利益。不论是抽去或是增加,都可以观察得出单独归功于一个单位劳动的、和其他因素无关的产量……如果我们上面所说的单位的社会劳动是由一百人组成的,而他们离开的结果,各个产业减产的价值总共是二百元,那么这二百元便是可以完全归功于那一百人的生产量。"②

这样一来,对于劳动与资本以及土地合作生产出来的产品,我们虽然无法直接识别哪些是劳动所创造的价值,哪些是资本所创造的价值,哪些是土地所创造的价值;但是,我们可以识别最后增加的劳动、资本或土地所增加的产量,可以识别最后减少的劳动、资本或土地所减少的产量,亦即可以识别劳动的边际产品、资本的边际产品和土地的边际产品,从而间接识别劳动、资本或土地所创造的价值:单位劳动所创造的价值量=劳动边际产品价值量;单位资本所创造的价值量=资本边际产品价值量;单位土地所创造的价值量=土地边际产品价值量。对于这个道理,克拉克曾屡次以

---

① 〔美〕克拉克著,陈福生、陈振骅译:《财富的分配》,商务印书馆1984年版,第126页。

② 同上书,第128页。

劳动为例解释说:"每一个单位劳动的价值,是等于最后单位劳动
的产量。在劳动队伍完全建立以后,任何一千个工人,如果退出,
就会使整个社会的产量减低,所减低的数量等于最后一批工人的
产量。任何一个单位劳动的实际价值,总是等于整个社会利用它
的全部资本所生产的东西,减去在那个劳动单位被抽去时社会所
生产的东西的数额。"①一言以蔽之,"每个工人对企业的价值都等
于最后一个工人的边际产品价值。"②

――――――――

　　①　〔美〕克拉克著,陈福生、陈振骅译:《财富的分配》,商务印书馆 1984 年版,第
133 页。

　　②　Paul A. Samuelson,William D. Nordhaus,*Microeconomics*(16th Edition),Bos-
ton:The McGraw-Hill Companies Inc. ,1998,p. 216.

第六章 商品价格

本章提要 价格是人们就商品相交换的量的关系或比例所制定的契约,因而具有可以自由选择的偶然性和主观任意性:人们既可能缔结自由和公平的价格契约,也可能缔结强制和不公平的价格契约。那么,怎样才能实现自由价格和公平价格而避免强制价格和不公平价格?答案是:实现自由竞争而避免垄断。因为在自由竞争条件下,商品价格完全由供求关系"盲目"决定,乃是这样一只看不见的手,它可以并且只有它才可以导致自由价格、公平价格和资源配置效率最佳状态:看不见的手意味着自由、公平、效率和善。反之,任何看得见的手——亦即人为控制价格从而使价格不再"盲目"由供求关系决定——都意味着强制价格、不公平价格和无效率,因而就其自身来说都是一种恶。垄断是一只"看得见的手",因为垄断说到底无非是对价格的人为控制从而使价格不再"盲目"由供求关系决定。垄断这只"看得见的手"就其自身和结果来说都是恶,是一只纯粹的罪恶的手。政府的价格管制是另一只"看得见的手",这只"看得见的手"就其自身来说也是一种恶,但它可能是一种必要恶,如果它能够防止更大的恶,如垄断。

一、价格概念

1. 价格界说

交换价值是商品使用价值对于交换需要的效用,是商品所具有的换回其他商品的效用,因而正如马克思所言,乃是一种摸不到看不见感觉不到的东西:"同商品体的粗糙性正好相反,在商品体的价值中连一个物质原子也没有。因此,每一个商品不管你怎样颠来倒去,它作为价值物总是不可捉摸的。"[①]交换价值只有通过商品相交换的量的关系或比例才能表现出来:"交换价值首先表现为量的关系,表现为不同种使用价值彼此相交换的比例。"[②]一件上衣的交换价值究竟是多少? 只能通过与其他商品相交换的比例表现出来。上衣与麻布相交换的量的比例是:一件上衣=20米麻布。换言之,一件上衣可以换回 20 米麻布。这就意味着:一件上衣的交换价值等于 20 米麻布。一件上衣同 20 米麻布相交换,使自己的交换价值通过 20 米麻布相对地表现出来,因而叫作相对价值形式、相对价值形态;而 20 米麻布是表现一件上衣交换价值的商品,叫作等价形式、等价形态或等价物。在交换价值形式的历史发展过程中,正如马克思所指出,经历了由"简单的偶然的价值形

[①] 〔德〕马克思著,中共中央编译局译:《资本论》第一卷,中国社会科学出版社 1983 年版,第 24 页。

[②] 同上书,第 12 页;参阅 David Ricardo, *Principles of Political Economy and Taxation*, London:George Bell and Sons, 1908, p. 6;杜冈—巴拉诺夫斯基:《政治经济学原理》上册,商务印书馆 1989 年版,第 86 页;杰文斯:《政治经济学理论》,商务印书馆 1984 年版,第 79 页;西尼尔:《政治经济学大纲》,商务印书馆 1997 年版,第 28 - 29 页。

式"到"总和的扩大的价值形式"而终至"一般价值形式"三阶段：货币就是充当一般等价物的特殊商品。

因此，商品相交换的量的比例并不是交换价值，而是商品交换价值的表现形式，叫作交换价值形式或价值形式。然而，经济学家们却往往将二者等同起来，因而把交换价值定义为"商品相交换的量的关系或比例"。李嘉图说："商品的交换价值，即决定一商品交换另一商品的数量尺度。"[①]维克塞尔说："交换价值就是货品、商品或劳务与其他货品、商品或劳务相交换的量的比率；即可以与第一种货品的一定量或一定单位相交换的其他任何一种货品的数量或单位数。"[②]马克思在界定交换价值时也曾援引列特隆的交换价值定义："价值就是一物和另一物、一定量的这种产品和一定量的别种产品之间的交换关系。"[③]杰文斯在界定交换价值时也曾援引列特隆的这个定义，进而写道："价值就是一种商品的量对所交换的他种商品量的比率。"[④]"交换价值就其自身来说不过是一个比率。"[⑤]我国主流经济学自然亦如是说："交换价值是一种商品同另一种商品相交换的量的关系或比例。"[⑥]

这种"把交换价值界定为商品相交换的量的比例"的流行定义

---

① David Ricardo, *Principles of Political Economy and Taxation*, London: George Bell and Sons, 1908, p. 6.

② 〔瑞典〕维克塞尔著，刘絮敖译：《国民经济学讲义》，上海译文出版社1983年版，第21页。

③ 〔德〕马克思著，中共中央编译局译：《资本论》第一卷，中国社会科学出版社1983年版，第12页。

④ W. Stanley Jevons, *The Theory Political Economy* (4th Edition), London: Macmillan, 1911, p. 83.

⑤ 同上书，p. 82。

⑥ 许涤新主编：《政治经济学辞典》（上），人民出版社1980年版，第362页。

是错误的。因为,如上所述,交换价值实体是使用价值,是商品的边际效用:交换价值是使用价值对于交换需要的效用,是商品的边际效用对于交换需要的效用,是商品所具有的换回其他商品的效用。因此,一方面,交换价值的大小便决定于商品的边际效用,决定于使用价值,因而绝对不是人制定的,而是不依人的意志为转移的;另一方面,交换价值是摸不着、看不见、感官感觉不到的。相反,商品相交换的量的比例,一方面,显然可以是人制定的:有意识制定或无意识的形成的、政府管制或市场自发形成的;另一方面,商品相交换的量的比例是感官可以感到的,如上衣与麻布相交换的量的比例是一件上衣＝20 米麻布,岂不是感官可以感到的吗?因此,"商品交换价值"与"商品相交换的量的比例"根本不同:前者是不依人的意志而转移的客观内容,后者则是人为制定的主观形式。一句话,商品相交换的量的比例不是交换价值,而是商品交换价值的表现形式。

退一步说,如果交换价值就是商品相交换的量的比例,那么,一种商品可以换得的货币数量便是该商品的交换价值了。可是,一种商品可以换得的货币数量岂不是该商品的价格吗? 所以,把交换价值界定为商品相交换的量的比例,便是把交换价值与价格等同起来。维克塞尔自己也承认,价格与交换价值是同一概念;只不过价格最通常是指价格的一般标准,亦即货币价格:"价格这个词和交换价值的含义有时完全一样。但商品的价格(交换价值通常也如此)最通常被认为应由所有商品的价值或价格的一般标准——亦即货币——来衡量。"[①]马克思也这样写道:"价格是价值

---

　　① Knut Wicksell, *Lectures on Political Economy*, London: GEORGE ROUT-LEDGE AND SONS LTD. , 1934. p. 14.

的货币表现。"①"价格作为商品价值量的指数,是商品同货币的交换比例的指数。"②

殊不知,价格并不仅仅是交换价值的货币表现形式,而是交换价值的一切商品表现形式,是一切商品相交换的量的关系或比例:一商品的价格就是该商品与其他任何商品相交换的量的关系或比例。因为价格就是价值的表现、规定和确定。不但货币可以确定、表现其他商品的价值,因而是价格;而且任何商品都可以用来确定表现其他商品的价值,因而都是价格。一件上衣可以换回 20 单位货币,20 单位货币是一件上衣价值的表现、等价物,是一件上衣的价格。一件上衣可以换回 20 米麻布,20 米麻布同样是一件上衣价值的表现、等价物,同样是一件上衣的价格。因此,杜尔哥论及价格时曾列举"一蒲式耳谷物交换六品脱葡萄酒"的例子说:"在这次交换中,一蒲式耳谷物的价格是六品脱葡萄酒,六品脱葡萄酒的价格是一蒲式耳谷物。"③庞巴维克进而总结说:"确实,'价格'和'交换价值'这两个概念的含义并不一样。交换价值是一种商品在交换中获得一定量其他商品的能力,而价格就是那一定量的其他商品。"④

只不过,唯有货币因其是充当一般等价物的特殊商品而充当商品的一般的、普遍的绝对的价格;而其他商品则只能充当特殊的、个别的、相对的价物因而只能充当特殊的、个别的、相对的价格罢了。这个道理,兰德博格曾有十分透辟的论述:

---

① 《马克思恩格斯全集》第二十五卷,人民出版社,1975 年版,第 397 页。

② 《马克思恩格斯全集》第二十三卷,人民出版社,1975 年版,第 119 页。

③ 〔法〕杜尔哥著,唐日松译:《关于财富的形成和分配法考察》,华夏出版社 2007年版,第 24 页。

④ Eugen V. Böhm-Bawerk, *The Positive Theory of Capital*, New York: G. E. STECHERT & CO., 1930, p. 132.

"你可以设想一个没有金钱的世界吗？但在人类历史上，即使在金钱没有产生的年代里，交易照样进行，当时的价格表现形式很有意思。比如，如果你用两条面包从邻居那里换来一瓶酒，我们就说每瓶酒的价格是两条面包。同理，我们也可以说邻居用每条面包半瓶酒的价格购买了两条面包。在现实生活里，我们都用钱来完成交易；相应地，我们也习惯了用金钱而不是面包的条数来衡量酒的价钱。然而，用面包作为酒的价格尺度仍然不失为一种可行的方法。比如说，如果每条面包卖 1 美元，每瓶酒卖 2 美元。就是说你可以用一瓶酒换两条面包，也可以说每瓶酒的价钱是每条面包的 2 倍或每条面包的价格是每瓶酒的 1/2。现在我们对价格有截然不同的概念。但是我们一定要搞清两者之间的区别。用货币表示的单位数量的物品的价格我们称之为绝对价格，而用其他种类实物表示的单位数量的物品价格我们称之为相对价格。总而言之，两者的区别主要在于绝对价格是用货币来衡量，然而相对价格是用可以交换的其他物品的数量来衡量的。"[1]

2. 价格的契约本性：商品价格区别于
商品价值的根本特征

商品价格与商品价值无疑根本不同。然而，二者的根本区别是什么？答案是：契约。商品价格可以是人制定或约定的，属于契约范畴；商品价值却绝对不是人制定或约定的，不属于契约范畴。因为，如前所述，所谓契约，就是一种同意，就是人们就利益交换关

---

[1] 〔美〕斯蒂文·E. 兰德博格著，宋炜等译：《价格理论与应用》，机械工业出版社2003年版，第22页。

系所达成的同意、约定或协议。准此观之，不但商品价值而且一切价值都不属于契约范畴。一切价值都不是人制定或约定的。试想，玉米、鸡蛋、猪肉的营养价值怎么能是人制定或约定出来的呢？难道我们约定、规定猪肉有价值，猪肉就有价值？我们约定、规定猪肉没有价值，猪肉就没有价值？商品价值怎么能是人制定或约定出来的呢？难道我们约定、规定某种商品有价值，某种商品就有价值？我们约定、规定某种商品没有价值，某种商品就没有价值？显然，一切价值，不论商品价值还是玉米、鸡蛋和猪肉的营养价值，都绝对不是人制定或约定的，不是人们就利益交换关系所达成的同意或协议，因而不属于契约范畴。谁能说玉米、鸡蛋、猪肉的营养价值是人制定或约定出来的一种契约呢？商品价值怎么能是人制定或约定出来的契约呢？

猪肉的营养价值不是人制定或约定的，不属于契约范畴；人只能根据猪肉的营养价值制定或约定应该如何吃猪肉的行为规范，只有这些行为规范才可能属于契约范畴。"为己利他"与"损人利己"的道德价值不是人制定或约定的，不属于契约范畴；人只能根据为己利他与损人利己的道德价值制定或约定"应该为己利他而不应该损人利己"的行为规范，这些规范属于契约范畴。人的行为规范，特别是道德和法律，都可以是一种人们就利益交换关系所达成的同意或协议，因而属于契约范畴。推此可知，商品价值不是人制定或约定的，不属于契约范畴；人只能根据商品价值制定或约定商品相交换的量的关系或比例，亦即只能根据商品价值制定或约定商品价格，说到底，只能就商品相交换的量的关系或比例达成某种同意或契约：价格就是商品相交换的量的关系或比例之契约。因此，杜尔哥说，价格就是一种买卖双方的契约或协议："如果双方不能达成协议,则他们必须相互略作让步,或者多付出或者少收入。假设一方需要谷物而另一方需要葡萄酒,他们同意以一蒲式耳谷物交换六品脱葡萄酒。显然,双方都将一蒲式耳谷物和六品脱葡萄酒视为完全相等,并且在这次交换中,一蒲式耳谷物的价格是六品脱葡萄酒,六品脱葡萄酒的价格是一蒲式耳谷物。"[①]

确实,商品价格是人制定或约定的:有意识制定或无意识约定俗成的、政府管制或市场自发形成的。试想,1 斤鸡蛋的价格既可能是 4 元钱或 3 斤玉米,也可能是 4 元 5 或 3 斤半玉米;它究竟是多少,岂不完全是不定的、依人的意志而转移的吗?岂不完全是人们制定或约定的吗?因此,商品价格乃是一种契约,乃是一种人们就利益交换关系所达成的同意或协议,说到底,乃是人们就商品相交换的量的关系或比例所达成的同意、契约。商品价格是买者与卖者就商品买卖或交换所达成的同意,因而有所谓"讨价还价"。我们随便到哪个市场,都可以看到讨价还价。卖方说 1 斤鸡蛋 5元,买方说 4 元。买卖双方讨价还价的结果是 4 元 5 角成交。所以,鸡蛋 1 斤 4 元 5 角的价格乃是买卖双方就鸡蛋与货币相交换所达成的同意:价格是一种契约。同样,政府管制或者垄断厂商独自决定的价格也是一种契约。只不过,这种契约不是自由缔结的,而是被迫缔结的所谓"强制缔约";从而所缔结的不是自由的、无强制的、心甘情愿的契约,而是被迫的、强制的、不自由和不情愿的契约罢了。

可见,契约乃是商品价格区别于商品价值的根本特征:商品价

---

① 〔法〕杜尔哥著,唐日松译:《关于财富的形成和分配法考察》,华夏出版社 2007年版,第 24 页。

格属于契约范畴；商品价值不属于契约范畴，而只属于价值范畴。但是，不言而喻，契约与价格并不是一个东西：契约乃是商品价格的最邻近的类概念。那么，商品价格之契约区别于其他契约的根本特征是什么？或者说，价格区别于生日宴会、互助协议、桃源三结义的约定、爱情的海誓山盟、结婚的约法三章、课堂纪律、党团章程、道德法律等契约的根本特征是什么？无疑是商品相交换的量的关系或比例。因此，界定价格为商品相交换的量的关系或比例，固然精辟，却并不符合"定义＝种差＋最邻近类概念"之定义规则；精确言之，价格乃是商品相交换的量的关系或比例之契约，乃是人们就商品相交换的量的关系或比例所达成的契约：这恐怕才堪称价格的完整的科学的定义。

价格是人制定的，是人们就商品相交换的量的关系或比例所制定的契约，意味着：不论价格如何被价格规律决定，不论价格具有怎样必然的、不依人的意志而转移的客观规律，价格也都具有可以自由选择的偶然性和主观任意性。只不过，违背价格规律的行为必定遭到价格规律的惩罚罢了。就拿完全垄断市场来说，垄断厂商无疑具有任意规定价格的自由：他说价格是多少，价格就是多少。只不过，他若随心所欲将价格定得太高，就会受到价格规律的惩罚：消费者不买他的商品。因此，尽管他可以任意自由地决定价格，他也不敢将价格定得太高。因此，他不敢或决不会将价格定得太高，绝不意味着他没有将价格定得太高的自由，绝不意味着他不可以、不可能将价格定得太高。相反，他确实可以随心所欲制定价格。

价格是人们就商品相交换的量的关系或比例所制定的契约，因而具有可以自由选择的偶然性和主观任意性，具有莫大的意义。它意味着：以商品价格和商品价值为核心的经济学是一门地地道道的规范科学;正如以行为规范和道德价值为核心的伦理学是一门地地道道的规范科学一样。因为价格是具有可以自由选择的偶然性和主观任意性的契约,显然意味着:人们既可能缔结自由的、公平的、道德的、应该的价格契约,也可能缔结不自由的、不公平的、不道德的、不应该的价格契约。这就是为什么自柏拉图、亚里士多德以降,便有所谓"公平价格"概念的缘故。因此,布坎南说:"经济学的基本理论是价格理论(不是正式的数学)和运用于实际世界问题的价格理论。经济组织、市场过程是人们注意的焦点,通过定价结构起作用的这个组织的功能是这个学科研究的主题。政治经济学就是由'规律和制度'说明的根植于社会框架中的这个主题,亚当·斯密写的就是关于规律和制度。"①

不过,细究起来,价格的应然性或道德性并不仅仅是个公平不公平的问题;而是包括两个概念:一个是"自由价格",反映价格制定过程的道德性,亦即价格契约缔结的道德性;另一个则是"公平价格",反映价格缔约内容的道德性,亦即价格契约内容的道德性。自由价格与公平价格不但是价格最重要的属性,而且是规范经济学的最重要的问题:它是破解剥削之谜的钥匙。那么,究竟何谓自由价格? 何谓公平价格?

3. 两种价格契约:自由价格与公平价格

任何契约缔约过程的主要道德原则,如所周知,都是"自由缔约"或"缔约自由",人们往往称之为"契约自由"。按照这一原则,

---

① 〔美〕布坎南著,吴良健等译:《自由、市场和国家》,北京经济学院出版社1988年版,第8页。

任何契约或同意都应该是缔约者自由、无强制、心甘情愿缔结的；而不应该是被迫、被强制、不自由、不情愿缔结的。自由、无强制、心甘情愿缔结的契约或同意，叫作"自由契约"，符合契约自由原则，因而是善的、应该的和道德的契约或同意；被迫、被强制、不自由、不情愿缔结的契约或同意，叫作"强制缔约"，违背契约自由原则，因而是恶的、不应该和不道德的契约或同意。

准此观之，价格便应该是每个买者和卖者自由、无强制、心甘情愿缔结的，而不应该是被迫、被强制、不自由、不情愿缔结的。每个买者和卖者自由、无强制、心甘情愿缔结的价格，叫作"自由价格"，符合契约自由原则，因而是善的、应该和道德的价格；一些买者和卖者被迫、被强制、不自由、不情愿缔结的价格，叫作"强制价格"，违背契约自由原则，因而是恶的、不应该和不道德的价格。

但是，自由价格是善而强制价格是恶，只是就这些价格契约缔结过程来说的；而不是就其缔结内容来说的。就其缔结内容来说，有些强制价格可能是善；并且其缔结内容的善与缔结过程的恶的净余额是善，因而属于"必要恶"范畴，是善的、道德的价格。例如，有些政府管制的价格，属于强制价格范畴，就其缔结过程来说，是恶；但是，就其缔结内容来说，却是对垄断厂商的强制价格的强制，是以恶制恶，避免了更大的恶，其净余额是善，因而属于善的、道德的价格。

相反地，有些自由价格，就其缔结内容来说，却是恶；并且其缔结内容的恶与缔结过程的善的净余额是恶，因而属于"纯粹恶"范畴，是恶的、不道德的价格。举例说，垄断竞争企业的品种多样的商品的价格，可以是厂商制定的，因而往往高于边际成本，就其高于边际成本来说，显然是不公平的价格。但是，这种不公平的价格却是消费者的自由选择:"人们宁愿为自由选择而支付较高的价钱。"①这样一来,垄断竞争企业的多样化的商品的价格缔结过程虽然是自由的,但这种自由价格的缔结内容却高于边际成本,如果没有相应的补偿,是不公平的。公平的价值大于自由的价值。因此,垄断竞争企业的品种多样的商品的价格虽然属于自由价格,却有可能是恶的、不道德的价格。

那么,价格契约缔结内容的道德原则是否就是公平呢？ 毋庸赘述,契约内容的道德原则比契约缔结的道德原则复杂得多。因为契约缔结的道德原则主要是契约自由;而契约内容的道德原则却似乎可以涵盖全部道德原则,如善、公正、平等、人道、自由、诚实、为己利他、己他两利等。但是,价格契约的契约内容之道德原则要狭窄得多,因为价格契约的全部内容就是商品相交换的量的关系或比例。对于这一内容——亦即商品相交换的量的关系或比例——无疑只能有两种契约:商品相交换的公平的量的比例之契约与商品相交换的不公平的量的比例之契约。因此,价格的契约内容之道德原则就是公平。按照这一道德原则,价格依其契约内容之道德性而分为两类:公平价格与本公平价格。因此,自柏拉图、亚里士多德以来,便有所谓"公平价格"概念。那么,究竟何谓公平价格？

答案是:公平价格就是与商品价值相等的价格。因为价格就是商品相交换的量的关系或比例,一种商品的价格就是该商品可以换回的一定比例的其他商品,就是该商品可以换回的等价物、等

---

① 　Paul A. Samuelson, William D. Nordhaus, *Microeconomics*(16th Edition), Boston: The McGraw-Hill Companies Inc. ,1998, p. 176.

价商品。1件上衣可以换回 20 元货币,20 元货币就是 1 件上衣价值的表现、等价物,就是 1 件上衣的价格。因此,一商品的价格就是该商品可以换回的等价物。但是,一商品换回的一定比例的其他商品,被称之为该商品的等价物、等价形态,真正讲来,只具有"应该"、"应然"的意义;而未必是"事实"、"实然"。因为,实际上,一商品换回的一定比例的其他商品,可能并不是该商品的等价物,与该商品实际上可能是不等价的。1件上衣可以换回 20 元货币,20 元货币之为 1 件上衣价值的等价物,显然只具有"应该"、"应然"的意义;而未必是"事实"、"实然"。因为,实际上,20 元货币可能并不是 1 件上衣的等价物,它与 1 件上衣实际上可能是不等价的。

可见,一商品的价格就是该商品可以换回的货币等其他商品,这些货币等商品,被称之为该商品的等价物,只具有"应该"的意义,而未必具有"事实"的意义:实际上未必与该商品等价。换言之,一商品的价格只是应该与该商品的价值相等,而实际上未必相等。那么,商品价格为什么应该与商品价值相等呢? 因为商品价格与商品价值相等,意味着,用来充当价格的商品与它所交换的商品的价值量相等,亦即等价交换;等价交换就是等量价值的商品相交换,就是相交换的商品的价值量相等。商品等价交换——亦即商品价格与商品价值相等——是应该的;而不等价交换——亦即商品价格与商品价值不相等——则是不应该的。因为商品唯有等价交换才是公平的商品交换;而商品不等价交换乃是不公平的商品交换。因为,所谓公平,如前所述,就是等利害交换,就是等利交换与等害交换:等利交换是正面的、肯定的、积极的公正;而等害交换则是反面的、否定的、消极的公正。这样一来,等价交换显然不过是等利交换的公正原则在商品交换领域的表现和实现：等价交换——亦即价格与价值相等——是商品交换的等利交换原则，是商品交换的公正原则。

4. 等价交换：价格的规范与规律

多年来，经济学家们一直将等价交换当作价值规律，认为商品以其价值量为基础而进行等价交换具有必然性，可以称之为等价交换规律：仅仅是规律而不是规则和原则。殊不知，价格是人制定的，是人们就商品相交换的量的关系或比例所制定的契约，因而是可以自由选择和主观任意的。所以，价格与价值相等或等价交换，就其自身来说——亦即就等价交换的普遍形态来说——便与等利交换等公正原则一样，并不具有必然性，而只具有合理性和应然性，是可以违背的，因而并不是规律；而是法则（法则既包括规律又包括规则），是价格法则，是价格应该与价值相等的道德法则，是商品交换的道德规则、道德原则。因此，林德布鲁姆说："等价交换是根据习惯和法律确定的，它是市场体制的基本运行规则。"[1]"等价交换原则是天经地义的道德准则"。[2] 马克思也这样写道："各种商品依照它们的价值来交换或售卖，是合理的，是商品平衡的自然法则。"[3]

但是，就等价交换的具体形态来看，亦即就自由竞争——特别

---

[1] 〔美〕林德布鲁姆著，耿修林等译：《市场体制的秘密》，江苏人民出版社 2002 年版，第 97 页。

[2] 同上书，第 102 页。

[3] 〔德〕马克思著，中共中央编译局译：《资本论》第三卷，人民出版社 1953 年版，第 215 页。

是完全的自由竞争——条件下的等价交换来看，等价交换又具有
必然性。因为在完全竞争条件下，厂商为了利润最大化，势必将产
量确定在边际成本等于价格的产量水平上："在完全竞争条件下企
业的供给法则：当企业将其产量定在边际成本等于价格的水平时，
就会达到利润最大化。"①这就是说，自由竞争条件下的商品价格
等于边际成本——亦即等价交换——具有必然性，因而属于规律
范畴，可以称之为等价交换规律：等价交换是自由竞争的价格规
律。反之，垄断条件下的商品价格势必远远高于边际成本："垄断
的最大祸害并不是它榨取垄断利润，而是它规定的垄断价格远远
高于社会按照边际成本所决定的价格。"②这就是说，垄断价格高
于边际成本——亦即不等价交换——具有必然性，因而也同样属
于规律范畴，可以称之为不等价交换规律：不等价交换是垄断价格
规律。因此，马克思一再说：等价交换规律成立的前提和条件是自
由竞争。③

可见，等价交换既是道德原则又是价格规律：就其自身来说，
并不具有必然性而只具有应然性，因而属于道德原则范畴；就其具
体实现来说，则可能既具有应然性又具有必然性——等价交换是
自由竞争的价格规律。不独等价交换，许多道德原则都是如此。
举例说，政治自由与政治平等，就其自身来说，无疑仅仅具有应然
性，是社会治理应该如何的两大道德原则。但是，就其具体实现来

---

① Paul A. Samuelson, William D. Nordhaus, *Microeconomics* (16th Edition), Boston: The McGraw-Hill Companies Inc. , 1998, p. 81.

② 〔美〕萨缪尔森著，高鸿业译：《经济学》中册，商务印书馆 1986 年版，第 192 - 193 页。

③ 〔德〕马克思著，中共中央编译局译：《资本论》第三卷，人民出版社 2004 年版，第 198、201、214、996 页；《马克思恩格斯选集》第二卷，1995 年版，第 72 - 73 页。

说,政治自由和政治平等两大道德原则却可能既具有应然性又具有必然性:政治自由与政治平等在民主社会具有必然性,可以称之为"民主政体的本性和规律";政治不自由与政治不平等在专制社会具有必然性,可以称之为"专制政体的本性和规律"。

等价交换既是道德原则又是价格规律意味着:等价交换之为自由竞争的价格规律并不否定其为商品交换的公正原则。问题的关键恰恰在于,等价交换——亦即商品价格与商品价值相等——是商品交换的公正原则,显然意味着:如果一商品的价格与该商品的价值相等,亦即等价交换,就是公平的,叫作公平价格;如果一商品的价格与该商品的价值不相等,亦即不等价交换,就是不公平的,叫作不公平价格。因此,公平价格就是与商品价值相等的价格,就是用来充当价格的商品与它所交换的商品的价值量相等,说到底,就是符合等价交换原则的价格;不公平价格就是与商品价值不相等的价格,就是用来充当价格的商品与它所交换的商品的价值量不相等,说到底,就是违背等价交换原则的价格。因此,阿奎那说:"在交换中,正像主要在买卖中看到的那样,付给某人一些东西是由于收到他的一些东西……因此,有必要在物物之间等价交换,使某人应该付还给别人的东西,恰恰与他从别人所有中取得的东西相等。"[1]"不论价格是超过一物的价值或者相反,都缺乏公平所要求的平等。因此,以超过一物所值的高价出售或降低价购买,本身是不公平的、非法的。"[2]

---

[1] 转引自〔英〕惠特克著,徐宗士译:《经济思想流派》,上海人民出版社 1974 年版,第 27 页。

[2] 晏志杰:《劳动价值学说新探》,北京大学出版社 2001 年版,第 103 页。

可是,商品价值分为交换价值与使用价值。因此,等价交换或价格与价值相等的"价"、"价值"便因其是商品价值而既包括交换价值又包括使用价值:它究竟是交换价值还是使用价值？等价交换或价格与价值相等,如上所述,就是用来充当价格的商品与它所交换的商品的价值量相等,亦即相交换的商品的价值量相等。因此,等价交换或价格与价值相等的"价值",直接说来,显然是交换价值:价格的直接基础是交换价值。但是,根本讲来,等价交换或价格与价值相等的"价值"是使用价值:价格的最终基础是使用价值。因为,如上所述,交换价值的实体是使用价值:交换价值不过是使用价值对于交换需要的效用罢了。

然而,价格与价值相等,说到底,也就是价格与边际效用相等。因为使用价值是商品对于消费需要的效用,亦即商品的边际效用;交换价值则是商品使用价值对于交换需要——亦即换回其他商品的需要——的效用,也就是商品的边际效用换回其他商品的效用、能力、购买力。因此,交换价值虽然不是边际效用,但交换价值实体却是商品边际效用,因而交换价值量完全决定于边际效用:一件商品的交换价值大小,说到底,是由其边际效用大小决定的。这样一来,商品的交换价值的大小便与使用价值的大小一样,完全决定于边际效用。这意味着,商品价值——使用价值与交换价值——的大小完全决定于边际效用。因此,价格与价值相等,说到底,也就是价格与边际效用相等;等价交换,说到底,也就是等边际效用交换,也就是边际效用相等的商品相交换。这样一来,公平价格固然是与商品价值相等的价格,亦即符合等价交换原则的价格;但是说到底,也就是与商品边际效用相等的价格,也就是符合等边际效用交换原则的价格。相反,不公平价格固然是与商品价值不相等的价格,亦即违背等价交换原则的价格;但是,说到底,也就是与商品边际效用不相等的价格,也就是违背等边际效用交换原则的价格。

二、公平价格：与边际成本相等

1. 成本界说：成本概念与经济学的成本范畴

商品边际效用的量的大小无疑决定于供求关系:与需求成正比而与供给成反比。因此,公平价格是与商品边际效用相等的价格,实已意味着:公平价格就是供求关系所决定和支配的价格。但是,这样一来,公平价格便似乎与价格是否等于成本无关。因为供过于求时,价格便会低于成本;它虽然低于成本,也因其与商品边际效用相等而是公平价格。相反,供不应求时,价格便会高于成本;它虽然高于成本,也因其与商品边际效用相等而是公平价格。只有当供求平衡时,价格才会等于成本,公平价格才是与成本相等的价格。因此,阿奎那认为,虽然价格与价值不符、不等是不公正的,但在供不应求的情况下价格高于成本价值却不是不公正的:"因为在这种场合,正义价格就不仅要考虑售卖的物品,而且还要考虑卖者从售卖所受到的损失。在这种情况下,以高于所值本身售卖某物可能是合法的,尽管这时售价比他具有这种物品时的价值要高。"[①]

然而,公平价格与价格是否等于成本价值无关,不过是一种假

---

①　晏志杰:《劳动价值学说新探》,北京大学出版社 2001 年版,第 103 页。

象而已。这种假象，早已被穆勒看破："价值在任何时候都是供给和需求相互作用的结果，常常是为现有的供给创造市场所必需的。但是，如果这一价值不足以补偿生产费用，并提供通常期待的利润，人们就不会生产这种商品。"①不过，一直到边际效用论诞生，公平价格与成本的关系才得到真正科学的解释和说明：公平价格就是与边际成本相等的价格。因为边际效用论发现，商品的边际效用量可以通过边际成本来确定：边际成本与边际效用相等。可是，究竟何谓边际成本？为什么边际成本与边际效用相等？

原来，所谓成本，不论就中文和西文的词义来说，还是就其概念定义来看，无疑都是指获得某种东西的代价，是为了得到某种东西而必须支付或舍弃的其他东西。经济学的成本范畴，也是此义。于宗先说："经济学中所谓成本，乃是从事某项选择行为，或采取某项决策所必须支付的代价。"②尼科尔森也这样写道："经济学家关于成本的定义（明显地以机会成本思想为基础）是，关于任何投入的成本是确保这些资源处于现有使用状态所必须支付的数量。"③不过，真正来讲，经济学所谓的"成本"，原本与"生产成本"以及"生产费用"是同一概念，也就是生产一定数量的产品的代价，是生产一定数量的产品所耗费、支付或舍弃的有价值的东西，说到底，也就是生产一定数量的产品所投入或耗费的全部生产要素：劳动、土地与资本。

---

① 〔英〕穆勒著，赵荣潜等译：《政治经济学原理》上卷，商务印书馆1997年版，第510页。

② 于宗先：《经济学百科全书·经济理论》，台北联经出版事业公司，1964年版，第673页。

③ 〔美〕瓦尔特·尼科尔森著，朱宝宪译：《微观经济理论：基本原理与扩展》（第六版），中国经济出版社1999年版，第313页。

因此,维塞尔说:"成本就是一种可供个人使用的生产性财物,但因其具有可另作他用的能力而采取支出和费用的形式。"①庞巴维克说:"成本不过是那些有价值的生产性物品的综合:在制造产品中必须投入的劳动、具体资本、财富的使用等等。"②"生产成本不过是耗费在物品制造中的生产性物品的总和——所消耗的具体资本和劳动的花费等等。"③马歇尔则将生产成本定义为生产一种商品所需要和耗费的生产要素,并称之为"实际成本":"生产一种商品一般都需要许多不同种类的劳动并以各种形式使用资本。直接或间接用于生产商品的各种不同的劳作,和节欲或储存商品生产中所用资本所需要的等待;所有这些劳作和牺牲加在一起,就叫做商品生产的实际成本……我们可以把生产某商品所需要的东西划成某些种类,怎样方便就怎样划分,并把它们叫做商品的生产要素。"④

成本是生产一定数量的产品所投入或耗费的全部生产要素,显然意味着:一方面,所谓成本价值,也就是生产一定数量的产品所投入或耗费的全部生产要素——劳动、土地与资本——的价值;另一方面,所谓成本价格,也就是生产一定数量的产品所投入或耗费的全部生产要素——劳动、土地与资本——的价格。然而,"成本"或"生产成本"、"成本价值"和"成本价格"往往被当作同一概念。

---

①　Friedrich Von Wieser, *Natural Value*, New York: KELLEY & MILLMAN-INC. ,1956, p. 175.

②　Eugen V. Böhm-Bawerk, *The Positive Theory of Capital*, New York: G. E. STECHERT & CO. ,1930, p. 183.

③　同上书, p. 179。

④　〔英〕马歇尔著,陈良璧译:《经济学原理》下卷,商务印书馆1965年版,第31-32页。

马吉尔主编的《经济学百科全书》的"生产成本"词条便这样写道："生产成本:对一个正在生产产出的企业来说,它是被用于生产产出的资源的价值。"[①]这就将生产成本归属于价值范畴,因而也就将生产成本与生产成本价值或成本价值等同起来了。韩太祥和陈宪也这样写道:"成本是指厂商为获得一定数量的商品所付出的代价,也就是厂商生产一定数量商品所耗费的生产要素价值,它等于每种要素投入品数量与每种要素单位价格乘积的总和。"[②]如此将成本归入价值和价格范畴,岂不将成本、成本价值和成本价格混为一谈?

2. 成本定律:成本与产品价值相等

成本、成本价值和成本价格虽然根本不同,但是,在自由竞争条件下,成本价值不但与成本价格相等,而且与产品价值以及产品价格相等:成本价值＝成本价格＝产品价值＝产品价格。因为在自由竞争条件下,不但等价交换具有必然性,而且等量资本所生产的商品的价格势必相等,从而等量资本势必获得等量利润:这就是所谓平均利润率规律。对于这一规律,马克思曾这样写道:"不同生产部由于投入其中的资本量的有机构成不同,会产生极不相同的利润率。但是资本会从利润率较低的部门抽走,投入利润率较高的其他部门。通过这种不断地流出和流入,总之,通过资本在不同部门之间根据利润率的升降进行的分配,供求之间就会形成这样一种比例,使不同的生产部门都有相同的平均利润。"[③]"竞争之

---

　　① 〔美〕弗兰克·N.马吉尔主编,吴易风等译:《经济学百科全书》上卷,人民大学出版社1998年版,第315页。

　　② 韩太祥、陈宪:《经济学原理》上册,立信会计出版社2004年版,第181页。

　　③ 〔德〕马克思著,中共中央编译局译:《资本论》第三卷,人民出版社2004年版,第218页。

所以能够影响利润率，只是因为它影响商品的价格。竞争只能使同一个生产部门内的生产者以相等的价格出售他们的商品，并使不同生产部门内的生产者按照这样一个价格出售商品，这个价格使他们得到相同的利润。"①

等量资本势必获得等量利润，显然意味着：等量资本用于生产所获得的利润，与用于交换所获得的利润势必相等。因此，不但等量资本所生产的商品的价格势必相等，而且等量资本用于生产所得到的商品之价格，与用于交换所得到的商品之价格势必相等。在自由竞争条件下，价格与价值应该且必然相等。因此，等量资本用于生产所得到的商品的价值，与用于交换所得到的商品的价值，势必相等。这就是说，一种成本，用于生产所得到的商品 A 的价值，与用于交换所得到的商品 B 的价值，势必相等：A 的价值＝B 的价值。在自由竞争条件下，商品应该且必然等价交换。因此，该成本的价值与其所交换的商品 B 的价值应该且必然相等：B 的价值＝成本的价值。于是，说到底，该成本的价值与其所生产的商品 A 的价值也应该且必然相等：成本价值与产品价值应该且必然相等。这样一来，在自由竞争条件下，成本价值、成本价格、产品价值和产品价格四者岂不应该且必然相等？

成本价值与产品价值应该且必然相等，从而成本价值、成本价格、产品价值和产品价格四者应该且必然相等，就是所谓的"成本规律"或"成本定律"。对于这一定律，庞巴维克在《资本实证论》第七章"成本规律"一开篇就这样写道："在价格领域和在主观价值理

① 〔德〕马克思著，中共中央编译局译：《资本论》第三卷，人民出版社 2004 年版，第 979 页。

论中一样,我们看到一条扎根于经济文献且被普通经验所证实的规律。它告诉我们,一种可以再生产的物品,它的市场价格最终趋向等于生产成本。"①维塞尔也这样写道:"成本定律的作用大略可以归结为:生产者不愿低于成本出卖;但自由竞争的条件下,又不能高于成本出卖。"②对于这一规律,穆勒曾如是解释说:"使各种物品的价值最终与生产费用取得一致的潜在力量,是如果两者不一致而商品供给可能发生的变动。如果一种物品持续以高于其生产费用的比率的价格出售,其供给就会增加,如以低于那一比率的价格出售,其供给就会减少。"③

　　成本定律显然意味着:成本包含平均利润。因为商品价格无疑包括平均利润,因而商品价值包括平均利润。因此,成本价值与商品价值应该且必然相等,显然意味着:成本包含平均利润。这就是为什么李嘉图论及马尔萨斯成本概念时这样写道:"看来马尔萨斯先生认为物品的成本和价值应该相同是我的理论的一部分。如果他所说的成本是包括利润在内的'生产成本',确实如此。"④然而,多年来,我国马克思主义经济学家们却认为,按照马克思的观点,成本是商品价值中的不变资本与可变资本的总和,不包括利润或剩余价值,因而成本价值并不等于商品价值;商品价值＝成本价

---

① Eugen V. Böhm-Bawerk, *The Positive Theory of Capital*, New York: G. E. STECHERT & CO., 1930, p. 223.

② Friedrich von Wieser, *Natural Value*, New York: KELLEY & MILLMAN-INC., 1956, p. 17.

③ 〔英〕穆勒著,赵荣潜等译:《政治经济学原理》上卷,商务印书馆1997年版,第513页。

④ David Ricardo, *Principles of Political Economy and Taxation*, London: George Bell and Sons, 1908, p. 40.

格＋剩余价值。许涤新主编的《政治经济学辞典》便这样写道"成本价格又称'生产费用'或'生产成本'。指由商品生产中实际耗费的不变资本和可变资本所构成的价格……如以 k 代表成本价格，则商品价值 W＝k＋m。可见，成本价格要小于商品价值。"[①]宋涛主编的《政治经济学教程》亦如是说："商品价值中的不变资本与可变资本的总和，便构成商品成本。商品价值大于成本，两者之间的差额就是剩余价值。"[②]这样一来，成本规律——商品的价值与成本的价值应该且必然相等——就不成立了。这果真是马克思的观点吗？

不！不是。马克思对此论述颇多，且看最著名也最具代表性的一段："商品使资本家耗费的东西和商品生产本身所耗费的东西，无疑是两个完全不同的量。商品价值中由剩余价值构成的部分，不需要资本家耗费什么东西，因为它耗费的只是工人的无偿劳动……所以，对资本家来说，商品的成本价格必然表现为商品本身的实际费用。我们把成本价格叫做 k，W＝c＋v＋m 这个公式就转化为 W＝k＋m 这个公式，或者说，商品价值＝成本价格＋剩余价值。因此，把商品价值中那些只是补偿商品生产上耗费的资本价值的部分概括为成本价格这个范畴，这一方面表明资本主义生产的特殊性质。商品的资本主义费用是用资本的耗费来计量的，而商品的实际费用则是用劳动的耗费来计量的。所以，商品的资本主义的成本价格，在数量上是与商品的价值或商品的实际成

---

① 许涤新主编：《政治经济学辞典》上册，人民出版社 1980 年版，第 520－521 页。
② 宋涛主编：《政治经济学教程》（第五版）中国人民大学出版社 1999 年版，第 131 页。

本价格不同的：它小于商品价值，因为，既然 W＝k＋m，那么，k＝W－m。"①

　　由此可见，马克思将成本价格分为"商品的资本主义成本价格"与"商品的实际成本价格"：商品的资本主义成本价格，亦即对资本家来说的成本价格，是商品使资本家耗费的东西；商品的实际成本价格，亦即商品成本价格，亦即成本价格，是商品的生产本身所耗费的东西。商品使资本家耗费的只是生产资料价格和劳动力价格，亦即不变资本与可变资本，这就是"对资本家来说的成本价格"或"商品的资本主义成本价格"。商品的生产本身所耗费的东西，亦即商品成本价格，它除了对资本家来说的成本价格，还包括剩余价值或利润，该部分不是资本家耗费的生产要素，而是工人无偿耗费的生产要素，亦即工人的无偿劳动。这样一来，马克思所谓"商品的实际成本价格"——亦即成本价格——便等于"对资本家来说的成本价格"加上"剩余价值或利润、平均利润"：成本价格＝对资本家来说的成本价格＋剩余价值或利润。

　　但是，"对资本家来说的成本价格"或"商品的资本主义成本价格"，未免啰唆、累赘和拗口，马克思遂将其简称为"成本价格"。这样一来，"商品的实际成本价格"或"成本价格"就不能叫作"成本价格"了，那么，叫作什么呢？斯密称之为"自然价格"；李嘉图称之为"生产价格"或"生产费用"；重农学派称之为"必要价格"；马克思称之为"生产价格"；今日经济学家仍然普遍称之为"成本价格"。于是，"成本价格＝对资本家来说的成本价格＋剩余价值或利润"的

---

　　① 〔德〕马克思著，中共中央编译局译：《资本论》第三卷，人民出版社 2004 年版，第 32－33 页。

公式,在马克思这里就进一步转换为"生产价格＝成本价格＋平均利润":"商品的生产价格,等于商品的成本价格加上依照一般利润率按百分比计算应加到这个成本价格上的利润,或者说,等于商品的成本价格加上平均利润。"①

因此,真正讲来,并没有什么两种成本概念或两种成本价格概念。马克思的成本或成本价格概念,与西方主流经济学的成本或成本价格概念,原本是同一概念,因而并没有推翻或违背"商品价值等于其成本价值"的成本规律。只不过,为了揭示资本家无偿占有工人创造的剩余价值之剥削本性,马克思从"成本价格"概念中分离出"对资本家来说的成本价格"概念,而将前者叫作"生产价格",将后者简称为"成本价格"。这种分离和称谓是否恰当,显然是无关成本规律的另一回事。

综上可知,商品的价值与成本的价值应该相等,这种相等在自由竞争条件下具有必然性,因而可以称之为成本规律:这是颠扑不灭的真理。商品价值或其实体,如前所述,乃是商品的边际效用;商品价值量就是商品的边际效用量:商品价值量＝商品边际效用量。这样,商品价值与成本相等,便意味着:商品价值＝商品边际效用＝商品边际成本。因为,如前所述,所谓边际效用就是"最后增加的单位商品"的效用;而"最后增加的单位商品"所增加的成本就叫作边际成本:"产品的边际成本是多生产一单位产出所增加的成本。"②因此,商品价值与成本相等便可以转换为:边际效用与边

---

　　① 〔德〕马克思著,中共中央编译局译:《资本论》第三卷,人民出版社 2004 年版,第 177 页。

　　② Paul A. Samuelson,William D. Nordhaus,*Microeconomics*(16th Edition),Boston:The McGraw-Hill Companies Inc. ,1998,p. 118.

际成本相等。因此,马歇尔说:"我们讨论价值是由效用所决定还是由生产成本所决定,和讨论一张纸是由剪刀的上边裁还是由剪刀的下边裁是同样合理的。"①

3. 成本定律:公平价格的三重含义

商品价值、商品边际效用与商品边际成本三者相等原理,一方面,使斯密的"价值悖论"得到了最终的、完满的解决。准此观之,钻石交换价值大,绝不是因其效用和使用价值小;恰恰相反,钻石交换价值大,只是因其数量小,因而边际效用大和边际成本高,从而使用价值大。水交换价值小,绝不是因其效用大,而是因其数量多,因而边际效用小和边际成本低,从而使用价值小。这就科学地说明效用与价值以及使用价值与交换价值完全成正比例变化,从而证明了一切商品价值都是商品效用。对"价值悖论"的这种科学的解析,尼科尔森认为应该归功于马歇尔关于需求(边际效用)和供给(边际成本)的均衡价格论:"马歇尔的模型解决了水—钻石悖论。价格既反映了需求者对商品边际价值的估价,又反映了生产这种商品的边际成本。根据这种观点,悖论就可以消除。水的价格低廉是因为它具有很低的边际价值和边际生产成本。而与此相反,钻石价格昂贵是因为它具有很高的边际价值(因为它们相对稀少)和很高的边际生产成本。"②

商品价值、商品边际效用与商品边际成本三者相等原理,另一

---

① 〔美〕马歇尔著,陈良璧译:《经济学原理》下卷,商务印书馆1965年版,第40页。

② 〔美〕瓦尔特·尼科尔森著,朱宝宪译:《微观经济理论:基本原理与扩展》(第六版),中国经济出版社1999年版,第10页。

方面,说明商品的价值量,归根结底,可以通过边际成本来确定:边际成本与边际效用相等。对此,庞巴维克曾举例说:"如果我们确定物品 B 或 C 对我们有什么价值,我们一定首先说:它的价值正好等于我们可以在任何时刻用来生产它的生产手段的价值。如果我们进一步确定生产手段本身有多少价值,我们就回到边际产品 A 的边际效用了。不过,实际上我们经常可以免于这种进一步的推算,因为我们已经知道组成成本的各种物品的价值,不必自第一级开始,再逐步推导上去;在所有这些场合下,我们都用一个既准确又方便的简略公式来确定物品的价值,那就是,简单地根据它的成本。"①

这样一来,公平价格是与商品边际效用相等的价格,便意味着,公平价格就是与边际成本相等的价格。因此,公平价格与商品边际效用相等,固然意味着公平价格就是供求关系所决定和支配的价格,因而可能背离成本,但决不会背离边际成本。因为不论供过关系如何,商品价值、边际效用与边际成本三者都是相等的。于是,总而言之,公平价格,直接说来,是与商品价值相等的价格,亦即符合等价交换原则的价格;根本说来,也就是与商品边际效用相等的价格,也就是符合等边际效用交换原则的价格;最终说来,则是与边际成本相等的价格。相反,不公平价格,直接说来,是与商品价值不相等的价格,亦即违背等价交换原则的价格;根本说来,也就是与商品边际效用不相等的价格,也就是违背等边际效用交换原则的价格;最终说来,则是与边际成本不相等的价格。

---

① Eugen V. Böhm-Bawerk, *The Positive Theory of Capital*, New York: G. E. STECHERT & CO., 1930, p. 188.

三、自由竞争:自由价格与公平价格之实现

1. 竞争与垄断:商品经济形态分类

自由价格与公平价格是善而强制价格和不公平价格是恶。那么,究竟怎样才能实现自由价格和公平价格而避免强制价格和不公平价格? 答案是:实现自由竞争而避免垄断。可是,究竟何谓自由竞争和垄断? 今日西方经济学根据市场结构性质——市场上厂商数目和厂商对价格的控制程度以及进出一个行业的难易程度和同一种产品的差别程度——将市场和厂商分为两大类型:完全竞争与不完全竞争;后者又分为完全垄断(又叫做垄断或纯粹垄断),寡头垄断(简称寡头)和垄断竞争:"不完全竞争的主要类型——垄断、寡头和垄断竞争。"[①]确实,市场或厂商可以分为完全竞争,垄断竞争,寡头垄断和完全垄断四类。但是,将寡头垄断和完全垄断归入不完全竞争是不当的。完全垄断就是纯粹垄断,就是没有竞争,称之为"不完全竞争"岂不荒唐! 大概就是这个缘故,陈及认为不完全竞争只包括寡头垄断与垄断竞争,而不包括完全垄断。他的市场或厂商分类是:完全竞争,不完全竞争(寡头垄断与垄断竞争)和完全垄断。[②]

可是,为什么寡头垄断与垄断竞争都叫作不完全竞争? 难道

①　Paul A. Samuelson,William D. Nordhaus,*Microeconomics*(16th Edition),Boston:The McGraw-Hill Companies Inc. ,1998,p. 154.

②　陈及:《西方经济学》,中国财政经济出版社 1996 年版,第 131 页。

不可以称之为不完全垄断吗？如果根据寡头垄断与垄断竞争都既有竞争又有垄断，就称之为不完全竞争，岂不也可以因此称之为不完全垄断？显然，将寡头垄断与垄断竞争叫作不完全竞争或不完全垄断都是不恰当的。就某种意义来说，不完全竞争与不完全垄断无疑恰恰相反：前者属于竞争范畴，意味着既有竞争又有垄断，但以竞争为主；后者属于垄断范畴，意味着既有垄断又有竞争，但以垄断为主。这样一来，寡头垄断便与完全垄断是一类，都属于垄断范畴。反之，垄断竞争与完全竞争是一类，都属于竞争或自由竞争范畴：竞争与自由竞争是同一概念。因此，科学地看，正如平狄克和鲁宾费尔德所言，市场或厂商首先分为"竞争"（或自由竞争）与"非竞争"（或垄断）两大类型：非竞争与垄断是同一概念。[1] 然后，非竞争或垄断又分为完全垄断与寡头垄断：寡头垄断与不完全垄断是同一概念。相应地，竞争或自由竞争则分为完全竞争（亦即完全自由竞争）与不完全竞争（亦即不完全自由竞争）：不完全竞争与垄断竞争是同一概念。那么，分类的根据是什么？究竟何谓垄断与竞争？

垄断与竞争，粗略看来，是围绕供给而形成的两种经济形态。因此，垄断与竞争的分类根据，粗略看来，是同行厂商或产品供给者的数量：存在众多同行厂商者叫作自由竞争；只有一个或为数不多同行厂商者叫作垄断。但是，细究起来，这种分类根据不能成立。因为垄断竞争与完全竞争的厂商都是众多的。因此，垄断与竞争的分类根据，确如萨缪尔森所言，乃是价格决定的性质。他曾

---

① 〔美〕平狄克、鲁宾费尔德著，张军等译：《微观经济学》（第四版），中国人民大学出版社 2000 年版，第 9 页。

这样写道："完全竞争是什么？完全竞争就是所有物品和劳务都有一个价格并在市场上进行交易。它还意味着没有一家企业或消费者强大到足以影响整个市场价格……偏离有效市场的一个重要原因就是存在不完全竞争或垄断因素。在完全竞争条件下,任何企业或消费者都无法影响价格;而当一个买者或卖者能够左右一种商品的价格时,不完全竞争就发生了。"①

质言之,商品经济根据价格决定的性质,可以分为垄断与竞争或自由竞争两类。自由竞争是价格完全由供求关系决定的商品经济形态;垄断则是价格由某些厂商、卖者或买者决定的商品经济形态。价格完全由供求关系决定,显然意味着,价格由全部厂商和全部消费者共同决定:消费者的决定方式就是所谓"货币投票"。因此,这种商品经济供给、价格与资源配置处于一种自由竞争状态:这就是为什么价格完全由供求关系决定乃是自由竞争根本特征的缘故。反之,价格由某些厂商、卖者或买者决定,意味着:价格不是由所有厂商、卖者或买者和全部消费者共同决定。因此,这种商品经济的供给、价格与资源配置,主要讲来,便处于一种垄断状态:这就是为什么价格由某些厂商、卖者或买者决定乃是垄断根本特征的缘故。

自由竞争分为完全竞争与不完全竞争或垄断竞争。完全竞争是没有垄断因素的纯粹自由竞争,是全部厂商和消费者同样都是价格接受者的自由竞争:"完全竞争意味着都是价格接受者。"②不

①　Paul A. Samuelson, William D. Nordhaus, *Microeconomics*(16th Edition), Boston: The McGraw-Hill Companies Inc. ,1998, p. 28.

②　同上书, p. 138。

完全竞争亦即垄断竞争,是具有一定垄断因素的自由竞争,是兼具竞争和垄断但以竞争为主的商品经济,是价格虽然在一定程度上由某些厂商控制但主要仍由供求关系决定的自由竞争,是某些厂商因其产品的差别性而能够在一定程度上控制价格的自由竞争:"产品存在差别意味着每个销售者都有提高或降低价格的自由。"①

垄断分为完全垄断与寡头垄断。完全垄断又叫作垄断或纯粹垄断,主要是一个厂商控制该行业的商品供给而成为唯一卖者的商品经济形态:"不完全竞争可能达到怎样不完全的程度?最极端的情形就是垄断:一个单独的卖者完全控制某一行业(这个单独的卖者被叫作'垄断者',该词源于希腊语中的'单个'和'卖者'两个词)。这个单独的卖者是它所在行业的唯一厂家,而且没有任何一个行业能够生产出相近的产品。"②垄断厂商既然控制了全部供给,是唯一的卖者,无疑也就成为价格的唯一决定者:"不完全竞争的极端情形就是垄断——唯一的卖者独自决定特定物品或劳务的价格。"③因此,所谓垄断,说到底,主要就是一个卖者独自决定价格的商品经济形态。

相反,寡头垄断则是为数不多的几个厂商控制该行业的商品供给的具有进入障碍的垄断,是价格决定于为数不多的几个厂商的商品经济。萨缪尔森和诺德豪斯说:"寡头的意思是'几个卖者'。几个,就这里的含义来说,可以是两个那么少,也可以是十个或十五个那么多。寡头的重要特征在于其中每个企业都可以影响

①　Paul A. Samuelson, William D. Nordhaus, *Microeconomics*(16th Edition), Boston: The McGraw-Hill Companies Inc. ,1998, p. 174.

②　同上书, p. 156。

③　同上书, p. 35。

市场价格。"①平狄克和鲁宾费尔德说:"在寡头垄断的市场,只有少数几个厂商相互竞争,且新厂商的进入是受到障碍的。"②阿诺德说:"寡头垄断是建立在三个假设基础之上的一种市场结构理论:少量的销售者和大量的购买者;企业销售同质的或有差异的产品;以及明显的进入障碍。"③

2. 完全竞争价格:自由价格与公平价格

不难看出,完全竞争条件下的市场价格既是自由价格又是公平价格。因为正如迈克易切恩所言,在完全竞争条件下,厂商数目众多、各厂商都出售无差别的同质产品、进出行业都很容易、所有参与者都同样无力控制价格、价格由市场供求决定:"如果一个市场上存在这些条件,那么单个参与者则无法控制价格。价格由市场供求决定。一个完全竞争厂商被称为价格接受者。"④这就是说,在完全竞争条件下,一方面,每个经济人,不论是厂商或卖者还是消费者或买者,对于价格的决定作用是完全平等的,都同样是价格接受者,谁也强制不了谁,不存在任何强制,因而都是同样自由、无强制、心甘情愿——而不是被迫、被强制、不自由、不情愿——地按照完全由市场供求关系决定的价格进行商品的买卖交换。因

---

① Paul A. Samuelson, William D. Nordhaus, *Microeconomics* (16th Edition), Boston: The McGraw-Hill Companies Inc., 1998, p. 156.

② 〔美〕平狄克、鲁宾费尔德著,张军等译:《微观经济学》(第四版),中国人民大学出版社 2000 年版,第 372 页。

③ 〔美〕罗杰·A. 阿诺德著,沈可挺、刘惠林译:《经济学》(第五版),中信出版社 2004 年版,第 623 页。

④ 〔美〕威廉·A. 迈克易切恩著,田秋生译:《微观经济学》,财经科学出版社 2004 年版,第 226 页。

此,在完全竞争条件下,这种完全由市场供求关系决定的市场价格乃是自由价格,而不是强制价格。

另一方面,在完全竞争条件下,价格完全由供求关系决定,亦即由市场需求曲线和市场供给曲线的交点决定。于是,每个厂商面临的需求曲线都是一条高度等于市场价格的水平线。这样一来,便正如萨缪尔森所发现,厂商为了利润最大化,势必将产量确定在边际成本等于价格的产量水平上:"完全竞争条件下企业的供给法则是:当企业的产量定在边际成本等于价格的水平上时,就实现了利润最大化。"[1]"最大化利润的产量,就是边际成本等于价格的产量。这一命题的根据是:只要价格高于最后一个单位的边际成本,竞争企业总是能够获得额外利润。当出售增加的产量不能获得任何额外的利润时,总利润就达到了顶点:最大利润点。在最大利润点,生产最后一个单位产品带来的收入额恰恰等于该单位成本。增添的收入是多少? 它等于每单位的价格。增添的成本是多少? 它等于边际成本。"[2]

完全竞争条件下的市场价格等于边际成本,意味着:完全竞争条件下的市场价格就是公平价格。因为如前所述,所谓公平价格,直接说来,是与商品价值相等的价格;根本说来,也就是与商品边际效用相等的价格,因而也就是供求关系所决定和支配的价格;最终说来,则是与边际成本相等的价格。价格等于边际成本,不但是公平价格,而且意味着资源配置效率最佳状态。因为边际成本与

---

[1]　Paul A. Samuelson, William D. Nordhaus, *Microeconomics*(16th Edition), Boston:The McGraw-Hill Companies Inc. ,1998,p. 140.

[2]　同上书,p. 139。

边际效用应该相等,因而价格等于边际成本,亦即价格等于边际效用。这样一来,就实现了资源配置效率最佳状态:一方面,厂商因价格等于边际成本而实现了利润最大化;另一方面,消费者因价格等于边际效用而获得了最大满足。对于这个道理,萨缪尔森曾有极为精辟的阐述:"效率实现的条件是:ⓐ当消费者得到最大化的满足时,边际效用恰好等于价格。ⓑ当竞争的生产者供给物品时,他们选择使边际成本恰好等于价格的产量。ⓒ既然 MU＝P 且 MC＝P,那么 MU＝MC。这样,在完全竞争条件下,生产一物品的边际社会成本,正好等于它的边际效用价值。"[1]

3. 垄断竞争价格:仍属自由价格与公平价格范畴

自由价格与公平价格以及资源配置效率最佳状态是否只有在完全竞争条件下才能形成? 严格说来,自由价格只有在完全竞争条件下才能形成;而不完全竞争或垄断竞争条件下的价格或多或少总是强制的,总是或多或少的强制价格。因为所谓不完全竞争或垄断竞争,就其根本特征来说,与完全竞争恰恰相反,就是市场参与者们对于价格的决定作用的不平等:"当一个买者或卖者能够影响一种商品的价格时,就出现了不完全竞争;相反,在完全竞争条件下,任何企业和个人都无法影响价格。"[2]在不完全竞争或垄断竞争条件下,市场参与者们对于价格的决定作用是不平等的,一个或一些参与者在一定程度上能够控制价格,从而在一定程度上

① Paul A. Samuelson,William D. Nordhaus,*Microeconomics*(16th Edition),Boston:The McGraw-Hill Companies Inc.,1998,p.152.
② 同上书,p.35。

是价格的决定者;而其他参与者则无能为力,只能是价格的接受者。这样一来,市场价格在一定程度上就是这些能够控制价格的参与者决定的,而其他参与者不论如何不情愿也只能接受。因此,不完全竞争或垄断竞争条件下的价格不是每个参与者自由、无强制、心甘情愿同意的,不是自由价格;而是一些参与者强制其他参与者被迫、被强制、不自由、不情愿地同意的,是强制价格。

　　然而,细究起来,并不尽然。因为垄断竞争与完全竞争的根本区别仅仅在于产品的差别程度:完全竞争厂商生产的同一种产品是无差别的;垄断竞争厂商生产的同一种产品是有差别的。萨缪尔森说:"垄断竞争有三个方面与完全竞争相似:都有许多买者和卖者,进入和退出都是容易的,各企业都把其他企业的价格视为既定。差别在于:在完全竞争条件下,产品是同一的;而在垄断竞争的条件下,产品是有差异的。"[①]正是这些产品的差异,使厂商可以根据自己产品的优势,在一定程度上控制价格,从而具有一定程度的垄断因素,成为以自由竞争为主而又兼有垄断因素的经济形态:这就是所谓的垄断竞争。因此,垄断竞争企业的品种多样的商品的价格,虽然在一定程度上为这些厂商所控制,而不是与消费者共同制定的;但是,这种价格却是消费者自由、无强制、心甘情愿选择和同意的,因为消费者宁愿为多样化或高质量的商品而支付较高的价格:"人们宁愿为自由挑选而支付高价。"[②]因此,垄断竞争的商品价格,说到底,仍然是由市场供求关系决定的,仍然是每个买

---

　　①　Paul A. Samuelson, William D. Nordhaus, *Microeconomics*(16th Edition), Boston: The McGraw-Hill Companies Inc., 1998, p. 174.

　　②　同上书,p. 176。

者和卖者自由、无强制、心甘情愿地选择和同意的,因而仍然属于自由价格范畴。

垄断竞争厂商在一定程度上控制、提高价格,因而垄断竞争价格高于边际成本,属于不公平价格范畴。但是,垄断竞争的厂商毕竟与完全竞争同样众多,毕竟以自由竞争为主,属于自由竞争范畴,它与完全竞争的根本差别仅仅在于产品的差别性,厂商仅仅因其产品的差别性而能够在一定程度上控制价格,从而具有一定的垄断因素,因而垄断竞争价格虽然在一定程度上由某些厂商控制,但主要仍由供求关系决定。在与完全竞争同样众多的厂商之自由竞争市场上,每个厂商所占的市场份额都很小,厂商为争夺市场份额所进行的价格战,势必使垄断竞争价格围绕着完全竞争条件下的市场均衡价格上下波动,绝不可能长久地、较大程度地偏离边际成本;而势必非常接近完全竞争市场的 P=MC=最低 AC 的效率。"这里起决定因素的是垄断竞争市场,是众多厂商之间的竞争。他们不可能在价格上保持一致。那么取一个较长时期的价格平均值,可以说垄断竞争市场是比较或很接近完全竞争市场 P=MC=最低的 AC 的市场效率的。"[1]更何况,长时期内,垄断竞争厂商与完全竞争厂商一样,都不能获得超额利润、经济利润:"在垄断竞争的长期均衡点,虽然价格高于边际成本,但是经济利润已下降至零。"[2]

因此,垄断竞争价格只是在一定程度上偏离完全竞争条件下由

---

[1] 薛治龙:《经济学通论》,经济管理出版社 2009 年版,第 116 页。

[2] Paul A. Samuelson, William D. Nordhaus, *Microeconomics* (16th Edition), Boston: The McGraw-Hill Companies Inc. ,1998,p. 175.

供求关系所决定的市场价格,只是在一定程度上偏离边际成本或P=MC的公平价格。这种偏离完全竞争条件下由供求关系所决定的价格之不公平,虽然程度较小较轻,却也侵犯了消费者的一定权益和某种程度的无效率:"垄断竞争行业中的企业具有超额产能:它们的产量小于平均总成本最小时的产量。"①因此,垄断竞争价格之不公平是一种恶。但是,这种恶却似乎是一种必要恶,因为它能够产生更大的善:产品多样化。这样,消费者权益所受到的侵犯和某种程度的无效率便因为同时获得产品多样化的利益而抵消或补偿:"问题的关键在于垄断竞争行业提供的多样化产品本身对消费者是有益的。所以消费者因为超额产能而支付的更高的价格某种程度上被他们因为多样化程度增大而获得的收益所抵消。"②垄断竞争价格高于边际成本的不公平和某种程度的无效率,既然能够被它所给予消费者多样化产品的利益所补偿和抵消——厂商长时期说来也不能获得超额利润——也就符合效率原则和等利交换的公正原则,因而说到底便仍然属于公平价格范畴和有效率经济。那么,不公平价格与不自由价格或强制价格究竟存在于何种经济形态?

4. 垄断价格:强制价格和不公平价格

完全垄断条件下的商品价格无疑是典型的强制价格和典型的不公平价格。因为完全垄断是一个厂商控制了该行业的全部供给,该厂商是唯一的卖者,是价格的唯一决定者。这样一来,消费

---

① 〔美〕保罗·克鲁格曼等著,黄卫平等译:《微观经济学》,中国人民大学出版社2009年版,第501页。

② 同上。

者便不但只能是价格的接受者,而且没有选择其他卖者的自由和余地,不论如何不情愿也只能接受和同意唯一卖者的垄断价格,否则就买不到该行业的商品。因此,完全垄断条件下的价格乃是消费者没有任何选择自由而不得不同意和接受的,因而是一种地地道道的强制价格。不但此也,完全垄断条件下的商品价格也是一种极不公平的价格,并且必定伴随资源的浪费和低效率。因为,如所周知,垄断厂商均衡的根本特征就在于:一方面,垄断厂商的价格高于其边际成本;另一方面,垄断厂商的平均成本 AC,不是最低的 AC,垄断厂商以较高成本生产数量较少产品。

换言之,垄断厂商是通过减少产量(亦即将产量限制在边际成本等于市场价格的水平之下)和提高价格(价格高于边际成本)来获得垄断经济利润。这样一来,一方面,社会需要花费较高成本生产较少数量产品,因而造成资源的浪费和低效率;另一方面,消费者获得较少数量产品,却为之支付过高的、远远高于边际成本的价格,因而极不公平:不公平价格就是高于边际成本的价格。进言之,垄断厂商不但通过减少产量和提高价格的损害消费者的罪恶的剥削手段获利,而且消费者因此所受到的损失大于垄断者因此所获得的收益,因而导致所谓"无谓损失":"无谓损失"是垄断无效率的重要特征。有鉴于此,克鲁格曼写道:"垄断行业产量更少,收取的价格更高,同时在短期和长期均获得更高的利润。垄断者由于采用高于边际成本的价格而造成了无谓损失:消费者剩余的损失高于垄断者获得的利润。因此,垄断是市场失灵的源泉。"[1]

---

① 〔美〕保罗·克鲁格等著,黄卫平等译:《微观经济学》,中国人民大学出版社2009年版,第 450 页。

可见,完全垄断条件下的商品价格是远远高于边际成本——因而必定伴随着资源的浪费和低效率——的具有剥削性质的极不公平的价格:远远高于边际成本的极不公平的剥削性价格是完全垄断的最根本特征。因此,萨缪尔森虽然对垄断利润深恶痛绝,称之为"罪恶的垄断利润",却一再说:"垄断的最大祸害并不是它榨取垄断利润,而是它规定的垄断价格远远高于社会按照边际成本所决定的价格……垄断的真正祸害是人为造成的 P 与 MC 的背离。"[①]"垄断所导致的 P 与 MC 的脱离意味着对劳动的'剥削',……工会在垄断企业中提高工资的行动并不能消除这种剥削。受到剥削的是整个社会,改变这种状况是反托拉斯政策的一个任务。"[②]那么,寡头垄断条件下的价格是否也是如此?

寡头垄断,不论是勾结性寡头垄断还是竞争性寡头垄断,都是为数不多的几个厂商控制了该行业的全部供给,从而成为价格的决定者。这样一来,消费者便不但只能是价格的接受者,而且没有选择其他卖者的自由,不论如何不情愿也只能接受和同意这几个卖者的垄断价格,否则就买不到该行业的商品。因此,寡头垄断条件下的价格是消费者不得不同意和接受的,因而属于强制价格范畴。寡头垄断价格也是不公平价格,因为任何厂商,不论是寡头垄断还是完全垄断抑或垄断竞争,只要能够在一定程度上控制价格,势必使其高于边际成本。"请记住完全竞争厂商和有垄断势力的厂商之间的重要区别:对完全竞争的厂商,价格等于边际成本;而

---

① 〔美〕萨缪尔森著,高鸿业译:《经济学》中册,商务印书馆 1986 年版,第 192 - 193 页。

② 同上书,第 171 页。

对有垄断势力的厂商,价格大于边际成本。"[①]这个道理,萨缪尔森多有论述。通过这些论述,他得出结论说:"不完全竞争通常导致价格高于边际成本,……高价格的结果是寡头企业经常(但不总是)获得超额利润。"[②]迈克易切恩也这样写道:"寡头条件下的长期利润率高于完全竞争条件下的长期利润率。"[③]

只不过,寡头垄断比较复杂,有常态与非常态之分;勾结性寡头垄断是常态而竞争性寡头垄断是非常态。"默契串谋是寡头垄断的常态。"[④]勾结性寡头垄断,如古诺模型所表明,其价格、产量和效率,无异于完全垄断;竞争性寡头垄断,如张伯伦模型所表明,其价格、产量和效率趋向于完全竞争。对此,萨缪尔森曾这样总结道:"在不完全竞争领域中,可以得出如下一些重要的结论:随着不合作或竞争性寡头数量大增,企业的价格和产量趋向于完全竞争市场的产出情况。如果企业决定相互勾结而不是相互竞争,那么,市场价格和产量将接近于垄断所造成的价格和数量。"[⑤]

综上可知,自由竞争是善;垄断是恶。完全自由竞争是完全的纯粹的善,因为该条件下的市场价格完全由供求关系决定,等于边际成本,因而不但是自由价格和公平价格,而且实现了资源配置效

---

①　〔美〕平狄克、鲁宾费尔德著,张军等译:《微观经济学》(第四版),中国人民大学出版社 2000 年版,第 295 页。

②　Paul A. Samuelson, William D. Nordhaus, *Microeconomics*(16th Edition), Boston: The McGraw-Hill Companies Inc. ,1998, p. 171.

③　〔美〕威廉·A. 迈克易切恩著,田秋生译:《微观经济学》,财经科学出版社 2004 年版,第 313 页。

④　〔美〕保罗·克鲁格曼等著,黄卫平等译:《微观经济学》,中国人民大学出版社 2009 年版,第 381 页。

⑤　Paul A. Samuelson, William D. Nordhaus, *Microeconomics*(16th Edition), Boston: The McGraw-Hill Companies Inc. ,1998, p. 176.

率最佳状态。垄断竞争,就其垄断因素来说,亦即就其品种多样的商品的价格在一定程度上为厂商所控制从而高于边际成本来说,无疑属于强制价格和不公平价格范畴以及某种程度的无效率,因而是一种恶;但是,这种恶是一种必要恶。因为消费者宁愿为多样化或高质量的商品而支付较高的价格,并且这种高于边际成本的不公平和无效率,能够被它所给予消费者多样化产品的利益所补偿和抵消,因而说到底便仍然属于自由价格、公平价格范畴和有效率经济。唯有完全垄断与寡头垄断才是真正的恶——亦即纯粹恶或净余额为恶——因为该条件下的市场价格既不自由又不公平且低效率。只不过,完全垄断极不自由、极不公平和极无效率;而勾结性寡头垄断无异于完全垄断,竞争性寡头垄断则趋向于垄断竞争和完全竞争罢了。

因此,斯密认为自由竞争乃是可以导致资源配置效率最佳状态的一只"看不见的手"的理论,[①]堪称绝对的、永恒的、无条件的伟大真理。因为在自由竞争条件下,商品价格完全由供求关系"盲目"决定,确实是这样一只看不见的"盲目"的手,它可以并且只有它才可以导致自由价格、公平价格和资源配置效率最佳状态;看不见的手意味着自由、公平、效率和善。反之,任何看得见的手——亦即人为控制价格从而使价格不再"盲目"由供求关系决定——都意味着强制价格、不公平价格和无效率,因而就其自身来说都是一种恶。垄断是一只"看得见的手",因为垄断说到底无非是对价格的人为控制从而使价格不再"盲目"由供求关系决定。垄断这只

---

① Adam Smith, *An Inquiry into The Nature And Causes of The Wealth of Nations* vol. 1(4th Edition), London: Methuen & Co. Ltd., 1930, p. 421.

"看得见的手"就其自身和结果来说都是恶,是一只纯粹的罪恶的手。政府的价格管制是另一只"看得见的手",这只"看得见的手"就其自身来说也是一种恶,但它可能是一种必要恶,如果它能够防止更大的恶,如反垄断。这就是斯密所发现的"看不见的手"原理之真谛:它无疑是绝对的、永恒的、无条件的真理。

第七章　劳动的价值与价格

本章提要　私有制使资本家有权成为支配和领导工人的雇主,使工人成为被领导、被支配和必须服从的雇员,势必导致双方对于劳动价格的决定作用的不平等:雇主或劳动买方是价格的决定者和控制者;而雇员或劳动卖方则是价格的接受者。因此,资本主义劳动市场不可能是完全自由竞争市场,而必然是买方垄断市场。任何垄断,不论是产品市场的卖方垄断,还是劳动市场的买方垄断,都同样意味着垄断者在一定程度上控制价格,因而势必导致价格与价值的背离,导致不等价交换:不等价交换是垄断价格规律,正如等价交换是自由竞争的价格规律一样。只不过,产品市场的卖方垄断导致的是价格高于价值或边际成本。反之,劳动市场的买方垄断导致的则是价格低于价值,亦即劳动价格或工资低于劳动价值,低于劳动的边际产品。工资低于劳动价值或劳动的边际产品的差额,就是劳动者所创造的被资本家无偿占有的剩余价值,也就是所谓资本主义剥削。因此,资本主义剥削的根源,直接说来,是劳动市场买方垄断;归根结底,则是资本主义私有制。

　　商品价格只要与商品交换价值相符、相等,从而等价交换,就是公平的,因而也就是无剥削的;商品价格只要与商品交换价值不相符、不相等,从而不等价交换,就是不公平的,因而也就存在着剥削。但是,按照马克思的理论,这里似乎有一个例外,亦即资本主义私有制条件下的劳动力商品。因为在私有制条件下，即使劳动力的价格完全等于劳动力的交换价值，亦即等价交换，实质上却仍然存在着剥削或剩余价值的无偿占有，因而并不是公平的。这种观点能成立吗？

一、劳动与劳动力之概念

1. 劳动与劳动力：概念界说

不言而喻，任何劳动都是一种有目的的活动，其目的乃在于创造某种用处、用途或效用。就连清洁工、军人、医生和教师的劳动也不例外：清洁工创造的效用是清洁；军人的劳动创造的效用是安全；医生劳动创造的效用是健康；教师的劳动创造的效用是授业解惑。因此，萨伊说："人力所创造的不是物质而是效用。"[①]穆勒说："劳动并不创造物品，而是创造效用。"[②]因此，劳动就是目的在于创造某种用处、用途或效用的活动，就是为了创造某种用处、用途或效用而进行的活动。但是，人们的活动往往达不到目的，劳动当然也不例外：有些劳动是"不能有助于所要达到的目的因而不能生产效用的劳动"。[③] 确实，劳动的目的是创造效用，却未必就能够创造效用，因而有所谓"无效劳动"、"徒劳无益"。因此，我们不能说劳动是创造效用的活动；而只能说劳动是为了创造效用的活动：

---

① 〔法〕萨伊著，陈福生、陈振骅译：《政治经济学概论》，商务印书馆1963年版，第59页。

② 〔英〕穆勒著，赵荣潜等译：《政治经济学原理》上卷，商务印书馆1997年版，第61页。

③ 〔英〕马歇尔著，陈良璧等译：《经济学原理》下卷，商务印书馆1965年版，第85页。

劳动是以创造效用为目的的活动。因此,马歇尔得出结论说:"我们可以对劳动下这样的定义:劳动是任何心智或身体上的努力,部分地或全部地以获得某种好处为目的,而不是以直接从这种努力中获得愉快为目的。"[①]

所谓用处、用途或效用,无疑是对于人的需要的用处、用途或效用,也就是客体对于人的需要的用处、用途或效用,说到底,就是价值或财富。因为,如前所述,价值是客体对于主体的需要的效用性;财富就是能够满足人的需要的、有用的、有价值的东西。因此,所谓劳动,说到底,也就是为了创造效用、价值或财富的活动,也就是目的在于创造效用、价值或财富的活动。这就是劳动的定义吗?是的。但这个定义所界定的显然是广义的劳动概念,而并非经济学的劳动概念。因为这一定义极为广泛,照此说来,不论什么活动,只要目的是创造效用、价值或财富,就是劳动。这样一来,就连拉拢关系、结交朋友和讨好领导或群众等俗不可耐的活动,也属于劳动范畴。因为这些活动也可以是一种目的在于创造效用、价值或财富的活动:它无疑具有为自己创造所谓良好人脉的效用、价值或财富。不言而喻,讨好领导和群众固然因其具有创造良好人脉的效用而属于劳动范畴,却绝不是经济学的劳动范畴。

经济学的劳动范畴是一种狭义的劳动概念。因为经济学所谓的劳动,如所周知,乃是指"生产性劳动"。所谓生产性劳动,正如穆勒所言,不仅包括生产,而且包括运输业、商业或交换等直接和间接创造物质财富的一切劳动。[②] 准此观之,经济学所谓的劳动,

---

① 〔英〕马歇尔著,陈良璧译:《经济学原理》上卷,商务印书馆1965年版,第84页。

② 〔英〕穆勒著,赵荣潜等译:《政治经济学原理》上卷,商务印书馆1997年版,第63-65页。

确如穆勒和马克思所界说,也就是使自然物对人有用的活动,也就是改变自然物从而使其产生对人有用性质的活动,也就是目的在于创造有用物品的活动,说到底,也就是目的在于创造使用价值的活动:"所谓生产性劳动,是指产生固定和体现在物体中的效用的劳动。"①"固定和体现在外界物体中的效用,即运用劳动使外物具有能使它们对人有用的性质。"②"劳动过程,就我们在上面把它描述为它的简单的、抽象的要素来说,是制造使用价值的有目的的活动,是为了人类的需要对自然物的占有,是人和自然之间的物质变换的一般条件。"③

　　界定了劳动概念,劳动力概念也就迎刃而解了。因为一个人之所以会有劳动,显然是由于他具有劳动能力。没有劳动能力的东西,决不会有劳动。一株植物,一棵树,只有运动,却不会有劳动,因为它们没有劳动能力。劳动能力可以简称为劳动力:二者是同一概念。所以,马克思说,劳动不过是劳动力或劳动能力的表现、使用或利用:"劳动力的使用或利用就是劳动。"④这样一来,所谓劳动力,便可以顾名思义:劳动力就是劳动能力,因而也就是创造效用、价值或财富的活动能力,就是人身中存在的创造效用、价值或财富的体力和脑力的总和。诚然,这是广义的劳动力概念,而并不是经济学的劳动力范畴。因为照此说来,讨好领导或群众等活动的能力便属于劳动力范畴:这种能力无疑是一种具有为自己

---

　　① 〔英〕穆勒著,赵荣潜等译:《政治经济学原理》上卷,商务印书馆1997年版,第63页。

　　② 同上书,第62页。

　　③ 《马克思恩格斯选集》第二卷,人民出版社1995年版,第181页。

　　④ 〔德〕马克思著,中共中央编译局译:《资本论》第一卷,中国社会科学出版社1983年版,第165页。

创造良好人脉的效用、价值或财富的能力。这种能力显然不属于
经济学的劳动力范畴。经济学所谓的劳动力，固然也是劳动能力，
也是创造效用、价值或财富的活动能力，也是人身中存在的创造效
用、价值或财富的体力和脑力的总和；但是，这种能力与拉拢关系、
结交朋友、讨好领导或群众等活动能力根本不同：它乃是改变自然
物从而使其产生对人有用性质的活动的能力，也就是目的在于创
造有用物品的活动的能力，就是人身中存在的目的在于创造有用
物品的体力和脑力的总和，说到底，也就是目的在于创造使用价值
的体力和脑力的总和。因此，马克思在界说经济学的劳动力概念时
这样写道："我们应该把劳动能力或劳动力理解为人的身体即活的
人身中存在的、人生产有用物时必须使用的体力和智力的总和。"[1]

2. 劳动与劳动力：两种商品

劳动力在一定条件下可以成为商品：劳动力商品就是进行买卖
的劳动力。这一点，堪称毫无争议的共识。但是，劳动能不能进行
买卖从而成为商品？古典经济学的回答是肯定的：工人出卖的就是
劳动。相反地，马克思的回答是否定的：工人出卖的不是劳动而是
劳动力。马克思一再说："工人卖的并不直接是他的劳动，而是他的
暂时让资本家支配的劳动力。"[2]"在市场上同资本家直接对立的不
是劳动，而是劳动者。劳动者出卖的是自身，是他的劳动力。"[3]那

---

① 〔德〕马克思著，中共中央编译局译：《资本论》第一卷，中国社会科学出版社
1983年版，第152页。

② 《马克思恩格斯选集》第二卷，人民出版社1995年版，第75页。

③ 〔德〕马克思著，中共中央编译局译：《资本论》第一卷，中国社会科学出版社
1983年版，第555页。

么,劳动究竟是不是商品? 工人出卖的究竟是劳动还是劳动力?
细细想来,可以肯定古典经济学的回答是真理:工人出卖的是劳动
而不是劳动力。

　　如果一个人出卖了他的劳动力,那他就不可能是工人,而只能
是奴隶。因为劳动力与劳动根本不同。一个人的劳动可以与他本
身分离;他干完了活儿,他的劳动就凝结在产品中而离开了他。因
此,一个人出卖劳动,就与出卖他的劳动产品一样,并没有出卖自
己而成为奴隶。相反地,一个人的劳动力与他本身不可分离,因为
劳动力就是人身中存在的创造有用物品的体力和脑力的总和,说
到底,也就是人自身:"人类劳动力就是人本身。"①一个人如果出
卖了他的劳动力,那么,他的劳动能力就不再属于他所有,他创造
有用物品的体力和脑力的总和就不再属于他所有,说到底,他自己
也就不再属于他所有,他就从自由人变成了奴隶。因此,劳动力可
买卖就意味着奴隶制:出卖劳动力就是出卖自身,就是卖身为
奴。可是,为什么马克思认为工人出卖的是劳动力而不是劳动呢?
工人出卖了劳动力而又没有成为奴隶的奥秘何在?

　　马克思承认,一个人出卖劳动力就是出卖自身:出卖劳动力是
工人与奴隶的共同点。只不过,奴隶是将自己的劳动力一下子全
部卖光,是一次而永远地、无限期地出卖了自己劳动力;而工人则
始终把劳动力只出卖一定时间,是零碎地出卖自己的劳动力,是每
天 8 小时、10 小时、12 小时地出卖自己的劳动力:"奴隶连同自己
的劳动力一次而永远地卖给奴隶的所有者,……自由工人自己出

---

　　① 〔俄〕杜冈—巴拉诺夫斯基著,赵维良等译:《政治经济学原理》下册,商务印书馆 1989 年版,第 484 页。

卖自己,并且是零碎地出卖。他每天把自己生命中的 8 小时、10 小时、12、15 小时拍卖给出钱最多的人,拍卖给原料、劳动工具和生活资料的所有者,即拍卖给资本家。工人既不属于某个所有者,也不属于土地,但是他每日生命的 8 小时、10 小时、12、15 小时却属于这些时间的购买者。"①"这种关系要保持下去,劳动力所有者就必须始终把劳动力只出卖一定时间,因为他要是把劳动力一下子全部卖光,他就出卖了自己,就从自由人变成了奴隶,从商人变成商品。他要保持自己的人格,就必须让买者只是暂时支配他的劳动力,这样,他在让渡自己的劳动力时并不因此而放弃自己对它的所有权。"②"如果允许无限期地出卖劳动力,奴隶制就会立刻恢复原状。如果这种出卖包括一个人的一生,那就会立刻把他变成他的雇主的终身奴隶了。"③

　　马克思此见实难成立。因为,一方面,如果说工人出卖的不是劳动,而是——与奴隶一样——劳动力,那么,工人终生每天定量地出卖自己的劳动力,与奴隶将自己的劳动力一下子全部卖光,究竟有何不同? 诚然,如果工人只是偶尔出卖劳动力,只是偶尔出卖自身,只是在某年某月某天出卖了自己的劳动力,只是在某年某月某天出卖了自身,那么,工人确实与奴隶根本不同。但是,工人是终生每天定量地出卖自己的劳动力啊! 工人是终生每天出卖自身啊! 这不是终生卖身为奴又能是什么? 终生每天出卖自己的劳动力,果真比将劳动力一下子全部卖光好得多吗? 显然,二者并无根

　　① 《马克思恩格斯选集》第二卷,人民出版社 1995 年版,第 337 页。

　　② 〔德〕马克思著,中共中央编译局译:《资本论》第一卷,中国社会科学出版社 1983 年版,第 152 页。

　　③ 《马克思恩格斯选集》第二卷,人民出版社 1995 年版,第 75 页。

本不同。因此,如果工人出卖的是劳动力而不是劳动,那么,工人就不是工人而是地地道道的奴隶。工人之所以是工人而不是奴隶,就是因为他终生每天8小时、10小时、12小时地出卖的并不是劳动力而是劳动。

另一方面,马克思说工人出卖或让渡了自己的劳动力时并不因此而放弃自己对它的所有权,岂不自相矛盾?出卖或让渡什么商品,就意味着放弃自己对它的所有权;否则,如果没有放弃对某种商品的所有权,就是没有出卖或让渡该商品。如果工人果真将自己的劳动力让渡、出卖一定时间,那么,在这限定的时间内,工人就放弃了自己对劳动力的所有权,劳动力的所有权就属于买者。这意味着,在这限定的时间内,工人的劳动能力就不属于他所有,他创造有用物品的体力和脑力的总和不属于他所有,说到底,他自己也就不属于他所有:他从自由人变成了奴隶。只不过,他是限定时间的奴隶而已。

事实显然并非如此。事实是:不但在这限定的时间之外,工人拥有自己的劳动力的所有权;而且在这限定的时间内,工人也同样拥有自己的劳动力的所有权。因为他在任何时间里都没有出卖自己的劳动力;他在这限定的时间内,出卖的也并不是他的劳动力,而只是他的劳动力的使用,亦即劳动:劳动就是劳动力的使用。他在这限定的时间内,出卖、让渡的只是他的劳动力的使用权,亦即劳动力使用的所有权,说到底,也就是劳动的所有权。一句话,他在这限定的时间内,出卖或让渡的并不是劳动力,而是劳动力的使用:劳动。

这个道理,原本在马克思所引证的黑格尔的话中已经说得很清楚:"我可以把我的体力上和智力上的技能和活动能力在限定的时间内让渡给别人使用,因为在这种界限以内,它们同我的整体和全体的存在只保持着一种外在的关系。如果我把我的在劳动中实现的全部时间和我的全部生产活动都让渡给别人,那么,我就把这里面所包含的实体,就是说我的普遍的活动和我的人身,变成别人的财产了。"①请看,黑格尔第一句话就说得明明白白:在限定时间内让渡给别人的仅仅是劳动力的使用,而不是劳动力。可是,马克思却居然用以说明工人在限定时间内让渡的是劳动力!

二、劳动与劳动力之价值和价格

1. 劳动与劳动力价值:使用价值与交换价值

工人出卖的并不是劳动力,而是劳动力的使用,是劳动。这意味着:劳动与劳动力一样,可以买卖,因而可以是商品。这样一来,劳动便与其他商品一样,必定具有商品价值,必定具有交换价值与使用价值。那么,究竟什么是劳动的价值? 什么是劳动的使用价值与交换价值? 首先,我们知道,商品使用价值就是商品的事实属性满足物主自己直接使用需要的效用,就是商品的事实属性满足使用需要——亦即消费需要和生产需要——的效用。因此,劳动的使用价值就是劳动满足直接使用需要——亦即消费需要和生产需要——的效用,就是劳动满足劳动购买者的直接使用需要——亦即消费需要和生产需要——的效用。

---

① 〔德〕马克思著,中共中央编译局译:《资本论》第一卷,中国社会科学出版社1983年版,第153页注。

诚然,这个定义真正讲来并不十分确切。因为我们说商品使用价值是满足消费需要和生产需要的需要,只是因为商品分为消费资料与生产资料:消费资料的商品使用价值是其满足消费需要的效用;生产资料的商品使用价值是其满足生产需要的效用。然而,劳动商品显然属于生产资料商品范畴。因此,真正讲来,劳动使用价值乃是劳动满足劳动购买者生产需要的效用,也就是劳动满足买者生产或创造产品的需要的效用,也就是劳动满足买者创造效用、价值或财富的需要的效用。简言之,劳动的使用价值与劳动的生产价值原本是同一概念:劳动使用价值就是劳动生产产品的效用。那么,劳动的交换价值是什么?

商品交换价值,如前所述,就是商品满足交换需要的效用,就是满足物主用以与其他商品相交换的需要之效用,就是满足换回其他商品的需要的效用,斯密称之为"对于他种商品的购买力"[①]。因此,劳动的交换价值就是劳动满足劳动者用以与其他商品(如货币)相交换的需要之效用,就是劳动满足劳动者换回其他商品的需要的效用,也就是——用斯密的话来说——劳动对于他种货物(如货币)的购买力。然而,问题的显然关键在于,劳动交换价值的价值量如何确定?

我们已经阐明,商品之所以能够进行交换从而具有交换价值,就是因为商品具有使用价值,使用价值是交换价值的实体:商品交换价值就是商品使用价值满足换回其他商品的需要之效用。因此,劳动交换价值也就是劳动的使用价值——亦即劳动生产产品

---

① Adam Smith, *The Wealth of Nations*, Books I-III, London: Penguin Inc., 1970, p. 131.

的效用或价值——满足换取其他商品的需要之效用,就是劳动的生产产品的价值换取其他商品的效用。因此,劳动的交换价值量也就是劳动的生产产品的价值换取其他商品的效用量。那么,这种效用量究竟是多少? 或者说,劳动的生产产品的价值究竟能够换取多少其他商品呢? 商品应该等价交换。因此,劳动生产多少产品,就应该换取多少商品:劳动的交换价值量应该等于劳动所生产的产品的价值量。

然而,问题的真正困难,正如萨缪尔森和克拉克等人所指出,乃在于如何确定劳动究竟生产了多少产品? 因为劳动仅仅是生产要素之一,产品并非单纯由劳动生产,而是劳动、资本和土地等生产要素相辅相成、共同生产出来的。[①] 这个被经济学家称之为"分配之谜"的难题,如前所述,最终由美国经济学家克拉克系统论证边际生产力分配理论而得到科学的解决。这个理论的根据和出发点,就是边际效用论的基本原理,亦即商品(交换)价值可以归结为商品的边际效用、边际产品效用或边际产品价值:单位产品价值量=边际产品价值量。从此出发,克拉克推论说,劳动商品(交换)价值同样可以归结为劳动的边际效用、劳动边际产品效用或劳动边际产品价值:单位劳动价值量=劳动边际产品价值量。

这种劳动的边际产品,正如克拉克所言,无疑是可以识别和测量的。因为劳动的边际产品就是最后增加的劳动所增加的产量,也就是最后减少的劳动所减少的产量:"这种产量要怎样来衡量呢? 把一个单位的社会劳动抽出来,看看这一个单位退出以后会

---

① Paul A. Samuelson, William D. Nordhaus, *Microeconomics*(16th Edition), Boston: The McGraw-Hill Companies Inc. ,1998, p. 210.

遇到什么损失，或是增加一个劳动单位，看看增加一个单位会得到什么利益。不论是抽去或是增加，都可以观察得出单独归功于一个单位劳动的、和其他因素无关的产量，……如果我们上面所说的单位的社会劳动是由一百人组成的，而他们离开的结果，各个产业减产的价值总共是二百元，那么这二百元便是可以完全归功于那一百人的生产量。"①

这样一来，对于劳动与资本合作生产出来的产品，我们虽然无法直接识别哪些是劳动生产的产品；但是，我们可以识别最后增加的劳动所增加的产量，可以识别最后减少的劳动所减少的产量，亦即可以识别劳动的边际产品，从而间接识别劳动生产的产品和劳动（交换）价值：单位劳动价值量＝劳动边际产品价值量。因此，克拉克得出结论说："每一个单位劳动的价值，是等于最后单位劳动的产量。在劳动队伍完全建立以后，任何一千个工人，如果退出，就会使整个社会的产量减低，所减低的数量等于最后一批工人的产量。任何一个单位劳动的实际价值，总是等于整个社会利用它的全部资本所生产的东西，减去在那个劳动单位被抽去时社会所生产的东西的数额。"②一言以蔽之："每一个工人对于企业的价值都等于最后一个工人边际产品的财富价值。"③

总而言之，劳动交换价值就是劳动的使用价值——亦即劳动生产产品的效用——满足换取其他商品的需要之效用，就是劳动

---

①　〔美〕克拉克著，陈福生、陈振骅译：《财富的分配》，商务印书馆1984年版，第128页。

②　同上书，第133页。

③　Paul A. Samuelson, William D. Nordhaus, *Microeconomics* (16th Edition), Boston: The McGraw-Hill Companies Inc., 1998, p. 216.

的生产产品的价值换取其他商品的效用。因此,劳动的交换价值量也就是劳动的生产产品的价值换取其他商品的效用量:劳动的交换价值量应该等于劳动所生产的产品的价值量。单位劳动所生产的产品的价值量等于劳动边际产品价值量。因此,劳动的交换价值量等于劳动边际产品价值量。一句话说完,劳动交换价值就是劳动边际产品价值:劳动的交换价值量=劳动边际产品价值量。

劳动力,正如马克思所言,与劳动不同:"劳动力只存在于劳动者的身体内,它不同于它的职能即劳动,正如机器不同于机器的运转一样。"①但是,劳动与劳动力的用途或效用并无不同。诚然,劳动与劳动者——如工人和农民或奴隶等——的用途或效用根本不同。因为工人和农民或奴隶等劳动者的用途或效用,除了劳动,显然还有包括其他东西,如进行战争或角斗游戏。但是,劳动力与劳动者根本不同,劳动力仅仅是工人和农民或奴隶等劳动者的一种能力,仅仅是劳动者的劳动能力,仅仅是劳动者改变自然物从而使其产生对人有用性质的活动的能力,仅仅是劳动者身体中存在的目的在于创造有用物品的体力和脑力的总和。因此,劳动力只有一种用途或效用,那就是劳动。劳动力的用途或效用仅仅是劳动。所以,马克思说:"劳动力的使用或利用就是劳动。劳动力的买者消费劳动力,就是叫劳动力的卖者劳动。"②

劳动力的用途或效用仅仅是劳动,意味着,劳动力的效用就是劳动力的劳动的效用,就是劳动的效用:劳动力的效用就是劳动的

---

① 〔德〕马克思著,中共中央编译局译:《资本论》第一卷,中国社会科学出版社1983年版,第556页。

② 同上书,第165页。

效用。效用就是价值。因此,劳动力的价值就是劳动力的劳动的价值,就是劳动的价值:劳动力的价值就是劳动的价值。劳动力的价值就是劳动的价值。一方面,劳动力使用价值就是劳动力的劳动满足劳动力买者生产需要的效用:劳动力的使用价值就是劳动的使用价值。另一方面,劳动力交换价值就是劳动力的劳动换取其他商品的效用:劳动力的交换价值就是劳动的交换价值。反之亦然,劳动的价值就是劳动力的价值。一方面,劳动使用价值就是劳动力的劳动满足劳动购买者生产需要的效用:劳动的使用价值就是劳动力的使用价值。另一方面,劳动的交换价值就是劳动力的劳动换取其他商品的效用:劳动的交换价值就是劳动力的交换价值。

这就是为什么经济学家论及劳动价值时往往并不区分劳动价值与劳动力或工人价值的缘故。诚然,精确讲来,劳动与劳动力的价值——劳动与劳动力的使用价值与交换价值——并不完全相同。但是二者的不同,犹如短工的劳动与长工或包身工的劳动之不同,仅仅具有量的意义,而不具有质的意义:劳动的价值与短工或小时工的劳动的价值类似;劳动力的价值与长工或包身工的劳动的价值类似。更确切些说,劳动与劳动力的价值之不同,并不是劳动的价值与不同于劳动的另一种东西的价值之不同,而是两种劳动——亦即奴隶劳动与非奴隶劳动——的价值之不同。

因为如上所述,一个人的劳动可以与他本身分离;他干完了活儿,他的劳动就凝结在产品中而离开了他。因此,一个人出卖劳动,就与出卖他的劳动产品一样,并没有出卖自己而成为奴隶。因此,劳动的价值,就其一般含义来说,必非奴隶劳动的价值,而是非奴隶——如工人——劳动的价值。反之,一个人的劳动力与他本身不可分离，劳动力就是人身中存在的创造有用物品的体力和脑力的总和，说到底，也就是人自身。一个人如果出卖了他的劳动力，那么，他创造有用物品的体力和脑力的总和就不再属于他所有，说到底，他自己也就不再属于他所有，他就从自由人变成了奴隶。因此，劳动力的价值，直接说来，是劳动力的劳动的价值；根本说来，则只能是奴隶——终生为奴或限定时间的奴隶——的劳动的价值。

2. 劳动与劳动力价格：劳动者生存的生活资料和工资

劳动力与劳动固然不同，但如上所述，二者的用途、效用或价值并无不同：劳动力的价值就是劳动力的劳动的价值；劳动的价值就是劳动力的劳动的价值。这样一来，一方面，劳动和劳动力使用价值就是劳动力的劳动满足劳动力买者生产需要的效用，就是劳动力的劳动生产产品的效用；另一方面，劳动和劳动力交换价值就是它们的使用价值——亦即劳动力的劳动生产产品的效用——满足换取其他商品的需要之效用，就是劳动力的劳动生产产品的价值换取其他商品的效用，就是劳动力的劳动的边际产品价值。

然而，许多古典经济学家却从成本规律——商品价值与生产成本相等——出发，认为与其他商品一样，劳动或劳动力价值与其生产成本相等。劳动力或劳动的生产成本就是维持和再生产劳动者所需要的生活资料。于是，在他们看来，劳动或劳动力价值就是维持和再生产劳动者所需要的生活资料的价值。这个道理，虽然已经蕴涵于配第、杜尔阁、马尔萨斯和李嘉图著作，但只是在马克思那里才得到了十分清楚、确定和完满的论述："现在应该进一步考察这个特殊商品——劳动力。同一切其他商品一样，劳动力也具有价值。

这个价值是怎样决定的呢？同任何其他商品的价值一样,劳动力的价值也是由生产从而再生产这种特殊物品所必需的劳动时间决定的。就劳动力代表价值来说,它本身只代表在它身上物化的一定量的社会平均劳动。劳动力只是作为活的个体的能力而存在。因此,劳动力的生产要以活的个体的存在为前提。假设个体已经存在,劳动力的生产就是这个个体本身的再生产或维持。活的个体要维持自己,需要有一定量的生活资料。因此,生产劳动力所需要的劳动时间,可化为生产这些生活资料所需要的劳动时间,或者说,劳动力的价值,就是维持劳动力所有者所需要的生活资料的价值。"①

　　这种理论可以称之为"劳动生产成本论"。它能成立吗？维塞尔的回答是否定的。他在《自然价值》第七章"所谓劳动的生产成本"一开篇就满怀激越之情说道:"政治经济学古典学派有一个相当古怪的判断失误,竟至提出这样一个命题:人类劳动的交换价值也决定于其生产成本。人类劳动的生产成本——如果我们用这个名词的人格化意义来代替非人格化的、形象化的意义——就是生产劳动者的生产成本。多么荒谬的思想！难道竟有和物品的生产意义相同的劳动者的'生产'吗？即使在野蛮社会的最黑暗的时代,有人曾说过这样一种事情吗？"②

　　维塞尔说得对,劳动生产成本论确实黑暗、野蛮和荒谬至极。诚然,任何商品都遵循成本规律,因而在自由竞争条件下,商品价值都等于其成本价值。但是,同样毫无疑义的是,只有具有生产成

---

　　①　〔德〕马克思著,中共中央编译局译:《资本论》第一卷上,人民出版社 1975 年版,第 194 页。

　　②　Friedrich von Wieser, *Natural Value*, New York: KELLEY & MILLMAN, INC., 1956, p. 186.

本的商品才可能遵循成本规律,其价值才可能等于其成本价值;而没有生产成本的商品谈何遵循成本规律?没有生产成本的商品的价值怎么可能等于其生产成本?说一棵完全自然生长而没有丝毫人工栽种培育的大树的商品价值等于其生产成本岂不荒唐?说荒地等自然资源的价值等于其生产成本岂不荒唐?同样,劳动或劳动力商品也并没有什么生产成本:它们与荒地野林一样,根本就不是什么人投资生产出来的产品。

诚然,人类的种的繁衍也可以称之为人自身的生产:这种生产完全依靠一定的生活资料来进行和维持。但是,这种人自身的生产属于商品生产范畴吗?能说这些生活资料就是生产人自身——劳动和劳动者——的成本吗?确实,成本就是生产产品所耗费、支付或舍弃的有价值的东西,因而生活资料也可以看作是生产人自身——劳动和劳动者——所耗费或支付的有价值的东西。因此,这些东西或生活资料确实属于生产成本范畴。但是,这些东西或生活资料并不是生产劳动或劳动力商品的生产成本,而是购买劳动或劳动力商品的生产成本,是厂商购买劳动或劳动力所生产的产品的生产成本,是厂商所生产的产品的生产成本。举例说,厂商生产奔驰汽车,必须支付一定的货币或生活资料购买劳动或劳动力,属于生产成本,可以称之为劳动或劳动力成本。但是,这些生产成本显然不是劳动或劳动力商品的生产成本,而是奔驰汽车——亦即劳动或劳动力所生产的产品——的生产成本。

如果说,生产人自身——劳动和劳动者——所耗费的生活资料,乃是厂商制造汽车等产品的生产成本,而不是厂商生产劳动力或劳动的生产成本,那么,是否可以说,生活资料是劳动者自己生产自己的劳动力或劳动商品的生产成本?显然不可以。试想,如果说生活资料是劳动者自己生产自己的劳动力或劳动商品的生产成本,那岂不就意味着:劳动者购买生活资料的目的就是为了生产和出卖劳动或劳动力给资本家? 那岂不就意味着:劳动者吃饭喝酒抽烟就是为了生产和出卖自己的劳动或劳动力给资本家? 那岂不就意味着:劳动者恋爱结婚生儿育女就是为了世世代代生产和出卖自己的劳动或劳动力给资本家? 那岂不就意味着:劳动者活着就是为了生产和出卖自己的劳动或劳动力给资本家? 不! 杜冈—巴拉诺夫斯基怒吼道:"不管工人如何卑贱,但毕竟不是资本家的牲畜,工人在市场外是自由的。他在自己家里不是为资本家创造劳动力,而是为自己、为满足自己的需要而活着。"[1]

无论如何,生活资料都不可能是劳动或劳动力的生产成本。因为劳动或劳动力商品根本就没有生产成本,它们与土地等自然资源一样,并不是人为生产、制造出来的东西,而是自然产生出来的东西。说生活资料是生产劳动或劳动力的成本,正如说阳光、雨露和土壤是生产山参野菜的生产成本一样荒唐可笑。人本身、劳动或劳动力,与山参野菜一样,可以是商品;但人本身、劳动或劳动力的生产,也与山参野菜的生产一样,并不是商品生产,并不属于商品生产范畴:它们与商品生产根本不同,并没有生产成本。这个道理,杜冈—巴拉诺夫斯基早有洞见:"劳动力,如上所述,实质上不是生产出来的,而是在人的生活过程中产生出来的,因此,生产价值范畴根本不适用于劳动力,如果硬要这样做,得到的只能是内容空洞的理论体系。"[2]

---

① 〔俄〕杜冈—巴拉诺夫斯基著,赵维良等译:《政治经济学原理》下册,商务印书馆1989年版,第484页。

② 同上书,第490页。

可见，劳动或劳动力商品与荒地等自然资源一样，并不是人为生产、制造出来的商品，而是自然产生出来的东西，没有生产成本。因此，马克思和古典经济学派将维持和再生产劳动者所需要的生活资料当作劳动或劳动力的生产成本是不能成立的。这样一来，他们根据成本定律——商品价值与生产成本相等——进而断言劳动或劳动力价值就是（或等于）维持和再生产劳动者所需要的生活资料的价值，也就是根本不能成立的了。

细细想来，劳动或劳动力价值怎么能是维持和再生产劳动者所需要的生活资料的价值呢？劳动或劳动力的价值就是劳动者生存的生活资料的价值！劳动或劳动力的价值等于劳动者生存的生活资料的价值！天哪！这岂不是说，劳动者的劳动或劳动力的价值是如此之低微，以致刚好等于他们自己活命和繁衍后代的生活资料的价值！劳动者的劳动或劳动力的价值就是使他们活命和繁衍后代的生活资料的价值！姑且不说这是对劳动、劳动力和劳动者价值的何等的降低、轻蔑和侮辱，如果劳动或劳动力的价值与维持和再生产劳动者所需要的生活资料的价值相等，岂不意味着：劳动者所创造的东西完全都被他们自己消费了，因而也就不存在什么剥削了！

劳动或劳动力商品没有生产成本，因而不遵循成本规律，其价值绝非维持劳动者生存的生活资料的价值。那么，没有生产成本的商品——劳动或劳动力以及荒地等自然资源——的价值究竟取决于什么？劳动或劳动力商品是创造价值的源泉，是生产要素。任何生产要素商品价值，不论是劳动还是土地抑或资本，都取决于其边际产品：各种生产要素的价值同样都是它们的边际产品价值。土地的价值就是土地的边际产品价值。资本的价值就是资本的边际产品价值。同理,劳动或劳动力的价值,如上所述,也是它们所创造、生产的产品的价值,说到底,也就是劳动或劳动力的边际产品价值。劳动或劳动力的边际产品价值与维持劳动者生存所需要的生活资料的价值,显然根本不同:这就是为什么维持劳动者生存所需要的生活资料的价值不可能是劳动或劳动力的价值的缘故。那么,维持劳动者生存所需要的生活资料的价值是什么呢?

原来,维持劳动者生存所需要的生活资料是劳动或劳动力的价格。因为所谓价格,如前所述,就是价值的表现、规定和确定,就是商品相交换的量的关系或比例。不但货币可以确定、表现其他商品的价值,因而是价格;而且任何商品都可以用来确定表现其他商品的价值,因而都是价格。1件上衣可以换回20元货币,20元货币是1件上衣价值的表现、等价物,是1件上衣的价格。一件上衣可以换回20米麻布,20米麻布同样是1件上衣价值的表现、等价物,同样是1件上衣的价格。因此,劳动或劳动力可以换回维持劳动者生存所需要的生活资料,维持劳动者生存所需要的生活资料就是劳动或劳动力的价值的表现、规定和确定,就是劳动或劳动力的价格;劳动或劳动力的价格就是劳动或劳动力商品与其他商品——如工资、货币或维持劳动者生存的生活资料——相交换的量的关系或比例。反之亦然,维持劳动者生存所需要的生活资料,可以换回劳动或劳动力,因而劳动或劳动力就是维持劳动者生存所需要的生活资料的价值的表现、规定和确定:"生活资料的价值正是表现在劳动能力的价值上。"①劳动或劳动力是维持劳动者生

---

① 〔德〕马克思著,中共中央编译局译:《资本论》第一卷,中国社会科学出版社1983年版,第158页。

存所需要的生活资料的价值的表现、规定和确定,因而也就是维持劳动者生存所需要的生活资料的价格:维持劳动者生存所需要的生活资料的价格就是维持劳动者生存的生活资料与其他商品——如劳动或劳动力商品——相交换的量的关系或比例。

这就是为什么,李嘉图认为维持劳动者生存所需要的生活资料是劳动的自然价格,属于劳动价格范畴:"劳动的自然价格是使劳动者能够生存和不增不减地繁衍后代所必需的价格,……因此,劳动的自然价格便决定于劳动者维持自身和家庭所需的食物、必需品和日用品的价格。"①不过,李嘉图将维持劳动者生存所必需的生活资料叫作劳动的自然价格,显然是不确切的。因为所谓自然价格,正如斯密所言,就是与产品的成本价值相等的价格,就是与商品价值相等的价格:"任何商品价格,如果不多不少恰恰等于生产、储存和运送这商品到市场按自然率支付的地租、工资和利润,那么,这商品就是按其自然价格出售的。商品的这种价格,恰恰相当于其价值,或者说,恰恰相当于出售这商品的人实际上所花的费用。"②维持劳动者生存所需要的生活资料与劳动或劳动力的价值根本不同,绝不是与劳动或劳动力的价值相等的价格,因而不是劳动或劳动力的自然价格。

维持劳动者生存的生活资料不是劳动或劳动力的自然价格,而是劳动或劳动力的最低价格。试想,厂商要得到劳动或劳动力的最低的代价,显然是必须使劳动者能够生存:劳动者生存所需要

---

① David Ricardo, *Principles of Political Economy and Taxation*, London: George Bell and Sons, 1908, p. 70.

② Adam Smith, *The Wealth of Nations*, Books I-III, London: Penguin Inc., 1970, p. 158.

的生活资料是厂商购买劳动或劳动力的最低价格。工人或劳动和劳动力所有者除了劳动和劳动力一无所有,为了生存不得不出卖劳动和劳动力。他们出卖自己的劳动或劳动力的最低价格,显然也是必须使自己能够生存,因而也是维持自己的生活所必需的生活资料。因此,维持劳动者生存所需要的生活资料,乃是资本家所愿意支付的最低价格,也是雇佣工人所能够接受的最低价格,因而是劳动或劳动力的最低价格。

确实,维持劳动者生存的生活资料乃是劳动或劳动力的不可能再低的最低价格。因为维持劳动者生存的生活资料,说到底,原本是奴隶劳动和牛马等家畜劳动的价格。一个人为了得到奴隶的劳动或家畜的劳动,无疑也必须保障奴隶和家畜的生存和繁衍,因而也必须支付维持奴隶和家畜等劳动者生存的生活资料。所以,维持劳动者生存的生活资料原本是与奴隶劳动或家畜劳动相交换的东西,是换取奴隶、家畜劳动的东西,因而也就是奴隶劳动或家畜劳动的价格:奴隶或家畜劳动的价格就是奴隶、家畜劳动与其他东西——如维持奴隶和家畜生存的生活资料——相交换的量的关系或比例。因此,断言劳动力价值就是维持劳动者生存的生活资料的价值,便无异于说:工人的劳动力价值就是牛马家畜劳动力的价值。殊不知,维持劳动者生存的生活资料绝不是劳动或劳动力价值,而是劳动或劳动力价格,并且是最低价格。将劳动或劳动力价值等同于劳动或劳动力最低价格:这就是“劳动或劳动力价值就是维持劳动者生存的生活资料的价值”的根本错误之所在。

维持劳动者生存的生活资料是劳动或劳动力的最低价格,因而也就是工资的最低标准。因为所谓工资,如所周知,就是劳动的报酬。劳动的报酬,不论是货币还是实物,都是劳动所换回的东西,都是劳动的价值的表现、规定和确定,被当作劳动价值的等价物,因而也就是劳动的价格;工资是劳动的价格。这是不难理解的。因为工资是劳动的报酬,显然意味着:工资与劳动原本是一种商品交换关系。在这种关系中,一方面,劳动可以换回工资,工资是劳动价值的表现、等价物,是劳动的价格;另一方面,工资可以换回劳动,劳动是工资价值的表现、等价物,是工资的价格。因此,萨缪尔森说:"工资无非是劳动的价格。"①

工资是劳动的价格,因而也就是劳动力的价格。因为,如上所述,虽然劳动与劳动力根本不同,但劳动与劳动力的用途、效用或价值却没有什么不同。因此,工资也就与维持劳动者生存的生活资料一样,都是劳动或劳动力的价格;只不过,维持劳动者生存的生活资料是劳动或劳动力的最低价格,因而也就是工资的最低标准。所以,斯密说:"无论如何,普通工资有一定的标准,在相当长的时期内,即使最低级劳动者的工资,也不可能减到这一标准之下。需要靠劳作过活的人,其工资至少须足够维持其生活。"②

三、资本主义剥削之秘密

1. 工资与劳动:必定不等价交换

不难理解,工资如果等于劳动价值,亦即等于劳动的边际产品

---

①　Paul A. Samuelson, William D. Nordhaus, *Microeconomics*(16th Edition), Boston: The McGraw-Hill Companies Inc. ,1998, p. 213.

②　Adam Smith, *The Wealth of Nations* , Books I-III, London: Penguin Inc. , 1970, p. 170.

价值,那么,不论工资多么低,即使低到维持劳动者生存的生活资料之下,工资与劳动的交换也是等价交换,因而也就是公正的工资,并不存在资本家对剩余价值——劳动多于工资的价值——的无偿占有,不存在资本家对工人的剥削。相反地,工资只要低于劳动价值,亦即低于劳动的边际产品价值,那么,不论工资多么高,即使远远高于劳动者所需要的生活资料,工资与劳动的交换也是不等价交换,因而也就是不公正的工资,存在着资本家对剩余价值——劳动多于工资的价值——的无偿占有,存在资本家对工人的剥削。因此,工资是否公正或剥削是否存在的问题可以归结为:工资是否等于劳动的边际产品?

毋庸置疑,在自由竞争——特别是完全的自由竞争——条件下,工资必然等于劳动的边际产品价值。因为在完全竞争条件下,厂商为了利润最大化,势必将产量确定在边际成本等于价格的产量水平上:"在完全竞争条件下企业的供给法则是:当企业将其产量定在边际成本等于价格的水平时,就实现了利润的最大化。"[1]这一原则无疑也是厂商使用劳动生产要素的原则。因为在完全竞争的劳动市场,劳动的买家与卖家对于劳动价格的决定作用是完全平等的,都同样无力控制劳动价格,都同样是劳动价格的接受者,劳动价格完全由供求关系的市场机制决定。这样一来,当劳动的边际收益产品大于其边际成本时,厂商便会不断追加劳动量,从而使企业的总收益不断增加。但是,劳动和资本生产力递减规律表明,不断追加劳动量,必然导致劳动的边际产量或边际收益递

---

[1] Paul A. Samuelson, William D. Nordhaus, *Microeconomics*(16th Edition), Boston: The McGraw-Hill Companies Inc., 1998, p. 140.

减。那么，厂商将在何时停止追加劳动量呢？

必然在劳动的边际收益产品等于其边际成本或劳动价格时。因为这时厂商总收益达到最大化，如果继续追加劳动量，就不会带来收益的增加，却会造成收益的减少。所以，正如萨缪尔森所言，厂商为了利润最大化，势必将产量确定在劳动的边际产品等于劳动价格或工资的产量水平上："在完全竞争条件下，边际收益产品等于价格乘以边际产品。在完全竞争条件下，当边际产品乘以产出价格等于投入价格时，厂商就得到了利润最大化的投入组合：劳动的边际产品×产出价格＝劳动的价格＝工资。"①

可见，等价交换是自由竞争的价格规律。在完全的自由竞争条件下，工资必然等于劳动的边际产品价值，因而工资与劳动的交换必然是等价交换，工资必然是公正的，必然不存在资本家对剩余价值——劳动多于工资的价值——的无偿占有，必然不存在资本家对工人的剥削。因此，克拉克说："在完全的自由竞争下，一切工人的工资倾向于和由劳动单独生产出来的产品相等。劳动的'最后单位'的产品，和各个单独的劳动单位的产品相等。如果正常的趋势起作用，那么，不但就各个劳动单位来说，而且就整个劳动队伍来说，产品和工资是相等的。"②

可是，问题的关键在于，资本主义的或私有制的劳动市场，就其本性来说，不可能是完全自由竞争市场，而必然是买方垄断市场。因为任何完全自由竞争市场的根本特征就在于，每个经济人，

---

① 　Paul A. Samuelson, William D. Nordhaus, *Microeconomics* (16th Edition), Boston: The McGraw-Hill Companies Inc. ,1998, p. 216.

② 　〔美〕克拉克著、陈福生、陈振骅译:《财富的分配》，商务印书馆1984年版，第6页。

不论是卖者还是买者,对于价格的决定作用都是完全平等的,都同样是价格接受者,谁也强制不了谁,不存在任何强制,因而都是同样自由、无强制、心甘情愿地按照完全由市场机制决定的价格进行商品的买卖交换。然而,资本主义或私有制的劳动市场,劳动的买方与卖方对于劳动价格的决定作用不可能是平等的,不可能同样是劳动价格的接受者。这一点,可见之于斯密和霍布森等众多经济学家的论述。[①] 斯密说:"劳动者的普通工资不论哪里都取决于劳资双方通常所订的契约。双方的利害关系决不一致,劳动者渴望尽可能多得,雇主则尽可能少给。劳动者为提高工资而结合,雇主为降低工资而联合。然而,在一般的场合,要预知双方谁占有利地位,谁能迫使对方接受自己的条件,并非难事。雇主人数较少,团结容易得多;此外,法律和当局至少并不禁止他们的联合。但劳动者的结合却为法律和当局所禁止。我们有许多议会的法令取缔为提高劳动价格而结合的团体,却没有一个法令取缔为减低劳动价格而结合的团体。在这种争议的整个过程中,雇主远比劳动者更能坚持长久。地主、农业家、制造业主或商人,即使不雇佣一个劳动者,通常靠已经蓄得的资本也能维持一两年的生活;而失业的劳动者,绝大多数不能支撑一周生活,能支撑一月的更少,能支撑一年的简直没有。"[②]

不过,劳动的买方与卖方对于劳动价格的决定作用之所以不可能是平等的,根本说来,乃在于资本主义私有制。因为正如霍布

---

① 参阅〔英〕霍布森著,于树生译:《财富的科学》,上海人民出版社 1968 年版,第 65—70 页。

② Adam Smith, *The Wealth of Nations*, Books I-III, London: Penguin Inc., 1970, p. 169.

斯和斯密所言:财富就是权力。[1] 私有制或财富能够使劳动的买方或资本家成为雇主,使劳动卖方或工人成为雇员,从而使资本家拥有指挥工人为自己劳作的具有合法性的强制力量或权力:权力岂不就是仅为管理者拥有且被社会承认的使被管理者服从的具有强制性的力量? 因此,私有制或财富就意味着权力,权力就意味着不平等。私有制或财富使资本家(劳动买方)有权成为支配和领导工人(劳动卖方)的雇主,使工人成为被领导、被支配和必须服从的雇员。劳动的买方与卖方地位的不平等,势必导致对于劳动价格的决定作用的不平等:雇主或劳动买方必定是价格的决定者和控制者;而雇员或劳动卖方则只能是价格的接受者。因此,资本主义或私有制的劳动市场不可能是完全自由竞争市场,而必然是买方垄断市场。有鉴于此,萨缪尔森一再说,不论工会抵消买方垄断的力量有多么大,不论工会提高工资的作用有多么大,劳动市场也总还是买方垄断或不完全竞争市场:"在现实生活中,劳动市场并不是完全竞争的。不管是否存在着工会,雇主们对工资总是拥有某种控制力。"[2]"任何规模的厂商都必须有一个工资政策这一事实是劳动市场的不完全性的又一个证明。"[3]

任何垄断,不论是产品市场的卖方垄断,还是劳动市场的买方垄断,都同样意味着垄断者在一定程度上控制价格,因而势必导致价格与价值的背离,导致不等价交换:不等价交换是垄断价格规律,正如等价交换是自由竞争的价格规律一样。只不过,产品市场

---

① Adam Smith, *The Wealth of Nations*, Books I-III, London: Penguin Inc., 1970, p. 134。

② 〔美〕萨缪尔森著,高鸿业译:《经济学》中册,商务印书馆 1986 年版,第 303 页。

③ 同上书,第 288 页。

的卖方垄断因其是卖方垄断，所导致的价格与价值的背离，当然是价格高于价值或边际成本："垄断的最大祸害并不是它榨取垄断利润，而是它规定的垄断价格远远高于社会按照边际成本所决定的价格……垄断的真正祸害是人为造成的 P 与 MC 的背离。"[①]

反之，劳动市场的买方垄断因其是买方垄断，所导致价格与价值的背离，则显然是价格低于价值，亦即劳动价格或工资低于劳动价值，低于劳动的边际产品。工资低于劳动价值或劳动的边际产品的差额，无疑是劳动者所创造的被资本家无偿占有的剩余价值，因而也就是资本家对劳动者的剥削，亦即所谓资本主义剥削。罗宾逊界说资本主义剥削便这样写道："所谓剥削通常是指工资小于劳动的边际物质产品按其售价所估计的价值。"[②]因此，资本主义剥削或资本家对劳动者的剥削——亦即工资低于劳动价值或劳动的边际产品的差额——正如萨缪尔森所言，乃是劳动市场买方垄断的必然结果："剥削来源于雇主在购买劳动时的垄断力量（即所谓'买方垄断'）。"[③]劳动市场买方垄断源于资本主义私有制，因而资本主义剥削，说到底，乃是资本主义私有制的必然结果：资本主义私有制是资本主义剥削的根源。

2. 马克思的剥削证明理论：工资与劳动力等价交换

剥削无疑有很多种，如产品市场卖方垄断的剥削、劳动市场买

---

① 〔美〕萨缪尔森著，高鸿业译：《经济学》中册，商务印书馆 1986 年版，第 192 - 193 页。

② 〔英〕罗宾逊著，王翼龙译：《不完全竞争经济学》，商务印书馆 1961 年版，第 235 页。

③ 〔美〕萨缪尔森著，高鸿业译：《经济学》中册，商务印书馆 1986 年版，第 232 页脚注。

方垄断的剥削、奴隶制剥削、封建制剥削、资本主义剥削和亚细亚生产方式的官员阶级的剥削等。但是，资本主义私有制所导致的剥削，显然只能是资本家对雇佣劳动者的剥削。马克思《资本论》研究正是这种资本主义剥削。这种剥削或剩余价值的无偿占有，无论如何，只能如罗宾逊所言，是工资小于劳动所创造的价值，亦即劳动与工资的不等价交换。① 因此，不论是谁，他若揭露资本主义剥削，就必须且只能说明，为什么工资必然小于劳动？为什么工资与劳动的商品交换必然是不等价交换？

马克思剥削理论的核心也不能不是这个问题：为什么工资必然小于劳动？他在《资本论》第六篇"工资"中就这样写道："既然劳动的价值只是劳动力的价值的不合理的用语，那么不言而喻，劳动的价值必定总是小于劳动的产品的价值，因为资本家总是使劳动力执行职能的时间超过再生产劳动力的等价物所需要的时间。在我们的例子中，为了生产 3 法郎价值，即劳动力的日价值，每天需要劳动 6 小时，但是劳动力执行职能 12 小时，因此它每天生产出 6 法郎价值。这样，我们就会得到一个荒谬的结果：创造 6 法郎价值的劳动只值 3 法郎。"②这句话的下面，马克思还加了一个脚注："参看《政治经济学批判》第 40 页。我曾经在那里指出，在考察资本时应当解决这个问题：'为什么在纯粹由劳动时间决定的交换价值的基础上进行的生产，结果竟会使劳动的交换价值小于这劳动的产品的交换价值呢？"③

---

① 〔英〕罗宾逊著，王翼龙译：《不完全竞争经济学》，商务印书馆 1961 年版，第 235 页。

② 〔德〕马克思著，中共中央编译局译：《资本论》第一卷，中国社会科学出版社 1983 年版，第 558 页。

③ 同上。

　　这个问题对于马克思来说恐怕是个莫大的难题。因为马克思坚信等价交换是一切商品交换——工资与劳动也不例外——的内在规律，因而是说明工资必定小于劳动难题的根据和起点："货币转化为资本，必须根据商品流通的内在规律来加以说明，因此，等价物的交换应该是起点。我们那位还只是资本家蛹的货币所有者，首先必须按照商品的公平的价值购买商品，然后按照商品的价值出卖商品，但最后，他必须取出比他预付的价值更大的价值。"①天啊！马克思居然要根据一切商品交换所固有的等价交换规律，来说明工资与劳动的必然不等价！这怎么可能呢？但是，马克思做到了！

　　首先，马克思发现，工人出卖的是劳动力而不是劳动。"工人卖的并不直接是他的劳动，而是他的暂时让资本家支配的劳动力。"②因为劳动没有价值和价格，不能成为商品，不能买卖。"劳动是价值的实体和内在尺度，但是它本身没有价值"。③　其次，马克思发现，工资是劳动力的价值或价格的转化形式；而劳动力价值则不过是维持劳动者生存的生活资料的价值。"工资不是它表面上呈现的那种东西，不是劳动的价值或价格，而只是劳动力的价值或价格的隐蔽形式。"④"劳动力的价值，就是维持劳动力所有者所需要的生活资料的价值。"⑤最后，马克思得出结论说，工资或劳动

---

　　① 〔德〕马克思著，中共中央编译局译：《资本论》第一卷，中国社会科学出版社1983年版，第150页。

　　② 《马克思恩格斯选集》第二卷，人民出版社1995年版，第75页。

　　③ 〔德〕马克思著，中共中央编译局译：《资本论》第一卷，中国社会科学出版社1983年版，第555页。

　　④ 《马克思恩格斯选集》第三卷，人民出版社1995年版，第310页。

　　⑤ 〔德〕马克思著，中共中央编译局译：《资本论》第一卷，上，人民出版社1975年版，第194页。

力价值必然小于劳动力的使用——劳动——所创造的价值,二者的余额就是劳动者所创造的被资本家无偿占有的剩余价值,就是工资小于劳动所创造的价值,亦即资本家对劳动者的剥削。"劳动力具有的价值和劳动力能够创造的价值,是不同的量,资本家购买劳动力时,正是看中了这个价值差额。"[①]"资本家总是使劳动力执行职能的时间超过再生产劳动力的等价物所需要的时间。"[②]

这样一来,一方面,工资必定小于劳动,因而存在剩余价值或剥削,但这并不违背等价交换规律。因为这发生于商品生产领域,而不是发生于商品交换领域。另一方面,在商品交换领域,工人与资本家交换的商品并不是工资与劳动,而是工资与劳动力:工资与劳动力交换无疑符合等价交换规律:"实现劳动力买卖的商品流通领域……用等价物交换等价物。"[③]因此,虽然工资小于劳动所创造的价值,虽然存在着剩余价值和资本主义剥削,但丝毫也没有违背商品等价交换规律。"交换规律得到了严格遵守,等价物换等价物。在市场上,资本家对每一种商品——棉花、纱锭和劳动力——都按其价值购买。然后,他做了任何别的买者所做的事情,他消费它们的使用价值,……劳动力只有在市场上被出卖,才能在生产领域被剥削。"[④]

马克思就是这样根据一切商品交换所固有的等价交换规律,说明了工资与劳动的必然不等价。这种说明显然可以归结为三句

---

① 〔德〕马克思著,中共中央编译局译:《资本论》第一卷,中国社会科学出版社 1983 年版,第 182 页。

② 同上书,第 558 页。

③ 同上书,第 161 页。

④ 同上书,第 183 页。

话或三组论断。①工人出卖的是劳动力而不是劳动，劳动没有价值和价格。②工资是劳动力的价值或价格的转化形式；劳动力价值是维持劳动者生存的生活资料的价值。③资本家总是使劳动力执行职能的时间（劳动）超过再生产劳动力的等价物所需要的时间（工资），二者的余额就是劳动者所创造的被资本家无偿占有的剩余价值。这就是马克思的剥削理论，这就是马克思对资本主义剥削的证明。

这种证明堪称逻辑和辩证法的杰作，但构成这种证明的经济学命题，却几乎没有一个是正确的。首先，不难看出，马克思剥削理论最重要的前提，就是第一组论断：工人出卖的是劳动力而不是劳动。为什么工人出卖的是劳动力而不是劳动呢？因为劳动没有价值和价格，不能成为商品，不能买卖。"劳动是价值的实体和内在尺度，但是它本身没有价值"。① 马克思对于这一原理——"牵涉到全部政治经济学中一个极重要的问题"——的证明，主要是一种归谬法："劳动是商品"的观点包含双重荒谬或矛盾。一方面，如果劳动是商品、具有价格，那么，劳动就具有价值；但是，"劳动的价值"是一种荒谬的同义语反复。"什么是价值呢？这就是耗费在商品生产上的社会劳动的客体形式。我们又用什么来计量商品的价值量呢？用它所包含的劳动量来计算。那么，比如说，一个 12 小时工作日的价值是由什么决定的呢？是由 12 小时工作日中包含的 12 个劳动小时决定的；这是荒谬的同义语反复。"②

———

　　① 〔德〕马克思著，中共中央编译局译：《资本论》第一卷，中国社会科学出版社1983 年版，第 555 页。

　　② 同上书，第 553 页。

　　另一方面,如果劳动是商品,不是否定等价交换的价值规律,就是否定剩余价值规律,亦即否定资本主义生产的基础:"撇开这些矛盾不说,货币即已实现的劳动同活劳动的直接交换,也会或者消灭那个正是在资本主义生产基础上才展开的价值规律,或者消灭那种正是以雇佣劳动为基础的资本主义生产本身。举例来说,假定一个12小时工作日实现为6法郎的货币价值。如果是等价物相交换,这样,工人以12小时劳动获得6法郎,或者说他的劳动的价格就要等于他的产品的价格。在这种情况下,他没有为他的劳动的购买者生产任何剩余价值,这6法郎不转化为资本,资本主义生产的基础就会消失。然而正是在这个基础上,工人才出卖他的劳动,而他的劳动也才成为雇佣劳动。或者工人在12小时劳动中获得的少于6法郎,就是说,少于12小时劳动。在这种场合就是12小时劳动同10小时劳动、6小时劳动等相交换。这样使不等的量相等的做法,不只是消灭了一切价值规定。这种自我消灭的矛盾甚至根本不可能当作规律来表述。"①

　　确实,如果马克思的价值定义——价值就是商品中所凝结的劳动——能够成立,那么,劳动的价值就是劳动中所凝结的劳动,12小时劳动的价值就是12小时的劳动:荒谬的同义语反复。然而,马克思的价值定义是不能成立的。因为,如前所述,一方面,商品中凝结的人类劳动,其存在并不依赖于人的需要,甚至也不依赖于人。一件金首饰所凝结的人类劳动,即使人类灭亡了,它也照样凝结在该金首饰中。因此,商品中凝结的人类劳动乃是商品的不

---

　　①〔德〕马克思著,中共中央编译局译:《资本论》第一卷,中国社会科学出版社1983年版,第554页。

依赖人的需要而存在的属性,是一种可以独立于人而存在的实在,是商品的固有属性或事实属性:说价值是事实或固有属性,岂不荒谬至极?另一方面,如果商品价值就是商品中所凝结的劳动,那么,非劳动或不凝结劳动的物品,如土地等等,就不可能有价值或交换价值。"土地不是劳动产品,从而没有任何价值。"[①]这是很荒谬的。因为任何东西,不论是否包含或凝结劳动,只要具有使用价值并且稀缺,显然就能够进行交换或买卖,因而必定具有交换价值:使用价值和稀缺性是任何东西具有交换价值的充分且必要条件。土地显然既具有使用价值又具有稀缺性,因而能够买卖交换,具有交换价值或价值——天地间哪里会有能够买卖交换却不具有交换价值的东西!

从价值就是商品所凝结的人类劳动的定义,还可以推出"不包含劳动的使用价值没有交换价值"、"非劳动产品皆非商品"和"劳动没有价值"等同样荒谬绝伦的结论。这些荒谬的结论,充分显示了价值就是商品所凝结的人类劳动之荒谬。商品价值绝不是商品中所凝结的劳动,而是——如前所述——商品效用:使用价值是商品的边际效用,是商品满足人的使用、消费需要的边际效用;交换价值则是商品使用价值对于换取其他商品的交换需要的效用,是商品边际效用(亦即交换价值实体)对于换取其他商品的交换需要的效用。准此观之,劳动的价值就是劳动的效用。12 小时劳动的价值就是 12 小时劳动的效用。12 小时劳动的使用价值就是 12 小时劳动满足劳动购买者生产需要的效用,也就是 12 小时劳动生

---

　　① 〔德〕马克思著,中共中央编译局译:《资本论》第三卷,人民出版社 2004 年版,第 702 页。

产产品的效用。12小时劳动的交换价值就是12小时劳动满足劳动者用以与其他商品（如货币）相交换的需要之效用。劳动生产多少产品，就应该换取多少产品。因此，12小时劳动的交换价值就是12小时劳动边际产品价值：12小时劳动的交换价值量＝12小时劳动边际产品价值量。

显然，马克思否定劳动是商品的理由——劳动的价值是一种荒谬的同义语反复——是不能成立的。我们再来看马克思的另一个理由：如果劳动是商品，不是否定等价交换的价值规律，就是否定剩余价值规律。这个理由更不能成立。恰恰相反，如果劳动是商品，因而与工资相交换，既不会否定等价交换规律，也不会否定剩余价值规律。因为，如上所述，劳动确实是商品，工人出卖的确实是劳动，因而是两种商品——资本家支付的工资与工人付出的劳动——相交换。等价交换是自由竞争的固有规律。在完全的自由竞争条件下，工资必然等于劳动的边际产品价值，因而不存在剩余价值或资本家对工人的剥削。可是，资本主义劳动市场不可能是完全自由竞争市场，而必然是买方垄断市场。不等价交换是垄断的固有规律。劳动市场的买方垄断必然导致工资低于劳动的边际产品：二者的差额就是被资本家无偿占有的剩余价值。因此，劳动是商品既没有否定等价交换规律，也没有否定剩余价值规律。马克思误以为等价交换是商品交换在任何条件下——不论自由竞争还是垄断——所固有的普遍规律，因而错误地得出结论说：工资与劳动相交换，如果存在着剩余价值就否定了等价交换规律；如果等价交换就否定了剩余价值规律。

马克思否定劳动是商品的理由既然不能成立，那么，工人出卖的究竟是劳动还是劳动力？显然是劳动。因为，如上所述，如果一个人出卖了他的劳动力,那他就不可能是工人,而只能是奴隶。因为劳动力与劳动根本不同。一个人的劳动可以与他本身分离;他干完了活儿,他的劳动就凝结在产品中而离开了他。因此,一个人出卖劳动,就与出卖他的劳动产品一样,并没有出卖自己而成为奴隶。相反地,一个人的劳动力与他本身不可分离,因为劳动力就是人身中存在的创造有用物品的体力和脑力的总和,说到底,也就是人自身。一个人如果出卖了他的劳动力,那么,他的劳动能力就不再属于他所有,他创造有用物品的体力和脑力的总和就不再属于他所有,说到底,他自己也就不再属于他所有,他就从自由人变成了奴隶。

可见,马克思剥削证明理论的第一组论断——工人出卖的是劳动力而不是劳动和劳动没有价值及价格——不能成立。它的第二组论断——工资是劳动力的价值或价格的转化形式和劳动力价值是维持劳动者生存的生活资料的价值——也是错误的。因为工人出卖的是劳动而不是劳动力,显然意味着:工资是劳动的价格而不是劳动力的价格。退一步说,即使工人出卖的是劳动力,即使工资是劳动力价格,工资与劳动力的交换也绝不可能是等价交换。

因为如上所述,一方面,劳动力与劳动固然根本不同,但是劳动与劳动力的用途、效用或价值并无不同。因为劳动力只有一种用途、效用或价值,那就是劳动。因此,劳动力的价值就是劳动力的劳动的价值,说到底,就是劳动的价值。另一方面,劳动或劳动力商品没有生产成本,因而不遵循成本规律,其价值绝不是所谓维持和再生产劳动者的生活资料的价值。劳动或劳动力和自然资源等没有生产成本的商品都是生产要素。任何生产要素商品的价值,不论是劳动或劳动力还是土地和资本,都取决于其边际产品:

劳动或劳动力的价值也就是劳动或劳动力的边际产品价值。维持劳动者生存的生活资料则与工资一样,乃是劳动或劳动力的价格;只不过,维持劳动者生存的生活资料是劳动或劳动力的最低价格,因而也就是工资的最低标准。

因此,如果劳动力价值是维持劳动者生存的生活资料,那么,工资与劳动力价值相交换确实符合等价交换规律。但是,维持劳动者生存的生活资料是劳动力的最低价格,是工资的最低标准,因而属于工资范畴。工资与劳动力相交换,实际上就是维持劳动者生存的生活资料与劳动力相交换,就是维持劳动者生存的生活资料与劳动力的边际产品相交换,因而必定是不等价交换:劳动力市场的买方垄断必然导致劳动力价格(维持劳动者生存的生活资料)小于劳动力价值(劳动力边际产品)。马克思以为劳动力的买卖是等价交换,不过因其误将劳动力价格——亦即维持劳动力所有者的生活所需要的生活资料——当作劳动力价值罢了。

马克思剥削理论的第三组论断——资本家总是使劳动力执行职能的时间(劳动)超过再生产劳动力的等价物所需要的时间(工资)以及二者的余额就是劳动者所创造的被资本家无偿占有的剩余价值——的成立,缺乏科学的证明。确实,资本家总是使劳动力执行职能的时间超过再生产劳动力的等价物所需要的时间。但是,怎么才能科学地证明或论证这一点呢?马克思的全部论证不过是说,正如一切商品的使用价值都归买者所有一样,劳动力的使用价值也归劳动力的买者所有。这样,如果劳动力劳动6小时所创造的价值等于劳动力价值,那么,资本家绝不会让劳动力正好就劳动6小时,而必定要延长劳动时间或缩短必要劳动时间,使劳动力的使用所创造的价值多于劳动力价值,从而剥削剩余价值。"剩余价值的生产只不过是超过一定点继续延长的价值生产。如果劳动过程只持续到这样一点,即资本家所支付的劳动力价值为新的等价物所补偿,那就是单纯的价值生产;如果劳动过程超过这一限度,那就是剩余价值生产。"①

这算得上论证吗？这岂不只是"资本家总是使劳动力执行职能的时间超过再生产劳动力的等价物所需要的时间"的举例说明？我们岂不是更可以如此举例说明:劳动创造的价值,既可能大于也可能小于还等于所谓劳动力价值或维持劳动者生存的生活资料的价值？我们岂不是更可以如此举例说明:如果劳动力劳动 12 小时所创造的价值等于劳动力价值或维持劳动者生存的生活资料的价值,那么,劳动者既可能劳动 13 小时,也可能劳动 11 小时,还可能劳动 12 小时？马克思断言工人实际劳动时间,必定大于创造劳动力价值或维持劳动者生存的生活资料所需要的劳动时间的唯一的根据,就是劳动力的使用价值归资本家所有。就算如此,难道资本家就可以随心所欲使用劳动力吗？即使可以随心所欲,劳动力创造的价值就一定大于劳动力价值或维持劳动者生存的生活资料的价值吗？难道不可以说劳动力的使用所能创造的价值极低,以致无论如何至多也只能等于维持劳动者生存的生活资料的价值？显然,马克思的论证否定不了这些可能,因而证明不了"资本家总是使劳动力执行职能的时间超过再生产劳动力的等价物所需要的时间"的必然性。

马克思的剥削理论不能科学地证明资本主义剥削的必然性,

---

①　〔德〕马克思著,中共中央编译局译:《资本论》第一卷,中国社会科学出版社 1983 年版,第 183 页。

恐怕正是源于所谓"历史局限性"。因为所谓资本主义剥削的必然性，无非是工资小于劳动价值的必然性：证明资本主义剥削的必然性也就是证明工资小于劳动价值的必然性，说到底，也就是科学地确定劳动的价值量。然而，如何确定劳动的价值量被经济学家称之为"分配之谜"，一直到 1900 年左右，方由美国经济学家克拉克提出边际生产率分配理论而得到科学的解决。按照边际生产率理论，劳动力或劳动的价值也就是劳动力或劳动的边际产品价值。在完全的自由竞争条件下，工资必然等于劳动或劳动力的边际产品价值，因而不存在剩余价值或资本家对工人的剥削。可是，资本主义劳动市场不可能是完全自由竞争市场，而必然是买方垄断市场。劳动市场的买方垄断必然导致工资低于劳动或劳动力的边际产品：二者的差额就是被资本家无偿占有的剩余价值。因此，资本家对劳动者的剥削是劳动或劳动力市场买方垄断的必然结果。显然，能够完成对资本主义剥削进行科学证明使命的，只能是基于边际生产率理论的当代劳动经济学。

综上可知，马克思剥削证明理论的结论——工资小于劳动所创造的价值——虽然正确，但它所由以推出的却是六个错误的前提：①价值是商品中所凝结的劳动；②劳动没有价值和价格；③工人出卖的是劳动力而不是劳动；④工资是劳动力的价值或价格的转化形式；⑤劳动力价值是维持劳动者生存的生活资料的价值；⑥等价交换是商品交换在任何条件下——不论自由竞争还是垄断——所固有的普遍规律。这六个错误的前提可以归结为"一个中心"和"两个基本点"：⑤是中心；①和⑥是两个基本点。马克思剥削证明理论失败的根本原因，显然在于它的理论基础是两个错误的教条："价值是商品中所凝结的劳动"和"等价交换是商品交换在任何条件下——不论自由竞争还是垄断——所固有的普遍规律"。这两个错误的教条是马克思剥削证明理论的两个基本点。马克思无论如何也要从"等价交换是商品交换在任何条件下——不论自由竞争还是垄断——所固有的普遍规律"出发，来证明必然存在劳动超过工资的剩余价值，亦即证明工资与劳动的不等价！结果，他借助"价值是商品中所凝结的劳动"的教条，断言劳动没有价值和价格，从而误以为工人出卖的是劳动力而不是劳动：劳动力与劳动的区分是马克思剥削证明理论的中心或枢纽。围绕这一中心，马克思继承配了配第、杜尔阁、马尔萨斯和李嘉图等荒谬的"劳动生产成本论"，误将劳动力价格或工资——亦即维持劳动者生存的生活资料——当作劳动力价值，因而得出结论说：工资与劳动力交换符合等价交换规律。这个命题——劳动力价值是维持劳动者生存的生活资料的价值——是马克思剥削证明理论的核心或中心谬误。一个中心两个基本点的戏法终于变成了：虽然工资小于劳动所创造的价值却没有违背商品等价交换规律！

第八章 商品价值理论:劳动价值论与边际效用论

本章提要 不论是劳动价值论还是边际效用论,都承认商品中所凝结和耗费的生产要素——劳动、资本和土地——是使用价值产生的源泉和实体。二者的分歧,直接说来,在于劳动、资本和土地是不是交换价值的源泉和实体;根本说来,在于使用价值是不是交换价值的源泉和实体;最终说来,在于价值反论能否成立。边际效用论证明价值反论不能成立。因为边际效用论发现,使用价值是商品的边际效用,边际效用随着该商品的增多而递减,因而使用价值便随着该商品的增多而递减。因此,钻石交换价值大,绝不是因其效用和使用价值小;恰恰相反,钻石交换价值大,只是因其数量小,因而边际效用大,从而使用价值大。水交换价值小,绝不是因其效用大,而是因其数量多,因而边际效用小,从而使用价值小。因此,交换价值与使用价值的大小成正比,使用价值是交换价值产生的源泉和存在的实体。这样一来,商品中所凝结和耗费的生产要素——劳动、资本和土地——便是交换价值的源泉和实体:它们是使用价值的直接源泉和直接实体,是交换价值的间接源泉和间接实体。马克思和古典经济学派误以为劳动是创造价值的唯一源泉,说到底,就是因为他们被价值反论所惑,误以为使用价值往往与交换价值成反比,因而不可能是交换价值的源泉和实体，不可能用使用价值来解释交换价值。这样一来，使用价值的源泉和实体——劳动、资本和土地——也就不可能是交换价值的源泉、实体了；否则，交换价值怎么能够与使用价值的大小相反呢？那么，交换价值和价值的源泉、实体是什么？只有劳动：劳动是创造价值的唯一源泉。确实，如果劳动是创造交换或价值的唯一源泉，那么，价值或交换价值与使用价值往往相反就可以理解了。

一、劳动价值论

1. 劳动价值论的适用范围：公有制之真理与私有制之谬论

劳动价值论的主要代表人物，如所周知，是斯密、李嘉图和马克思。但是，欲知究竟何谓劳动价值论，必须明了，经济学或劳动价值论所谓"价值"、"商品价值"，正如穆勒所指出，通常是指"交换价值"、"商品交换价值"。"价值一词在没有附加语的情况下使用时，在政治经济学上，通常是指交换价值。"[①]那么，他们所谓交换价值又是什么？如上所述，李嘉图和马克思所谓交换价值，往往并不是指摸不着看不见的交换价值自身，而是指人制定或约定的、摸得着、看得见的交换价值形式或价值形式，亦即商品相交换的量的关系或比例：将交换价值混同于价格。这种混同甚至得到了维克塞尔等经济学家的认可："在某些场合，价格这个词和交换价值的

---

① 〔英〕穆勒著，赵荣潜等译：《政治经济学原理》上卷，商务印书馆 1997 年版，493 页。

意义完全一样。"①有鉴于此,可以断定:所谓劳动价值论,就是认为劳动是创造和决定商品交换价值的唯一的源泉、实体的理论,也就是认为劳动是创造和决定商品价值的唯一的源泉、实体的理论。

斯密说:"劳动是衡量一切商品交换价值的真实标准。每一物品的真实价格,一个人要取得每一物品实际上所付出的代价,就是获得它的辛苦和麻烦。"②"劳动是价值唯一的普遍和正确的尺度,或者说,劳动是我们用以比较一切时代和一切地方各种商品的价值的唯一标准。"③李嘉图也这样写道:"也许有人要问,我所说的价值是什么意思,我用什么标准来断定商品的价值有没有改变。我回答说,一件物品的贵贱,除了用生产它时所牺牲的劳动来断定外,我不知道还有别的什么标准。一切东西根本都是劳动创造的——任何有价值的东西不靠劳动就不能生产出来。"④"只要我们承认,一切商品都是劳动的产物,除非花费了劳动,否则就根本不会有价值,那就非常清楚,生产各种商品所费劳动量的增减,是它们的价值发生变动的唯一原因。"⑤马克思更是一再说:"价值实体就是劳动。"⑥"使用价值或某种物品具有价值,只是因为有人类劳动物化在里面。"⑦"只是在一定社会内生产物品所必要的劳动

---

① 〔瑞典〕维克塞尔著,刘絜敖译:《国民经济学讲义》,上海译文出版社 1983 年版,第 21 页。

② Adam Smith, *The Wealth of Nations*, Books I-III, London: Penguin Inc., 1970, p. 133.

③ 同上书,p. 139 - 140。

④ 〔英〕米克著、陈彪如译:《劳动价值学说的研究》,商务印书馆 1979 年版,第 126 页。

⑤ 同上。

⑥ 〔德〕马克思著,中共中央编译局译:《资本论》第一卷,中国社会科学出版社 1983 年版,17 页。

⑦ 同上书,第 15 页。

量或劳动时间，决定物品的价值量，……因此，含有等量劳动或能在同样时间内生产出来的商品，具有同样的价值。"①

可见，在斯密、李嘉图和马克思看来，只有劳动才是创造价值或交换价值的源泉和实体。这就是劳动价值论的根本观点：劳动价值论就是认为只有劳动才是价值或交换价值的源泉的理论。粗略看来，这种观点极为简单和偏激。劳动无疑是创造价值或交换价值的源泉和实体；但如果说只有劳动才是创造价值或交换价值的源泉，岂不片面偏颇之极！但细究起来，却应该承认，劳动价值论不但堪称博大精深、幽晦曲折的伟大理论，而且其结论——只有劳动才是价值或交换价值的源泉——无疑是一种相对真理：它是公有制商品价值论之真理。这可以从两方面看。

一方面，劳动价值论乃是一种人类的理想：劳动应该是创造和决定交换价值的唯一源泉。诚然，就事实来说，劳动、资本和土地等自然资源是创造和决定交换价值的三个源泉或实体。但是，事实未必应该。因为所谓资本，亦即用作投入的劳动产品，如工厂、机器、设备等，原本是劳动与土地等自然资源的产物或结合物，是由劳动与自然资源两种生产要素创造的。因此，创造交换价值的源泉最终便可以归结为劳动和土地。这就是说，归根结底，只有劳动和土地等自然资源才是创造和决定一切交换价值的源泉或实体。问题的关键在于，土地等自然资源显然应该是人类共同拥有的东西，应该是人类公有的东西。因此，每个人使用土地等自然资源，就应该像使用自己的东西一样，应该是无须代价的，应该是无

---

①〔德〕马克思著，中共中央编译局译：《资本论》第一卷，中国社会科学出版社1983年版，第16页。

偿的；只有劳动才应该是个人私有的，因而只有劳动才应该是有偿的，才应该是需要支付代价的。交换价值显然与土地等无须支付代价的公有物无关，而仅仅决定于需要支付代价的劳动：劳动应该是创造和决定交换价值的唯一源泉或实体。确实，劳动应该是创造和决定交换价值的唯一源泉或实体。因为这样一来，就消除了劳动的无偿占有，亦即消除了剥削和经济异化，实现了经济公正：按劳交换和按劳分配。因此，劳动价值论就其结论——劳动是创造和决定交换价值的唯一源泉——来说，实乃人类所当追求的理想。

另一方面，劳动是创造和决定交换价值的唯一源泉，不但是人类所当追求的理想；而且人类必将实现这样的理想社会，在这种社会中，劳动事实上也是创造和决定交换价值的唯一源泉或实体。这种理想的社会就是生产资料公有制社会或共产主义社会：劳动价值论是生产资料公有制或共产主义社会商品价值论之真理。因为生产资料——资本和土地等自然资源——公有制，显然意味着：每个人使用资本和土地等自然资源，就如同使用自己的东西一样，都无须代价，都是无偿的；只有劳动才是个人私有的，因而只有劳动才是有偿的，才是需要支付代价的。这样一来，资本、土地和劳动虽然是创造产品使用价值的源泉和实体，但是，产品的交换价值却显然与资本和土地等无须支付代价的公有物无关，而仅仅被决定于需要支付代价的劳动：劳动是创造和决定交换价值的唯一的源泉或实体。因此，斯密在泛论劳动价值论的一般原理——亦即劳动是创造和决定交换价值的唯一源泉——之后，曾具体阐述其成立的前提和条件，断定其仅仅适用于资本积累和土地私有尚未发生的原始公有制社会。

"在资本积累和土地私有以前的初期野蛮社会,获取各种物品所需要的劳动量的比例,看来是各种物品相互交换的唯一标准。例如,狩猎民族通常捕杀一头海狸是捕杀一头鹿所需要的劳动的两倍,那么,一头海狸自然应该换或值二头鹿。因此,两天或两小时劳动的生产物的价值,通常是一天或一小时劳动的生产物的两倍,这是很自然的。"①

显然,在生产资料公有制或共产主义社会,劳动确实是创造和决定交换价值的唯一的源泉。那么,在生产资料私有制或资本主义社会,劳动还是创造和决定交换价值的唯一源泉吗？显然不是。因为生产资料——亦即资本和土地等自然资源——私有制意味着,资本和土地等自然资源的使用都是有偿的,是需要支付代价的,因而必须计入成本而成为交换价值的两个源泉:劳动、资本和土地等自然资源是创造和决定交换价值的三个源泉。因此,斯密认为,只有在资本积累和土地私有尚未发生的原始公有制社会,劳动才是交换价值的唯一的实体和源泉;而在资本和土地私有的社会,劳动就不再是创造交换价值的唯一的实体和源泉了。因为在资本和土地私有制社会,产品成本由工资、利润和地租构成,因而工资、利润和地租便是创造商品价格和交换价值的三个源泉或实体,说到底,劳动、资本和土地便是创造商品价格和交换价值的三个源泉或实体。

"资本一旦在个别人手中积聚起来……劳动者增加到原材料的价值,就分为两个部分,一部分是支付劳动者的工资,另一部分是雇主的利润,……任何国家的土地一旦完全成为私有财产……

---

① Adam Smith, *The Wealth of Nations*, Books I-III, London: Penguin Inc., 1970, p. 150.

劳动者必须把他所生产或采集的产物的一部分交给地主。这一部分或其代价,便构成土地的地租,……任何商品的全部价格,最后必由若干或三个部分构成,……工资、利润和地租,是一切收入和一切交换价值的三个最终源泉。"[1]

这就是斯密的双重价值论——劳动价值论与收入价值论——劳动价值论适用于原始公有制社会;收入价值论适用于私有制社会。确实,斯密双重价值论堪称真理。因为劳动价值论只是"应然的"、"应该的"真理——劳动应该是创造和决定交换价值的唯一源泉——而未必是"实然的"、"事实的"真理:劳动未必实际是创造和决定交换价值的唯一源泉。就实然、事实来说——亦即就劳动实际是否为创造交换价值的唯一源泉——来说,劳动价值论是相对真理:劳动价值论只适用于生产资料公有制或共产主义社会,只是公有制社会商品价值论之真理;劳动价值论决不适用于生产资料私有制或资本主义社会,它是私有制商品价值论之谬误。私有制社会商品价值论之真理是生产要素论:劳动、资本和土地等自然资源则是创造交换价值的三个源泉或实体。然而,李嘉图和马克思却摒弃斯密的双重价值论,主张一种普遍的劳动价值论,亦即将劳动价值论当作普遍适用于一切商品——特别是资本主义——的价值理论,认为劳动事实上是创造一切商品的价值或交换价值的唯一的源泉和实体。那么,李嘉图与马克思等劳动价值论思想家,如此否定资本和土地而认为事实上只有劳动才能创造价值或交换价值,究竟有什么根据?

---

[1] Adam Smith, *The Wealth of Nations*, Books I-III, London: Penguin Inc., 1970, pp. 151 – 155.

2. 劳动价值论的主要根据:生产资料转移价值论

李嘉图摈弃斯密的双重价值论,主张一种一元的、纯粹的和超社会或普世的劳动价值论,亦即将劳动价值论当作普遍适用于一切社会——资本积累、土地私有尚未发生和已经发生的社会——的商品价值规律。他论及劳动价值论原理的普世性时,就曾这样批评斯密说:"虽然亚当·斯密完全承认了这个原理,就是:获取各种物品所必需的劳动量间的比例,是支配它们相互交换的规律的唯一条件,他却又把这个原理的应用限于'资本积累和土地私有以前的早期蒙昧社会';仿佛一旦需要支付利润和地租的时候,这两者就对商品的相对价值有一定的影响,而与生产它们所必需的劳动量无关。"①

李嘉图认为劳动价值论适用于一切社会的根据在于:劳动不仅包括劳动者的活劳动而且包括已经凝结在资本中的死劳动:"生产出来的商品的交换价值与投在它们生产上的劳动成比例;这里所谓劳动不仅是指投在商品的直接生产过程中的劳动,而且也包括凝结在使该劳动有效的一切器械上的劳动。"②这样一来,劳动是决定价值的唯一源泉,便不仅适用于原始社会社会,而且适用于资本主义社会;它适用于原始社会,也并不是因为原始社会没有资本,而是因为劳动包括资本中的死劳动,资本终究也是劳动创造的。"即使是在亚当·斯密所说的那种早期状态中,一些资本虽然

① 〔英〕米克著,陈彪如译:《劳动价值学说的研究》,商务印书馆 1979 年版,第107 页。

② David Ricardo, *Principles of Political Economy and Taxation*, London: George Bell and Sons, 1908, p. 18.

可能是由猎人自己制造和积累的,却是他捕猎鸟兽所必需的。没有某种武器,就不能捕猎海狸和野鹿。所以这些猎物的价值不仅要由捕猎所需的时间和劳动决定,而且也要由制造那些使猎人能够有效捕猎的资本——武器——所需的时间和劳动决定。"①

诚然,资本也是劳动产品,也是劳动创造的,因而"资本创造交换价值",说到底,仍然是"劳动创造交换价值"。但是,由此决不能否定交换价值是资本直接创造的,不能说资本不是交换价值的直接的源泉和实体;而只能说资本不是交换价值的终极的源泉和实体,只能说劳动不但是交换价值的直接的源泉和实体,而且是交换价值的终极的源泉和实体。然而,李嘉图却由此得出结论说:劳动是创造交换价值是唯一源泉和实体。这是错误的。一方面,资本不仅仅是劳动的产品,而是劳动和自然或土地共同创造的产品。另一方面,商品生产要素不仅仅是资本与劳动两要素,而是资本、劳动和土地三要素。因此,创造商品交换价值的源泉和实体是资本、劳动和土地三要素;资本是直接的源泉和实体;劳动和自然是终极的源泉和实体。

那么,李嘉图为否定自然和资本而仅仅肯定劳动是创造交换价值的唯一源泉,究竟还有什么根据呢?李嘉图承认自然和资本是创造使用价值的源泉,却否定它们是创造交换价值的根据,竟然在于它们所做的工作无须报偿。"萨伊先生指责亚当·斯密忽视了自然要素和机器赋予商品的价值,因为他认为一切物品的价值都来自人的劳动。但是我认为这种指责是错误的。因为亚当·斯

---

① David Ricardo, *Principles of Political Economy and Taxation*, London: George Bell and Sons, 1908, p. 17.

密从来没有低估自然要素和机器为我们提供的这种效益，而是极其恰当地区别了它们加到商品中去的价值的性质——它们通过增加产品数量、使人类更为富裕和增加使用价值而造福我们；但由于它们所做的工作，像使用空气、热和水一样无须支付任何代价，它们提供给我们的帮助就不会使交换价值有任何增加。"[①]这种根据显然不能成立。因为在私有制或资本主义社会，土地等自然资源和机器等资本的使用不可能是无偿的，因而按照李嘉图的逻辑，岂不就应该承认它们也是创造交换价值的源泉吗？

　　诚然，这些并不是李嘉图的主要根据。李嘉图与马克思等劳动价值论思想家否定资本和土地而认为只有劳动才能创造价值或交换价值的最主要根据，恐怕是李嘉图和马克思的"生产资料转移价值论"。按照这种理论，资本和土地等生产资料只是转移价值而并不能创造价值，只有劳动才能创造价值。换言之，生产资料只能将自己原来就有的旧价值转移到产品的价值中；只有劳动才能在产品价值中创造原来所没有的新价值。这个道理，马克思在《资本论》中专列一章详加论证。该章一开篇就这样写道："劳动过程的不同因素在产品价值的形成上起着不同的作用。工人由于加进新的劳动量而给劳动对象加进了新价值，不管他的劳动的有用性性质如何。另一方面，我们又发现，被消费的生产资料的价值又成了产品价值的组成部分，例如，棉花和纱锭的价值包含着棉纱的价值中。可见，生产资料的价值由于转移到产品上面被保存下来。"[②]然而，为

---

①　David Ricardo, *Principles of Political Economy and Taxation*, London：George Bell and Sons, 1908, p. 271.

②　〔德〕马克思著，中共中央编译局译：《资本论》第一卷，中国社会科学出版社1983 年版，第 188 页。

什么说生产资料只能转移旧价值而不能创造新价值？

马克思教导我们说，生产资料增进或加到产品上的价值，只是在劳动过程中因本身的消耗而失掉的价值，只是本身所消耗掉的价值，因而不可能大于因本身的消耗而失去的价值，不可能大于本身所具有的价值。"生产资料转给产品的价值只是它作为生产资料而失掉的价值。"[①]"生产资料转给产品的价值决不会大于它在劳动过程中因本身的消耗而丧失的价值。如果生产资料没有价值可以损失，就是说，如果它本身不是人类劳动的产品，那么，它就不会把任何价值转给产品。它的作用只是形成使用对象，而不形成价值。一切未经人的协助就天然存在的生产资料，如土地、水、风、矿脉中的铁、原始森林中的树木等等，都是这样。"[②]"生产资料加到产品上的价值绝不可能大于它们自己具有的价值。不管一种原料，一种机器，一种生产资料的有用性如何，如果它值 150 镑，值 500 个工作日，那么它加到在它协助下制造的总产品上去的价值就决不会大于 150 镑。"[③]

这就是说，一方面，如果生产资料是劳动产品，如原料和机器，那么，它加到产品上的价值，只是在劳动过程中因本身的消耗而失掉的价值，因而只是原来价值的转移；另一方面，如果生产资料不是劳动产品，如土地，那么，它就不会增加产品价值，不会转移价值：它只能创造使用价值而不能创造价值。

首先，为什么马克思说土地等自然资源只能创造使用价值而

---

① 〔德〕马克思著，中共中央编译局译：《资本论》第一卷，中国社会科学出版社 1983 年版，第 192 页。

② 同上书，第 193 页。

③ 同上书，第 195 页。

不能创造价值或交换价值？原来，马克思和李嘉图被斯密的"价值反论"所惑，误以为使用价值往往与交换价值成反比。使用价值与交换价值成反比，显然意味着，使用价值及其源泉和实体——劳动和土地——不可能是交换价值的源泉和实体；否则，交换价值怎么能与使用价值的大小相反呢？那么，交换价值或价值的源泉和实体是什么？显然只能是劳动：劳动是创造价值的唯一源泉。这样一来，土地等自然资源岂不只能就创造使用价值而不能创造价值？所以，土地等自然资源只能创造使用价值而不能创造价值的论断，完全以斯密的价值反论为根据。

　　然而，价值反论根本不能成立。因为熟读精思边际效用论，不难看出，使用价值是商品的边际效用，交换价值则是使用价值对于换取其他商品的交换需要的效用，也就是商品边际效用对于换取其他商品的交换需要的效用：使用价值是交换价值的实体和源泉。因此，交换价值量的多少大小便是由商品使用价值价值量的多少大小决定的，说到底，是由商品边际效用量的多少大小决定的，二者成正比例变化：商品边际效用越大，商品的使用价值越大，它的交换价值便越大。钻石交换价值大，绝不是因其效用和使用价值小；恰恰相反，钻石交换价值大，只是因其数量小，因而边际效用大，从而使用价值大。水交换价值小，绝不是因其效用大，而是因其数量多，因而边际效用小，从而使用价值小。这样，一方面，使用价值是交换价值产生的源泉和存在的实体；另一方面，劳动和土地是使用价值产生的源泉和实体。于是，合而言之，劳动和土地便是交换价值的源泉和实体：它们是使用价值的直接源泉和直接实体，是交换价值的间接源泉和间接实体。因此，马克思以为土地等自然资源只能创造使用价值而不能创造价值或交换价值，是根本不能成立的。

马克思主义经济学家卫兴华也不得不承认：否认自然界也是创造商品价值或交换价值的源泉的观点实难成立。他举例说："现在的问题是，在自然界既定的条件下，它是否会创造价值，成为价值的实体或源泉？如果从另一个角度提出问题，难点就大了。比如，农民花5元钱买一棵树苗，十年后成材，可卖100元，只是植树苗时花了点劳动，以后树的生长，全靠自然界。树的价格100元，除树苗5元，增值95元。这部分价值哪里来？茅台酒越陈越贵，50年茅台陈酒的价格高于一般茅台酒20倍以上。这部分高价来源于何处？是否应归功于自然？这类例子可以很多。"[①]

确实，怎么能说自然不创造价值呢？50年茅台陈酒高于一般茅台酒20倍以上的价值，绝非完全是储存等劳动创造的，而是这些劳动与酒在储存期间的自然变化共同创造的。那棵5元买来的树苗长成可卖100元大树的95元增值，也绝非完全是劳动创造的，而是劳动与自然共同创造的。这个道理，更可见于卫兴华最后所列举的事实："同样质和量的农业劳动，投入优劣不同的两块土地上，在优等地上的产品量要比劣等地高得多，价值收入也同比增加。这种差别的形成，与土地的差别直接相关。"[②]毋庸讳言，优等土地产品高出劣等土地产品的交换价值，完全是优等土地创造的。我们还可以进一步假设，有两棵在一块土地生长的同样可卖100元的树：一棵是农民买树苗栽种的；一棵完全是自然长成的，没有花费一点儿劳动。这两棵树的交换价值显然完全相同。只不过，

---

① 卫兴华："劳动价值论需要创新与发展"，《经济学家》2004年第1期，第16页。
② 同上。

一棵树的交换价值是劳动创造的;另一棵树的交换价值是自然创造的罢了。但是,按照劳动价值论,却只有农民栽种的树有交换价值,而那棵自然长成的树没有交换价值,岂不荒唐之极?

因此,斯密不但承认自然、土地和牲畜确实是创造产品价值或交换价值的源泉,而且还认为这些自然资源所创造的价值经常占产品价值的三分之一以上:"在农业上,自然也和人一起劳动;她的劳动虽无须代价,但其生产物却和最昂贵的工人生产物一样,有其的价值,……长满蓬蒿荆棘的田地可能生产的植物,往往像耕作最好的葡萄园或谷田所能生产的那样多,……因此,农业上雇用的工人与牲畜劳力,不仅像制造业工人一样,再生产他们所消费的价值,或雇用他们的资本,以及资本家的利润;而且生产更大的价值,……减除了一切可以算作人的劳作之后,所余的便是自然的劳作。它在全生产物中的价值,极少占四分之一以下,通常占三分之一以上。"①

那么,马克思认为原料和机器等生产资料加到产品上的价值只是原来价值的转移,能否成立? 确实,如果这些生产资料增进或加到产品上的价值,只是本身所消耗掉的价值,而不可能大于本身所具有的价值,因而没有形成一个价值余额或价值增值,亦即没有形成一个新价值,那么,生产资料增进或加到产品上的价值就只是原来价值的转移,而不是新价值的创造。只有生产资料加进产品中的价值,大于本身所消耗掉的价值,从而形成价值增值,亦即形成一个新价值,才叫作价值的创造。换言之,只有生产资料加进产品中的价值,大于本身所具有的价值,从而形成一个新的价值余

---

① Adam Smith, *The Wealth of Nations*, Books I-III, London: Penguin Inc., 1970,pp. 462 – 463.

额,才叫作价值的创造。因此,问题的关键在于,生产资料加进产品中的价值能否大于本身所消耗掉的价值?

回答是肯定的。诚然,有一些生产资料,如原料和辅助材料等等,加进产品中的价值只是本身所消耗掉的价值,不可能大于所消耗掉的价值,因而没有形成一个价值增额或新价值。因此,这些生产资料只是转移价值而并不能创造价值。但是,机器等生产工具也是这样吗?能说机器等生产工具增进或加到产品上的价值,只是自身所消耗掉的价值,不可能大于所消耗的价值,因而没有形成一个价值增额或新价值吗?显然不能! 机器等生产工具加到产品上的价值,怎么能只是自身所消耗掉的价值? 价值 150 英镑的机器增进或加到产品上的价值,怎么能绝不会大于 150 英镑? 马克思说:"假定一台机器价值 1000 英镑,并且在 1000 天内损耗掉;在这种情况下,机器的价值每天有千分之一转移到它的日产品上。"[①]如此说来,这台机器每天增进或加到产品上的价值绝不会大于 1 英镑! 这台机器 1000 天增进或加到产品上的价值绝不会大于 1000 英镑! 岂不荒唐可笑?

因此,卫兴华也不得不承认:否认资本(生产工具、机器设备)也是创造商品价值或交换价值的源泉的观点实难成立。他举例说:"两个劳力拉犁耕地,远远赶不上一头牛的效率。人拉犁的劳动创造价值,牛拉犁的劳动为什么就不创造? 要知道,牛的劳动也是"活"劳动呀! 农民用背篓或肩挑箩筐往田里送粪,创造价值,而用马拉大车送粪,可提高效率 20 倍,即一匹马的劳动效率相当于

---

① 〔德〕马克思著,中共中央编译局译:《资本论》第一卷,中国社会科学出版社 1983 年版,第 193 页。

20个农民的劳动效率。为什么马的劳动不创造价值？如果把农业机械加进来，一台收割机的功能，可以抵得上几十个农民的劳动。怎么说明农业机器不创造价值？"①

确实，我们能说人拉犁的劳动创造价值，牛拉犁就只能转移价值吗？我们能说农民用背篓送粪创造价值，而用马拉大车送粪则只能转移价值吗？马拉大车送粪，可提高效率20倍，即一匹马的劳动效率相当于20个农民的劳动效率。我们能说马拉大车送粪加进产品中的价值只是本身所消耗掉的价值，没有形成一个价值增额或新价值；而只有农民用背篓送粪才能形成一个价值增额或新价值吗？我们能说效率更高的农业机械，如收割机和播种机，只能转移价值；而只有农民刀割火种才能创造价值吗？我们能说收割机和播种机加进产品中的价值只是本身所消耗掉的价值，没有形成一个价值增额或新价值；而只有农民刀割火种才能形成一个价值增额或新价值吗？

钱伯海教授亦曾举例说："假定挖土既用人工挖土，也用机器挖土。人工挖土，每人每天挖一个立方，单价12元，扣除工具等C（不变资本价值）的消耗，新创价值V（可变资本价值）＋M（剩余价值）＝10元。用挖土机挖土，一天可以挖几百乃至上千个立方，挖土收入扣除挖土机的折旧和油耗等C以后，日创价值V＋M＝1000元。"②显然，不论这个例子的数字如何，它至少充分表明，挖土机挖土加进产品中的价值，绝不可能只是本身所消耗掉的价值。相反地，它扣除折旧等本身所消耗掉的价值，每日必定形成一个价

---

① 卫兴华："劳动价值论需要创新与发展"，《经济学家》2004年第1期，第15页。

② 钱伯海："社会劳动创造价值之我见"，《经济学家》1994年第2期。

值增额或新价值。这个价值增额,按照钱教授的例子,是人工挖土每人每天价值增额的 100 倍。实际上可能少些或多些,但无论如何,挖土机挖土加进产品中的价值绝不只是本身所消耗掉的价值,而必定大于所消耗掉的价值,从而形成一个价值增额或新价值。这个价值增额或新价值岂不就是价值创造?断言只有人工挖土创造价值,而比人工挖土价值增额多达百倍的挖土机挖土不创造价值,岂不荒唐!

确实,怎么能说机器、生产工具不创造价值呢?怎么能说资本不创造价值呢?所谓资本,如前所述,不论是狭义的或经济学的资本概念,还是所谓道德资本等广义的资本概念,其根本特征就是生利、增值或创造价值。只不过,能够生利、增值或创造价值的非物质财富,是广义的资本概念;能够生利、增值或创造价值的物质财富,是经济学的资本概念;能够带来剩余价值的价值、财货或物质财富则是资本主义资本概念。因此,资本之所以为资本,就是因为能够生利、增值或创造价值;不能够生利、增值或创造价值的东西就不是资本。怎么能说资本不创造价值呢?说"资本不创造价值",无异于说"能够创造价值的东西不能够创造价值",岂非自相矛盾?因此,分析派马克思主义思想家罗默说:"有一件事情马克思是完全错误的。作为商品的劳动力(在使用中)能产生比它体现的更多的价值,这种魔术般的性质并不为它所独有。实际上,在一种能产生剩余产品的经济中,任何商品都有这种魔术般的性质,……在这一点上劳动力绝对没有什么特别的地方。"①

综上可知,马克思否定资本和土地而认为劳动是创造价值唯

---

① 余文烈:《分析学派的马克思主义》,重庆出版社 1993 年版,第 81 页。

一源泉的两方面根据，都是不能成立的。一方面，马克思认为生产资料加到产品的价值，不可能大于本身所消耗掉的价值，犯了以偏概全的错误：将"原料等部分生产资料加到产品的价值不可能大于本身所消耗掉的价值"，夸大成"生产资料——原料和机器——加到产品的价值不可能大于本身所消耗掉的价值"；亦即将"原料等部分生产资料只能转移旧价值而不能创造新价值"，夸大成"生产资料——原料和机器——只能转移旧价值而不能创造新价值"。另一方面，马克思被斯密的"价值反论"所惑，误以为使用价值与交换价值成反比、不可能是交换价值的源泉和实体，因而断言土地等自然资源只能创造使用价值而不能创造价值或交换价值。那么，马克思还有确证劳动是价值唯一源泉的根据吗？有的，那就是他的实在论的价值定义：价值是凝结在商品中的人类劳动。

3. 马克思的根据：实在论的劳动价值论

斯密和李嘉图只是认为，商品价值或交换价值取决于生产它们所需要的劳动量，因而意味着：劳动是创造和决定价值或交换价值的唯一源泉和实体。马克思则一方面明确提出劳动是创造、决定价值或交换价值的唯一源泉和实体。"价值实体就是劳动。"[①]"形成商品价值实体的劳动是相同的无差别的劳动，是同一的力量的耗费。"[②]另一方面，马克思更进一步，发现商品价值就是凝结在

①　〔德〕马克思著，中共中央编译局译：《资本论》第一卷，中国社会科学出版社1983年版，第17页。

②　同上书，第15页。

商品中的一般的无差别的人类劳动或抽象的人类劳动。"一切商品作为价值只是结晶的人类劳动。"①"在它们的生产上耗费了人类劳动力，积累了人类劳动。这些物，作为它们共有的这个社会实体的结晶，就是价值——商品价值。"②可是，价值实体与价值无疑根本不同，马克思为何既说劳动是价值又说劳动是价值实体？原来，在马克思看来，流动的活的劳动是创造交换价值的源泉和实体；凝结的物化在商品中的劳动就是商品价值。"处于流动状态的人类劳动力或人类劳动形成价值，但本身不是价值。它只是在凝固的状态中，在物的形式上才成为价值。"③

　　然而，问题的关键在于，商品中凝结的人类劳动无疑是商品所具有的这样一种属性，这种属性与"好坏"或价值根本不同。好坏依赖于人的需要，离开人类需要，商品无所谓好坏。因此，好坏是商品的关系属性，是商品与人的需要发生关系的产物，说到底，好坏是商品对人的需要的效用：符合、满足人的需要的效用就是好；不符合、不能满足人的需要的效用就是坏。相反地，商品中凝结的人类劳动，它的存在并不依赖于人的需要，甚至也不依赖于人。一件金首饰所凝结的人类劳动，即使人类灭亡了，它也照样凝结在该金首饰中。一部红楼梦凝结着曹雪芹"十年辛苦不寻常"的劳动，即使人类灭亡了，它也照样凝结这些人类劳动。因此，商品中凝结的人类劳动乃是商品的不依赖人的需要而存在的属性，是一种独立于人而存在的实在，是商品的固有属性或事实属性。

---

　　①　〔德〕马克思著，中共中央编译局译：《资本论》第一卷，中国社会科学出版社1983年版，第27页。

　　②　同上书，第15页。

　　③　同上书，第28页。

这样一来，如果商品价值是凝结在商品中的人类劳动，岂不意味着：商品价值是商品的固有属性或事实属性？是的，马克思确实认为价值是商品的固有属性或事实属性。"生产使用物所耗费的劳动，表现为这些物固有的性质，即它的价值。"①"价值本身除了劳动本身没有别的任何'物质'。"②"如果我们说，一切商品作为价值只是结晶的人类劳动，那么，我们的分析就是把商品化为价值抽象，但是，它们仍然只是具有唯一的形式，即有用物的自然形式。在一个商品和另一个商品发生价值关系时，情形就完全不同了。从这时起，它的价值性质就显露出来并表现为决定它与另一个商品的关系的固有的属性。"③所以，樊纲在解释马克思劳动价值论时曾这样写道："劳动价值论的一个基本特征是将劳动视为商品的内在属性，是将劳动确认为价值的物质内涵。"④可是，以为商品价值是商品的固有属性或事实属性，岂不荒谬之极？因为任何价值显然都不可能是客体固有属性，而只能是客体关系属性；都不可能是客体事实属性，而只能是客体的事实属性与主体需要发生关系的产物。商品价值当然也不可能是商品的固有属性，而只能是商品的关系属性；不可能是商品的事实属性，而只能是商品的事实属性与人的交换等需要发生关系的产物。

---

① 〔德〕马克思著，中共中央编译局译：《资本论》第一卷，中国社会科学出版社1983年版，第39页。

② 樊纲：《现代三大经济理论体系的比较与综合》，上海三联书店1990年版，第171页。

③ 〔德〕马克思著，中共中央编译局译：《资本论》第一卷，中国社会科学出版社1983年版，第27页。

④ 樊纲：《现代三大经济理论体系的比较与综合》，上海三联书店1990年版，第172页。

马克思以为商品价值是商品固有属性或事实属性的观点,显然属于商品价值实在论,可以称之为"实在论的劳动价值论"。因为所谓价值实在论,如所周知,就是认为价值是客体的一种可以离开主体而独立存在的事实的理论。邦德、布云克、威根斯(David Wiggins)麦克道尔(John Mcdowell)博伊德(Richard N. Boyd)斯图尔根(Nicholas L. Sturgeon)麦考德(Geoffrey Sayre-McCord)普来特斯(Mark Platts)以及乔德(C. E. M. Joad)和中国美学家蔡仪的观点,都属于价值实在论。邦德便曾这样写道:"对于欲望某物的人来说,欲望和目的并不是该物实际具有价值的条件:既不是必要条件,更不是充分条件。"①"一切价值都是客观的,也就是说,它们是独立于欲望和意志而存在的。……价值是一种独立的存在。在这个世界上,即使没人,即使没有有意识、有食欲的力量,价值也能够独立存在。"②

任何价值实在论,不论是商品价值实在论,还是道德价值实在论,都是谬误。因为好坏等任何价值都是客体的关系属性,是客体的事实属性与主体的需要发生关系时所产生的属性:客体事实属性是价值产生的源泉和存在的实体,主体需要则是价值从客体事实属性中产生、存在的条件与标准。价值实在论的错误就在于,它只看到客体是价值产生的源泉和存在的实体,却看不到主体是价值产生的条件和存在的标准;只看到价值产生和存在于客体之中,却看不到价值只有在客体与主体发生关系的条件下,才能从客体中产生,才能存在于客体。于是,价值实在论便误以为不论有无主

①　E. J. Bond: *Reason and Value*, Cambridge: Cambridge University Press, 1983, p. 59.
②　同上书, p. 84 – 85。

体，客体都具有价值；因而价值也就不是客体的价值关系属性，而是客体的固有属性或事实属性了：把客体的关系属性当作客体的固有属性、把客体的价值关系属性当作客体的事实关系属性、把价值的实体当作价值，这就是价值实在论的根本错误。

这样一来，马克思与斯密、李嘉图的劳动价值论便有很大的不同。因为斯密和李嘉图只是认为商品价值的源泉和实体是劳动，是一种事实，是商品的事实属性或固有属性。所以，斯密和李嘉图只是属于价值客观论，但不属于价值实在论。反之，马克思则认为商品价值本身就是劳动，就是一种事实，就是商品的固有属性和事实属性，因而不但属于价值客观论，而且属于一种极端的价值客观论：价值实在论。这一点，晏智杰教授早有所见："按照马克思主义经济学说，商品价值是人类无差别抽象劳动的凝结，是一个实体范畴。"[1]不但此也！斯密和李嘉图的劳动价值论都是相对的、有条件的。斯密的劳动价值论不但是相对的有条件的，而且还是特殊的具体的，亦即仅仅适用于在资本积累和土地私有尚未发生以前的初期野蛮社会：只有在这种社会劳动才是创造交换价值的唯一的源泉和实体。李嘉图的劳动价值论，就其主要论著而言，虽然是普遍的、适用于一切社会，却并不适用于一切商品。他的代表作《政治经济学及赋税原理》就这样写道："有些商品的价值只由它们的稀少性决定，……它们的价值与最初生产它们所必需的劳动量全然无关。"[2]

---

① 晏智杰：《经济价值论再研究》，北京大学出版社 2005 年版，第 3 页。

② David Ricardo, *Principles of Political Economy and Taxation*, London: George Bell and Sons, 1908, p. 6.

相反,马克思的劳动价值论则走向极端而成为一种绝对主义的劳动价值论。因为马克思的劳动价值论不但是普遍的、普遍适用于一切商品,而且是绝对的、无条件的,绝对或无条件适用于一切商品。换言之,在马克思那里,劳动绝对地无条件地是创造一切商品价值或交换价值的唯一的源泉和实体,因而非劳动产品或不包含、不凝结劳动的物品绝对地无条件地没有商品价值或交换价值。确实,如果商品价值就是商品中所凝结的劳动,那么,非劳动或不凝结劳动的物品当然就不可能有商品价值或交换价值。因此,马克思一再说:"如果一个使用价值不用劳动也能创造出来,它就不会有交换价值。"[①]"土地不是劳动产品,从而没有任何价值。"[②]"瀑布和土地一样,和一切自然力一样,没有价值,因为它本身中没有任何对象化劳动。"[③]

这种论断,岂止不能成立,而且近乎荒唐。因为不论任何东西,只要能够买卖,只要能够交换,只要能够用以换取其他东西,显然就必定具有交换价值;否则,如果一种东西不具有交换价值,就必定不能够买卖,必定不能够进行交换,必定不能够用以换取其他东西。那么,能够买卖、交换从而具有交换价值的条件是什么? 不难看出,一个条件是有用,亦即具有使用价值;没有使用价值的东西显然不能够买卖,不能够交换,因而不具有交换价值。另一个条件是稀缺性,因为具有使用价值的东西如果不具有稀缺性,而是无限多的,如水、阳光和空气等,显然不能够买卖交换,不具有交换价

---

① 〔德〕马克思著,中共中央编译局译:《资本论》第三卷,人民出版社 2004 年版,第 728 页。

② 同上书,第 702 页。

③ 同上书,第 729 页。

值。任何东西，不论是否包含或凝结劳动，只要具有使用价值并且稀缺，显然就能够进行交换或买卖，因而必定具有交换价值：使用价值和稀缺性是任何东西具有交换价值的充分且必要条件。

准此观之，土地与空气和水根本不同。空气和水等使用价值不具有交换价值，并不是因其不包含劳动，而是因其不具有稀缺性从而不能够买卖交换。相反地，不论是否经过开垦从而凝结劳动的土地，还是未经开垦从而不包含劳动的土地，显然都同样既具有使用价值又具有稀缺性，因而同样能够买卖交换，同样具有交换价值，同样具有价值。土地能够买卖交换是个不争的事实，恐怕只有傻瓜才能否认。既然土地能够买卖交换，怎么会不具有交换价值？天地间哪里会有能够买卖交换却不具有交换价值的东西！土地能够买卖交换，就已经意味着土地具有交换价值；断言能够买卖交换的东西却不具有交换价值岂不自相矛盾？土地既具有使用价值又具有交换价值，怎么能说土地不具有价值？

价值就是凝结的劳动，意味着非劳动产品皆无价值；而没有价值的东西不可能有价格。可是，事实上，众多非劳动产品却有价格。这岂不矛盾？马克思也不能不承认这是"一个质的矛盾"："价格形式不仅可能引起价值量和价格之间的量的不一致，而且能够包藏一个质的矛盾，以致货币虽然只是商品的价值形式，但价格可以完全不是价值的表现。有些东西本身并不是商品，例如良心、名誉等，但是也可以被它们的所有者出卖以换取金钱，并通过它们的价格，取得商品形式。因此，没有价值的东西在形式上可以具有价格。在这里，价格表现是虚幻的，就像数学中的某些数量一样。另一方面，虚幻的价格形式——如未开垦的土地的价格，这种土地没有价值，因为没有人类劳动物化在里面——又能掩盖实在的价值关系或由此派生的关系。"①

　　可见，马克思承认断言有价格的东西没有价值，是自相矛盾；他摆脱矛盾的方法是将没有价值的东西的价格说成是虚幻的价格；所谓虚幻的价格就是没有价值的价格。这是不能成立的。没有价值的东西绝对不可能有价格。因为价格就是商品相交换的量的关系或比例，没有价值或交换价值的东西不可能进行买卖、交换，哪里会有什么交换的量的关系或比例，哪里会有价格呢？试问，哪里会有这样的傻瓜，他居然会去买一个没有价值或交换价值的东西？不但未开垦的土地实实在在有价值或交换价值，而且良心和名誉等等也实实在在有价值或交换价值。否则，纵使良心和名誉的所有者出卖良心与名誉，又会有谁去买呢？为什么当年朱棣想方设法购买方孝孺的良心与名誉呢？为什么当年日本购买周作人的良心与名誉呢？显然是因为，他们的良心与名誉不但有价值或交换价值，而且有极其巨大的价值或交换价值。

　　商品价值就是商品凝结的劳动，既然意味着非劳动产品皆无商品价值，也就意味着非劳动产品皆非商品。因为商品必然具有价值，必然具有商品价值；没有商品价值的东西必非商品。这就是马克思为什么说良心与名誉本身不是商品的缘故。这就是为什么，马克思主义经济学家们一致认为非劳动产品不是商品："商品是用来交换、能满足人们某种需要的劳动产品。"②这是"价值就是商品凝结的劳动"的劳动价值论所必然导致的又一教条：只有劳动产品才可能是商品；而非劳动产品皆非商品！这是极其荒谬的教

---

　　① 〔德〕马克思著，中共中央编译局译：《资本论》第一卷，人民出版社 1975 年版，第 120 页。

　　② 许涤新主编：《政治经济学辞典》上，人民出版社 1980 年版，第 330 页。

条。因为不难看出，一方面，并非只有劳动产品才是商品，任何东西，只要可以买卖就都是商品：商品乃是进行买卖的一切事物，是通过买卖进行交换的一切东西。另一方面，不论土地是否经过开垦，不论土地是否凝结劳动，都同样可以买卖交换，都同样具有交换价值，都同样可以是商品。但是，按照商品只能是劳动产品的教条，只有经过开垦的土地才是商品；而未经开垦的土地就不是商品。因此，你买来的土地如果是经过开垦的，就是商品，就属于商品交换范畴；如果是未经开垦的，就不是商品，就不属于商品交换范畴。难道还有比这更荒谬的吗？

　　非劳动产品皆非商品！非劳动产品或不包含、不凝结劳动的物品不具有商品价值或交换价值！不包含劳动的使用价值没有交换价值！未经开垦的土地不具有商品价值或交换价值！我最热爱的、世界一流的、最顶尖的经济学泰斗马克思，怎么会犯下如此荒唐可笑的低级错误？恐怕是因为，他通过他奉为"政治经济学枢纽"的"劳动二重性"学说，发现了"商品价值就是商品所凝结的人类劳动"的伟大的劳动价值论；按照这种绝对主义的实在论的劳动价值论，非劳动产品或不凝结劳动的物品必定不具有商品价值或交换价值；不包含劳动的使用价值必定没有交换价值；未经开垦的土地必定不具有商品价值或交换价值；非劳动产品必定皆非商品。否则，如果不凝结劳动的物品却具有商品价值或交换价值；如果不包含劳动的使用价值具有交换价值；如果未经开垦的土地具有商品价值或交换价值；如果非劳动产品可以是商品从而具有商品价值：岂不就推翻了"商品价值就是商品所凝结的人类劳动"的劳动价值论？这就是为什么世世代代的马克思主义经济学家们都着了魔般地迷信这些荒谬可笑教条的缘故。

　　这些荒谬的结论，明明显示了"价值就是商品所凝结的人类劳动"之荒谬。但是,自称是黑格尔学生的马克思,似乎从老师那里继承了从逻辑、理念推演出自然和现实的思辨精神,继承了削足适履的理论勇气,因而不论从"价值就是商品所凝结的人类劳动"可以推出多少荒谬的结论,马克思都毫不动摇地坚信:一方面,"价值是商品所凝结的人类劳动"是不可动摇的真理;另一方面,它所推出的不论如何荒谬的结论也同样都是真理。这些荒谬教条之荒谬,固然显示了马克思绝对主义的实在论的劳动价值论之荒谬;但是,与任何劳动价值论——亦即认为劳动是创造和决定商品价值或交换价值唯一源泉的理论——同样,马克思劳动价值论的不科学,根本说来,乃是违背平均利润率规律。

因为,如前所述,一方面,在自由竞争条件下,等量资本所生产的商品的价格势必相等,从而等量资本势必获得等量利润:这就是所谓平均利润率规律。另一方面,在自由竞争条件下,价格与价值应该且必然相等,因而等量资本所生产的商品的价格势必相等便意味着:等量资本所生产的商品的价值势必相等。这样一来,便正如托伦斯所言,在两种商品的生产中,只要所耗费的资本相等,那么,不论二者所耗费的劳动如何不相等,二者的交换价值也完全相等;只要二者所耗费的资本不相等,那么,不论它们所耗费的劳动如何不相等,二者的交换价值也完全相等:"只要两笔资本相等,它们的产品的价值就是相等,不管它们所推动的、或者说它们的产品所需要的直接劳动量如何不同。如果两笔资本不等,它们的产品的价值就不等,虽然花费在它们的产品上的劳动量完全相同。"①

这显然意味着:劳动决非创造交换价值的唯一的源泉;资本也

---

①　晏志杰:《劳动价值学说新探》,北京大学出版社 2001 年版,第 79 页。

必定是创造交换价值的源泉。因此,平均利润率规律堪称李嘉图劳动价值论或普遍劳动价值论的克星,它必然导致李嘉图学派乃至一切普遍的——因而适用于资本主义社会的——劳动价值论的破产。然而,恩格斯认为劳动价值论与平均利润率规律的这种矛盾,并不具有客观必然性,而是可以解决的理论矛盾;因为这种矛盾已经被马克思《资本论》第三卷关于价值向生产价格转化理论所解决:"等额的资本,不论它们使用多少活劳动,总会在相同时间内生产平均的相等的利润。因此,这就和价值规律发生了矛盾。李嘉图已经发现了这个矛盾,但是他的学派同样没有解决这个矛盾……马克思的《批判》手稿中,已经解决了这个矛盾;按照《资本论》的计划,这个问题要在第三卷来解决。"①但是,果真如此吗?

4. 劳动价值论与平均利润率规律：价值向 生产价格转化理论

马克思的价值向生产价格转化理论——亦即所谓"价值转形"理论——果真解决了劳动价值论与平均利润率规律的矛盾吗?围绕这个问题,自1894年《资本论》第三卷问世,经济学家们争论了百年有余,至今未已。那么,马克思价值转形理论究竟是怎样的?该理论究竟如何解决劳动价值论与平均利润率规律的矛盾?虽然马克思的价值转形理论博大精深,涵盖《资本论》第三卷第八、九、十三章,但其基本思想和结论,确如刘益和吴易风等学者所言,可以概况如下表:②

---

① 《马克思恩格斯全集》第四卷,人民出版社,1975年版,第24页。

② 刘益:《劳动价值论的核心逻辑》,经济科学出版社2004年版,第173页;吴易风主编:《马克思主义经济学与西方经济学比较研究》(第三卷),中国人民大学出版社2009年版,第1221、1230、1231、1232页。

（1） （成本价格） 资本	（2） 剩余 价值率 m/v	（3） 剩余 价值	（4） 产品 价值 （1）+（3）	（5） 平均 利润	（6） 生产 价格 （1）+（5）	（7） 生产价格对 价值的偏离 （6）−（4）
Ⅰ.60c+40v	100%	40m	140	22m	122	−18
Ⅱ.70c+30v	100%	30m	130	22m	122	−8
Ⅲ.80c+20v	100%	20m	120	22m	122	+2
Ⅳ.85c+15v	100%	15m	115	22m	122	+7
Ⅴ.95c+5v	100%	5m	105	22m	122	+17
合计 390c+110v	100%	110m	610	110m	610	0
平均 78c+22v	100%	22m	122	22m	122	0

（表中 c:不变资本；v:可变资本；m:剩余价值。）

由此马克思得出结论说，虽然产品都是按照生产价格（122）而非产品价值（140、130、120、115、105）出售，二者数额并不相等；但是，生产价格高于和低于价值的数量会互相抵消（−18−8+2+7+17=0），从而社会总产品的生产价格总和（610）与其价值总和（610）必然相等，平均利润总和（110m）与剩余价值总和（110m）必然相等："总起来说，这些商品比价值高 2+7+17=26 出售，又比价值低 8+18=26 出售，所以，价格的偏离，由于剩余价值的均衡分配，或者说，由于每 100 预付资本有平均利润 22 分别加入 Ⅰ−Ⅴ 的各种商品的成本价格，而互相抵消。一部分商品出售时比自己的价值高多少，另一部分商品出售时就比自己的价值低多少。"[①]"因此，一切不同生产部门的利润总和，必然等于剩余价值的总和；社会总产品的生产价格总和，必然等于它的价值总和。"[②]这就是说，

[①] 〔德〕马克思著，中共中央编译局译：《资本论》第三卷，人民出版社 2004 年版，第 176 页。

[②] 同上书，第 193 页。

按照平均利润率规律，虽然就个别部门来说，产品的生产价格与其价值并不相等，因而产品都是按照生产价格而非价值出售，似乎否定了"产品劳动价值论"；但是，就社会总产品来说，产品的总生产价格与其总价值必然相等，因而产品都是按照生产价格出售，也就是按照价值出售，说到底，也就是按照产品中所凝结的劳动出售：劳动仍然是创造和决定商品价值的唯一源泉和实体。这就是马克思的以"两个等式"为核心价值转形理论，这就是马克思价值转形理论对于劳动价值论与平均利润率规律矛盾的解决。

马克思的价值转形理论能成立吗？该理论解决了劳动价值论与平均利润率规律的矛盾吗？1906年，亦即《资本论》第三卷问世后第12年，俄裔法国统计学家鲍特凯维兹发表《马克思主义体系中的价值计算与价格计算》论文，认为马克思的价值转形理论的计算存在着重大缺陷：产出用价格计算而投入却用价值计算。尔后百年，经济学家们沿袭鲍特凯维兹的思路，竞相建立成本生产价格化的计算模型，如"温特尼茨模型"、"米克模型"和"塞顿模型"等。他们的结论或者是马克思价值转形理论完全不正确；或者只是在有限的条件下正确。晏志杰教授说："西方经济学界，特别是西方马克思主义经济学家，在马克思身后围绕他提出的价值转化为生产价格的问题展开了持续一个多世纪的论战，至今似未有穷期。但是人们已经达成的一个共识是，两个等式难以同时成立，假定了其中之一，另外一个势必不能得到同时满足，反之亦然。"[1]

确实，马克思的价值转形理论根本不能成立。但究其原因，并不在于产出用价格计算而投入却用价值计算。因为平均利润率规

---

① 晏志杰：《劳动价值学说新探》，北京大学出版社2001年版，第86页。

律的前提条件是自由竞争；而在自由竞争条件下，如前所述，商品价格与商品价值必然相等。马克思的价值转形理论不能成立的真正原因乃在于：该理论的商品价格按照平均利润率规律计算（商品价格＝成本价格＋平均利润）；而商品价值却不按平均利润率规律计算（商品价值＝成本价格＋剩余价值）。在马克思的价值转形理论中，商品价格都按照平均利润率规律来计算，结果五种生产部门虽然投入的资本有机构成不同，但等量资本势必获得等量利润，因而五种生产部门的等量资本(100)所生产的商品的价格相等，都是 122。可是，商品价值却不是按照平均利润率规律来计算，结果五种生产部门投入的资本有机构成不同，利润率不同，因而等量资本(100)所生产的商品的价值不相等，分别是 140、130、120、115 和 105。

正是根据这样的计算，马克思才得出结论说，虽然个别部门的产品都是按照生产价格(122)而非价值(140、130、120、115、105)出售，似乎否定了劳动价值论；但是，生产价格高于和低于产品价值的数量会互相抵消(−18−8＋2＋7＋17＝0)，从而社会总产品的生产价格总和(610)与其价值总和(610)必然相等，因而产品按照生产价格出售，也就是按照价值出售，说到底，也就是按照产品中所凝结的劳动出售：劳动仍然是创造和决定商品价值的唯一源泉和实体。可见，马克思价值转形理论解决劳动价值论与平均利润率规律的矛盾，完全基于商品价格按照平均利润率规律计算（商品价格＝成本价格＋平均利润），而商品价值却不按平均利润率规律计算（商品价值＝成本价格＋剩余价值）。

这种计算方法是错误的。诚然，马克思说得不错，平均利润率规律通过自由竞争形成相等的商品价格来实现："竞争之所以能够影响利润率，只是因为它影响商品的价格。竞争只能使同一个生产部门内的生产者以相等的价格出售他们的商品，并使不同生产部门内的生产者按照这样一个价格出售商品，这个价格使他们得到相同的利润。"①这就是说，平均利润率规律直接作用于商品价格：等量资本所生产的商品的价格势必相等，从而等量资本势必获得等量利润。这就是平均利润率规律。但是，平均利润率规律决非仅仅作用于产品价格而不作用于产品价值。恰恰相反，它之所以作用于价格，从而造成等量资本所生产的商品的价格相等，完全是因为它作用于价值，造成等量资本所生产的商品的价值相等：价格相等不过是价值相等的表现罢了。

诚然，按照平均利润率规律，资本有机构成（不变资本：可变资本）高的部门的商品的利润率（剩余价值：成本价格）较低，却获得平均利润，因而其生产价格似乎高于其产品价值；反之，资本有机构成低的部门的利润率较高，却获得平均利润，因而其生产价格似乎低于其产品价值：价格与价值似乎不相等。因此，平均利润率规律似乎仅仅作用于价格，从而仅仅导致等量资本所生产的商品的价格相等。其实不然，因为商品价值的大小决定于商品边际效用的大小；而商品边际效用的大小无疑与供求关系有关：与需求成正比而与供给成反比。这样一来，资本有机构成高的部门的商品的利润率虽然较低，但商品供不应求，因而边际效用较大，价值便较大；资本有机构成低的部门的商品的利润率虽然较高，但商品供过于求，因而边际效用较小，价值便较小。自由竞争必使资本

---

① 〔德〕马克思著，中共中央编译局译：《资本论》第三卷，人民出版社 2004 年版，第 979 页。

在不同部门之间的转移一直持续到:等量资本所生产的商品的边际效用或价值相等,进而表现为等量资本所生产的商品的价格相等,从而导致等量资本获得等量利润。这就是平均利润率规律之真谛。

因此,平均利润率规律的表象,是等量资本所生产的商品的价格相等,亦即等量资本获得等量利润;而其实质则在于:等量资本所生产的商品的价值相等。托伦斯早就看到了这一点,因而径直将平均利润率规律归结为等量资本所生产的商品的价值相等:"只要两笔资本相等,它们的产品的价值就是相等,不管它们所推动的、或者说它们的产品所需要的直接劳动量如何不同。如果两笔资本不等,它们的产品的价值就不等,虽然花费在它们的产品上的劳动量完全相同。"①不过,究竟言之,将平均利润率规律归结为"等量资本所生产的商品的价值相等",还是归结为"等量资本所生产的商品的价格相等",原本是一回事。因为平均利润率规律原本就蕴涵着:价格与价值必然相等。

原来,平均利润率规律的前提条件是自由竞争;而在自由竞争条件下,等价交换具有必然性:价格与价值必然相等。因为如前所述,所谓等价交换,就是用来充当价格的商品与它所交换的商品的价值量相等:等价交换就是等量价值的商品相交换,就是相交换的商品的价值量相等,就是商品价格与商品价值相等,说到底,就是商品价格等于边际成本。在自由竞争条件下,厂商为了利润最大化,势必将产量确定在边际成本等于价格的产量水平上:"在完全竞争条件下企业的供给法则是:当企业将其产量定在边际成本等

---

①　晏志杰:《劳动价值学说新探》,北京大学出版社 2001 年版,第 79 页。

于价格的水平上,就实现了利润的最大化。"①这就是说,自由竞争条件下的商品价格等于边际成本——亦即等价交换——具有必然性,因而属于规律范畴,可以称之为等价交换规律:等价交换或商品价格与商品价值相等是自由竞争的价格规律。反之,垄断条件下的商品价格势必远远高于边际成本:"垄断的最大祸害并不是它榨取垄断利润,而是它规定的垄断价格远远高于社会按照边际成本所决定的价格。"②这就是说,垄断价格高于边际成本——亦即不等价交换——具有必然性,因而也同样属于规律范畴,可以称之为不等价交换规律:不等价交换是垄断价格规律。

可见,平均利润率规律原本就蕴涵着价格与价值必然相等。因此,等量资本所生产的商品的价格势必相等,就已经意味着:等量资本所生产的商品的价值势必相等。所以,平均利润率规律不仅作用于商品价格,而且原本同样作用于商品价值。在平均利润率规律作用下,商品价值=成本价值+平均利润;商品价格=成本价格+平均利润。因此,马克思的价值转形理论的计算方法——商品价值=成本价格+剩余价值——是错误的。如果按照正确的计算方法,商品价值与商品价格一样,都按照平均利润率规律计算,那么,不但五种生产部门的等量资本(100)所生产的商品的价格相等,都是122(成本价格 100+平均利润 22);而且,五种生产部门的等量资本(100)所生产的商品的价值相等,都是122(成本价值 100+平均利润 22)。

①　Paul A. Samuelson, William D. Nordhaus, *Microeconomics*(16th Edition), Boston: The McGraw-Hill Companies Inc. ,1998, p. 140.

②　〔美〕萨缪尔森等著,萧琛主译:《经济学》中册,商务印书馆 1986 年版,第 192 - 193 页。

这样一来,在马克思所列举的五种资本有机构成不同生产部门的商品生产中,虽然这些商品所耗费的劳动并不相等,但它们所耗费的资本完全相等,它们的价值完全相等。这显然至少意味着,五种生产部门所生产的商品价值并不完全取决于生产它们所耗费的劳动,因而劳动决非创造商品价值的唯一的源泉:劳动价值论是不能成立的。因此,平均利润率规律乃是一切劳动价值论——不论是李嘉图的普遍劳动价值论还是马克思的实在论的劳动价值论——的克星:承认平均利润率规律就意味着否定劳动价值论。这就是为什么斯密会从劳动价值论走向收入价值论的缘故,这就是为什么坚持普遍劳动价值论的李嘉图学说必定破产的缘故,这就是为什么马克思的价值转形理论没有解决也不可能解决劳动价值论与平均利润率规律矛盾的缘故。

究竟言之,平均利润率规律不但蕴涵着商品价格与商品价值必然相等,而且蕴涵着成本价值与商品价值必然相等:成本价值与产品价值相等,从而成本价值、成本价格、产品价值和产品价格四者相等,乃是"一条扎根于经济文献且被普通经验所证实的规律"①,亦即"成本规律"或"成本定律"。对于这一规律,我们已有详论。我们已阐明,马克思的"商品价值=成本价格+剩余价值"理论并没有否定这一成本定律。因为马克思本人说得很清楚,他所谓"成本价格",并不是"商品的实际成本价格",而是指"对资本家来说的成本价格",是商品使资本家耗费的东西,亦即不变资本与可变资本。成本定律——成本价值和成本价格以及产品价值和

---

① Eugen V. Böhm-Bawerk, *The Positive Theory of Capital*, New York: G. E. STECHERT & CO., 1930, p. 223.

产品价格四者相等——进一步显示了马克思价值转化理论的谬误，从而进一步表明：李嘉图和马克思的劳动价值论是片面的谬论，而斯密的收入价值论是真理。因为产品成本无疑由工资、利润和地租构成，因而工资、利润和地租便是创造商品价格和交换价值的三个源泉或实体，说到底，劳动、资本和土地便是创造商品价格和交换价值的三个源泉或实体。

5. 价值反论和剥削现象：劳动价值论的
理论根源与阶级根源

劳动、资本和土地等自然物质是创造价值的三个源泉。资本不过是劳动与土地等自然物质的产物或结合物。因此，价值产生的源泉和存在的实体，说到底，就是土地和劳动：劳动与土地是创造价值的两个源泉。这原本是再明白不过的道理。然而，为什么像富兰克林、休谟、赫起逊、斯密、李嘉图和马克思等世界一流思想家竟然只承认劳动而否定自然界也是创造价值的源泉？为什么他们会认为劳动是创造价值的唯一源泉？

劳动价值论并不否认——也没有任何经济学家否认——劳动与土地是创造使用价值的两个源泉或实体。马克思言之凿凿："劳动并不是它所生产的使用价值即物质财富的唯一源泉。正像威廉·配第所说，劳动是财富之父，土地上财富之母。"[1]劳动价值论只是否认劳动与土地是创造价值或交换价值的两个源泉或实体。为什么劳动价值论认为劳动与土地只是使用价值——而不是交换价值或价值——的两个源泉或实体？因为他们都承认所谓"价值反

---

① 〔德〕马克思著，中共中央编译局译：《资本论》第一卷，中国社会科学出版社1983年版，第20页。

论":交换价值与使用价值大小相反或完全无关。

斯密如此重视这个价值反论,以致将其置于他对商品交换价值决定因素的探讨之首:"我现在来考察人们自然而然就能理解的商品交换法则。这些法则决定所谓商品相对价值或交换价值。我们将看到……使用价值极大的东西,往往具有极小或没有交换价值;反之,交换价值极大的东西,往往具有极小或没有使用价值。"①斯密写下这一价值悖论,便立刻对商品交换价值决定因素进行探讨,结果得出了劳动价值论的结论:"劳动是价值唯一的普遍和正确的尺度,或者说,劳动是我们用以比较一切时代和一切地方各种商品的价值的唯一标准。"②

如果说斯密只是在篇章的安排上显示了"价值反论"是劳动价值论的理论前提,那么,李嘉图则明确将"价值反论"作为劳动价值论的理论前提。因为他在《政治经济学及赋税原理》第一章"论价值"的第一节"商品的价值或其所能交换的任何其他商品的量,取决于生产它所必需的相对劳动量"一开篇就引证斯密关于交换价值与使用价值大小相反的那段名言。③ 紧接着这段引文,李嘉图写道:"所以,效用对于交换价值虽是绝对不可缺少的,却不能成为交换价值的尺度,……具有效用的商品,其交换价值是从两个源泉得来的——一个是它们的稀少性,另一个是获得它们所必需的劳动量。"④接着这段话,李嘉图说,交换价值只由稀少性决定的商品

---

① Adam Smith, *The Wealth of Nations*, Books I-III, London: Penguin Inc., 1970,p.131.

② 同上书,p.140。

③ David Ricardo, *Principles of Political Economy and Taxation*, London: George Bell and Sons,1908,p.5.

④ 同上。

极少，这种商品不能由人类劳动增加，不受价值规律制约；绝大多数商品都是可由劳动增加和受价值规律制约的产品，只有这些劳动产品才是所谓的商品："说到商品、商品交换价值和规定商品相对价格的规律时，我们总是指数量能够由人类劳动增加、生产可以不受限制地进行竞争的商品。"[①]最后，李嘉图得出结论说，劳动是创造和决定所谓商品的价值或交换价值的唯一源泉："商品的价值或其所能交换的任何其他商品的量，取决于生产它所必需的相对劳动量……除开不能由人类辛劳增加的东西以外，劳动确实是一切东西交换价值的基础。"[②]

　　显然，李嘉图得出"劳动是创造和决定所谓商品的价值或交换价值的唯一源泉"结论的理论前提，其实只有一个，那就是斯密的价值反论：交换价值与使用价值大小相反。马克思对于劳动是创造交换价值或价值的唯一源泉和实体的论证，则更加具有逻辑性，可以归结为两个前提和一个结论。前提 1：交换价值的决定因素是所有商品的共同东西。前提 2：这种共同的东西不是使用价值，因为交换价值与使用价值完全无关。结论：劳动是创造交换价值或价值的唯一源泉和实体。首先，马克思说，交换价值的决定因素是所有商品的共同东西："各种商品的交换价值也同样要化成一种共同的东西，各自代表这种共同东西的多量或少量。"[③]接着，马克思说，这种共同的东西不是使用价值："这种共同东西不可能是商

---

　　① David Ricardo, *Principles of Political Economy and Taxation*, London: George Bell and Sons, 1908, p. 7.

　　② 同上书，pp. 5-7。

　　③ 〔德〕马克思著，中共中央编译局译：《资本论》第一卷，人民出版社 1975 年版，第 50 页。

品的几何的、物理的、化学的或其他的天然属性。商品的物体属性只是就它们使商品有用，从而使商品成为使用价值来说，才加以考虑。另一方面，商品交换关系的明显特点，正在于抽去商品的使用价值……作为交换价值，商品只能有量的差别，因而不包含任何一个使用价值的原子，……在商品的交换关系本身中，商品的交换价值表现为同它们的使用价值完全无关的东西。"①最后，马克思得出结论说，某种物品具有价值，只是因为有人类劳动物化在里面，因而劳动是创造交换价值或价值的唯一源泉和实体："在商品交换关系或商品的交换价值中表现出来的某种共同东西，就是商品的价值；而使用价值或某种物品具有价值，只是因为有人类劳动物化在里面。"②

劳动价值论大师——斯密、李嘉图和马克思——的著作表明，劳动价值论的理论前提或认识论根源可以归结为价值反论：交换价值与使用价值大小往往相反或完全无关。那么，从价值反论是否能推导出劳动价值论呢？答案是肯定的。因为"劳动和土地是创造使用价值的两个源泉或实体"乃是一种不争的事实和常识。由此出发，便能够从价值反论推导出劳动是价值的唯一源泉：劳动价值论是两个前提——"交换价值与使用价值大小相反"与"劳动和土地是创造使用价值的两个源泉或实体"——的必然结论。

因为价值反论——亦即使用价值与交换价值的大小相反或完全无关——显然意味着：创造使用价值与交换价值的实体或源泉

---

① 〔德〕马克思著，中共中央编译局译：《资本论》第一卷，人民出版社 1975 年版，第 50－51 页。

② 〔德〕马克思著，中共中央编译局译：《资本论》第一卷，中国社会科学出版社 1983 年版，第 15 页。

不可能完全相同。如果创造使用价值与交换价值的实体或源泉完全相同，都是劳动与土地，那么，交换价值与使用价值的大小便必定成正比例，而绝不可能相反或无关。因此，劳动价值论既然承认交换价值与使用价值大小相反或无关，便必定否认创造使用价值与交换价值的实体或源泉完全相同。这样一来，他们承认劳动与土地等自然物质是创造使用价值的两个源泉或实体，便意味着：劳动与土地等自然物质不可能是创造交换价值的两个源泉或实体。那么，创造交换价值的源泉和实体是什么？显然只能是劳动了：劳动是创造交换价值或价值的唯一的源泉和实体！这就是为什么像富兰克林、休谟、赫起逊、斯密、李嘉图和马克思等世界一流思想家竟然只承认劳动而否定自然界也是创造价值的源泉的缘故。

可见，劳动价值论是两个前提——"交换价值与使用价值大小相反"与"劳动和土地是创造使用价值的两个源泉或实体"——的必然结论。劳动和土地是创造使用价值的两个源泉或实体，既然是一种不争的事实和常识，那么，劳动价值论的真正的理论前提和认识论根源便可以归结为"交换价值与使用价值大小相反"，亦即所谓斯密的"价值反论"。因此，米克将劳动价值论否定土地是创造价值的源泉的理由和前提，归结为价值（亦即交换价值）与财富（亦即使用价值）的根本不同，亦即所谓"价值反论"：

"只有弄清楚财富和价值的根本区别以后，才能澄清土地的作用问题。当然，人们在相当早的时期就知道商品的使用价值和它的交换价值是不同的。在斯密以前就已经有一些作家用过钻石与水的有名例证，而赫起逊以前也有一些经济学家指出过商品的交换价值往往同它的效用没有多大关系。但是李嘉图一直强调的财富(由土地和劳动两者共同创造的一定数量的使用价值)与价值(完全由劳动决定的)之间的区别,还要经过相当时期才能确切地表述出来,尽管早先有些经济学家讨论过这个区别,却没有充分意识到这个区别的意义。一旦土地不算作决定价值的一个因素,那么剩下来的问题就仅只是说明:劳动赋予商品的价值,不是通过对劳动的报酬,而是通过劳动本身的耗费。"①

因此,劳动价值论能否成立的关键在于:价值反论能否成立?价值反论虽然根本不能成立,但自斯密提出,百年来几乎无人反对:交换价值与使用价值大小相反或无关似乎是个不争的事实和共识。这种谬见,直至一百年后,才被边际效用论经济学家识破。这些经济学家,如戈森、门格尔、杰文斯、瓦尔拉斯、庞巴维克和维塞尔等,通过发现"边际效用递减定律",科学地说明了使用价值乃是交换价值的源泉和实体,二者必定成正比例变化:所谓价值反论不过是一种令人困惑的假象罢了。

本来,不难看出,使用价值是交换价值所由以产生的原因、源泉和实体;交换价值不过是使用价值对于交换需要的效用罢了。因为商品之所以能够进行交换,从而具有交换价值,显然是因为商品具有使用价值;不具有使用价值的东西不可能具有交换价值:使用价值是交换价值的原因、实体和物质承担者。但是,交换价值实体和源泉是使用价值,显然意味着,交换价值量的多少大小是由商品的使用价值价值量的多少大小决定的,二者必定成正比例变化。然而,斯密的价值反论却表明,事实上,交换价值与使用价值大小往往相反。交换价值与使用价值大小相反,无疑意味着:使用价值

---

① 〔英〕米克著,陈彪如译:《劳动价值学说的研究》,商务印书馆 1979 年版,第 42 页。

不可能是交换价值的源泉和实体。这就是为什么马克思否定使用价值是交换价值的源泉和实体——而仅仅承认使用价值是交换价值的物质承担者——的缘故。确实，使用价值是不是交换价值的源泉和实体，取决于二者是否成正比例变化：如果使用价值是交换价值的源泉和实体，二者必定成正比例变化；如果二者大小相反或完全无关，使用价值便决非交换价值的源泉和实体。

边际效用递减定律表明，单位商品使用价值是商品的边际效用，是商品的最后单位增量的效用；商品的边际效用随着该商品的增多而递减，因而单位商品使用价值便随着该商品的增多而递减。因此，钻石交换价值大，绝不是因其效用和使用价值小；恰恰相反，钻石交换价值大，只是因其数量小，因而边际效用大，从而使用价值大。水交换价值小，绝不是因其效用大，而是因其数量多，因而边际效用小，从而使用价值小。水的增多达到人的需要的饱和点，水的边际效用就是零，因而单位水的使用价值就是零，从而水的交换价值也就是零。此时水的总效用最大，水的总使用价值最大，因而水的总交换价值最大。如果水的增多超过饱和点，单位的水就会因其违背、损害人的需要和欲望而具有负边际效用，具有负使用价值和负交换价值。这时，水的总效用、总使用价值和总交换价值就会随着水的增多而递减。如果水仍然持续不断增多，最终泛滥成灾，水的总效用、总使用价值和总交换价值就是负数了。

这样一来，边际效用递减定律便科学地说明了交换价值与使用价值必定成正比例变化，从而科学地阐释了为什么使用价值乃是交换价值的源泉和实体。于是，一方面，劳动和土地是使用价值产生的源泉和实体；另一方面，使用价值是交换价值产生的源泉和存在的实体。合而言之，劳动和土地便是交换价值的源泉和实体：

它们是使用价值的直接源泉和直接实体,是交换价值的间接源泉和间接实体,从而也就是商品一切价值的源泉和实体。这意味着:以为劳动是创造价值的唯一源泉的劳动价值论是根本不能成立的。

李嘉图和马克思等劳动价值论思想家们误以为劳动是创造价值的唯一源泉,说到底,就是因为他们被价值反论所惑,误以为,使用价值往往与交换价值成反比,因而不可能是交换价值的源泉和实体。这样一来,使用价值的源泉和实体——劳动和土地——也就不可能是交换价值的源泉、实体了;否则,交换价值怎么能够与使用价值的大小相反呢?那么,交换价值和价值的源泉、实体是什么?显然只有劳动:劳动是创造价值的唯一源泉。确实,如果劳动是创造交换或价值的唯一源泉,那么,价值或交换价值与使用价值往往相反就可以理解了。因此,有关劳动是创造价值唯一源泉之争论,说到底,乃在于价值反论能否成立:误以为价值反论能够成立,乃是劳动价值论最深刻的理论根源或认识论根源;只要价值反论不能成立,交换价值与使用价值的大小成正比,从而使用价值是交换价值的源泉和实体,那么,劳动与土地等自然资源便无疑是创造价值的两个源泉,劳动价值论便不能成立了。

诚然,即使价值反论不能成立,还会有思想家主张劳动价值论。富兰克林和赫起逊恐怕并不知价值反论为何物,却仍然主张劳动价值论。因为价值反论仅仅是劳动价值论的认识根源、理论根源;劳动价值论还有阶级根源:劳动价值论堪称解释人类社会剥削——特别是资本主义剥削——现象的最为简明直接、最令人信服和最有感染力量的学说。人类社会剥削现象——亦即一些人或阶级的劳动被另一些人或阶级无偿占有——正如伯恩斯坦所言,乃是众所周知的"一件经验的、可以根据经验证明的事实。"①因此，揭露剥削的理论远比否定剥削的理论更令人信服。这就是为什么马克思的劳动价值论比萨伊的生产要素论更令人信服的缘故。

萨伊的生产要素论表明劳动、资本和土地是创造价值的三个源泉，表明这三个要素所有者因其要素所创造的价值而取得相应的报酬——工资、利息和地租——因而并不存在劳动的无偿占有或剥削。但是，他的生产要素论令人难以置信：它掩盖剥削的本质和否定剥削的事实。反之，劳动价值论则令人信服，它使人感到，它极其充分地说明了剥削现象，从而使剥削的本质暴露无遗。因为劳动价值论证明劳动是创造价值的唯一源泉，显然意味着：劳动的全部产品应该完全属于劳动者所有，不劳而获者无偿占有了劳动者的劳动，剥削了劳动者。因此，正如恩格斯所指出，剥削原本是劳动价值论的应有之义："工人阶级是生产全部价值的唯一的阶级。因为价值只是劳动的另一种表现，是我们当代资本主义社会中用以表示包含在一定商品中的社会必要劳动量的一种表现。但是，这些由工人所生产的价值不属于工人，而是属于那些占有原料、机器、工具和预付资金，因而有可能去购买工人阶级的劳动力的所有者。所以，工人阶级从他们所生产的全部产品中只取回一部分。"②对于这个道理，庞巴维克亦曾有十分深刻的分析：

"劳动是价值的原因和来源。既然如此，迟早一定有人会问：一切价值既然都是劳动创造的，劳动者为什么不能获得他们所创

---

① 〔德〕伯恩斯坦著，宋家修等译：《社会主义的前提和社会民主党的任务》，读书·生活·新知三联书店1965年版，第94页。

② 《马克思恩格斯选集》第一卷，人民出版社1995年版，第329页。

造的全部价值呢？这个问题不论何时提出，根据这种价值理论，唯一的答案只能是，社会上有一个马蜂一般的资本家阶级，他们侵吞了另一阶级——工人阶级——独自生产的产品的一部分。"[1]

这就是劳动价值论的阶级根源，这就是为什么被剥削阶级及其思想家——特别是无产阶级及其思想家——相信劳动价值论的原因："即使这种理论更差些，他们也会相信。"[2]劳动价值论的理论根源和阶级根源虽然根本不同，却必将随着科学的边际效用论的胜利而一同断绝或消亡。因为，一方面，边际效用递减定律推翻了劳动价值论的理论前提——价值反论——科学地说明了交换价值与使用价值必定成正比例变化。劳动是创造价值唯一源泉之争论，如上所述，根本乃在于价值反论能否成立：误以为价值反论能够成立，乃是劳动价值论最深刻的理论根源或认识论根源；只要价值反论不能成立，交换价值与使用价值的大小成正比，从而使用价值是交换价值的源泉和实体，那么，劳动与土地等自然资源便无疑是创造价值的两个源泉，劳动价值论便不能成立了。

另一方面，科学的边际效用论表明，科学的或边际效用主义的生产要素论并没有否定剥削；相反地，唯有边际效用主义的生产要素论，才科学地揭露了剥削现象的本质。因为克拉克依据边际效用论提出的边际生产率分配理论，科学地解决了所谓"分配之谜"：劳动、资本和土地等生产要素各自生产了多少产品？按照这一理论，劳动价值就是劳动的边际效用、劳动边际产品效用或劳动边际

---

[1]　Eugen V. Böhm-Bawerk, *Capital and Interest：A Critical History of Economical Theory*, New York：Brentano, 1922, p. 316.

[2]　同上书, p. 319。

产品价值：单位劳动价值量＝劳动边际产品价值量。从此出发，不难发现，资本主义剥削乃是资本主义私有制的必然结果。因为资本主义私有制使资本家（劳动买方）有权成为支配和领导工人（劳动卖方）的雇主，使工人成为被领导、被支配和必须服从的雇员。劳动的买方与卖方地位的不平等，势必导致对于劳动价格的决定作用的不平等：雇主或劳动买方必定是价格的决定者和控制者；而雇员或劳动卖方则只能是价格的接受者。因此，资本主义或私有制的劳动市场不可能是完全自由竞争市场，而必然是买方垄断市场。资本主义剥削或资本家对劳动者的剥削——亦即工资低于劳动价值或劳动的边际产品的差额——显然是劳动市场买方垄断的必然结果，说到底，是资本主义私有制的必然结果：资本主义私有制是资本主义剥削的根源。

　　谬论支配人们的思想，是因为还没有真理。正燃素说和地球中心说支配人们的思想，是因为还没有氧燃说和太阳中心说。劳动价值论支配人们的思想，是因为价值反论被当作真理和没有更好的解释剥削现象的理论。科学的边际效用论成功破解"价值反论"和科学说明资本主义剥削现象，断绝了劳动价值论的理论根源和阶级根源，劳动价值论也就成了无源之水，终结之时指日可待。这一点，可见于近年来马克思主义经济学家对劳动价值论的怀疑和批判。这里仅举一例，当代最具独立思考能力的经济学家晏智杰的杰作《劳动价值论新探·再序》最后一句话，曾这样总结他对劳动价值论的分析："面对历史演变和当前社会经济改革和发展的现实，这种理论的先天性缺陷和根本性局限已经日益明显地暴露出来，在'深化和扩大'该理论上做文章是没有出路的，应当从劳动价值论转向包括劳动在内的各种生产要素论或财富论。"①但是,劳动价值论分明是那只火凤凰,她将在死亡的灰烬中得到重生:它是生产资料公有制社会商品价值论之真理,势必在行将到来的共产主义社会,取代生产要素论的价值源泉理论而大行其道。

二、边际效用论

1. 边际效用论:真理还是谬论

边际效用论堪称经济学领域群星灿烂、学派最多的流派,该流派包括:①门格尔、维塞尔和庞巴维克代表的奥地利学派;②瓦尔拉斯和帕累托代表的洛桑学派,洛桑学派和杰文斯又形成数理学派,而与以奥地利学派为代表的心理学派珠联璧合;③克拉克代表的美国学派;④维克塞尔代表的瑞典学派;⑤马歇尔代表的剑桥学派;⑥杰文斯、门格尔和瓦尔拉于19世纪70年代初,几乎同时独立发现边际效用论基本原理,因而成为所谓"边际革命"的始作俑者;⑦劳埃德、朗菲尔德、古尔诺、杜皮特和戈森等经济学家则是边际效用论的先驱。那么,究竟何谓边际效用论?

哈奇逊界定边际效用论时强调,边际效用论的特征,与其说是效用价值论,不如说是边际主义:"'边际效用'这个词里重要的部分是那形容词,而不是那名词。"②确实,边际效用论固然属于效用

---

① 晏志杰:《劳动价值论新探》,北京大学出版社2001年版,第12页。
② 〔美〕布莱克等编,于利生译:《经济学的边际革命》,商务印书馆1987年版,第166页。

价值论范畴（边际效用论与边际效用价值论是同一概念），却是一种极其特殊的效用价值论，是认为商品价值仅仅决定于商品的一种极其特殊的效用——边际效用——的价值理论，是认为商品价值决定于商品的边际效用的价值理论，是认为商品价值决定于商品最后的单位增量的效用的价值理论，是认为商品价值决定于最后增加的那个单位商品的效用的理论。

因此，杰文斯说："除了在最后加量（last increment）已被消费或第一新加量（next increment）将被消费时，我们是不必考虑效用程度。所以我们通常用最后效用程度一语，以表示现有商品量中那极小的或无限小的最后加量或第一个新的可能加量的效用程度。"[①]"价值看来是指一种商品的最后效用程度。"[②]门格尔说："一个具体财货的价值，或一经济主体所支配的该种财货总量中的一定部分量的价值，等于这个总量所保证的各种欲望满足中之最不重要的欲望满足所具有的意义。"[③]瓦尔拉斯说："我把被满足的最后欲望强度叫做稀少性，英国人（指杰文斯）叫做最后效用程度，德国人（指维色）称为边际效用。"[④]"经济学对价值的起源提供了三种较重要的解释。第一种是亚当·斯密、李嘉图与麦克库洛赫的解释，这是英国的解释，把价值的起源追溯到劳动，这种解释太狭窄，因为它未能把价值归之于那些事实上都具有价值的东西。第二种解释说孔迪亚克与 J. B. 萨伊的解释，这是法国的解释，把价

---

①　W. Stanley Jevons, *The Theory Political Economy* (4th Edition), London: Macmillan, 1911, p. 51.

②　同上书，p. 80。

③　〔奥〕门格尔著，刘絜敖译：《国民经济学原理》，上海人民出版社 1958 年版，第 83 页。

④　晏志杰：《经济学中的边际主义》，北京大学出版社 1987 年版，第 269 页。

值的起源追溯到效用,这种解释太宽泛,因为它把价值归之于事实上并没有价值的东西。最后,第三种解释,是布拉马基和我父亲A. A.瓦尔拉斯的解释,把价值的由来追溯到稀缺性,这是正确的解释。"[1]

边际效用论是真理吗? 答案是肯定的。因为我们对于商品价值的研究表明,商品使用价值是商品对于人的使用、消费需要的效用,是商品所具有的满足人的使用、消费需要的效用,是商品对人的使用、消费需要的满足。这也就等于说,使用价值是对人的还没有满足的使用、消费需要的效用,而不是对已经满足的使用、消费需要的效用。因为需要和欲望一旦得到满足,便不再是需要和欲望。需要和欲望之为需要和欲望,便在于缺乏和不满足;满足了的、因而不具有缺乏本性的需要和欲望,不复是需要和欲望。

商品使用价值是对人的还没有满足的需要的效用,意味着:商品使用价值也就是对人的剩余需要的效用,是对人的剩余需要的满足。因此,每个单位商品的使用价值也就同样都是对人的"减去其他商品已经满足的需要"之后所剩余的需要的满足,是对人的减去其他商品已经满足的需要之后所"剩余的需要"的效用,因而也就是最后增加的那个单位商品对人的需要的效用,是最后增加的那个单位商品对人的需要的满足效用,也就是对全部商品所满足的一切需要中最不重要、最后置的需要的满足效用,说到底,也就是商品的边际效用;边际效用就是最后增加的那个单位商品的效用。

举例说,假设现有 10 个暖瓶。每个暖瓶的价值都同样是对人

---

① 〔英〕哈奇森著,李小弥等译:《经济学的革命与发展》,北京大学出版社 1992 年版,第 105 页。

的还没有满足的需要的效用，都同样是对人的剩余需要的效用，说到底，也就都同样是对减去其他 9 个暖瓶已经满足的需要之后所剩余的需要的满足，因而也就是最后的那个暖瓶——亦即第 10 只暖瓶——的效用，也就是暖瓶的边际效用：商品使用价值乃是商品的边际效用。商品使用价值是商品的边际效用，显然意味着：商品使用价值大小并非决定于商品任何效用，而是仅仅决定于商品的边际效用。这一点，堪称边际效用论的伟大发现："边际主义者重新定义了使用价值，决定使用价值的不再是整体效用，而是边际效用（每多消费一个单位商品的效用）。"①那么，商品交换价值也被决定于边际效用吗？是的。

因为交换价值与使用价值乃是一种因果关系：使用价值是交换价值所由以产生的原因、源泉和实体；交换价值不过是使用价值对于交换需要的效用罢了。商品之所以能够进行交换，从而具有交换价值，显然是因为商品具有使用价值；不具有使用价值的东西不可能具有交换价值：使用价值是交换价值的原因、实体和物质承担者。这个道理，正如熊彼特所言，亚里士多德已有洞察："亚里士多德不但像后来的作家那样清楚地区分使用价值与交换价值，而且他还发现后者在某种程度上是从前者派生出来的。"②

交换价值实体是使用价值，交换价值是使用价值对人的交换需要的效用，显然意味着，交换价值量的多少大小是由商品的使用价值价值量的多少大小决定的，二者成正比例变化：商品的使用价

---

① 〔美〕瓦尔特·尼科尔森著，朱宝宪等译：《微观经济理论：基本原理与扩展》（第六版），中国经济出版社 1999 年版，第 9 页。

② Joseph A. Schumpeter, *History of Economic Analysis*, London: GEORGE ALLEN & UNWIN Ltd. ,1955, p. 60.

值越大,它的交换价值便越大;反之亦然。然而,事实似乎恰恰相反,因为正如斯密所指出:"使用价值极大的东西,往往具有极小或没有交换价值;反之,交换价值极大的东西,往往具有极小或没有使用价值。没有什么东西比水更有用,但用水不能购买任何物品,也不会拿任何物品与水交换。相反,金刚钻几乎没有任何使用价值言,却须具有大量其他物品才能与之交换。"[①]这就是斯密两百多年前在《国富论》中提出的所谓"价值反论"。这个难题直至一百年后,才被边际效用论经济学家所破解。

这一破解的关键,无疑在于发现商品使用价值是商品的边际效用及其递减规律;商品的边际效用随着该商品的增多而递减,因而单位商品使用价值便随着该商品的增多而递减。准此观之,钻石交换价值大,绝不是因其效用和使用价值小;恰恰相反,钻石交换价值大,只是因其数量小,因而边际效用大,从而使用价值大。水交换价值小,绝不是因其效用大,而是因其数量多,因而边际效用小,从而使用价值小。这样,边际效用递减规律之发现,便科学地揭示了价值反论之假象,说明交换价值与使用价值完全成正比例变化。倘若没有这一发现,固然不难理解交换价值的实体是使用价值,因而交换价值与使用价值必定成正比例变化;但是,要科学地证明这个真理却是不可能的。这就是为什么古代思想家们,如亚里士多德和奥古斯丁,甚至李嘉图和马克思,大体说来,虽然已经发现了这一真理——交换价值的实体是使用价值——却为到处都可以看到的使用价值与交换价值成反比例变化的假象所动

---

① 　Adam Smith, *The Wealth of Nations*, Books I-III, London: Penguin Inc., 1970,pp. 131 - 132.

摇、遮掩和否定。

总而言之,一方面,商品使用价值就是商品的边际效用,因而一种商品的使用价值的大小便完全决定于它的边际效用的大小;另一方面,商品交换价值实体就是商品边际效用:商品交换价值就是商品的边际效用——亦即使用价值——对于换取其他商品的效用。这样一来,虽然只有使用价值是边际效用,而交换价值并不是边际效用,但交换价值实体却是边际效用,因而交换价值量的大小便与使用价值量的大小一样,都是以其边际效用量来衡量:商品边际效用越大,商品的使用价值便越大,它的交换价值便越大。因此,确如边际效用论所言,商品价值——不论是使用价值还是交换价值——完全取决于商品的边际效用:"统摄价值量的规律,可以归结为一个公式:一件物品的价值是由它的边际效用量决定的。"①

2. 边际效用论:主观论还是客观论

边际效用论确为真理,却缘何颇受非议? 不论中西,最主要最普遍最致命的批评,无疑在于边际效用论是一种主观价值论、主观论的价值理论或主观主义价值论。举例说,荣卡格利亚虽然极高评价边际效用论,但他的《西方经济思想史》第十章的标题就是:"边际主义革命:主观价值论"。② 马克·斯考森曾断言"边际效用革命拯救了垂死的科学",却也将边际效用论叫作"主观效用

---

① Eugen V. Böhm-Bawerk, *The Positive Theory of Capital*, New York: G. E. STECHERT & CO., 1930, p. 149.

② 〔意〕荣卡格利亚著,罗汉等译:《西方经济思想史》,上海社会科学院出版社2009 年版,第 251 页。

原理"。① 施特莱斯勒亦将边际效用论归属于"主观价值理论"。②伊·戈·布留明研究边际效用论的巨著书名就是《政治经济学中的主观学派》。饶有风趣的是，一些边际效用论代表人物，如门格尔，也自以为如此："价值绝不存在于经济人的意识之外，……全然是主观的，……所以，价值不只是它的本质是主观的，就是它的尺度也具有主观的性质。"③显然，如果边际效用论真是主观论或主观主义价值论，那它就是谬论而不是真理了：任何主观论或主观主义的价值理论无疑都是谬误而不是真理。那么，边际效用论究竟是不是主观论或主观主义的价值理论？

确证这个问题的起点显然是：何谓主观主义价值论？主观主义价值论乃是一种哲学理论，它所谓的价值，并不仅仅是商品价值或经济价值，而是包括一切价值，如道德价值、政治价值、善恶好坏等。因此，主观主义价值论公认的代表人物，并不是经济学家，而是哲学家，如培里、詹姆斯、休谟、马奇、罗素、维特根斯坦、卡尔纳普、艾耶尔和斯蒂文森等。该理论的根本特征，如所周知，在于认为主体的需要和欲望是一切价值的源泉和实体，价值存在于主体的需要和欲望之中，是主体的需要和欲望之机能或属性，完全依人的意志而转移，是一种完全主观的东西：主观主义价值论就是认为价值的源泉是主体的需要和欲望的理论，就是认为价值完全是主观的理论，就是认为价值完全依人的意志而转移的理论。培里说：

---

① 〔美〕斯考森著，马春文等译：《现代经济学的历程》，长春出版社2009年版，第169－170页。

② 〔美〕布莱克等编，佚名译：《经济学的边际革命》，商务印书馆1987年版，第166页。

③ 〔奥〕门格尔著，刘絜敖译：《国民经济学原理》，上海人民出版社1958年版，第67、92页。

"价值就其最根本的意义来说,必须被看作意志或爱的机能。"①詹姆斯说:"我们周围的世界似乎具有的那些价值、兴趣或意义,纯粹是观察者的心灵送给世界的礼物。"②马奇说:"没有客观价值。""价值不是客观的,不是世界结构的一部分。"③罗素说:"关于'价值'的问题完全在知识的范围以外,这就是说,当我们断言这个或那个具有'价值'时,我们是在表达我们自己的感情,而不是在表达一个即使我们个人的感情各不相同但仍然是可靠的事实。"④

边际效用论的根本特征,如上所述,在于认为商品价值决定于商品的边际效用:一方面认为使用价值是边际效用,另一方面认为交换价值的源泉和实体是边际效用。因此,边际效用论是不是主观主义价值论的问题便可以转换为:价值决定于边际效用的理论是不是主观主义价值论? 认为使用价值是边际效用是不是主观主义价值论? 认为交换价值的源泉和实体是边际效用是不是主观主义价值论? 显然,这三个问题可以归结为一个问题:边际效用是不是一种完全主观的东西? 如果边际效用是一种主观的东西,使用价值就是一种主观的东西,交换价值的源泉和实体就是一种主观的东西,商品价值就决定于主观的东西,那么,即使所有经济学家都否认边际效用论是主观主义价值论,边际效用论也仍然是主观主义价值论;反之,如果边际效用不是一种主观的东西,使用价值

---

① Ralph Barton Perry:*General Theory of Value:Its Meaning And Basic Principles Construed In Terms Of Interest*,New York:Longmans,1926,p. 54.

② 〔美〕罗尔斯顿著,杨通进译:《环境伦理学》,中国社会科学出版社 2000 年版,第 151 页。

③ J. L. Mackie:*Ethics:Inventing Right and Wrong*,London:Pengain Inc.,1977,p. 15.

④ 〔英〕罗素著,徐奕春等译:《宗教与科学》,商务印书馆 1982 年版,第 123 页。

就不是一种主观的东西，交换价值的源泉和实体就不是一种主观的东西，商品价值就不是决定于主观的东西，那么，即使所有经济学家——包括边际效用论经济学家——都肯定边际效用论是主观主义价值论，边际效用论也仍然不是主观主义价值论。

那么，商品边际效用究竟是不是一种完全主观的东西？答案是否定的。所谓主观和客观，如所周知，原本具有双重含义。一方面，主观指意识、精神；客观指意识或精神之外的事实和事物。另一方面，主观指事物的依人的意志而转移的属性；客观指事物的不以人的意志而转移的属性。就第一种含义来看，商品边际效用似乎是主观的。因为商品边际效用显然不是商品的事实属性。所谓事实属性，按照价值论的视域，就是不依赖人的任何需要和欲望而存在的属性，如暖气片的保暖属性。这种属性固然能够满足人的取暖需要，却不依赖人的取暖需要而存在，因而属于事实属性范畴。商品边际效用不是商品事实属性，而是商品的事实属性对主体或人的需要和欲望的效用，因而与事实恰恰相反，乃是商品依赖主体或人的需要和欲望而具有的属性，是商品的事实属性与主体的需要和欲望发生关系时所产生的属性，是商品的关系属性。

因此，离开主体或人的需要和欲望，商品自身便不具有边际效用；只有当商品事实属性与主体或人的需要和欲望发生关系时，商品才具有边际效用。因此，边际效用便由商品事实属性与主体需要或欲望两方面构成：商品事实属性是边际效用产生的源泉和存在的载体、本体、实体，可以名之为"边际效用实体"；主体或人的需要和欲望则是边际效用从商品事实属性中产生和存在的条件，是衡量商品事实属性的边际效用之有无、大小、正负的标准，可以名之为"边际效用标准"。因此，边际效用绝不是一种完全主观的东西，而是一种基于客观的主客统一物:就其存在的源泉和实体来说是商品的事实属性;就其存在的条件和标准来说是主观的心理欲望。

就主观和客观的第二种含义——是否依人的意志而转移——来看,边际效用也是这样一种基于客观的主客统一物。因为依据是否依人的意志而转移,需要或欲望可以分为主观与客观两类。所谓主观需要或欲望,也就是依人的意志而转移的需要或欲望,说到底,也就是特殊需要或欲望。因为每个人的特殊的需要或欲望,如打扑克和下象棋等,显然都是偶然的、可变的、可以自由选择的,因而具有依自己的意志而转移的主观性。主体特殊需要的主观随意性,决定了边际效用具有主观随意性:满足主体特殊需要或欲望的边际效用就是主观的、特殊的边际效用。

但是,另一方面,边际效用又具有客观性,因为存在着客观的普遍的需要和欲望:"口之于味,有同嗜焉"。所谓客观需要,就是不依人的意志而转移的需要,说到底,就是主体或人的普遍需要。人的普遍的需要和欲望原本都是必然的、不可改变的、不能自由选择的,因而具有不依人的意志而转移的客观性。举例说,每个人都具有饮食男女需要。这种普遍需要之所以是每个人都具有的,岂不就是因为它是客观的、必然的、不依人的意志而转移的吗?主体普遍需要或欲望的客观性决定了边际效用具有客观性:满足主体普遍需要或欲望的边际效用就是客观的、普遍的边际效用。

边际效用之所以是客观的,还因为边际效用的源泉和实体,乃是商品的不依人的意志而转移的事实属性:边际效用乃是商品的事实属性对于主体的需要或欲望的效用。商品的事实属性是不依赖主体的需要或欲望而存在的。白菜的边际效用,并不仅仅取决于人们的口味,更重要的,还取决于白菜所具有的那些不依人的意志而转移的事实的属性,如含有蛋白质、脂肪、钙、胡萝卜素、核黄素等。如果白菜没有这些属性,而具有其他一些事实属性,比如说,乙肝病毒和艾滋病病毒,我们还能说白菜有用吗?即使一个人不喜欢吃白菜,白菜对于他也是具有营养效用的。所以,白菜因其含有蛋白质、脂肪等事实属性而具有的效用性,是不依赖主体的口味、嗜好、欲望、愿望而转移的,因而是客观的。

可见,边际效用绝不是一种完全主观的东西,而是一种基于客观的主客统一物:就其存在的源泉和实体来说,是商品的客观的事实属性;就其存在的条件和标准来说,是主观的心理欲望。于是,一方面,边际效用便因其标准(主体的需要和欲望)具有特殊性,而是特殊的、依人的意志而转移的,亦即主观的特殊的边际效用,可以称之为主观使用价值:主观使用价值就是满足主体特殊需要或欲望的边际效用,就是特殊的、依人的意志而转移的边际效用。另一方面,边际效用又具有不以人的意志而转移的客观性和普遍性,亦即客观的普遍的边际效用。因为不但边际效用的实体和源泉(商品的事实属性)是客观的、不以人的意志而转移的,而且它的标准(主体的需要和欲望)具有普遍性,遂使边际效用也是客观的、必然的、不以人的意志而转移的。这种边际效用叫做客观使用价值:客观使用价值就是满足主体普遍需要或欲望的边际效用,就是客观的、普遍的、必然的、不以人的意志而转移的边际效用。交换价值的源泉和实体,无疑是客观的普遍的使用价值而不是主观的特殊的使用价值,说到底,无疑是客观的普遍的边际效用而不是主观的特殊的边际效用。

边际效用的这种不以人的意志而转移的客观性与普遍性的典型表现,无疑是"戈森定律"或"戈森需要饱和定律"、"边际效用递

减规律"、"边际产量递减规律"、"替代规律"和"成本定律"。因为
所谓规律或定律,岂不就是不以人的意志而转移的客观的与普遍
的东西吗? 特别是边际效用论的成本定律——边际效用与边际成
本应该且必然相等——最能够显示边际效用的客观性和普遍性。
因为商品的最根本的事实属性,说到底,无疑是所谓生产成本,亦
即商品所凝结或耗费的生产要素:劳动、资本与土地。边际效用不
以人的意志而转移的客观性和普遍性,说到底,就是边际效用必然
被生产成本等商品的事实属性所决定。因为,如前所述,正如萨缪
尔森所言,在自由竞争条件下,边际效用与边际成本必然相等:
"ⓐ当消费者达到最大满足时,边际效用恰好等于价格。ⓑ当竞争
的生产者供给物品时,他们选择使边际成本恰好等于价格时的产
量。ⓒ因为 MU(边际效益)＝P(价格)且 MC(边际成本)＝P,所
以 MU＝MC。这样,在完全竞争条件下,生产某一物品的边际社
会成本,正好等于以物品或是已所放弃的闲暇来衡量的边际效用
价值。"[1]

　　综上可知,边际效用论决非主观主义价值论。因为边际效用
的客观性与普遍性表明,边际效用论将价值归结为边际效用,决不
意味价值的源泉是主体的需要和欲望,决不意味价值完全是主观
的,决不意味价值完全依人的意志而转移。那么,边际效用论是否
属于客观论价值理论? 答案是肯定的。因为围绕价值——包括商
品价值和道德价值等一切价值——的本质问题,形成了四大哲学
价值理论:"客观论"、"实在论"、"主观论"和"关系论"。与主观论

---

[1]　David Ricardo, *Principles of Political Economy and Taxation*, London: George Bell and Sons,1908,p. 15.

或主观主义价值论相反,客观论或客观主义价值论乃是一种认为价值存在于客体之中的理论。客观论可以分为两派。一派是温和客观论,其代表人物有柏拉图、亚里士多德、阿奎那、沙甫慈伯利、赫起逊、康德、歌德、黑格尔、摩尔和罗尔斯顿等。在温和客观论看来,价值存在于客体之中;但是,离开主体,客体自身并不存在价值:客体是其存在的源泉;主体是其存在的条件。这一点,罗尔斯顿说得最清楚:"观赏建构了花的价值,这种价值不是某种与人的观赏无关的、早就存在于花中的价值。但它仍然是这样一种价值:它们虽然表现为人的主观意识的产物,却仍然是客观地附丽在绽开于草丛中的鲜花身上的。"[①]

极端客观论则认为价值是客体的一种可以离开主体而独立存在的事实,因而叫作"实在论"。邦德、布云克、威根斯(David Wiggins)、麦克道尔(John Mcdowell)、博伊德(Richard N. Boyd)、斯图尔根(Nicholas L. Sturgeon)、麦考德(Geoffrey Sayre-McCord)、普来特斯(Mark Platts)以及乔德(C. E. M. Joad),都属于实在论。他们正确看到:价值存在于客体中。但是,他们却否认主体的需要——及其转化形态——是价值存在的条件,认为价值并不依赖主体的需要、欲望、目的而为客体独自具有,是客体的一种可以离开主体而独立存在的事实,是一种实在,是客体固有或事实属性。这一点,邦德讲得最清楚:"一切价值都是客观的,也就是说,它们是独立于欲望和意志而存在的。……价值是一种独立的存在。在这个世界上,即使没有人,即使没有有意识、有食欲的力

---

① 〔美〕罗尔斯顿著,杨通进译:《环境伦理学》,中国社会科学出版社 2000 年版,第 153 页。

量，价值也能够独立存在。"①

马克思的劳动价值论无疑属于实在论的价值论。因为马克思认为商品价值就是凝结在商品中的一般的无差别的人类劳动或抽象的人类劳动。商品中凝结的人类劳动，它的存在显然并不依赖于人的需要，甚至也不依赖于人。一件金首饰所凝结的人类劳动，即使人类灭亡了，它也照样凝结在该金首饰中。因此，商品中凝结的人类劳动，乃是商品的不依赖人的需要而存在的属性，是一种独立于人而存在的实在，是商品的固有属性或事实属性。这样一来，如果商品价值是凝结在商品中的人类劳动，岂不意味着：商品价值是商品的固有属性或事实属性？是的，马克思确实认为价值是商品的固有属性或事实属性："生产使用物所耗费的劳动，表现为这些物固有的性质，即它的价值。"②

关系论是认为价值存在于客体与主体的关系之中的价值理论。关系论观点的代表，有文德尔班、兰菲尔德（H. S. Langfeld）、朱光潜、李德顺等等。关系论貌似真理，因为它正确看到"在孤立的主体或客体身上都不存在着价值"，③于是便得出结论说：价值必产生于、存在于客体与主体的关系之中，是一种主客关系。文德尔班写道："价值绝不是作为客体自身的某种特性而被发现的。它存在于与某个欣赏它的心灵的关系之中。"④李德顺说："价值，既

---

① E. J. Bond: *Reason and Value*, Cambridge: Cambridge University Press, 1983, pp. 84 - 85.

② 〔德〕马克思著，中共中央编译局译：《资本论》第一卷，中国社会科学出版社1983年版，第39页。

③ 李德顺：《价值论》，中国人民大学出版社1987年版，第124页。

④ 〔美〕罗尔斯顿著，杨通进译：《环境伦理学》，中国社会科学出版社2000年版，第150页。

不在现实的世界、事物之外，又不是任何既成的现实事物和它们的属性本身，同时又不是人头脑和心灵的主观现象。那么，它在哪里呢？回答是：价值存在于主客体之间的关系之中，是这种客观关系的状态、内容本身。这种观点，可以叫'关系说'。"①

不难看出，唯有温和客观论是真理。因为事实确如温和客观论所言，价值存在于客体之中，但是，离开主体，客体自身并不存在价值：客体是价值存在的源泉；主体是价值存在的条件。反之，实在论或极端客观论和主观论以及关系论都是夸大客观论这一真理的某些方面而导致的错误。实在论夸大价值产生的源泉和存在的实体方面，因而只看到客体是价值产生的源泉和存在的实体，而抹杀主体是价值产生的条件和存在的标准，从而误以为价值是客体的一种可以离开主体而独立存在的事实；主观论则夸大价值产生和存在的条件方面，因而把价值产生和存在的条件当作了价值产生和存在的源泉，从而误以为价值存在于主体中；关系论则把"价值是客体的关系属性"夸大成"价值是客体与主体的关系"，把"价值是客体在与主体发生关系时产生的"夸大成"价值是在客体与主体的关系中产生的"，从而误以为价值产生于、存在于主客关系，是一种主客关系。

显然，边际效用论与劳动价值论一样，都属于客观论范畴。但是，边际效用论不是极端客观论或实在论，而是温和客观论。因为边际效用论将商品价值归结为商品的边际效用，意味着：商品价值虽然存在于商品的事实或固有属性之中，却并不是商品事实属性或固有属性，而是商品的事实属性和固有属性对主体或人的需要

---

① 李德顺：《价值新论》，中国青年出版社1993年版，第68页。

的效用，因而与事实或固有属性恰恰相反，乃是商品依赖人的需要而具有的属性，是商品的事实属性或固有属性与主体的需要发生关系时所产生的属性，是商品的关系属性。因此，离开主体或人的需要，商品自身便不具有价值；只有当商品事实属性与主体或人的需要发生关系时，商品才具有价值。这样，商品价值便由商品事实或固有属性与人或主体需要两方面构成：商品事实或固有属性是价值存在的源泉和实体；人的需要是价值存在的条件和标准。这不正是典型的温和客观论吗？

3. 边际效用论：破解价值反论的科学理论

边际效用论不但是真理，而且是经济学的划时代的伟大发现，因而其诞生被誉为"边际革命"。大凡革命，皆具有必然性。边际革命具有必然性吗？为什么19世纪70年代初，杰文斯、门格尔和瓦尔拉几乎同时独立发现了边际效用论基本原理？这是西方经济学界多年的热门话题。细究经济思想史，不难看出，边际革命于19世纪70年代初发生确有必然性：它是人类思考价值反论和价值悖论的知识积累的必然结果。

经济学家们所谓"价值悖论"与"价值反论"，无疑是同一概念。但是，细究起来，二者并不完全相同。所谓价值悖论，亦即效用价值论悖论：效用价值论内含着悖论。因为所谓效用价值论，就是将商品价值定义为商品效用的价值理论。将商品价值定义为商品效用，意味着：商品价值与商品效用是同一概念。这样一来，效用大的东西价值必大，效用小的东西价值必小。可是，有些东西，如水，效用大却价值小；另一些东西，如钻石，效用小却价值大：这就是效用论所内涵的价值悖论。因为效用与价值是同一概念，因而，一方面,说水的效用大却价值小,便无异于说水的价值大却价值小:悖论;另一方面,说钻石效用小却价值大,便无异于说钻石价值小却价值大:悖论。显然,如果价值悖论确实存在,如果效用价值论果真内涵价值悖论,那么,效用价值论就是谬论了。

然而,细究起来,钻石效用小却价值大和水效用大却价值小等现象,所显示的与其说是价值悖论,不如说是价值反论:使用价值与交换价值的大小相反。因为,一方面,"水的效用"显然是指水满足消费或使用需要的效用,而不是满足交换需要的效用,因而也就是水的使用价值;另一方面,"水的价值"显然是指水的交换价值而不是使用价值。这样一来,"水的效用大却价值小"实际上是指"水的使用价值大却交换价值小"。"水的使用价值大却交换价值小"显然并非价值悖论,而是价值反论,亦即使用价值与交换价值大小相反。

因此,所谓"斯密价值悖论"便是一种误解,无疑应代之以"斯密价值反论"。因为斯密讲的明明是使用价值与交换价值往往大小相反:"使用价值极大的东西,往往具有极小或没有交换价值;反之,交换价值极大的东西,往往具有极小或没有使用价值。没有什么东西比水更有用,但用水不能购买任何物品,也不会拿任何物品与水交换。相反,金刚钻几乎没有任何使用价值言,却须具有大量其他物品才能与之交换。"[①]

不言而喻,如果使用价值与交换价值确实大小相反,那么,不但效用价值论难以成立,而且使用价值不可能是交换价值的实体

---

① Adam Smith, *The Wealth of Nations*, Books I—III, London: Penguin Inc., 1970, pp. 131 – 132.

和源泉，因而不能用使用价值解释交换价值。所以，价值反论和价值悖论都是效用价值论的克星，也都是对同一事实——亦即水和钻石等现象——的解释，因而也不妨像经济学家们那样，就将二者当作同一概念来使用。这样一来，效用论者便必须解决价值悖论和价值反论，证明并不存在价值悖论和反论——亦即证明效用与价值或使用价值与交换价值是成正比而不是成反比——从而像熊彼特所说的那样：在效用或使用价值的基础上建立价值或交换价值理论。否则，效用价值论便难以成立。

熊彼特说："效用论源于亚里士多德。"①确实，效用价值论始作俑者是亚里士多德。然而，令人大跌眼镜的是，竟然与边际革命始作俑者瓦尔拉斯相似，亚里士多德解决价值悖论和价值反论的方法，就已经是引入"稀少性"概念："稀少的物品比丰裕的物品更值钱，金银就是这样。尽管金的用途较少，但它比铁更贵，因为获得它较为困难。不过，我们也应看到，丰裕的东西比稀少的东西更好，因为我们可以大量地使用它们，……难以获取的物品胜过易于获取的物品，因为它稀少；反之，易于获取的物品胜过难以获取的物品，因为它能满足我们的需求。"②

这些混乱的论述表明，亚里士多德通过引入"稀少性"概念来解决价值悖论，与其说是系统的明确理论，毋宁说是天才的模糊猜测。堪称系统明确解决价值悖论的思想家，恐怕始自达万萨蒂。因为正如熊彼特所言，自 1588 年达万萨蒂起，150 年来，有一大长

---

① Joseph A. Schumpeter, *History of Economic Analysis*, London: GEORGE ALLEN & UNWIN LTD., 1955, p.891.

② 晏志杰：《经济学中的边际主义》，北京大学出版社 1987 年版，第 10 页。

串效用论思想家对价值悖论"已经解决了十多次了":"意大利人自达万萨蒂起,最先明确地认识到了怎样解决价值悖论,认识到了价值悖论并没有对基于使用价值的交换价值理论构成障碍,……我们可以为达万萨蒂之后的一个半世纪列出一大长串作家,他们非常清楚地知道效用因素是如何进入定价过程的,而且其中有几位英国作家。特别是约翰·罗在上面引述的那本小册子中,简要而卓越地阐述了这一问题:他用的就是水和钻石的例子。然而,我们只打算讨论一位经济学家,正是他把这种分析发展到了 18 世纪顶峰,他就是加利亚尼。"①

确实,加利亚尼全面总结了前人的探索,从而得出结论说,价值取决于效用与稀缺性的比例,取决于物品的数量、效用和需求等要素之间的比例:"价值是一种比例;它由'效用'和'稀缺性'的比例构成。……空气和水是人类生活很有用的要素,然而它们没有价值,因为它们不具有稀缺性;另一方面,采自日本海岸的一袋沙石可以说是稀少之物,然而,看来它没有什么特定用途,所以它们也不会有价值。"②"包括波那多·达芬沙梯在内的许多人指出,一头真牛犊比一只金小牛更可贵,但它的价值何等低廉。对此,我的回答是:如果真牛犊也像金牛那样稀缺的话,它的价格必定比金牛的价格要高得多,因为对它的需求和它的效用超过了另一个。这些人以为价值取决于单一要素,而没有看到它是由合成为一个比例的众多要素统一而成的。"③

①　Joseph A. Schumpeter, *History of Economic Analysis*, London: GEORGE ALLEN & UNWIN LTD., 1955, p. 300.

②　晏志杰:《经济学中的边际主义》,北京大学出版社 1987 年版,第 9 页。

③　同上书,第 12 页。

加利亚尼所谓"效用与稀缺性的比例",显然有"效用与数量成反比例"之意,亦即效用随着数量增多而递减。因此,加利亚尼距离边际效用论的核心——边际效用概念和边际效用递减规律——只有一步之遥了。劳埃德则在19世纪30年代问世的《关于价值概念的讲义》中,发现了物品的价值随着该物品的增多而递减规律,亦即价值递减规律:"假定一个饥肠辘辘只有一盎司食物可供他食用,很显然,这一盎司对于他就有极大的意义。现在假定他有了两盎司,对他来说,这两盎司的意义也还是很大的;但是,第二盎司的意义并不等于单独一盎司的意义……第三盎司的意义也会比第二盎司的小;以此类推,以致无限。随着盎司数量的增加,我们终可达到这样一点,'通过绝对可靠的特例,进食',欲望就会完全或几乎完全丧失;在这一点上,就单独一盎司来说,放弃它或保留它,都变得无关紧要了。由此可见,他的食物短缺时,他对现有食物的估计是很大的,换言之,他置于其上的价值是很大的;当食物供给增加时,他对它们的估价就减低了,换言之,他给予它们较小价值。"[1]

劳埃德不但发现了价值递减规律,而且提出价值仅仅决定于"特殊效用",而不是决定于"绝对效用"或"一般效用":"假定某人已有半打上衣,如果你再给他一件,他会回答说,这件上衣对他没有用处。他在这里所说的,并不是这件上衣的绝对效用,而是在他对上衣的需要已经有了充分供给条件下,这件上衣对他的特殊效用……这同上衣的一般意义的效用是大不相同的,不应将两者混同起来。"[2]毫无疑义,劳埃德的"特殊效用"相当于"边际效用";

---

①　晏志杰:《经济学中的边际主义》,北京大学出版社1987年版,第52页。
②　同上。

"绝对效用"相当于"总效用"。但是,马克·布劳格据此断言劳埃德发现了边际效用概念,是不能成立的。因为边际效用是最后单位增量的效用,因而只有发现了诸如"最后效用"之类的概念,才堪称发现了边际效用概念。

准此观之,首次发现边际效用概念的当推戈森。劳埃德虽然发现了价值递减规律,却未能科学地论证这一规律。戈森在劳埃德《关于价值概念的讲义》问世 20 年后,发表《人类关系法则及人类行为规范》,首次科学地论证了这一规律。毋庸赘述,戈森科学地论证了价值递减规律,是因为他不但使劳埃德借助具体物品表述出来价值递减规律,通过严谨的科学抽象语言而成为"一个普遍适用的定理",而且发现了价值递减规律所由以发生的原因——需要和欲望递减定律——亦即所谓"戈森第一定律"或"戈森需要饱和定律"。当他进一步从该定律推出所谓"戈森第二定律"时,他发现了"最后原子价值"概念:"如果人们的力量不足以充分获得所有可能的享受资料,人们就必须在这种程度上为自己创造每一种享受资料,即使它们的最后的原子对自己保持同等价值。"[1]

戈森的"最后的原子价值"与"最后单位效用"或"最后单位价值"显然是同一概念,因而与边际效用也就是同一概念:边际效用岂不就是最后单位效用? 因此,戈森首次发现和使用了边际效用概念。确实,如果说杰文斯的"最终效用"、门格尔的"最不重要的满足的重要性"和瓦尔拉斯的"稀缺性"或"得到满足的最后需要的强度"都是边际效用概念,那么,有什么理由否定戈森的"最后一个

---

[1] 〔德〕戈森著,陈秀山译:《人类交换规律与人类行为准则的发展》,商务印书馆1997 年版,第 39 页。

原子价值"——亦即"最后一个原子效用"——是边际效用概念呢？戈森与这三人的不同，不过在于他未能发现价值决定于边际效用罢了。仅仅20年后，三人便几乎同时独立发现和系统论证了价值决定于边际效用原理——亦即边际效用论根本原理——从而造成了边际革命。

可见，杰文斯、门格尔和瓦尔拉斯三人发起的边际革命乃是效用价值论思想家解析价值反论——效用与价值或使用价值与交换价值的大小往往相反——的知识积累的必然结果。这一解析历程，历经两千余年，显示五大累进阶段。第一阶段是亚里士多德和阿奎那等中世纪效用价值论思想家的研究，后者实质上并没有超过亚里士多德对"价值决定于效用与稀少性"的模糊猜测；第二阶段是自16世纪达万萨蒂到18世纪加利亚尼等众多效用论思想家对价值悖论的系统明确解决，其最高成果是加利亚尼的"价值决定于效用与稀缺性的比例原理"；第三阶段是19世纪30年代，劳埃德的"价值决定于特殊效用而不是决定于一般效用原理"和"价值递减规律"的发现；第四阶段是19世纪50年代，戈森对价值递减规律的科学论证和边际效用概念的发现；第五阶段是19世纪70年代初，杰文斯、门格尔和瓦尔拉斯几乎同时独立发现和系统论证了价值决定于边际效用原理，遂致边际革命。

因此，边际革命决非天才的偶然发现，而是效用价值论思想发展的必然结果，特别是劳埃德和戈森思想的必然结果。试想，如果将劳埃德"价值决定于特殊效用"和戈森的边际效用概念——及其价值递减规律——结合起来，岂不就是边际革命的基本原理：价值决定于边际效用和边际效用递减规律？所以，效用价值论发展到19世纪中叶前后，边际革命势必到来。如果没有杰文斯、门格尔和瓦尔拉斯,或迟或早,必有其他思想家发现价值决定于边际效用原理和边际效用递减规律,造成边际革命。这个道理,马克·布劳格曾有所见。他列举劳埃德、朗菲尔德和西尼尔三人,杜普伊、戈森和詹宁斯三人,还有杰文斯、门格尔和瓦尔拉斯三人,最后总结道:"我们现在已经收集到三个'经济学家的三人小组',共计九个姓名,他们在 1834 年至 1874 年间采用了边际效用概念……这样,根据从 1834 年至 1874 年这一段时期内边际效用反复地在不同国家被单独地发现这一事实,我们可以说,当时一定有一种世界各地经济学家共同所有的经济思想的核心,他们的内心的逻辑最后会使他们使用效用理论的工具探究消费者需求。"①

然而,边际革命之所以是革命,主要讲来,显然并非因其必然性,而是因其划时代:边际效用论是一种划时代的伟大经济理论。这种理论的最直接的意义,无疑是科学地破解了困惑经济学家两千余年的"价值反论"。因为边际效用论发现,单位商品使用价值是商品的边际效用,是商品的最后单位增量的效用;商品的边际效用随着该商品的增多而递减,因而单位商品使用价值便随着该商品的增多而递减。这样一来,钻石交换价值大,绝不是因其效用和使用价值小;恰恰相反,钻石交换价值大,只是因其数量小,因而边际效用大,从而使用价值大。水交换价值小,绝不是因其效用大,而是因其数量多,因而边际效用小,从而使用价值小。因此,交换价值与使用价值成正比:价值反论不能成立。

这一破解的关键,无疑在于发现边际效用概念和边际效用递减规律。诚然,没有这一发现,也不难看出交换价值与使用价值的

---

① 〔美〕布莱克等编,佚名译:《经济学的边际革命》,商务印书馆 1987 年版,第 7 页。

关系乃是一种因果关系:使用价值是交换价值所由以产生的原因、源泉和实体,交换价值不过是使用价值对于交换需要的效用,因而交换价值量的多少大小是由商品的使用价值价值量的多少大小决定的,二者成正比例变化。这个道理,正如熊彼特所言,亚里士多德已有所见:"亚里士多德不但像后来的作家那样清楚地区分使用价值与交换价值,而且他还发现后者在某种程度上是从前者派生出来的。"①奥古斯丁说得就更清楚了:"每件物品的不同价值与其使用成比例。"②这恐怕就是为什么,熊彼特说价值反论在边际革命以前已经解决了十多次了。③ 这种解决尽管是正确的;但显然并不科学。边际效用论通过发现边际效用概念和边际效用递减定律,才科学地说明了使用价值乃是交换价值的源泉和实体,二者必定成正比例变化。熊彼特不懂得这个道理,有见于斯密和李嘉图的前辈对价值反论十多次解决的正确性,而不见其不科学性,因而惊诧斯密和李嘉图为何还坚持价值悖论:"令人震惊的是,斯密和李嘉图都认为价值悖论对将交换价值建立在使用价值的基础上的理论构成了障碍。"④

这样,一方面,经过边际效用论的科学证明,使用价值是交换价值产生的源泉和存在的实体。另一方面,商品中所凝结和耗费的生产要素——劳动、资本和土地——是使用价值产生的源泉和

---

① Joseph A. Schumpeter, *History of Economic Analysis*, London: GEORGE ALLEN & UNWIN LTD. ,1955, p. 60.

② 亨利・威廉・斯皮格尔:《经济思想的成长》,中国社会科学出版社 1999 年版,第 53 页。

③ Joseph A. Schumpeter, *History of Economic Analysis*, London: GEORGE ALLEN & UNWIN LTD. ,1955, pp. 300 - 301.

④ 同上书,p. 300。

实体,则是众所周知的不争事实。合而言之,商品中所凝结和耗费的生产要素——劳动、资本和土地——便是交换价值的源泉和实体:它们是使用价值的直接源泉和直接实体,是交换价值的间接源泉和间接实体。因此,虽然只有使用价值是边际效用,而交换价值并不是边际效用,但交换价值实体却是边际效用,因而交换价值量的大小与使用价值量的大小一样,都完全取决于边际效用量:商品的交换价值量与其边际效用量相等。

这就是为什么,熊彼特论及杰文斯、门格尔和瓦尔拉斯的贡献时写道:"他们证明了亚当·斯密、李嘉图和马克思认为不可能证明的事:用使用价值来解释交换价值。"①马克·斯考森论及边际革命的意义时也一再说:"它的发现解决了价值悖论,这个悖论曾让从亚当·斯密到约翰·穆勒的古典经济学家们灰心丧气。这一思想也破坏了马克思主义经济学。边际效用革命拯救了垂死的科学。那是令经济学家精神振奋的时代。"②

确实,如前所述,马克思和古典经济学派误以为劳动是创造价值的唯一源泉——因而断言价值就是商品中所凝结的劳动——说到底,就是因为他们被价值反论所惑,误以为使用价值往往与交换价值成反比,因而不可能是交换价值的源泉和实体,不可能用使用价值来解释交换价值。这样一来,使用价值的源泉和实体——劳动、资本和土地——也就不可能是交换价值的源泉、实体了;否则,交换价值怎么能够与使用价值的大小相反呢? 那么,交换价值和

---

① Joseph A. Schumpeter, *History of Economic Analysis*, London: GEORGE ALLEN & UNWIN LTD. ,1955,p. 960.

② 〔美〕斯考森著,马春文等译:《现代经济学的历程》,长春出版社 2009 年版,第 169 页。

价值的源泉、实体是什么？只有劳动：劳动是创造价值的唯一源泉；价值就是商品中所凝结的劳动。确实，如果劳动是创造交换或价值的唯一源泉，如果价值就是商品中所凝结的劳动，那么，价值或交换价值与使用价值往往相反就可以理解了。

　　因此，有关劳动是创造价值唯一源泉和价值是商品中所凝结的劳动之争论，说到底，乃在于价值反论能否成立：误以为价值反论能够成立，乃是劳动价值论最深刻的理论根源；只要价值反论不能成立，交换价值与使用价值的大小成正比，使用价值是交换价值的源泉和实体，那么，劳动和资本以及土地等自然资源便无疑是创造价值的三个源泉。边际效用论科学地证明了价值反论不能成立，终结了劳动价值论统治，使我们又回到了自亚里士多德以来历代相沿（除了李嘉图和马克思所代表的历史阶段）的效用价值论：商品价值就是商品满足人的需要和欲望的效用；只不过，使用价值是商品的边际效用，而交换价值则是商品边际效用——亦即交换价值的源泉和实体——对于换取其他商品的交换需要的效用罢了。

　　总而言之，边际效用论取代马克思和古典经济学派劳动价值论，堪称经济学革命。熊彼特将这种革命比作日心说取代地心说："日心说取代地心说和边际效用理论取代'古典经济学说'，是同一种类的业绩：两者实质上都是通过简化和统一来改造原有的理论。这种对比使我们感到荒谬，只是因为天文学和经济学的知识地位不同。"①诚哉斯言！因为经济学的基石、根本和核心问题无疑是

---

　　① 〔美〕熊彼特著，王作荣译：《经济分析史》第三卷，商务印书馆1991年版，第251页。

价值与价格；而价格不过是价值的表现、规定和确定，不过是人们根据商品价值就商品相交换的量的关系或比例所制定——有意识制定或无意识约定俗成——的契约。因此，经济学的基础和核心，说到底，乃是价值问题。这样一来，一种经济学是否科学，说到底，便取决于它的价值理论是否科学：基于劳动价值论等错误的价值理论的经济学，不可能是科学的经济学；唯有基于科学的价值理论——亦即边际效用论——的经济学，才可能是科学的经济学。因此，边际效用论的发现乃是经济学的革命，边际效用论堪称是划时代——亦即开辟科学的经济学时代——的伟大理论。

理 想 国 家

（下册）

王海明　著

商务印书馆
The Commercial Press
创于1897

2014 年・北京

目　　录

下　册

第九章　理想国家:共产主义

本章提要　国家制度价值标准与社会发展规律以及人性定律,乃是共产主义制度科学假设的三个前提:马克思历史唯物主义所揭示的社会发展规律与儒家所发现的"爱有差等"的人性定律是共产主义制度科学假设的依据;公正与平等以及人道与自由等国家制度价值标准是共产主义制度科学假设的标准。从此出发,便可以科学假设:共产主义经济制度除了具有公认的公有制和高度发达的生产力特征之外,必定还具有两个特征,亦即按劳分配和没有政府管制的市场经济。因为,一方面,"爱有差等"的人性定律,决定了共产主义仍然是一种计较个人得失的社会,因而实行按需分配——而不是按劳分配——必定导致经济不公,违背经济公正等国家制度价值标准。另一方面,如果废除市场经济,必定违背经济自由等国家制度价值标准。因为人类社会只有一种经济形态,亦即没有政府管制——但有政府规范——的市场经济,符合经济自由等国家制度价值标准;其他一切经济形态(计划经济和自然经济以及存在政府指挥的市场经济或混合经济)都或多或少违背经济自由等国家制度价值标准。

导论　共产主义假设

1. 共产主义科学假设的三个前提

资本主义是资本支配和剥削雇佣劳动从而攫取剩余价值的经济制度,意味着,资本主义国家制度虽然远远优良于奴隶制和封建制,却仍然违背国家制度价值标准:它既不公正和平等,亦不人道和自由,更违背最大多数人最大利益终极标准,因而仍然是一种不理想的、强制、异化、不公正、非人道、恶的、坏的、不应该的和具有负价值的国家。这样一来,理想的好的国家制度也就只能是共产主义了。确实,共产主义,就其实质来说,并不是事实,而是应该,是理想的好的国家制度。因此,资本主义是一种违背国家制度价值标准的坏制度,实乃共产主义理想成立的必要条件。试想,如果资本主义符合国家制度价值标准,是理想的好的国家制度,那么,共产主义岂不就画蛇添足,纯属不科学的空想?

共产主义是一种未来的理想的国家制度。因此,关于共产主义国家究竟如何,难免仁者见仁、智者见智、众说纷纭、莫衷一是。特别是,共产主义理想源远流长、流派众多、歧义丛生,堪称富有争议的人类思想理论之最。今日世界各国的社会主义理论,对共产主义社会的构想真可谓五花八门、形形色色。那么,究竟怎样的共产主义假设才是科学的?

国家制度,如前所述,虽然都是人制定的、约定的;但是,只有恶劣的、坏的、不应该的和具有负价值的国家制度才可以随意制定、约定。反之,理想的、优良的、应该的、好的或具有正价值的国家制度决非可以随意制定,而只能通过国家目的(国家制度价值标准),从人性与社会发展规律等国家事实如何的客观本性(国家制度价值实体)中推导、制定出来。因此,国家制度是否优良、理想,直接说来,取决于是否符合国家目的或国家制度价值标准,归根结底,取决于是否符合人性和社会发展规律:符合国家制度价值标准和人性以及社会发展规律,就是理想的、好的、应该的、正确的、善的和具有正价值的国家制度;违背国家制度价值标准和人性以及社会发展规律,就是坏的、不应该的、错误的、恶的和具有负价值的国家制度。

共产主义是一种理想的国家制度,属于理想的、好的、应该的、善的和具有正价值的国家制度范畴。因此,国家制度价值标准和人性以及社会发展规律便是对共产主义制度进行科学假设的三个前提。这可以从归结为两方面。一方面,国家制度价值标准是共产主义制度科学假设的标准:只有符合国家制度价值标准的国家制度才是好国家制度,才可能是共产主义;违背国家制度价值标准的国家制度必定是坏国家制度,不可能是共产主义。另一方面,人性和社会发展规律则是共产主义科学假设的双重依据:只有符合人性和社会发展规律的国家制度才是好国家制度,才可能是共产主义的科学假设;违背人性和社会发展规律的国家制度必定是坏国家制度,不可能是共产主义。合而言之,只有符合国家制度价值标准和人性以及社会发展规律的共产主义假设,才是关于共产主义的科学假设;否则,如果所构想的共产主义违背国家制度价值标准和人性以及社会发展规律,那就一定是不科学的共产主义假设。

2. 共产主义科学假设的标准：国家制度价值标准

自文明社会以降，自从私有制和阶级诞生以来，任何一种社会制度——不论是奴隶制还是封建制抑或资本主义——无疑都存在着种种严重违背国家制度价值标准的不公正和非人道之罪恶；譬如阶级和剥削或经济异化、经济不公，经济不自由和不平等，政治不自由、政治不平等和政治异化，机会不平等和思想不自由等等。因此，两千多年来，历代都有思想家批判以往和当下社会制度，而追求和呼唤符合国家制度价值标准的理想社会："'为别人工作'这一事实的存在，剥削的存在，永远会在被剥削者本身和个别'知识分子'代表中间，产生一些对抗这一制度的理想。"①这就是为什么历代都不乏思想巨匠向往共产主义的缘故；共产主义无非是一种符合国家制度价值标准——公正与人道以及道德终极标——的理想社会而已。

这种符合国家制度价值标准的理想社会之所以叫做共产主义社会，就是因为这种社会制度最根本的特征，乃是消除阶级和剥削或经济异化——剥削与经济异化是同一概念——实现经济公正和经济自由，因而必须废除私有制而代之以公有制：生产资料私有制或经济权力垄断是阶级和剥削之根源。因为正如赖特所言，阶级乃是人们因权力垄断所导致的剥削关系而分成的不同群体："以剥削为基础的阶级概念把我们的注意力指向这么一个事实，即阶级关系是权力关系，而不仅仅是特权。"②

---

① 《列宁全集》第一卷，人民出版社1971年版，第377页。
② 〔美〕赖特著，刘心想译：《后工业社会中的阶级》，辽宁教育出版社2004年版，第36页。

因此,哪里实行生产资料私有制和非民主政体,哪里就有权力垄断——生产资料或经济权力垄断和政治权力垄断——哪里就分为无权群体与有权群体,哪里就必定存在压迫与剥削。没有权力——经济权力或政治权力——的群体,必定遭受相应的有权群体的压迫和剥削,因而叫做被压迫和被剥削阶级;垄断权力——经济权力或政治权力——的群体,必定压迫和剥削相应的无权群体,因而叫做压迫和剥削阶级。只有在共产主义社会才因实行生产资料公有制和普选制民主政体,每个人都完全平等地执掌生产资料和国家最高权力,每个人都完全平等地拥有经济权力和最高政治权力,从而消除了权力——经济权力和政治权力——垄断,因而也就消除了阶级和剥削,最终实现经济公正和经济自由。

因此,对于共产主义社会的构想不论如何众说纷纭,有一点却是毫无疑义的共识:共产主义社会制度必定符合社会或国家制度应该如何之价值标准;说到底,共产主义社会也就是社会制度消除了阶级和剥削因而符合公正和平等以及人道和自由等国家制度价值标准的理想社会。这就是为什么两千年来,历代共产主义思想家们无不承认共产主义是真正公正和平等以及人道和自由的社会的缘故:国家制度价值标准是对未来共产主义社会制度进行科学假设的标准。

这就是为什么,马克思也曾一再说:共产主义社会是"自由人的联合体"[1],是"以每个人的全面而自由的发展为基本原则的社会形式"。[2]

---

[1] 《马克思恩格斯全集》第二十三卷,人民出版社1971年版,第95页。

[2] 同上书,第649页。

"共产主义是私有财产即人的自我异化的积极的扬弃……这种共产主义,作为完成了的自然主义,等于人道主义。"①《共产党宣言》也曾这样宣告:"代替那存在着阶级和阶级对立的资产阶级旧社会的,将是这样一个联合体,在那里,每个人的自由发展是一切人的自由发展的条件。"②恩格斯的《家庭、私有制和国家》也十分赞许摩尔根对未来共产主义社会的如是评断,以致将其作为全书结语:"这将是古代氏族的自由、平等和博爱的复活,但却是在更高形式上的复活。"③

诚然,"共产主义社会"与"完全符合国家制度价值标准——公正与平等以及人道和自由——的理想社会"并非同一概念。因为一个社会只要实行了生产资料公有制,就堪称共产主义社会:共产主义社会就是实行生产资料公有制的社会。列宁说:"共产主义社会就是土地、工厂都是公共的,实行共同劳动——这就是共产主义。"④确实,原始共产主义社会和未来共产主义社会无疑根本不同,却为什么都叫做共产主义?岂不就是因为二者都是公有制?社会主义与原始共产主义以及未来共产主义除了公有制,还有什么重要的共同点可言?但社会主义无疑属于共产主义范畴,叫做共产主义低级阶段:"马克思把通常所说的社会主义称作共产主义社会的'第一'阶段或低级阶段。既然生产资料已成为公有财产,那么'共产主义'这个名词在这里也是可以用的,只要不忘记这还不是完全的共产主义。"⑤

---

①　《马克思恩格斯全集》第二十五卷,人民出版社 1971 年版,第 77 页。

②　《马克思恩格斯选集》第一卷,人民出版社 1972 年版,第 273 页。

③　《马克思恩格斯选集》第四卷,人民出版社 1972 年版,第 175 页。

④　《列宁选集》第三卷,人民出版社 1972 年版,第 356 页。

⑤　同上书,第 255 页。

可见,公有制是共产主义的充分且必要条件:生产资料公有制社会与共产主义社会是同一概念。但是,公有制却仅仅是完全符合国家制度价值标准的理想社会的必要条件:没有公有制,必非完全符合国家制度价值标准的理想社会;有了公有制,却未必就是完全符合国家制度价值标准的理想社会。社会主义和原始共产主义都是公有制,却显然都不是完全符合国家制度价值标准的理想社会;因而可以像列宁那样,称之为不完全、不完善的共产主义社会。因此,完全符合国家制度价值标准的理想社会乃是一种特殊的或更为高级的共产主义社会,亦即所谓"完善"的或"完全"的共产主义社会或共产主义高级阶段。于是,说到底,只有完善的、完全的共产主义社会或共产主义高级阶段才是完全符合国家制度价值标准的理想社会:"完善的完全的共产主义社会"、"共产主义高级阶段"与"完全符合国家制度价值标准的理想社会"是同一概念。那么,这种"完善的完全的共产主义社会"、"共产主义高级阶段"或"完全符合国家制度价值标准的理想社会"的社会制度究竟如何? 这个难题的解析必须依据人性:人性是共产主义科学假设的依据。

3. 共产主义科学假设的依据:人性与社会发展规律

马克思恩格斯与众多空想社会主义论者一样,认为共产主义社会乃是这样一种理想社会:按需分配、计划经济、消除了商品和货币等等。这种共产主义制度的设想虽然源远流长、深入人心,但真正讲来,却是很成问题的。乔纳森·沃尔夫将这个问题当作他质疑共产主义的第一个难题:"第一个难题是最为人所知的。人们常说,马克思描述的共产主义即使实现了也必然会垮台,因为我们生来就是自私的。我们根本不可能像马克思要求我们做的那样去执行。"①

确实,共产主义经济制度究竟是按劳分配还是按需分配?究竟是废除还是完善商品经济或市场经济?这首先取决于共产主义社会人性究竟如何。试想,如果共产主义社会人们相互间仍然计较利益得失,那么,按需分配就必定会剥夺需要少而贡献大者按照公正原则应该多得的权利,因而是不公正的。这样一来,共产主义社会就不可能实行按需分配了。反之,如果共产主义社会人们相互间不计较利益得失,那么,按需分配就无所谓公正不公正,而是超越公正的仁爱原则了。这样一来,共产主义社会就可能实行按需分配了。

因此,人性乃是对未来共产主义社会制度进行科学假设的依据,是科学地构建和确立理想社会制度的基础;正如人性——亦即经济人假设——是经济学的依据和出发点一样。因此,十八世纪唯物主义者和十九世纪空想社会主义者均将人性作为理想社会制度的基础。对于这一点,普列汉诺夫曾有极为精辟的概括:"假如人的天性是不变的,以及假如知道了基本属性,就可以从中数学地引申出在道德和社会科学领域中的可靠的原理;那么,就不难想出那种完全适合人的天性要求的社会制度,正是因为这样,这种社会制度将是理想的社会制度。十八世纪的唯物主义者,已经喜欢作关于完美的立法这一题目的研究……本世纪上半期所有的无数的乌托邦不过是以人的天性为最高准绳而设想完美立法的企图。例

---

① 〔英〕乔纳森·沃尔夫著,段忠桥译:《当今为什么还要研读马克思》,高等教育出版社 2006 年版,第 37 页。

如,傅立叶以分析人的热情为出发点;例如欧文在其《合理的社会体系概论》中,从'关于人的天性的基本原则'出发,而断言合理的政府应该首先'决定人的天性是什么';例如,圣西门主义者声言,他们的哲学建立在关于人的天性的新概念上。"①

然而,共产主义制度是一种理想的好的制度,并不仅仅取决于人性究竟如何,而且取决于社会发展规律究竟如何;正如奴隶制是不是一种坏制度,不仅取决于人性究竟如何,而且取决于社会发展规律究竟如何一样。因为,就人性和国家制度价值标准来看,奴隶制惨绝人寰,根本违背国家制度价值标准,无疑是最坏的制度。但是,为什么恩格斯说奴隶制曾是巨大的进步,曾是一种好制度?原来,马克思关于"生产力决定生产关系、经济基础决定政治制度等上层建筑"的历史唯物论原理,是社会发展基本规律的发现,根据这一发现,以经济形态为划分根据的六种国家制度——原始共产主义、奴隶制、封建制、资本主义、社会主义和未来共产主义——都不具有普世性和普世价值,它们都因时因地而异,只可能和只应该实行于一定的国家、一定的社会、一定的时代;而不可能和不应该实行于一切国家一切社会一切时代。当一种经济制度适应和促进生产力发展的时候,就是好的、应该的、理想的和具有正价值的。可是,随着生产力的发展,当同一种经济制度阻碍和不适应生产力发展的时候,它就是坏的、不应该的和具有负价值的了。

试想,奴隶制岂不仅仅对于它所取代的原始社会来说才是好

---

① 〔俄〕普列汉诺夫著,博古译:《论一元论历史观之发展》,三联书店1965年版,第27-29页。

的、应该的和具有正价值的？岂不仅仅在原始社会生产力水平逐渐提高以致出现了剩余产品的时代才是好的、应该的和具有正价值的？而对于其他任何时代任何社会岂不都是最坏的制度？资本主义是不好的不应该的制度，岂不仅仅对于生产力高度发达的社会才能成立？对于生产力不够发达的社会，资本主义岂不是最好的制度？共产主义是最美好的制度，岂不也仅仅对于生产力高度发达的社会才能成立？而对于生产力不够发达的国家来说，实行共产主义岂不意味着莫大的灾难？

可见，人性和社会发展规律是对于共产主义社会制度进行科学假设的双重依据；而国家制度价值标准是共产主义科学假设的标准。可是，普列汉诺夫等马克思主义思想家却片面地从历史唯物主义出发，断言将共产主义或理想社会基于人性或公正与人道等价值标准之上的方法是错误的："既然十九世纪的空想社会主义者持有人的天性的观点，因之，他们只是重复了十八世纪思想家的错误。"[①]殊不知，生产力决定生产关系以及经济基础决定上层建筑的历史唯物论并不能包打天下，并不能够解释共产主义理想社会的全部东西。确实，历史唯物论科学地解释了共产主义社会的实现条件，说明了共产主义的历史必然性。但是，它不能够——而只有当它与人性和国家制度价值标准结合起来才能够——全面说明共产主义制度究竟如何：国家制度价值标准是共产主义制度科学假设的价值标准；人性和社会发展规律是共产主义制度科学假设的双重价值实体。

---

① 〔俄〕普列汉诺夫著，博古译：《论一元论历史观之发展》，三联书店 1965 年版，第 29 页。

4. 共产主义社会的科学假设:一种仍然计较个人
##　　得失的社会

十八世纪唯物主义者和十九世纪空想社会主义者将共产主义制度建立在人性的基础上是不错的。他们的错误不在这里。他们的错误乃在于对人性的误解,因为在他们看来,共产主义社会是人类最理想最美好的社会,因而那里人们的道德觉悟程度极高,相互间充满了爱,都积极为社会和他人谋利益,而决不计较自己的利益得失,甚至毫不利己、专门利人。殊不知,爱是自我对于给予自己的快乐和利益的东西的心理反应,意味着:

谁给我的利益和快乐较少,谁与我必较远,我对谁的爱必较少,我必较少地为了谁谋利益;谁给我的利益和快乐较多,谁与我必较近,我对谁的爱必较多,我必较多地为了谁谋利益。于是,说到底,我对我自己的爱必最多,我为了我自己谋利益必最多,亦即自爱必多于爱人、为己必多于为人,说到底,每个人必定恒久为自己,而只能偶尔为他人:恒久者,多数之谓也,超过一半之谓也;偶尔者,少数之谓也,不及一半之谓也。

这就是"爱有差等"之人性定律。这一定律意味着,它是一切人——不论是古代人还是现代人抑或将来人——的共同的普遍的本性,因而也同样是共产主义社会人的本性。因为无论如何,共产主义社会的人也同样是人,因而人所固有的,他们无不具有。无论如何,他们逃脱不了人性定律,更逃脱不了爱有差等的人性定律:自爱必多于爱人、为己必多于为人。

诚然,共产主义社会人的道德觉悟极大提高,人们相互间的爱和无私利他行为远远多于今日的我们。但是，口之于味，有同嗜焉。无论他们道德觉悟何等高，无论他们的爱何等多，他们的爱也不能不是对快乐和利益的心理反应：给他们快乐和利益，他们不能不爱；给他们痛苦和损害，他们也不能不恨。

既然对于共产主义社会的人来说，爱也是对给予自己利益和快乐的东西的心理反应，那么，谁给他的利益和快乐较少，他对谁的爱必较少，谁给他的利益和快乐较多，他对谁的爱必较多，说到底，他对他自己的爱必最多：自爱必多于爱人。

不论共产主义社会人的道德觉悟不论如何高，充其量，也只可能完全实现或接近完全实现善的人性：一方面，不断扩充自己的爱人之心、同情心和报恩心等善的人性，使其成为自己的人格和个性；另一方面，不断消减、灭除自己的恨人之心、嫉妒心和复仇心等恶的人性，使其不致成为自己的人格和个性。他们不论如何实现善的人性和消减恶的人性，不论如何接近完全实现善的人性，甚至完全实现了善的人性；也不论如何消减恶的人性，甚至接近完全消除恶的人性，充其量，也只可能实现人性而绝对不可能违背人性，绝对不可能违背人性定律，绝对不可能违背爱有差等之人性定律。

我们甚至可以假定或承认，共产主义社会人们都像我们历代的最伟大的道德楷模一样，他们无私利他行为极其众多，因而使无私利他的道德原则内化为自己的人格和个性。他们的爱人之心、同情心和报恩心等善的人性极其丰富，因而也已经成为自己的人格和个性。然而，他们对他人的爱再多，也必定少于他们对自己的爱。他们无私利他的行为最多也只能接近而绝不可能达到自己行为总和之一半,更不可能超过自己行为总和之一半从而恒久无私利他乃至完全无私利他。否则,他们就背离了"爱有差等"之人性定律,做作而虚假。

共产主义社会每个人必定自爱必多于爱人、为己必多于为人,显然意味着:共产主义社会,不论人们如何相爱,也必定是一种以利益为基础的社会,而不可能是以爱为基础的社会。所谓"以爱为基础的社会",乃是这样一种社会,这种社会的全体成员相互间的基本的、主要的和起决定性作用的联系是爱而不是利益,因而该社会的全体成员便都不会计较利益得失,不会计较自己的贡献与所得是否相等、公正。相反地,所谓"以利益为基础的社会",乃是这样一种社会,这种社会成员相互间的基本的、主要的和起决定性作用的联系是利益而不是爱,因而该社会的成员相互间不论如何相爱,也会计较利益得失,计较自己的贡献与所得是否相称、公正。

人类绝大多数的社会无疑都属于以利益为基础的社会。因为在人类所缔结的大大小小、形形色色的社会中,不论生活于其中的成员是多么相爱,只要有一些成员计较相互间的利益得失,就属于以利益为基础——而不是以爱为基础——的社会。因此,只有极小的社会,如家庭,才可能是以爱为基础的社会;而且,毫无疑义,并非所有家庭都是这样的社会。那种数代同堂、几辈人组成的大家庭往往就会有一些成员计较利益得失,因而就算不上是以爱为基础的社会了。即使是两人世界的小家庭,甚至还有热烈的情爱,却也可能计较利益,实行所谓 AA 制,因而也不是以爱为基础——而是以利益为基础——的社会。

显然,任何较大的社会,任何国家——国家是最大的社会——

都只能是以利益为基础的社会,而不可能是以爱为基础的社会。国家的发展规律是越来越少,因而也越来越大。共产主义国家将是人类历史上最大的国家——亦即只有一个主权和一个世界政府的全球国家——它不可能像莫尔设想的那样,是个以爱为基础的大家庭。那终生不会相见的广大社会成员相互间怎么能够像家庭成员那样恩恩爱爱呢?怎么能够像夫妻父母子女那样不计较利益呢?共产主义社会只是生产资料公有,而消费资料却仍然私有制、个人所有制,是"在协作和共同占有包括土地在内的一切生产资料的基础上,重新建立劳动者的个人所有制。"①试问,这样一种消费资料个人所有制的社会怎么可能不是以利益为基础呢?以爱为基础的社会岂不只可能存在于那种共有消费资料的家庭式的极小的社会单位吗?因此,马克思和恩格斯将那种认为共产主义社会是以爱为基础的观点叫做"爱的呓语":

"我们一方面想离一切粗制滥造体系的行为和庸俗的共产主义远一点,另一方面又想避开多愁善感的共产主义者关于爱的粗俗无聊的爱的呓语。""在共产主义社会中……个人关于个人间的相互关系的意识也将完全是另外一回事。因此,它既不会是爱的原则或自我牺牲,也不会是利己主义。"②

我们确证了共产主义制度科学假设的三个前提,亦即人性与社会发展规律之事实如何以及国家制度应该如何之价值标准:"爱有差等"的人性定律与经济制度具有历史必然性等社会发展规律是共产主义制度科学假设的依据;公正与平等以及人道与自由等

---

① 《马克思恩格斯选集》第二卷,人民出版社1995年版,第412页。
② 《马克思恩格斯全集》第三卷,人民出版社1971年版,第275页。

国家制度价值标准是共产主义制度科学假设的标准。这三个前提构成了共产主义制度科学假设的充分且必要条件。从此出发,便可以科学假设:共产主义经济制度除了具有公认的公有制和高度发达的生产力特征之外,必定还具有两个特征,亦即按劳分配和自由且公正的商品经济或市场经济。因为共产主义仍然是一种以利益为基础的社会,蕴涵着:如果实行按需分配而不是按劳分配必定导致经济不公,如果废除商品经济或市场经济必定违背经济自由标准,从而违背公正与平等以及人道与自由等国家制度价值标准。公有制和高度发达的生产力之为共产主义特征,无人否认,毋庸赘言;反之,按劳分配和市场经济之为共产主义特征,有悖众见,因而必须详尽论证。

一、按劳分配

1. 按需分配:共产主义社会不公正的分配原则

按照马克思科学社会主义观点,完全的、完善的共产主义社会的分配原则是按需分配。诚然,真正讲来,按需分配原本是绝大多数空想社会主义者所确立和主张的未来共产主义社会分配原则。莫尔曾这样描述共产主义社会:"每家家长到这儿申请他自己以及全家所需用的一切,不付钱,也不付任何代价,他可以领到他所申请的样样东西。"[①]卡贝也这样写道:"人人都有义务按自己能力每天从事同等小时的劳动;又有权根据自己的需要从各种产品中领

---

① 〔英〕莫尔著,戴镏龄译:《乌托邦》,商务印书馆 1956 年版,第 78 页。

取平等的份额。"①德萨米亦如是说:在未来社会,每个人都"本着自己的能力、知识、需要和个人才能参加共同劳动,并同样按着自己的全部需要来享用社会产品。"②布朗则把共产主义社会的分配原则归结为一句话:"尽他的能力生产,依他的需要消费。"③

马克思科学社会主义与空想社会主义的区别,如所周知,主要在于如何实现以及依靠谁来实现社会主义和共产主义,而并不在于共产主义分配原则。所以,斯大林说:在共产主义社会,"产品将按旧时法国共产主义者的原则实行分配,就是'各尽所能,按需分配'。"④《哥达纲领批判》表明,马克思对于共产主义分配原则与欧文、卡贝、德萨米、布朗的见地确实完全一致:"在共产主义社会高级阶段上,在迫使人们奴隶般地服从分工的情形已经消失,从而脑力劳动和体力劳动的对立也随之消失之后;在劳动已经不仅仅是谋生的手段,而且本身成了生活的第一需要之后;在随着个人的全面发展生产力也增长起来,而集体财富的一切源泉都充分涌流之后,——只有在那个时候,才能完全超出资产阶级法权的狭隘眼界,社会才能在自己的旗帜上写上:各尽所能,按需分配!"⑤

可是,每个人的需要是不同的,如果按需分配权利,岂不意味着每个人的权利应该是不平等的吗?是的。因为每个人的需要不

---

① 〔法〕卡贝著,李雄飞译:《伊加利亚旅行记》第二、三卷,商务印书馆1978年版,第367页。

② 〔法〕德萨米著,姜亚洲等译:《公有法典》,三联书店1958年版,第10页。

③ 〔美〕哈里·雷岱尔著,郑学稼译:《社会主义思想史》,黎明书局1934年版,第352页。

④ 《斯大林全集》第十一卷,人民出版社1954年版,第117页。

⑤ 《马克思恩格斯选集》第三卷,人民出版社1972年版,第12页。

同,如果同等地、平等地分配权利,那么,需要较多的人所得到的满足就会较少,而需要少的人所得到的满足就会较多,因而事实上是不平等的。欲使每个人的需要同等得到满足,从而达到事实上的、真正的平等,就应该按照每个人的不同需要分配给每个人以不平等的权利:权利应该不平等而不应该平等。对此,马克思曾这样写道:

"一个劳动者已经结婚,另一个则没有;一个劳动者的子女较多,另一个的子女较少,如此等等。在劳动成果相同、从而由社会消费品中分得的份额相同的条件下,某一个人事实上所得到的比另一个人多些,也就比另一个人富些,如此等等。要避免所有这些弊病,权利就不应该是平等的,而应该是不平等的。"①

按需分配的事实平等违背了权利平等原则,果真是一种真正公正的分配原则吗? 否! 按需分配绝对不是一个公正的分配原则。因为每个人的需要与其贡献往往是不一致的:贡献多者可能需要少;贡献少者却可能需要多。试想,张三能力较强,贡献较大;可是他的子女却较少,因而需要较少。反之,李四能力较差,贡献较小;可是他的子女却较多,因而需要较多。这样一来,按需分配便会导致贡献多者所得到的权利却较少、贡献少者所得到的权利却较多的不公正结果。那么,由此是否可以说按需分配是不公正的? 不一定。按需分配绝对不是个公正原则,却未必是不公正原则;而或者是个不公正原则,或者是个仁爱原则:它究竟是个什么原则,取决于实行它的社会究竟是一个什么样社会:是"以爱为基础的社会"还是"以利益为基础的社会"?

---

① 《马克思恩格斯选集》第三卷,人民出版社1973年版,第12页。

如果是一个以利益为基础的社会,那么,社会的全体成员相互间的基本的、主要的和起决定性作用的联系便是利益而不是爱,因而该社会的成员便会计较利益得失。这样一来,贡献较多而需要较少者也就不会把自己按照公正原则所应分有的较多权利自愿转让、馈赠给贡献较少而需要较多者。因此,如果实行按需分配便是对贡献多而需要少者所应多得的权利的强行剥夺,便侵犯了贡献多需要少者的权利,因而是不公正的。所以,按需分配如果实行于以利益为基础的社会,便是个不公正的原则。

如果是以一个爱为基础的社会,那么,该社会成员相互间的基本的、主要的和起决定性作用的联系是爱而不是利益,因而该社会的成员便都不会计较利益得失,而会心甘情愿按需分配。这样,虽然贡献多需要少者分有较少权利,而贡献少需要多者却分有较多权利,却并非不公正。因为贡献多需要少者是出于对贡献少需要多者的爱,而完全自愿按需分配,因而也就是自愿把自己按照公正原则所应多得的权利转让、馈赠给了贡献少需要多者。反之,贡献少需要多者也就只是接受而并未侵犯贡献多需要少者所转让、馈赠的权利。因此,按需分配如果实行于以爱为基础的社会,便是个高于公正、超越公正而无所谓公正不公正的人道或仁爱原则。

因此,问题的关键全在于:共产主义社会究竟是以爱还是以利益为基础?如果共产主义社会是以爱为基础的社会,那么,共产主义社会确实应该实行按需分配的事实平等原则:按需分配乃是共产主义社会的高于公正、超越公正而无所谓公正不公正的人道或仁爱的分配原则。然而,遗憾的是,共产主义社会不可能以爱为基础。因为如前所述,"爱有差等"之人性定律决定了:在共产主义社会,每个人都自爱必多于爱人、为己必多于为人,因而必定仍然是一种以利益为——而不是以爱——为基础的社会。既然如此,那么,按需分配便会侵犯、剥夺需要少而贡献多者按照公正原则所应该多得的权利,因而便是个不公正的原则了。诚然,如果共产主义社会产品极大丰富,以致谁需要什么,便可以分配给他什么,而决不会因此影响别人需要的满足,每个人的需要都可以得到充分的完全的满足,那么,实行按需分配确实不会侵犯和剥夺需要少而贡献多者的权利,不会侵犯和剥夺任何人的权利,因而也就不会是不公正的。就像今日社会,虽然以利益为基础,但空气极大丰富,谁需要呼吸多少就可以呼吸多少,而决不会侵犯和剥夺别人呼吸的权利,每个人的呼吸空气的需要都可以得到充分的完全的满足,因而"按需要呼吸空气"也就不会是不公正的。

　　莫尔、摩莱里、欧文和马克思所设想的正是这样的共产主义社会:"这种社会的成员将通过简易、正常、健康和合理的工作,生产出满足其消费欲望还有余的为数极多的剩余产品。因此,可以让每个人都随便到公社的总仓库去领取他要领的任何物品。"①然而,这样的共产主义社会纯属空想,是不可能存在的。不可能存在每个人的需要都得到充分、完全满足的社会,更不用说充分满足之后还有极多的剩余产品了。因为需要是生产的动因,是社会发展的动因。生产的发展永远落后于需要的增长,每个人的需要注定永无充分、完全满足之时;否则,社会便不可能发展了。共产主义社会产品固然极大丰富,财富的一切源泉都充分涌流,但水涨船高,每个人的需要也极大提高,因而永远不可能得到完

---

　　① 〔英〕欧文著,柯象峰译:《欧文选集》第一卷,商务印书馆1979年版,第355页。

全满足。

既然共产主义社会每个人的需要绝不可能完全满足,广大社会成员相互间的基本联系又仍然是利益而不是爱,那么,实行按需分配便会侵犯和剥夺需要少而贡献多者按照公正原则所应得的较多的权利,因而便是不公正的。因此,共产主义社会决不应该实行按需分配:按需分配在共产主义社会是一种不公正不道德的恶的分配原则。那么,共产主义社会究竟应该实行怎样的分配原则?应该按劳分配!

2. 按劳分配:共产主义社会公正的分配原则

分配原本属于经济范畴。所谓经济,如所周知,也就是关于物质财富的活动,亦即对物质财富的生产、分配、交换和消费:生产是对物质财富的创造;分配和交换是对生产出来的产品的分配和交换;消费则仅仅是对产品中的消费品的消费。因此,所谓分配,也就是对于物质财富的分配,说到底,是对产品的分配。不言而喻,每个人只有为社会贡献产品,社会才有产品分配给每个人;社会分配给每个人的产品,无非是每个人所贡献的产品,无非是每个人所贡献的产品之交换而已。准此观之,便应该按照每个人所贡献的产品的交换价值,而分配给他含有等量交换价值的产品,亦即等价值分配、等价分配或等值分配:等价分配是分配领域的公正原则。

因为,正如柏拉图所指出,善有善报和恶有恶报便是所谓的公正:"正义就是'把善给予友人,把恶给予敌人。'"[①]"假使朋友真是

---

① 〔古希腊〕柏拉图著,郭斌和、张竹明译:《理想国》,商务印书馆1994年版,第8页。

好人,当待之以善,假如敌人真是坏人,当待之以恶,这才算是正义。"①善有善报是等利交换;恶有恶报,是等害交换:公正就是等利交换与等害交换,就是等利害交换,就是同等利害相交换的行为。这就是公正的定义吗?

是的。因为公正无疑属于伦理行为范畴。所谓伦理行为,如所周知,亦即受利害人己意识支配的行为。因此,一切伦理行为无非两类:利害自己与利害他人。利害自己显然无所谓公正不公正;公正和不公正必定完全存在于利害他人的伦理行为之中。所以,亚里士多德一再说:"公正并不是自己对自己的关系。"②"公正是相关于他人的。"③那么,公正和不公正究竟是一种怎样的利害他人的行为呢?

不难看出,一切利害他人的行为只有两种行为是善的、道德的:一种是等利/害交换的行为;另一种是仁爱和宽恕,属于不等利/害交换的善行。公正当然是一种善而非一种恶。因此,公正必居于这两种善行之中。但是,仁爱与宽恕无所谓公正不公正,而是高于公正的分外善行。所以,公正只能是等利/害交换的善行;不公正也就只能是不等利/害交换的恶行。如图:

$$
伦理行为
\begin{cases}
利害他人
\begin{cases}
等利害交换＝公正 \\
不等利害交换
\begin{cases}
恶的不等利(害)交换的行为＝不公正 \\
善的不等利(害)交换＝仁爱和宽恕
\end{cases}
\end{cases} \\
利害自己:无所谓公正不公正
\end{cases}
$$

---

① 〔古希腊〕柏拉图著,郭斌和、张竹明译:《理想国》,商务印书馆1994年版,第13页。

② 《亚里士多德全集》第八卷,中国人民大学出版社1997年版,第119页。

③ 同上书,第97页。

　　公正是等利害交换,显然意味着,公正有正反两面:等利交换是正面的、肯定的、积极的公正;而等害交换则是反面的、否定的、消极的公正。这样一来,等价交换与等价分配显然不过是等利交换的公正原则在交换和分配两大领域的表现和实现:等价交换是商品交换的等利交换原则,是物质财富或产品交换领域的等利交换原则,是交换的公正原则;等价分配是物质财富或产品分配领域的等利交换原则,是分配的公正原则。

　　问题的关键在于,共产主义社会生产资料公有,因而劳动便是创造和决定交换价值的唯一源泉或实体。因为生产资料——资本和土地等自然资源——公有制,显然意味着:每个人使用资本和土地等自然资源,就如同使用自己的东西一样,都无须代价,都是无偿的;只有劳动才是个人私有的,因而只有劳动才是有偿的,才是需要支付代价的。这样一来,资本、土地和劳动固然是创造产品价值——使用价值与交换价值——的三个源泉和实体,[1]但在共产主义社会,产品的交换价值却显然与资本和土地等无须支付代价的公有物无关,而仅仅决定于需要支付代价的劳动:劳动是创造和决定交换价值的唯一的源泉或实体。

　　产品的交换价值实体是产品中所凝结的一般人类劳动,意味着:产品的交换价值量决定于产品的创造所需要的社会必要劳动时间。于是,在共产主义社会,最终说来,一方面,便应该按照每个人所提供的产品的社会必要劳动时间进行交换:等劳交换。所以,

---

　　① 商品中所凝结和耗费的生产三要素——劳动、资本和土地——是交换价值的源泉和实体:它们是使用价值的直接的源泉和实体,是交换价值的间接的、终极的源泉和实体,从而也就是商品一切价值的源泉和实体。(见本书第十二章"商品价值")。

马克思说:"依照价值法则,互相交换的是等价物,是等量劳动与等量劳动。"①另一方面,则应该按照每个人所提供的产品的社会必要劳动时间,分配给他含有等量社会必要劳动时间的产品:按劳分配。

因此,正如等价交换说到底就是等劳交换一样,等价分配说到底也就是按劳分配,也就是按照每个人所提供的产品的社会必要劳动时间而分配给他含有等量社会必要劳动时间的产品:等价分配与按劳分配是同一概念。因此,分配领域的公正原则,说到底,乃是按劳分配,亦即按照每个人所提供的产品的社会必要劳动时间而分配给他含有等量社会必要劳动时间的产品。马克思论及这一原则时便这样写道:

"这里(即按劳分配——引者)通行的是商品等价物的交换中也通行的同一原则,即一种形式的一定量的劳动可以和另一种形式的同量劳动相交换。"②于是,"每一个生产者……以一种形式给予社会的劳动量,又以另一种形式全部领回来。"③

这样,按劳分配或等价分配便使每个人贡献了包含多少社会必要劳动时间的产品,最终就可以得到包含多少社会必要劳动时间的产品,便使每个人创造了多少价值的财富,最终就可以得到多少价值的财富。因此,按劳分配是丝毫不存在所谓的剩余价值和剩余劳动——亦即剩余价值和剩余劳动丝毫也不会被别人无偿占有——的分配,是完全和彻底消除了剥削和经济异化的分配,是人

---

① 〔德〕马克思著,郭大力译:《剩余价值学说史》第一卷,人民出版社1975年版,第118页。

② 《马克思恩格斯选集》第三卷,人民出版社1972年版,第11页。

③ 同上。

类社会唯一的公正分配制度:公正分配与等价分配以及按劳分配三者完全是同一概念。不论任何社会,真正公正的分配制度只能是按劳分配;非按劳分配绝非公正的分配制度或真正可以实现的公正分配制度,而或者是不公正制度和不可能真正实现的公正分配制度,或者是超越公正的人道或仁爱制度。因为,一方面,按需分配虽然可以实现,却是超越公正不公正的人道或仁爱的分配制度;另一方面,按生产要素分配虽然是私有制社会公正的分配原则,却必定因生产资料和经济权力垄断而导致事实上的剥削、经济不公正,因而不可能真正实现。

即使按生产要素分配——亦即按资本和土地以及劳动分配——的公正原则不导致剥削,从而能够得到实现,严格说来,也是不应该的。诚然,就事实来说,在私有制社会,劳动、资本和土地等自然资源三大生产要素是创造和决定交换价值的三个源泉或实体。但是,事实未必应该。因为所谓资本,亦即用作投入的劳动产品,如工厂、机器、设备等等,原本是劳动与土地等自然资源的产物或结合物,是由劳动与自然资源两种生产要素创造的。因此,创造交换价值的源泉最终便可以归结为劳动和土地。这就是说,归根结底,只有劳动和土地等自然资源才是创造和决定一切交换价值的源泉或实体。问题的关键在于,土地等自然资源显然应该是人类共同拥有的东西,应该是人类公有的东西。因此,每个人使用土地等自然资源,就应该像使用自己的东西一样,应该是无须代价的,应该是无偿的;只有劳动才应该是个人私有的,因而只有劳动才应该是有偿的,才应该是需要支付代价的。交换价值显然与土地等无须支付代价的公有物无关,而仅仅决定于需要支付代价的劳动:劳动在任何社会都应该是创造和决定交换价值的唯一源泉或实体。

因此,按劳分配超阶级、超社会、超历史,是人类任何社会唯一的公正分配制度。只不过,并非任何社会都可能实行这种制度;而唯有公有制社会才可能实行这种制度。因为按劳分配的前提,如所周知,乃是生产资料公有制。相反地,私有制必定导致按照私有者所拥有的生产资料等生产要素分配,必定导致按照资本和土地分配,从而必然因资本、土地和经济权力垄断而导致剥削、经济异化和经济不公:劳动者剩余劳动所创造的剩余价值势必被私有者依靠生产资料或经济权力的垄断所榨取。只有在公有制社会,才可能因不存在生产资料私有而消除按照资本和土地等生产要素分配,从而才可能实行按劳分配。那么,是否一切公有制社会都应该实行按劳分配? 共产主义社会应该实行按劳分配吗?

答案是肯定的。共产主义社会应该实行按劳分配而不是按需分配:按劳分配是共产主义社会分配原则。诚然,按劳分配并不是人类社会最高级最美好的分配原则。按需分配高于按劳分配:按劳分配是分配的公正原则;按需分配则可能是分配领域超越和高于公正的人道或仁爱原则。但是,如上所述,按需分配只应该实行于像家庭那样极小的、以爱为基础而不计较利益得失的社会,而绝不应该实行于像国家那样大的、计较利益得失的、以利益为基础社会:按需分配是以爱为基础的社会的人道原则,是家庭或家庭式的极小社会的仁爱原则,是以利益为基础社会的不公正原则,是任何国家的不公正的分配原则。在共产主义社会,如上所述,每个人的需要绝不可能完全满足,广大社会成员相互间的基本联系又仍然是利益而不是爱。这样一来,按需分配如果实行于共产主义社会,就是一个不公正的、不道德的、恶的分配原则。因此,按劳分配在共产主义社会不但是公正的分配原则,而且是唯一道德的、善的、应该的分配原则,因而也就是共产主义社会最高级最美好的分配原则,是一切以利益为基础的社会的最高级最美好的分配原则,是一切国家最高级最美好的分配原则。

3. 驳论:按劳分配所体现的资产阶级法权

按劳分配超阶级超社会超历史,是一切国家或以利益为基础的社会的公正的和唯一道德的、善的、应该的分配原则,是一切国家或以利益为基础的社会的最高级最美好的分配原则,是共产主义社会公正的、平等和唯一道德的、善的、应该的分配原则,是共产主义社会最高级最美好的分配原则。然而,马克思却认为按劳分配体现的是资产阶级法权。果真如此,按劳分配就既不是超阶级超社会超历史的,更不是共产主义社会最高级最美好的分配原则了。那么,马克思此见的根据究竟是什么?

原来,马克思认为,按劳分配所体现的原则与商品等价交换中所体现的原则一样,都是等量劳动相交换;这种等量劳动相交换的平等权利仍然是资产阶级法权:"至于消费资料在各个生产者中间的分配,那么这里通行的是商品等价物的交换中也通行的同一原则,即一种形式的一定量的劳动可以和另一种形式的同量劳动相交换。所以,在这里平等的权利按照原则仍然是资产阶级的法权。"①

按劳分配所体现的原则,确如马克思所言,与商品等价交换中所体现的原则一样,都是"等量劳动相交换"。但是,马克思由此断言这种等量劳动相交换的平等权利仍然是资产阶级法权,是不能成立的。确实,资产阶级法律规定和承认商品的自由的、平等的和

---

① 《马克思恩格斯选集》第三卷,人民出版社 1972 年版,第 11 页。

等价的交换关系,规定和承认等量劳动相交换的平等权利。但是,不能因为资产阶级法律承认等量劳动相交换的平等权利,就说等量劳动相交换的平等权利是资产阶级法权;正如不能因为资产阶级法律承认杀人偿命的平等权利,就说杀人偿命的平等权利是资产阶级法权一样。

　　资产阶级法律承认的权利可以分为两类。一类是资产阶级的特殊权利,如资产阶级私有财产不可侵犯,是资产阶级法权。另一类是人类普遍的权利,如人权,就不可以称之为资产阶级法权。因此,资产阶级法律所承认的权利并不都是资产阶级法权;资产阶级法权仅仅是资产阶级法律所承认的资产阶级所特有的权利。等量劳动相交换的平等权利显然并不是资产阶级的特殊权利,而是普遍存在于人类一切社会劳动交换的公正权利,至少也是无产阶级的权利,因而虽然被资产阶级法律承认,也决不可以称之为资产阶级法权。如果因为等量劳动相交换的平等权利为资产阶级法律所承认,就断言它是资产阶级法权,那么,岂不也可以称之为无产阶级法权?因为无产阶级法律或社会主义法律不也同样承认等量劳动相交换的平等权利吗?

　　因此,等量劳动相交换的平等权利虽然被资产阶级法律所承认,却并不是资产阶级权利。那么,究竟为什么马克思和列宁将等量劳动相交换的平等权利叫做资产阶级法权?马列将等量劳动相交换的平等权利叫做资产阶级法权,不仅因为它是资产阶级法律所承认的权利,更重要的,是因为"这个平等权利还仍然被限制在一个资产阶级的框框里"[①],亦即具有资产阶级的特点,属于资产

---

　　① 《马克思恩格斯选集》第三卷,人民出版社1972年版,第11页。

阶级所特有的平等权利。这种资产阶级平等权利的特点就在于，它不是事实平等，不是真正的平等，不是实际的、实质的平等，不是内容的平等，而只是一种形式的平等："就它的内容来讲，它像一切权利一样，是一种不平等的权利。"①只有按需分配才完全超出了资产阶级法权的狭隘眼界，因为按需分配所体现的平等，是满足平等，是需要满足的平等，亦即每个人的需要都得到平等的满足。这种平等是事实平等，是内容的、实际的、实质的、真正的平等："从形式上的平等转到事实上的平等，即实现'各尽所能，按需分配'的原则。"②然而，马列的这种观点能成立吗？

答案是否定的。诚然，按需分配的需要满足的平等是事实平等，需要满足的平等是事实平等，满足平等是事实平等。但是，按劳分配的等量劳动相交换的权利平等岂不也是事实平等吗？按劳分配的基本经济权利完全平等与非基本经济权利比例平等岂不也是事实平等吗？权利平等岂不也是事实平等吗？难道只有每个人的需要获得平等的满足是事实，而每个人拥有按劳分配的平等的权利就不是事实？无疑同样是事实，同样是事实平等：满足平等是每个人需要获得平等满足的事实平等；权利平等是每个人获得按劳分配平等权利的事实平等。

按劳分配的权利平等不但是事实平等，而且与按需分配的满足平等相比，是价值更大更优先的事实平等。因为按需分配是一种人道原则或仁爱原则；而按劳分配是一种公正原则：人道或仁爱原则固然高于公正原则，却没有公正原则根本和重要，因而当二者

①　《马克思恩格斯选集》第三卷，人民出版社 1972 年版，第 11 页。
②　《列宁选集》第三卷，人民出版社 1972 年版，第 257 页。

发生冲突时,应该牺牲人道原则而保全公正原则。让我们回顾一下前面的例子：

为什么按需分配只应该实行于以爱为基础的社会？只是因为在这种社会,贡献多而需要少者,是出于对贡献少而需要多者的爱,而自愿把自己按照按劳分配的公正原则所应多得的权利转让、馈赠给了贡献少而需要多者。所以,按需分配如果实行于以爱为基础的社会,虽然不是公正的,但也不是不公正的,而是一个高于公正、超越公正因而无所谓公正不公正的仁爱原则、人道原则。这就是按需分配的人道原则应该实行于以爱为基本联系的社会的依据：它并不违背任何公正原则。

然而,如果一个社会,比如某工厂,它的全体成员的基本联系是各自的利益,而不是相互间的爱,那么,该社会的成员便会计较利益得失。如果实行按需分配,便是对贡献多而需要少者的按照按劳分配原则所应多得的权利的强行剥夺,是不公正的。这样,按需分配的人道原则便与按劳分配的公正原则发生了冲突。在这种情况下应该怎么办？显然应该违背人道原则而放弃按需分配,从而遵循按劳分配的公正原则。这就是按需分配之人道原则不应该实行于以利益为基本联系的社会的依据：它违背了按劳分配的公正原则,是不公正的。

可见,实行按需分配人道原则是以不违背公正原则为条件的。按需分配只有当其不违背按劳分配的公正原则时,才应该实行；而当其违背按劳分配公正原则时,则应该遵循按劳分配的公正原则,而牺牲按需分配的人道原则：公正原则的价值大于、重于和优先于人道原则。斯密说得好："社会存在的基础与其说是仁慈,毋宁说是公正。没有仁慈,社会固然处于一种令人不快的状态,却仍然能够存在;但是,不公正的盛行则必定使社会完全崩溃。……仁慈是美化建筑物的装饰品而不是支撑它的地基,因而只要劝告就已足够而没有强制的必要。反之,公正是支撑整个大厦的主要支柱。如果去掉了这根柱子,人类社会这个巨大而广阔的建筑物必定会在一瞬间分崩离析。"①

这样一来,按劳分配的权利平等便不但与按需分配的满足平等一样是事实平等,而且是价值更大更优先的事实平等。因此,决不能说按需分配是内容平等、实质平等、真正平等,而按劳分配并非真正平等,并非实质的、实际的平等,而仅仅是形式平等。按劳分配与按需分配乃是公正与人道的关系,而并不存在形式和内容、现象与实质以及名义与实际的关系。按劳分配属于公正范畴;按需分配属于人道范畴:按需分配之人道或仁爱原则固然高于按劳分配的公正原则,却没有按劳分配的公正原则更根本、更重要、更优先。

由此观之,便不难破解列宁竟然断言按劳分配不公正之谜。列宁论及按劳分配时一再说:"这里确实有'平等权利',但这仍然是'资产阶级法权',它同任何权利一样,是以不平等为前提的。任何权利都是把同一标准应用到不同的人身上,应用在事实上各不相同、各不同等的人身上,因而平等权利就是不平等,就是不公平。"②"这个社会最初只能消灭私人占有生产资料这一'不公平'现象,却不能立即消灭'按劳动'(不是按需要)分配消费品这一仍然存在的不公平现象。"③

---

　　①　Adam Smith, *The Theory of Moral Sentiments*, Beijing: China Sciences Publishing House Chengcheng Books Ltd., 1999, p. 86.

　　②　《列宁选集》第三卷,人民出版社1972年版,第250页。

　　③　同上书,第251页。

　　显然，列宁断言按劳分配不公正的根据，一方面就在于以为按劳分配是形式平等，按需分配是事实平等。试想，如果按劳分配只是形式上的平等，而事实上不平等，那岂不就可以推断：按劳分配事实上是不公平的而只有按需分配才是事实上公平的？但是，列宁的这个根据是不能成立的。因为如上所述，按劳分配与按需分配并不是形式平等与事实平等的关系，而是公正与仁爱的关系。列宁断言按劳分配不公正的根据，另一方面则在于将按需分配的事实平等当作事实上的公正、实际上的公正。这样一来，按劳分配的事实不平等自然就是不公正了。列宁的这个根据也是不能成立的。因为如上所述，真理恰恰相反：按劳分配绝对是公正的；按需分配绝对不是公正的，而或者是不公正原则（如果实行于以利益为基础的社会），或者是超越公正的仁爱原则（如果实行于以爱为基础的社会）。

　　总而言之，马列理论认为按需分配的需要满足的平等是事实平等，是内容的、实际的、实质的、真正的平等，而按劳分配的权利平等只是形式的平等而非内容的平等和事实平等，是不能成立的。他们由此断言按劳分配的平等权利"仍然被限制在一个资产阶级的框框里"，具有资产阶级权利的特点，是资产阶级权利，而只有按需分配才完全超出了资产阶级法权的狭隘眼界，也是不能成立的。按劳分配超阶级超社会超历史，不但是一切国家最高级最美好的分配原则，而且是共产主义社会唯一道德的、善的、应该的分配原则，是共产主义社会最高级最美好的分配原则。马列的错误，说到底，乃在于继承了那些主张按需分配是共产主义分配原则的空想社会主义思想家们的观点，误以为按劳分配的斤斤计较的公正原则是资产阶级观念。对于空想社会主义的这种观点，范伯格曾这样写道：

"'各尽所能,按需分配'……这个著名的社会主义口号,无论如何,都不是用来表述一种分配正义的原则。它乃是旨在对抗当时囿于公正的各种思想的一种人人皆兄弟的伦理原则。因为早期社会主义者认为,从某种意义上讲,给予那些为我们的财富做出了巨大贡献的人以不成比例的较少产品份额是不公正的;但是,在新的社会主义社会中,仁爱、共有、不贪婪的精神会战胜这种斤斤计较公正的资产阶级观念,并将其置于适当的(从属的)位置。"①

二、市　场　经　济

1. 商品经济:共产主义经济形态

如果说共产主义经济制度的根本特征是公有制,高度发达的生产力是这种制度的唯一经济基础,实行按劳分配,那么,共产主义经济形态究竟如何? 是自然经济还是商品经济、市场经济抑或计划经济? 马克思恩格斯与莫尔、康帕内拉、摩莱里等众多空想社会主义者一样,认为共产主义社会已经不存在商品交换,因而也就不存在商品经济或市场经济了:"当全部资本、全部生产和全部交换都集中在人民手里的时候,私有制将自行消亡,金钱将变成无用之物。"②"一旦社会占有了生产资料,商品生产就将被消除。"③"货币资本已不复存在,社会将会分配劳动力与生产资料于不同的营

---

① Joel Feinberg: *Social Philosophy*. New Jersey: Prentice Hall Inc. ,1973, p. 114.
② 《马克思恩格斯全集》第四卷,人民出版社 1958 年版,第 368 页。
③ 〔德〕恩格斯著,中共中央编译局译:《反杜林论》,人民出版社 1970 年版,第279 页。

业部门。生产者们比方说将会得到一种纸的凭证,凭此在社会的消费品储存中,取去一个与他们的劳动时间相符的数量。这种凭证,不是货币。"①

那么,共产主义社会究竟是否存在商品、商品交换和商品经济？卓炯的回答是肯定的,他认为共产主义社会存在商品、商品交换和商品经济:"共产主义经济是商品经济"。② 但是,他得出这个结论的前提,却是他所谓商品的"宽"的定义,亦即马克思和恩格斯的关于商品的那两个著名命题:"能同别的生产品交换的一切产品都是商品。"③"加入交换范围的生产品就是商品。"④从此出发,卓炯断言共产主义社会必定存在商品和商品交换。因为共产主义社会必定存在社会分工,而有社会分工必有产品交换,必有"能同别的生产品交换的产品",亦即必有商品。

卓炯的结论——共产主义经济是商品经济——固然不错,但他的推论不能成立。"能同别的生产品交换的一切产品都是商品"并非商品定义。因为商品交换与非商品的产品交换必定根本不同。这种根本不同究竟在于什么？在于是否计较利益或价值:商品交换必定要计较利益、价值,必定要以价值为基础,必定要求等价交换,必定要买卖;否则,如果一种产品交换不以价值为基础,不要求等价交换,不必买卖,那么,这种产品交换便不是商品交换。对于这个道理,于光远曾有十分透辟的论述:"什么是商品交换这

---

① 〔德〕马克思著,中共中央编译局译:《资本论》第三卷,人民出版社1958年版,第436页。

② 卓炯:《论社会主义商品经济》,广东经济出版社1998年版,第61页。

③ 《马克思恩格斯文选》第二卷,人民出版社1997年版,第68页。

④ 《马克思恩格斯文选》第一卷,人民出版社1972年版,第352页。

种交换方式的特点呢？一句话说，就是双方处于平等地位、在交换中比较所交换的使用价值中结晶的社会必要劳动，实行等量劳动与等量劳动交换的等价交换原则。凡是用这样一种方式进行的交换，就是商品交换。凡是进入这种交换的生产物就是商品。"①

准此观之，能够交换或用来交换的产品显然未必是商品，只有以价值为基础进行交换的产品才是商品：商品是通过买卖进行交换的产品，是以买卖的形式进行交换的产品，是基于价值、交换价值进行交换的产品，是要求等价交换的产品。因此，马克思一再说："商品即交换价值量的总和"；②"各种商品依照它们的价值来交换或售卖。"③"在一切社会状态下，劳动产品都是使用物品，但只是历史上一定的发展时代，也就是使生产一个使用价值所耗费的劳动表现为该物的'对象的'属性即它的价值的时代，才使劳动产品转化为商品。"④列宁也这样写道："为了满足社会需要，就必须在市场上买卖产品（产品因此变成了商品）。"⑤

因此，以为马克思的名言"直接以交换为目的的生产，即商品生产"是商品生产的定义，是不确切的；由此将商品生产定义为"为了交换而进行的生产"，是不确切的。商品生产乃是直接以交换价值为目的的生产，是为了交换价值而进行的生产，是为了得到交换价值而进行的生产。商品生产是为他人生产使用价值而为自己生

---

① 张问敏等编：《建国以来社会主义商品生产和价值规律论文选》上卷，上海人民出版社 1979 年版，第 437 页。

② 《马克思恩格斯文选》第二卷，人民出版社 1972 年版，第 68 页。

③ 〔德〕马克思著，中共中央编译局译：《资本论》第三卷，人民出版社 1958 年版，第 215 页。

④ 《马克思恩格斯全集》第二十三卷，人民出版社 1972 年版，第 76 页。

⑤ 《列宁全集》第一卷，人民出版社 1972 年版，第 77 页。

产交换价值的生产：为他人生产使用价值是生产的手段；为自己生产交换价值是生产的目的。所以，邵祥能说："商品生产只是社会生产中一种特殊方式，具有自身的特性。这个特性的根本特点就在于：生产者生产商品的目的不是为了自己消费使用该商品的使用价值，而是为了通过交换，将它出卖给社会上需要该商品的使用价值的人，以实现该商品的交换价值，并从社会上换回自己需要消费使用的其他商品。"①

这样一来，社会分工便只是商品经济的必要条件：没有社会分工，必无产品交换，必无以交换为目的的生产，因而也就没有以价值为基础的产品交换，也就没有以交换价值为目的的生产，亦即没有商品交换和商品生产；有社会分工，必有产品交换，必有以交换为目的的生产，却未必有以价值为基础的产品交换，未必有为了交换价值而进行的生产，亦即未必有商品交换和商品生产。所以，马克思说："在古代印度公社中就有社会分工，但产品并不成为商品。或者拿一个较近的例子来说，每个工厂内部都有系统的分工，但是这种分工不是通过工人交换他们个人的产品来实现的。"②

因此，卓炯由共产主义必定存在社会分工便断言共产主义经济是商品经济，是不能成立的。共产主义经济是商品经济的论断之成立，除了社会分工这个必要条件，还需要两个必要条件，这两个必要条件也就是"不应实行按需分配而只应实行按劳分配"的两个条件：一个是产品没有丰富到完全满足每个人需要的程度；另一

---

① 邵祥能等主编：《商品经济新论》第一卷，中国财政经济出版社 2008 年版，第73 页。

② 《马克思恩格斯全集》第二十三卷，人民出版社 1972 年版，第 55 页。

个是人们的基本联系是利益而不是爱。

如果产品极大丰富,以致谁需要什么,便可以得到什么,而决不会因此影响别人需要的满足,那么,每个人的需要都可以得到充分的完全的满足。这样,即使人们计较利益价值,产品交换也不必以价值为基础,不必等价交换,不必买卖,因而也就不存在商品交换和商品经济了。试想今日社会,虽然以利益为基础,但倘若产品极大丰富,谁需要什么就可以得到什么,谁还会斤斤计较、等价交换? 等价交换岂不毫无意义?

然而,共产主义的产品能够丰富到完全满足每个人的需要的程度吗? 不可能! 这样的共产主义社会纯属空想,是不可能存在的。不可能存在每个人的需要都得到充分、完全满足的社会。因为需要是生产的动因,是社会发展的动因。生产的发展永远落后于需要的增长,每个人的需要注定都永无充分、完全满足之时;否则,社会便不可能发展了。共产主义社会产品固然极大丰富,财富的一切源泉都充分涌流,但水涨船高,每个人的需要也极大提高,因而永远不可能得到完全满足。

但是,由共产主义社会必然存在社会分工和产品不可能丰富到完全满足每个人需要的程度,还不能得出共产主义经济是商品经济的结论。要得出这个结论,还需要一个必要条件:共产主义社会人们的基本联系是利益而不是爱。否则,如果共产主义社会成员相互间的基本的、主要的和起决定性作用的联系是爱而不是利益,那么,该社会的成员便都不会计较利益得失。这样,当这些恩恩爱爱的人们进行产品交换时,也就不会计较利益、价值,不必等价交换,不必买卖,因而也就不存在商品交换和商品经济了。就像今日社会家庭成员相互间的物品交换不必等价交换、不是商品交换一样。然而,这种情况也是不可能存在的。因为,如前所述,"爱有差等"之人性定律决定了:在共产主义社会,每个人都自爱必多于爱人、为己必多于为人,因而必定仍然是一种以利益为——而不是以爱——为基础的社会。

　　既然共产主义社会必定存在社会分工,每个人的需要又绝不可能完全满足,并且广大社会成员相互间的基本联系仍然是利益而不是爱,那么,产品交换显然必定要计较利益、价值,必定要以价值为基础,必定要求等价交换,必定要买卖,因而必定是商品交换和商品经济:共产主义经济形态是商品经济。因此,王珏说得不错:"科学共产主义生产关系将无须否定商品经济的存在和发展,共产主义社会仍将实行商品化生产方式!"①

　　可见,"社会分工"、"每个人的需要绝不可能完全满足"和"广大社会成员相互间的基本联系仍然是利益而不是爱"乃是商品经济的三个必要条件:三者分开来分别是商品经济的必要条件;合起来则是商品经济的充分且必要条件。"每个人的需要绝不可能完全满足"和"广大社会成员相互间的基本联系仍然是利益而不是爱"两个条件,如前所述,乃是共产主义社会不应该按需分配而只应该按劳分配的根本原因:根据这两个条件,如果实行按需分配便会侵犯和剥夺需要少而贡献多者按照公正原则所应得的较多的权利,因而便是不公正的。这样一来,商品经济充分且必要条件就可以归结为两个:社会分工与按劳分配。确实,如果不是按劳分配而

---

　　① 王珏、张松坡:《现代公有制与现代按劳分配制度分析》,中共中央党校出版社2001年版,第88页。

是按需分配,那么,产品交换显然也就不会计较利益、价值,不会买卖,因而也就不会是商品交换和商品经济了。这就是为什么,主张按需分配的共产主义思想家都认为共产主义社会不存在商品经济的根本原因。因此,卓炯认为"共产主义经济是商品经济"是正确的。但是,一方面,他将社会分工当作商品经济的充分条件,因而由共产主义必定存在社会分工便断言共产主义经济是商品经济,是片面的;另一方面,他断言"商品交换可以成为贯彻按需分配的手段"①,是不能成立的。

然而,商品经济可以分为两种:计划商品经济与自由商品经济。所谓计划商品经济,也就是计划决定和市场调节相结合的商品经济,是政府指挥和市场调节相结合的商品经济;而自由商品经济则是完全由市场调节的商品经济,是没有政府指挥的市场经济,是政府可以干预而不可以指挥的商品经济。共产主义经济形态是商品经济,无疑蕴涵着:共产主义经济既可能是计划商品经济,也可能是自由商品经济。卓炯认为,共产主义经济应该是计划商品经济,而不应该是自由的商品经济;因为在他看来,二者分别为私有制与公有制所决定:"私有制下的商品经济可以称为自发性的商品经济(或简称自由商品经济),公有制下的商品经济可以称为计划性的商品经济(或简称计划商品经济)。"②卓炯此见能成立否?共产主义究竟应该实行计划商品经济,还是自由商品经济?究竟应该实行没有政府指挥的市场经济,还是政府指挥和市场调节相结合的商品经济?

---

① 卓炯:《论社会主义商品经济》,广东经济出版社 1998 年版,第 11 页。
② 同上书,第 61 页。

2. 没有政府管制的市场经济:唯一符合国家
制度价值标准的经济制度

在马克思、恩格斯看来,最理想的经济形态无疑是计划经济。因此,他们与莫尔、康帕内拉、摩莱里、巴贝夫、圣西门等众多空想社会主义者一样,认为共产主义是计划经济。马克思在回答那些质疑共产主义的先生们时,便这样写道:"如果联合起来的合作社按照总的计划组织全国生产,从而控制全国生产,制止资本主义生产下不可避免的经常的无政府状态和周期的痉挛现象,那么,请问诸位先生,这不就是共产主义、'可能的'共产主义吗?"[1]

共产主义的经济形态究竟是不是计划经济,显然取决于计划经济究竟是不是理想的经济形态。因为共产主义乃是人类最美好最理想的社会,是完全符合国家制度价值标准——国家制度根本价值标准"公正与平等"和国家制度最高价值标准"人道与自由"以及国家制度终极价值标准"增减每个人利益总量"——的社会。因此,共产主义的经济形态,不论如何,必非强制的、不自由、不公正、不平等和非人道的经济类型;而无疑是人道的自由的公正的经济形态,在这种经济形态中,每个人都平等享有经济自由和经济公正权利。准此观之,共产主义社会的经济形态决非计划经济,而必定是市场经济;决非政府管制的市场经济,而必定是完全由市场调节的市场经济,是有政府规范而没有政府指挥、管制或干预的市场经济。

因为人类社会的经济形态虽然纷纭复杂,但总而言之,无非自然经济与交换经济;后者又分为计划经济与市场经济。至于商品

---

[1] 《马克思恩格斯选集》第二卷,人民出版社 1977 年版,第 87 页。

经济,则与市场经济是同一概念。因为商品经济也就是市场配置资源的经济,因而也可以叫做市场经济。只不过,商品经济有两个定义:"商品经济是市场配置资源的经济"是以经济运行的手段的特征为根据的定义;"商品经济是为了交换价值而发生的经济"是以经济运行的目的特征为根据的定义。这样一来,经济形态实际上便分为自然经济、计划经济与市场经济(或商品经济)三类。

所谓自然经济,亦即自给自足经济;其基本的特征在于:生产是为了直接满足生产者个人或经济单位的需要而不是为了交换。那么,在这种经济体制下,每个人是否享有经济自由呢? 从人类社会发展史来看,答案基本是否定的。因为如所周知,典型的自然经济乃是奴隶社会和封建社会的经济体制。奴隶社会自然经济的根本特征,是劳动者的人身占有;封建社会自然经济根本特征,是劳动者的人身依附:二者显然意味着经济奴役、经济不自由。即使自然经济是自由的,如原始社会的自然经济,也决非人类理想社会的经济自由。因为自给自足的经济无论如何自由,都是人类社会效率最低、最低级、最落后的经济体制:它是人类在生产力低下和社会分工不发达的历史阶段所不得不生活于其中的经济体制。

因此,经济学家分析经济形态类型时,大都排除自然经济,而认为只有计划经济与市场经济或商品经济两类。弗里德曼说:"根本说来,只有两种方法统筹千百万人的经济活动。一个是包括使用高压政治手段的中央指挥:军队和现代极权主义国家的方法。另一个是个人自愿的结合:市场配置的方法。"[1]瓦尔特·欧肯也

---

① Milton Friedman,*Capitalism and Freedom*,Chicago:The University of Chicago Press,1962,p. 13.

这样写道:"标志着'集中领导的经济'的经济体制是:根据一个中心地方的计划来控制一个共同体整个的日常经济生活。然而,如果社会经济由两个或者许多个个别经济构成,其中的每一个都提出并执行经济计划,那么就存在着交换经济的经济体制。除了这两种经济体制之外,在现在和过去的经济实际中都不可能找到别的经济体制的痕迹;也确实不能想象,可以找到别的经济体制。"①那么,究竟哪一种经济体制符合公正与平等以及人道与自由等国家制度价值标准?

市场经济与计划经济同样是自然经济的对立面,都属于"非自然经济"或"交换经济"范畴。二者的根本区别,如所周知,只在于资源的配置者。计划经济亦即统制经济、命令经济,是由政府依靠国家政权掌握资源,决定物价,通过强制命令,亦即指令性计划,来配置资源,解决经济活动的三大问题:生产什么和生产多少、如何生产、为谁生产。相反地,市场经济则是非统制经济、非指令经济,它不是由政府的权力控制,而是通过以价格机制或价值法则为核心的市场机制,自发地调节经济资源在社会生产的各个部门之间的分配,解决经济活动的三大问题:生产什么和生产多少、如何生产、为谁生产。

计划经济是统制经济、命令经济,显然意味着,在这种经济体制下,每个人不可能享有经济自由:他生产什么和生产多少、如何生产、为谁生产都不是由自己决定的。因此,计划经济是一种违背自由竞争或经济自由等国家制度价值标准的经济形态,说到底,是违背国家制度最高价值标准"自由和人道"的经济形态:自由是最

---

① 〔德〕瓦尔特·欧肯著,左大培译:《国民经济学基础》,商务印书馆1995年版,第107页。

根本的人道。反之,市场经济是一种没有外在强制的自发的、自愿的经济,意味着,在这种经济体制下,每个人都享有经济自由:他生产什么和生产多少、如何生产、为谁生产都是由自己决定的。因此,唯有市场经济才符合自由竞争或经济自由等国家制度价值标准,才是符合国家制度最高价值标准"自由和人道"的经济形态。

诚然,问题的关键在于,没有政府的指挥、干预或管制,市场经济仅仅依靠自身是否能够存在发展? 如果能够,那么,在没有政府的指挥、干预或管制的市场经济体制下,每个人的经济活动便完全是按照自己的意志进行的,每个人便享有完全的经济自由:经济自由是没有政府指挥、干预或管制的市场经济的结果;如果不能够,市场经济必须在政府的指挥、干预或管制下才能存在发展,那么,即使在市场经济体制下,每个人也不可能真正享有经济自由:经济自由注定是不可能的。那么,没有政府的指挥、干预或管制,市场经济仅仅依靠自身是否能够存在发展?

没有政府的指挥、干预或管制,市场经济仅仅依靠自身能够存在发展。因为就市场经济本性来说,就是不必政府指挥、干预或管制而能够自发地存在发展的经济。这是——萨缪尔森说——斯密的最伟大的贡献:"亚当·斯密的最伟大贡献在于他在经济学的社会世界中抓住了牛顿在天空的物质世界中所观察到的东西,即:自行调节的自然秩序。斯密所传达的福音是:'你认为,通过动机良好的法令和干预手段,你可以帮助经济制度运转。事实并非如此。利己的润滑油会使齿轮奇迹般地正常运转。不需要计划。不需要国家元首的统治。市场会解决一切问题。'"①

---

① 〔美〕萨缪尔森等著,萧琛等译:《经济学》下册,商务印书馆1990年版,第290页。

可是,没有政府的指挥,市场究竟如何自行协调千百万人的经济活动呢? 原来——斯密发现——这是一只"看不见的手"引导的结果:"每个人……既不打算促进公共利益,也不知道自己是多么大地促进着这种利益……他所算计的只是他自己的赢利。但是,在这里像在其他许多场合一样,他受着一只看不见的手的指导,去尽力达到一个并非他想要达到的目的。目的不是为了社会,对于社会来说,也不会比为了社会更差。他为了自己的利益,往往使他能够比为了社会利益更有效地促进社会利益。"①

斯密所说的"看不见的手",如所周知,就是"自由竞争":自由竞争是可以导致资源配置效率最佳状态的"看不见的手"。那么,究竟为什么自由竞争可以导致资源配置效率最佳状态? 原来,自由竞争乃是实现自由价格和公平价格——避免强制价格和不公平价格——从而导致资源配置效率最佳状态的唯一途径。

首先,不难看出,完全自由竞争——亦即今日经济学所谓的"完全竞争"——条件下的市场价格既是自由价格又是公平价格。因为正如迈克易切恩所言,在完全竞争条件下,厂商数目众多、各厂商都出售无差别的同质产品、进出行业都很容易、所有参与者都同样无力控制价格、价格由市场供求决定:"如果一个市场上存在这些条件,那么单个参与者则无法控制价格。价格由市场供求决定。一个完全竞争厂商被称为价格接受者。"②这就是说,在完全竞争条件下,一方面,每个经济人,不论是厂商或卖者还是消费者

---

① Adam Smith:*An Inquiry into The Nature And Causes of The Wealth of Nations* Volume 1(4th Edition),London:Methuen Publishing Ltd.,1930,p.421.

② 〔美〕威廉·A.迈克易切恩著,田秋生译:《微观经济学》,财经科学出版社 2004 年版,第 226 页。

或买者,对于价格的决定作用是完全平等的,都同样是价格接受者,谁也强制不了谁,不存在任何强制,因而都是同样自由、无强制、心甘情愿——而不是被迫、被强制、不自由、不情愿——地按照完全由市场供求关系决定的价格进行商品的买卖交换。因此,在完全竞争条件下,这种完全由市场供求关系决定的市场价格乃是自由价格,而不是强制价格。

另一方面,在完全竞争条件下,价格完全由供求关系决定,亦即由市场需求曲线和市场供给曲线的交点决定。于是,每个厂商面临的需求曲线都是一条高度等于市场价格的水平线。这样一来,便正如萨缪尔森所发现,厂商为了利润最大化,势必将产量确定在边际成本等于价格的产量水平上:"在完全竞争条件下企业的供给法则是:当企业将其产量定在边际成本等于价格的水平时,就实现了利润的最大化。"[1]"最大化利润的产量,就是边际成本等于价格的产量。这一命题的根据是:只要价格高于最后一个单位的边际成本,竞争企业总是能够获得额外利润。当出售增加的产量不能获得任何额外的利润时,总利润就达到了顶点:最大化。在最大利润点,生产最后一个单位产品带来的收入额恰恰等于该单位成本。增添的收入是多少? 它等于每单位的价格。增添的成本是多少? 它等于边际成本。"[2]

完全竞争条件下的市场价格等于边际成本,意味着:完全竞争条件下的市场价格就是公平价格。因为,如所周知,所谓公平价

---

[1]　Paul A. Samuelson, William D. Nordhaus, *Microeconomics*(16th Edition), Boston: The McGraw-Hill Companies Inc. , 1998, p. 140.

[2]　同上书, p. 139。

格,直接说来,是与商品价值相等的价格;根本说来,也就是与商品边际效用相等的价格,因而也就是供求关系所决定和支配的价格;最终说来,则是与边际成本相等的价格。

价格等于边际成本,不但是公平价格,而且意味着资源配置效率最佳状态。因为边际成本与边际效用应该相等,因而价格等于边际成本,亦即价格等于边际效用。这样一来,就实现了资源配置效率最佳状态:一方面,厂商因价格等于边际成本而实现了利润最大化;另一方面,消费者因价格等于边际效用而获得了最大满足。对于这个道理,萨缪尔森曾有极为精辟的阐述:"效率实现的条件是:ⓐ当消费者得到最大化的满足时,边际效用(MU)恰好等于价格(P)。ⓑ当竞争的生产者供给物品时,他们选择使边际成本(MC)恰好等于价格的产量。ⓒ既然 MU＝P 且 MC＝P,那么 MU＝MC。这样,在完全竞争条件下,生产一物品的边际社会成本,正好等于它的边际效用价值。社会从最后一单位的消费中获得的边际收益等于社会生产最后一单位产品的成本,这一条件保证了竞争的均衡是有效率的。"①

没有政府的指挥、干预或管制,市场经济能够自发地存在发展。这是否意味着,没有政府的任何管理活动,市场经济也能够自发地存在发展? 否。因为任何社会,小到家庭,大到国家,如果没有道德和法律规范,都是不可能存在发展的。市场经济没有政府的指挥、干预或管制而能够自发地存在发展,无疑以其遵循市场经济道德及其法律为前提:市场经济道德及其法律乃是市场机制有效调节和市场经济存在发展的必要条件。这个道理,经济学者早

① Paul A. Samuelson, William D. Nordhaus, *Microeconomics*(16th Edition), Boston: The McGraw-Hill Companies Inc. ,1998,p. 152.

有所见:"为使市场机制能成为真正有效的机制,必须具备一定的必要条件:一是这个市场应该是开放的,所有市场主体都可以在同等公平条件下自由进入市场交易;二是必须由处于公开、公平、公正竞争的市场条件下,形成市场价格;三是各个地区内的市场体系必须是完善的。"①

制定市场经济道德及其法律并保障其实行,无疑是政府职责之所在。因此,市场经济存在发展固然可以离开政府的指挥、干预或管制,却离不开政府的适当管理活动:制定和保障市场经济道德及其法律的实行。但是,政府对市场经济的管理应该仅仅限于制定和保障市场经济道德及其法律的实行,从而建立完善的市场经济体制,最终保障市场机制有效调控市场经济的存在发展;而决不应该取代和违背市场机制,决不应该指挥、干预或管制市场经济活动:政府应该是并且仅仅是经济活动规范的制定者与仲裁者,而不应该是经济活动的指挥、干预或管制者。这就是政府适当管理的"适当"概念之界限。这也就是经济自由主义名言"政府应该是仲裁者而不应该是当事人"②之真谛。因为对于这句名言,弗里德曼曾这样解释道:

"自由市场的存在当然并不排除对政府的需要。相反地,政府的必要性在于,它既是'游戏规则'的论坛和制定者,又是解释和强制执行这些既定规则的裁判者。"③

---

①　邵祥能等主编:《商品经济新论》第一卷,中国财政经济出版社 2008 年版,第302 页。

②　〔美〕弗里德曼等著,胡骑、席学媛、安强译:《自由选择》,商务印书馆 1982 年版,第 10 页。

③　Milton Friedman, *Capitalism and Freedom*, Chicago: University of Chicago Press, 1962, p. 15.

可是,究竟为什么,政府应该是并且仅仅是市场经济规范的制定者与仲裁者,而不应该是市场经济的指挥、干预或管制者? 为什么政府仅仅应该规范——亦即制定市场经济运行规范并保障其实行——而决不应该指挥、管制或干预市场经济? 当我们仔细思考这一难题时,不难看出,政府对市场经济的管理原本分为两类。一类是政府对市场经济如何运行的规范、规制或规定,亦即制定和保障市场经济道德及其法律的实行,属于市场经济制度范畴,因而属于纯粹市场经济范畴,并不属于市场经济与计划经济相结合的"混合经济"范畴。

另一类则是超出制定和保障市场经济规范实行的管理活动,如对微观经济的管理,因而不妨像西方学者那样,称之为"政府管制",亦即我们通常所说的政府对市场经济的指挥、干预或管制:指挥与管制或干预在这里是同一概念。因此,政府管制实乃指令经济之本质,乃是政府下达命令和计划,强制市场经济行为者如何进行经济活动。这就或多或少取代和违背了市场机制,特别是违背了"自由竞争"机制和原则,从而导致垄断。因此,政府管制的市场经济不属于纯粹的市场经济范畴,而属于市场经济与指令经济相结合而形成的"混合经济"范畴,通常被叫做"有计划商品经济"、"政府主导型市场经济"或"以市场为基础的政府导向型市场经济"等等。

因此,政府对于市场经济的任何指挥、管制或干预便都因其或多或少违背自由竞争或经济自由——从而导致垄断——等国家制度价值标准而是一种恶:它只有在能够带来更大的善(使市场经济更好)或防止更大的恶(市场经济崩溃)的条件下,才是必要恶,才是善的、应该的和具有正价值的。但是,政府管制不可能使市场经济更好。因为唯有自由竞争才能够实现自由价格和公平价格从而导致资源配置效率最佳状态;政府对市场经济的任何指挥、管制或干预,都因其违背自由竞争而必定导致垄断,导致强制价格、不公平价格和低效率,从而只能使市场经济更坏,而不可能使市场经济更好。

这样一来,政府指挥、管制或干预市场经济的正当性的理由,便只能在于防止更大的恶:市场经济崩溃。这一理由意味着,没有政府的指挥、干预或管制,市场经济必定崩溃而不能存在发展。但是,这一理由也不能成立。因为,如上所述,市场经济没有政府指挥、干预或管制,也能够存在发展;没有政府确立和保障市场经济规范,则必定崩溃而不可能存在发展。因此,政府的管理应该只限于确立和保障市场经济规范;除此以外,政府对市场经济的任何管理——亦即政府管制——便都因其违背自由竞争、导致垄断而是一种纯粹恶,是不应该、不正当和具有负价值的。

然而,正如布坎南所指出,"市场失灵"广泛地被当成"政府应该管制市场经济"的理由:"市场可能失败的论调,广泛地被认为是为政治和政府干预作辩护的证据。"①诚然,市场不是万能的,经济活动中存在着市场失灵的领域。正如贺卫在论及市场和政府的职能时所指出,公共物品和社会保障是市场失灵的两大领域:"市场的职能就是通过价格机制进行资源配置。而政府的职能则是提供公共物品(包括国防、公安、法律、政策、基础设施等市场运作的软硬件环境)和调节收入分配(包括建立社会保障体系)。"②

---

① 〔美〕布坎南著,吴良健、桑伍、曾获译:《自由、市场和国家》,北京经济学院出版社1988年版,第13页。
② 贺卫:《寻租经济学》,中国发展出版社1999年版,第125页。

但是,根据市场失灵得不出政府应该管制市场经济的结论。就拿贺卫的例子来说。确实,一般说来,提供公共物品是市场失灵领域,因而应该由政府承办公共物品领域的经济活动。可是,这种政府提供公共物品的活动,虽然属于经济活动和政府干预经济活动范畴;却显然既不属于市场经济活动,也不属于政府对市场经济的管制、指挥或干预活动,而属于计划经济、指令经济或统制经济范畴。任何计划经济原本都因其违背经济自由等国家制度价值标准而是一种恶。但是,这种提供公共物品的计划经济却因为只有它才能实现更大的善——满足国民对公共物品的需求——而是一种必要恶。因此,由政府应该提供公共物品只能得出结论说,计划经济是市场失灵领域的必然的无奈的选择;却得不出政府应该指挥、干预或管制市场经济的结论。

同样,调节收入分配、建立社会保障体系或福利国家制度,也是市场失灵而当由政府管制的领域。但是,调节收入分配、建立社会保障体系或福利国家制度,显然也既不属于市场经济活动,又不属于对市场经济的管制、指挥或干预活动,而属于计划经济、指令经济或统制经济范畴:它因为只有它才能实现更大善——公平分配——而是一种必要恶。因此,由政府应该调节收入分配、建立社会保障体系或福利国家制度,只能得出结论说,计划经济是市场失灵领域的无奈选择;却得不出政府应该指挥、干预或管制市场经济的结论。

贺卫曾将应该由政府管制的市场失灵领域归结为 9 个方面:公共物品、不完全竞争、外部效应、信息不完全、市场短缺、自然垄断、经济的稳定性、分配不公平和贩卖毒品等非价值性物品。[1] 不

---

① 贺卫:《寻租经济学》,中国发展出版社 1999 年版,第 124 页。

难看出,这些所谓市场失灵无非两种情况,一种是属于市场失灵领域,如公共物品和分配不公。然而,这些领域虽然是政府管制领域,却不是政府管制的市场经济领域,而是指令经济领域。这些领域根本不属于市场经济,哪里会有政府管制的市场经济?

另一种情况是,这些所谓市场或市场经济失灵,并非市场或市场经济失灵,而是市场或市场经济规范失灵,是市场经济规范、体制不完善。这些领域的问题随着市场规范或体制的完善便迎刃而解。因此,政府只应该因市场规范失灵而不断完善市场经济规范,而不应该因市场规范失灵而对市场经济进行管制。这个道理,贺卫亦曾有所见:

"研究表明,过去被说成'市场失灵'的许多情况都可能并正由市场力量加以矫正,如外部效应问题(科斯定理)、自然垄断问题(可竞争性市场理论)、信息不完全问题(激励理论)、经济波动问题(理性预期理论),甚至公共物品问题(公共选择理论),都在不同程度上可以由市场自身来解决。就是说,市场的问题往往正是市场本身不完善的结果。'解铃还须系铃人',随着市场发育的不断完善,许多市场问题将会迎刃而解。"[①]

综上可知,唯有不存在政府指挥、管制或干预的市场经济——亦即自由竞争的市场经济——才能够实现自由价格和公平价格从而导致资源配置效率最佳状态,因而符合国家制度最高价值标准"自由与人道"和国家制度根本价值标准"公正与平等"以及国家制度终极价值标准"增减每个人利益总量",是唯一好的、理想的、应该的、具有正价值的经济制度。

---

① 贺卫:《寻租经济学》,中国发展出版社 1999 年版,第 124 页。

另一方面，计划经济（亦即统制经济）和政府指挥、管制或干预的市场经济（亦即所谓混合经济）都程度不同地导致垄断、强制价格、不公平价格和低效率，因而都不同程度地违背国家制度最高价值标准"自由与人道"和国家制度根本价值标准"公正与平等"以及国家制度终极价值标准"增减每个人利益总量"，都程度不同地属于不自由、非人道、不公正和低效率的坏经济制度：计划经济是最不自由、最不人道、最不公正、最无效率、最坏、最恶的交换经济制度，它只有在市场失灵领域才因其能够带来更大的善或防止更大的恶而成为必要恶；政府管制的市场经济则介于计划经济与自由的市场经济之间：

管制越多，就越加违背自由竞争，就越加垄断，就越加违背自由与人道以及平等与公正等国家制度价值标准，就越无效率，就越减少每个人利益总量而违背国家制度终极价值标准，就越坏越恶越不应该越不正当。塔罗克和克鲁格等经济学家于 20 世纪 70 年代开创的寻租经济学系统证明，政府管制之不自由、非人道、不公正、低效率和减少每个人利益总量的最主要的表现，就是寻租：寻租是政府管制市场经济的必然产物。

3. 政府管制的市场经济：寻租现象之因果

界说"寻租"的前提显然是：究竟何谓"租"？"租"的英文是rent，最初是指地租，亦即使用土地的代价，也就是购买土地使用权的价格："为在一定时期内使用土地而支付的价格称为土地的租金，有时称纯经济租金。"[①]"租"的中文含义也是如此。《说文解

---

① 〔美〕萨缪尔森等著，萧琛等译：《经济学》，华夏出版社 1999 年版，第 203 页。

字》曰:"租,田赋也。"然而,地租究竟是什么,却关乎平均利润率和成本定律,因而是个十分复杂的问题。

①地租

原来,按照平均利润率规律,在自由竞争条件下,正如马克思所指出,等量资本所生产的商品的价格势必相等,从而等量资本势必获得等量利润:"竞争之所以能够影响利润率,只是因为它影响商品的价格。竞争只能使同一个生产部门内的生产者以相等的价格出售他们的商品,并使不同生产部门内的生产者按照这样一个价格出售商品,这个价格使他们得到相同的利润。"①

这样一来,在自由竞争条件下,等量资本用于生产或交换任何商品所到的利润、收入或产品的价格势必相等,也就是说,等量资本用于生产或交换一种商品所得到的利润、收入或价格,与该资本的其他用途所得到的利润、收入或价格势必相等,说到底,等量资本用于生产任何一种商品所得到的利润、收入或价格,势必与其机会成本相等:"机会成本是被错过的商品和服务的价格。"②这个道理,萨缪尔森曾有十分透辟的论述:

"在正常运转的市场上,价格等于机会成本。假设一种商品,(如煤)在竞争市场进行买卖。如果我把自己的煤拿到市场上,我会得到来自购买者的一系列出价:25.02 美元、24.98 美元、25.01 美元。这些价格代表了我的煤的价值。或者说是煤的三种发电效用的价值。我选择最高价格——25.02 美元。这种销售的机会成本是可得到的最佳的替代选择的价值——也就是次高出价 25.01

---

　　① 〔德〕马克思著,中共中央编译局译:《资本论》第三卷,人民出版社 2004 年版,第 979 页。

　　② 〔美〕萨缪尔森等著,萧琛等译:《经济学》,华夏出版社 1999 年版,第 101 页。

美元,它与我接受的价格几乎相同。随着市场越来越接近完全竞争,各种出价也会越来越接近,直至达到次高出价(即我们的机会成本的定义)正好等于最高出价(即价格)。在竞争市场上,众多的购买者为得到资源而相互竞争,从而使出价达到最佳的选择点上,因此,这一出价也就等于机会成本。"[1]

然而,事实上,等量资本用于土地所得到的利润、收入或产品的价格,却可能超过其他用途,亦即超过其转移收益或机会成本:转移收益与机会成本在自由竞争条件下是同一概念。这个超过其机会成本的部分——亦即超额利润——就叫做地租。所谓地租,粗略看来,就是使用土地的代价;精确言之,则是投资土地的超额利润,是投资土地所得到的超过其机会成本的部分,是土地使用者所得到并缴给地主的超额利润,是投资土地所得到并缴给地主的超过其机会成本的余额。这一定义,自威廉・佩蒂以来,经济学家虽多有论述,但以亚当・斯密的界说最为精当:

"作为使用土地的代价的地租,自然是租地人按照土地实际情况所支给的最高价格。在决定租约条件时,地主都设法使租地人所得的土地生产物份额,仅足补偿他用以提供种子、支付工资、购置和维持耕畜与其他农具的农业资本,并提供当地农业资本的普通利润。这一数额,显然是租地人在不亏本的条件下所愿意接受的最小份额,而地主决不会多留给他。生产物中分给租地人的那一部分,要是多于这一份额,换言之,生产物中分给租地人那一部分的价格,要是多于这一数额的价格,地主自然要设法把超过额留为己有,作为地租。"[2]

---

[1]　〔美〕萨缪尔森等著,萧琛等译:《经济学》,华夏出版社1999年版,第102页。

[2]　〔英〕亚当・斯密著,郭大力、王亚南译:《国民财富的性质和原因的研究》上卷,商务印书馆2004年版,第137页。

②租

为什么土地产品的价格可能违背平均利润率规律,以致获得超额利润而高于其机会成本? 显然是因为土地供给的稀缺性及其所有权和经营权垄断:土地产品的价格是土地供给的稀缺性及其所有权和经营权垄断所导致的垄断价格。因此,斯密说:"作为使用土地的代价的地租,当然是一种垄断价格。"①亨利·乔治进而解释道:

"地租是垄断价格,由于个人可占有的自然要素的减少而产生,此种自然要素是人力无法生产和增加的。假使一个人占有任何社会能得到的全部土地,当然他能够要求别人同意他认为适当的使用土地的价格和条件;只要他的所有权得到承认,社会别的成员除了同意他的条件外,只有死亡或迁徙别无他途。"②

地租是垄断价格! 这就是为什么地租不遵循平均利润率规律而是一种超过其机会成本的超额利润之原因:平均利润率规律只是自由竞争——而不是垄断——的规律。反之亦然,商品价格超过其机会成本的原因全在于垄断。因为,如果不是垄断,必是自由竞争,商品价格必定等于其机会成本。因此,"垄断价格"与"超过机会成本的商品价格"原本是同一概念:凡是商品价格超过机会成本,必因垄断;凡是垄断,价格必定超过机会成本。问题的关键还在于,正如穆勒等经济学家所指出,不独土地,任何一种生产要素、资源或商品都可能在一定时期内供给固定、缺乏弹性、具有稀少

---

① 〔英〕亚当·斯密著,郭大力、王亚南译:《国民财富的性质和原因的研究》上卷,商务印书馆 2004 年版,第 138 页。

② 〔美〕亨利·乔治著,吴良健、王翼龙译:《进步与贫困》,商务印书馆 2010 年版,第 155 页。

性,从而成为一种被垄断的东西:

"一种数量有限的东西,即使它的各个所有主并没有采取一致的行动,它仍然是一种被垄断的东西。"[①]

这样一来,任何一种生产要素、资源或商品的价格,便都可能因其稀少、没有供给弹性而被垄断,以致超过其机会成本。土地产品价格超过其机会成本的余额是土地的租、租金,叫做地租;其他生产要素、资源或商品价格超过其机会成本的余额则是其他生产要素、资源或商品的租、租金,马歇尔称之为"准地租"或"准租",[②]后来学者将地租和准地租合起来而称之为"经济租"、"经济租金",简称为"租"或"租金"。因此,萨缪尔森说:

"支付租金这一概念不仅适用于土地,同时也适用于任何一种供给固定的要素。例如达·芬奇的肖像画《蒙娜·丽莎》就独一无二,如果你想在一个展览中展示它,你就要为这种临时使用支付租金。租金是对使用供给固定的生产要素所支付的报酬。"[③]

因此,所谓租或租金,亦即经济租,也就是垄断价格的超额利润,是任何一种生产要素、资源或商品因其稀少、没有供给弹性而被垄断,从而价格超过其机会成本的余额,简言之,租就是商品的垄断价格超过其机会成本的余额。因此,布坎南说:"寻求租金不是指地主收取的地租。租金一词的这种日常用法最好弃而不用。如果我们采用标准经济理论教科书上关于租金的定义,我们就稍

---

①　贺卫:《寻租经济学》,中国发展出版社1999年版,第84页。

②　〔美〕马歇尔著,朱志泰等译:《经济学原理》,华夏出版社2012年版,第669-670页。

③　〔美〕萨缪尔森等著,郭大力、王亚南译:《经济学》,华夏出版社1999年版,第203页。

微更接近于对这个词的理解。租金是支付给资源所有主的款项中超过那些资源在任何可选择的用途中所能得到的款项的那一部分。租金是超过机会成本的收入。"①

③寻租

政府对市场经济的任何管制、指挥或干预——亦即政府对市场经济超出制定和保障市场经济规范实行的任何管理活动——既然或多或少都抑制和违背自由竞争,因而都或多或少意味着垄断,意味着创造垄断价格,意味着创造超额利润,意味着创造超过机会成本的差价,说到底,意味着创租、设租和寻租:创租或设租就是创造垄断、垄断价格和超额利润,就是抑制自由竞争和形成垄断从而造成超过机会成本的差价收入;寻租则是寻求垄断、垄断价格和超额利润,是寻求超过机会成本的差价收入。

诚然,并非只有政府管制才产生创租与寻租活动。租金可以分为两类:一类是自然形成的租金,如土地和音乐、表演、绘画、体育等方面的人才因其稀缺本性所形成的差价收入;另一类是人为形成的租金,如斯密所说的"同业中人"的合谋垄断②、企业家的创新和政府管制形成的垄断价格和超额利润。然而,为什么寻租经济学家们将寻租现象仅仅锁定在政府管制?

原来,寻租之所以具有科学研究价值而成为一门科学——寻租经济学——的核心范畴,全在于政府管制所形成的独特的创租与寻租现象:它不是传统经济学所研究的属于"善"的范畴的生产

---

① 《经济社会体制比较》编辑部编:《腐败:权力与金钱的交易》,中国经济出版社1993年版,第113页。

② 〔英〕亚当·斯密著,郭大力、王亚南译:《国民财富的性质和原因的研究》上卷,商务印书馆2004年版,第13页。

性的寻求利润的活动,而是属于"恶"的范畴的非生产性的寻租活动——它导致极其严重的腐败、不公和低效率。诚然,任何租都因其是垄断价格的超额利润而属于不公平价格范畴,因而就其自身来说,都是不公平的、不应该的、恶的。

但是,一方面,自然形成的租,如罕见的音乐、表演、绘画、体育等方面的人才所创造的差价收入,不但大都只有创租而不会有寻租——这种租几乎都是可遇而不可求的——而且大都是能够带来更大善的恶,因而是一种净余额是善的必要恶,说到底,原本是一种好东西:这种租原本属于传统经济学所研究的利润范畴。

另一方面,人为形成的租金虽然都有寻租现象发生,但创新的创租和寻租,不但是能够带来巨大善的恶,因而是必要恶,而且在自由竞争的条件下会逐渐消散,属于传统经济学所研究的寻利范畴。斯密所指出的商人合谋垄断的创租和寻租虽然是纯粹恶,却因有反垄断法而难以得逞,不足为虐,也属于传统经济学所研究的寻利范畴。因此,塔洛克说:"我对寻求私人垄断形式存在的寻租讨论不多。因为,我以为这种活动在现代经济中并不重要,当然,它在过去很重要。当今,没有政府帮助的私人集团除了提供价廉物美的商品外,别无他途获得垄断。"[1]

唯有政府管制的创租和寻租不但是一种纯粹恶,导致极其严重的腐败、不公和低效率;而且以保障市场经济的政府职责之假象出现,因而能够堂堂正正持久地存在、发展和壮大,极大阻碍经济发展和损害国民利益,极具科学地加以揭示和研究价值,构成了与

---

[1] 〔美〕戈登·塔洛克著,李政军译:《寻租:对寻租活动的经济学分析》,西南财经大学出版社2000年版,第29页。

传统经济学所研究的生产性寻利根本不同的领域:非生产性的寻租活动。所以,一方面,寻租这一科学范畴的诞生,全在于政府管制;如果没有政府管制,寻租概念实在没什么科学价值,更不会成为一门科学的基本范畴。另一方面,现代经济学寻租理论的研究对象,正如吴敬琏所指出,只是政府管制的寻租和设租活动:"在现代经济学的寻租理论中,租金仍然指由于缺乏供给弹性产生的差价收入。但是,这里的供给弹性不足已经不是因为某种生产要素的自然性质所致,而是由于政府干预和行政管制的人为因素,阻止了供给增加所形成的。"[①]这样一来,作为现代经济学科学术语的寻租概念,就是并且仅仅是政府管制的寻租活动。这就是为什么,布坎南等寻租经济学家们将寻租概念锁定政府管制而定义为"直接的非生产性寻利(DUP)":

"寻求租金一词是描述这样一种制度背景中的行为,在那里,个人竭力使价值极大化造成社会浪费而不是社会剩余。"[②]"人们各自设法不断在所谓寻求租金的过程中逃避竞争。寻租也可以用诸如'卡特尔化'、垄断或寻求直接非生产性利润(directly unproductive profit-seeking)活动等等来称呼。"[③]"寻租被定义为通过政府干预获利。"[④]

诚然,政府管制的寻租是寻求直接的非生产性利润。但是,反过来,寻求直接的非生产性利润却不都是政府管制的寻租。譬如

---

① 《经济社会体制比较》编辑部编:《腐败:权力与金钱的交易》,中国经济出版社1993年版,第4页。

② 同上书,第114页。

③ 〔美〕柯兰德尔著,李飞编译:"寻租理论导引",《经济社会体制比较》1988年第6期,第3页。

④ 转引自:当代经济科学1998年第6期,第84页。

说,偷盗和抢劫根本不属于寻求垄断和超额利润范畴,与寻租毫无关系;然而却属于"直接的非生产性寻利活动"。这样一来,如果将作为现代经济学科学术语的寻租概念定义为"寻求直接的非生产性利润",虽然使政府管制的寻租与其他寻租区别开来,却将根本不属于寻租范畴的偷盗抢劫囊括进来,以致一些学者竟然认为偷盗抢劫也是一种寻租活动:

"当人们追求的是既得的社会经济利益,其活动的性质就变成了'寻求租金'(或 DUP)。这类活动的特点是,虽然它们消耗实际的资源,且盈利甚高,但却与产出毫无关系。从这个意义上说,偷盗、抢劫作为对财产所有权的直接侵犯,可以算是最原始的寻求对社会既得利益实行再分配的寻租活动了(无新增财富)。"[①]

偷盗抢劫竟然也是寻租!岂不荒唐之极!由此可见,虽然唯有作为现代经济学科学术语的寻租才是——其他寻租不是——寻求直接的非生产性利润,却不能将寻租定义为寻求直接的非生产性利润。因此,我们可以得出结论:寻租,全面说来,就是寻求垄断、垄断价格和超额利润,就是寻求超过机会成本的差价收入;但是,作为现代经济学科学范畴,或者毋宁说,作为科学术语,寻租则是寻求政府管制的垄断价格和垄断利润,是寻求政府管制以获得超过机会成本的差价收入。这就是为什么,托理逊将寻租定义为"通过政府干预获利"。

④寻租后果

现代经济学表明,自由竞争乃是实现自由价格和公平价格——避免强制价格和不公平价格——从而导致资源配置效率最

---

①　贺卫:《寻租经济学》,中国发展出版社 1999 年版,第 102 页。

佳状态的唯一途径。因为在自由竞争条件下,价格不仅是自由的,而且厂商为了利润最大化,势必将产量确定在边际成本等于价格的产量水平上:公平价格就是与边际成本相等的价格。这样一来,就实现了资源配置效率最佳状态:一方面,厂商因价格等于边际成本而实现了利润最大化;另一方面,消费者因价格等于边际效用而获得了最大满足。[①]

相反地,垄断则是通过减少产量(亦即将产量限制在边际成本等于市场价格的水平之下)和提高价格(价格高于边际成本)来获得超额利润。这不但意味着垄断价格是一种强制价格,而且意味着不公平和低效率。因为,一方面,社会需要花费较高成本生产较少数量产品,因而造成资源的浪费和低效率;另一方面,消费者获得较少数量产品,却为之支付过高的、远远高于边际成本的价格,因而极不公平:不公平价格就是高于边际成本的价格。[②]

这样一来,政府管制——亦即政府对市场经济超出制定和保障市场经济规范实行的管理活动——便因其抑制和违背自由竞争而意味着创造垄断,意味着创造高于边际成本的垄断价格和超额利润,意味着创造超过机会成本的差价,意味着创租、设租和寻租,说到底,意味着不自由、不公平和低效率:管制越多,就越加违背自由竞争,就越加垄断,就越加不自由、不公平和低效率。寻租经济学通过寻租现象对政府管制所导致的不自由、不公平和低效率进行了具体的经济分析:

首先,政府管制既然意味着创租(创造垄断价格和超额利润),

---

① Paul A. Samuelson, William D. Nordhaus, *Microeconomics* (16th Edition), Boston: The McGraw-Hill Companies, Inc., 1998, p. 139 – 140.

② 同上书, p. 171 – 176。

那就必然导致寻租（寻求垄断价格和超额利润），必然导致人们竞相通过游说、疏通和贿赂有关政府官员给予优惠或差别待遇，赋予自己垄断地位：寻租是政府管制的必然结果。这个道理被布坎南概括为一句话："只要资源的所有主想多得而不愿少得，他们大概就要去寻求租金，后者无非是寻求利润的另一说法。"①

布坎南进而通过发放出租车营业执照的政府管制，指出寻租可能发生在"寻求营业执照"和"寻求发放营业执照的职务"以及"寻求政府拍卖营业执照收入的再分配"三个层次：

"出租车的例子至少在说明这三个层次上是有用的，在这三个层次上，一旦政府行动创造了制造出来的稀缺，寻求租金就能产生。如果租金'取得权'不是平等地或随意地在全体人员中进行分配或拍卖，预期中的进入者将通过努力说服当局给予有差别的优待而寻求租金。……但是，从更广泛的意义上说，第二层次的寻求租金甚至可能更加重要。如果政府职位的工资和津贴包含着经济租的成分，如果工资和津贴高于私营部门类似职位的工资和津贴，那么，预期中的政治家和官僚将耗费大量的资源以试图获得优惠的职位。受过极其充分的经验和训练（也许尤其是那些旨在获得政治上一官半职的律师），对政治竞选运动投入大量的经费——这些提供了寻求租金的第二种类型的例子。撇开寻求租金的头两个层次不谈，第三层次上的活动涉及到个人和群体试图得到有差别的优惠待遇或避免有差别的非优惠待遇的尝试。优惠待遇和非优惠待遇不是根据特殊机会而是根据政府的财政过程作出的待遇确

①　《经济社会体制比较》编辑部编：《腐败：权力与金钱的交易》，中国经济出版社1993年版，第113页。

定的。面对政府有差别的优惠课税待遇的前景,个人或群体可能:
(1)进行疏通活动;(2)直接进入政治,以便能够取得决策权;(3)
制定关于进入或退出受影响的活动的计划。不管在每一阶段进
行这种活动的合理动机,资源可能同时在所有这三个层次上被
浪费掉。"①

其次,寻租是一种追求人为垄断条件下的财富转移的"直接的
非生产性寻利活动",是造成社会财富巨大浪费的低效率的、恶的、
不公平的和具有负价值活动。布坎南举例说:

"我们用一个简单的而在历史上是真实的例子就可以做到这
一点。假定一位进行革新的企业家,他不去发明一种新的商品、服
务或生产过程,而是发现一种方法去说服政府确信,他'应该'被授
予垄断权,而政府将以把一切潜在的进入市场者拒之门外的办法
来实行这种权利。在这一过程中没有创造价值;的确,垄断化涉及
价值的纯粹损失。获得的租金反映价值从一般消费者转向受惠的
寻租者,以及在过程中价值的纯粹的损失。假设一位奉承者说服
女王授予他在整个王国出售纸牌的垄断权。这位受到这种优惠的
奉承者将获得相当大的垄断利润或经济租金,而其他一些可能很
想进入该行业的人将会注意到这一点。但是,女王授予的垄断特
权的执行有效地阻止了他们进入该行业。但是,女王所给予的东
西,女王可以收回,而潜在的进入者不大可能无所作为,听任他们
当中这位受惠的人享有自己特殊有利地位。潜在的进入者不会消
极观望,他们将积极寻求租金。他们把努力、时间和其他生产性资

---

① 《经济社会体制比较》编辑部编:《腐败:权力与金钱的交易》,中国经济出版社
1993年版,第125-126页。

源投入试图把女王的恩宠转向自己事业的种种尝试中。宣传、吹嘘、奉承、说服、哄骗——这一切就是寻找租金行为的特点。这一行为的非故意造成的结果与表明在竞争性市场过程中寻求利润的特征的非故意造成的结果之间的对比是十分鲜明的。潜在的进入者在进路被阻拦或者最多能够反映一对一的代替这种环境中寻求租金，必定产生社会浪费。用于为取得女王恩宠所作的努力的资源，本来可以在经济中别的地方用来生产受重视的货物和服务，而寻求租金却没有生产出纯粹的价值。比较起来，在竞争性市场上，潜在的进入者的资源直接转向生产以前被垄断的商品、服务或相近的代用品，这样使用这些资源，将使它们比在其他可选择用法的情况下更有成效。试图获得垄断租金的竞争性尝试的非故意造成的结果是'好的'，因为进入是可能的；而试图在政府强制实行的垄断下获得人为地制造出来的有利地位的尝试的类似结果则是'坏的'，因为进入是不可能的。"①

最后，正如布坎南、塔洛克、克鲁格、科兰德尔、奥尔逊、李宾斯坦和波斯纳等寻租理论家所证明，寻租造成的不自由、不公平和低效率极其巨大：(1)企业为了获得垄断租，就愿意花费不大于垄断租的成本来游说、疏通和贿赂官员——腐败是寻租最直接的后果——以谋取垄断地位；(2)一旦确立了这一地位，他们就会继续花钱努力保持它；特别是，这种垄断不仅造成低配置效率，而且使企业缺乏动机改进技术、提高产品质量、降低成本、改善服务、增强市场竞争力，造成低效率；(3)当企业间为获得垄断地位的竞争达

---

① 《经济社会体制比较》编辑部编：《腐败：权力与金钱的交易》，中国经济出版社1993年版，第117—119页。

到均衡状态时,所花费的成本与垄断租相等;(4)失败的众多寻租者所花费的成本;(5)消费者群体阻止垄断价格所耗费的资源;(6)这些资源转移收益的机会成本,特别是用于科研开发和技术创新的机会成本;(7)政府管制所花费的成本;(8)寻租滋生既得利益集团,成为经济发展和社会变革的巨大障碍。如此等等,寻租造成的损失总共有多大?科兰德尔曾有计算:

"寻租造成的福利损失有多大? A. 克鲁格和 R. 波斯纳都估算了寻租损失:克鲁格估计印度的这一损失要占国民收入的 7.3%,土耳其仅进口许可证的租金就占国民收入的 15%,波斯纳估计美国由政府管制行为带来的全部福利损失占国民生产总值的 3%,并且认为,它们构成了美国经济中的主要损失。早期这些对租金的测算受到了理论方面和经验方面的各种各样的抨击,福利损失等于由租金带来的利润的假定受到塔罗克的挑战,他回答了为什么租金和寻租造成的福利损失之间的关系不是一种简单关系。对早期测量'福利损失'方法的第二个批评是这种分析仅仅考虑了寻租的某些方面。寻租活动可能发生在所有交易和讨价还价之中。例如,在税金征集方面,人们会发现付出直到与税额相等的费用来花在逃税是值得的,人们还会付出直到与政府收入相等的费用去争取分享政府支出,还有其他大量寻租事例。人们只要看一看在经济中无数私人限制的事例,就能理解寻租行为的范围有多大了。例如,从教授的职称保有制、公司经理将租金占为己有、私人垄断地位的强化等现象,就懂得私人寻租活动有多么重要了。E. 秦西安从不同方面分析了这个问题。他估计社会上'非生产性活动'造成的损失大约是我们国民生产总值的 50%,并且毫无疑问,估计的寻租福利损失可能超过此数。"①

据贺卫《寻租经济学》记载,1988 年我国租金总额约占国民生产总值的 30.06%:"我国在 1988 年仅国家控制商品的牌市场价、国家银行贷款的牌市利差以及进口所用牌价外汇的牌市汇差的总额(3569.25 亿元)高达国民生产总值(14922.3 亿元)的 23.9%,如此巨额的租金中还不包括各种税收的税差(关税减免、走私、放私、不合理的税率差、税收减免、偷税、漏税、放税等),由定价不合理等因素造成的行业租金,企业承包基数的差额,地方、部门与企业外汇留成比例的差额,地租的流失量,各种福利待遇(住房、交通、公费医疗等方面)的租金,投资分配的差额,进出口许可证体现的差价,企业亏损补贴额等等,以及部分执照、牌照、文凭、图书书号等发放中存在的租金和侵犯知识产权带来的租金。如果把这些都考虑进去,1988 年我国租金总额(4569.25 亿元)约占国民生产总值的 30.6%。1992 年我国租金总额(6343.7% 亿元)约占国民生产总值(26651.9 亿元)的 23.8%,但租金的绝对额比 1988 年增加了 1774.45% 亿元。"②

如此巨额租金、设租和寻租——设租和寻租最直接的后果是腐败——意味着严重腐败:严重的特权经商、官商勾结、权钱交易等等。严重到何种程度?严重到成为——用丁学良的话来说——"今天中国所有人都很熟悉的发财方式":

"今天所有人都很熟悉的发财方式,如特权经商、官商勾结、权

---

① 〔美〕柯兰德尔著,李飞编译:"寻租理论导引",《经济社会体制比较》1988 年第 6 期,第 6 页,第 32 页。

② 贺卫:《寻租经济学》,中国发展出版社 1999 年版,第 163 页。

钱交易等等。所有这些术语描写的对象,基本上都是属于特权的市场经济,有些研究者也称其为'裙带资本主义',不过,我认为前一个术语针对中国的现实显得准确一些,因为它突出了在中国发财致富最关键的一个要素,'特权'。……政府官员授予商人的发财特权可大可小,可以随意拿走,而他们自己(包括亲属密友)享有的发财特权相对而言却多多益善并牢固得多。国际上关于腐败的比较研究把印度式的腐败称为'金字塔形结构',而把中国式的腐败称为'倒金字塔形结构',是从另外一个角度描述中国官员的权力和他们非正规财富之间的正比关系。中国学界人士 2005 年着手的跟踪经验研究揭示,2008—2009 年度全国的灰色收入高达 9.3 万亿元人民币,等于该年度 GDP 的 30%。近 10 万亿元的这笔不明不白的巨额财富,其中 63% 集中在最富有的 10% 家庭里。以往三年里全国灰色收入的增长速度超过了 GDP 的增长率,这类灰色收入主要就是来自掌权者对公共权力和公共资源的滥用和掠夺,在 9.3 万亿元里占了 5.4 万亿元,也就是我们上面概括的特权的市场经济。"[①]

可见,寻租造成的腐败、不公——以及因此而形成的既得利益集团——社会资源浪费和低效率极其巨大,以致贺卫称寻租是"政治和经济生活中的艾滋病毒"[②];而奥尔逊通过《集体行动的逻辑》和《国家兴衰探源》两部论著的研究,甚至得出结论说:如果一个国家不经历战争一类突发性的制度变化——有人称之为"奥尔逊震荡"——就不能打破寻租形成的强大既得利益集团,经济增长必定越来越慢,最终陷于停滞。[③]

---

① 丁学良:《辩论"中国模式"》,社会科学文献出版社 2011 年版,第 173－177 页。

② 贺卫:《寻租经济学》,中国发展出版社 1999 年版,第 139 页。

③ 〔美〕柯兰德尔著,李飞编译:"寻租理论导引",《经济社会体制比较》1988 年第 6 期,第 6 页。

然而,问题的关键在于,寻租源于政府管制,源于政府管制因抑制自由竞争而创造的垄断、垄断价格和超额利润,说到底,源于政府管制所创造的超过机会成本的差价:租金。因此,腐败、不公、既得利益集团、社会资源浪费和低效率的原因,直接说来,是寻租;根本说来,则是政府管制:政府管制是最根本最深重最巨大的纯粹恶。那么,政府管制的根源究竟是什么? 换言之,寻租的最终根源究竟是什么?

⑤寻租根源:消除寻租的根本途径

寻租的成因及其消除途径,粗略看来,十分简单:寻租源于政府管制所创造的租金,因而正如吴敬琏所指出,消除寻租的"最有效的办法就是解除管制,实现市场自由化。"①然而,细究起来,可以发现,解除政府管制决非轻而易举之事,因为政府管制的形成、存在和发展具有极其深刻的认识根源、利益根源与阶级根源。

政府管制形成的认识根源乃在于,人们误以为政府管制是一种必要恶,而不是纯粹恶。这种谬见的形成,一方面,缘于混同政府管制与政府管理。政府对市场经济的管理分为两类:一类是制定和保障市场经济规范实行的管理活动,如反垄断法,属于必要恶,是应该的、善的、具有正价值的管理;另一类是超出制定和保障市场经济规范实行的任何管理活动,如布坎南所说的"政府的特许、配额、许可证、批准、同意、特许权的分配"②等等,叫做政府管制,属于纯粹恶,是不应该的、恶的、具有负价值的管理活动。政府

---

① 《经济社会体制比较》编辑部编:《腐败:权力与金钱的交易》,中国经济出版社1993年版,第4页。

② 同上书,第120页。

管制必要论者的错误就在于,由反垄断法等政府对市场经济的管理是必要的,却得出结论说:政府管制是必要的。

另一方面,如前所述,几乎所有学者都误将"市场失灵"当成"政府管制"正当性的理由。诚然,公共物品和社会保障是市场失灵的两大领域:应该由政府承办公共物品和建立社会保障。但是,这种政府提供公共物品和建立社会保障的活动,却既不属于市场经济活动,也不属于政府对市场经济的管制活动,而完全属于指令经济范畴。因此,由政府应该提供公共物品和建立社会保障,只能说指令经济是市场失灵领域的无奈选择,却得不出政府应该管制市场经济的结论。政府管制必要论者的错误,就在于将政府提供公共物品和建立社会保障等完全属于指令经济的活动,混同于政府对市场经济的管制,因而由政府提供公共物品和建立社会保障等是必要的,错误地得出结论说:政府管制是必要的。

不过,随着科学的发展,即使政府官吏都知道政府管制是不必要的,是纯粹恶,他们仍然可能坚持政府管制。因为政府管制还有利益根源:政府管制是官吏的最重要的权力和利益。对此,公共选择理论从休谟的"无赖假设"①出发,认为经济学的"经济人"假定同样适用于政府官员,政府官员也是一种"经济人",他们的一切行为

---

① 休谟说:"许多政论家已经将下述主张定为一条格言:在设计任何政府体制和确定该体制中的若干制约、监控机构时,必须把每个成员都设想为无赖之徒,并设想他的一切作为都是为了谋取私利,别无其他目标。我们必须利用这种个人利害来控制他,并使他与公益合作,尽管他本来贪得无厌,野心很大。不这样的话,他们就会说,夸耀任何政府体制的优越性都会成为无益的空谈,而且最终会发现我们的自由或财产除了依靠统治者的善心,别无保障,也就是说根本没有什么保障。因此,必须把每个人都设想为无赖之徒确实是条正确的政治格言。"(转引自刘军宁编:《民主二十讲》,中国青年出版社 2008 年版,第 40 页)

也都是为了谋取私利。布坎南一再说:"政治中的人也像其他地方(包括市场)的人一样,他们是自己私人和个人化利益的追逐者。"①

诚然,公共选择理论"经济人"的假定,与休谟"无赖假设"一样,只是用以设计好的、优良的政治经济制度,而并不是说每个官员的一切行为实际上必然都是为了谋取自己的个人利益:"以经济人的术语来描绘众人以推导宪法结构,与提出预测说人们必然会像经济人那样行动(即使以平均或代表性意义来说)根本不是一回事。"②但是,这一假定如果与政治人的实际行为背道而驰或相去甚远,那么,它也就不可能成为设计好政治经济制度的基础了。实际上,政治人的一切行为目的都是为了谋取自己个人利益的假定,与政治人的实际行为目的,恒久说来,完全相符。因为爱有差等的人性定律表明:

爱是自我对于给予自己的快乐和利益的东西的心理反应:谁给我的利益和快乐较少,我对谁的爱必较少,我必较少地为了谁谋利益;谁给我的利益和快乐较多,我对谁的爱必较多,我必较多地为了谁谋利益。于是,说到底,我对我自己的爱必最多,我为了我自己谋利益必最多,亦即自爱必多于爱人、为己必多于为人,说到底,每个人必定恒久为自己,而只能偶尔为他人。

这就是爱有差等的人性定律!爱有差等是人性定律意味着,它是一切人的普遍本性,因而也同样是政治人的本性。因为无论如何,政治人也同样是人,因而人所固有的,政治人无不具有。无

---

① 〔美〕布坎南著,吴良健等译:《自由、市场和国家》,北京经济学院出版社1988年版,第5页。

② 同上书,第36页。

论如何,政治人逃脱不了爱有差等的人性定律:必定恒久为自己,而只能偶尔为他人。这样一来,政治人的行为目的是为了谋取自己个人利益的假定,与政治人的实际行为目的,恒久说来,岂不完全相符? 这就是为什么,从这一假定出发的公共选择理论是一门科学理论——而传统经济学设想政府以社会福利最大化为目标是不科学的——缘故。

政治人的行为目的,恒久说来,必定是为了谋求自己的个人利益。因此,政府官吏必定谋求政府管制。因为政府管制无疑是官吏的重要权力;权力岂不就是官吏的最大利益? 政府管制是官吏之最大利益:这就是政府管制形成的利益根源吗? 是的。但这还仅仅是政府管制形成的利益根源之一方面,亦即政府管制供给方的利益根源。

另一方面,政府管制形成的利益根源,则正如施蒂格勒所发现,乃在于政府管制需求方——亦即工商企业或消费者所形成的利益集团——对政府管制的需求。因为政府管制意味着抑制自由竞争,意味着创造垄断价格和超额利润,意味着创造超过机会成本的差价,说到底,意味着创造租金。因此,一个产业的诸厂商或一个利益集团就会从利益最大化目标出发,寻求政府管制,以便获得这种管制所带来的超额利润或租金:这就是政府管制形成的需求方的利益根源。[1]

政府管制形成的认识根源与利益根源,虽然十分重要,却似乎不是政府管制形成的主要根源。那么,主要根源是什么? 布坎南等政治经济学家的回答是:专制政体。毕焦在编译布坎南等著的

---

① 参阅:〔美〕施蒂格勒著,潘振民译:《产业组织与政府管制》,上海三联书店1989 年版,第 12 - 21 页。

《关于寻租社会的理论》曾这样总结其观点："(1)专制政体乃是寻租活动原因的原因，即垄断的根源。(2)从君主专制到民主政体的嬗变转换，正是寻租活动由兴至衰的一个历史轨迹。"[①]诚哉斯言！可是，究竟为什么专制等非民主政体是寻租——从而是政府管制——的原因的原因？为什么从专制等非民主政体到民主政体的转换使寻租和政府管制由兴至衰？

原来，一方面，专制等非民主制，意味着政治权力垄断，它将国人分为两大群体：垄断政治权力的群体和没有政治权力的群体。垄断政治权力的群体亦即所谓官吏阶级；没有政治权力的群体亦即所谓庶民阶级。因为所谓阶级，就是人们因权力垄断——经济权力或生产资料垄断与政治权力垄断——所导致的剥削和压迫关系而分成的不同群体。哪里有权力垄断，哪里分为无权群体与有权群体，哪里就必定存在压迫与剥削：垄断权力的群体必定压迫和剥削无权群体。[②]官吏阶级压迫和剥削庶民阶级最主要最根本最重要的手段，无疑是政府管制。因此，政府管制乃是专制等非民主制的必然的普遍的固有的特征。

另一方面，专制等非民主制是专制者一个人或几个寡头执掌国家最高权力，因而只有专制者一个人或几个寡头是主人，而其他所有人都是奴才。一个人或几个寡头究竟是怎样将所有人都变成奴才而服从其统治？答案是：等级制！因为，所谓等级制，主要讲

---

① 《经济社会体制比较》编辑部编：《腐败：权力与金钱的交易》，中国经济出版社1993年版，第204页。

② 对于这个道理，休谟曾有深刻揭示："人们天生野心很大，他们的权欲永远不能满足。如果一个阶层的人在追求自己的利益时能够掠夺其他一切阶层，他们肯定会这么干，并使自己尽可能地专断一切，不受制约。"(刘军宁编：《民主二十讲》，中国青年出版社2008年版，第41页)

来,意味着官民之间等级森严;根本说来,则意味着特权,意味着官吏阶级享有他们在民主制中得不到的巨大特权和权益。这就是为什么,专制国家的官吏阶级必然维护专制等非民主制:维护专制等非民主制就是维护自己在民主制中得不到的巨大特权和权益。因此,等级制是专制等非民主制的必然的普遍的固有的特征。官吏阶级最重要最主要最根本的特权和权益无疑是政府管制。因此,说到底,政府管制乃是专制等非民主制的必然的普遍的固有的特征。

可见,政府管制,直接说来,源于等级制赋予官吏阶级的特权,源于政治权力垄断所导致的官吏阶级对庶民阶级的剥削和压迫,是等级制和政治权力垄断所固有的必然的普遍的特征;根本说来,源于专制等非民主制,是专制等非民主制所固有的必然的普遍的特征。这就是政府管制的阶级根源或政体根源,属于政府管制的利益根源范畴,亦即政府管制的利益根源在专制等非民主制国家的具体表现;政府管制的利益根源在民主国家则表现为官吏阶层与极少数庶民——亦即寻租者——的垄断利润,属于官吏阶层对绝大多数庶民阶层的压迫和剥削范畴。

因此,民主制国家也会存在政府管制,甚至会有极其特殊的民主国家,这些国家的政府管制竟然比专制国家有过之而无不及,如20世纪90年代以前的印度。然而,民主是每个公民完全平等地共同执掌最高权力,每个人完全平等地是握有最高权力的国家的主人。这样一来,便消除了政治权力垄断和等级制,消除了政治权力垄断群体(官吏阶级)和毫无政治权力群体(庶民阶级),说到底,消除了政府管制的普遍的必然的固有的阶级的根源。

因此,民主国家的政府管制不论如何严重,都不是必然的普遍的和固有的东西,而只能是偶然的特殊的反常的外在的现象。更何况,民主是所有公民执掌最高权力;而所有公民执掌最高权力的实现途径,只能遵循多数裁定原则,只能按照多数公民的意志进行统治,说到底,也就是按照庶民的意志——庶民的意志无疑是多数公民的意志——进行统治:民主就是庶民的统治,就是庶民做主。

因此,在民主国家,是否进行政府管制,最终是庶民说了算。相反地,在专制等非民主制国家,主人是专制者一人或几个寡头及其官吏阶级,因而是否进行政府管制,全由专制者一人或几个寡头及其官吏阶级说了算。政府管制是官吏最主要的特权,是官吏压迫和剥削庶民的最主要的手段。所以,在专制等非民主制国家,实行政府管制意味着主人压迫和剥削奴才,是一种必然的普遍的正常的固有的制度。相反地,民主国家如果实行政府管制,岂不意味着:庶民竟然自己做主让仆人——官吏——压迫和剥削自己?岂不是一种反常的偶然的现象?

因此,民主国家的政府管制的实行,虽有利益根源,亦即源于官吏阶层和那些寻租庶民的利益;但是,他们联合起来也毕竟是极少数,因而——根据多数裁定原则——不起决定性作用。因此,民主国家政府管制的决定性的根源只有一个,那就是认识根源,亦即绝大多数庶民的认识错误:误以为政府管制是必要的。一旦多数庶民醒悟,把握了真理,认识到政府管制并不必要恶,而是纯粹恶,那么,按照多数裁定原则,政府管制岂不必定被废除?所以,民主国家实行政府管制,不论如何严重,根本说来,却只是一个错误的认识问题,因而纯属偶然,是一种随时随地都可能被消除的偶然现象。

综上可知,寻租和政府管制的形成根源,一方面是认识根源:

源于误以为政府管制是一种必要恶而不是纯粹恶的谬误;另一方面是利益根源:源于政府管制赋予官吏与寻租者的利益。利益根源在专制等非民主制国家表现为阶级根源或政体根源:寻租和政府管制源于专制等非民主制所固有的等级制和政治权力垄断(亦即一方面源于等级制所固有的官吏阶级的特权,是官吏阶级的最主要的特权;另一方面源于政治权力垄断所固有的官吏阶级对庶民阶级的剥削压迫,是官吏阶级压迫和剥削庶民阶级最根本的手段),因而是专制等非民主制的固有本性。阶级或政体根源所造成的政府管制和寻租是必然的;认识根源与非阶级或非政体的利益根源所造成的政府管制和寻租是偶然的。因此,消除寻租和政府管制的主要的根本的途径是消除专制等非民主制,是消除政治权力垄断和等级制,说到底,是实现民主。只要实现了民主,政府管制和寻租的存在不过是一种偶然错误;如果没有实现民主,政府管制和寻租必然存在,无论如何都不可能消除。这就是为什么布坎南等学者发现:专制是寻租——从而是政府管制——的原因的原因;从专制到民主的转换导致寻租和政府管制由兴至衰。

4. 没有政府管制的公有制市场经济: 共产主义经济制度

寻租经济学充分证明了政府管制之不自由、非人道、不公正、低效率和减少每个人利益总量,证明了政府管制是一种纯粹恶:没有政府管制的市场经济是唯一符合国家制度价值标准的经济制度。那么,由此是否可以断言:没有政府管制——因而也就是实现了民主——的市场经济制度是共产主义经济制度? 答案似乎是肯定的。因为唯一符合国家制度价值标准的理想的经济制度,只能是没有政府管制的市场经济制度,似乎意味着:资本主义市场经济——只要实现了民主从而没有政府管制——就是符合国家制度价值标准的理想的经济形态。其实不然。唯一符合国家制度价值标准的理想的经济形态固然只能是没有政府管制——从而实现了民主——的市场经济,但没有政府管制的民主的市场经济却未必都是符合国家制度价值标准的理想的经济形态。人类社会以往的和今日的经济形态,真正讲来,都不是符合国家制度价值标准的理想的经济形态。

原始社会虽然是一种自由的自然经济,每个人都享有经济自由;但这并不是人类所当追求的经济自由。因为这种经济自由实在与动物社会的经济自由并无根本不同,不过是人类在生产力极端低下和分工极端不发达的历史阶段所不得不挣扎于其中的最为落后的经济形态罢了。这种经济自由必然且应该因社会分工的发展而丧失;取代它的则是奴隶社会以及封建社会的居于支配地位的不自由——人身占有与人身依附——的自然经济,以及处于从属地位的自由的商品经济。当着封建社会被资本主义取代,从而市场经济居于支配地位,甚至出现了民主的没有政府管制的市场经济,符合国家制度价值标准的理想的经济形态似乎真的到来了。

然而,细究起来,远非如此。资本主义市场经济即使实现了民主,即使没有政府管制,也绝不是符合国家制度价值标准的理想的经济形态。因为资本主义劳动市场,就其本性来说,不可能是完全自由竞争市场,而必然是买方垄断市场。任何垄断,不论是劳动市场的买方垄断,还是产品市场的卖方垄断,都同样意味着垄断者在一定程度上控制价格,因而势必导致价格与价值的背离,导致不等价交换。只不过,产品市场的卖方垄断因其是卖方的垄断行为,所导致的价格与价值的背离,当然是价格高于价值或边际成本;反之,劳动市场的买方垄断因其是买方的垄断,所导致价格与价值的背离,则显然是价格低于价值,亦即劳动价格或工资低于劳动价值,低于劳动的边际产品。工资低于劳动价值或劳动的边际产品的差额,就是劳动者所创造的被资本家无偿占有的剩余价值,因而也就是资本家对劳动者的剥削,亦即所谓资本主义剥削。剥削、经济异化和经济不公必然造成贫富两极分化,最终导致周期性经济危机。

所以,即使实现了民主的资本主义,也并非市场经济的最佳选择,资本主义市场经济即使完全没有政府管制,也不是真正自由和公正的市场经济,也仍然违背经济自由和经济公正等国家制度价值标准,因而仍然是不应该的、恶的和具有负价值的。只有废除私有制而代之以公有制,只有公有制的市场经济,才可能消除经济权力垄断,从而真正地完全地实现自由竞争,才可能彻底消除剥削、经济不公、经济异化和经济强制,才可能消除贫富两极分化和经济危机,最终才可能实现经济自由和经济公正。因此,唯独没有政府管制的民主的公有制市场经济制度,才是真正自由和公正的市场经济制度,才是真正符合经济自由和经济公正等国家制度价值标准的理想经济制度:没有政府管制——但有政府规范——的公有制市场经济制度就是共产主义社会的经济制度。

这是——套用马克思《资本论》第一卷末尾的名言——一种否定之否定:私有制社会不自由不公正的经济制度是对于原始公有制的自由公正经济制度的否定;共产主义的市场经济制度则是对于私有制社会不自由不公正的经济制度的否定,因而也就是原始公有制的自由和公正的经济制度的否定之否定。但是,与原始公有制的自由且公正的自然经济形态根本不同:未来共产主义市场经济是建立在高度发达的生产力与分工基础上的自由且公正的交换经济形态,是人类所当追求的理想的自由且公正的经济制度。

三、共产主义国家

1. 共产主义国家消亡论:共产主义社会不存在国家

我国、苏联以及其他社会主义国家的社会意识形态和学术界的主流观点,都追随马克思主义经典作家——特别是恩格斯和列宁——的国家消亡论,认为到了共产主义社会,国家已经消亡,共产主义社会没有国家。那么,国家消亡论的根据究竟是什么? 它的主要根据,我们在国家的定义和起源中已有详析,只是泛论国家而不曾涉及共产主义国家,现在不妨结合共产主义国家问题综述和重估如下:

国家的定义和起源的研究表明,国家是拥有最高权力及其管理组织的社会:最高权力及其管理组织乃是国家区别于其他社会的最根本特征。这种特征是如此根本,以致现代西方主流思想家竟然将国家与最高权力及其管理组织或政治组织、政治实体等同起来,从而认为国家就是最高权力及其管理机关,就是政权、政治组织或政治实体。马克思主义经典作家继承了这种国家主流定义。恩格斯一再说:"随着法律的产生,就必然产生出以维护法律为职责的机关——公共权力,即国家。"①

从此出发,马克思主义经典作家与西方主流思想家一样,认为

---

① 《马克思恩格斯选集》第二卷,人民出版社 1972 年版,第 539 页。

只有当政治组织从其他社会组织独立出来从而成为政治实体的时候,才产生了国家;只有当出现了同其他社会相脱离的正规的、正式的、专门的行政管理和政治机构或政府——包括官署、军队、警察和监狱等等——的时候,才产生了国家:国家是正规、专门或独立的政治组织。列宁说:"国家就是从人类社会中分化出来的管理机构。当专门从事管理并因此而需要一个强迫他人意志服从暴力的特殊强制机构(即监狱、特殊队伍及军队等等)的特殊集团出现时,国家也就出现了。"[1]

那么,人类社会究竟从何时开始出现这种独立的政治组织或政治实体?原始社会固然有政治组织,但整体讲来,并不存在独立的政治组织或政治实体,不存在专业化的武装队伍——警察军队监狱——因而还不存在国家;只有到了阶级社会,政治组织才独立出来而成为一种政治实体,才存在专业化的武装队伍,因而才产生了国家:国家是阶级社会的产物,是剥削阶级镇压被剥削阶级的工具。这样一来,国家也就必将随着共产主义的到来而消亡。因为共产主义社会阶级消灭了,阶级镇压工具——国家——岂能不随之消亡? 所以,恩格斯说:

"国家并不是从来就有的。曾经有过不需要国家、而且根本不知国家和国家权力为何物的社会。在经济发展到一定阶段而必然使社会分裂为阶级时,国家就由于这种分裂而成为必要了。现在我们正在以迅速的步伐走向这样的生产发展阶段,在这个阶段上,这些阶级的存在不仅不再必要,而且成了生产的直接障碍。阶级不可避免要消失,正如它们从前不可避免地产生一样。随着阶

---

[1]　《列宁选集》第四卷,人民出版社1972年版,第45页。

级的消失，国家也不可避免地要消失。以生产者自由平等的联合体为基础的、按新方式来组织生产的社会，将把全部国家机器放到它应该去的地方，即放到古物陈列馆去，同纺车和青铜斧陈列在一起。"①

可见，马克思主义经典作家的共产主义国家消亡论，主要依据于西方学术界关于国家的现代主流定义："国家是最高权力及其管理机关，是正规、专门或独立的政治组织"。国家消亡论是根据这一定义从原始社会与阶级社会政治组织之实际状况推导出来的。这一推导过程可以归结为一个公式：

前提1　国家是正规的独立的政治组织或政治实体。

前提2　原始社会不存在正规或独立的政治组织；正规或独立的政治组织出现于阶级社会。

结论　国家是阶级社会的产物，是剥削阶级镇压被剥削阶级的工具，因而必将随着共产主义的到来和阶级的消亡而消亡。

这一推论不能成立。诚然，前提2是正确的。但是，前提1却是错误的。因为将"国家"等同于"正规的、专门的、独立的政治组织或政治实体"犯了以偏概全的错误：将国家与国家的一部分——国家的政治组织或政府——等同起来。试想，国家怎么可以等同于正规、专门或独立的政治组织呢？国家怎么能仅仅是正规、专门或独立的政治组织，而不包括其他组织和人员呢？难道报效国家仅仅是报效国家的正规、专门或独立的政治组织，而不包括国家的其他组织和人民？难道中国仅仅是中国的正规、专门或独立的政

---

① 《马克思恩格斯选集》第四卷，人民出版社1972年版，第170页。

治组织,而不包括中国其他组织、13 亿人民和 960 万平方公里的土地? 难道热爱中国仅仅是热爱中国正规、专门或独立的政治组织,而不包括热爱中国其他组织、中国人民和中国山河?

　　显然,国家绝不仅仅是正规的、专门的、独立的政治组织或政治实体,而是一切组织的总和,是一切社会的总和:国家是拥有最高权力及其管理组织的社会,因而也就是最大且最高的社会。国家是拥有最高权力及其管理组织的社会,意味着:国家从来就有必将永远存在。因为正如恩格斯所指出,任何社会都存在权力:"一方面是一定的权威,不管它是怎样造成的,另一方面要有一定的服从,这两者,不管社会组织怎样,在产品的生产和流通赖以进行的物质条件下,都是我们所必需的。"①

　　任何社会都存在权力,因而也就必定存在一种不可抗拒的统帅所有权力的最高权力及其管理组织或机关。只有这样,各个社会相互间才可能互相配合、统一和谐,从而得以存在发展;否则,如果没有最高权力及其管理组织或机关,那么,这些社会便势必各行其是、互相冲突、混乱无序、分崩离析,从而也就不可能存在发展了。

　　因此,原始社会、阶级社会和共产主义社会无论如何不同,却必定都存在最高权力及其管理组织,因而都存在国家:国家是拥有最高权力及其管理组织的社会。所以,马克思在《哥达纲领批判》中一再说"共产主义社会里国家制度"、"未来共产主义社会的国家制度":这不明明是说共产主义社会存在国家吗? 因此,考茨基说:"当人们考虑阶级消灭对于国家所产生的后果时,人们似乎应该不

---

　　① 《马克思恩格斯选集》第二卷,人民出版社 1972 年版,第 553 页。

那么大谈国家的消亡,而毋宁应该谈国家的机能变换。"①

原始社会、阶级社会和共产主义社会都存在国家。只不过,原始国家没有合法的暴力镇压工具,如警察、监狱和军队等等,也没有正式的、独立的、专门的、常设的政治组;国家的实然目的与应然目的完全一致:为全体国民谋利益。反之,阶级社会的国家则拥有正式的、独立的、专门的、常设的政治组织和合法的暴力镇压工具;这种政治组织和镇压工具最根本的目的,在非民主制国家,无疑是维护剥削阶级对被剥削阶级的剥削:国家目的不可能是为全体国民谋利益。那么,未来共产主义国家究竟如何? 这正是马克思当年所思考的问题:"于是就产生了一个问题:在共产主义社会里国家制度会发生怎样的变化呢? 换句话说,那时有哪些同现代国家职能相似的社会职能保留下来呢?"②

2. 全球国家和世界政府:共产主义国家的显著特征

共产主义国家与奴隶制、封建制以及资本主义国家一样,是以经济形态或经济制度为根据——而不是以执掌最高权力的公民人数为根据——的国家类型。奴隶制国家就是奴隶制居于支配地位的国家,就是一些人成为另一些人之财产的制度居于支配地位的国家;封建制国家就是封建制居于支配地位的国家,就是地主依靠土地而占有农民(或农奴)剩余劳动的经济制度居于支配地位的国家;资本主义国家就是资本主义经济制度居于支配地位的国家,就是资本通过雇佣劳动而增值的商品经济制度居于支配地位的国

---

①　〔德〕考茨基著,《哲学研究》编辑部译:《唯物主义历史观》第五分册,上海人民出版社1964年版,第312页。
②　《马克思恩格斯选集》第三卷,人民出版社1995年版,第342页。

家。那么,共产主义国家就是共产主义经济制度居于支配地位的国家吗?是的。一个国家,只要共产主义经济制度居于支配地位,就是共产主义国家;甚至只要公有制居于支配地位,就是共产主义国家,因而原始共产主义国家和社会主义国家都属于共产主义国家范畴。

只不过,原始共产主义国家和社会主义国家乃是不完全不完善的共产主义国家;"完善"、"完全"的共产主义国家,亦即我们所谓的共产主义高级阶段,乃是人类的终极理想,因而是完全符合国家制度价值标准——公正与平等以及人道与自由——的理想国家。所以,"完善"、"完全"的共产主义国家绝不仅仅是共产主义经济制度居于支配地位——共产主义经济制度居于支配地位是不完全的共产主义国家的特征——而是完全实现了共产主义经济制度,是经济制度完全符合国家制度价值标准的理想国家,也就是实现了自由且公正的市场经济和按劳分配、生产力高度发达的公有制国家,说到底,也就是实现了没有政府指挥的公有制市场经济、按劳分配和生产力高度发达的国家。

不仅此也! 完全的共产主义国家乃是完全符合国家制度价值标准的理想国家,因而绝不仅仅是经济制度完全符合国家制度价值标准;其他方面,如国体和政体,也必定完全符合国家制度价值标准。准此观之,共产主义国家与以往国家根本不同。它应该是一种完成了全球化的国家,亦即只拥有一个主权和一个世界政府的一个包容全人类的全球国家;这就是完全符合国家制度价值标准的理想国家的最显著的特征。因为,如前所述,人乃是社会动物,每个人的生存发展需要不但只有通过社会才能够获得满足,而且这些需要的满足程度,显然与社会规模的大小成正比;社会的规模越小,分工协作便越简单,每个人需要获得满足的程度便越低越少越差;社会的规模越大,分工协作便越复杂,每个人需要获得满足的程度便越多越高越好。这样一来,人类就其本性而言,便不仅需要和追求社会,而且需要和追求最大的社会,需要和追求最大的国家,需要和追求只有一个主权和一个世界政府的全球国家。因此,最大的国家或全球国家乃是人类社会的终极理想,是符合国家制度价值标准的理想国家的终极特征:它不但使每个人的需要获得最完备最充分最优良满足,而且无疑是唯一可以消灭战争和废除常备军的国家。试想,全球只有一个国家,全人类都在一个主权的治理之下,哪里还会发生战争?没有了战争,还要耗资巨大的常备军干什么?

然而,任何国家,不论大小,不论人数多少,它存在与发展的最根本的条件,无疑是统一,是"完整地结合为一个单位"。只有当国家如同一个人那样"构成一个整体",亦即成为一个统一体、一个"公共的大我"、一个"公共人格",它才能够存在发展;否则,四分五裂、各行其是,势必崩溃灭亡。国家的规模与统一显然具有反比例关系:国家越大,便越难以统一;国家越小,便越易于统一。这就是人类为什么追求国家最大化却又不断合而又分、分而又合的缘故:统一存则合,统一亡则分。有鉴于此,罗贯中的《三国演义》开篇第一句话就是:"话说天下大势,分久必合,合久必分。"

但是,罗贯中未能看到:天下大势,终归于合。因为随着人类的进步,大国统一之困难必定会逐步被克服,从而必定不断实现国家最大化。事实正是如此。我们已经由公元前1000年可能多达100万个国家,最大化为今日200来个国家;最终岂不必定会最大化或全球化为只有一个主权和一个世界政府的共产主义全球国家？确实,人类学家恩伯就曾这样写道:"据罗伯特·卡尼尔罗估算,公元前 1000 年,世界上可能有 10 万到 100 万个独立的政治实体,而在今天却只有不到 200 个了。在民族志资料中,过去 150 年内所描述过的大约 2000 个社会有大约 50％只存在着地方政治实体。这就是说,在相当近代的社会中,约有一半的社会其最高层次的政治整合体就是社区。这样看来,独立政治实体在数量上的减少大多数都发生在近代。这种趋势对未来有些什么启示呢? 一些研究人员提出,也许近在 23 世纪,最晚也不会晚于公元 4850 年,整个世界就会最终在政治上整合起来。"[①]

这种只有一个主权和一个世界政府的全球国家将诞生于 23 世纪抑或公元 4850 年之前,殊难预料。但是,共产主义国家是只有一个主权和一个世界政府的全球国家确凿无疑。因为共产主义国家是经济制度完全符合国家制度价值标准——亦即实现了自由且公正的市场经济、按劳分配和生产力高度发达——的理想国家,实已蕴涵:共产主义国家是只有一个主权和一个世界政府的全球国家。因为市场经济和高度发达的生产力的本性就是跨越国境,就是无国界,就是全球化,就是经济全球化和经济一体化。这个道理,斯密早有所见:"在每一个私人家庭的行为中是精明的事情,在一个大国的行为中就很少是荒唐的了。如果外国能以比我们自己制造还便宜的商品供应我们,我们最好向他们购买这种产品,而用自己拥有某种优势的产业的部分产品来进行交换。"[②]

---

① 〔美〕恩伯著,杜杉杉译,刘钦审校:《文化的变异》,辽宁人民出版社 1988 年版,第 414 页。

② Adam Smith:*An Inquiry into the Nature and Causes of the Wealth of Nations*,Oxford:Clarendon Press,1976,p. 457.

因此,经济全球化与市场经济如影随形,肇始于市场经济最早居于支配地位的国家,亦即资本主义国家:"经济全球化的进程是随着世界资本主义的出现就开始了的。"[①]对此,马克思恩格斯早有所见:"不断扩大产品销路的需要,驱使资产阶级奔走于全球各地。它必须到处落户,到处创业,到处建立联系。资产阶级,由于开拓了世界市场,使一切国家的生产和消费都成为世界性的了。不管反动派怎样惋惜,资产阶级还是挖掉了工业脚下的民族基础。古老的民族工业被消灭了,并且每天都还在被消灭。它们被新的工业排挤掉了,新的工业的建立已经成为一切文明民族的生命攸关的问题:这些工业所加工的,已经不是本地的原料,而是来自极其遥远的地区的原料;它们的产品不仅供本国消费,而且同时供世界各地消费。旧的、靠国产品来满足的需要,被新的、要靠极其遥远的国家和地带的产品来满足的需要所代替了。过去那种地方的和民族的自给自足和闭关自守状态,被各民族的各方面的相互往来和各方面的相互依赖所代替了。"[②]

毋庸赘述,经济全球化必然导致政治、法律、文化、军事诸方面全球化:经济全球化的开端就是全球化的开端。如果说经济全球化肇始于资本主义市场经济,那么,当全世界主要的和众多的国家都实行市场经济体制时,经济全球化的时代就到来了,全球化的时代就到来了。因此,正如俞可平和杨雪冬等学者所言,我们的时代堪称全球化时代:"全球化正成为我们这个时代的最主要特征,事实上许多人已经把我们这个时代称之为'全球化时代'(global age)。"[③]

---

① 〔日〕星野昭吉著,刘小林、张胜军译:《全球政治学》,新华出版社2000年版,第158页。

② 《马克思恩格斯选集》第一卷,人民出版社1972年版,第254－255页。

③ 俞可平:《全球化:全球治理》,社会科学文献出版社2003年版,第20页。

全球化时代的根本标志无疑是全球治理的兴起,是全球治理的高度制度化。这种制度化表现在两方面。一方面是所谓"全球规则(global regimes)"、"国际规制体制(international regimes)"体系——亦即全球化的权力规范体系——的确立。对此扬(Young)曾这样描述道:"国际规制体制在其职能范围、地理范围和成员上都非常广泛……然而,最令人吃惊的,还是国家规制体制本身的绝对数目。它们绝不像某些人所认为的那样比较稀少,而是遍布于国际社会。"[1]全球治理的高度制度化,另一方面则在于全球化治理的权力机构体系的形成。因为没有全球化的权力规范体系,全球化固然不可能存在发展;但没有全球治理权力机构体系,全球化的规范体系如同一纸空文。这种全球化治理的权力机构,既有政府间的国际组织,如联合国、世界贸易组织、世界银行、国际货币基金组织等等,也有不胜枚举的非政府间的国际组织。这些国际组织纵横交错,形成了庞大的全球化治理的权力机构体系。戴维·赫尔德曾从国际组织和国际条约的激增,说明了当今全球治理的高度制度化的特点:

"1909年,全世界大概有37个政府间国际组织和176非政府间国际组织;而到1996年,全世界已经有将近260个政府间国际组织和5472个非政府间国际组织。另外,还有一个有趣的变化需要指出,1946—1975年期间,政府间生效的国际条约的数目增加了两倍多,从6153个发展到14061个。而包含非政府间国际组织的这样的条约则从623个增加到2303个。"[2]

---

①　转引自〔英〕戴维·赫尔德等著,杨雪冬等译:《全球大变革:全球化时代的政治、经济与文化》,社会科学文献出版社2001年版,第72页。

②　〔英〕戴维·赫尔德等著,杨雪冬等译:《全球大变革:全球化时代的政治、经济与文化》,社会科学文献出版社2001年版,第74页。

全球治理的高度制度化具有极其巨大和深远的意义。姑且不说全球治理的高度制度化，只是全球治理便已经意味着：就全球治理的对象或事务（诸如全球安全、生态环境、国际经济、跨国犯罪和人权等等）来说，一方面，全球化的权力规范，如《世界贸易组织规则》和《联合国宪章》等等，高于各成员国的权力规范，后者必须服从前者；另一方面，全球治理权力机构所拥有的权力高于各成员国的国家权力，后者必须服从前者。这就是说，仅就全球治理的对象或事务来看，全球治理权力机构所拥有的权力是最高权力，高于各个成员国的国家权力；各个成员国对于本国属于全球治理范围的事务，不拥有最高权力。这就是所谓主权转让、让渡和分享的问题：每个成员国都将本国属于全球治理的事务的最高权力或主权转让给全球化权力机构。这种最高权力或主权的转让和分享，正如戴维·赫尔德所言，乃是全球化的根本特征：

"全球化关涉到权力组织和实施规模的不断扩大，即网络和权力循环空间范围的扩大。实际上，权力是全球化的根本特征。在一个相互联系不断扩大的全球体系中，一个大陆上的能动者采取的决定、行动或者不行动，都在行使着权力。这对于另一个大陆上的国家、共同体以及家庭可能有重要影响。权力关系深入体现在全球化的进程中。实际上，权力关系的扩展意味着权力地点和权力实施不断远离体验这种结果的对象和场所。从这个角度来说，全球化涉及相距遥远的权力关系的构建和再构建。"[1]

随着全球化的深度和广度的不断拓展，全球治理的对象或事

---

[1]　〔英〕戴维·赫尔德等著，杨雪冬等译：《全球大变革：全球化时代的政治、经济与文化》，社会科学文献出版社 2001 年版，第 40 页。

务势必不断增加,各成员国治理的对象或事务势必相应地不断减少。这意味着:全球化治理的权力机构的最高权力所统领的事务越来越多,各成员国最高权力所统领的事务越来越少。这就是所谓民族国家主权的削弱、减少、衰落。人类最深刻的本性——追求国家最大化或全球化因而最终追求只有一个主权和一个世界政府的全球国家——注定了全球化最终结果必定是各成员国的全部事务均由全球治理的权力机构的最高权力所统领,从而各成员国转让和共享各自的全部主权,形成只有一个主权的全球国家:这就是全球化的完成。全球化的主体当然是世界各国:全球化就是各个国家的全球化,就是各个国家向全球化国家的转化,因而全球化的完成岂不就是全球国家? 所以,全球化的实质就是最高权力或主权的转让和分享,就是主权全球化,就是各国主权转化为一个主权,从而使各民族国家转化为一个全球国家。因此,全球化就是去国界化,就是无国界化,就是国家最大化,就是国家全球化,就是众多国家向一个全球国家的转化,就是民族国家的终结和全球国家的形成。因此,戴维·赫尔德和乌·贝克以及赫尔伯特·迪特根等学者所言甚真:"最好把全球化理解为'无领土的'。"[①] "全球化意味着非民族国家化。"[②]"民族国家已经过时","民主国家正在终结"。[③]

　　只有一个主权和一个世界政府的全球国家,不但是人类最深刻的追求,不但是完全符合国家制度价值标准的理想国家,而且已

---

　　① 〔英〕戴维·赫尔德等著,杨雪冬等译:《全球大变革:全球化时代的政治、经济与文化》,社会科学文献出版社 2001 年版,第 38 页。

　　② 〔德〕乌·贝克等著,王学东、柴方国译:《全球化与政治》,中央编译出版社 2000 年版,第 25 页。

　　③ 俞可平等著:《全球化与国家主权》,社会科学文献出版社 2004 年版,第 11 页。

经是一种现实的可能性：它正在实现。因为当今全球治理的高度
制度化已经意味着：全球国家和世界政府正在形成。试问，何谓政
府？政府岂不就是执掌和行使最高权力的一切管理组织或机关。
全球化治理的权力机构体系，如联合国、世界贸易组织、世界银行、
国际货币基金组织等等，就其治理的对象或事务来说，拥有最高权
力，乃是拥有、执掌和行使最高权力的管理组织或机关，因而也就
属于政府范畴，是一种世界政府。只不过，与各成员国的主权或最
高权力相比，这种全球化治理的权力机构体系所拥有的最高权力
还相当弱小，因而只是弱小的、生成和发展中的世界政府或世界政
府的雏形罢了。

如果说联合国和世界贸易组织是世界政府的雏形，那么，迄今
拥有 28 个成员国和 5 亿人口的欧盟，堪称全球国家的雏形。因为
欧盟不但与国家一样，拥有高于各成员国的立法机构、行政机构和
法院，不但通过《单一欧洲法令》撤销了各成员国之间的内部边界，
而且《欧洲联盟条约》将一体化范围从经济领域扩展到政治、外交、
防务、司法与内务，实现了各成员国的主权向欧盟的大规模和深层
次的转让。特别是，单一货币欧元完全取代了各成员国作为经济
主权主要象征的国家货币，标志着各成员国的经济主权已经彻底
转让给欧盟，而不复拥有经济主权了。欧盟已经拥有经济主权，并
且必将逐渐拥有其他主权；欧盟是一个正在发展和形成中的国家，
是一个国家的雏形。当它像拥有经济主权一样拥有其他主权时，
它就是一个真正的、完全成熟的国家了：一个全球国家的雏形、一
个国家全球化的典范。

星星之火可以燎原，因为这符合事物发展的客观本性。与世
界政府和全球国家相距甚远的欧盟和联合国、世界贸易组织、世界

银行以及国际货币基金组织等等,终将演进为只有一个主权和一个世界政府的全球国家,因为这是最深刻的人性追求。彼得·辛格和格罗索普等思想家甚至认为世界政府和全球国家乃是 21 世纪亟待完成的历史使命:"21 世纪面临的任务是发展一种适合这个独一无二的世界的政府形式。"[①]"亟须的是一个拥有立法权力的世界议会,加上一个世界法庭和指定的、拥有执法权的行政机关。"[②]汤因比在展望 21 世纪时亦如是说:"必须剥夺地方国家的主权。一切都要服从于全球的世界政府的主权。这是我一贯的主张。当然即或成立了世界政府,现在的地方国家还是作为地方行政单位,继续担负着有益的、不可缺少的地方自治任务——正像联邦国家中各成员国所起的作用一样。我预料,随着人们活动规模的继续扩大,现在各个地方国家的行政权限要逐渐地转移到世界政府手中。"[③]

"只有一个主权和一个世界政府的全球国家"乃是一定能够实现并且正在实现的人类社会的终极理想,因而便与"没有政府指挥的公有制市场经济"、"按劳分配"、"高度发达的生产力"一起,构成了完全符合国家制度价值标准的理想国家——亦即共产主义国家——的四大特征:全球国家无疑是共产主义国家区别于以往国家的最显著的特征。那么,是否可以将共产主义国家特征归结为这样四大特征呢? 否。因为这些特征均与政体无关;而政体无疑

---

① 〔美〕彼得·辛格著,应奇、杨立峰译:《一个世界:全球化伦理》,东方出版社 2005 年版,第 205 页。

② 俞可平主编:《全球化:全球治理》,社会科学文献出版社 2003 年版,第 171 页。

③ 〔日〕池田大作、〔英〕汤因比著,荀春生等译:《展望 21 世纪》,国际文化出版公司 1985 年版,第 211 页。

是共产主义国家的一个极其重要的方面。诚然,"只有一个主权和一个世界政府的全球国家"的特征,不但意味着共产主义国家消除了战争和常备军,而且意味着将消除专制和极权。这个道理,已蕴涵于乌·贝克的论述:"全球化意味着非民族国家化……在漫长的19世纪和20世纪上半叶,有两种最大的灾难,即国家间的战争和极权国家对自由的非人道的限制,而今天在经合组织国家范围内,发生这两种灾难的可能性变得越来越小了,社会的非民族国家化可以说是这种变化的一个主要原因。"[①]然而,问题是:全球国家是否足以杜绝专制和极权? 共产主义国家的政体究竟如何?

3. 遵循国家制度价值标准的民主:共产主义国家政体

确实,只有一个主权和一个世界政府的全球国家足以杜绝专制和极权。因为实在难以想象一个人独掌全球国家最高权力:全世界的人都屈从一个人的意志。更何况,当今之世界日益民主,民主化浪潮融汇全球化浪潮浩浩汤汤,顺之者存,逆之者亡。试问,全球国家实现之日,怎么能够不是民主的全球国家实现之时? 然而,真正讲来,共产主义全球国家的政体必为民主,除了全球国家本性,还有更重要和更具必然性的原因。

原来,所谓政体,如前所述,也就是政治及其机关的具体分类、类型和形式,就是政治和政府的具体分类、类型或形式,因而分为四大类型:①专制、君主专制或无限君主制是一个人独掌最高权力的政体;②有限君主制或分权君主制是一人为主而与其他公民共

---

① 〔德〕乌·贝克等著,王学东、柴方国译:《全球化与政治》,中央编译出版社2000年版,第25页。

同执掌最高权力的政体，是一个公民受到其他公民及其组织限制
地执掌最高权力的政体；③寡头、寡头共和或贵族共和是少数公民
平等地共同执掌最高权力的政体；④民主或民主共和是所有公民
平等地共同执掌最高权力的政体。

不难看出，唯有民主政体才符合政治平等和政治自由两大国
家制度价值标准。因为按照政治平等标准，每个公民都应该完全
平等地共同执掌国家最高权力；按照政治自由标准，一个国家的政
治，应该按照每个公民自己的意志进行。显然，只有实行民主政
体，每个公民才能平等地共同执掌最高权力，才能使国家的政治按
照每个公民自己的意志进行，从而符合政治平等与政治自由标准，
是应该的、善的、好的和具有正价值的。反之，如果实行寡头政体和
君主政体等非民主政体，则只有少数公民乃至一个公民才能执掌最
高权力，才能使国家的政治按照自己的意志进行，因而都违背政治
平等与政治自由标准，都是不应该的、恶的、坏的和具有负价值的。

不但此也！唯有实行民主政体，每个人都完全平等地执掌国
家最高权力，每个人都完全平等地拥有最高政治权力，从而才能消
除政治权力垄断，才能消除政治权力垄断群体与没有政治权力群
体，才能消除统治阶级与被统治阶级，才能消除阶级和剥削。反
之，如果实行寡头政体和君主政体等非民主政体，则只有少数公民
乃至一个公民才能执掌最高权力，因而必然导致政治权力垄断，必
然出现政治权力垄断群体与没有政治权力群体，必然出现统治阶
级与被统治阶级，必然出现阶级和剥削。

问题的关键在于，共产主义国家乃是符合国家制度价值标准
的理想国家，因而也就只可能实行——亦即必然实行——民主政
体。有民主，必有政治自由和政治平等，必无政治权力垄断，必无

统治阶级与被统治阶级;无民主,必无政治自由和政治平等,必有
政治权力垄断,必有统治阶级与被统治阶级。所以,民主是实现政
治自由、政治平等和消除政治权力垄断的充分且必要条件,因而是
符合政治自由和政治平等标准——以及消除政治权力垄断——的
理想国家的充分且必要条件。

　　但是,民主只是符合国家制度价值标准——包括经济公正、经
济自由和思想自由等等国家制度价值标准——的理想国家之必要
条件。因为,一方面,所谓民主,就其本质来说,固然是全体公民掌
握最高权力;但是,就其实现来说,却只能是多数裁定。这样一来,
便正如托克维尔所言,多数公民极可能滥用多数裁定,去反对他们
的对手:"如果多数不团结得像一个人似地行动,以在观点上和往往
在利益上反对另一个也像一个人似地行动的所谓少数,那又叫什么
多数呢? 但是,如果你承认一个拥有无限权威的人可以滥用他的权
力去反对他的对手,那你有什么理由不承认多数也可以这样做
呢?"①托克维尔将这种多数对于多数裁定的滥用,叫作"多数暴政"。
多数暴政的民主国家显然不是符合国家制度价值标准的理想国家。

　　另一方面,即使民主不导致多数对于少数的暴政,却仍然可能
导致暴政:一种侵犯每个人的个人自由和个人权利的暴政。因为
最高权力就其本性来说即与无限权力相通,极易演进为无限权力;
因而正如托克维尔所言,国家的最高权力无论掌握在君主手里,还
是掌握在人民手里,都可能成为无限权力而沦为暴政:"当我看到
任何一个权威被授以决定一切的权力和能力时,不管人们把这个

————————

①　〔法〕托克维尔著,董果良译:《论美国的民主》上卷,商务印书馆1996年版,第
288页。

权威称作人民还是国王,或者称作民主政府还是贵族政府,或者这个权威是在君主国行使还是在共和国行使,我都要说,这是给暴政播下了种子。"① 只不过,君主掌握无限权力的国家,既无政治自由,又无其他自由;而人民掌握无限权力的国家,则只有政治自由,却无其他自由罢了。

可见,权力就其本性来说——不论它掌握在谁的手里——便倾向于被滥用而趋于无限与绝对,最终侵犯个人自由与个人权利而沦为暴政。这就是为什么民主只是符合国家制度价值标准的理想国家的必要条件而不是充分条件的缘故:民主的政权可能是无限的(unlimited democracy),因而可能违背国家制度价值标准,导致民主的暴政。这意味着,如果民主的政权得到国家制度价值标准有效限制,从而遵循国家制度价值标准,那么,民主国家便是符合国家制度价值标准的理想国家了:符合国家制度价值标准的理想国家也就是最高权力受到国家制度价值标准有效限制的民主的国家。因此,最高权力受到国家制度价值标准有效限制从而遵循国家制度价值标准的民主,乃是实现符合国家制度价值标准的理想国家的充分且必要条件。

这样一来,遵循国家制度价值标准的民主便优良于协商民主等任何民主政体,乃是最优良最完善最理想的民主。因为,一方面,协商民主仅仅意味着所有公民——多数与少数或没有多数的多元少数——平等协商共同执掌最高权力,而未必遵循国家制度价值标准,从而仍然可能沦为民主的暴政。另一方面,遵循国家制

---

① 〔法〕托克维尔著,董果良译:《论美国的民主》上卷,商务印书馆 1996 年版,第289 页。

度价值标准的民主必定遵循自由和公正等国家制度价值标准体系,从而不但必定是完善的政治民主和经济民主以及社会民主,而且必定遵循多数裁定和保护少数权利原则,必定是多数与少数平等协商而共同执掌最高权力:遵循国家制度价值标准的民主必定是协商民主。

那么,遵循国家制度价值标准的民主是符合国家制度价值标准的理想国家的充分且必要条件吗? 肯定的回答粗略看来不错,但细究起来却不尽然。因为有些国家制度价值标准,如按劳分配和经济异化消除原则,是任何私有制国家的民主都不可能遵循和实现的;否则就不是私有制国家了。因此,真正讲来,私有制国家的遵循国家制度价值标准的民主只是完全符合国家制度价值标准的理想国家之必要条件。只有共产主义或公有制基础上的遵循国家制度价值标准的民主,才可能遵循和实现按劳分配和经济异化消除原则,才可能遵循和实现全部国家制度价值标准,从而才可能是完全符合国家制度价值标准的理想国家的充分且必要条件。这就是为什么公有制遵循国家制度价值标准的民主——而不仅仅是遵循国家制度价值标准的民主——乃是共产主义国家根本特征的缘故。

综观共产主义国家,可以将其本性归结为六大特征:"高度发达的生产力"、"生产资料公有制"、"按劳分配"、"没有政府管制的市场经济"、"只有一个主权和一个世界政府的全球国家"和"遵循国家制度价值标准的民主"。六大特征结合起来便构成完全的完善的共产主义国家,因而是完全的完善的共产主义国家充分且必要条件;六大特征分离开来,则分别是共产主义国家必要条件。在这些条件中,最根本最重要最具决定意义的是高度发达的生产力,因为它乃是具备其他五大条件的最根本的必要条件。这可以从两方面看：

一方面，无庸赘述，高度发达的生产力无疑是实现"只有一个主权和一个世界政府的全球国家"的最根本必要条件。另一方面，高度发达的生产力也是建立公有制和民主制以及按劳分配和没有政府管制的市场经济的最根本必要条件。因为只有在生产力高度发达的条件下，废除私有制和实行社会主义，才能因国民政治觉悟、公民文化和思想品德普遍提高，从而既能够保障公有制经济高效率发展，又能够实行民主制，消除政治权力和经济权力垄断，消除阶级和剥削，实现没有政府管制的市场经济和按劳分配。

于是，共产主义国家特征最终可以归结为"高度发达的生产力"以及被它决定的"生产资料公有制"、"按劳分配"、"没有政府管制的市场经济"、"只有一个主权和一个世界政府的全球国家"和"遵循国家制度价值标准的民主"。"高度发达的生产力"和"没有政府管制的市场经济"意味着共产主义国家物质财富极大丰富，每个人的物质需要都可以得到相当充分的满足，因而实现自己创造性潜能的劳动可能成为每个人的生活第一需要；"公有制"、"遵循国家制度价值标准的民主"和"按劳分配"意味着共产主义国家消除了政治权力垄断和经济权力垄断以及社会权力垄断和文化权力垄断，消除了阶级、阶级压迫与阶级剥削。"只有一个主权和一个世界政府的全球国家"意味着共产主义国家消除了战争和常备军，实现了世界大同。六大特征，总而言之，意味着完全符合公正与人道以及增减每个人利益总量等国家制度价值标准的理想国家之实现。这就是真正堪称科学的共产主义国家观，这就是符合国家制度价值标准与人性以及社会发展客观规律的理想国，这就是一定能够实现并且不久的未来即将实现的人类社会的终极理想:"这将是古代氏族的自由、平等和博爱的复活,但却是在更高级形式上的复活。"①

四、社会主义与社会主义国家

1. 社会主义:理想的社会制度

厘清了共产主义和共产主义国家,也就不难理解社会主义和社会主义国家了。诚然,社会主义属于最难定义的范畴之列,以致柯尔的巨著《社会主义思想史》开篇第一句话就说:"人们往往强调,给社会主义下明确定义是不可能的,而且时常引以为憾。"②其实,各门科学的基本范畴,如个人主义、自由主义和平等主义等等,大都难以定义。对于这些范畴,只要从其词源含义出发,比较人类以往各种界说和用法及其来龙去脉,考察其所称谓的事物之根本特征,便可能捕捉到它的精确定义。更何况,共产主义的概念解析实已提供了界说社会主义的钥匙。

据柯尔考证,社会主义一词初次出现于 1832 年的法文期刊《地球报》,用以表示圣西门学说的特征;而在 1827 年,欧文主义者的《合作杂志》则已经使用"社会主义者"一词来称呼欧文合作学说的信徒。那么,欧文和圣西门学说的根本特征是什么? 无疑是改造社会的意见和计划。所以,柯尔认为社会主义和社会主义者的

---

① 《马克思恩格斯选集》第四卷,人民出版社 1972 年版,第 175 页。
② 〔英〕柯尔著,何光莱译:《社会主义思想史》第一卷,商务印书馆 1977 年版,第 7 页。

根本内涵就是改造社会的意见和计划："用这两个词来称呼某些改组社会的意见和计划是相当方便,也是十分自然的;到了十九世纪三十年代,日常用语中已经需要一种大体上切合的词来称呼这类改组社会的意见和计划了。"①

确实,社会主义就是一种改造社会的意见和计划,就是一种理想的应该的良好的——亦即符合国家制度价值标准的——社会之意见和计划,就是理想的应该的良好的符合国家制度价值标准的社会制度,就是关于理想的应该的良好的符合国家制度价值标准的社会制度的学说。从词源上看也是如此。社会主义一词源于古拉丁文 socialis,本意为同伴的、社会的,引申为改造社会的、理想社会的:社会主义就是理想的社会制度,主要是理想社会的经济制度。因此,柯尔说:"在社会主义一词用开以前,人们已经谈到过'社会制度'这一含义大致相同的术语。'社会主义者'一词指的就是在许多种'社会制度'中拥护其中一种的人。这些'社会制度'在内容上虽然彼此有出入,但都一致反对经济学中流行的个人主义制度,一致反对当时一般人在人类关系和如何正确安排公众事务的看法和态度上把政治问题列在社会问题和经济问题前面的见解。"②

然而,究竟什么社会制度才是理想的、好的、应该的呢?答案自然是仁者见仁,智者见智,众说纷纭。这就是为什么社会主义流派之众多无与伦比的缘故,这就是为什么圣西门和傅立叶并不主张废除私有制却被仍然被冠以社会主义者的缘故。但是,随着社会主义和理想社会思想的发展,社会主义和理想社会便越来越以

---

① 〔英〕柯尔著,何光莱译:《社会主义思想史》第一卷,商务印书馆 1977 年版,第 8 页。
② 同上。

生产资料社会所有制或公有制为根本特征了：理想社会必定消除剥削因而必定废除私有制而代之以社会所有制或公有制。社会主义的根本特征是社会所有制或公有制，因而社会主义也就是共产主义而属于共产主义范畴。因为一个社会只要实行了生产资料公有制，就堪称共产主义社会；共产主义社会就是实行生产资料公有制的社会。这就是为什么马克思主义经典作家会将社会主义看作共产主义同义语的缘故。

这样一来，正如柯尔所言，社会主义和共产主义的渊源便是历代相沿，一直可以追溯到古希腊柏拉图的理想国："这些原先用来称呼傅立叶派、圣西门派、欧文派、伊加利亚主义者（卡贝的信从者）和十九世纪初叶其他流派的名称，很快也被用来称呼某些早期思想家和理想社会的设计者。他们的思想和上述各类人物在某种程度上大致相似。到后来，对于以往各种各样的学说，只要所强调的是共同生活、集体所有制、以社会道德为中心内容的教育，或者主张对规范人类生活的习惯和制度等客观条件进行集体的社会计划和控制，一概都称之为'社会主义的'和'共产主义的'。"①

2. 社会主义：不完全而求完全的共产主义

社会主义就是共产主义。但是，正如列宁所言，社会主义是不完全、不完善的共产主义，是共产主义第一阶段或低级阶段；而不是完全的完善的共产主义，不是共产主义高级阶段："马克思把通常所说的社会主义称作共产主义社会的'第一'阶段或低级阶段。

---

① 〔英〕柯尔著，何光莱译：《社会主义思想史》第一卷，商务印书馆1977年版，第14页。

既然生产资料已成为公有财产,那么'共产主义'这个名词在这里也是可以用的,只要不忘记这还不是完全的共产主义。"①于是,两个名词——社会主义与共产主义——最终便又区别开来:"共产主义"一词用来称谓完全的完善的共产主义或共产主义高级阶段;"社会主义"一词则用来称谓共产主义第一阶段或低级阶段,亦即不完全而求完全、不完善求完善的共产主义。

那么,这种不完全不完善而求完全求完善的共产主义的根本特征是什么? 这种共产主义第一阶段或低级阶段的根本特征是什么? 说到底,社会主义的根本特征是什么? 社会主义与共产主义的区别何在? 马克思和恩格斯答道:社会主义的根本特征是生产资料公有制、按劳分配和没有商品货币关系的计划经济。列宁的《国家与革命》亦持此说。然而,理论是暗淡的,而生活之树则是长青的。十月革命后,社会主义从抽象的理论变成了现实。从现实来看,社会主义的根本特征是什么? 列宁的回答令人震惊:"我们还不能阐述社会主义的特征,社会主义将来是个什么样子,什么时候达到完备的形式——这些我们都不知道,也不能说。"②如今,经过半个多世纪的世界社会主义实践,堪称主流的社会主义特征观似乎可以归结为:社会主义是全民和集体两种公有制、按劳分配和有计划的市场经济;而共产主义则是全民所有制、按需分配和产品计划经济。

这些观点是不能成立的。因为,如前所述,人类社会只有一种经济形态,亦即没有政府指挥——但有政府适当干预——的市场

---

① 《列宁选集》第三卷,人民出版社1972年版,第255页。
② 《列宁全集》第二十七卷,人民出版社1958年版,第118页。

经济,符合经济自由原则,因而是自由的、人权的、人道的和高效率的经济形态,是符合国家制度价值标准的经济形态;其他一切经济形态(计划经济和自然经济以及存在政府指挥的市场经济或混合经济)都不符合经济自由原则,因而都是不自由、非人道、无人权和低效率的经济形态,都是违背国家制度价值标准的经济形态;没有政府指挥的公有制市场经济乃是唯一符合国家制度价值标准的经济形态,是人类社会唯一理想的经济形态。

另一方面,如前所述,不论任何社会,公正的分配制度只能是按劳分配;按需分配绝非公正的分配制度,而或者是不公正制度,或者是超越公正的人道或仁爱制度——如果实行于像家庭那样以爱为基础的社会,就是超越公正不公正的人道或仁爱的分配制度;如果实行于以利益为基础的社会,就是不公正的分配制度。共产主义社会广大社会成员相互间的基本联系必定仍然是利益而不是爱,因而实行按需分配便会剥夺需要少而贡献多者按照公正原则所应得的较多的权利,从而是不公正的;按需分配在共产主义社会是一种不公正不应该的恶的分配制度。因此,按劳分配不但是任何社会唯一公正的分配原则,而且是一切以利益为基础的社会唯一道德的、善的、应该的、理想的分配原则,因而也就是共产主义社会唯一善的、道德的、应该的、理想的分配原则。

总而言之,按需分配与产品计划经济违背公正与自由等国家制度价值标准,都是不应该的、恶的经济制度,因而绝不是共产主义制度;按劳分配与公有制市场经济是唯一符合公正与自由等国家制度价值标准的经济制度,因而不但应该实行于社会主义,而且应该实行于共产主义;按劳分配和市场经济绝不是社会主义区别于共产主义的特征。

这样一来,社会主义也就没有什么与共产主义不同的经济制度:社会主义与共产主义的区别仅仅在于完全与不完全。完善的、完全的共产主义,亦即共产主义高级阶段,也就是完全符合国家制度价值标准——公正与平等以及人道与自由——的理想社会制度;社会主义则是共产主义的低级阶段,是不完全而求完全的共产主义,也就是不完全符合而求完全符合国家制度价值标准——公正与平等以及人道与自由——的共产主义,也就是努力追求并且逐渐接近完全符合国家制度价值标准——公正与平等以及人道与自由——的共产主义,也就是以完全符合公正与平等以及人道与自由等原则为基本价值和终极目标的共产主义。

经过半个多世纪的社会主义实践,人们日益确认公正与平等以及人道与自由实乃社会主义的基本价值和终极目标;日益确认努力追求和逐渐接近完全符合公正与平等以及人道与自由等原则乃是社会主义的本质特征。戈尔巴乔夫在《未来的社会主义》杂志创刊号中写道:"'社会主义'这一概念在几乎 160 年前就已经出现,但社会主义的思想则要早得多了。它反映着人类生活的这样一个方面,这个方面与人们的普遍利益而不是局部利益相联系,与人们多少世纪以来所追求的社会平等和正义的艰苦努力相联系。""社会主义吸取了自由主义中的具有持久性的内容,并把自由的观念同社会平等和正义的原则结合起来。"[①]社会党国际和二战后各国社会党,则普遍在其政党纲领中将公正与平等以及人道与自由等叫做社会主义基本价值,奉为社会主义理想和政策的根据,成为

---

　①　〔俄〕戈尔巴乔夫等著,中共中央编译局编译:《未来的社会主义》,中央编译出版社 1994 年版,第 9—12 页。

社会主义努力实现的目标。举例说:

社会党国际 1951 年发表的基本纲领《法兰克福声明》中写道:
"在资本主义制度下,剥削使人分裂成对立的阶级,社会党人的目
的在于消灭这种剥削,以谋求自由与正义。"《利马委托书》进一步
指出:"在我们的各项原则中,自由这一原则是至关紧要的。"1959
年,德国社会民主党《歌德斯堡纲领》第一个标题就是"社会主义基
本价值",其中写道:"自由、公正、相助和从共同的结合中产生出来
的彼此间所承担的义务,即是社会主义意向的基本价值……社会
主义是一项持久的任务,即争取、捍卫自由和公正,而且它本身在
自由和公正中经受检验。"1978 年,瑞典社会民主党纲领在"总则"
中写道:"社会主义的社会观表现出实现自由、平等、民主和团结的
意愿。"

但是,不完全而求完全符合公正与平等以及人道与自由等原
则,只是社会主义制度努力实现的基本价值、终极目标和整体特
征,而并不是社会主义制度具体特征。那么,在这样一种基本价值
和终极目标支配下,社会主义制度具有哪些具体特征呢?完善的、
完全的共产主义,如前所述,完全符合国家制度价值标准——公正
与平等以及人道与自由——因而具有四大特征:"高度发达的生产
力"、"生产资料全民所有制"、"按劳分配"、"没有政府指挥的市场
经济"。这就是共产主义——亦即完全的共产主义或共产主义高
级阶段——的四大特征,这就是人类终极的理想社会经济制度的
根本特征。因此,所谓完全的共产主义或共产主义高级阶段,说到
底,也就是完全具有这四大特征的经济制度或经济形态;只要不具
备其中一个特征,就是不完全不完善的共产主义,亦即社会主义:
社会主义就是不完全的共产主义,就是不完全符合国家制度价值

标准——公正与平等以及人道与自由——的共产主义,就是不完全具备共产主义四大特征(高度发达的生产力、全民所有制、按劳分配和没有政府指挥的市场经济)的共产主义。

这样一来,共产主义的根本特征便可以归结为完全具有这四大特征——高度发达的生产力、全民所有制、按劳分配和没有政府指挥的市场经济——社会主义的根本特征则可以归结为不完全具有这四大特征。更确切些说,社会主义至少必须具备其中一个特征:公有制。否则,就不是社会主义了:公有制是社会主义充分且必要条件。在公有制的基础上,具备其他特征(高度发达的生产力、按劳分配和没有政府指挥的市场经济)越少,就越不发达越不完善,就是相对不发达不完善的社会主义;具备其他特征越多,就越完善越发达,就是相对发达和完善的社会主义;完全具备这些特征,就超越社会主义而进入共产主义了。

3. 社会主义国家:公有制居于支配地位的国家

社会主义的概念解析,使社会主义国家概念迎刃而解。社会主义是一种经济形态、经济制度:社会主义国家就是社会主义经济制度居于支配地位的国家。公有制是社会主义充分且必要条件,因而公有制居于支配地位就是社会主义国家充分且必要条件:社会主义国家就是公有制居于支配地位的国家。社会主义是不完全不完善的共产主义,因而社会主义国家就是不完全不完善的共产主义国家。"完善"的"完全"的共产主义国家,如前所述,乃是完全符合国家制度价值标准——公正与平等以及人道与自由——的理想国家,因而具有六大特征:"生产资料公有制"、"高度发达的生产力"、"按劳分配"、"没有政府指挥的市场经济"、"只有一个主权和一个世界政府的全球国家"和"遵循国家制度价值标准的民主"。因此，不完全具备这些特征的共产主义国家，亦即不完全符合制度道德的共产主义国家，就是不完全不完善的共产主义国家，因而也就是社会主义国家。

于是，说到底，社会主义国家的根本特征便可以归结为公有制居于支配地位和不完全具备其他五大特征，亦即"高度发达的生产力"、"按劳分配"、"没有政府指挥的市场经济"、"只有一个主权和一个世界政府的全球国家"和"遵循国家制度价值标准的民主"：具备这些特征越少，就越不完善越不发达，就是相对不完善不发达的社会主义；具备这些特征越多，就越完善越发达，就是相对完善发达的社会主义；完全具备这些特征，就超越社会主国家义而进入共产主义国家了。

这六大特征分别是完全的、完善的共产主义国家必要条件，结合起来则是完全的、完善的共产主义国家充分且必要条件。但是，这些特征，除了公有制，皆非社会主义国家必要条件和充分条件；唯有公有制——或公有制居于支配地位——是社会主义国家充分且必要条件。然而，公有制并非社会主义国家最根本最重要最具决定意义的特征；社会主义国家最根本最重要最具决定意义的特征是生产力高度发达。因为如前所述，高度发达的生产力乃是其他特征的最根本必要条件：不但是全球国家的最根本必要条件，而且是废除私有制、建立公有制和真正实现按劳分配的最根本的必要条件，从而也是公有制市场经济和公有制遵循国家制度价值标准的民主的最根本的必要条件。

准此观之，苏联和东欧八国以及中国、朝鲜、越南、蒙古等十三个国家的社会主义堪称真正的社会主义；这些国家确实是社会主义国家。因为公有制在这些国家无疑居于支配地位：公有制居于支配地位是社会主义国家充分且必要条件。但是，这些国家的社会主义显然属于极不完善的社会主义范畴：它们除了公有制居于支配地位，几乎不具备或不完全具备其他五个特征的任何一个："高度发达的生产力"、"按劳分配"、"没有政府指挥的市场经济"、"只有一个主权和一个世界政府的全球国家"和"遵循国家制度价值标准的民主"。不过，对于这些实行了社会主义制度的国家的具体分析，特别是对于苏联社会主义模式以及苏东社会主义的改革与剧变的分析，显然属于社会主义和共产主义的实现问题，因而是下卷《实现论》的研究对象。

第十章　阶级与剥削：基于经济形态不同的六种国家制度之价值

本章提要　阶级是人们因权力——主要是经济权力与政治权力——的垄断所导致的剥削关系而分成的不同群体。任何阶级和剥削制度，就其自身来说，都是恶的；只不过恶的程度有所不同。它恶的程度无疑与其权力垄断的程度成正比：权力垄断越多越大越重，无权者越多而有权者越少，剥削的程度便越深越重越广，该国家的阶级与剥削制度便越恶。因此，奴隶制国家的阶级和剥削制度最恶；封建制国家的阶级和剥削制度次之；资本主义国家的阶级和剥削制度又次之。那么，是否可以说，社会主义国家的阶级和剥削制度必定是最好最进步的？未必。诚然，社会主义无疑先进和优越于资本主义。但是，社会主义国家却未必先进和优越于资本主义国家。因为社会主义国家就是公有制经济形态居于支配地位的国家：它既可能实行普选民主制；也可能实行专制等非民主制。如果实行普选民主制，那么，每个人完全平等地执掌最高权力，因而不存在政治权力垄断。这样，社会主义国家不但不存在因政治权力垄断而分成的官吏阶级与庶民阶级，而且因生产资料公有制也不存在经济权力垄断，不存在因经济权力垄断而分成的阶级，因而远远先进和优越于资本主义国家。可是，如果社会主义国家实行专制等非民主制，主要国民便分化为两大群体：政治权力垄断群体（官吏阶级）和没有政治权力群体（庶民阶级）。官吏阶级不但垄断政治权力，而且因控制国有资源而垄断了生产资料或经济权力。这种社会主义国家的权力垄断程度远远重于同样实行专制等非民主制的资本主义国家——这种资本主义国家的官吏阶级因私有制只有控制庶民阶级的政治权力——因而其阶级和剥削制度便恶于资本主义国家。

导　　论

我们业已阐明，资本主义是资本支配和剥削雇佣劳动从而攫取剩余价值的经济制度，因而违背国家制度价值标准，是恶的坏的不应该的和具有负价值的国家制度——奴隶制与封建制就更坏了——而唯有共产主义符合国家制度价值标准，是好的理想的国家制度。但是，一方面，就各种国家制度的自身内在价值来说，社会主义是共产主义的初级阶段，是不完善不完全的共产主义，特别是专制等非民主制的社会主义，如所谓苏联社会主义模式，比起资本主义，特别是比起瑞典或英法福利国家的资本主义以及美国的遵循国家制度价值标准的民主的资本主义，究竟谁好谁坏？说到底，六种国家制度——原始共产主义国家、奴隶制国家、封建制国家、资本主义国家、社会主义国家和未来共产主义国家——在价值层次的链条上究竟是何关系？另一方面，就各种国家制度的外在适用价值来说，六种国家制度是否具有普世性和普世价值？共产主义究竟在任何历史条件下都是好制度，还是只在一定历史条件下才是好国家制度，而在另一定历史条件下则是坏制度？资本主义究竟是在任何历史条件下都是坏制度，还是仅仅在一定历史条件下才是坏国家制度，而在另一定历史条件下则是好制度？六种国家制度是否都是如此？

　　这就是本章的研究对象：六种国家制度价值——自身内在价值与外在适用价值——之比较。这种比较的核心、基础和依据，乃是剥削和压迫以及人们因剥削和压迫关系而形成的不同群体：阶级。因为六种国家制度之好坏，直接说来，取决于是否符合国家制度价值标准；归根结底，则正如历代共产主义思想家所指出，决于是否存在阶级、剥削与压迫及其程度如何：一种国家制度的阶级压迫和剥削程度越深越重越广，便越加严重违背国制度价值标准，负价值便越大，便越恶、越坏、越恶劣、越落后、越野蛮；阶级压迫和剥削的程度越少越窄越轻，便越加轻微违背国制度价值标准，负价值便越小，恶的程度便越轻，从而相对说来也就越好、越优良、越进步、越文明；完全符合国家制度价值标准的理想国家必定没有阶级和剥削。因此，鲍尔斯说："阶级和剩余产品是理解不同的经济制度怎样运作和变革的关键。"[1]"不论是考察奴隶制、封建制、资本主义，还是其他制度，每一经济制度都以其不同的阶级关系为特征。"[2]这就是为什么，本章的标题叫做"阶级和剥削：以经济形态为划分根据的六种国家制度之价值"。

----

　　[1]　Samuel Bowles，Richard Edwards and Frank Roosevelt，*Understanding Capitalism：Competition，Command，and Change*（3rd Edition），New York：Oxford University Press，2005，p. 122.　.

　　[2]　同上书，p. 127。

一、阶级与剥削概念

1．剥削

何谓剥削？马克思论证资本家的剥削时曾这样写道："资本并没有发明剩余劳动。凡是社会上一部分人享有生产资料垄断权的地方，劳动者，无论是自由的或不自由的，都必须在维持自身生活所必需的劳动时间以外，追加超额的劳动时间来为生产资料所有者生产生活资料。"①据此，《辞海》将剥削定义为："凭借私有财产无偿地攫取他人劳动成果的行为。"《中国大百科全书》亦如是说："社会上一些人或集团凭借他们对生产资料的占有或垄断，无偿占有那些没有或缺少生产资料的人或集团的剩余劳动和剩余产品。"《经济大辞典》也这样写道："社会上一部分人或某一社会集团凭借私有的生产资料或货币资本，无偿地攫取另一部分人或其他社会集团的劳动成果。"

可见，剥削是凭借私有财产无偿地攫取他人劳动成果的行为：这就是流行的剥削定义，亦即所谓马克思主义的剥削定义。按照这个定义，仅仅无偿攫取他人劳动成果，还不是剥削；只有凭借私有财产无偿攫取他人劳动成果，才是剥削。确实，仅仅无偿攫取他人劳动成果，还不是剥削；抢劫和偷盗都是无偿攫取他人劳动成果，却皆非剥削。但是，是否只有凭借私有财产无偿攫取他人劳动

---

① 〔德〕马克思著，中共中央编译局译：《资本论》第一卷，人民出版社 1975 年版，第 263 页。

成果才是剥削呢？否。恩格斯说："分工的规律就是阶级划分的基础。但是这并不妨碍阶级的这种划分曾经通过暴力和掠夺、狡诈来实现，这也不妨碍统治阶级一旦掌握政权就牺牲劳动阶级来巩固自己的统治，并把对社会的领导变成对群众的剥削。"[①]

恩格斯这里所说的剥削，是凭借政治权力无偿攫取他人劳动成果。这意味着：并非只有凭借私有财产无偿攫取他人劳动成果才是剥削；凭借政治权力无偿攫取他人劳动成果也是剥削。确实，如所周知，无偿攫取他人劳动成果，就其强制的手段和方式来说，原本有两种：经济强制与非经济强制。凭借私有财产无偿攫取他人劳动成果，属于经济强制，是经济强制方式的剥削；凭借政治权力无偿攫取他人劳动成果，属于非经济强制，是非经济强制方式的剥削。显然，流行定义——剥削是凭借私有财产无偿地攫取他人劳动成果的行为——犯了以偏概全的错误。那么，剥削究竟是什么？

就剥削的西文"exploitation"来看，原本含有开发、利用之意；如果利用的对象是人而不是物，则含有为了自己的利益而不公正、不道德地利用之意。《新帕尔格雷夫经济学大辞典》的"剥削（开发）"词条也这样写道："广义而言，开发一物是指为某种目的而加以利用，如为社会福利或私人收益而开发自然资源。如果用于取利于他人，则开发一词也含有不道德之意。如被利用之人当时处于无能为力状态，像贫民之与他们的财主、债主等等，则该词又有压迫之意。"就中文来看，"剥"原本有裂、割之意。《说文解字》："剥，裂也，从刀从录，录，刻割也。""削"与"剥"大体相同，原本有分

---

①　《马克思恩格斯全集》第二十卷，人民出版社 1971 年版，第 306 页。

开之意。《说文解字》:"削,鞞也,一曰析也,从刀削声。"因此,
"剥"、"削"二字可以顾形思义,原本都有用刀分割之意;合为一词,
遂有"分割"、"压榨"和"侵夺"诸义。所以,魏徵《为李密檄荥守郇
王庆文》曾如是说:"剥削黔黎,涂毒天下。"

可见,从词源来看,不论中西,剥削都有不公正、不道德地利用
他人,从而分割、压榨和侵夺他人一部分利益的意思。从概念定义
来看,与其词源含义大体一致:剥削就是分割、压榨和侵夺他人利
益而无偿占有其中一部分的不公正行为,就是分割、压榨和利用他
人而无偿占有剩余利益的不公正行为。确实,剥削就是一种不公
正的行为,属于不公正范畴。这一点,今日西方分析马克思主义思
想家多有论述。杰弗里·赖曼教授的论文"分配马克思主义的替
代:对罗默尔、柯亨和剥削的深层思考"一开篇,就这样写道:"柯亨
和罗默尔,这两个最有影响力的分析马克思主义者指出,马克思主
义的剥削概念一定要包括非正义的含义在里面⋯⋯单单说剥削就
是强行榨取别人的未付酬劳动或剩余劳动是不够的,只有非正义
的榨取才能称得上是剥削。否则,如果为了惩罚一个人而让他去
劳动而不给他报酬,或者通过抽签选出一部分人参加保卫战而并
不额外增加给他们提供物品,或者非正义战争的战犯被强迫劳动
来弥补他们造成的损失,都可以称为剥削了。"[1]

诚然,剥削都是不公正。但是,不公正并不都是剥削。譬如,
我们可以说恩将仇报是不公正,却不能说恩将仇报是剥削。那么,
剥削究竟是一种怎样的不公正? 解决这个问题的起点显然是:究

---

[1] 〔加〕罗伯特·韦尔、凯·尼尔森编,鲁克俭等译:《分析马克思主义新论》,中国
人民大学出版社 2002 年版,第 234 页。

竟何谓不公正？何谓公正？柏拉图答曰："正义就是给每个人以适如其份的报答。"①罗马法学家乌尔庇安也这样写道："正义乃是使每个人获得其应得的东西的永恒不变的意志。"②柏拉图和乌尔庇安的定义被后来历代思想家所承认而成为公正的经典界说。按照这一界说，公正就是行为对象应得的行为，是给予人应得而不给人不应得的行为；不公正就是行为对象不应得的行为，是给人不应得而不给人应得的行为。显然，这个定义不够明确。因为"应得"并不是一个简单明了的概念：究竟什么叫给人应得？

不难看出，所谓应得，必与应得者此前的行为相关：应得乃是一种回报或交换，是应得者此前行为之回报或交换。因此，公正是给人应得经典定义，原本意味着：公正是一种回报或交换。尼采早就看破了这一点："交换是正义的原初特征。"③不过，滴水之恩涌泉相报和涌泉之恩滴水相报，都是一种回报或交换：这些行为是公正吗？是给人应得吗？显然都不是。那么，公正、给人应得，究竟是一种怎样的回报或交换行为？亚里士多德答曰：公正就是具有均等、相等、平等、比例性质的那种回报或交换行为。④更确切些说，公正就是等利交换（善有善报）和等害交换（恶有恶报）的行为，就是同等的利害相交换的行为，就是等利/害交换的行为。

那么，不等利/害交换——亦即不等利交换与不等害交换——就是不公正吗？否。因为不公正无疑是一种不道德的、恶的行为；

---

①　〔古希腊〕柏拉图著，郭斌和、张竹明译：《理想国》，商务印书馆1994年版，第7页。

②　〔美〕博登海墨著，邓正来等译：《法理学——法哲学及其方法》，华夏出版社1987年版，第253页。

③　慈继伟：《正义的两面》，三联书店2001年版，第151页。

④　《亚里士多德全集》第八卷，中国人民大学出版社1992年版，第101页。

而不等利/害交换未必都是不道德的、恶的行为。不等利害交换显然分为两类：一类是善的、道德的不等利/害交换，如滴水之恩，涌泉相报，属于仁爱和宽恕范畴；另一类是恶的、不道德的不等利/害交换，如恩将仇报，属于不公正范畴。因此，虽然公正可以定义为"等利/害交换"；不公正却不可以定义为"不等利/害交换"：不公正乃是恶的、不道德的"不等利/害交换"。

不公正是恶的不等利/害交换，显然意味着，不公正分为两类：恶的不等害交换和恶的不等利交换。那么，剥削究竟是哪一种不公正？剥削的本质无疑是通过利益交换而无偿占有，而与损害交换或报复无关。因此，不等害交换无论善恶都无关剥削；因而剥削必是恶的不等利交换：剥削就是恶的、不道德的或不公正的不等利交换，就是不等利交换的不公正，说到底，也就是含有无偿占有的不公正的利益交换活动。这就是剥削的定义，亦即所谓广义的剥削定义。

对于这一定义，柯尔、罗默和赖曼等今日分析马克思主义思想家多有论述。赖曼曾将这些论述归结为一句话："我认为，有一种广义上的剥削，即不公正地或非互惠地从别人那里获取利益。"①赖曼的这个定义无疑是深刻的，但遗憾的是，不够精确，或者毋宁说，是白璧微瑕：它有见于剥削直接属于不公正范畴，却无见于不公正属于交换范畴，因而无见于剥削最终属于交换范畴，遂以为剥削是非互惠的。殊不知，剥削属于利益交换范畴，因而必定是互惠的；只不过剥削的互惠是不等利交换的互惠，是含有无偿占有的不

---

① 〔加〕罗伯特·韦尔、凯·尼尔森编，鲁克俭等译：《分析马克思主义新论》，中国人民大学出版社 2002 年版，第 236 页。

公正互惠。准此观之，那个令赖曼困惑的为什么"抢劫和盗窃是不公正不道德的无偿占有却不是剥削"的难题就可以理解了：抢劫和盗窃都不属于利益交换范畴。

剥削属于利益交换范畴。因此，并非只有劳动成果或经济利益的交换活动才存在剥削，剥削绝不仅仅是一个经济概念；剥削是一个极为广泛的社会范畴，一切利益交换都可以存在剥削。只要是含有无偿占有的不公正的利益交换活动，就都叫作剥削：不管这种利益是经济利益还是社会利益抑或精神利益。确实，如果说一个地主无偿占有一个农民的劳动成果是剥削，那么，他无偿占有该农民的其他利益——如偶然捡到的一块宝石——岂不也是剥削？一个博士生导师依靠录取权力而役使一个考生为自己收集和整理文献资料、无偿占有其劳动成果是剥削。那么，他依靠录取权力无偿占有该考生的其他利益——如美色——岂不也是剥削？

剥削就是含有无偿占有的不公正的利益交换活动，就是利益交换活动中无偿占有他人利益，说到底，也就是所谓的"占便宜"，亦即人际交往和利益交换过程中出现的所谓"占便宜"行为。我确曾见到一个"吃完原告吃被告"的法官。她不断索取原告和被告的礼品钱财，却既不给原告办事，也不给被告办事；而是将案子一拖再拖，一直拖到双方都只求结案了事。她这种无偿占有原告和被告钱财的行为，亦即占双方的便宜，岂不是典型的剥削？我还曾亲身遭受到一个商人的剥削。他煞有介事地一再哄骗我，说他如何如何在给我办事。实际上，他只是让我为他办事。最终我为他办成了他所托之事，他却没有给我办事。他通过商人的狡猾和欺骗占了我的便宜，亦即无偿占有我的付出：他剥削了我。

综上可知，剥削原本属于不公正和交换范畴："不公正"是剥削的最邻近类概念;"交换"是剥削的终极类概念;"无偿占有"或"不等利"交换是剥削的种差:剥削就是含有无偿占有的不公正的利益交换活动。如图:

$$\text{交换}\begin{cases}\text{等利(害)交换} = \text{公正}\\[1em]\text{不等利(害)交换}\begin{cases}\text{善的不等利(害)交换} = \text{仁爱和宽恕}\\[1em]\text{恶的不等利(害)交换} = \text{不公正}\begin{cases}\text{恶的不等害交换}\\\text{恶的不等利交换} = \text{剥削}\end{cases}\end{cases}\end{cases}$$

2．阶级与阶层

赖曼等分析马克思主义论者认为存在两种剥削概念:分析马克思主义的剥削定义(不公正地从别人那里获取利益的行为)是广义剥削概念;传统马克思主义的剥削定义(凭借私有财产无偿地攫取他人劳动成果的行为)是狭义剥削概念。[①] 我国学者也多有此见。殊不知,剥削概念只有一个,亦即"不等利交换的不公正";而"凭借私有财产无偿地攫取他人劳动成果的行为",不过是剥削的一种具体类型罢了。剥削的类型,不论就理论意义还是就现实意义来说,都比剥削的定义更加重要:这恐怕就是分析马克思主义十分重视剥削类型学研究的缘故。那么,科学地看,剥削应该如何分类?

确实,"凭借私有财产无偿地攫取他人劳动成果"乃是剥削的一种极其重要的类型,因其包括奴隶制剥削、封建制剥削和资本主

---

① 〔加〕罗伯特·韦尔、凯·尼尔森编,鲁克俭等译:《分析马克思主义新论》,中国人民大学出版社 2002 年版,第 236 页。

义剥削等剥削的特殊种类，属于"阶级剥削"范畴：阶级剥削无疑是
最根本最主要最重要的剥削类型。这意味着，剥削的科学分类应
该以阶级为根据，分为两大类型：阶级剥削与非阶级剥削。然而，
阶级剥削与非阶级剥削无疑是剥削的最根本也最难厘清的分类。
因为进行这一分类显然必须界说阶级概念；而阶级概念，正如斯凯
思所言，恐怕是人类所创造的最难界说的概念之一："社会学家用
来描述和解释社会关系的所有概念中，社会阶级可能是最模糊、最
不确切的。"[1]赖特亦如是叹曰："正像埃尔西惊异于为什么一头奶
牛是一头'奶牛'一样，是什么使一个阶级成为一个'阶级'这一问
题长期令人困扰。"[2]马克思《资本论》第三卷第52章"阶级"也这
样写道："首先要解答的一个问题是，什么事情形成阶级？这个问
题自然会由另外一个问题的解答而得到解答：什么事情使雇佣工
人、资本家土地所有者成为社会三大阶级？"[3]遗憾的是，还没有回
答这个问题，马克思的手稿就中断了。那么，究竟何谓阶级（阶级
定义）？究竟是什么使一个阶级成其为阶级（阶级划分根据）？

　　《新帕尔格雷夫经济学大辞典》阶级（class）词条说："这个词语
起源于拉丁文classis，其用法中含有依据财富细分人口的意思。"
《韦氏英语大辞典》和《牛津高阶英汉双解词典》"阶级"词条也这样
写道：阶级亦即种类、类别，是具有相同的社会或经济地位的人所
结成的群体。从中文来看，"阶级"由"阶"和"级"合成。"阶"和
"级"原本同义，都是台阶的意思。《说文解字》："阶，陛也。"《书·

---

　　① 〔英〕斯凯思著，雷玉琼译：《阶级》，吉林人民出版社2005年版，第1页。

　　② 〔美〕赖特著，陈心想等译：《后工业社会中的阶级》，辽宁教育出版社2004年
版，第21页。

　　③ 《马克思恩格斯选集》第四卷，人民出版社1995年版，第172页。

大禹谟》：“舞干羽于两阶。”《礼记·曲礼上》：“拾级聚足，连步以上。”“阶”和“级”合成的“阶级”一词，也是台阶的意思。陆龟蒙《野庙碑》：“升阶级，坐堂宴。”引申为不同等级——特别是官位奉给的等级——的群体。《新书·阶级》云：“故古者圣王制为列等，内有公卿大夫士，外有公侯伯子男……等级分明。”《三国志·吴志·顾谭传》云：“臣闻有国有家者，必明嫡庶之端，异尊卑之礼，使高下有差，阶级逾邈。”

可见，从词源来看，不论中西，阶级都是指人群的划分、种类和类别，亦即人们所分成的一些群体或集团，这些群体或集团的内部成员具有某种相同性，而群体相互间则根本不同。只不过，西文词源含有阶级划分的根据在于财富；而中文词源含有阶级划分的根据在于官位罢了。那么，从概念的定义来看，阶级究竟是什么？毫无疑义，就概念定义来看，与其词源含义一致，阶级也是指人群的划分、种类和类别，亦即人们所分成的一些群体或集团。这些群体或集团，就划分的根据来说，一方面，相互间根本不同乃至恰恰相反；但是，另一方面，每一群体内部成员则完全相同。问题的关键在于：阶级划分的根据究竟是什么？

对于阶级的概念分析将令我们惊奇地发现，阶级划分的根据，竟然也与其中西词源含义大体相同，乃在于经济权力与政治权力。马列主义阶级划分根据的观点与阶级的西文词源含义大体相同，认为阶级划分的根据是经济关系，说到底，是对生产资料的占有或垄断关系。列宁说：“阶级差别的基本标志，就是它们在社会生产中所处的地位，因而也就是它们对生产资料的关系。”[①]“所谓阶

---

① 《列宁全集》第六卷，人民出版社1954年版，第233页。

级，就是这样一些集团，这些集团在历史上一定社会生产体系中所处的地位不同，对生产资料的关系（这种关系大部分是在法律上明文规定了的）不同，在社会劳动组织中所起的作用不同，因而领得自己所支配的那份社会财富的方式和多寡也不同。所谓阶级，就是这样一华集团，由于它们在一定社会经济结构中所处的地位不同，其中一个集团能够占有另一个集团的劳动。"[1]罗默也这样写道："阶级是一种群体，这一群体的所有成员以相似的方式与劳动过程相联系。例如，所有那些为了生活而出卖自己劳动力的人形成一个阶级；所有那些雇佣劳动力的人形成一个阶级；所有那些为自己劳动从而既不出卖劳动力也不雇佣劳动力的人形成第三个阶级。"[2]赖特亦认为："将阶级概念限制在财产关系上是合适的。"[3]今日英国著名社会学家安东尼·吉登斯亦如是说："我们可以将阶级界定为一个由分享共同的经济资源的人们所组成的大型的社会团体。"[4]

然而，波朗查斯认为这种阶级定义和划分根据理论是片面的，他称之为"经济主义"："'经济主义的社会阶级概念完全根据生产关系的经济方面确定社会阶级的定义，尤其是把社会阶级作为它们与生产资料的所有制关系所起的作用来解释。"[5]确实，

---

①　《列宁全集》第二十九卷，人民出版社 1953 年版，第 382 页。

②　Samuel Bowles, Richard Edwards and Frank Roosevelt, *Understanding Capitalism : Competition , Command , and Change* (3rd Edition), New York : Oxford University Press, 2005, p. 5.

③　〔美〕赖特著，刘磊等译：《阶级》，高等教育出版社 2006 年版，第 96 页。

④　〔英〕安东尼·吉登斯著，李康译：《社会学》第四版，北京大学出版社 2003 年版，第 357 页。

⑤　〔希腊〕波朗查斯著，叶林等译：《政治权力与社会阶级》，中国社会科学出版社 1982 年版，第 104 页。

这种所谓经济主义的阶级定义和阶级划分根据,固然最为深刻、根本和重要,因而能够说明人类历史上最重要的三大对立阶级——奴隶主阶级与奴隶阶级、封建地主阶级与农民阶级以及资产阶级与无产阶级——却失之片面:它不能说明统治阶级与被统治阶级。

统治阶级亦即官吏阶级,被统治阶级亦即庶民阶级,二者的形成源于非民主制。因为一个国家如果实行民主制,特别是普选制民主,那么,全体公民和国民便共同执掌最高权力,因而不存在政治权力垄断,不存在垄断政治权力群体与没有政治权力群体,说到底,不存在统治阶级(官吏阶级)与被统治阶级(庶民阶级);而只存在统治者(官吏)与被统治者(庶民)。相反地,一个国家如果实行非民主制,那么,众多公民和国民必定毫无政治权力,因而便存在政治权力垄断,便存在垄断政治权力群体与没有政治权力群体,亦即统治阶级与被统治阶级:统治阶级亦即官吏阶级,说到底,就是垄断政治权力的群体;被统治阶级亦即庶民阶级,说到底,就是没有政治权力的群体。

因此,统治阶级与被统治阶级划分的根据并不是生产资料的占有或垄断,而是政治权力的垄断或有无。这样,一个人即使一无所有,只要成为官吏,就属于统治阶级,而不属于被统治阶级;相反地,一个人即使是亿万富翁,只要不是官吏,没有政治职务和政治权力,就属于被统治阶级,而不属于统治阶级。所以,波普说:"统治阶级总是某些人。无论他们可能曾经属于哪个阶级,一旦成为统治者,他们就属于统治阶级。"①

———————————

① 〔英〕波普著,傅季重等译:《猜想与反驳》,上海译文出版社1988年版,第491页。

因此，阶级划分的根据或标准并不仅仅是经济关系，并不仅仅是生产资料垄断关系；还应该包括政治职务、政治权力的垄断关系。因此，将阶级定义为人们因经济地位或生产资料占有关系不同而形成的不同集团，是片面的；人们因政治权力之有无或垄断而分成的不同集团——亦即统治集团与被统治集团——也属于阶级范畴：统治阶级（官吏阶级）与被统治阶级（庶民阶级）。

然而，恩格斯说："国家照例是最强大的、在经济上占统治地位的阶级的国家，这个阶级借助于国家而在政治上也成为占统治地位的阶级，因而获得了镇压和剥削被压迫阶级的新手段。因此，古代的国家首先是奴隶主用来镇压奴隶的国家，封建国家是贵族用来镇压农奴和依附农奴的机器，现代的代议制国家是资本剥削雇佣劳动工具。"[①]

这就是说，在经济上占统治地位的阶级，在政治上也占统治地位，在经济上被统治的阶级，在政治上也被统治，因而统治阶级也就是垄断生产资料的阶级，亦即奴隶主阶级、地主阶级和资产阶级；被统治阶级也就是没有生产资料的阶级，亦即奴隶阶级、农民阶级和无产阶级。这样一来，阶级划分的根据也就只有经济关系，亦即对生产资料的占有或垄断关系。这种观点能否成立？

否。因为阶级社会的历史和现实告诉我们，在经济上占统治地位的阶级，未必在政治上也占统治地位。恰恰相反，在经济上占统治地位的阶级，常常在政治上处于被统治地位；而在经济上被统治的阶级，在政治上却处于统治地位。古代雅典民主城邦的统治者，就不是奴隶主阶级，而是比较贫穷的平民。因此，亚里士多德

---

① 《马克思恩格斯选集》第四卷，人民出版社 1972 年版，第 168 页。

称梭伦"建立了雅典'平民政体的祖制'"①,并反复强调雅典平民政体是按照穷人的意志进行统治,以穷人的利益为依归:"平民政体则以穷人的利益为依归,……平民政体的定义为人数甚多的贫民控制着治权。"②

　　古代如此,当代亦然。实行普选制民主的资本主义国家的最高权力,虽然为全体国民共同执掌,却势必按照多数国民的意志进行统治,因而往往是按照经济上处于被统治地位的广大人民群众的意志——而不是按照在经济上占据统治地位的资产阶级的意志——进行统治。否则,就无法解释典型的资本主义国家瑞典所实行的《雇员投资基金法案》。该法案被称为西方世界从来未目睹过的对资产阶级的最大规模的没收举动③,结果激起资产阶级的强烈反抗,以致1983年10月4日组织了一次75000人游行,抗议《雇员投资基金法案》。但是,瑞典议会还是于同年12月12日通过了该法案。

　　可见,认为在经济上占统治地位的阶级在政治上也占统治地位的观点是不能成立的,因而将阶级划分的根据归结为经济关系或生产资料垄断的观点也就不能成立了。确实,所谓统治阶级,无疑是所有统治者所组成的群体。一个人无论多么富有,无论他拥有多大经济权力,无论他在经济上"统治"多少人,只要他没有政治职务、官职或政治权力,他都不是统治者,他都不属于统治阶级。我们能说一个大资本家或大地主是统治者吗?我们不但不能说他

　　① 〔古希腊〕亚里士多德著,吴寿彭译:《政治学》,商务印书馆1996年版,第103页。
　　② 同上书,第134-135页。
　　③ 〔美〕戴维·加尔森汇编,裴彭龄等译:《神话与现实》,工人出版社1986年版,第76页。

是统治者，而且——严格讲来——也不能说他"统治"工人或农民；而只能说他管理、支配和领导工人或农民："统治"和"统治阶级"纯粹是一个政治概念：统治阶级与官吏阶级是同一概念。

因此，统治阶级与被统治阶级划分根据乃是政治权力，绝不是经济关系。有鉴于此，波朗查斯认为阶级划分的根据或标准应该是多元的："马克思、恩格斯、列宁和毛泽东无论什么时候在分析社会阶级时都远非把自己仅仅局限于经济标准，他们都明确谈到政治标准和意识形态标准"。① 从此出发，波朗查斯给阶级下定义说："社会阶级是按照它们在整个社会实践中的地位，也就是它们在包括政治和意识形态关系在内的整个劳动分工中的地位来决定的。"②

诚然，阶级定义和阶级划分根据多元论避免了经济一元论的片面性，可以包括所有阶级。但是，这种多元论的阶级定义显然不但犯了定义过宽的逻辑错误，而且含糊不清，实际上无异于说：阶级由人们的全部社会关系决定。殊不知，阶级划分不但与意识形态无关，而且与政治职务或政治权力之外的政治——如政治立场和政治观点等——无关。恩格斯是无产阶级导师，其政治立场、政治观点和意识形态无疑都属于无产阶级；但是，恩格斯却是资本家，不属于无产阶级，而属于资产阶级，属于资产阶级的知识阶层。

究竟言之，阶级划分的根据实际上只有两个：生产资料与政治权力之占有或垄断关系。因为人类社会迄今所有阶级——奴隶主阶级与奴隶阶级、地主阶级与农民阶级、资产阶级与无产阶级以及

---

① 康文龙："马克思主义阶级概念的多重解释"，《学术论坛》2006年第3期，第17页。
② 同上。

中间阶级、统治阶级与被统治阶级、剥削阶级与被剥削阶级——显然都是以生产资料或政治权力之占有或垄断关系为根据划分的。因此,可以断言:阶级就是人们因生产资料或政治权力之垄断而分成的不同群体。这样一来,阶级显然不仅是个经济范畴,而是经济与政治的综合范畴。我们不妨沿用赛维斯的用语,将生产资料垄断所形成的阶级叫作经济阶级(亦即垄断经济权力的阶级与没有经济权力的阶级);将政治权力垄断所形成的阶级叫作政治阶级(亦即垄断政治权力的阶级或统治阶级与没有政治权力的阶级或被统治阶级)。[1] 这种阶级定义和阶级划分,既不同于"经济一元论"—— 波朗查斯称之为"经济主义"——亦不同于"经济、政治和意识形态多元论",不妨称之为"二元论",亦即"生产资料与政治权力二元论"。

但是,这种二元论恐怕还不配享有真理的美名,因其仍然不符合分类的逻辑规则:一次划分只能有一个根据。显然,要避免这种弊端,阶级划分的标准必须是一元的,而不能是二元或多元的。可是,究竟有没有这样一种阶级划分的根据,它既能够包括全部阶级,又可以避免各阶级外延部分重合? 有的,那就是权力垄断。因为不但政治权力属于权力范畴,而且作为阶级划分根据的生产资料占有关系,实质上也是权力关系;只不过不是政治权力而是经济权力罢了。这个道理,斯密曾有深刻论述:"霍布斯说:财富就是权力。但是,获得或继承巨大财产的人,未必就获得或继承了任何政治权力——不论民事还是军事方面。他的财产,也许可以提供他一种获得两者的手段,但仅有财产未必就拥有政治权力。财产使

---

[1]　参阅易建平:《部落联盟与酋邦》,社会科学文献出版社 2004 年版,第 207 页。

他立即和直接拥有的权力,乃是购买力,是某种对于市场上各种劳动或劳动生产物的支配权。他的财产的大小与这种支配权的大小恰成比例,亦即与他所能购买或所能支配的他人劳动量或他人劳动生产物数量的大小恰成比例。"[1]罗默进而将这番道理归结为一句话:"生产关系就是经济权力关系。"[2]

准此观之,以为阶级仅仅是个经济范畴的片面性就更加明显了。因为政治权力虽然与经济权力不同,却毕竟同样是权力,而且是统帅、指挥、命令和役使经济权力的权力,无疑比经济权力更加严重和可怕,更加具有迫使人服从的强制性和压迫性。如果说因生产资料或经济权力的垄断而形成的群体是阶级,那么,我们有什么理由说因政治权力的垄断而形成的群体不是阶级?统治阶级与被统治阶级岂不明明白白就是因政治权力的垄断而形成的不同群体吗?统治阶级岂不就是垄断政治权力的群体?被统治阶级岂不就是没有政治权力的群体?

这样一来,阶级定义和阶级划分根据的"生产资料与政治权力二元论",就可以转化为"权力一元论":权力垄断是阶级划分的根据;阶级是人们因权力——主要是经济权力与政治权力——之有无或垄断而分成的不同群体。这个道理,波朗查斯已有洞见。他再三说:"关于权力和社会阶级之间关系的问题,我们已经可以得出某些结论。阶级关系就是权力关系。"[3]"阶级关系在每一个方

---

①　Adam Smith,*The Wealth of Nations*,Books I-III,London:Penguin Inc,1970,p. 134.

②　John E. Roemer,*Free to Lose*,Cambridge:Harvard University Press,1988,p. 109.

③　〔希腊〕波朗查斯著,叶林等译:《政治权力与社会阶级》,中国社会科学出版社1982年版,第103页。

面都是权力关系。"[1]"阶级关系就是表现在每一个方面的权力关系。"[2]丹尼尔·贝尔也这样写道:"最终说来,阶级并不意味着一个特殊的人群,而是把取得、掌握和转移不同权力及其有关特权的程序制度化的一种体系。"[3]那么,以权力垄断为根据,人类究竟分为哪些阶级?

以权力垄断为根据,一切人无疑可以分为两大群体,亦即无权群体与有权群体。不言而喻,无权群体是被压迫阶级;有权群体是压迫阶级。但是,真正讲来,无权群体不但是被压迫阶级而且还是被剥削阶级;有权群体不但是压迫阶级而且还是剥削阶级。因为,如前所述,生产资料私有制之所以是剥削的根源,就是因为生产资料垄断必然导致权力垄断,亦即生产资料使其拥有者有权成为支配和领导没有生产资料者的雇主,成为劳动价格的决定者和控制者,从而能够无偿占有其剩余劳动:权力垄断是剥削发生的直接原因。

因此,权力垄断与剥削如影随形;权力垄断是阶级划分的根据,实则蕴涵剥削是阶级划分的根据。毋宁说,权力垄断是阶级划分的表层的实在的根据;剥削是阶级划分的深层的潜在的根据:阶级是人们因权力垄断所导致的剥削关系而分成的不同群体。所以,赖特认为阶级是一个以剥削为核心和基础的概念:"以剥削为基础的阶级概念把我们的注意力指向这么一个事实,即阶级关系

①　〔希腊〕波朗查斯著,叶林等译:《政治权力与社会阶级》,中国社会科学出版社1982年版,第105页。

②　同上书,第107页。

③　〔美〕丹尼尔·贝尔著,高銛译:《后工业社会的来临》,商务印书馆1984年版,第399页。

是权力关系，而不仅仅是特权。"①"尽管马克思有时利用统治和压迫来描绘阶级关系，阶级对立的最根本的决定因素仍是剥削。"②考茨基也曾这样写道："我们所说的阶级，只可以指这样一种集团，它同另一集团或阶级是处在剥削者或被剥削者的关系之中，或者，它如果不是努力抗拒这种关系，便是力图进入这种关系。"③

　　于是，哪里实行生产资料私有制和非民主政体，哪里有权力垄断，哪里分为无权群体与有权群体，哪里就必定存在压迫与剥削。没有权力——主要是经济权力或政治权力——的群体，必定遭受相应的有权群体的压迫和剥削，因而叫作被压迫和被剥削阶级；垄断权力——主要是经济权力或政治权力——的群体，必定压迫和剥削相应的无权群体，因而叫作压迫和剥削阶级。只有在共产主义社会——原始共产主义社会和未来共产主义社会——才因实行生产资料公有制和普选制民主政体，每个人都完全平等地执掌生产资料和国家最高权力，每个人都完全平等地拥有经济权力和最高政治权力，从而消除了权力——主要是经济权力和政治权力——垄断，因而也就消除了阶级，不复存在压迫剥削阶级与被压迫被剥削阶级。

　　诚然，阶级的这一定义——阶级是人们因权力垄断所导致的压迫与剥削关系而分成的不同群体——能否成立，显然还取决于：以权力垄断及其所导致的压迫和剥削为根据，所划分出来的阶级，

---

　　①　〔美〕赖特著，陈心想等译：《后工业社会中的阶级》，辽宁教育出版社 2004 年版，第 36 页。

　　②　同上。

　　③　〔德〕考茨基著，佚名译：《唯物主义历史观》第四册，上海人民出版社 1964 年版，第 20 页。

可以包罗一切阶级吗？答案是肯定的。因为不言而喻，阶级因权力垄断的种类不同而分为两类：政治阶级与经济阶级。政治阶级是因政治权力垄断而形成的阶级，分为两类：统治阶级（官吏阶级）与被统治阶级（庶民阶级）。经济阶级是因经济权力或生产资料垄断而形成的阶级，分为七类：奴隶主与奴隶阶级、地主与农民阶级、资产阶级与无产阶级以及中间阶级。除此之外，还有其他阶级吗？显然没有了。这样一来，阶级的这一定义——阶级是人们因权力垄断所导致的压迫和剥削关系而分成的不同群体——便既包括了所有阶级，又揭示了阶级区别于其他群体的根本特征——权力垄断及其所导致的压迫与剥削——因而堪称阶级的精确的科学的定义。

然而，要最终确证阶级的定义，还必须将阶级（class）与阶层（stratum）区别开来。因为很多学者都将二者混同起来。美国社会学家劳埃德·沃纳就曾通过对新英格兰扬基城 99％ 家庭等级进行考察，于 1941 年宣布："有六个群体界限明确，足以被称为阶级"，亦即上上层阶级、下上层阶级、上中层阶级、下中层阶级、上下层阶级和下下层阶级。[①] 这一阶级划分理论在当代西方社会学家中影响极大，以致吉尔伯特和卡尔在其基础上，进一步提出当代美国存在着六个阶级：资本家阶级、上中层阶级、中层阶级、工人阶级、劳动—贫穷阶级和下层阶级。[②] 究其实，沃纳所谓六个阶级都不是什么阶级，而是阶层，是六个阶层。吉尔伯特和卡尔所谓六个

① 〔美〕吉尔伯特、卡尔著，彭华民等译：《美国阶级结构》，中国社会科学出版社1992 年版，第 29 页。

② 同上书，第 394 页。

阶级则将阶级与阶层混为一谈。

因为阶级与阶层虽然都是社会的不同群体，但是，二者根本不同。阶层的划分根据则可以是任何一种与利益获得——特别是不平等——有关的属性，如收入、财富、职业、声望、生产资料的占有、经济权力垄断、政治权力垄断、性别、知识、年龄等等。反之，阶级的划分根据仅仅是一种极其重要的特定的属性，亦即权力垄断：经济权力垄断与政治权力垄断。沃纳的所谓六个阶级——上上层阶级、下上层阶级、上中层阶级、下中层阶级、上下层阶级和下下层阶级——并不是六个阶级，而是六个阶层；因其划分的根据不是权力垄断，而是声望等级，是财富、收入和职业，是职业、住宅类型、居住地区、收入来源等项标准的综合指数。吉尔伯特和卡尔所谓的六个阶级——资本家阶级、上中层阶级、中层阶级、工人阶级、劳动—贫穷阶级和下层阶级——将阶级与阶层混为一谈，因其资本家阶级与工人阶级划分的根据是经济权力垄断（前者垄断了生产资料而后者没有生产资料）属于阶级范畴；而其余四个阶级划分根据是收入和财富，则属于阶层范畴。

阶层的划分根据是任何一种与利益获得的不平等有关的属性；而阶级的划分根据则仅仅是一种独特的与利益获得不平等有关的属性：权力垄断。因此，阶层与阶级乃是一般与个别关系，亦即上位概念与下位概念的从属关系。阶层不都是阶级；但阶级却都是阶层。阶级是一种特殊的、独特的阶层，亦即以权力垄断为根据所划分出来的阶层：阶级是人们因权力之有无或垄断而分成的不同社会阶层。因此，美国费尔采尔德主编的《社会学辞典》"阶层"词条写道："从横的方面把社会划分为完全固定的和同等的许多层次，像阶级、门阀等级、地位身份等。"对于这个道理，安东尼·

吉登斯曾有十分精辟的论述：

"社会学家用社会分层来指称存在于人类社会的个人和群体之间的不平等。通常我们想到的分层是就资产或财富而言的,但分层也可以基于其他属性,如性别、年龄、宗教归属或军衔。在分层体制中,地位不同的个人和群体获得报酬的机会是不同的(不平等)。因而,分层最简单的定义是不同人群间的结构性不平等……在人类社会的历史上曾存在四种基本的分层制度:奴隶制度、种姓制度、等级制度和阶级制度。"①

这样一来,阶层与阶级虽然是上位概念与下位概念的从属关系,但是,阶层划分根据的众多性,就使所划分出来的各种阶层与阶级处于多种交叉和包括等复杂关系之中。因此,同一社会阶层可以包括多种阶级,如上层阶层可以包括地主阶级、资产阶级和统治阶级等;知识分子阶层可以分属统治阶级、庶民阶级、资产阶级、中间阶级、无产阶级等。反之亦然,同一阶级也可以包括许多阶层,如中产阶级可以包括中产阶级上层阶层、中层阶层和下层阶层;无产阶级可以包括知识分子阶层、白领工人阶层和蓝领工人阶层等。

总而言之,阶级与阶层根本不同。阶层划分根据纷纭复杂,多种多样,未必攸关人们根本利益,未必重要和根本;相反地,阶级划分根据则仅仅是一种,却攸关人们最根本最主要最重要的利益:权力垄断。阶级是一种特殊的、独特的、最根本最主要最重要的阶层,亦即以权力垄断为根据所划分出来的阶层:阶级是人们因权力

---

①　〔英〕安东尼·吉登斯著,李康译:《社会学》第四版,北京大学出版社 2003 年版,第 357 页。

之有无或垄断而分成的不同社会阶层。阶级是如此独特的阶层，以致因权力而分成的群体也未必都是阶级。阶级仅仅是人们因权力之有无或垄断——而不是权力拥有之多少——而分成的不同社会阶层。如果以权力拥有之多少——而不是以权力之有无或垄断——为划分根据，那么，所划分出来的群体就仅仅是阶层，而不是阶级。譬如，所谓"大资产阶级"的划分根据就是经济权力拥有之多少，因而"大资产阶级"并不是一个阶级，而是一个阶层，亦即资产阶级的一个阶层。

3. 阶级剥削与非阶级剥削

阶级概念的解析使剥削的分类——阶级剥削与非阶级剥削——迎刃而解。因为"阶级是人们因权力垄断而分成的不同群体，说到底，是人们因权力垄断所导致的剥削关系而分成的不同群体"，显然意味着，阶级关系是一种双重关系：一方面是权力垄断阶级压迫没有权力阶级的压迫与被压迫关系；另一方面是权力垄断阶级依靠权力垄断等手段无偿占有无权阶级剩余价值的剥削与被剥削关系——压迫与被压迫无疑是表层的实在的阶级关系；剥削与被剥削则是潜在的深层的阶级关系。这就是为什么，赖特说："尽管马克思有时利用统治和压迫来描绘阶级关系，阶级对立的最根本的决定因素仍是剥削。"[①]因此，所谓阶级剥削，也就是最根本最重要最主要的阶级关系，说到底，也就是权力垄断群体依靠权力——经济权力与政治权力——垄断等手段无偿占有无权群体剩

---

① 〔美〕赖特著，陈心想等译：《后工业社会中的阶级》，辽宁教育出版社 2004 年版，第 36 页。

余价值的行为。

这一阶级剥削定义无疑蕴涵着,阶级剥削可以分为两类:一类是权力垄断集团依靠经济权力垄断——亦即生产资料垄断——而无偿占有没有经济权力或生产资料群体剩余价值的行为;另一类是政治权力垄断集团依靠政治权力垄断——亦即最高权力和政治职务垄断——而无偿占有没有政治权力或政治职务群体剩余价值的行为。因此,流行的所谓马克思主义剥削概念——剥削是生产资料垄断群体依靠生产资料垄断而无偿地攫取没有生产资料群体劳动成果的行为——不但仅仅属于阶级剥削范畴,而且仅仅是阶级剥削的一个具体种类:经济权力垄断类型的阶级剥削。殊不知,阶级剥削还有另一种根本不同的类型:政治权力垄断类型的阶级剥削。

这种类型的阶级剥削与经济权力垄断类型的阶级剥削根本不同,乃是统治阶级(亦即官吏阶级、官僚阶级或官员阶级)依靠政治权力垄断而无偿占有被统治阶级(亦即庶民阶级、民众阶级或无官阶级)剩余价值的行为。因此,严格说来,这种类型阶级剥削的被剥削阶级,不仅包括没有生产资料(或经济权力)群体,而且包括生产资料垄断群体。一个人,不论垄断了多少生产资料和经济权力,只要没有政治权力或政治职务,就与那些没有生产资料的人们一样,都属于被统治阶级或庶民阶级,因而都属于被官僚阶级或统治阶级剥削的被剥削阶级。只不过,没有生产资料(或经济权力)群体遭受双重阶级剥削:生产资料垄断阶级的剥削和官僚阶级剥削;而生产资料垄断群体虽遭受官僚阶级剥削,却能够剥削无生产资料(或经济权力)群体。

这样一来,阶级社会固然只有一个阶级——亦即统治阶级或政治权力垄断阶级——不受任何阶级剥削，但归根结底，也可以说经济权力或生产资料垄断阶级并没有遭受阶级剥削；因为官僚阶级对它的剥削，不过是瓜分它对无生产资料（或经济权力）群体的剥削罢了。因此，真正遭受阶级剥削的被剥削阶级，说到底，也确实只有无生产资料（或经济权力）群体。然而，不遭受阶级剥削者，却可能遭受非阶级剥削。所谓非阶级剥削，顾名思义，就是阶级剥削之外的剥削。对于这种非阶级剥削，赖特曾在论述阶级剥削之后这样描述道："或许可能有其他的机制使得个人或群体能够无偿占有一部分社会剩余。对赎罪方式的支配可以赋予教会剥削信徒的能力。对军事力量的控制可以赋予政府无偿占有一部分剩余的能力，不管它是否参与了对生产力方面的控制。男性在家庭中的支配地位可以使男人们能够以家庭服务的方式从妻子那里无偿占有剩余劳动。种族支配或许使白人能够剥削黑人，无论其经济关系上的阶级是什么。"[①]

　　然而，真正讲来，非阶级剥削与阶级剥削的不同，首先在于，阶级剥削是一个固定的集团（亦即权力垄断集团）对另一个固定的集团（亦即无权集团）的剥削；而非阶级剥削则是不固定的一个或一些人对不固定的另一个或另一些人的剥削，是不固定的一些人与另一些人的含有无偿占有的不公正的利益交换活动。因此，就阶级剥削来看，富人阶级必定剥削穷人阶级，这是固定不变的。但是，就非阶级剥削来说，穷人却可能剥削富人：一个穷人剥削一个富人抑或相反，是可变不固定的。赖特对这种非阶级剥削曾追踪罗默，重估其穷人剥削富人的理想实验："设想一个由富裕农民和

-----

　　① 〔美〕赖特著，刘磊等译：《阶级》，高等教育出版社2006年版，第98页。

贫穷农民组成的社会,其中每个人在闲暇的消费和所从事的劳动上都具有如下偏好:越富裕的农民,相当于劳动而言对闲暇越不重视。现在,假设既定的富裕农民在体内或她的土地上已经从事了全部必要的劳动,此外还愿意从贫穷农民那里租种更多的土地而不愿意闲着没事。给定这些偏好结构,贫穷农民可能可能更愿意收取租金并享受大量闲暇,而不愿意在他或她自己的土地上进行劳作。在这种情况下,唯一的劳动转移就是从富裕农民(以租金的形式)转移到贫穷农民。在这种情况下,说贫穷农民'剥削'了富裕农民有意义吗?"[①]遗憾的是,赖特的回答是否定的。诚然,就阶级剥削来说,确如赖特的否定,说穷人剥削富人是没有意义的:穷人阶级不可能剥削富人阶级。但是,如果就非阶级剥削来看,那么,说穷人剥削富人就是有意义的:一个穷人完全可能剥削一个富人,只不过这种剥削属于非阶级剥削范畴罢了。

但是,非阶级剥削与阶级剥削的不同,根本说来,则在于,阶级剥削是权力垄断群体主要依靠权力垄断而无偿占有无权群体剩余价值的行为,剥削的基础、原因和手段是垄断的权力,因而剥削具有不平等性、强制性、合法性与必然性:任何权力皆具有不平等性、强制性和合法性。反之,非阶级剥削是某人与他人的含有无偿占有的不公正的利益交换活动,因而未必依靠权力,未必具有不平等性、强制性、合法性与必然性:它很可能是自由、平等、偶然和非法的。这是阶级剥削区别于非阶级剥削的根本特点。赖曼论及阶级剥削——亦即他所谓马克思主义意义上的剥削——的特点时,曾这样写道:"剥削就意味着暴力,……古代奴隶制、封建农奴制、资

---

① 〔美〕赖特著,刘磊等译:《阶级》,高等教育出版社 2006 年版,第 77 页。

本主义雇佣制等具有剥削性质的生产方式都有以下特征:即非生产者通过暴力和制度性强制力,不仅占有生产者的劳动成果而且主要占有生产者的劳动。"①

赖曼所谓制度性强制力显然就是权力:权力岂不就是制度性的、合法的强制力? 他所谓暴力无疑是统治者所拥有的暴力,因而大体说来也属于权力范畴:权力岂不就是统治者拥有的迫使被统治者服从的合法的暴力等强制力量? 其实,罗默剥削概念"财产关系定义"的第三条要件——亦即剥削群体在与被剥削群体的关系中占据优势——也属于权力范畴。因为他所谓的优势,无疑是财产关系的优势,亦即经济权力垄断之优势。但是,权力垄断仅仅是阶级剥削的要件,而并不是非阶级剥削的要件。非阶级剥削未必依靠权力,未必具有不平等性、强制性、合法性与必然性。就拿罗默和赖特的理想实验来说,那一个穷人对另一位富人的剥削,岂不完全是自由、平等和偶然的吗?

现实生活中——特别是商品交换领域——的这种非阶级剥削更是不胜枚举。举例说,一位教授在一个地摊儿上买了一件衣服。如果这件衣服的价格高于其价值,那么,这位教授就遭受了剥削。这种剥削显然不是依靠什么权力,不是强制的、必然的,而完全是自由、平等和偶然的。其实,任何商品不等价交换,都属于不公正的不等利交换,都属于含有无偿占有的不公正的利益交换活动,因而都是剥削。不但都是剥削,而且除了一种特殊商品——亦即劳动——的不等价交换交换,都是非阶级剥削。据此,我们可以像罗

① 〔加〕罗伯特·韦尔、凯·尼尔森编,鲁克俭等译:《分析马克思主义新论》,中国人民大学出版社 2002 年版,第 237 页。

宾逊和萨缪尔森等经济学家那样,将商品不等价交换的剥削根源分为两类:劳动市场的买方垄断与产品市场的卖方垄断。

不言而喻,一方面,劳动市场的买方垄断,必然导致劳动价格低于劳动价值,低于劳动的边际产品。劳动价格低于劳动价值或劳动的边际产品的差额,就是劳动者所创造的被垄断者无偿占有的剩余价值,因而也就是垄断者对劳动者的剥削。这种剥削属于阶级剥削范畴。因为这种剥削是生产资料垄断群体,依靠对生产资料或经济权力的垄断,造成劳动市场买方垄断,从而无偿占有无生产资料或经济权力群体的剩余价值。

另一方面,产品市场的卖方垄断,必然导致产品价格高于产品价值或边际成本。产品价格高于产品价值的差额,就是原本属于消费者而被厂商无偿占有的价值,就是厂商对消费者的剥削。这种剥削属于非阶级剥削范畴。因为在这种剥削关系中,剥削者(厂商)与被剥削者(消费者)并不是两个阶级;毋宁说——如萨缪尔森所言——被剥削者是整个社会:"受到剥削的是整个社会"。[①] 因此,我们决不能说,这种剥削者(厂商)对被剥削者(消费者)的剥削,是一个阶级对另一个阶级的阶级剥削:产品市场卖方垄断的剥削属于非阶级剥削范畴。这无疑是一种极其重要的非阶级剥削,因为就其实现的手段来说,它与其他非阶级剥削根本不同,而与阶级剥削相同。因为产品市场卖方垄断之非阶级剥削,就其实现手段来说,无疑是依靠经济权力或经济强制的垄断,因而是强制的、不平等的、必然的:不等价交换或剥削是垄断的价格规律;正如等价交换是自由竞争的价格规律一样。

---

① 〔美〕萨缪尔森等著,萧琛主译:《经济学》中册,商务印书馆1986年版,第171页。

二、阶级与剥削的起源及发展

1．阶级起源

阶级的概念分析表明，阶级是人们因权力——主要是经济权力与政治权力——之有无或垄断而分成的不同群体，说到底，是人们因权力垄断所导致的剥削关系而分成的不同群体。这显然意味着，阶级起源于权力垄断。所谓权力垄断，不言而喻，就是权力仅为某部分人所拥有，而不是为一切人所拥有；权力仅仅为某些人所拥有叫作权力垄断；权力普遍为一切人拥有则是权力垄断之消除。然而，一个社会或国家，究竟在什么条件下会出现权力垄断？可能存在一切人都拥有权力的社会或国家吗？

细究起来，不难看出，权力——主要是经济权力与政治权力——垄断的形成，主要讲来，可以归结为两种条件：生产资料私有制和非民主制。相应地，权力垄断之消除或权力普遍为一切人拥有，也可以归结为两个条件：生产资料公有制和完全民主制。因为，一方面，生产资料私有制意味着社会存在着两类人群：一类群体拥有生产资料，因而享有支配、领导和剥削无生产资料群体的经济权力，叫作资产阶级或地主阶级等；另一类群体没有生产资料，因而没有经济权力，只能服从拥有生产资料群体的支配、领导和剥削，叫作无产阶级或农民阶级等。反之，生产资料公有制则意味着：每个人都完全平等拥有生产资料，完全平等享有经济权力，因而不存在经济权力的垄断，不存在垄断经济权力的群体和没有经济权力的群体，不存在相应的阶级。

另一方面,普选民主制意味着,所有人都完全平等地直接或间接共同执掌最高权力,所有人都完全平等地是最高统治者,因而不存在政治权力垄断,不存在垄断政治权力的统治阶级和没有政治权力的被统治阶级。反之,普选民主制之外的政体——限选民主制、寡头共和制、有限君主制和专制君主制——则意味着并不是所有人执掌最高权力,而仅仅是一些人甚至一个人执掌最高权力,因而存在着政治权力垄断:拥有政治权力和政治职务的群体叫作统治阶级;没有政治权力和政治职务的群体叫作被统治阶级。

因此,阶级起源于权力垄断,起源于经济权力与政治权力垄断,说到底,起源于生产资料私有制和完全民主制之外的政体:不完全民主制、寡头共和制、有限君主制和专制君主制。由此可以理解,为什么阶级不是从来就有的,在人类历史的百分之九十九以上的时间里并没有阶级:历经二、三百万年的原始社会并不存在阶级。因为考古学和人类学的研究表明,原始社会按其历史发展的一般顺序,呈现三种性质不同的社会形态:游群(band)、部落(tribe)和酋邦(chiefdom)。游群是人类最早社会形态,因而与人类同时诞生,大约出现于二三百万年前,终结于一万年前,历时约二三百万年:人类的游群时代也就是旧石器时代。部落原本在旧石器时代和中石器时代就已经存在,但只有到新石器时代,亦即距今约八、九千年,才广泛地散布于世界各地。

考古学和人类学的研究表明,游群和部落实行生产资料公有制和普选民主制,没有独立的、专门的和正规的政治组织。这样,一方面,每个人都完全平等拥有生产资料,完全平等享有经济权力,因而不存在经济权力的垄断,不存在垄断经济权力的群体和没有经济权力的群体,不存在相应的阶级;另一方面,每个人都完全平等地直接或间接共同执掌最高权力,因而不存在政治权力垄断,不存在垄断政治权力的统治阶级和没有政治权力的被统治阶级。诚然,部落时代曾出现过专制等非完全民主政体。但正如摩尔根所言,完全民主是部落政体的主流;专制等非民主政体不过是昙花一现的特例。特别是,部落时代不具有政治权力垄断群体或统治阶级所赖以产生的基础:专门的、正式的、独立的、常设的官僚管理机构和政治组织。因此,昙花一现的专制等非完全民主政体显然不足以形成统治阶级与被统治阶级。

只是到了酋邦时代晚期,亦即原始社会末期,阶级才开始形成。酋邦虽与部落一样,仍处于农耕和畜牧阶段,但其生产专门化的程度较高,出现较多剩余产品,因而从部落的实物和劳役的互惠原则,转化为行政性的再分配制度,产生了专门的、正式的、独立的、常设的官僚管理机构和政治组织。这种正式的、常设的官僚管理机构无疑使酋长的权力和地位极大提高,使酋长家庭成员及其亲族群家庭成员的地位高于普通家庭成员,从而处于社会的中心位置,形成一种不平等的等级制社会。

这样一来,一方面,随着社会分工和商品交换的发展,酋邦成员便逐渐出现了贫富差距。酋长及其各级官员势必利用职权侵占剩余产品和生产资料,从而与那些富裕氏族成员一起,形成经济权力和生产资料的垄断群体:奴隶主阶级。这种群体叫作奴隶主阶级,因其将战争俘虏和无力偿还债务的贫穷氏族成员变成奴隶,从而成为奴隶主。这就是人类历史上最早产生的阶级:奴隶主阶级与奴隶阶级。

另一方面,酋邦所形成的专门的、正式的、独立的、常设的官僚管理机构和政治组织,显然是政治权力垄断群体或统治阶级所赖以产生的基础。部落时代曾出现过专制等非完全民主政体,却没有形成统治阶级或政治权力垄断群体,主要就是因为部落时代尚未形成专门的、正式的、独立的、常设的官僚管理机构和政治组织。酋邦具有专门的、正式的、独立的、常设的官僚管理机构和政治组织,意味着,只要一出现没有政治权力的奴隶,专门的、正式的、独立的、常设的官僚管理机构和政治组织的官员们就会蜕变为垄断政治权力的群体:统治阶级。因此,随着奴隶阶级的产生,就形成了没有政治权力的群体和政治权力垄断群体,亦即被统治阶级与统治阶级。这就是人类历史上最早产生的统治阶级与被统治阶级。

可见,阶级起源于晚期酋邦社会——亦即原始社会末期——的权力垄断,起源于晚期酋邦社会的经济权力和生产资料垄断,起源于晚期酋邦社会政治权力和政治职务的垄断。但是,正如赛维斯和弗里德等现代人类学家所证实,酋邦社会并不是阶级社会,而是处于平等的部落社会向阶级社会过渡阶段的等级社会。因为,一方面,这种不平等的社会分层和等级,因最高权力仍然完全平等地执掌于每个人手中,并没有造成政治权力垄断,没有形成统治阶级与被统治阶级。另一方面,这种不平等的社会分层和等级,只在政治和社会方面,而并不在经济方面。酋邦社会各个不同的社会阶层和等级之间,并无截然不同的经济差异,并没有生产资料私有制,并没有那样的经济地位不同的集团,以致某些集团依靠生产资料的独占而能够剥削另一些集团所创造的剩余价值。因此,整体说来,正如赛维斯所言,酋邦仍然属于无阶级社会:

　　　　大体上说,酋邦是家庭式的,但是不平等;它没有政府,但是拥有权威与集中管理；它没有资源上的私有制，没有经营性质的市场贸易，但是在对物品与生产的掌控方面，却是不平等的；它有阶等区分，但是没有明显的社会经济阶级，或者政治阶级。①

然而，综上所述，不难看出，权力——经济权力与政治权力——垄断仅仅是阶级的直接起源；阶级的最终根源，正如马克思主义所指出，乃在于生产力的发展程度："阶级的存在仅仅同生产发展的一定历史阶段相联系。"②确实，在生产力极其低下，以致一个人用全部时间劳动也只能生产勉强维持自己生存的生活资料的历史条件下，不可能有阶级和阶级剥削。因为在这种条件下，正如马克思所指出，每个人都不可能有剩余时间来为他人劳动："而没有这种剩余时间，就不可能有剩余劳动，从而不可能有资本家，而且也不可能有奴隶主，不可能有封建贵族，一句话，不可能有大私有者阶级。"③

只是到了原始社会末期，如上所述，随着生产力和生产专门化的程度提高，出现了较多剩余产品，因而一方面，战俘不再被杀死而被当作奴隶，以便无偿占有其剩余产品，从而产生奴隶主与奴隶阶级；另一方面，较多剩余产品使部落的实物和劳役的互惠原则，转化为行政性的再分配制度，产生了专门的、正式的、独立的、常设的官僚管理机构和政治组织，进而蜕变为垄断政治权力的群体，亦

---

① 转引自易建平：《部落联盟与酋邦》，社会科学文献出版社 2004 年版，第 207 页。
② 《马克思恩格斯选集》第四卷，人民出版社 1995 年版，第 547 页。
③ 《马克思恩格斯选集》第二卷，人民出版社 1995 年版，第 401 页。

即统治阶级。

因此,阶级——不论是经济阶级还是政治阶级——固然因权力垄断而形成,但归根结底,则是生产发展的结果,是被生产发展所产生和决定的:权力垄断(生产资料或经济权力垄断和政治权力垄断)是阶级形成的直接根源;生产发达程度则是阶级形成的终极根源。因此,康士坦丁诺夫说:"当社会劳动生产率没有提高到创造剩余产品的程度时,阶级是不可能产生的。但是,即使提高到了这种程度,也只是给社会划分为阶级创造了可能性,社会分裂为对抗阶级的直接原因是生产资料私有制的出现。"[1]

2. 剥削起源

剥削的起源无疑比阶级的起源更为复杂。因为剥削并不都是阶级剥削,而是分为阶级剥削与非阶级剥削。阶级剥削与非阶级剥削性质根本不同,因而二者起源必定根本不同。阶级剥削是社会上一个固定的大集团(亦即权力垄断集团)对另一个固定的大集团(亦即无权集团)的剥削,意味着,剥削阶级与被剥削阶级是固定的:权力垄断集团必定是剥削阶级;无权集团必定是被剥削阶级。因此,阶级剥削与阶级一样,源于权力垄断,源于权力、压迫和强制。相反地,所谓非阶级剥削,亦即人际交往和利益交换中的所谓"占便宜",乃是不固定的一个或一些人对不固定的另一个或另一些人的剥削。就非阶级剥削来说,剥削者和被剥削者是不固定的。任何人,不论他有多么大的权力,都可能被欺骗被剥削而成为被剥

---

[1]　〔苏联〕康士坦丁诺夫主编,佚名译:《马克思主义哲学原理》,人民出版社 1959 年版,第 505 页。

削者；任何人，不论他何等穷困潦倒、无权无势，都可能欺骗剥削他人而成为剥削者。因此，非阶级剥削的根源，亦即人际交往和利益交换中的所谓"占便宜"之根源，如欺骗、狡猾和阴谋诡计等，无疑充满偶然性，而与权力垄断没有必然联系：权力垄断未必是非阶级剥削的根源。

因此，非阶级剥削是从来就有的：原始社会就存在非阶级剥削。并且，原始社会不必发展到产生剩余产品，才能有非阶级剥削。自有人类社会以来，恐怕就存在非阶级剥削，而不论生产力如何低下。试想，就是在那食人之风盛行的毫无剩余产品的原始社会，两个人岂不也可能进行不公正的不等价交换？甲如果用价值较小的石器工具或猎物，与乙的价值较大的石器工具或猎物相交换，那么，就可以说甲与乙进行了某种含有无偿占有的不公正的利益交换活动：甲剥削了乙。我们更可以设想，在这毫无剩余产品的原始社会，甲乙两人信誓旦旦，说好相互帮忙。但到头来，甲帮助了乙之后，乙却言而无信，没有帮助甲。因此，在两人的利益交换活动中，乙不公正地无偿占有了甲的劳动和利益：乙剥削了甲。这种剥削，也就是人际交往和利益交换中的所谓"占便宜"：它显然不必以剩余产品的产生和阶级的存在为前提。因此，罗默说："就经济意义来说，剥削是一个在逻辑上可以先于阶级而思考的概念。"[1]

不难看出，这种发生于人际交往和利益交换中的所谓"占便宜"之非阶级剥削，永远不会消灭。就是实现了完全符合国家制度价值标准——公正与平等以及人道与自由——的人类理想社会，亦即未来共产主义社会，如前所述，每个人自爱必定仍然多于爱

① John E. Roemer, *Free to Lose*, Cambridge: Harvard University Press, 1988, p. 103.

人,为己必定仍然多于为人:每个人必定仍然恒久为自己而只能偶尔为他人。这样一来,怎么可能完全消灭人际交往和利益交换中的所谓"占便宜"之非阶级剥削? 更何况,如前所述,未来共产主义社会仍然存在着商品交换和按劳分配。既然存在着商品交换和按劳分配,怎么可能完全消灭不公正的不等价交换? 怎么可能完全消灭含有无偿占有的不公正的利益交换活动? 说到底,怎么可能完全消灭剥削呢?

但是,这种从来就有并将永远存在的剥削,不但仅仅是非阶级剥削,而且仅仅是那些对于每个人的人生都无足轻重、不具有必然性的非阶级剥削。究竟言之,非阶级剥削除了一种——亦即产品市场卖方垄断之非阶级剥削——似乎都无足轻重、不具有必然性,因而都没有科学研究之价值。产品市场卖方垄断之非阶级剥削,显然与某个穷人剥削了某个富人(或某个地摊儿小商贩剥削了某个教授)等非阶级剥削根本不同,亦与人际交往中的种种所谓"占便宜"之非阶级剥根本不同。它与阶级剥削一样,不但关乎人们根本利益,而且具有必然性,因而具有科学研究之价值。因此,我们探讨剥削的起源和发展,就是考察阶级剥削以及具有科学研究意义的非阶级剥削——如产品市场卖方垄断之非阶级剥削——的起源和发展。

准此观之,可以断言:剥削主要起源于权力——经济权力与政治权力——垄断。经济权力垄断可以分为两大类型:产品市场的卖方垄断与劳动市场的买方垄断。这两种垄断之所以是剥削的根源,正如萨缪尔森所言,乃是因为垄断——不论是产品市场的卖方垄断还是劳动市场的买方垄断——意味着垄断者在一定程度上控制价格,因而势必导致价格与价值的背离,导致不等价交换:不等价交换是垄断价格规律，正如等价交换是自由竞争的价格规律一样。只不过，产品市场的卖方垄断因其是卖方垄断，所导致的价格与价值的背离，当然是价格高于价值或边际成本："垄断的最大祸害并不是它榨取垄断利润，而是它规定的垄断价格远远高于社会按照边际成本所决定的价格……垄断的真正祸害是人为造成的 P（价格）与 MC（边际成本）的背离。"[①] "垄断所导致的 P 与 MC 的脱离意味着对劳动的'剥削'……工会在垄断企业中提高工资的行动并不能消除这种剥削。受到剥削的是整个社会，改变这种状况是反托拉斯政策的一个任务。"[②]

劳动市场的买方垄断因其是买方垄断，所导致价格与价值的背离，则显然是价格低于价值，亦即劳动价格或工资低于劳动价值，低于劳动的边际产品。工资低于劳动价值或劳动的边际产品的差额，无疑是劳动者所创造的被资本家和地主无偿占有的剩余价值，因而也就是资本家和地主对劳动者的剥削。罗宾逊界说剥削时便这样写道："所谓剥削通常是指工资小于劳动的边际物质产品按其售价所估计的价值。"[③]因此，地主和资本家对劳动者的剥削——亦即工资低于劳动价值或劳动的边际产品的差额——正如萨缪尔森所言，乃是劳动市场买方垄断的必然结果："剥削来源于雇主在购买劳动时的垄断力量（即所谓'买方垄断'）。"[④]

可见，剥削源于经济权力垄断，亦即源于劳动市场的买方垄断

---

① 〔美〕萨缪尔森等著，萧琛主译：《经济学》中册，商务印书馆 1986 年版，第 192 - 193 页。

② 同上书，第 171 页。

③ 〔英〕罗宾逊著，陈璧译：《不完全竞争经济学》，商务印书馆 1961 年版，第 235 页。

④ 〔美〕萨缪尔森等著，萧琛主译：《经济学》中册，商务印书馆 1986 年版，第 232 页脚注。

与产品市场的卖方垄断。因此,罗默说:"在资本主义制度下,任何商品都受到剥削,而不仅仅是劳动力。"①那么,剥削的主要根源是否可以归结为产品市场的卖方垄断与劳动市场的买方垄断? 萨缪尔森的回答是肯定的。② 罗宾逊也这样写道:"剥削由以产生的场合可分为三类:首先,虽在对个别雇主的劳动供给是完全有弹性的时候也能出现的场合,这是由对商品的垄断而造成的。其次,当劳动供给是不完全有弹性的时候(虽然商品是在完全竞争条件下来出售的);第三,当劳动供给是不完全有弹性的时候,而且雇主在购买劳动时能实行价格歧视;这两类是由于对劳动的买方独占而引起的。"③

殊不知,剥削源于权力垄断,因而势必与所垄断的权力的高低大小强弱成正比:权力越高越强越大,剥削便越深重;权力越低越弱越小,剥削便越轻浅。一个国家或社会的最高权力无疑属于政治权力范畴,因而政治权力统治和支配经济权力,高于大于重于经济权力,是最高最大最强的权力。因此,如果经济权力垄断必定导致剥削,那么,政治权力垄断就必定导致更加深重的剥削。对此,马拥军已有所见:"没有公民社会,没有民主,政治权力被部分人所垄断,是政治剥削延续的社会基础。"④

罗默将政治权力垄断的剥削方式叫作"地位剥削(status exploitation)":"在中央计划经济中,官僚取代了市场,伴随官僚而

---

①　John E. Roemer, *Free to Lose*, Cambridge: Harvard University Press, 1988, p. 106.

②　〔美〕萨缪尔森等著,萧琛主译:《经济学》中册,商务印书馆 1986 年版,第 232 - 233 页。

③　〔英〕罗宾逊著,陈璧译:《不完全竞争经济学》,商务印书馆 1961 年版,第 236 页。

④　马拥军:"论剥削的历史形式"《福建省社会学 2006 年年会论文集》,中国期刊网期刊全文数据库,第 352 页。

来的是地位和职务剥削。如果其他形式的财产不能用来剥削，人们自然会利用其职务图谋经济利益。马克思论及以地位剥削代替资本主义剥削："从这种东西（金钱）那里夺去其所具有的社会权力，势必赋予人以支配人的这种权力。'"[1]"地位剥削的存在源于大规模的中央计划和为自己创造特权的官僚职能发展的结果。"[2]赖特不赞成罗默将政治权力垄断的剥削方式叫作"地位剥削"，而称之为"组织资产"。他认为对组织资产的控制——亦即政治权力垄断——是剥削或无偿占有剩余价值的根源：

"当我们说这种社会中的剥削是建立在官僚政治力量的基础之上时，意味着对组织资产的控制说明了阶级关系和剥削的物质基础。组织资产的这一概念同职权和等级问题具有密切关系。资产就是组织。运用这种资产的行动就是制定对复杂的劳动技术分工的协作决策。如果这种资产被不平等的分配，从而某些地位比其他地位拥有较多的对这种资产的实际控制，那么由这种资产带来的社会关系就呈现出权力等级的形式。然而，这种权利本身并不是资产；组织才是通过权力等级所控制的资产。那种认为对组织资产的实际控制是剥削的基础的主张，相当于说：（1）如果非管理者带着他们人均组织资产份额退出（这相当于说，如果组织性控制是民主化的），那么他们将变得更好而管理者和官僚则变得糟糕；（2）依靠对组织资产的实际控制，管理者和官僚控制了社会所生产的部分或者全部剩余。"[3]

---

[1] John E. Roemer, *Free to Lose*, Cambridge: Harvard University Press, 1988, p. 141.

[2] 同上书，p. 146。

[3] 〔美〕赖特著，刘磊等译：《阶级》，高等教育出版社 2006 年版，第 80—81 页。

　　我们知道,经济权力垄断——劳动市场的买方垄断与产品市场的卖方垄断——主要通过控制价格实现剥削。那么,政治权力垄断的剥削方式是什么?马拥军答曰:"政治剥削集中表现为特权,即对公共资源的垄断。享有特权的个人借对公共资源的垄断无偿占有其他个人的劳动成果。"[①]诚哉斯言!政治权力垄断的剥削方式,主要讲来,确实是对公共资源的控制,亦即控制税收和国有资源、公共资源。不论任何国家,政治权力都控制税收和国有资源、公共资源。但是,政治权力对税收和国有资源、公共资源的控制未必导致剥削。因为实行普选民主制的国家,每个人完全平等地执掌最高权力,从而每个人也就完全平等地控制税收和国有资源、公共资源。每个人都完全平等地控制税收和国有资源、公共资源,显然不会导致剥削。

　　反之,实行专制等非民主制的国家,一部分人垄断了最高权力和政治权力,另一部分人则没有政治权力,因而分为两大群体:垄断政治权力的群体和没有政治权力的群体。这样一来,便只有政治权力垄断群体才能控制税收和国有资源、公共资源,因而势必通过控制税收和国有资源、公共资源而无偿占有没有政治权力的群体的利益:控制税收和国有资源、公共资源是政治权力垄断的主要剥削方式。因此,赖特说:"国家官僚精英占有剩余的能力建立在他们对社会生产性资源的有效控制的基础上。"[②]马拥军进而指出,这种政治权力垄断的剥削方式,西方也曾普遍存在,但在中国

---

　　① 马拥军:"论剥削的历史形式",《福建省社会学 2006 年年会论文集》,中国期刊网期刊全文数据库,第 352 页。

　　② 〔美〕赖特著,陈心想等译:《后工业社会中的阶级》,辽宁教育出版社 2004 年版,第 36 页。

却是笼罩一切的剥削形式：

"凡是有集体存在的地方，就有政治剥削存在的可能，但只有在等级制集体中政治剥削才被制度化。在民主制集体中如果权力被滥用，它随时会被指出，乃至被纠正。古希腊和古罗马都有平民政治，罗马甚至设立了保民官。与此不同，中国古代的等级制却以集体之名，维护、甚至美化上级对下级的统治，从而导致了'瞒'和'骗'的政治。中国古代社会始终存在官与民的区分。因此，在西方，政治剥削虽然也曾普遍存在，但始终有与它对抗的资源，在中国，政治剥削却被不断完善和深化，成为笼罩一切的剥削形式。"[1]

3．阶级与剥削的发展

我们知道，在人类历史的百分之九十九以上的时间里并没有阶级：历经二三百万年的原始社会并不存在阶级。只是到了原始社会末期，酋邦成员逐渐出现了贫富差距。酋长及其各级官员利用职权侵占剩余产品和生产资料，从而与那些富裕氏族成员一起，形成经济权力和生产资料的垄断群体。这种群体叫作奴隶主阶级，因其将战争俘虏和无力偿还债务的贫穷氏族成员变成奴隶，从而成为奴隶主：奴隶社会由此诞生。因此，奴隶制社会由原始社会演进而来，是人类历史上第一个阶级社会，最早形成于公元前4000年和前3000年之间，如埃及、米索不达米亚等奴隶制社会，约诞生于公元前3500年左右。但是，最发达的奴隶制社会，是公

---

[1]　马拥军："论剥削的历史形式"，《福建省社会学2006年年会论文集》，中国期刊网期刊全文数据库，第352页。

元前 5 世纪至前 4 世纪的古希腊奴隶制社会和公元前 2 世纪至公元 1 世纪的古罗马奴隶制社会。在西欧,奴隶制社会一直存在到公元 3 世纪至 5 世纪才被封建制社会取而代之。

奴隶制社会虽然存在着相当数量的自耕农和小手工业者,他们与奴隶主都属于自由民,但主要的群体无疑是因权力垄断所形成的两大对抗阶级:奴隶主阶级与奴隶阶级。这是人类历史上首次出现的阶级。这一对立阶级的根本特点,如所周知,亦即所谓"人身占有":奴隶主不但垄断了生产资料或经济权力,而且完全占有奴隶;奴隶不但没有生产资料或经济权力,而且与牲畜一样,不过是奴隶主的私有财产。因此,《布莱克维尔政治学百科全书》奴隶制词条的定义是:"一人是另一人的财产的制度"。[①] 马克思在论及奴隶制时也曾这样写道:"按照古人的恰当的说法,劳动者在这里只是会说话的工具,牲畜是会发声的工具,无生命的劳动工具是无声的工具。"[②]因此,奴隶主对奴隶便如同对其牲畜等财产一样,可以随意使用、买卖乃至处死奴隶。奴隶的价格也很便宜,在古代的巴比伦,一个奴隶的价格与租用一头牡牛的价钱相等。

这样一来,如同牛马的劳动成果皆归主人所有一样,奴隶劳动的全部成果自然都归奴隶主所有和支配。奴隶主分配给奴隶消费的那部分产品的多少,完全由奴隶主决定,而奴隶无权过问。因此,奴隶主势必只发给奴隶维持肉体生存的少到不能再少的生活资料,仅能维持奴隶生命和继续劳动,致使奴隶常因饥饿和过度劳

---

① 〔英〕戴维·米勒等编,邓正来译:《布莱克维尔政治学百科全书》,中国政法大学出版社 1992 年版,第 700 页。

② 《马克思恩格斯全集》第二十三卷,人民出版社 1974 年版,第 222 页注 17。

累而死。于是,奴隶主不但可以无偿占有奴隶的全部剩余劳动,而且还可以无偿占有奴隶部分必要劳动:这就是奴隶制阶级剥削的根本特征。这种以无偿占有部分必要劳动为特征的阶级剥削,显然是剥削的极限,是最深重最残酷的剥削;究其所由以产生的直接根源和所赖以实现的根本手段,显然在于奴隶主阶级拥有双重权力垄断:生产资料或经济权力垄断和人身占有或超经济权力垄断。凡是权力都是强制:权力是仅为管理者拥有且被社会承认的使被管理者服从的强制力量。因此,奴隶制阶级剥削的根源和手段,说到底,乃在于奴隶主阶级拥有双重强制力量:以生产资料垄断为基础的经济强制和以人身占有为基础的超经济强制。

封建社会的阶级和剥削与奴隶社会不同。封建社会的阶级主要是地主阶级与农民或农奴阶级:地主阶级占有绝大部分土地和生产资料,成为经济权力垄断集团;农民或农奴虽然拥有部分生产资料,如农具、牲畜、种子等,却完全没有土地或只有极少土地,因而没有经济权力。这样一来,农民便不得不使用地主土地,屈从地主阶级的经济权力,而地主则向农民收取地租,从而无偿占有农民或农奴剩余劳动。这就是封建社会的阶级剥削制度:封建剥削制度就是地主阶级主要依靠垄断土地等生产资料或经济权力而无偿占有农民(或农奴)剩余劳动的经济制度。对于这种剥削的本质,罗默曾有十分精辟的论述:

"领主们居住的巨大城堡及其享受的奢侈品都是农奴劳动的产品,很难否定这些东西是经济剩余部分,亦即超出生存需要的那部分产品。实际上,马克思主义者描述的封建制度体现了这样一种思想:庞大的农奴阶级生产了封建社会剩余产品。这些剩余产品是人数极少的领主阶级的财产。那些导致剩余产品从生产它的人手中转移到拥有它的人手中的最初的财产权,是对居住在那里的农奴的大部分劳动产品的所有权,这种权利是由封建法律确立的。"①

然而,在这种封建剥削制度下,农民和农奴毕竟可以用自己的农具在归自己支配的小块土地上耕作,"独立地经营他的农业和与农业结合在一起的农村家庭工业"②,从而拥有了自己的小私有经济。不过,这种小私有经济并不具有完全的独立性。因为农民和农奴为了从地主那里取得土地,不但必须交纳地租,而且还必须接受某种超经济强制,亦即丧失自己的人身自由而依附于地主,不能离开本土和户籍:这就是所谓的人身依附。人身依附是地主从拥有自己小私有经济的农奴或农民身上榨取地租等剩余价值的超经济强制手段。因此,列宁说:

"农民对地主的人身依附是这种经济制度的条件。如果地主没有直接支配农民个人的权力,他就不可能强迫那些得到份地而自行经营的人来为他们做工。所以,正如马克思在阐述这种经济制度时所说的,必须实行'超经济强制'。这种强制可能有各种各样的形式和不同的程度,从农奴地位起,一直到农民有不完全的等级权利为止。"③

可见,封建社会阶级剥削的根源和手段,乃在于地主阶级拥有双重强制力量:以土地等生产资料垄断为基础的经济权力强制和

---

①　John E. Roemer, *Free to Lose*, Cambridge:Harvard University Press, 1988, p. 29 - 30.

②　〔德〕马克思著,中共中央编译局译:《资本论》第三卷,人民出版社 1975 年版,第 890 页。

③　《列宁全集》第三卷,人民出版社 1956 年版,第 158 页。

以人身依附为基础的超经济权力强制；乃在于地主阶级拥有双重权力垄断：生产资料或经济权力垄断和人身依附或超经济权力垄断。人身依附无疑是封建社会的阶级和剥削的显著特征。因为封建制与奴隶制虽然同属于超经济强制的阶级剥削制度，但奴隶主占有全部生产资料和奴隶，因而其超经济强制是人身占有；而地主阶级只占有绝大部分土生产资料，并不占有农奴和农民，因而其超经济强制是人身依附。

资本主义社会的阶级和剥削与封建社会、奴隶社会都根本不同。因为资本主义社会的阶级主要是资产阶级与无产阶级：生产资料或经济权力被资产阶级占有，成为雇佣和购买无产阶级劳动的资本；无产阶级没有生产资料或经济权力，而只有人身自由，从而成为只能靠出卖劳动给资产阶级以换得工资过活的雇佣劳动者。因此，资产阶级与无产阶级的关系，说到底，便是一种商品买卖关系，亦即劳动与工资的商品交换关系。这样一来，正如马克思所指出，似乎可以根据等价交换是商品交换——工资与劳动的商品交换也不例外——所固有的规律，断言资产阶级没有剥削无产阶级："在资产阶级社会的表面上，劳动者的报酬表现为劳动的工资，劳动多少，就支付给多少货币。因此，劳动本身被看作是一种其市价在自己的价值上下波动的商品。"[1]

这一特点，在马克思看来，乃是资本主义剥削与封建社会、奴隶社会剥削的根本不同之处："工资的形式，或劳动的直接报酬的形式，消灭了工作日分为必要劳动和剩余劳动，分为有酬劳动的一

---

[1]　〔德〕马克思著，中共中央编译局译：《资本论》第一卷，中国社会科学出版社1983年版，第553页。

切痕迹,结果是自由工人的全部劳动都被看作是有酬的劳动。在农奴制下,服徭役者为自己的劳动和为领主的强制劳动在时间上和空间上都是明显地分开的。在奴隶制度下,连奴隶只是用来补偿他的生活资料的价值的工作日部分,即他实际上为自己劳动的工作日部分,也表现为好像是为主人的劳动。他的全部劳动都具有无酬劳动的外观。相反地,在雇佣劳动下,甚至剩余劳动或无酬劳动也具有有酬劳的外观。在奴隶劳动下,所有权关系掩盖了奴隶为自己的劳动,而在雇佣劳动下,货币关系掩盖了雇佣工人为他的资本家的无偿劳动。"①

那么,究竟有什么根据说无产阶级的劳动分为必要劳动和剩余劳动?究竟有什么根据说资产阶级无偿占有或剥削了无产阶级的剩余劳动?原来,如上所述,等价交换仅仅是自由竞争的价格规律。在完全的自由竞争条件下,工资必然等于劳动的边际产品价值,因而工资与劳动的交换必然是等价交换,工资必然是公正的,必然不存在资本家对剩余价值——劳动多于工资的价值——的无偿占有,必然不存在资本家对工人的剥削。可是,问题的关键在于,资本主义的劳动市场,就其本性来说,不可能是完全自由竞争市场,而必然是买方垄断市场。

因为任何完全自由竞争市场的根本特征就在于,每个经济人,不论是卖者还是买者,对于价格的决定作用都是完全平等的,都同样是价格接受者,谁也强制不了谁,不存在任何强制,因而都是同样自由、无强制、心甘情愿地按照完全由市场机制决定的价格进行商品的买卖交换。然而,在资本主义劳动市场,劳动的买方与卖方

---

① 〔德〕马克思:《资本论》第一卷,中国社会科学出版社1983年版,第558页。

对于劳动价格的决定作用不可能是平等的,不可能同样是劳动价格的接受者。因为资本或生产资料的垄断就意味着权力垄断,权力垄断就意味着不平等。资本使资本家(劳动买方)有权成为支配和领导工人(劳动卖方)的雇主,使工人成为被领导、被支配和必须服从的雇员。劳动的买方与卖方地位的不平等,势必导致对于劳动价格的决定作用的不平等:雇主或劳动买方必定是价格的决定者和控制者;而雇员或劳动卖方则只能是价格的接受者。因此,资本主义劳动市场不可能是完全自由竞争市场,而必然是买方垄断市场。

任何垄断,不论是产品市场的卖方垄断,还是劳动市场的买方垄断,都同样意味着垄断者在一定程度上控制价格,因而势必导致价格与价值的背离,导致不等价交换:不等价交换是垄断价格规律,正如等价交换是自由竞争的价格规律一样。只不过,产品市场的卖方垄断因其是卖方垄断,所导致的价格与价值的背离,当然是价格高于价值或边际成本。反之,劳动市场的买方垄断因其是买方垄断,所导致价格与价值的背离,则显然是价格低于价值,亦即劳动价格或工资低于劳动价值,低于劳动的边际产品。

工资低于劳动价值或劳动的边际产品的差额,无疑是劳动者所创造的被资本家无偿占有的剩余价值,因而也就是资本家对劳动者的剥削,亦即所谓的资本主义剥削。因此,资本主义剥削或资本家对劳动者的剥削——亦即工资低于劳动价值或劳动的边际产品的差额——正如萨缪尔森所言,乃是劳动市场买方垄断的必然结果:"剥削来源于雇主在购买劳动时的垄断力量(即所谓'买方垄断')。"[①]

---

　①　〔美〕萨缪尔森等著,萧琛主译:《经济学》中册,商务印书馆1986年版,第232页脚注。

劳动市场买方垄断源于资本家对生产资料或经济权力的垄断。因此,资本主义剥削,说到底,乃是资本主义生产资料或经济权力垄断的必然结果:生产资料或经济权力的垄断是资本主义剥削的根源。

因此,资本主义并非真正自由的经济制度,而仍然是一种强制和异化的经济制度。因为任何剥削或无偿占有剩余价值,说到底,都不可能不是强制的。无产阶级或雇佣劳动者只是由于没有生产资料,为了生存才被迫为资本家劳动和创造剩余价值:资本、生产资料或经济权力垄断之经济强制乃是雇佣劳动者不得不为资本家劳动和创造剩余价值的根源。只不过,奴隶制与封建制剥削制度的不自由和异化本性,是经济权力垄断和超经济权力强制——亦即人身占有和人身依附——而资本主义剥削制度的不自由和异化本性,则是纯粹的生产资料垄断之经济权力强制罢了。

然而,不论资本主义社会还是封建社会抑或奴隶社会,主要的阶级绝不仅仅是资产阶级与无产阶级、地主阶级与农民阶级以及奴隶主阶级与奴隶阶级。因为阶级是因权力——经济权力与政治权力—垄断而分化的不同群体。奴隶主阶级与奴隶阶级、地主阶级与农民阶级以及资产阶级与无产阶级都是因经济权力——或人身占有和人身依附等超经济权力——垄断而分化的不同群体;而不是因政治权力或政治职务垄断而分化的不同群体。奴隶社会、封建社会和资本主义社会主要的阶级,无疑还包括因政治权力垄断而分化的不同群体:垄断政治权力的群体分别叫作奴隶社会统治阶级、封建社会统治阶级和资本主义社会统治阶级;没有政治权力的群体分别叫做奴隶社会被统治阶级、封建社会被统治阶级和资本主义社会被统治阶级。

诚然，就某种意义来说，在经济上占统治地位的阶级，在政治上也占统治地位。[①]　但是，这仅仅意味着：统治阶级成员主要是经济权力垄断阶级的成员；而并不意味着：统治阶级就是经济权力垄断阶级，因而完全由后者的成员构成。确实，奴隶社会的统治阶级并不就是奴隶主阶级，而必定一方面包括非奴隶主阶级的自由民；另一方面却不包括没有政治权力或政治职务的奴隶主。封建社会的统治阶级并不就是地主阶级，而必定一方面包括拥有政治权力或政治职务的非地主阶级成员；另一方面却不包括没有政治权力或政治职务的地主阶级成员。资本主义社会的统治阶级也并不就是资产阶级，而必定一方面包括拥有政治权力或政治职务的非资产阶级成员；另一方面却不包括没有政治权力或政治职务的资产阶级成员。

阶级与剥削的研究表明，原始社会不存在阶级和剥削，因为原始社会不存在权力——经济权力和政治权力——垄断。随着权力垄断的出现和发展，阶级和剥削相继演进为三大类型：奴隶社会、封建社会和资本主义社会的阶级与剥削。那么，社会主义和共产主义社会是否存在着阶级和阶级剥削？毫无疑义，共产主义社会不存在阶级与剥削。因为共产主义是完全符合国家制度价值标准——公正与平等以及人道、自由和增进每个人利益总量——的理想社会，因而一方面必定实行生产资料公有制，每个人完全平等地拥有经济权力，不存在经济权力垄断，从而不存在因经济权力垄断而分成的阶级：经济权力垄断群体与没有经济权力群体；另一方

---

①　《马克思恩格斯选集》第二卷，人民出版社 1995 年版，第 588 页。

面必定实行普选民主制,每个人完全平等地执掌最高权力,不存在
政治权力垄断,从而不存在因政治权力垄断而分成的阶级:政治权
力垄断群体或统治阶级与没有政治权力群体或被统治阶级。

　　然而,如前所述,社会主义是不完善、不完全的共产主义,是不
完全符合国家制度价值标准的社会:生产资料公有制是社会主义
充分且必要条件。因此,社会主义社会就是生产资料公有制居于
支配地位的社会,就是不完全不完善的共产主义社会。这样一来,
社会主义社会就与共产主义根本不同:它既可能符合国家制度价
值标准而实行民主制;也可能违背国家制度价值标准而实行专制
等非民主制。如果社会主义实行民主制,每个人完全平等地执掌
最高权力,从而不存在政治权力垄断,那么,社会主义便不但不存
在因政治权力垄断而分成的统治阶级与被统治阶级,而且也不存
在因经济权力垄断而分成的阶级:经济权力垄断群体与没有经济
权力群体。

　　因为政治权力控制国有资源,而社会主义国有资源包括公有
制的生产资料。因此,如果社会主义实行民主制,每个人便因完全
平等地执掌最高权力而完全平等执掌公有制生产资料。因此,一
方面,就社会主义社会居于支配地位的主要的生产资料和经济权
力来说,公有制和普选民主制便使每个人完全平等地拥有经济权
力,不存在经济权力垄断,从而不存在因经济权力垄断而分成的阶
级:经济权力垄断群体与没有经济权力群体。另一方面,就社会主
义社会被支配地位的非主要的生产资料和经济权力来说,还可能
存在私有制。但是,这种私有制虽然增进了私有者的生产资料或
经济权力,却并不造成生产资料或经济权力垄断,亦即不能剥夺公
有制和民主制赋予每个人平等执掌的生产资料或经济权力,进而

将人们分成两个阶级:生产资料垄断阶级与没有生产资料阶级。因此,民主制的社会主义社会不存在阶级和剥削:既不存在因政治权力垄断而形成的阶级和剥削,不存在统治阶级与被统治阶级;也不存在因经济权力垄断而形成的阶级和剥削,不存在资产阶级与无产阶级以及地主阶级与农民阶级。

但是,社会主义是不完善不完全的共产主义。如果社会主义社会不是实行民主制,而是实行专制等非民主制,那么,社会主义社会必分化为两大群体:政治权力或政治职务垄断群体叫作统治阶级、官吏阶级;没有政治权力或政治职务群体叫作被统治阶级或庶民阶级。被统治阶级或庶民阶级没有政治权力,也就不可能执掌国有资源,不可能执掌公有制生产资料,从而沦为没有生产资料或经济权力的阶级。这样一来,社会主义社会便存在着阶级和剥削。不但存在着因政治权力垄断而分成阶级——统治阶级或官吏阶级与被统治阶级或庶民阶级——而且存在着因生产资料或经济权力垄断而分成的阶级:没有生产资料或经济权力的阶级与生产资料或经济权力垄断阶级。只不过,生产资料或经济权力垄断阶级由两个阶级构成:一个是政治权力垄断群体或统治阶级、官吏阶级;另一个则是所谓民营企业家等私有者阶级。

然而,实行专制等非民主制社会主义社会仍然是生产资料公有制居于支配地位的社会,因纯粹的生产资料或经济权力垄断而形成的阶级——亦即民营企业家等私有者阶级与其雇员阶级——显然不是主要的阶级。这种社会主义社会无疑只有一种主要阶级:官吏阶级或统治阶级与庶民阶级或被统治阶级。这种官吏阶级、统治阶级乃是人类历史上权力最大的全权——政治权力与经济权力以及社会权力与文化权力——垄断阶级;相应地,这种被统治阶级则是人类历史上权力丧失最为干净的全权——政治权力与经济权力以及社会权力与文化权力——丧尽的无权阶级。因为不论任何社会,政治权力都控制国有资源。而在实行专制等非民主制的社会主义社会,国有资源包括全国主要的处于支配地位的生产资料,因而政治权力垄断同时意味着生产资料垄断或经济权力垄断。这样一来,在实行专制等非民主制的社会主义社会,官吏阶级便不但垄断了政治权力,而且垄断了经济权力,进而垄断社会权力和文化权力,从而是被统治阶级绝大多数成员无可选择的唯一雇主;庶民阶级的绝大多数成员不但没有政治权力,而且没有经济权力、社会权力和文化权力,成为无可选择的唯一雇主——政府官吏——的可以被自由选择的雇员。理解这种政府和官吏乃是全体国民唯一雇主的社会主义社会之最好方法,莫过于反思列宁对社会主义社会的描述:

"在这里,全体公民都成了国家(武装工人)雇用的职员。全体公民都成了一个全民的、国家的'辛迪加'的职员和工人。全部问题在于要他们在正确遵守劳动标准的条件下同等地劳动,同等地领取报酬……整个社会将成为一个管理处,成为一个劳动平等和报酬平等的工厂。"[1]

确实,实行专制等非民主制的社会主义社会,乃是一个统一的全民的、国家的"辛迪加",国家政府官吏就是这一个国家的"辛迪加"的唯一的雇主,是全体国民无可选择的唯一的雇主;而全体国民则都是这无可选择的唯一雇主的可以被自由选择的雇员。试问,这意味着什么? 这显然意味着:不服从者不得食,国民不

---

[1] 《列宁全集》第二十九卷,人民出版社 1953 年版,第 383 页。

服从政府和官吏就意味着没有食物，就意味着饿死："在一个政府是唯一的雇主的国家里，反抗就等于慢慢地饿死。'不劳动者不得食'这个旧的原则，已由'不服从者不得食'这个新的原则所代替。"

这样一来，政府、官吏或官吏阶级不但垄断了政治权力与经济权力，而且进而垄断了社会权力（如结社权力）和文化权力（如言论出版权力），因而拥有了控制国民的全权，拥有了支配每个国民全部生活的权力。因为正如马斯洛所揭示，生理需要、物质需要是最根本最重要最强烈最优先的需要，其他一切需要都是物质需要相对满足的结果："人类动机活动系统的主要原理是基本需要按优势或力量而形成的强弱等级。给这个系统以生命的主要动力原理是，健康人的更为强烈的需要一经满足，比较淡泊的需要便会出现。生理需要在其未得到满足时会支配机体，迫使所有能力为其服务，并组织这些能力而使服务达到最高效率。相对的满足消沉了这些需要，使等级的下一个较强烈的需要得以出现，继而支配和组织这个人，如此等等。这样，刚摆脱饥饿，现在又为安全所困扰。这个原理同样适用于等级系列中的其他需要，即爱、自尊和自我实现。"

确实，需要越低级便越优先：最低级的需要——亦即生理需要或物质需要——便是最优先的需要。试想，每个人都有食欲、性欲、安全欲、功名心、自尊心、道德心、自我实现的追求等。但是，一旦他处于饥饿之中而食欲得不到满足时，他的功名心等等其他欲求便都退后或消失了：他一心要满足的只是食欲。只有食欲得到满足，其他的欲求才会出现，他才会去满足其他欲求。这是一条普遍定律：不论是谁，不论是马克思还是鲁迅，不论他多么崇高伟大,多么蔑视物质享乐,当他饥饿的时候,他都不能不停止他的崇高理想而追逐食欲的满足。这意味着:谁控制了全部生产资料,谁就拥有了控制一切的全权。

因此,专制等非民主制的社会主义——可以称之为"极权主义奴役制社会主义"或"极权主义全权垄断社会主义"——乃是一种专制者及其政府官员、官吏阶级拥有控制国民全权的极权主义新奴隶制度、准奴隶制度或马克思所谓的"普遍奴隶制",亦即一种基于亚细亚生产方式的极权主义全权专制。在这种制度下,国民几乎丧失全部自由因而与奴隶实无二致。即使是鲁迅,恐怕也得乖乖服从。因为不服从他就没工作,岂不必定饿死无疑?这就是为什么海耶克断言社会主义是通往奴役之路的缘故,这就是为什么专制等非民主制的社会主义社会的国民最富奴性的缘故。

压迫和剥削,如前所述,源于权力垄断:压迫和剥削的严重程度与权力垄断的严重程度成正比。专制等非民主制社会主义社会不但存在着权力垄断,而且是极权主义全权——政治权力与经济权力以及社会权力与文化权力——垄断,因而不但必定存在着压迫与剥削,而且必定存在着远比私有制社会单纯的政治权力垄断或单纯的经济权力垄断更加严重的压迫和剥削。只不过,私有制社会的主要剥削者是地主与资本家,压迫与剥削是公开的、受法律限制的;而在专制等非民主制社会主义社会,剥削者则主要是官吏阶级,压迫与剥削不是公开的和受法律限制的,而是隐蔽的、变相的、不受法律限制的:官吏阶级一边骑在人民的脖子上不受任何法律限制地压迫与剥削人民,一边高喊甘当人民公仆,全心全意为人民服务。

三、阶级与剥削的消灭

1. 阶级与剥削是恶：存在阶级和剥削的各种国家制度自身内在价值之比较

剥削与阶级就其自身来说无疑都是恶，都是恶的、不公正的、不应该的、具有负价值的。因为如前所述，一方面，所谓剥削，就是恶的、不道德的或不公正的不等利交换，就是不等利交换的不公正，说到底，也就是含有无偿占有的不公正的利益交换活动；剥削主要起源于权力——主要是经济权力与政治权力——垄断。另一方面，所谓阶级，就是人们因权力垄断所导致的剥削关系而分成的不同群体：没有权力的群体，必定遭受权力垄断群体的压迫和剥削，因而叫作被压迫和被剥削阶级；垄断权力的群体，必定压迫和剥削无权群体，因而叫作压迫和剥削阶级。因此，任何国家的阶级和剥削制度，就其自身来说，都是恶的；只不过恶的程度有所不同罢了。

不难看出，一个国家的阶级和剥削制度的恶的程度与其权力垄断——权力垄断是阶级与剥削之根源——的程度成正比：权力垄断越多越大越重，无权者越多而有权者越少，剥削的程度便越深越重越广，便越加严重违背国家制度价值标准，该国家的阶级与剥削制度便越恶、越坏、越恶劣、越落后、越野蛮；权力垄断越少越小越轻，无权者越少而有权者越多，剥削的程度便越浅越轻越窄，便越加轻微违背国家制度价值标准，该国家的阶级与剥削制度的恶的程度便越轻，从而相对说来也就越好、越优良、越进步、越文明。

因此,奴隶制国家的阶级和剥削制度恶于封建国家的阶级和剥削制度;封建国家的阶级和剥削制度恶于资本主义国家的阶级和剥削制度。因为奴隶主阶级垄断的权力最多,不但垄断全部生产资料或经济权力,而且垄断以人身占有为基础的超经济权力,因而对奴隶阶级的剥削程度最重,违背国家制度价值标准的程度最严重,是人类历史上最恶劣最落后最坏的阶级和剥削制度。

地主阶级垄断的权力无疑比奴隶主阶级少。因为地主阶级只是占有绝大部分土地和生产资料,农民或农奴虽然完全没有土地或只有极少土地,却毕竟拥有部分生产资料,如农具、牲畜、种子等。特别是,地主阶级对农民或农奴只拥有以人身依附——而不是人身占有——为基础的超经济权力。这样一来,地主阶级对农民或农奴的剥削,无疑远不及奴隶主阶级对奴隶阶级的剥削深重。因此,封建国家的阶级与剥削,与奴隶制相比,违背国家制度价值标准较轻,因而比奴隶社会进步、文明、优良,比奴隶社会好。资产阶级垄断的权力比封建地主阶级更少。因为资产阶级仅仅垄断生产资料或经济权力,而并不拥有以人身依附为基础的超经济权力。资产阶级与无产阶级的关系,无论如何,毕竟是一种卖者与买者的商品买卖关系,亦即劳动与工资的商品交换关系。因此,资产阶级对无产阶级的剥削,与封建制相比,违背国家制度价值标准较轻,因而比封建地主对农民或农奴的剥削更加进步、文明、优良,比封建社会更好。

不仅此也! 奴隶国家、封建国家和资本主义国家主要的阶级,并不仅仅是奴隶主阶级与奴隶阶级、地主阶级与农民阶级以及资产阶级与无产阶级。因为阶级是因权力——经济权力与政治权力—垄断而分化的不同群体。奴隶主阶级与奴隶阶级、地主阶级与农民阶级以及资产阶级与无产阶级都是因经济权力——或人身占有和人身依附等超经济权力——垄断而分化的不同群体；而不是因政治权力或政治职务垄断而分化的不同群体。奴隶国家、封建国家和资本主义国家主要的阶级，无疑还包括因政治权力垄断而分化的不同群体：垄断政治权力的群体（亦即统治阶级）与没有政治权力的群体（亦即被统治阶级）。

不言而喻，一个国家的统治阶级及其阶级剥削的进步程度与其拥有政治权力与没有政治权力的人数比例成正比：一个社会没有政治权力的人数越少，拥有政治权力的人数越多，该社会被政治权力压迫与剥削的人数便越少，因而违背国家制度价值标准的程度便越轻，该国家的阶级与剥削便越加进步和优良；反之，没有政治权力的人数越多，拥有政治权力的人数越少，被政治权力压迫与剥削的人数便越多，因而违背国家制度价值标准的程度便越严重，该国家的阶级与剥削便越加落后和恶劣。准此观之，奴隶制国家的统治阶级和阶级剥削最恶劣最落后。因为奴隶制国家拥有政治权力的人数最少，统治阶级的成员不但几乎都是奴隶主贵族，而且排除所有女人。例如，在古希腊城邦国家中，女人便与奴隶一样，都不享有政治权力。古罗马最初也只有贵族享有政治权力，到公元前 3 世纪通过霍腾西阿法案后，所有自由民才获得政治权力。

封建国家拥有政治权力与没有政治权力的人数比例，无疑远远高于奴隶制国家。因为封建国家统治阶级成员或拥有政治权力者，固然主要是地主阶级成员，但绝不仅仅是地主阶级成员，而或多或少包括农民或农奴。就拿中国一千年左右的封建科举制度来说，一个人，不论属于哪个阶级，只要考中进士举人，岂不都可以成为统治阶级一员？因此，与奴隶制国家相比，封建制国家的统治阶级及其剥削远为进步。但若与资本主义国家相比,却远为落后了。因为只是随着资产阶级革命胜利,政治权力才迅速由少数人的特权向每个国民普及;尽管仍然存在着性别和财产等限制。直到第二次世界大战以后,在大多数国家中,才逐渐实现普选制民主,从而政治权力才逐渐不分性别、阶级、职业和文化程度等而为每个国民所平等拥有。这样一来,在普选制民主的资本主义国家,每个人都完全平等地执掌最高权力,不存在政治权力垄断,因而也不存在因政治权力垄断而分化的不同群体:统治阶级(官吏阶级)与被统治阶级(庶民阶级)。

　　可见,奴隶制国家的阶级和剥削制度最恶、最坏、最落后;封建国家的阶级和剥削制度次之;资本主义国家的阶级和剥削制度又次之。那么,是否可以说,社会主义国家的阶级和剥削制度必定是最好最进步的?未必。诚然,社会主义必定先进于资本主义。但是,社会主义国家却未必先进于资本主义国家。因为社会主义国家就是社会主义经济形态——亦即公有制——居于支配地位的国家:它既可能实行普选民主制;也可能实行专制等非民主制。如果社会主义国家实行普选民主制,每个人完全平等地执掌最高权力,从而不存在政治权力垄断,那么,社会主义国家便不但不存在因政治权力垄断而分成的统治阶级(官吏阶级)与被统治阶级(庶民阶级),而且也不存在因经济权力垄断而分成的阶级,因而远远先进于资本主义国家。

　　可是,如果社会主义国家实行专制等非民主制,主要国民便分化为两大群体:政治权力垄断群体或统治阶级、官吏阶级和没有政治权力或被统治阶级、庶民阶级。官吏阶级不但垄断政治权力,而且因控制国有资源——国有资源包括全国主要的处于支配地位的生产资料——而垄断了经济权力。庶民阶级不但没有政治权力，而且——除了生产资料私有者或所谓民营企业家——皆因没有政治权力不可能控制国有资源，从而沦为没有经济权力的阶级。

准此观之，实行专制等非民主制的社会主义国家的阶级和剥削制度便远远恶于资本主义国家。因为社会主义国家的权力垄断程度远远重于资本主义国家：社会主义国家的政治权力垄断群体或统治阶级拥有压迫和剥削没有政治权力群体或被统治阶级的全权：政治权力与经济权力以及社会权力与文化权力；而资本主义国家的统治阶级只有控制被统治阶级的政治权力。就某种意义来说，资本主义私有制和按资分配是获得自由——特别是政治自由、社会自由和思想自由——的最根本的必要条件。因为私有财产是自由的保障，只有当一个人只有了财产和面包，他才敢于不服从而争取自由："不服从者亦得食"是自由的最根本的必要条件。资本主义堪称"不服从者亦得食"的国家。因为生产资料主要为私有者所拥有，而并不为政府和官吏所垄断，因而政府和官吏没有控制国民的全权：不服从政府和官吏亦可得食。私有者也没有控制无产者的全权，因为生产资料并不是统一掌握在哪一个私有者或大财团手中；而是分散地为众多独立的私有者所掌握，因而没有人必须为面包而出卖自由：此处不留爷，自有留爷处。这个道理，哈耶克曾有十分透辟的阐述：

"只是因为生产资料分别掌握在许多个独立行动的人的手里，才无人有控制我们的全权，我们作为个人才能自己决定自己去做的事情。如果所有的生产资料都归属于一个人掌握，不管它名义上是属于整个'社会'的，还是属于一个独裁者的，谁控制它，谁就有全权控制我们。"①

实行专制等非完全民主制的社会主义国家的阶级和阶级剥削制度,不但远远恶于资本主义国家,而且就某些方面看,不逊于奴隶制。因为不论是资本主义社会还是封建社会抑或奴隶社会,经济权力垄断的压迫和剥削方式,与政治权力垄断的压迫和剥削方式都是分开的。换言之,没有哪一个阶级既垄断了政治权力又垄断了经济权力。奴隶主阶级和封建地主阶级的压迫和剥削方式,只是经济权力垄断和超经济权力强制:人身占有和人身依附。资产阶级的剥削方式是纯粹的生产资料或经济权力垄断。这些社会的官吏阶级或统治阶级的压迫和剥削方式则仅仅是政治权力垄断。专制等非民主制的社会主义社会的阶级压迫和剥削方式,则是全权垄断:官吏阶级或统治阶级不但垄断了政治权力而且垄断了经济权力,进而垄断了社会权力和文化权力;庶民阶级或被统治阶级不但没有政治权力而且没有经济权力、社会权力和文化权力。

压迫和剥削源于权力垄断,因而压迫和剥削的程度,与所垄断的权力的大小强弱成正比。因此,这种包括经济权力垄断的全权的政治权力垄断的社会主义压迫和剥削程度,必定远远深重于私有制社会——资本主义和封建制以及奴隶制——官吏阶级或统治阶级单纯的政治权力垄断的压迫和剥削方式,更远远深重于资本主义单纯的经济权力垄断压迫和剥削方式,而与奴隶主阶级的压迫与剥削方式——经济权力垄断和超经济权力强制相结

---

① Friedrich A. Hayek, *The Road to Serfdom*, London: George Routledge & Sons Ltd., 1944, p. 78.

合——难分轻重。

但是，倘若仅就官吏阶级对庶民阶级的压迫和剥削程度来说，社会主义无疑远远深重于资本主义和封建制以及奴隶制，是人类历史上最恶劣的阶级和剥削制度。因为不论是资本主义还是封建制抑或奴隶制社会——亚细亚生产方式国家除外——官吏阶级都仅仅垄断了政治权力，而并没有垄断经济权力；相应地，庶民阶级都仅仅没有政治权力，而并没有丧失经济权力。唯有非民主制社会主义社会，官吏阶级不但垄断了政治权力，而且通过垄断国有资源和公有制生产资料，垄断了全国主要经济权力，是全权垄断阶级，是人类历史上权力垄断最多最大的官吏阶级；相应地，庶民阶级不但没有政治权力，也没有经济权力，是人类历史上权力丧失最干净最彻底的庶民阶级。这就是为什么，非民主制社会主义社会的人们极端羡慕、崇拜和追求官职的缘故。

这样一来，在人类历史上，便唯有非民主制社会主义社会——亚细亚生产方式国家除外——全权垄断的官吏阶级是全权丧尽的庶民阶级无可选择的唯一雇主；全权丧尽的庶民阶级则成为无可选择的唯一雇主——政府官吏——的可以被自由选择的雇员。因此，庶民阶级不但遭受人类历史上最严重的压迫与剥削——全权垄断的压迫和剥削——而且不服从政府和官吏就意味着没有工作，就意味着活活饿死，以致几乎丧失全部自由而与奴隶实无二致。

因此，实行专制等非民主制的社会主义国家的阶级和剥削制度，如果全面地看，则远远恶劣于资本主义国家；如果仅就官吏阶级对庶民阶级的全权垄断的压迫和剥削程度来说，则是人类历史上最恶劣的阶级和剥削制度；如果抛开历史的进步和时代环境的根本不同,而单纯地、抽象地将这种官吏阶级对庶民阶级的全权垄断的压迫和剥削程度,与奴隶主对奴隶阶级的压迫与剥削——经济权力垄断和超经济权力强制相结合——程度相比较,则可以说二者颇为相似,甚至难分伯仲。这就是为什么我们说,专制等非民主制的社会主义乃是一种极权主义奴役制社会主义,是一种政府官员拥有控制国民全权的极权主义新奴隶制度、准奴隶制度或马克思所谓的"普遍奴隶制"。

诚然,实行专制等非民主制的各种社会主义国家的阶级和剥削制度的恶的程度并不完全相同。因为,一方面,社会主义国家的阶级和剥削制度的恶的程度,显然与公有制的纯粹或完全程度成正比:公有制的程度越高,公有制的生产资料所占的比例越大,私有制的生产资料所占的比例越小,官吏阶级或统治阶级所垄断的经济权力便越大,全权垄断的程度便越高,压迫和剥削的程度便越深重,该国家的阶级与剥削制度便越恶、越坏、越恶劣、越落后、越野蛮;公有制的程度越低,公有制的生产资料所占的比例越小,私有制的生产资料所占的比例越大,官吏阶级或统治阶级所垄断的经济权力便越小,全权垄断的程度便越低,压迫和剥削的程度便越轻浅,该国家的阶级与剥削制度的恶的程度便越轻,从而也就越好、越优良、越进步、越文明。

另一方面,社会主义国家的阶级和剥削制度的恶的程度,显然与非民主制的程度成正比:离民主制越远,越接近专制,官吏阶级或统治阶级所垄断的政治权力和经济权力便越大,全权垄断的程度便越高,压迫和剥削的程度便越深重,该国家的阶级与剥削制度便越恶、越坏、越恶劣、越落后、越野蛮;离专制越远,越接近民主制,官吏阶级或统治阶级所垄断的政治权力和经济权力便越小,全权垄断的程度便越低，压迫和剥削的程度便越轻浅，该国家的阶级与剥削制度的恶的程度便越轻，从而也就越好、越优良、越进步、越文明。

社会主义国家，如上所述，乃是一种要么是天堂要么是地狱的两极化国家：如果实行普选民主制就不存在阶级和剥削，因而远远先进于资本主义国家；如果实行专制等非民主制，则不但存在着阶级和剥削，而且可以称之为"奴役制社会主义"，乃是人类历史上最恶的官吏阶级对庶民阶级的压迫和剥削：全权垄断的阶级和剥削。于是，如果仅就阶级和剥削制度来说，资本主义国家最好最先进，封建制国家次之，非民主制社会主义国家则与奴隶制国家相伯仲，最坏最落后。对于这一结论，我们或许会惊愕不已。但是，当我们进一步探究这种最恶的非民主制社会主义国家的阶级和剥削制度的源头的时候，我们就不会为它是最恶的国家感到奇怪了：它原本属于亚细亚生产方式的阶级和剥削制度——人类最恶的阶级和剥削制度——范畴。或者毋宁说：它是亚细亚生产方式的阶级和剥削制度的复辟。亚细亚生产方式（asiatic mode of production）是马克思东方专制主义（oriental despotism）理论的基本概念。细察马克思东方专制主义理论，可以看出，原始社会向阶级社会的转化和过渡，东方与西方具有截然不同的路径，遂使东西方在原始社会末期和阶级社会初期乃至近世的生产方式呈现截然不同的形态。中国、印度和俄国等东方原始社会向阶级社会的转化和过渡，形成的就是所谓"亚细亚生产方式"。

这种经济形态的最根本特点，就是以土地"公有"或"国有"为其现象或形式的土地"国王及其官吏阶级所有制"。因为从外表和名义上说，亚细亚生产方式仍然与原始社会一样，土地属于公社所有,不存在土地私有制:"在东方专制制度下以及那里从法律上看似乎并不存在财产的情况下,这种部落的或公社的财产事实上是作为基础而存在的。"①"在这种情况下,单个人只是占有者,决不存在土地的私有制。"②"在亚细亚的(至少是占优势的)形式中,不存在个人所有,只有个人占有,公社是真正的实际所有者;所以,财产只是作为公共的土地财产而存在。"③"贝尔尼埃完全正确地看到,东方一切现象的基础是不存在土地私有制。这甚至是了解东方天国的一把真正的钥匙。"④

　　然而,实际上,土地的真正所有者却是能够代表公社的个人,亦即公社首脑人物:"土地所有者,可以说代表公社的个人,在亚洲在埃及地方就是如此。"⑤说到底,土地的真正所有者乃是凌驾于一切公社之上的"总合共同体"——亦即国家——的首脑人物、专制君主;而公社和它的首脑人物以及每个人只不过是土地的占有者和使用者:"这种以同一关系(即土地公有制)为基础的形式,本身可能以十分不同的方式实现出来。例如,跟这种形式完全不矛盾的是,在大多数亚细亚的基本形式中,凌驾于这一切小的共同体之上的总合的统一体表现为更高的所有者或唯一的所有者,实际的公社却只不过表现为世袭的占有者。因为这种统一体是实际的所有者,并且是公共财产的真正前提,所以统一体本身能够表现为一种凌驾于这许多实际的单个共同体之上的特

---

① 《马克思恩格斯全集》第四十六卷上,人民出版社 1979 年版,第 473 页。
② 同上书,第 484 页。
③ 同上书,第 481 页。
④ 《马克思恩格斯〈资本论〉书信集》,人民出版社 1976 年版,第 80 页。
⑤ 〔德〕马克思著,中共中央编译局译:《资本论》第三卷,人民出版社 1973 年版,第 828 页。

殊的东西，而在这些单个的共同体中，每一个单个的人在事实上失去了财产，或者说，财产对这单个的人来说是间接的财产，因为这种财产，是由作为这许多共同体之父的专制君主所体现的统一总体，通过这些单个的公社而赐予他的。"①一句话，"国王是国中全部土地的唯一所有者"②："普天之下，莫非王土；率土之滨，莫非王臣。"③

因此，真正讲来，亚细亚生产方式并不是"不存在土地的私有制"，并不是公有制——如果那样岂不仍然是原始共产主义社会——而是人类历史上最虚伪、最极端、最残酷、最恶劣、最卑鄙的私有制。因为在这种生产方式中，一个人（国王）剥夺了所有人（臣民）的土地；一个人（国王）拥有一切土地，而所有人都没有土地；只有一个土地私有者，亦即国王，他拥有一切；而其他一切人——亦即他的臣民——都是无土地者，一无所有。这样，亚细亚生产方式的根本特点，便是保留原始社会土地"公有"的躯壳和形式，而改变其灵魂和实质，代之以土地"国王所有制"；说到底，便是以"国有"为形式的"国王及其官吏阶级所有制"。因此，亚细亚生产方式是"旧瓶装新酒"："旧瓶"就是原始公社公有制；"新酒"就是官吏阶级所有制，就是国王一人所有制。

不难看出，亚细亚生产方式的根源在于东方社会——特别是印度和中国——幅员辽阔、疆域巨大，庞大的治水工程和人工灌溉设施是其农业的命脉。因为对于这样大规模的公共的治水工程和

---

① 《马克思恩格斯全集》第四十六卷上，人民出版社1979年版，第472-473页。
② 《马克思恩格斯〈资本论〉通信集》，人民出版社1976年版，第79页。
③ 《诗·北山》。

人工灌溉设施，个人显然无能为力，而必须依靠公社，特别是所有
公社的统一体：国家。因此，东方社会的"单个人对公社来说不是
独立的"①；"正像单个的蜜蜂离不开蜂房一样"，②完全依赖公社，
特别是完全依赖国家："共同体是实体，而个人则只不过是实体的
附属物，或者是实体的纯粹天然的组成部分。"③这样一来，就不能
不保留原始社会土地"公有"的躯壳和形式，不能不导致土地国有
制，从而蜕变为以"公有"和"国有"为形式的公社和国家首脑所有
制，亦即以"公有"和"国有"为形式的官吏阶级所有制、国王一人所
有制。

因此，亚细亚生产方式是一种以"公有"或"国有"为其外在形
式的极端不平等和不自由的私有制：只有国家首脑一个人是真正
的私有者，他剥夺了所有人的土地，一个人拥有一切；而所有人却
一无所有。于是，正如柳宗元所言，每个人的一切都是专制君主给
予的："身体肤发，尽归于圣育；衣服饮食，悉自皇恩。"④这就使专
制者及其官吏垄断了控制所有国民的全权：不仅是政治权力，而且
是经济权力、社会权力和文化权力，是支配所有国民的全部权力。
这样一来，亚细亚生产方式的国家实际上便只有官民两大阶级：官
（国王及其官吏）不仅垄断了政治权力，而且垄断了经济权力、社
会权力和文化权力，是垄断全权的统治阶级；民不但没有政治权
力，而且没有经济权力、社会权力和文化权力，是丧失全权的被
统治阶级。

---

① 《马克思恩格斯全集》第四十六卷上，人民出版社 1979 年版，第 484 页。
② 《马克思恩格斯全集》第二十三卷，人民出版社 1972 年版，第 371 页。
③ 《马克思恩格斯全集》第四十六卷上，人民出版社 1979 年版，第 474 页。
④ 《柳宗元集》，中华书局 1991 年版，第 124 页。

因此，亚细亚生产方式的国家实行的乃是一种官吏阶级垄断了控制国民全权的阶级和剥削制度，是一种极权主义全权垄断和全权剥削的阶级和剥削制度，因而是人类历史上最全面、最深重、最极端、最极权、最可怕的阶级和剥削制度：庶民阶级不但遭受政治权力垄断的压迫和剥削，而且不服从官吏阶级就意味着至少将被活活饿死：不服从者最好的下场就是不得食。这就是为什么在这种国家中，人们争先恐后将奴才的锁链当作花环来佩戴的缘故！这就是为什么在这种国家中，人们自愿过着自由丧失殆尽的奴才般的"失掉尊严的、停滞的、苟安的生活"①的缘故！这就是为什么孟德斯鸠会充满鄙夷的神情写道："一种奴隶的思想统治着亚洲；而且从来没有离开过亚洲。在那个地方的一切历史里，是连一段表现自由精神的记录都不可能找到。"②这就是为什么马克思称亚细亚国家为"东方的普遍的奴隶制"③。"普遍的奴隶制"岂不就是普遍的、全面的、全权的奴役制度？岂不就是极权的、全权的阶级和剥削制度？

然而，真正讲来，这种极权主义全权垄断的奴役制度，恐怕是西方人无法理解的。因为西方最具奴役性的制度——君主专制——与亚细亚生产方式的全权垄断的君主专制比起来，简直就是自由与平等的乐园了。德国威廉皇帝与老磨坊故事颇能说明这个道理。德国威廉皇帝统一德国志得意满之际，看到自己的别墅前方有一座老磨坊有碍景观，意欲拆除。但是，大臣说磨坊是坊主

---

① 《马克思恩格斯选集》第二卷，人民出版社1977年版，第67页。
② 〔法〕孟德斯鸠著，许明龙译：《论法的精神》上册，商务印书馆1988年版，第79页。
③ 《马克思恩格斯全集》第四十六卷上，人民出版社1979年版，第496页。

的私有财产,坊主不同意拆除。威廉皇帝命重金购买。但大臣回报,磨坊是坊主祖传遗产,多少钱都不卖。威廉大怒,下令强行拆除。磨坊主遂起诉最高法院,结果三个大法官一致判决威廉皇帝在原址为磨坊主建造一座新磨坊。

古代中国人倘若闻此,定会为磨坊主和大法官的自由与平等精神而惊愕不已。因为对于古代中国官民来说,不用说是磨坊,就是自己的心肝宝贝,岂不都巴不得送给皇帝享用?就是皇帝听信谗言,下令斩首,还得跪在地上叩头,谢主隆恩,感谢皇帝赐死。亚细亚生产方式全权垄断的奴役程度,于此可见一斑。晏子曰:橘生淮南则为桔,生于淮北则为枳。倘若极端鄙视中国国民奴性的孟德斯鸠——和那三个判决威廉败诉的大法官——不幸生于古代中国,也必定如此奴颜婢膝!

诚然,亚细亚生产方式与非民主制的社会主义根本不同。从经济形态来说,亚细亚生产方式是私有制;非民主制的社会主义则是公有制。从政体来说,亚细亚生产方式的国家实行的是国王独掌最高权力的君主专制;非民主制的社会主义国家则既可能实行君主专制——如斯大林独掌最高权力的苏联社会主义模式——也可能实行其他政体,如寡头共和等。但是,就阶级和剥削制度的实质来说,亚细亚生产方式与非民主制的社会主义国家却完全相同。因为一方面,这两种国家的阶级和剥削制度都使主要国民分成两个完全一样的阶级:一个是政治权力垄断群体,是官吏阶级、统治阶级,它不仅垄断政治权力,而且垄断经济权力、社会权力和文化权力,是极权主义全权垄断阶级;另一个是没有政治权力群体,是庶民阶级、被统治阶级,它不仅没有政治权力,而且没有经济权力、社会权力和文化权力,是全权丧失的阶级。

另一方面,这两种国家的庶民阶级都同样不但遭受官吏阶级所垄断的政治权力的压迫和剥削,而且都同样遭受官吏阶级所垄断的经济权力的压迫和剥削,以致不服从统治阶级的最好下场就是不得食:这两个国家的阶级和剥削制度同样都是一种"不服从者最好的下场就是不得食"的制度,同样都是一种最具奴役性的阶级和剥削制度,同样都是一种官吏阶级拥有全权的阶级和剥削制度,同样都是一种极权主义新奴隶制度、准奴隶制度或马克思所谓的"普遍奴隶制"。一言以蔽之,专制等非民主制度社会主义国家与亚细亚生产方式国家的阶级和剥削制度实质完全相同。这就是为什么专制等非民主制的社会主义国家实行的乃是人类历史上最恶的阶级和剥削制度的缘故。这就是为什么说社会主义的阶级和剥削制度是亚细亚生产方式的阶级和剥削制度的复辟的缘故。这就是为什么普列汉诺夫曾断言俄国实行土地国有化的社会主义革命势必导致亚细亚生产方式复辟的缘故。不幸的是,普列汉诺夫的预言变成了现实:苏联社会主义模式就其阶级和剥削制度来说岂不就是亚细亚生产方式的复辟?

2. 阶级和剥削是必要恶：消灭阶级和剥削的条件

阶级和剥削是恶,无疑意味着:应该消灭阶级和剥削,废除阶级和剥削制度。但是,细究起来,不难看出,阶级和剥削在一定历史条件下却可能是一种必要恶,因而不应该消灭和废除。因为所谓必要恶,也就是自身为恶而结果为善、并且结果与自身的善恶相减的净余额是善的东西。这种东西就其自身来说,是一种恶。但是,这种恶却能够防止更大的恶或求得更大的善,因而其结果的净余额是善,是必要的恶。阑尾炎手术,就其自身来说,开刀流血、大伤元气,完全是一种恶。但是,它能够防止更大的恶:死亡。因此,阑尾炎手术的净余额是善,是一种必要恶。冬泳,就其自身来说,冰水刺骨,苦不堪言,完全是一种恶。但是,它却能带来更大的善:健康长寿。所以,冬泳的净余额是善,是一种必要恶。显然,必要恶的净余额是善,因而实质上仍然属于善的范畴,而并不属于恶的范畴。伯纳德·格特(Bernard Gert)曾以"疼痛"为例,十分深刻地揭示了必要恶之善本性:

"说疼痛是一种恶,并不是说疼痛不能达成一种有用的目的。疼痛以某种方式向我们提供需要医治的警告。如果我们感觉不到疼痛,我们便不会注意到这种必要的医治,以致可能导致死亡的恶果。关于疼痛作用的这一事实在某种程度上可以用来解析恶的问题。它以某种方式表明,恶可能是世界上最好的东西:所有这种恶便叫作必要的恶。"①

阶级和剥削可能是一种必要恶吗?罗默的回答是肯定的:"如果一种剥削形式的取消总是会改变物质刺激和制度,以致使被剥削的群体处于更坏的情况下,这种剥削形式就是社会必要的。"②但是,罗默建议用"社会必要剥削(sociality necessary exploitation)"概念代替"必要的恶":"我建议代替'必要恶'以'社会必要剥削'这一概念。想想看,例如,资本主义初期存在的资本主义剥削。像历史唯物主义所认为的那样,假定资本主义是当时发展生

---

① Bernard Gert: *Moraility: A New Justification of The Moral Rules*, New York: Oxford University Press, 1988, p. 48.

② 转引自俞吾金:"解读罗默的'一般剥削理论'",《上海交通大学学报》2002 年第三期,第 11 页,参阅 John E. Roemer, *Free to Lose*, Cambridge: Harvard University Press, 1988, pp. 143 - 147。

产力的最优经济结构。在这种情况下，可以说这种剥削是社会必要的。如果资本主义由于某种原因被消灭了，技术发展就会停滞，工人们的境况很快就会比在具有生机勃勃技术进步倾向的资本主义枷锁下的境况更糟。"①

罗默认为剥削可能是必要的——如果剥削能够避免更大的恶就是必要的——无疑是完全正确的。但是，他显然只看到必要恶从逻辑形式上来说属于恶的范畴，而不懂得必要恶的实质属于善的范畴，因而建议用"社会必要剥削"概念代替"必要的恶"。这种建议是不恰当的。因为必要恶具有高度概括性，是元伦理学的重要范畴，显然是任何具体的必要恶——如"必要剥削"和"必要阶级"以及"必要不公正"等——都不能够取代的。罗默建议用"社会必要剥削"概念代替"必要的恶"，岂不就是用"社会必要剥削"、"社会必要阶级"、"社会必要不公正"等不胜枚举的"具体的必要恶"取代"必要恶"，说到底，岂不就是用具体取代抽象？

那么，如果说阶级和剥削可能是一种必要恶，是否蕴涵着：任何阶级和剥削都可能是一种必要恶？是的。奴隶社会的阶级和剥削制度，就其自身来说，当然是人类历史上最恶的制度。但是，这种万恶的阶级和剥削制度，在取代无阶级无剥削的原始共产主义社会的时候，却是一种必要的恶。因为它避免了更大的恶和求得了更大的善。它避免了更大的恶：战俘变成奴隶从而不再被杀死和吃掉。变成奴隶固然是恶，但被杀死和吃掉岂不是更大的恶？奴隶社会的阶级和剥削制度避免了更大的恶，因而是一种必要恶，

---

① John E. Roemer, *Free to Lose*, Cambridge：Harvard University Press, 1988, pp. 144-145.

是一种善和进步。所以,恩格斯说:"在古代世界,特别是希腊世界的历史前提之下,进步到以阶级对立为基础的社会,是只能通过奴隶制的形式来完成的。甚至对奴隶来说,这也是一种进步:成为大批奴隶来源的战俘以前都被杀掉,在更早的时候甚至被吃掉,现在至少能保全生命了。"①

奴隶社会的阶级和剥削制度是一种必要恶,更重要的根据,乃在于它求得了更大的善。对于这一点,恩格斯曾有十分精辟的阐述:"只有奴隶制才使农业和工业之间的更大规模的分工成为可能,从而使古代世界的繁荣,使希腊文化成为可能。没有奴隶制,就没有希腊国家,就没有希腊的艺术和科学;没有奴隶制,就没有罗马帝国。没有希腊文化和罗马帝国所奠定的基础,也就没有现代的欧洲。我们永远不应该忘记,我们的全部经济、政治和智力的发展,是以奴隶制既成为必要、同样又得到公认这种状况为前提的。在这个意义上,我们有理由说:没有古代的奴隶制,就没有现代的社会主义。"②

可见,奴隶社会的阶级和剥削及其制度,虽然就其自身来说是恶;但就其取代原始社会的结果来说,却避免了更大的恶和求得了更大的善;因而其自身的恶与结果的善之净余额是善,是必要的恶,说到底,也就是善:奴隶社会比原始社会更善更先进。那么,奴隶社会的阶级和剥削及其制度是否永远是必要恶? 否。任何社会的阶级和剥削及其制度,都不可能永远是必要的恶;其为必要恶都是有时间条件的,都是有历史条件的,说到底,都是以一定的生产

---

① 《马克思恩格斯选集》第三卷,人民出版社 1995 年版,第 525 页。
② 《马克思恩格斯选集》第二卷,人民出版社 1995 年版,第 524 页。

力发展的水平为条件的。因为正如马克思所发现，生产力是社会发展的决定力量："社会的物质生产力发展到一定阶段，便同它们一直在其中运动的现存生产关系或财产关系（这只是生产关系的法律用语）发生矛盾，于是这些关系便由生产力的发展形式变成生产力的桎梏。那时社会革命的时代就到来了。随着经济基础的变更，全部庞大的上层建筑也或慢或快地发生变革。"①

奴隶社会的阶级和剥削及其制度取代原始共产主义制度的时候，曾促进生产力的发展，增进了国民的利益，求得了更大的善和避免了更大的恶，因而是必要恶。但是，随着生产力的发展，奴隶社会的阶级和剥削及其制度就成为生产力进一步发展的桎梏。因为奴隶对于自己所受到的非人待遇，满怀仇恨，因而经常消极怠工，甚至破坏劳动工具。所以，马克思说："这种生产方式的经济原则，就是只使用最粗糙最笨重因而很难损坏的劳动工具。"②这样一来，当生产工具更加高级和易于损坏时，奴隶社会的阶级和剥削及其制度就不再是必要恶，而是纯粹恶，或迟或早势必被封建社会取代。取代奴隶社会的封建社会的阶级和剥削及其制度，解放和促进了生产力的发展，增进了国民利益，因而是必要恶。但是，随着生产力进一步发展，手推磨被蒸汽磨取代，封建社会的阶级和剥削及其制度就成为生产力进一步发展的桎梏，因而不再是必要恶，而是纯粹恶，或迟或早势必被自由竞争的资本主义取代。

取代封建社会的资本主义社会的阶级和剥削及其制度，无疑

---

① 《马克思恩格斯选集》第二卷，人民出版社 1995 年版，第 32 页。

② 《马克思恩格斯全集》第二十三卷，人民出版社 1974 年版，第 222 页，注 17。

是境界最高最好最善的必要恶：资本主义乃是人类最好的阶级和
剥削制度。因为，如前所述，资本主义乃是一种交换经济、商品经
济或市场经济，是一种使资本或财货能够增值的商品经济或市场
经济制度，是目的在于资本或物质财富增值而不是满足消费需要
的商品经济或市场经济制度，说到底，是资本通过雇佣劳动而增值
的商品经济或市场经济制度。而没有政府指挥——但有政府适当
干预——的商品经济或市场经济，如前所述，乃是人类所有经济形
态中唯一符合经济自由等国家制度价值标准的经济形态，是唯一
自由的、人权的、人道的和高效率的经济形态；其他一切经济形态
（计划经济和自然经济以及存在政府指挥的市场经济或混合经济）
都不符合经济自由原则，因而都是不自由、非人道、无人权和低效
率的经济形态，都是违背国家制度价值标准的经济形态。这就是
为什么，资本主义的阶级和剥削制度，正如《共产党宣言》所指出，
曾极大地解放和促进了生产力的发展：

　　"资产阶级在它不到一百年的阶级统治中所创造的生产力，比
过去一切时代创造的全部生产力还要多、还要大。自然力的征服，
机器的采用，化学在农业和工业中的应用，轮船的行驶，铁路的通
行，电报的使用，整个整个大陆的开垦，河川的通航，仿佛用魔术从
地下呼唤出来的大量人口，——过去哪一个世纪料想到在社会劳
动里蕴藏有这样的生产力呢？"[1]

　　然而，资本主义私有制的市场经济绝不是符合国家制度价值
标准的理想的经济形态。因为如前所述，资本或生产资料的垄断
就意味着经济权力垄断，就意味着阶级、剥削、经济不公、经济异化

---

　　[1]　《马克思恩格斯选集》第一卷，人民出版社1995年版，第277页。

和经济不自由。只有废除私有制而代之以公有制，只有公有制的市场经济，才可能消除阶级、剥削、经济不公、经济异化和经济强制，才可能实现经济自由和经济公正：唯独没有政府指挥的公有制市场经济，才是真正符合经济自由和经济公正等国家制度价值标准的理想经济形态。

但是，这种理想经济形态的实现必须以生产力高度发达为必要条件。当资本主义使生产力高度发达，以致可以满足社会全体成员的物质需要的程度的时候，资本主义乃至任何阶级和剥削及其制度便都只能阻碍生产力和社会的发展、减少全社会和绝大多数人的利益，因而皆为纯粹恶而不是必要恶。当此际，消灭资本主义阶级和剥削制度，从而废除一切阶级和剥削制度的社会主义社会或迟或早势必就要到来了：生产力高度发达是消灭阶级和剥削必要条件。因此，恩格斯说："社会阶级的消灭是以生产高度发展的阶段为前提的，在这个阶段上，某一特殊的社会阶级对生产资料的占有，从而对政治统治、教育垄断和精神领导的占有，不仅成为多余的，而且成为经济、真正和精神发展的障碍。"[1]

可是，为什么生产力高度发达是消灭阶级和剥削必要条件？因为阶级和剥削起源于权力垄断，因而消灭阶级和剥削必须废除私有制和建立公有制，从而消灭生产资料或经济权力垄断。可是，恩格斯说："能不能一下子就把私有制废除呢？不，不能……只有在废除私有制所必需的大量生产资料创造出来之后才能废除私有制。"[2]所谓"大量"的生产资料究竟要"大量"到什么程度呢？恩格

---

① 《马克思恩格斯全集》第二十卷，人民出版社1971年版，第306页。

② 《马克思恩格斯选集》第一卷，人民出版社1972年版，第219页。

斯的回答是：要达到"给社会提供足够的产品以满足它的全体成员的需要。"①这就是说，生产高度发达到可满足社会全体成员的物质需要的程度，是废除私有制的必要条件。

原来，在生产力不够发达、产品还不能满足全体社会成员物质需要的时候，唯有私有制才有效率；而公有制则必定无效率。因为在私有制社会，私有者所运用的资产为自己所有，其亏损或收益完全由自己承担：造成亏损，自己完全负担亏损；创造利润，自己完全占有利润。这无疑会激励人们以最小的成本去取得最大的利润。因此，私有制经济是有效率的经济。反之，公有制则不具备这种效率机制。因为在公有制中，每个人所使用的资产均不属于自己所有，他们既不负担自己造成的亏损，也不会因自己提高了效率而获得相应的收益——他们提高效率所获收益要由许多人分享，因而自己所能得到的也就微乎其微了。一句话，造成亏损自己不负担亏损；创造利润自己不占有利润。这样，在人们的思想品德和政治觉悟还不够高的情况下，公有制经济便注定是低效率经济。这番道理，学者们多有论述。凯斯和费尔在他们合著的《经济学原理》中也这样写道：

"社会所有制和集体组织也可以被证明导致缺乏效率。这个逻辑就在于所谓'公共餐桌的悲剧'之中。……在苏联和中国，大多数的农业都是集体组织的，但也有某些产品是在私人自留地生产出来并在市场上销售的。在集体农庄里，全体成员分摊生产企业的成本和收益。如果我的额外劳动除了一小部分之外都使别人受益，或者由于我的懒惰或低效率而造成的亏损除了一小部分之

---

① 《马克思恩格斯选集》第一卷，人民出版社1972年版，第222页。

外都由别人承担，我凭什么要努力工作并保持下去呢？在自留地里，所有者能获得有效率的运行和努力工作的全部好处，并且承担他自己缺乏效率的全部成本。当然，反驳者也可以说，集体成员有一种社会责任去努力工作并保持下去。于是，争论不可避免地又转到了私人动机和社会动机上。诚然，如果能使人们像关心自身利益一样关心公共产品，那么，公共餐桌的悲剧也就不存在了。"[1]

可见，如果人们思想品德和政治觉悟不够高，那就唯有私有制才有效率，而公有制则无效率：思想品德普遍提高是保障公有制和无阶级社会有效率的必要条件。那么，人们的思想品德和政治觉悟究竟如何才能普遍达到使公有制有效率的高度？无论是马克思唯物史观，还是马斯洛心理学，抑或是现实生活，都告诉我们：普遍提高人们的思想品德和政治觉悟的根本途径只有一个，那就是使社会生产高度发展。因为人们思想品德和政治觉悟的高低，直接说来，取决于人们做一个好人的道德需要的强烈程度；根本说来，则取决于人们的物质需要相对满足的程度：人们的物质需要满足得越充分，做一个好人的道德需要便越多越强烈，人们的品德便越高尚。这个道理，我们的祖宗早已知晓，故曰："衣食足则知礼仪，仓廪实则知荣辱。"所以，生产高度发展从而使每个人的物质需要得到相对满足，乃是人们思想品德普遍提高的根本条件。这就是为什么在生产力不够发达的条件下，唯有私有制才有效率而公有制则必定无效率的缘故。

在生产力不够发达的条件下，废除私有制不但必定导致效率

---

① 〔美〕凯斯等著，李明志译：《经济学原理》下册，中国人民大学出版社 1994 年版，第 691—692 页。

低下,而且正如恩格斯所指出,不可能消灭阶级和剥削:"社会分裂为剥削阶级和被剥削阶级、统治阶级和被压迫阶级,是以前生产不大发展的必然结果。当社会总劳动所提供的产品除了满足社会全体成员起码的生活需要以外只有少量剩余,因而劳动还占去社会大多数成员的全部或几乎全部时间的时候,这个社会就必然划分为阶级。在这个完全委身于劳动的大多数人之旁,形成了一个脱离直接生产劳动的阶级,它从事于社会的共同事务:劳动管理、政务、司法、科学、艺术等。因此,分工的规律就是阶级划分的基础。但是这并不妨碍阶级的这种划分曾经通过暴力和掠夺、奸诈来实现,这也不妨碍统治阶级一旦掌握政权就牺牲劳动阶级来巩固自己的统治,并把对社会的领导变成对群众的剥削。"[①]

如果结合生产还不够发达的各国社会主义公有制实践,便不难理解这段话了。确实,在生产不够发展、产品还不能满足全体社会成员物质需要的时候,便废除私有制而代之以公有制,那么,社会的统治者必然会把对社会的领导变成对群众的剥削。因为在这种公有制国家,消灭了地主和资本家,生产资料的占有权、支配权和管理权完全垄断于政府和官吏手中,被统治者实际上一无所有,只有成为政府官吏的雇员才能生存。于是,政府官吏就像地主资本家一样利用对生产资料的完全占有权、支配权和管理权对被统治者进行剥削,从而成为一种原本为亚细亚生产方式所特有的阶级:官僚阶级、官吏阶级、官员阶级。

诚然,如果社会主义实行民主制,每个人完全平等地执掌最高权力,从而不存在政治权力垄断,那么,社会主义便不存在因政治

---

① 《马克思恩格斯全集》第二十卷,人民出版社 1971 年版,第 306 页。

权力垄断而分成的官吏阶级与庶民阶级。但是，生产力不发达的社会主义几乎不可能实行民主制，而势必实行专制等非民主制。因为生产力不发达，国民思想品德和政治觉悟不可能普遍提高；而思想品德和政治觉悟的普遍提高不但是公有制社会有效率的必要条件，而且是公有制社会实现民主制的必要条件。在公有制或社会主义社会，政治权力控制和垄断国有资源、公共资源，因而也就控制和垄断了主要的经济权力。因此，政治权力对每个人都具有莫大的价值、利益和意义：拥有和垄断政治权力就意味着拥有和垄断经济权力，就意味着拥有一切。因此，如果国民的政治觉悟和思想品德不够高，势必利用自己的各种优势，竞相争夺政治权力，因而几乎不可能做到每个人不论强弱而完全平等执掌最高权力，亦即几乎不可能实现民主制；从而势必出现垄断政治权力的强势群体(官吏阶级)和没有政治权力的弱势群体(庶民阶级)。

因此，在生产力不够发达的条件下，废除私有制的社会主义国家所消灭的只是地主和资本家，而并没有消灭阶级和剥削。不但没有消灭阶级和剥削，而且因废除私有制所形成的阶级和阶级剥削乃是人类历史上最坏的阶级和剥削：全权垄断的阶级和剥削。因为公有制使官吏阶级不但垄断了政治权力，而且垄断了经济权力，因而是全权垄断阶级；庶民阶级不但没有政治权力，而且没有经济权力，是全权丧失的无权阶级。因此，庶民阶级不但遭受人类历史上最可怕的压迫与剥削——全权垄断的压迫与剥削——而且不服从政府和官吏就意味着没有工作，就意味着活活饿死：不服从者不得食。苏东社会主义模式岂不就是这种政府官员拥有控制国民全权的"不服从者不得食"制度？

反之，在生产力不够发达的条件下，资本主义的阶级和剥削制度,不但能够避免公有制的无效率从而使经济有效率地发展,而且能够避免全权垄断的阶级和阶级剥削。因为在资本主义国家,生产资料主要为私有者所拥有,而并不为政府和官吏所垄断,因而政府和官吏没有控制国民的全权:不服从政府和官吏亦可得食。私有者也没有控制无产者的全权,因为生产资料并不是统一掌握在哪一个私有者或大财团手中;而是分散地为众多独立的私有者所掌握,因而不服从雇主亦可得食:此雇主不用我,自有彼雇主用我。

因此,废除私有制、消灭阶级和阶级剥削的必要条件,根本地说,只有一个:生产高度发展;全面地说,则一方面是物质的,即生产高度发展,另一方面则是精神的,即思想品德和政治觉悟普遍提高。如果生产还不够高度发展、思想品德和政治觉悟尚未普遍提高,那么,私有制、阶级和剥削虽然是恶,却能够避免更大的恶——效率低下以及全权垄断的阶级和剥削——因而是必要恶。这时如果废除私有制、消灭阶级和剥削、实行社会主义或共产主义,不但必定导致效率低下,而且势必导致人类最恶的阶级和剥削:全权垄断的阶级和剥削。这样,被压迫被剥削阶级所付出的代价便更大。因此,私有制、阶级和剥削虽然就其固有性质来说是损人利己、不公平、不应该、具有负价值的;但在生产不够发展、思想觉悟也不够高的社会,它们的存在和发展却能够防止更大的损害和不公,其净余额是利和善,符合"两害相权取其轻"的道德原则,因而是一种必要恶,是道德的、应该的、善的、具有正价值。只有到生产高度发展、思想觉悟普遍提高的时候,私有制、阶级和剥削才是有害无益的纯粹恶,才是纯粹不公平、不道德、具有负价值的东西。只有在这时,才应该废除私有制、消灭阶级和剥削、实行社会主义和共产主义。只有在这时实行社会主义和共产主义,才既能消除阶级和剥削，又能保障公有制经济高效率发展：生产高度发展是消灭阶级和剥削的根本条件。

因此，阶级和剥削的产生及其存在具有不依人的意志而转移的一定的历史必然性。一方面，在生产力极其低下，以致一个人用全部时间劳动也只能生产勉强维持自己生存的生活资料的历史条件下，不可能有阶级和阶级剥削；能够创造剩余产品的生产力是阶级和阶级剥削产生的必要条件。另一方面，在生产力还不够发达，还不能达到满足社会全体成员的需要的条件下，阶级和剥削必然存在而不可能消灭；在这种历史条件下进行消灭阶级和剥削的任何活动，不但必定导致效率低下，而且必定导致更恶的阶级和剥削：生产力高度发达是消灭阶级和剥削必要条件。因此，恩格斯说："社会分裂为剥削阶级和被剥削阶级、统治阶级和被压迫阶级，是以前生产不大发展的必然结果。当社会总劳动所提供的产品除了满足社会全体成员起码的生活需要以外只有少量剩余，因而劳动还占去社会大多数成员的全部或几乎全部时间的时候，这个社会就必然划分为阶级。"[①]

诚然，生产力高度发达是阶级和剥削消灭的必要条件，仅仅意味着，只有生产力高度发达才能够消灭阶级和剥削，因而在生产力还不够发达的条件下，阶级和剥削的存在具有历史必然性。但是，生产力高度发达是阶级和剥削消灭的必要条件，并不意味着，只要生产力高度发达就会消灭阶级和剥削，因而在生产力高度发达的条件下，阶级和剥削的消灭具有历史必然性。那么，在生产力高度发达的条件下，阶级和剥削的消灭是否具有历史必然性？答案是

---

① 《马克思恩格斯全集》第二十卷，人民出版社 1971 年版，第 306 页。

肯定的。因为只是在生产力还不够发达的条件下,私有制、阶级和剥削才因其能够避免更大的恶——全权垄断的阶级和剥削以及效率低下——而是必要恶;而在生产力高度发达的条件下,消灭私有制、阶级和剥削,则既能真正消除阶级和剥削,又能保障经济高效率发展,因而私有制、阶级和剥削便由必要恶而演进为纯粹恶。那时,消灭私有制、阶级和剥削,从而实现无阶级无剥削的社会主义和共产主义的时代便必然到来了。因为阶级和剥削就其自身来说都是恶,都是恶的、不公正的、不道德的。人类之所以生活其中,只是因其能够避免更大的恶——全权垄断的阶级和剥削以及效率低下——而是必要恶。当阶级和剥削已经不再是必要恶而是纯粹恶的时候,它们的消灭就具有了历史必然性。因为人类社会发展的历史大趋势无疑是进步而不是倒退。正如人类不可能长久在一种纯粹错误的思想指导下生存一样,人类不可能长久——更不可能永远——生活于一种纯粹恶的制度,而或迟或早必然要消灭这种纯粹恶——而不再是必要恶——的国家制度。

更何况,在生产力高度发达的条件下,国民的思想觉悟普遍提高,他们显然决可能继续生活于已经变成纯粹恶的阶级和剥削制度,而必然选择消灭这种制度的无阶级无剥削的社会主义和共产主义:"生产力高度发达"加上"国民思想觉悟的普遍提高所导致的废除阶级和剥削运动"是阶级和剥削消灭的充分条件。这就是阶级和剥削消灭的历史必然性,这就是社会主义和共产主义的历史必然性。马克思将这种历史必然性归结为一句话:"阶级的存在仅仅同生产发展的一定历史阶段相联系。"[①]因此,不但阶级和剥削

---

① 《马克思恩格斯选集》第四卷,人民出版社 1995 年版,第 547 页。

的产生及其存在具有历史必然性——生产力高度发达是阶级和剥削消灭的必要条件——而且阶级和剥削的消灭也具有历史必然性："生产力高度发达以及国民思想觉悟的普遍提高所导致的废除阶级和剥削运动"是阶级和剥削消灭的充分条件。

四、历史必然性与非普世价值：
六种国家制度外在适用价值之本性

1. 跨越卡夫丁峡谷：资本主义和共产主义国家的历史必然性

阶级和剥削的产生、存在及其消灭具有历史必然性，显然意味着，在以经济形态为划分根据的六种国家中，一方面，阶级和剥削的国家的产生及其存在具有历史必然性；另一方面，无阶级无剥削的国家也具有历史必然性。然而，阶级和剥削国家分为奴隶制国家、封建制国家和资本主义国家：这些国家是否都具有历史必然性？无阶级无剥削国家分为原始国家、社会主义国家和共产主义国家：这些国家是否都具有历史必然性？

原始共产主义国家无疑具有历史必然性，因为任何国家和社会，说到底，无不起源于原始社会，而不可能逾越原始社会：它们的终极源头无疑都是原始国家、原始社会。人类学和考古学的研究表明，在人类历史的百分之九十九以上的时间里，人类都是生活在原始社会，已历经二、三百万年。社会主义和共产主义国家也都具有历史必然性。因为阶级和剥削的消灭，意味着权力——经济权力与政治权力——垄断的消灭，因而意味着生产力高度发达（阶级

和剥削消灭的必要条件）、公有制（经济权力垄断的消灭）和普选制民主或遵循国家制度价值标准的民主（政治权力垄断的消灭）。这样一来，阶级和剥削的消灭具有历史必然性，显然意味着：生产力高度发达的、公有制的和遵循国家制度价值标准的民主或普选制民主的国家具有历史必然性。

这种国家无疑属于社会主义和共产主义国家范畴。因为如前所述，共产主义国家分为两大类型：完全的共产主义国家与不完全的共产主义国家。完全的共产主义国家，乃是完全符合国家制度价值标准——公正与平等以及人道与自由——的理想国家，因而具有六大特征："生产资料公有制"、"高度发达的生产力"、"按劳分配"、"没有政府指挥的市场经济"、"只有一个主权和一个世界政府的全球国家"和"遵循国家制度价值标准的民主"。不完全具备这些特征的共产主义国家，亦即不完全符合国家制度价值标准的共产主义国家，就是不完全的共产主义国家，也就是所谓社会主义国家：公有制是社会主义充分且必要条件。因此，社会主义国家的根本特征，说到底，可以归结为公有制居于支配地位和不完全具备其他五大特征：具备这些特征越少，就越不完善越不发达，就是相对不完善不发达的社会主义；具备这些特征越多，就越完善越发达，就是相对完善发达的社会主义；完全具备这些特征，就超越社会主国家义而进入共产主义国家了。

因此，阶级和剥削的消灭具有历史必然性，意味着：生产力高度发达的公有制的和遵循国家制度价值标准的民主的社会主义国家具有历史必然性。毋庸赘言，一个社会主义国家如果具备"生产力高度发达"、"生产资料公有制"和"遵循国家制度价值标准的民主"三大特征，也就自然具备——或不难具备——"按劳分配"和

"没有政府指挥的市场经济"两大特征，最终势必成为"只有一个主权和一个世界政府的全球国家"：完全的共产主义国家具有历史必然性。因为，如前所述，人乃是社会动物，每个人的生存发展需要不但只有通过社会才能够获得满足，而且这些需要的满足程度，显然与社会规模的大小成正比：社会的规模越大，分工协作便越复杂，每个人需要获得满足的程度便越多越高越好。这样一来，人类就其本性而言，便不仅需要和追求社会，而且需要和追求最大的社会，需要和追求最大的国家，需要和追求只有一个主权和一个世界政府的全球国家：追求国家最大化或全球化因而最终追求只有一个主权和一个世界政府的全球国家乃是人类最深刻的本性。

可见，三种无阶级无剥削的国家——原始共产主义和社会主义以及共产主义国家——都具有历史必然性。那么，三种阶级和剥削国家——奴隶制和封建制以及资本主义国家——是否具有历史必然性？不难看出，资本主义国家具有历史必然性。因为如前所述，一方面，资本主义乃是一种交换经济、商品经济或市场经济，是一种使资本或财货能够增值的商品经济或市场经济制度，是目的在于资本或物质财富增值而不是满足消费需要的商品经济或市场经济制度，说到底，是资本通过雇佣劳动而增值的商品经济或市场经济制度。另一方面，人类社会只有一种经济形态，亦即没有政府指挥——但有政府适当干预——的市场经济，符合经济自由原则，因而是自由的、人权的、人道的和高效率的经济形态，是符合国家制度价值标准的经济形态；其他一切经济形态（计划经济和自然经济以及存在政府指挥的市场经济或混合经济）都不符合经济自由原则，因而都是不自由、非人道、无人权和低效率的经济形态，都是违背国家制度价值标准的经济形态。这就是为什么，资产阶级在它不到一百年的阶级统治中所创造的生产力,比过去一切时代创造的全部生产力还要多的缘故。①

那么,是否可以说,只有资本主义才能够创造消灭私有制、阶级和剥削所必需的高度发达的生产力? 答案是肯定的。因为,如前所述,在生产力不够发达从而思想品德和政治觉悟不可能普遍提高的条件下,唯有资本主义私有制才有效率;而社会主义公有制则必定无效率:社会主义不可能创造消灭阶级和剥削所必需的高度发达的生产力。

可见,不但奴隶制和封建制不可能,而且社会主义也不可能,而只有资本主义才能够创造消灭私有制、阶级和剥削所必需的高度发达的生产力。因此,马克思论及资本主义的历史作用时曾这样写道:"资产阶级历史时期负有为新世界创造物质基础的使命:一方面要造成以全人类互相依赖为基础的普遍交往,以及进行这种交往的工具,另一方面要发展人的生产力,把物质生产变成对自然力的科学统治,资产阶级的工业和商业正为新世界创造这些物质条件,正像地质变革创造了地球表层一样。"②

这样一来,我们就可以得到一个推论:前提1:私有制、阶级和剥削的消灭具有普遍的绝对的历史必然性。前提2:高度发达的生产力是消灭私有制、阶级和剥削的必要条件。前提3:只有资本主义才能够创这种高度发达的生产力。结论:资本主义具有普遍的绝对的历史必然性。资本主义具有普遍的绝对的历史必然性,显然意味着:资本主义是任何国家都必然要经过的经济形态。任

---

① 《马克思恩格斯选集》第一卷,人民出版社1995年版,第277页。
② 同上书,第773页。

何国家，如果不经过资本主义，或不经过资本主义的充分发展，就直接进入社会主义，那么，该国绝不可能创造消灭阶级和剥削所必需的高度发达的生产力，绝不可能消灭阶级和剥削，绝不可能进入比资本主义更高更好的经济形态。

然而，在马克思看来，俄国在一定历史条件下却有可能跨域资本主义而直接进入更高级的共产主义社会："我们暂且不谈俄国公社所遭遇的苦难，只来考察一下它的可能的发展。它的情况非常特殊，在历史上没有先例。在整个欧洲，只有它是一个巨大的帝国内农村生活中占统治地位组织形式。土地公有制赋予它以集体占有的自然基础，而它的历史环境（资本主义生产和它同时存在）又给予它以实现大规模组织起来的合作劳动的现成的物质条件。因此，它可以不通过资本主义制度的卡夫丁峡谷，而吸收资本主义制度取得的一切肯定成果。它可以借使用机器而逐步以联合耕种代替小土地耕种，而俄国土地的天然地势又非常适合于使用机器。如果它在现在的形式下事先被引导到正常状态，那它就能直接变成现代社会所趋向的那种经济体系的出发点，不必自杀就能获得新的生命。"①

这就是马克思"跨越资本主义卡夫丁峡谷"理论。恩格斯也曾多次赞同马克思的这一理论。他在《共产党宣言》俄文第二版序言中说："在俄国，我们看到，除了盛行起来的资本主义狂热和刚刚开始发展起来的资产阶级土地所有制外，大半土地仍归农民公社占有。那么试问：俄国公社，这一固然已经大遭破坏的原始土地公共占有制形式，是能够直接过渡到高级的共产主义占有制形式呢？

---

① 《马克思恩格斯全集》第十九卷，人民出版社 1963 年版，第 447 页。

或者相反,它还须先经历西方的历史发展所经历的那个瓦解过程呢? 对于这个问题,目前唯一可能的答复是:假如俄国革命将成为西方无产阶级革命的信号而双方相互补充的话,那么现今的俄国土地公社所有制便能成为共产主义发展的起点。"[1]

在 1893 年致丹尼尔逊的信里,恩格斯又说:"公社,在某种程度上还有劳动组合,都包含了某些萌芽,它们在一定条件下可以发展起来,使俄国不必受资本主义制度的苦难。……实现这一点的第一个条件,是外部的推动,即西欧经济制度的变革,资本主义在最先产生它的那些国家中被消灭。"[2]但是,最后,亦即在写于 1894年的《论俄国社会问题》跋中,恩格斯否定资本主义可以跨越,认为社会主义只能是资本主义最独特的最后的产物:

"较低的经济发展阶段解决只有高得多的发展阶段才产生了的和才能解决的问题和冲突,这在历史上是不可能的。在商品生产和单个交换以前出现的一切形式的氏族公社同未来的社会主义社会只有一个共同点,就是一定的东西即生产资料由一定的集团共同所有和共同使用。但是单单这一个共同特性并不会使较低的社会形式能够从自己本身产生出未来的社会主义社会,后者是资本主义社会的最独特的最后的产物。每一种特定的经济形态都应当解决它自己的、从它本身产生的问题;如果要去解决另一种完全不同的经济形态问题,那是十分荒谬的。这一点对于俄国的公社,也同对于南方斯拉夫人的扎德鲁加、印度的氏族公社、或者任何其

---

① 《马克思恩格斯全集》第十九卷,人民出版社 1963 年版,第 326 页。
② 《马克思恩格斯选集》第四卷,人民出版社 1995 年版,第 724 页。

他以生产资料公有为特点的蒙昧时期或野蛮时期的社会形式一样，是完全适用的。"①

这是恩格斯逝世前一年的最后定论，无疑是正确的。诚然，俄国因其土地公社所有制是占统治地位组织形式，因而在一定历史条件下可以跨越资本主义而直接过渡到社会主义。就这一点来说，马克思的"跨越资本主义卡夫丁峡谷"理论酷似真理；正如列宁关于社会主义可以在生产力不发达的俄国取得胜利的理论酷似真理一样。俄国十月社会主义革命的胜利似乎证实了这一真理。而后东欧又相继有八个生产力不发达的国家——南斯拉夫、阿尔巴尼亚、保加利亚、匈牙利、荷兰、捷克斯洛伐克、罗马尼亚、东德——走上社会主义道路，似乎更加充分地证实了这一真理。这样一来，似乎就可以断言，资本主义不具有普遍的绝对的历史必然性，就可以断言资本主义在俄国不具有历史必然性，就可以断言这些国家可以跨越资本主义，可以不经过资本主义或不经过资本主义充分发展，就能够建立比资本主义更高更好更进步的社会主义。

这是大错特错的。因为不论是马克思的跨越资本主义的社会主义，还是列宁的跨越充分发展资本主义的社会主义，因其生产力不够发达从而人们思想觉悟不可能普遍提高，如前所述，必定一方面导致效率低下，不可能创造消灭阶级和剥削所必需的高度发达的生产力；另一方面则必定导致专制等非民主制，形成全权垄断的阶级和剥削。这种全权垄断的阶级和剥削，就其压迫与剥削程度来说，不但远远恶于资本主义，而且不逊于奴隶制，乃是人类历史上最恶的阶级和剥削之一。因此，这种社会主义国家虽然当时成

---

① 《马克思恩格斯选集》第四卷，人民出版社1995年版，第442－443页。

功地跨越了资本主义或充分发展的资本主义,但或迟或早,必然抛弃社会主义而选择或复辟资本主义:完全和突变地或不完全和渐进地复辟资本主义。因此,资本主义是任何国家都必然要经过的经济形态,是任何国家消灭阶级和剥削的必由之路,是最高最后最好的阶级和剥削制度,因而具有普遍的绝对的历史必然性。苏东九国半个多世纪的社会主义统治最终无一不导致资本主义复辟的事实,充分证明了这一真理。

2. 跨越奴隶制或封建制:奴隶制与封建制国家的不完全的历史必然性

不但三种无阶级无剥削的国家——原始共产主义和社会主义以及共产主义国家——都具有历史必然性,而且资本主义国家也具有历史必然性。那么,其他两种阶级和剥削国家——奴隶制和封建制——是否具有历史必然性? 答案是肯定的:原始社会不可能跨越奴隶制或封建制而直接进入资本主义国家。因为,如前所述,资本主义与自然经济根本不同,乃是一种交换经济、商品经济或市场经济,是一种使资本或财货能够增值的商品经济形态或经济制度,是目的在于资本或物质财富增值而不是满足消费需要的商品经济形态或经济制度,说到底,是资本通过雇佣劳动而增值的商品经济制度。

诚然,原始社会就存在商品经济,特别是原始社会后期和末期,经过三次社会大分工,商品生产和商品交换进一步发展起来。但是,如所周知,只有当商品经济是一个国家的基础的、核心的、支配的、占统治地位的制度时,该国才堪称商品经济国家,才可能是资本主义国家。商品经济不但不可能在任何原始国家居于支配地位，而且原始国家也不可能直接进入商品经济居于支配地位的国家。因为一个国家的商品经济居于支配地位的必要条件，无疑是大规模的商品生产和广阔的市场：国内市场和世界市场。大规模的商品生产和广阔的市场无疑又以遍布全国的城市和技术革命、工业革命以及机器大工业为必要条件。

因此，商品经济成为一个国家的占统治地位的制度的必要条件，从而资本主义生产方式或资本主义国家建立的必要条件，说到底，就是形成遍布全国的城市和技术革命、工业革命以及机器大工业。这就是为什么，通常说来，资本主义国家或资本主义生产方式是在18—19世纪英、法等国发生的工业革命的基础上确立的。因此，资本主义国家建立的最根本的必要条件，说到底，乃是从十五、十六世纪以来的技术和工业的改革及革命——如罗盘针、火药、铸铁、机械纺织法的发明等——到18世纪的技术大革命和工业大革命。因此，鲍尔斯说："断定资本主义和技术变迁的大喷发何者出现在先是困难的。无论真相如何，持续的、迅速的、影响深远的科学发现和技术创新差不多与资本主义同时出现。"[①]

显然，没有外来资本主义国家的介入，任何原始国家、原始社会的末期，无论商品经济如何发达，都远远不可能具有这些建立资本主义国家的必要条件，因而不可能直接建立资本主义国家。这是由原始国家晚期的生产力发展水平所必然决定的。原始国家晚期的生产力属于新石器时代，晚期之末出现了铜器。在这种低下

---

① 　Samuel Bowles, Richard Edwards and Frank Roosevelt, *Understanding Capitalism: Competition, Command, and Change* (3rd Edition), New York: Oxford University Press, 2005, p. 6.

的生产力基础上,无论出现了多么伟大的领袖和群众,无论他们怎么努力,显然都不可能建立遍布全国的城市和诞生技术革命、工业革命以及机器大工业,从而不可能建立资本主义国家。在这种低下的生产力基础上,他们显然只可能直接建立与原始国家同样属于自然经济的国家:奴隶制国家或封建制国家。经过奴隶制或封建制国家自然经济的数以千年计的漫长发展,才可能建立遍布全国的城市和诞生技术革命、工业革命以及机器大工业,从而建立资本主义国家。

这样一来,一方面,原始国家和资本主义国家具有历史必然性;另一方面,原始国家不可能直接建立资本主义国家。于是,合而言之,从原始国家过渡到资本主义国家的中间阶段的国家——奴隶制国家或封建制国家——便具有了历史必然性:原始国家必然经过奴隶制或封建制国家才能建立资本主义国家。因此,没有外来社会的介入,继原始国家而起的必然是奴隶制或封建制国家,任何国家或社会都必然要经过奴隶制或封建制阶段:封建制或奴隶制国家具有历史必然性。但是,与原始国家、资本主义国家、社会主义国家和共产主义国家的完全的历史必然性有所不同:奴隶制国家与封建制国家只有合起来才具有完全的必然性;若是分开来,不论是奴隶制国家还是封建制国家都只有半个必然性或不完全必然性,亦即半必然半偶然。换言之,任何原始国家虽然必然经过奴隶制或封建制才可能建立资本主义国家,却既可能只经过奴隶制而跨越封建制;也可能跨越奴隶制而只经过封建制;还可能既经过奴隶制又经过封建制。举例说:

古希腊罗马从原始国家到资本主义国家,如所周知,既经过了奴隶制又经过了封建制;美国跳过封建社会而由奴隶制直接进入资本主义国家；欧洲和亚洲的很多国家，则正如苏联学者所指出，是从原始社会直接进入封建社会，而没有经过奴隶制："当谈到封建制度在世界历史的范围内产生（起源）的问题时，我们应该注意的是：并不是所有各民族都是通过奴隶制度到达封建制度的。其中有许多是直接从原始公社制度完成这一过渡，并没有经过社会发展的奴隶占有阶段。例如，欧洲的西方斯拉夫人和东方斯拉夫人以及日耳曼部落的大部分（在莱茵河与易北河之间的地区和不列颠）、亚洲的朝鲜人、许多突厥部落联盟和蒙古人，都走的是这样发展道路。"[1]

这是因为，奴隶制和封建制不但与原始国家一样，都属于自然经济形态，而且同样是超经济强制的自然经济形态。只不过，奴隶制的超经济强制是人身占有；封建制的超经济强制是人身依附罢了。这样一来，封建制虽然比奴隶制优良、进步和高级，却与奴隶制一样，完全可能建立在原始国家末期生产力水平之上。试想，在原始国家末期的铜器生产力和自然经济的基础上，难道只能建立奴隶制的人身占有自然经济？岂不也可以建立封建制的人身依附的自然经济？答案是肯定的。马克思亦曾指出，原始社会公社制度既可以转化为奴隶制，也可以转化为农奴制，因而其瓦解为奴隶制和封建制的诞生提供了同样的可能性："以部落制为基础的所有制，其最基本的条件是作部落的成员，这就使得那被本部落所侵占所征服的其他部落丧失财产，而把那个部落本身变成本部落无机的再生产条件，看成是归它所有的东西。所以，奴隶制和农奴制只

---

① 苏联科学院主编，北京编译社译：《世界通史》第三卷，三联书店1961年版，第4页。

不过是那以部落为基础的所有制的必然的一贯的产物。"①

确实,原始国家末期的铜器生产力和自然经济所必然决定的,只是不可能建立商品经济国家,而只可能建立自然经济国家。至于究竟建立什么样的自然经济国家,是奴隶制还是封建制,是人身占有还是人身依附,显然与原始国家末期的铜器生产力和自然经济形态没有必然联系。否则,试问,究竟能有什么理由说,在原始国家铜器生产力和自然经济的基础上所建立的国家,劳动者只能是奴隶而不能是农奴或农民?难道只有奴隶才能使用——而农民或农奴则不能——铜器生产工具?难道只有奴隶才能进行——而农民或农奴则不能——以铜器生产工具为基础的自然经济劳动?

显然,在原始国家末期,究竟建立奴隶制还是封建制,与原始国家末期的铜器生产力和自然经济形态没有必然联系,而完全取决于当时社会的具体的特殊的——因而也是偶然的——情况。其中最重要的情况,恐怕就是战争俘虏:这种情况显然更容易导致奴隶制而不是封建制。因为战争胜利者或权力垄断集团握有对俘虏的生杀予夺权力,可以随意处置俘虏。他们无疑更愿意使俘虏成为自己的一种私有财产,亦即完全占有俘虏人身,使其沦为奴隶;而不是仅仅使其人身依附自己,成为农民或农奴。这就是为什么在没有外来社会介入的情况下,原始社会大都直接演进为奴隶制而不是封建制国家的缘故。

可见,奴隶制与封建制具有历史必然性,只不过不是完全的历史必然性,而是不完全或半个历史必然性:人类社会的发展可以跨

---

① 〔德〕马克思著,日知译:《资本主义生产以前各形态》,人民出版社1956年版,第40页。

越其一而不可能全部跨越。不但此也! 奴隶制与封建制的历史必然性还是相对的,是相对的历史必然性。所谓相对的历史必然性,亦即有条件的历史必然性,这个条件就在于是否有外来社会的介入或影响。只有在没有外来社会介入或影响的条件下,奴隶制或封建制才是人类社会发展的必经阶段,因而其历史必然性是有条件的、相对的。如果没有这个条件,或者说,如果有外来社会介入或影响,某些原始国家就可能完全跨越奴隶制和封建制,而直接进入资本主义国家。这些国家如此之多,以致王和写道:"大约二分之一以上地域的人类社会(包括南北美洲、非洲和澳洲的绝大部分地域,以及亚洲的部分地域),直至近代以前始终处于以部族结构为基本特征的原始社会,到工业革命以后才因受其他文明的影响而逐步地直接跨入近代,先后具有资本主义因素或发展为资本主义。"①

这是奴隶制或封建制与资本主义的历史必然性的根本不同之处。因为无论有无外来社会介入或影响,资本主义都是人类社会发展的不可跨越的必经阶段。那么,为什么在外来社会介入或影响的条件下,可能跨越奴隶制和封建制,却不可能跨越资本主义呢? 事实表明,在外来社会——如资本主义国家——介入或影响的条件下,原始国家能够逐步获得资本主义的生产力,因而成功跨越奴隶制和封建制而直接成为商品经济居于统治地位的资本主义国家。相反地,一个国家,不论原始国家还是奴隶制抑或封建制,如果要跨越资本主义或充分发展的资本主义,从而直接建立社会

---

① 王和:"实事求是是唯物史观的基本原则",叶文宪等主编:《中国封建社会再认识》,中国社会科学出版社 2009 年版,第 14 页。

主义国家,那么,如上所述:

在这种生产力不够发达从而思想觉悟不可能普遍提高的条件下,一方面,唯有私有制才有效率,而公有制则必定无效率,因而这种社会主义不可能创造资本主义所能够创造的高度发达的生产力;另一方面,则必定导致专制等非民主制,从而形成比资本主义坏的多的阶级和剥削:全权垄断的阶级和剥削。因此,这种国家虽然能够跨越资本主义或充分发展的资本主义而直接建立社会主义,但或迟或早,必然抛弃社会主义而选择或复辟资本主义。

这就是为什么,资本主义乃是任何国家无论有无外来社会介入和影响都必然要经过的经济形态,因而具有绝对的历史必然性。三种公有制国家——原始国家和社会主义国家以及共产主义国家——的历史必然性显然也是如此。因为无论如何,任何国家无疑都绝对必然地从原始国家而来;绝对必然向共产主义国家而去;绝对必然要经过不完全不完善的共产主义国家——亦即社会主义国家——才可能达到完全的完善的共产主义国家。

可见,以经济形态为划分根据的六种国家——原始国家、奴隶制国家、封建制国家、资本主义国家、社会主义国家和共产主义国家——都具有历史必然性,都是人类社会发展的必经阶段。只不过,一方面,奴隶制国家与封建制国家只有半个必然性或不完全必然性:人类社会的发展可能跨越其一而不可能全部跨越。反之,原始国家、资本主义、社会主义和共产主义则都是人类社会的发展所不可能跨越的必然阶段,因而都具有完全的历史必然性。另一方面,只有在没有外来社会介入的条件下,奴隶制或封建制才是人类社会发展的必经阶段,因而其历史必然性是有条件的、相对的。反之,无论有无外来社会的介入和影响,原始国家、资本主义、社会主

义和共产主义都是人类社会发展的必经阶段，因而其历史必然性
是无条件的、绝对的。

3. 生产力决定经济形态：六种国家历史必然性之原因

我们无疑应该进一步追问：为什么六种国家——原始国家、奴
隶制国家、封建制国家、资本主义国家、社会主义国家和共产主义
国家——程度不同地都具有历史必然性？答案显然在于：这六种
国家划分的根据是经济形态。倘若不是以经济形态而是以政体的
性质为划分根据，那么，所划分的国家，如专制国家与民主国家等
等，便不具有历史必然性。因为如前所述，一个国家究竟实行何种
政体，直接取决于该国争取最高权力的人们的斗争的具体的、特殊
的、偶然的情况，如领袖们的人格、才能和贡献以及国民的人格、传
统习俗和思想家们的理论等等。在这些具体的、特殊的、偶然的情
况下，人们争夺最高权力的斗争无疑既可能使最高权力无限制地
被一个人所掌握（君主专制）；也可能使最高权力受限制地被一个
人所掌握（君主立宪）；还可能使最高权力被少数公民所掌握（寡头
共和）；也可能使最高权力被多数或全体公民所掌握（民主共和）。
于是，一个国家实行何种政体并不具有历史必然性，不是必然的、
不可选择的、不可避免；而是充满各种可能，是偶然的、可以自由
选择的。这就是为什么，世界史告诉我们，任何国家——原始国
家、奴隶国家、封建国家和资本主义国家以及社会主义国家——都
既可能实行或选择民主政体，也可能实行或选择专制等非民主政
体；以政体性质为划分根据的各种国家——君主专制和君主立宪
以及寡头共和与民主共和等等——都不具有历史必然性。

相反地，以经济形态为划分根据的六种国家则都程度不同地

具有历史必然性。这是由于，一个国家实行何种经济形态——亦即何种经济形态居于统治地位——具有历史必然性。因为所谓经济，如所周知，就是人们关于物质财富的活动总和，分为生产、交换、分配和消费四种活动。所谓交换、分配和消费，抽象和孤立地看，固然可以是对一切物质财富的交换、分配和消费；但是，作为经济分类中的交换、分配和消费，则都是与生产并列的子项，因而都是对离开生产过程而成为生产结果的产品的交换、分配和消费：生产是对物质财富的创造；交换和分配是对产品的交换和分配；消费则只是对产品中的消费品的消费。如果不是对产品——而是对于生产出产品的属于生产过程中的生产资料和劳动力——的交换、分配和消费（使用或消耗），则都属于生产范畴。因此，虽然生产、交换、分配和消费相互作用、互为因果，但是，分配、交换和消费都是对生产的结果——产品——所进行的活动，亦即对产品的分配、交换和消费，显然意味着：生产是始源，是决定性和支配性的东西；而分配、交换和消费则是派生物，是被决定被支配的东西。因此，马克思在逐一论述交换、分配和消费都产生和决定于生产之后，这样总结道："一定的生产决定一定的消费、分配、交换和这些不同要素相互间的一定的关系。"[①]

可是，生产又产生和决定于什么呢？正如生孩子产生和决定于生孩子的能力一样，生产显然产生和决定于生产能力，产生和决定于创造物质财富的能力，说到底，产生和决定于生产力。因为所谓生产力，无疑是生产能力，也就是创造物质财富的能力，亦即改造自然界从而创造物质财富的能力。于是，生产、交换、分配和消

---

① 《马克思恩格斯选集》第二卷，人民出版社1995年版，第17页。

费,归根结底,便都产生和决定于生产力。换言之,一个国家的经济究竟如何,该国究竟实行何种经济形态,说到底,取决于该国的生产力发展水平究竟如何。问题的关键,正如马克思所指出,一个国家的生产力发展水平究竟如何,绝非偶然的、可以自由选择的、依人的意志而转移的;而是历史的、必然的、不依人的意志而转移和不可自由选择的:

"人们不能自由选择自己的生产力——这是他们的全部历史的基础,因为任何生产力都是一定的既得的力量,是以往的活动的产物。可见,生产力是人们应用能力的结果,但是这种能力本身决定于人们所处的条件,决定于先前已经获得的生产力,决定于在他们以前已经存在、不是由他们创立而是由前一代人创立的社会形式。"①

因此,一个国家究竟实行何种经济形态,取决于该国的生产力发展水平究竟如何,因而具有历史必然性,是历史的、必然的、不依人的意志而转移和不可自由选择的。试想,原始共产主义经济形态是当时人们自由选择的结果吗? 绝不是。在人类历史的百分之九十九以上的时间里,亦即二三百万年的漫长岁月里,之所以全部人类都同样实行共产主义经济形态,显然是因为其时生产力发展水平极端低下,因而不实行共产主义,人类就会饿死灭绝。所以,原始共产主义并不是人们自由选择的,而是被极端低下的生产力必然决定的。从原始国家过渡到奴隶制或封建制国家,归根结底,岂不也是因为原始社会生产力水平逐渐提高,以致出现了剩余产品? 否则,在生产力水平极端低下而没有剩余产品的条件下,即使

---

① 《马克思恩格斯选集》第四卷,人民出版社 1995 年版,第 532 页。

全人类都为建立奴隶制或封建制国家而奋斗,也绝不可能建立奴隶制或封建制国家。所以,奴隶制或封建制国家具有历史必然性,是被生产力的发展水平必然决定的:能够造成剩余产品的生产力是奴隶制或封建制国家诞生的最根本的必要条件。

奴隶制或封建制国家的诞生必然决定于生产力发展水平,还在于,原始社会末期,即使出现了最为杰出的领袖和群众,即使他们万众一心致力于建立资本主义国家,也只能建立奴隶制或封建制国家,而不可能直接建立资本主义国家。因为,如上所述,商品经济在一个国家占统治地位的必要条件,从而资本主义生产方式或资本主义国家建立的必要条件,乃是形成遍布全国的城市和技术革命、工业革命以及机器大工业。原始国家晚期的生产力属于新石器时代,晚期之末出现了铜器。在这种低下的生产力基础上,无论如何,显然都不可能建立遍布全国的城市和诞生技术革命、工业革命以及机器大工业,从而不可能建立资本主义国家。在这种低下的生产力基础上,他们显然只可能直接建立与原始国家同样属于自然经济的国家:奴隶制国家或封建制国家。

因此,与原始国家一样,资本主义、奴隶制和封建制国家之所以具有历史必然性,归根结底,都是生产力的产物,因而皆被生产力的发展水平所必然决定。至于社会主义和共产主义国家的历史必然性,以及奴隶制和封建制国家只具有不完全的历史必然性,而原始国家、资本主义、社会主义和共产主义国家具有完全的历史必然性,如前所述,皆决定于生产力,毋庸赘言。于是,总而言之,可知一个国家究竟实行何种经济形态,亦即何种经济形态占据统治地位,说到底,六种经济形态——原始共产主义、奴隶制、封建制、资本主义、社会主义和共产主义——中的何种经济形态占据统治地位，皆取决于该国的生产力发展水平究竟如何，因而具有历史必然性，是历史的、必然的、不以人的意志而转移和不可自由选择的。这就是为什么以经济形态为划分根据的六种国家——原始国家、奴隶制国家、封建制国家、资本主义国家、社会主义国家和共产主义国家——具有历史必然性的缘故。因此，马克思说：

"人们能否自由选择某一社会形式呢？决不能。在人们的生产力发展的一定状况下，就会有一定的交换和消费形式。在生产、交换和消费发展的一定阶段上，就会有相应的社会制度，相应的家庭、等级或阶级组织，一句话，就会有相应的市民社会。有一定的市民社会，就会有不过是市民社会的正式表现的相应的政治国家。"①

然而，菲顿却讥笑马克思的历史必然性理论说："如果说社会主义按照规律是一定要实现的，那么就没有要求它的必要了。如果说社会主义真的是社会进化中不可避免的下一个阶段，那么就不需要社会主义理论，更不需要社会主义政党。没有什么人会为了使春天和夏天到来而建立政党。"②鲍尔斯亦如是说："马克思号召、组织和推动自己的信徒为社会主义而奋斗，同时又竭力表明社会主义是不可避免的。然而，为了一种已经注定如此的事物而工作和牺牲，又有什么意义呢？"③

殊不知，社会或国家发展的这种不以人的意志而转移的历史必然性或客观规律，与自然界或物理世界发展的客观规律和必然

---

① 《马克思恩格斯选集》第四卷，人民出版社 1995 年版，第 532 页。
② 〔苏联〕康斯坦丁诺夫主编，佚名译：《马克思主义哲学原理》，人民出版社 1959 年版，第 405 页。
③ 同上。

性根本不同：自然是无意识无目的的，因而无所谓自由，亦即不可能按照自己的意志进行活动；社会是有意识有目的的，因而有所谓自由，亦即能够按照自己的意志进行活动。这样一来，自然界与人类社会的必然性或规律的最显著的区别就在于：自然界无所谓自由，因而万事万物必定遵循自然规律和必然性而发展变化，而绝不可能出现违背自然规律或必然性的活动；人类社会有所谓自由，因而未必遵循社会规律和必然性而发展变化，很可能出现违背社会规律或必然性的活动。试想，无论如何，物理世界岂不都不可能出现违背牛顿力学和爱因斯坦量子力学规律或必然性的现象？无论如何，岂不都不可能违反四季的必然顺序，而出现秋—春—冬—夏的现象？相反地，人类社会违背规律或必然性的活动比比皆是。如秦始皇唐太宗寻求长生不老药而违背"人必有一死"的规律或必然性；苏东九国的社会主义模式违背"充分发展的资本主义"不可跨越的历史必然性等。

然而，任何规律或必然性都决不会因其被违背而不成其为规律或必然性。因为违背规律或必然性的自由活动必定受到规律或必然性的惩罚，必定达不到目的而失败；只有遵循和利用规律或必然性的自由活动，才能够达到目的获得成功。违背规律或必然性的人们要想达到目的获得成功，必须改正违背规律和必然性的错误的认识和活动，从而正确认识、遵循和利用规律或必然性。错误和失败，是正确和成功之母，是通向正确和成功的必经阶段。因此，违背规律或必然性的人们必定会改正错误，从而遵循规律或必然性，最终达到目的获得成功。这就是为什么，国家或社会的客观规律和历史必然性，决不会因其被违背而不成其为规律或必然性之真谛：违背规律不过是遵循规律的一段弯路而已。

诚然，一个人能否改正违背规律和必然性的错误，从而遵循规律或必然性，最终达到目的获得成功，可能是偶然的。因为个人生命短暂，可能来不及改正错误就因违背规律和必然性而死，如秦始皇和唐太宗之流。但是，一个国家或迟或早必定会改正违背规律和必然性的错误，从而遵循规律或必然性，最终达到目的获得成功。因此，任何国家或社会，虽然可能错误地违背自身发展的客观规律和历史必然性，但终因受到规律或必然性的惩罚，必定改正错误，从而遵循自身发展的客观规律和历史必然性。苏东九国的社会主义模式违背"充分发展的资本主义不可跨越"的历史必然性，尽管长达半个多世纪之久，结果终因遭受这一历史必然性的严重惩罚，而无不改正错误，退回资本主义。这岂不足以证明：一个国家或迟或早必定会改正违背规律和必然性的错误，从而遵循规律或必然性？这样一来，人类社会岂不就与自然界一样，必定遵循自身发展变化的规律或必然性？只不过人类社会因拥有自由而往往要走上一段任意违背规律或必然性的弯路罢了。

4. 非普世价值：六种国家制度的外在适用价值

一个国家究竟实行何种经济形态，如上所述，皆取决于该国的生产力发展水平究竟如何，因而具有历史必然性，是历史的、必然的、不以人的意志而转移和不可自由选择的：这就是为什么以经济形态为划分根据的六种国家——原始国家、奴隶制国家、封建制国家、资本主义国家、社会主义国家和共产主义国家——制度具有历史必然性的缘故。这样一来，随着生产力不断发展，经济形态或经济制度便会发生相应的变化，便会由原来适应和促进生产力发展，变成阻碍和不适应生产力发展。那时,经济形态或经济制度变革的时代就到来了。随着经济形态或经济制度的变革,以其为划分根据的国家制度也会发生相应的变革。这原本是马克思所发现的唯物史观的基本原理:

"社会的物质生产力发展到一定阶段,便同它们一直在其中运动的现存生产关系或财产关系(这只是生产关系的法律用语)发生矛盾,于是这些关系便由生产力的发展形式变成生产力的桎梏。那时社会革命的时代就到来了。随着经济基础的变更,全部庞大的上层建筑也或慢或快地发生变革。"①

因此,以经济形态为划分根据的六种国家制度都不具有普世性和普世价值,它们都因时因地而异,只可能和只应该实行于一定的国家、一定的社会、一定的时代;而不可能和不应该实行于一切国家一切社会一切时代。当一种经济形态或经济制度适应和促进生产力发展的时候,就是好的、应该的和具有正价值的;相应地,基于此种的国家制度也是好的、应该的和具有正价值的。可是,随着生产力的发展,当同一种经济形态或经济制度阻碍和不适应生产力发展的时候,它就是坏的、不应该的和具有负价值的了;相应地,基于此种的国家制度也是坏的、不应该的和具有负价值的。

试想,奴隶制岂不仅仅对于它所取代的原始社会来说才是好的、应该的和具有正价值的?岂不仅仅在原始社会生产力水平逐渐提高以致出现了剩余产品的时代才是好的、应该的和具有正价值的?而对于其他任何时代任何社会岂不都是最坏的制度?资本主义是不好的不应该的制度,岂不仅仅对于生产力高度发达的社

---

① 《马克思恩格斯选集》第二卷,人民出版社 1995 年版,第 32 页。

会才能成立？对于生产力不够发达的社会，资本主义岂不是最好的制度？共产主义是最美好的制度，岂不也仅仅对于生产力高度发达的社会才能成立？而对于生产力不够发达的国家来说，实行共产主义岂不意味着莫大的灾难？因此，以经济形态为划分根据的六种国家——原始国家、奴隶制国家、封建制国家、资本主义国家、社会主义国家和共产主义国家——制度都只应该实行于一定的社会一定的时代而不应该实行于一切社会一切时代，都是历史的时代的，而不是超历史超时代的，因而都不具有普世性和普世价值。

可见，一方面，以经济形态为划分根据的六种国家——原始共产主义、奴隶制、封建制、资本主义、社会主义和共产主义——制度都不具有普世价值，都仅仅对于一定发展水平的生产力、一定国家、一定社会、一定时代，才是应该的、善的、好的和具有正价值的；而对于另一定发展水平的生产力及其国家、社会和时代则是不应该的、恶的、坏的和具有负价值的。另一方面，以经济形态为划分根据的六种国家之所以都仅仅适用于一定历史时代而不具有普世价值，只是因为一个国家实行何种经济形态具有历史必然性，是被生产力的发展水平所必然决定的。

这个道理，原本是黑格尔名言"凡是现实的都是合理的"之真谛。恩格斯在解释这一名言时说得好："在黑格尔看来，绝不是一切现存的都无条件地也是现实的。在他看来，现实性这种属性仅仅属于那同时是必然的东西：'现实性在其展开过程中表明为必然性'。"①从此出发，恩格斯进一步阐明，凡是具有历史必然性的现实，就其所必然发生的那个时代和条件来说，都是合理的、应该的

————

① 《马克思恩格斯选集》第四卷，人民出版社1995年版，第215页。

和具有正价值的；而就对于新的时代和更高的条件来说，则是不合理的、不应该的和具有负价值的：

"一切依次更替的历史状态都只是人类社会由低级到高级的无穷发展进程中的暂时阶段。每一个阶段都是必然的，因此，对它发生的那个时代和那些条件来说，都有它存在的理由；但是对它自己内部逐渐发展起来的新的、更高的条件来说，它就变成过时的和没有存在理由了；它不得不让位于更高的阶段，而这个更高的阶段也要走向衰落和灭亡。"①

----

① 《马克思恩格斯选集》第四卷，人民出版社 1995 年版，第 217 页。

下　卷
实现论：理想国家
如何实现之条件

第十一章　实现社会主义和共产
主义的客观条件

本章提要　粗略看来,生产力高度发达——实现社会主义的必要条件——的标志是双重的:一方面是资本主义生产关系已经不再适合它的发展;另一方面是唯有社会主义生产关系适合它的发展。但是,细究起来,资本主义虽然因其私有制所导致的剥削、两极分化和经济危机而阻碍生产力发展,但整体说来,却能够适合、促进任何高级和发达的生产力的发展。因为资本主义生产关系具有促进任何生产力发展的永恒动力机制:市场经济与私有制。因此,废除资本主义而代之以社会主义,只能是因为生产力高度发达,从而能够满足社会全体成员物质需要和国民品德普遍提高,以致社会主义公有制生产关系能够适合生产力的发展。只要生产力高度发达因而社会主义能够适合其发展,那么,不论资本主义如何适合生产力发展,不论资本主义社会生产力如何迅猛发展,不论阶级矛盾如何缓和,都应该废除资本主义而代之以社会主义。因为这时实现社会主义,必定因国民政治觉悟、公民文化和思想品德普遍提高,既能够保障公有制经济高效率发展,又能够实行民主制,从而真正消除政治权力和经济权力垄断,消除阶级和剥削,而决不会导致效率低下和全权垄断的奴役制社会主义。这时应该废除资本主义,因为资本主义私有制所必然导致的剥削、两极分化和经济危机,已经不再是一种能够防止更大恶——亦即效率低下和全权垄断的奴役制社会主义——的必要恶,因而是一种不必要的恶,是一种纯粹恶,是纯粹不公平、不应该、具有负价值的东西。

毋庸赘言,任何理想——更不用说理想国家制度——的实现都需要一定的客观和主观条件。首先,实现理想国家制度——社会主义和共产主义——的客观条件可以分为直接必要条件与根本必要条件。生产力高度发达,如前所述,是废除私有制、消灭阶级和剥削从而实现社会主义和共产主义的必要条件。然而,真正论证起来,我们将看到,只有资本主义与民主相结合,才能够创造实现社会主义和共产主义所必需的高度发达的生产力。因此,生产力高度发达只是实现社会主义的直接必要条件,而资本主义与民主则是实现社会主义的根本必要条件。

一、实现社会主义的直接必要条件

1. 生产力高度发达:实现社会主义的直接必要条件

共产主义与社会主义关系研究表明,按需分配与计划经济违背公正与自由等国家制度价值标准,都是不应该的、具有负价值的、恶的经济制度,因而绝不是理想国家或共产主义制度;按劳分配与市场经济是唯一符合公正与自由等国家制度价值标准的经济制度,因而不但应该实行于社会主义,而且应该实行于共产主义:按劳分配和市场经济绝不是社会主义区别于共产主义的特征。这样一来,社会主义也就没有什么与共产主义根本不同的经济制度:社会主义与共产主义的区别仅仅在于完全与不完全。完全的共产

主义国家是完全符合国家制度价值标准的理想国家,因而具有六
大特征:"生产资料公有制"、"高度发达的生产力"、"按劳分配"、
"没有政府指挥的市场经济"、"只有一个主权和一个世界政府的全
球国家"和"遵循国家制度价值标准的民主"。不完全具备这些特
征的共产主义国家,亦即不完全符合国家制度价值标准的共产主
义国家,就是不完全的共产主义国家,也就是所谓社会主义国家:
公有制是社会主义充分且必要条件。因此,社会主义是共产主义
的低级阶段,是不完全而求完全的共产主义,也就是不完全符合而
求完全符合国家制度价值标准的共产主义;社会主义国家的根本
特征,说到底,可以归结为公有制居于支配地位和不完全具备其他
五大特征:具备这些特征越少,就越不完善越不发达,就是相对不
完善不发达的社会主义;具备这些特征越多,就越完善越发达,就
是相对完善发达的社会主义;完全具备这些特征,就超越社会主义
国家而进入共产主义国家了。

　　因此,人类不可能越过社会主义而直接实现共产主义:社会主
义是共产主义的低级且必经阶段。那么,怎样才能实现社会主义
呢? 公有制是社会主义充分且必要条件,意味着:实现社会主义就
是废除生产资料私有制而代之以公有制。然而,恩格斯指出,私有
制并不可以随意废除,它的存在具有不以人的意志而转移到历史
必然性,只有在生产力高度发达的条件下才可以废除:"能不能一
下子就把私有制废除呢? 不,不能,……只有在废除私有制所必需
的大量生产资料创造出来之后才能废除私有制。"[①]所谓"大量"的
生产资料究竟要"大量"到什么程度呢? 恩格斯的回答是:要达到

---

①　《马克思恩格斯选集》第一卷,人民出版社 1972 年版,第 219 页。

"给社会提供足够的产品以满足它的全体成员的需要。"①这就是说,生产力高度发达——从而能够满足社会全体成员的物质需要——乃是废除私有制、实现社会主义的必要条件;这是必然的、不以人的意志为转移的客观规律。

然而,事实却是,几乎所有社会主义国家的生产力都是不发达的,更谈不上高度发达。这一事实岂不否定了高度发达的生产力是实现社会主义必要条件? 不! 绝没有否定。这一事实,充其量,不过意味着对高度发达的生产力是实现社会主义必要条件的客观规律之违背;而任何规律或必然性都决不会因其被违背而不成其为规律或必然性。因为违背规律或必然性的自由活动必定受到规律或必然性的惩罚,必定达不到目的而失败;只有遵循和利用规律或必然性的自由活动,才能够达到目的获得成功。因此,违背规律或必然性的人们,或迟或早,必定会改正错误,遵循规律或必然性,最终达到目的获得成功:违背规律不过是遵循规律的一段弯路而已。

确实如此。违背"高度发达的生产力是实现社会主义必要条件"这一定律和历史必然性,强行在不发达的生产力基础上建立社会主义,那么,必定要受到这一定律和历史必然性的惩罚,遭受极大苦难。结果,或迟或早必定改正错误,抛弃较高的生产关系,抛弃社会主义;而回到较低的生产关系,复辟资本主义:或者是完全复辟,或者是不完全复辟。苏东九国违背这一定律和历史必然性,在不发达的生产力基础上建立社会主义,尽管长达半个多世纪之久,结果终因遭受这一规律和历史必然性的严重惩罚,而无不改正

---

① 《马克思恩格斯选集》第一卷,人民出版社1972年版,第222页。

错误,复辟资本主义。中国经济体制改革也以恢复私有制和市场调节为主要特征。这岂不足以证明:生产力高度发达之为实现社会主义的必要条件乃是不以人的意志为转移的客观规律?

2. 生产力不发达的社会主义:苏联社会主义模式

生产力高度发达是实现社会主义的必要条件,如上所述,乃是必然的不以人的意志为转移的客观规律;如果违背这一规律和历史必然性,强行在不发达的生产力基础上建立社会主义,必定要受到这一定律和历史必然性的惩罚,遭受极大苦难。那么,具体说来,究竟必定会遭受怎样的惩罚和苦难?

首先,必定遭受效率低下的惩罚和苦难。因为,如前所述,生产力高度发展——从而使每个人的物质需要得到相对满足——乃是国民思想品德和政治觉悟普遍提高的根本条件。如果生产力不够发达、产品还不能满足全体社会成员物质需要的时候,国民思想品德和政治觉悟绝不可能普遍提高。这样一来,便唯有私有制才有效率;而公有制则注定无效率。苏联社会主义实践证实了这一真理。

因为苏联社会主义模式是违背生产关系高低与生产力高低成正比规律,在不发达的生产力基础上废除私有制而代之以公有制、实现社会主义的典型。1913年俄国的工业总产值只占世界工业总产值的2.6%,相当于美国的6.9%,英国的22%,德国的17.2%,法国的40.3%。第一次世界大战又使俄国工业下降了36%。俄国资本主义——不但在生产总量上而且在技术水平上——远远落后于欧美各资本主义国家。俄国农业则是极其落后的小农经济,农民主要使用木犁和木耙,铁犁和铁耙严重匮乏,几乎没有什么农业机械。但到第一次世界大战前,俄国仍然是农业占优势。全国从事农业的人口占总人口的 76％,从事工业的只有 10％。在工农业总产值中,工业占 42.1％,农业占 57.9％。俄国虽然具有世界领先的文学艺术,但国民却有 3/4 是文盲。①

这种基于落后不发达生产力的社会主义效率究竟如何? 有人以为苏联社会主义模式,就其效率来说,是成功的,显示了社会主义对资本主义的优越性。因为从苏联官方的数据来看——据李建民引证——苏联国民经济曾有过相当高的增长率:"在战前几个五年计划期间,苏联整个国民经济特别是工业生产的增长率远高于西方国家。例如,从 1917 年至 1940 年,苏联国民收入增长了 814％,年均增长率高达 9.6％,而同期美国 GNP(国民生产总值)只增长了 68％,年均增长率只为 2.3％。在西方国家中发展最快的德国,1925 年至 1939 年间相应指标也只增长了 283％,年均增长率为 7.8％。"②

姑且不说李建民对这种来自苏联官方的数据的真实性的怀疑,就算这种相当高的增长率是真实的,也注定只能是短期的;而长久说来,必定是低效率和停滞不前。事实正是如此。李建民也承认:"苏联这种独特的经济体制和经济发展战略,在取得成功的同时,也潜伏着许多深刻的矛盾。正如尔后的实践所表明的,它难以保证国民经济持续高速、高效率和平衡发展。""在工业化时期和战后 50—60 年代,经济发展速度较快,年平均增长率为 7％。从 70 年代起,其速度优势递减。年平均增长率为 5％。到 70 年代中后期和 80 年

---

① 周新城:《苏联东欧国家的演变及其历史教训》,安徽人民出版社 2000 年版,第 43 页;黄宗良、孔寒冰主编:《世界社会主义史论》,北京大学出版社 2004 年版,第 263 页。

② 陆南泉等主编:《苏联剧变深层原因研究》,中国社会科学出版社 1999 年版,第 271 页。

代,苏联国民生产总值年平均增长速度已下降到 2％的水平,依靠国家大量投入资金维持的经济增长的高速度已难以为继。到 80 年代后期,经济增长接近停止,1990 年经济首次出现了负增长。"[①]

可见,长期说来,苏联社会主义模式只能导致缓慢、停滞和倒退。那么,它短期的迅速增长究竟靠什么？苏联经济的增长,主要讲来,一方面是依靠提高积累率,积累率在原苏东国家一般高达 25％左右。积累率的提高是以牺牲当前消费为代价的,结果消费品市场失衡,消费品严重短缺。另一方面,苏联经济的增长依靠的是典型的粗放型方式,是通过大量增加投入来维持的。合而言之,苏联经济的增长不但不是通过提高生产效率达到的,恰恰相反,与经济增长相伴随的是生产效率的下降:

"从 1951 年至 1990 年的投入产出指标对比,可以看出,战后各五年计划的国民收入、工业产值和农业产值的增长速度均低于相应的投资增长速度,这表明单位投资的产出率在不断降低。直接的效率统计指标显示,社会劳动生产率的年均增长速度,1951—1955 年为 9.6％,1971—1975 年降至 4.1％,1981—1985 年又降至 3.1％;与此同时,基金产值率在相应时期,从年均增长 1.2％变为年均下降 2.8％和年均下降 2.9％⋯⋯苏联不仅存在着自身不同时期相比的效率下降,而且存在着与西方发达国家相比的效率低下。苏联工业劳动率仅为美国的 25％,农业劳动率仅为美国的 9％。苏联单位产品的原材料消耗比发达国家高 1～1.5 倍,燃料和能源消耗高 50％。"[②]

---

①　陆南泉等主编:《苏联剧变深层原因研究》,中国社会科学出版社 1999 年版,第 271 页。

②　徐新等著:《超级大国的崩溃》,社会科学文献出版社 2001 年版,第 137-139 页。

在生产力不够发达的条件下,实现社会主义不但必定导致效率低下,而且——如前所述——通过废除私有制所消灭的只是地主和资本家,而不可能消灭阶级和剥削。因为官吏群体不但垄断了政治权力,而且通过垄断国有资源和公有制生产资料而垄断了经济权力,因而是全权垄断阶级;庶民群体不但没有政治权力,而且没有经济权力,是全权丧失阶级。这种全权垄断的阶级和剥削制度,不但远远恶劣和深重于资本主义,而且不逊于奴隶制,乃是人类历史上最恶的阶级和剥削制度。因为庶民阶级不但遭受人类历史上最严重的压迫与剥削——全权垄断的压迫和剥削——而且不服从政府和官吏就意味着没有工作,就意味着饿死,以致几乎丧失全部自由而与奴隶实无二致。因此,这种社会主义堪称奴役制社会主义,乃是一种政府官员拥有控制国民全权的新奴隶制度、准奴隶制度或马克思所谓的"普遍奴隶制"。

事实确实如此。苏联社会主义废除了生产资料私有制,消灭了资本家和地主。但是,苏联社会主义并没有消除剥削和剥削者。只不过,剥削者不是地主和资本家,而是更加可怕的各级党政官员。党政系统都实行等级授职制,工资待遇起初规定最高为每月500卢布,比工人最低者只高出3倍。可是,到了1921年,党政官员就开始不断提高自己的工资。1922年最高与最低差距是8倍;到1934年是30倍;到1953年是56倍;到勃列日涅夫时期已是上百倍了。据统计,还在1939年,苏联人口11%~12%的上层人的收入就已经占国民收入的50%左右,差距比美国的还大得多;因为当时美国10%的上层人的收入占国民收入的35%。[①]

---

① 哈耶克:《通往奴役之路》,中国社会科学出版社1997年版,第101页。

更何况,苏联党政官员还享有高薪以外的很多特权,如住房、别墅、汽车、游艇、特殊食堂、特供食品、特供商店、海滨休假等。连无产阶级作家高尔基也被当作贵族供养起来。在金碧辉煌的别墅里,为高尔基服务的有四五十人之多,他家里每天有亲戚朋友食客数十人。有鉴于此,高放感叹道:苏联社会主义革命已经消灭了贵族、地主、资本家等旧的剥削阶级;可是,党政官员自己却变成了新的贵族阶级。[①] 因此,苏联社会主义虽然废除了生产资料私有制,消灭了贵族、地主和资本家,但并没有消除剥削和剥削者。只不过,剥削者不是贵族、地主和资本家,而是各级官员;因而剥削不是公开地、受法律限制的,而是隐蔽的、变相的、不受法律限制的。这样一来,苏联的按劳分配——按劳分配以消灭剥削为根本特征——便徒有虚名而已:苏联的分配制度是名义按劳分配而实为按官分配。

这种"名义按劳分配而实为按官分配"的剥削制度,是整个统治阶级、官僚阶级的意志的体现,具有不以人的意志而转移的必然性,而绝不是哪一个或哪些人可以随意改变的。赫鲁晓夫搞改革,降低领导干部和高级军官的工资,约比原工资减少 2/3 左右。结果,一方面遭到高薪者的强烈反对,支持撤换赫鲁晓夫;另一方面,则形成了苏联历史上"贪污受贿的转折点",使领导干部增加了通过以权谋私获取个人收入的方式,反倒更加扩大了官员与群众的经济差距!取代赫鲁晓夫的勃列日涅夫时期,最高收入竟然是最低收入的上百倍,甚至更多。显然,苏联社会主义模式决定了:"名

---

① 高放:"苏联剧变宏观研究论纲",宫达非主编:《苏联剧变新探》,世界知识出版社 1998 年版,第 66 - 67 页。

义按劳分配而实为按官分配"的剥削制度乃是整个统治阶级的意志体现,具有不以人的意志而转移的必然性;因而不论是谁,只要他们敢于实行名副其实的按劳分配从而消除官员剥削制度,那么,他们就是与整个社会主义国家的统治阶级、官员阶级对立,因而他们的垮台是注定无疑的了。

这样一来,苏联人民不仅遭受比资产阶级的剥削更深重的剥削——亦即官僚阶级的剥削——而且还遭受效率低下之苦。因此,苏联国民的生活水平远不如资本主义国民的生活水平:"生活水平包括三项内容:消费的数量、消费的质量、自由时间的占有。根据保罗·R.格雷戈里等人的计算,在70年代以前,资本主义国家的个人消费水平平均增长较快(4.7%对3.6%),而社会主义国家的投资增长率较高(6.4%对5.6%)。按照人均收入指标,苏联和东欧国家都比较明显地低于北美和西欧发达资本主义国家。根据美国中央情报局的估计,1960年苏联的人均国民生产总值为3532美元,而美国、日本分别为8799和2508美元。到了1985年苏联人均国民生产总值增长到6863美元,美国、日本分别增长到15511和11864美元。70年代,苏联已经成为世界军事和重工业超级大国,但人民群众的总体生活水平不仅不能与发达国家相比,甚至低于一些发展中国家。国家西方的计算,1979年苏联职工的月收入只及美国的30.5%、西德的24.9%、法国的28%,按人口平均水平计算的消费水平只为美国的1/3;世界银行还用社会指标的恶化来证明计划经济体制出了问题:第二次世界大战之后,苏联的健康指标迅速改善,开始接近于工业化市场经济国家的水平。但从60年代中期开始出现停滞,继而出现逆转:1966—1980年间,人口预期寿命减少了两岁,与工业化国家的趋势形成鲜明对照,同期内,工业化国家的人口寿命增加了 3～4 岁。"[①]

生产力不发达的社会主义不仅必定导致效率低下、全权垄断的阶级与剥削以及政府官员拥有控制国民全权的新奴隶制度,而且势必导致专制等非民主制。究其原因,首先,生产力不发达的社会主义国家的建立,大都不可能通过民主的议会的道路,而势必通过非民主的、为民做主的武力征服、暴力革命道路:暴力革命似为生产力不发达的社会主义革命的普遍规律。暴力地、不民主地、为民做主地夺取的政权,势必成为一种暴力的、不民主的、为民做主的政权,势必继续为民做主执掌政权,从而导致专制等非民主制的社会主义。

其次,官吏阶级的全权垄断必定导致双重的腐化堕落,亦即一方面孳生权力垄断者的主子文化;另一方面则孳生无权者的奴才文化。庶民阶级的全权丧尽、毫无权力的状态,决定了他们无力捍卫自己的权益,因而势必寻求官吏阶级——特别是明君和清官——的庇护,从而形成庇护—附庸型的等级制垂直社会关系和臣民文化,最终导致专制等非民主制。

再次,全权垄断的官吏阶级也不能不垄断建立社会组织的权力,使一切社会组织,如学生会、工会等,都成为官方控制的社会组织,从而消灭任何非官方控制的社会组织:公民社会。这样一来,就使民主制几乎不可能实现。因为公民社会的发达程度与民主制实现的几率成正比:公民社会越发达,庶民阶级便越团结,公民文化便越发达,庶民阶级的力量便越大,官吏阶级的力量便越小,民

[①]　陆南泉等主编:《苏联剧变深层原因研究》,中国社会科学出版社 1999 年版,第 273-274 页。

主制实现的几率便越大;公民社会越不发达,庶民阶级便越不团结,臣民文化便越发达,庶民阶级的力量便越小,官吏阶级的力量便越大,民主制实现的几率便越小。

最后,思想品德和政治觉悟的普遍提高不但是公有制社会有效率的必要条件,而且是公有制社会实现民主制的必要条件。试想,在公有制或社会主义社会,政治权力控制和垄断国有资源、公共资源,因而也就控制和垄断了主要的经济权力。因此,在公有制或社会主义社会,政治权力对每个人都具有莫大的价值、利益和意义:拥有和垄断政治权力就意味着拥有和垄断经济权力,就意味着拥有一切。因此,如果生产力不发达因而国民的政治觉悟和思想品德普遍不高,势必利用自己的各种优势,竞相争夺政治权力,因而几乎不可能做到每个人不论强弱而完全平等执掌最高权力,亦即几乎不可能实现民主制,而注定出现垄断政治权力的强势群体(官吏阶级或统治阶级)和没有政治权力的弱势群体(庶民阶级或被统治阶级)。

这就是为什么几乎所有生产力不发达的社会主义国家——中国除外——都与苏联社会主义模式一样,实行名义民主而实为专制政体的缘故。苏联宪法明文规定,苏联最高苏维埃(全国苏维埃代表大会)执掌国家最高权力,各级地方苏维埃是地方国家权力机关。然而,这不过是装点门面而已。实际上,最高苏维埃不过是通过联共(布)中央政治局和书记处的决议、指示的橡皮图章,在国家政治生活中的地位微乎其微:"各级苏维埃从人民政权机关变成了党委会的一般附属品,变成了只知道俯首听命于按党的机关的指令办事的执行者。"①苏共历届党章都明文规定:党的组织机构的

---

① 〔苏联〕罗伊·麦德维杰夫著,史正苏译:《论社会主义民主》,商务印书馆1982年版,第156页。

指导原则是民主集中制,党的一切领导机关从下到上都由选举产生;党的代表大会执掌最高权力,代表大会定期举行,中央委员会是它闭会期间的领导机关,向它负责并报告工作;政治局、组织局和书记处则是中央委员会下设的日常工作机关。这更不过是个形式和装潢而已。实际上,自下而上的选举完全被自上而下的委任或变相的委任制所代替,从而使选举完全流于形式。结果,正如黄宗良教授所言,党章规定的权力体制被完全倒置,形成总书记→总书记办公室→书记处→政治局→中央委员会→党代表大会的金字塔;站在权力金字塔顶端的是号令一切、不受任何监督的总书记斯大林,他集党政军最高权力于一身,是真正独掌国家最高权力的"专制君主";党的代表大会的实际职能只不过是在法律程序上确认斯大林以中央委员会和政治局名义提出的各种决定而已。[①] 因此,苏联社会主义模式的政体特征可以归结为:"名义民主而实为专制",亦即"形式民主制、实际专制君主制"的混合政体。

3. 生产力不发达的社会主义:实行市场经济的社会主义模式

诚然,生产力不发达的社会主义并非只有苏联社会主义模式;还有其他社会主义模式,如实行市场经济的社会主义模式。实行市场经济的社会主义模式无疑优越于苏联社会主义模式:苏联社会主义模式堪称最坏的社会主义。然而,生产力不发达的社会主义虽然有好坏之分,却同样属于生产力不发达社会主义,因而必定同样违背生产力产生和决定生产关系、生产关系高低与生产力高

---

① 黄宗良、孔寒冰主编:《世界社会主义史论》,北京大学出版社 2004 年版,第 321 页。

低成正比规律,同样具有生产力不发达的社会主义的普遍特征。效率低下、专制等非民主制、全权垄断的阶级与剥削和政府官员拥有控制国民全权的新奴隶制度,恰恰是一切生产力不发达的社会主义所共有的、普遍的特征,而绝不是苏联社会主义模式的独有特征;只不过,生产力不发达的社会主义类型不同,具有这些特征的程度也有所不同罢了。

首先,实行市场经济的社会主义虽然不是单一的公有制,但是,公有制必定处于支配地位,否则就不是社会主义市场经济了。问题的关键在于,在生产力不够发达从而思想品德和政治觉悟不可能普遍提高的条件下,唯有私有制才有效率;而公有制则必定无效率。因此,实行市场经济的社会主义只是与苏联社会主义模式或社会主义计划经济相比较,才是高效率经济;而与资本主义或私有制市场经济比较,则必定是低效率经济。

其次,在实行市场经济的社会主义社会,公有制既然处于支配地位,那么,在市场经济中因纯粹的生产资料垄断而形成的阶级——亦即民营企业家等私有者阶级与其雇员阶级——就不可能是主要的阶级;主要的阶级仍然是垄断政治权力的官吏阶级与没有政治权力的庶民阶级。官吏阶级不但仍然与苏联社会主义模式一样,垄断了全部政治权力,而且因垄断国有资源而垄断了全国主要的生产资料和经济权力;而庶民阶级的绝大多数人则与在苏联社会主义模式那里一样,毫无经济权力,是人类历史上权力丧失最为干净的全权——政治权力与经济权力——丧尽的无权阶级。这样一来,在实行市场经济的社会主义社会,官吏阶级虽然不像苏联社会主义模式那样是庶民阶级所有成员无可选择的唯一雇主,却仍然是庶民阶级绝大多数成员无可选择的唯一雇主;庶民阶级绝大多数成员不但仍然与生活在苏联社会主义一样,遭受人类历史上最可怕的压迫和剥削——全权垄断的压迫和剥削——而且不服从政府和官吏就意味着没有工作,就意味着饿死,以致几乎丧失全部自由而与奴隶实无二致。只不过,几乎丧失全部自由而与奴隶实无二致者,在苏联社会主义模式那里是庶民阶级的所有成员,而在市场经济社会主义则是庶民阶级的绝大多数成员罢了。

最后,在实行市场经济的生产力不发达的社会主义社会,全权垄断的官吏阶级显然势必与苏联社会主义模式一样,不能不垄断建立社会组织的权力,使一切社会组织,如学生会、工会等,都成为官方控制的社会组织,以致几乎消灭任何非官方控制的社会组织:公民社会。这样一来,实行市场经济的生产力不发达的社会主义社会与苏联社会主义模式,势必一样孳生权力垄断者的主子文化和无权者的奴才文化,一样不可能普遍提高国民政治觉悟和思想品德,最终势必一样导致专制等非民主制。

可见,只要是生产力不发达的社会主义,即使实行市场经济,即使是最好的社会主义,也同样违背生产关系与生产力高低正比例定律,国民的政治觉悟、公民文化和思想品德同样不可能普遍提高,因而同样具有生产力不发达的社会主义所必然具有的共同特征:效率低下、专制等非民主制、全权垄断的阶级与剥削和政府官员拥有控制国民全权的新奴隶制度。只不过程度有所不同罢了。

4. 生产力高度发达的社会主义:阶级与剥削之消除

只有在生产力高度发达的条件下实行社会主义,才符合生产关系高低与生产力高低正比例定律,国民政治觉悟、公民文化和思想品德才可能普遍提高,才既能够保障公有制经济高效率发展,又能够实行民主制,从而消除政治权力和经济权力垄断,消除阶级和剥削。首先,生产力高度发达的社会主义国家的建立,能够且应该通过民主的议会的道路,而避免通过不民主的武力征服、暴力革命道路:民主的议会的道路堪称生产力高度发达的社会主义革命的普遍法则。民主地取得的政权,势必成为一种民主的政权:只有民主地缔结最高权力契约,才可能导致民主的最高权力契约。

其次,生产力高度发达的社会主义实行民主制,意味着,每个人完全平等地执掌最高权力,从而不存在政治权力垄断。这样一来,社会主义便因为实行公有制和民主制而消除了权力——经济权力与政治权力——垄断,从而消除了阶级和阶级剥削:既因民主制而消除了政治权力垄断,从而消除了官吏阶级与庶民阶级;又因废除私有制而消除了经济权力垄断,消除了一切因经济权力垄断所形成的阶级。

再次,生产力高度发达的社会主义,消除了权力垄断,也就意味着:一方面消除了建立社会组织的权力垄断,因而公民社会和公民文化——民主制的至关重要的基础——必定高度发达;另一方面则消除了权力垄断者的主子文化和无权者的奴才文化,从而消除了专制等非民主制的至关重要的基础:臣民文化。

最后,生产力高度发达可以保障公有制经济高效率发展。因为如前所述,国民思想品德普遍提高是保障公有制经济有效率的根本条件。而国民思想品德的高低,直接说来,取决于国民做一个好人的道德需要的强烈程度;根本说来,则取决于国民的物质需要相对满足的程度:国民的物质需要满足得越充分,做一个好人的道德需要便越多越强烈,国民的品德便越高尚。因此,生产力高度发达——从而使每个人的物质需要得到相对满足——乃是国民思想品德普遍提高的根本条件，说到底，是公有制经济高效率发展的根本条件。

综上可知，在生产力不发达条件下，国民思想品德和政治觉悟不可能普遍提高。这时如果废除私有制实行社会主义，便违背了生产力高度发达是社会主义必要条件的客观规律，必定导致效率低下、专制等非民主制、全权垄断的阶级与剥削以及政府官员拥有控制国民全权的奴役制社会主义，最终必定如苏东九国社会主义那样，又回到资本主义。因为在生产力不发达条件下，资本主义私有制虽然是剥削的根源，是恶的、不公平、不应该、具有负价值的，却能够避免更大的损害和不公，能够避免更大的恶——效率低下、全权垄断的阶级与剥削、政府官员拥有控制国民全权的新奴隶制度和专制等非民主制等——其净余额是利和善，符合"两害相权取其轻"的价值标准，因而是一种必要恶，是应该的、善的、具有正价值。只有到生产力高度发达——从而国民思想品德和政治觉悟普遍提高——的时候，私有制才是有害无益的纯粹恶，才是纯粹不公平、不应该、具有负价值的东西。只有在这时，才应该废除私有制和实行社会主义。只有在这时实行社会主义，才符合生产力决定生产关系原理，才能因国民政治觉悟、公民文化和思想品德普遍提高，而既能够保障公有制经济高效率发展，又能够实行完全民主制，从而消除政治权力和经济权力垄断，消除阶级和剥削。因此，马克思恩格斯一再说，生产力高度发达是实现社会主义的必要条件；如果在这一条件还不具备的时候就实行社会主义，即使胜利了，也必定是暂时的，是一种唐·吉诃德式的荒唐行为：

"当使资产阶级生产方式必然消灭、从而也使资产阶级的政治统治必然颠覆的物质条件尚未在历史进程中、尚未在历史的'运动'中形成以前,即使无产阶级推翻了资产阶级的政治统治,它的胜利也只能是暂时的,只能是资产阶级革命本身的辅助因素……他们在自己的发展进程中首先必须创造新社会的物质条件,任何强大的思想或意志力量都不能使他们摆脱这个命运。"①"如果我们在现在这样的社会中没有发现隐蔽地存在着无阶级社会所必需的物质生产条件和与之相适应的交往关系,那么,一切炸毁的尝试都是唐·吉诃德的荒唐行为。"②

二、实现社会主义的根本必要条件

1. 民主:实现社会主义的根本必要条件

生产力高度发展是实现社会主义的必要条件。那么,究竟如何才能达到生产力高度发展呢? 换言之,达成生产力高度发展的手段和途径究竟是什么? 最重要的手段和途径就是民主。因为能够造成生产或生产力高度发达的经济制度,无疑是没有政府指挥——但有政府适当干预——的市场经济制度。这种经济制度,如前所述,乃是唯一符合国家制度价值标准和可以导致资源配置效率最佳状态的经济制度;而其他一切经济制度(计划经济和自然经济以及存在政府指挥的市场经济或混合经济)都程度不同地违背国家制度价值标准,都程度不同地属于不自由、非人道、不公正和低效率的经济制度。

---

① 《马克思恩格斯选集》第一卷,人民出版社 1972 年版,第 171 页。
② 《马克思恩格斯全集》第四十六卷上,人民出版社 1979 年版,第 106 页。

这种唯一符合国家制度价值标准和可以导致资源配置效率最佳状态的经济制度,只有民主才能够达成。因为,如前所述,没有政府指挥——但有政府适当干预——的市场经济制度,恒久说来,只可能实现于民主制国家,而不可能实现于非民主制国家。因为非民主制——君主专制和有限君主制以及寡头共和制——国家最高权力执掌者不过是一人加上寡头,因而只有一人加上寡头才是主人、主子;而绝大多数人都是奴才、奴仆。一人加上寡头将绝大多数人都变成奴才而服从其统治的诀窍,只能是等级制。因为等级制的本质,说到底,就在于赋予每个官员都享有他在民主制中不可能得到的巨大特权和权益。

等级制显然意味着经济不自由与经济不公正或经济不平等,因为等级制赋予统治阶级或政治权力垄断群体多少经济特权,就意味着被统治阶级或平民百姓被剥夺和丧失多少经济权利,就意味着被统治阶级或平民百姓被强加多少不公正的经济义务。因此,专制等非民主制国家不可能实行经济自由与经济平等或经济公正标准,因而不可能实行没有政府指挥的市场经济制度。这就是专制等非民主制国家的经济发展不可能恒久繁荣进步的根本原因。只有民主制才能因每个公民完全平等地共同执掌最高权力而消除了政治权力垄断和等级制,消除了政治权力垄断群体与没有政治权力群体之分以及人与人之间的主奴之分,消除了政治权力垄断群体和等级制对没有政治权力群体的压迫和剥削,从而能够实现经济自由与经济平等或经济公正标准,实行没有政府指挥的市场经济制度。这就是为什么民主制国家的经济必定恒久繁荣进步的根本原因。

达成生产力高度发达的因素不仅仅是经济制度,还有其他众多因素,如科学文化繁荣和国民品德良好等。民主制是达成生产力高度发达的最重要的手段,不仅因为只有民主,才能实现没有政府指挥的市场经济制度;而且因为只有民主,才能达成国家繁荣进步。只有民主制才能——专制等非民主制则不能——达成国家繁荣进步。因为,如前所述,民主制及其治理活动,恒久说来,完全符合国家制度根本价值标准"公正与平等"。相反地,专制等非民主制及其治理活动,恒久说来,极端违背度根本价值标准"公正与平等"。国家制度与国家治理活动越符合公正标准,每个人的贡献与所得便越一致,每个人为国家和他人劳动的积极性便越高,从而效率也就越高,国家的繁荣进步便越快;国家制度与国家治理活动越违背公正标准,每个人的贡献与所得便越背离,每个人为国家和他人劳动的积极性便越低,从而效率也就越低,国家的繁荣进步便越慢。因此,民主和公正与国家的繁荣进步完全一致而成正相关变化:民主和公正主要通过作用于效率的动力因素,即调动人的劳动积极性而提高效率,促进国家的繁荣进步。反之,专制和不公正与国家的繁荣进步完全相斥而成负相关变化:专制和不公正主要通过削弱效率的动力因素,即降低人的劳动积极性而降低效率,阻碍国家的繁荣进步。

诚然,平等与效率的关系,跟公正与效率的关系根本不同。但是,平等标准——亦即基本权利完全平等和非基本权利比例平等——与效率的关系,跟公正与效率的关系却完全相同。因为平等标准是一种特殊的公正,亦即最重要的公正标准,因而从属于公正范畴。因此,平等标准与效率,跟公正与效率一样,具有正相关关系;而平等与效率的关系,则完全取决于平等是否符合平等标准,亦即完全取决于平等是否公正:如果符合平等标准因而是公正的平等,与效率便是正相关关系;如果违背平等标准因而是不公正的平等,与效率便是负相关关系。这样一来,民主制便因其完全符合平等标准而极大地提高效率,从而极大地促进国家的繁荣进步;专制等非民主制则因其极端违背平等标准而极大地降低效率,从而极大地阻碍国家的繁荣进步。

民主制必定极大地促进效率和国家繁荣进步,不仅因其完全符合公正和平等标准;更主要地,乃是因其完全符合国家制度最高价值标准"人道与自由";相应地,专制等非民主制极大地降低效率和阻碍国家繁荣进步,不仅因其极端公正和平等标准;更主要地,是因其极端违背人道与自由标准。因为自由是最根本的人道,是每个人实现自己创造性潜能——从而成为可能成为的最有价值的人——的根本条件,二者成正相关变化:一个人越自由,他的个性发挥得便越充分,他的创造潜能便越能得到实现,他的自我实现的程度便越高;一个人越不自由,他的个性发挥便越不充分,他的创造潜能便越得不到实现,他的自我实现程度便越低。

自由是每个人自我实现、发挥创造潜能的根本条件,同时也就是国家和社会繁荣进步的根本条件。因为社会和国家不过是每个人之总和。每个人的创造潜能实现得越多,国家和社会岂不就越富有创造性?每个人的能力发挥得越充分,国家和社会岂不就越繁荣昌盛?每个人的自我实现越完善,国家和社会岂不就越进步?诚然,自由不是国家和社会进步的唯一要素。科学的发展、技术的发明、生产工具的改进、政治的民主化、道德的优良化等都是国家和社会进步的要素。但是,所有国家和社会进步的要素,统统不过是人的活动的产物,不过是人的能力发挥之结果,因而说到底,无不以自由——潜能发挥的根本条件——为根本条件。因此,自由虽不是国家和社会进步的唯一要素,却是国家和社会进步的最根本的要素、最根本的条件。这样一来,民主制及其治理活动,恒久说来,岂不就必定因其实现每个公民的政治自由、经济自由和思想自由而成为每个人实现自己的创造性潜能和国家繁荣进步的最根本的必要条件? 相反地,专制及其治理活动,恒久说来,岂不就必定因其剥夺每个公民的政治自由、经济自由和思想自由而成为每个人实现自己的创造性潜能和国家繁荣进步的极大障碍?

因此,托克维尔一再说,民主制总是使整个国家都洋溢持久的积极性,从而最能促进国家繁荣进步:"民主并不给予人民以最精明能干的政府,但能提供最精明能干的政府往往不能创造出来的东西:使整个社会洋溢持久的积极性,具有充沛的活力,充满离开它就不能存在和不论环境如何不利都能创造出奇迹的精力。"[1]"民主政府尽管还有许多缺点,但它仍然是最能使社会繁荣的政府。"[2]

民主制是达成生产力高度发达的最重要的手段,不仅因为只有民主,才能实现没有政府指挥的市场经济制度;也不仅因为只有民主,才能达成国家繁荣进步;而且还因为只有民主,才能导致国民总体品德良好。只有民主才能——而专制等非民主制则不能——导致国民总体品德良好。因为,如前所述,国民总体品德之高低变化,固然直接取决于该国经济发展速度及财富分配的公平程度、政治清明抑或腐败、科教文化繁荣与否和所奉行的道德之优劣四大因素,进而取决于该国是否实现经济自由制度、政治民主制度、

---

① 〔法〕托克维尔著,董果良译:《论美国的民主》上卷,商务印书馆1996年版,第280页。

② 同上书,第265页。

言论出版自由制度和优良道德制度四大制度；但是，归根结底，则只取决于该国的政治制度究竟如何，只取决于是否实现民主制度：

一个国家如果实行民主制，恒久说来，该国家的政治必定清明、经济发展必定迅速、财富分配必定公平、科教文化必定繁荣、所奉行的道德必定优良；这样一来，国民的德福必定一致、物质需要的相对满足的程度必定充分、做一个有美德的人的道德欲望和道德认识以及道德意志必定强烈，从而国民的总体品德必定高尚：民主制是国民总体品德良好的直接且终极原因。反之，一个国家如果实行专制等非民主制，恒久说来，该国家的政治必定腐败、经济发展必定缓慢、财富的分配必定不公平、科教文化必定萧条、所奉行的道德必定恶劣；这样一来，国民的德福必定不一致、物质需要的相对满足必定不充分、做一个好人的道德欲望和道德认识以及道德意志必定淡薄，从而国民总体品德必定恶劣：专制等非民主制是国民总体品德败坏的直接且终极原因。

民主制是国民总体品德良好的直接且终极原因；而专制等非民主制是国民总体品德败坏的直接且终极原因。这意味着，只有民主制才能够——而专制等非民主制则不能够——达成实现社会主义所必需的生产力高度发达。因为，一方面，国民品德状况无疑是决定国家能否繁荣进步的一个极其重要的全局性因素。如果国民品德良好，国民必定积极谋求国家和他人利益，从而必定极大地促进国家繁荣进步。相反地，如果国民品德败坏，国民决不会积极谋求国家和他人利益，从而必定极大地阻碍国家繁荣进步。另一方面，国民品德良好本身直接就是实现社会主义的必要条件。因为社会主义就是公有制处于支配地位的社会；而国民品德普遍良好，乃是公有制有效率的根本条件。如果国民品德普遍低下，那就唯有私有制才有效率;而公有制则注定无效率。因此,只有民主制才能够达成国民总体品德良好,便意味着,只有民主才能保障公有制有效率:民主是实现社会主义的必要条件。

综上可知,民主是达成社会主义所必需的生产力高度发达的必要条件:直接说来,因为只有民主才能达成没有政府指挥的市场经济制度;全面说来,因为只有民主才能促进国家迅速繁荣进步;根本说来,只有民主才能使国民总体品德良好。这样一来,生产力高度发达岂不就是实现社会主义的直接必要条件,而民主则是实现社会主义的根本必要条件?

然而,民主是实现社会主义的根本必要条件,真正讲来,还有一个十分独特且至关重要的理由,那就是:资本主义国家的普选制民主是社会主义政党通过民主的方式夺取政权和实现民主的社会主义的根本条件。因为,如果实现了普选制民主,那么,是否夺取政权和实行社会主义便完全由人民自己决定,社会主义便可以通过民主方式实现,从而所建立的社会主义势必是民主的社会主义;相反地,如果没有实现民主,那么,社会主义势必通过非民主的、为民做主的暴力革命的方式实现。暴力地、不民主地、为民做主地夺取的政权,势必成为一种暴力的、不民主的、为民做主的政权,势必继续为民做主执掌政权,从而导致专制等非民主制的社会主义。

问题的关键恰恰在于,社会主义是否民主,乃是社会主义是否存在阶级和剥削——从而是否比资本主义优越——的主要原因。因为,如前所述,如果社会主义实行民主制,那么,一方面,每个人便平等地执掌最高权力,不存在政治权力垄断,从而不存在因政治权力垄断而分成的阶级:政治权力垄断群体或官吏阶级与没有政治权力群体或庶民阶级。另一方面,每个人便因平等执掌最高权力而平等执掌公有制生产资料。因此,就社会主义社会居于支配地位的主要的生产资料和经济权力来说,公有制和民主制便使每个人完全平等地拥有经济权力,不存在经济权力垄断,从而不存在因经济权力垄断而分成的阶级:经济权力垄断群体与没有经济权力群体。这种消除了政治权力垄断和经济权力垄断——从而消除了阶级和剥削——的社会主义无疑远远优越于资本主义。

但是,如果社会主义社会实行专制等非民主制,那么,社会主义社会必分化为两大群体:政治权力垄断群体或官吏阶级与没有政治权力群体或庶民阶级。官吏阶级不但垄断了政治权力,而且因垄断国有资源和公有制生产资料而垄断了主要经济权力,从而成为人类历史上权力最大的全权——政治权力与经济权力以及社会权力与文化权力——垄断阶级。相应地,庶民阶级则是人类历史上权力丧失最为干净的全权——政治权力与经济权力以及社会权力与文化权力——丧尽的无权阶级。这样一来,政府和官吏就拥有了控制国民的全权,拥有了支配每个国民全部生活的权力。因此,庶民阶级不但遭受人类历史上最严重的压迫与剥削——全权垄断的压迫和剥削——而且不服从政府和官吏就意味着没有工作,就意味着饿死:不服从者不得食。这种社会主义国家乃是一种政府官员拥有控制国民全权的新奴隶制度、准奴隶制度或马克思所谓的"普遍奴隶制",因而远远恶劣于资本主义国家。

因此,伯恩斯坦的《社会主义的前提和社会民主党的任务》通过详尽论述最后这样写道:"结论是这个非常平凡的原理,即争取民主和造成政治的话经济的民主机关,是实现社会主义的不可缺少的先决条件。……造成一种真正的民主——我确信,这是我们当前的最最紧急最重大的任务。这是最近十年来的社会主义战斗给予我们的教训。这是从我对于政治的全部知识和经验得出来的学说。在社会主义成为可能以前,我们必须建设一个民主主义者的国家。"①

马克思恩格斯也一再教导我们,民主乃是实现社会主义的根本必要条件:"《共产党宣言》早已宣布,争取普选权、争取民主,是战斗的无产阶级的首要任务之一。"②"如果说有什么是无可置疑的,那就是:我们的党和工人阶级只有在民主共和国这种形式下,才能取得统治。"③"马克思和我在40年间反复不断地说过,在我们看来,民主共和国是唯一的这样的统治形式,在这种形式下,工人阶级和资本家之间的斗争能够先具有普遍的形式,然后以无产阶级的决定性胜利告终。"④"在目前条件下,共产主义者根本不想同民主主义者进行无益的争论,相反,目前在党的一切实际问题上,他们都是以民主主义者的身份出现的。在所有的文明国家,民主主义的必然结果都是无产阶级的政治统治,而无产阶级的政治统治又是实行一切共产主义措施的首要前提。因此在民主主义还没有实现以前,共产主义者和民主主义者就要并肩战斗,民主主义者的利益也就是共产主义者的利益。"⑤"民主在今天就是共产主义……民主已经成了无产阶级的原则、群众的原则……当各民族的无产阶级政党彼此联合起来的时候,它们完全有权把'民主'一词写在自己的旗帜上。"⑥

---

①　〔德〕爱德华·伯恩斯坦著,宋家修等译:《社会主义的前提和社会民主党的任务》,三联书店1965年版,第208-209页。

②　《马克思恩格斯选集》第四卷,人民出版社1995年版,第516页。

③　同上书,第412页。

④　《马克思恩格斯全集》第二十二卷,人民出版社1965年版,第327页。

⑤　《马克思恩格斯选集》第一卷,人民出版社1995年版,第205页。

⑥　《马克思恩格斯全集》第二卷,人民出版社1957年版,第664页。

2. 资本主义：实现社会主义的根本必要条件

民主并不是实现社会主义唯一的根本必要条件；资本主义乃是实现社会主义的另一个根本必要条件。或者毋宁说，民主是实现社会主义的政体方面的根本必要条件；资本主义则是实现社会主义的经济形态方面的根本必要条件。二者缺一不可：民主如果与资本主义分离开来，便都只是没有政府指挥——但有政府适当干预——的市场经济的必要条件；只有二者结合起来才成其为充分条件。因为如前所述，资本主义与封建制以及奴隶制经济形态根本不同。奴隶制和封建制经济形态都是自然经济，目的都是为了直接满足生产者个人或经济单位的需要，而不是为了交换，不是为了更多的交换价值或获得利润。相反地，资本主义则是一种交换经济、商品经济或市场经济，是一种使资本或财货能够增值的商品经济或市场经济制度，是目的在于资本或物质财富增值而不是满足消费需要的商品经济或市场经济制度，说到底，是资本通过雇佣劳动而增值的商品经济或市场经济制度：商品经济与市场经济原本是同一概念。

因此，一方面，不论如何民主，奴隶制和封建制经济形态都不可能是市场经济，更不可能是没有政府指挥的市场经济；另一方面，如果没有民主，而是实行专制等非民主制，那么，资本主义虽然是市场经济，却不可能是没有政府指挥的市场经济，而必定是政府指挥的市场经济。只有资本主义与民主结合起来，才能实现没有政府指挥的市场经济，才是可以导致资源配置效率最佳状态的经济制度，才可以创造高度发达的生产力。

美国无疑是资本主义与民主结合——从而导致生产力迅猛发

展——的典型。它从建国之初的区区农耕小国,发展为全球唯一超级大国,总共也不过二百余年。究其原因,岂不就是因为美国自立国以来,国家制度虽有变化,却始终不变地实行民主与资本主义,始终不变地实行没有政府指挥——但有政府适当干预——的市场经济制度?

那么,是否可以说,只有民主和资本主义才能够创造废除私有制、实现社会主义所必需的高度发达的生产力?列宁的回答是否定的。他修正恩格斯关于实现社会主义根本条件理论,认为生产力高度发达的水平并不是社会主义取代资本主义的必要条件,因为在生产力水平不够发达的条件下,社会主义只要取得胜利,是能够——并且比资本主义更能够——创造高度发达的生产力:"我们为什么不能首先用革命的手段取得达到这个水平的前提,然后在工农政权和苏维埃制度的基础上赶上别国人民呢?"[①]列宁当时还不可能看到,在生产力不够发达从而国民思想品德和政治觉悟不可能普遍提高的条件下,唯有资本主义私有制才有效率;而社会主义公有制则必定无效率:社会主义不可能创造废除私有制、实现社会主义所必需的高度发达的生产力。

怎么,难道社会主义市场经济还没有资本主义市场经济优越吗?难道只有资本主义市场经济才能够——而社会主义市场经济则不能够——创造废除私有制所必需的高度发达的生产力吗?答案是肯定的。诚然,粗略看来,社会主义高于和优越于资本主义,因而社会主义市场经济高于和优越于资本主义市场经济。但是,细究起来,如前所述,只有生产力高度发达的社会主义才优越于资

---

① 《列宁选集》第四卷,人民出版社1995年版,第777页。

本主义,而生产力不发达的社会主义则远远恶劣于资本主义。同理,只有生产力高度发达的社会主义市场经济才优越于资本主义市场经济,而生产力不发达的社会主义市场经济则远远恶劣于资本主义市场经济。这可以从两方面看:

一方面,社会主义市场经济虽然不是单一的公有制,但是,公有制必定处于支配地位,否则就不是社会主义市场经济了。问题的关键在于,在生产力不够发达从而思想品德和政治觉悟不可能普遍提高的条件下,唯有私有制才有效率;而公有制则必定无效率。因此,社会主义市场经济只是与社会主义计划经济相比较,才是高效率经济;而与资本主义市场经济比较,则必定是低效率经济。

另一方面,生产力不发达的社会主义,国民政治觉悟和思想品德不可能普遍提高,势必导致专制等非民主制,从而形成政治权力垄断群体与没有政治权力群体。政治权力垄断群体或官吏阶级不但垄断政治权力,而且因控制国有资源而垄断了主要经济权力。这样一来,没有政治权力群体或庶民阶级不但遭受人类历史上最可怕的压迫和剥削——政治权力和经济权力的全权垄断的压迫和剥削——而且不服从政府和官吏就意味着没有工作,就意味着饿死,以致几乎丧失全部自由而与奴隶实无二致。这种全权垄断的阶级和剥削制度不但远远恶于资本主义,而且必定导致政府指挥市场经济;否则,就不是社会主义了。

因此,社会主义市场经济远远恶劣于资本主义市场经济。诚然,一个社会主义国家,如果国民世世代代饱受亚细亚生产方式的全权垄断的压迫和剥削,一旦在很大程度上摆脱这种最残酷最野蛮的压迫和剥削,从计划经济的枷锁中挣扎出来,实行市场经济,必定会出现经济迅猛发展的奇迹。但是,奇迹不会持久。生产力不发达的社会主义市场经济的"公有制"、"政府指挥"和"全权垄断"三套马车,恒久说来,必定导致效率低下。社会主义不可能创造——而只有资本主义才能创造——废除私有制所必需的高度发达的生产力。在与资本主义市场经济的竞争中,社会主义市场经济即使不是一下子被资本主义市场经济所取代,也势必逐步私有化,公有制的生产资料所占的比例越来越小,私有制的生产资料所占的比例越来越大,统治阶级所垄断的经济权力越来越小,全权垄断的程度越来越低,最终演化为名副其实的资本主义市场经济。

因此,马克思恩格斯一再说,只有资本主义才能够创造实现社会主义所必需的高度发达的生产力,因而是实现社会主义的必要条件:"现代社会主义力图实现的变革,简言之,就是无产阶级战胜资产阶级,以及通过消灭一切阶级差别来建立新的社会组织。为此不但需要有能实现这个变革的无产阶级,而且还需要有使社会生产力发展到能够彻底消灭阶级差别的资产阶级。……只有在社会生产力发展到一定程度,发展到甚至对我们现代条件来说也是很高的程度,才有可能把生产力提高到这样的水平,以致使得阶级差别的消除成为真正的进步,使得这种消除可以持续下去,并且不致在社会的生产方式中引起停滞或甚至倒退。但是生产力只有在资产阶级手中才达到了这样的程度。可见,就是从这一方面说来,资产阶级正如无产阶级本身一样,也是社会主义革命的一个必要的先决条件。"①

总而言之,只有资本主义与民主结合起来,才能够创造实现社会主义所必需的高度发达的生产力:"一个国家在一方面越是资本

---

① 《马克思恩格斯选集》第三卷,人民出版社 1995 年版,第 272－273 页。

主义,在另一方面越是民主,它就越接近社会主义。"①生产力高度发达乃是实现社会主义的直接的必要条件,是实现社会主义的直接的必要的客观条件;而资本主义与民主则是实现社会主义间接的根本的必要条件,是实现社会主义的根本的必要的客观条件。不实现生产高度发达,说到底,不实现民主与资本主义,决不可能实现优越于资本主义的社会主义;而只可能实现一种远远恶劣于资本主义的奴役制社会主义,一种亚细亚生产方式的复辟:效率低下和全权垄断的社会主义。而后,或迟或早必定由这种奴役制社会主义回到资本主义:资本主义是任何社会发展的必由之路,是实现共产主义的必由之路。只有经过资本主义和民主制度充分发展,达到生产高度发达的时代,才应该废除私有制,实现社会主义,进而逐步实现共产主义制度。因此,实现共产主义理想国家的途径原本由三个台阶构成:第一个台阶是实现和发展民主与资本主义,创造高度发达的生产力;第二个台阶是废除私有制,实现社会主义;第三个台阶是实现共产主义,亦即不断完善社会主义,逐步实现高度发达的生产力、全民所有制、按劳分配、没有政府指挥的市场经济、遵循国家制度价值标准的民主和只有一个主权和一个世界政府的全球国家:高度发达的生产力+全民所有制+按劳分配+没有政府指挥的市场经济+遵循国家制度价值标准的民主+只有一个主权和一个世界政府的全球国家=共产主义。

3. 生产力高度发达的标志:社会主义取代
资本主义的根本原因

不难看出,生产力高度发达原本是个相对的不确定的概念。

---

① 〔德〕考茨基著,骆静兰等译:《无产阶级专政》,三联书店 1958 年版,第 54 页。

究竟生产力发展到怎样的程度才算得上高度发达？有没有一个可以准确测定的指标？如果没有,那么,高度发达岂不是个空洞的难以实行的概念？确实如此。但是,高度发达是可以准确测定的。只不过,生产力高度发达是个相对概念,因而不可能进行孤立的绝对的测定;而只可以相对地测定,亦即相对于生产关系来测定。因为,如上所述,生产力高度发之所以是实现社会主义的必要条件,并非因为,在生产力不够发达的条件下,不可能实现社会主义;而只是因为,在生产力不够发达的条件下,虽然也可以实现社会主义,但社会主义生产关系并不适合——而唯有资本主义生产关系适合——生产力的发展。相反地,在生产力高度发达的条件下,则唯有社会主义生产关系适合——而资本主义生产关系则不适合——生产力的发展。因此,生产力高度发达的标志,就是生产力已经发展到这样的程度,在这种程度下,资本主义不再适合——而唯有社会主义才适合——生产力的发展。

这样一来,生产力高度发达的标志便是双重的:一方面是资本主义生产关系不再适合它的发展;另一方面是唯有社会主义生产关系适合它的发展。马克思恩格斯显然更加强调前者,认为生产力发展到生产关系已经不再适合它的发展而与之发生冲突的程度,就是生产力高度发达的标志,就是实现社会主义的客观的必要条件已经具备的标志。在长达数十年的时间里,马克思恩格斯一直认为,生产力已经发展到与资本主义生产关系发生冲突的程度:"正如从前工厂手工业以及在它影响下进一步发展了的手工业同封建的行会桎梏发生冲突一样,大工业得到比较充分的发展时就同资本主义生产方式用来限制它的框框发生冲突了……这种冲突表现在在哪里呢?"①

马克思恩格斯答道,这种冲突可以归结为三大矛盾——生产的社会化与资本主义私人占有的矛盾、个别企业生产的有计划性与整个社会生产的无政府状态的矛盾、无产阶级与资产阶级的矛盾——及其导致的经济危机:"生产资料和生产实质上已经变成社会的了。但是,它们仍然服从于这样一种占有形式,这种占有形式是以个体的私人生产为前提……社会的生产和资本主义占有之间的矛盾表现为无产阶级和资产阶级的对立……社会的生产和资本主义占有之间的矛盾表现为个别工厂中生产的组织性和整个社会中生产的无政府状态之间的对立。资本主义生产方式在它生而具有的矛盾的这两种表现形式中运动着,它毫无出路地处在早已为傅立叶所发现的'恶性循环'中……事实上,自从 1825 年第一次普遍危机爆发以来,整个工商业世界,一切文明民族及其野蛮程度不同的附属地中的生产和交换,差不多每隔十年就要出轨一次,……危机暴露出资产阶级无能继续驾驭现代生产力。"②

可是,事实如何呢? 自马克思恩格斯断言资本主义生产关系不再适合生产力发展,至今已经过去了一个半世纪。资本主义生产社会化程度越来越高,已经进入全球化和一体化阶段。但是,资本主义社会的生产力不但没有停滞不前,而且迅速提高,取得了长足的发展,不断掀起新科技革命浪潮。20 世纪 40 至 50 年代间,发生了以原子能、电子计算机和航天技术为核心的科技革命;90年代,发生以信息技术为核心的科技革命;许多领域的科技革命目

---

① 《马克思恩格斯选集》第三卷,人民出版社 1995 年版,第 741－742 页。
② 同上书,第 741－753 页。

前仍在继续发展之中。这些科技革命具有空前的广阔性，几乎涉及科学技术所有领域，深入到了农业、工业、能源、交通、办公、服务和生态环境等人类生活各个方面，从而导致社会生产力迅猛发展，虽有短期的动荡和危机出现，但经济保持了较长时期的相对稳定发展，经济发展前景普遍看好，呈现着强劲的发展势头。

生产力的巨大发展，使劳动人民的实际工资不断提高，生活质量不断改善："随着实际工资的提高，劳动者的生活水平得到了明显改善，工人阶级和劳动大众的消费开支结构发生了重大变化：用于吃穿的开支比重大大下降，用于改善住房和居住条件的开支增加，汽车等各种耐用消费品得到普及，用于教育、旅游、娱乐、医疗交际等方面的开支比重增大。"[1]"工人阶级出现五化趋势，即白领化、多领化（除白领、蓝领外，还有高级管理层的金领、技术性与维修人员的灰领和大量女工的粉领）、知识化、智能化（配备有电脑、电器的工人越来越多）、有产化（不再是完全的无产者，小有储蓄和股票者越来越多）。"[2]结果自不待言，阶级矛盾日趋缓和，工人阶级的革命意识和历史使命感逐渐淡化以至于消失。

事实充分证明，马克思恩格斯关于资本主义生产关系已经不再适合生产力发展以及阶级结构和阶级矛盾的观点，是根本错误的。那么，错误的原因究竟在哪里？马克思恩格斯的错误，说到底，恐怕在于不懂得国家制度价值标准，不懂得经济制度的价值本性，不懂得计划经济违背——而唯有市场经济才符合——经济自由等国家制度价值标准，因而误以为唯有计划经济才能适合——

---

① 李琮主编：《当代资本主义论》，社会科学文献出版社 2007 年版，第 203 页。

② 高放：《纵览世界风云》，中国书籍出版社 2002 年版，第 169 页。

而市场经济则不适合——社会化的高度发达的生产力。从这种谬见出发，马克思恩格斯误以为资本主义生产关系不再适合生产力发展，这种不适合表现为生产的社会化与资本主义私人占有的矛盾冲突、个别企业生产的有计划性与整个社会生产的无政府状态的矛盾冲突以及无产阶级与资产阶级的矛盾冲突。

殊不知，没有政府指挥——但有政府适当干预——的市场经济制度，乃是唯一符合国家制度价值标准和可以导致资源配置效率最佳状态的经济制度；而其他一切经济制度（计划经济和自然经济以及存在政府指挥的市场经济或混合经济）都程度不同地违背国家制度价值标准，都程度不同地属于不自由、非人道、不公正和低效率的经济制度。恩格斯所谓个别企业生产的有计划性与整个社会生产的无政府状态，无非就是市场经济状态，因而也就是唯一符合国家制度价值标准和可以导致资源配置效率最佳的经济状态。这种状态存在的矛盾和冲突，没有政府指挥——但有政府适当干预——的市场经济制度能够予以最好的解决；因而绝对不应该诉求于计划经济：计划经济是不自由、非人道、不公正和低效率的经济制度。

马克思恩格斯断言生产的社会化与资本主义私人占有的矛盾是资本主义基本矛盾，也是不能成立的。因为并非只有公有制才能够适合——私有制也可以通过股份制和社会资本等方式适合——生产社会化。诚然，私有制意味着经济权力垄断，因而必然直接导致阶级、剥削、经济不公、经济异化和经济不自由，最终必然导致两极分化和经济危机，从而破坏和阻碍生产力发展。但是，这是私有制的永恒的本性，而并不是私有制与生产社会化冲突的结果。无论私有制是否与生产社会化冲突，无论私有制通过股份制而与生产社会化相适合，还是没有股份制而与生产社会化相冲突，私有制都必然直接导致剥削、经济不公和经济不自由，最终导致两极分化和经济危机。因此，资本主义可以消除——通过股份制——生产的社会化与资本主义私人占有之间的矛盾冲突，却消除不了剥削、经济不公、两极分化和经济危机。生产的社会化与资本主义私人占有之间的矛盾，既然能够被资本主义通过股份制等方式予以消除，那也就不可能是什么资本主义基本矛盾了。

这就是为什么，马克思和恩格斯根据所谓资本主义三大矛盾——生产的社会化与资本主义私人占有的矛盾、个别企业生产的有计划性与整个社会生产的无政府状态的矛盾、无产阶级与资产阶级的矛盾——断言资本主义生产关系已经不再适合生产力发展，是错误的根本原因。殊不知，资本主义生产关系，就其总体效用说来，永远都不会阻碍任何生产力的发展；在资本主义生产关系中，任何生产力永远都不会停滞不前，而必定不断地向前发展。因为资本主义生产关系，就其本性来说，具有促进任何生产力发展的永恒动力机制：市场经济与私有制。这可以从两方面看。一方面，如前所述，资本主义生产关系或经济形态乃是一种商品经济或市场经济，是资本通过雇佣劳动而增值的商品经济或市场经济制度；而人类社会只有一种经济制度，亦即没有政府指挥——但有政府适当干预——的市场经济制度，是符合经济自由等国家制度价值标准和可以导致资源配置效率最佳状态的经济制度；其他一切经济制度（计划经济和自然经济以及存在政府指挥的市场经济或混合经济）都程度不同地违背国家制度价值标准，都程度不同地属于不自由、非人道、不公正和低效率的经济制度。

另一方面，如前所述，在生产力还没有高度发达——因而国民品德不可能普遍提高——的条件下,唯有私有制才有效率,才能促进生产力发展;而公有制必定无效率,必定阻碍生产力发展。更何况,最根本的人性定律是爱有差等:每个人必定恒久为自己,而只能偶尔为他人。这岂不意味着,即使在生产力高度发达——因而国民品德普遍提高——的条件下,私有制也比公有制更加符合人性,更加能够调动人的劳动积极性,更能够促进生产力的发展?诚然,资本主义私有制具有两面性:它虽然比公有制更能够调动劳动积极性,促进生产力的发展,却必定导致剥削、经济不公、两极分化和经济危机,从而破坏和阻碍生产力发展。

但是,整体说来,亦即就资本主义生产关系适合、促进与不适合、阻碍生产力发展的净余额来说,无疑是适合、促进生产力发展的,甚至能够适合、促进任何生产力的发展,不论它达到何等发达的程度。因为生产关系的高低与生产力高低成正比例定律决定了:生产关系越高级越完善越符合国家制度价值标准,就越能够适合更高级更发达的生产力。生产力高度发达的社会主义和共产主义,是最高级最完善的生产关系或经济形态,是完全符合国家制度价值标准的生产关系或经济形态,因而能够适合、促进最高级最发达的生产力。无论生产力达到何等高级发达的程度,社会主义和共产主义岂不都能够适合、促进其发展?

社会主义与共产主义所能够适合的生产力的高级和发达程度,是没有止境的。生产力永远不会达到这样的高级和发达程度,以致社会主义和共产主义不再适合它的发展了:社会主义与共产主义生产关系对于生产力的不断的高度发展具有永恒的适合性。否则,假如生产力的发展可以达到这样一种发达程度,以致社会主义和共产主义——亦即完全符合国家制度价值标准的生产关系——不再适合它的发展了，那岂不只有不符合国家制度价值标准的生产关系才能适合它的发展？岂不只有不完善的、低级的生产关系才能适合它的发展？岂不荒谬绝伦？因此，社会主义和共产主义是人类社会的终极状态，无论生产力如何发展，无论生产力如何高级，社会主义和共产主义都能够适合其发展。

资本主义是人类社会仅次于社会主义和共产主义的相当高级和完善的生产关系，因而也能够适合、促进任何高级和发达的生产力的发展。只不过，社会主义和共产主义完全符合国家制度价值标准，是最高级最完善的生产关系，因而对于任何高级和发达的生产力的发展都只有促进作用，而没有阻碍作用，没有剥削、两极分化和经济危机；资本主义不完全符合国家制度价值标准，是次高级次完善的生产关系，因而虽然能够适合、促进任何发达的生产力的发展，却具有相当严重的不适合和阻碍作用，亦即生产资料私有制所导致的剥削、两极分化和经济危机。

因此，废除资本主义而代之以社会主义的根本原因，如果像马克思恩格斯所说的那样，是因为资本主义生产关系阻碍和不再能够容纳生产力发展，那就永远不应该废除资本主义了。因为资本主义虽然因其私有制所导致的剥削、两极分化和经济危机而阻碍生产力发展，但整体说来，却能够适合、促进任何高级和发达的生产力的发展。这就是为什么资本主义社会生产力至今仍然迅猛发展的缘故。因此，废除资本主义而代之以社会主义的根本原因，真正讲来，只能是因为生产力高度发达，从而能够满足社会全体成员物质需要和国民品德普遍提高，以致无阶级无剥削的社会主义——亦即人类理想社会——生产关系终于能够适合生产力的发展而可以实现了。

这一时代的到来无疑还相当遥远,因为 20 世纪 80 年代英国、法国等国家推行国有化和公有制最终失败表明,生产力还远远没有发达到社会主义生产关系可以与之相适合的高度。但是,只要生产力高度发达——从而能够满足社会全体成员物质需要和国民品德普遍提高——因而社会主义能够适合其发展,那么,不论资本主义如何适合生产力发展,不论资本主义社会生产力如何迅猛发展,不论阶级矛盾如何缓和,都应该废除资本主义而代之以社会主义。因为这时实现社会主义,必定因国民政治觉悟、公民文化和思想品德普遍提高,既能够保障公有制经济高效率发展,又能够实行完全民主制,从而真正消除政治权力和经济权力垄断,消除阶级和剥削,而决不会导致效率低下和全权垄断的奴役制社会主义。这时应该废除资本主义,因为资本主义私有制所必然导致的剥削、两极分化和经济危机,已经不再是一种能够防止更大恶——亦即效率低下和全权垄断的奴役制社会主义——的必要恶,因而是一种不必要的恶,是一种纯粹恶,是纯粹不公平、不应该、具有负价值的东西。

总而言之,社会主义取代资本主义根本的原因和理由,只在于生产力高度发达,因而社会主义——亦即人类的理想社会——能够适合、促进其发展,而与资本主义是否不再适合生产力发展无关。马克思恩格斯认为废除资本主义而代之以社会主义的根本原因,乃在于资本主义生产关系阻碍和不再能够容纳生产力发展,是根本错误的。究其原因,恐怕正如任何思想巨匠往往都会绝对化自己所发现的伟大理论一样,马克思恩格斯也难免绝对化他们所发现的历史唯物主义伟大理论,以致认为生产力发展到一定程度,必然会与生产关系发生冲突,而不论这种生产关系多么高级、完善,甚至共产主义生产关系也不例外。这样一来,他们就看不见,生产关系越高级越完善越符合国家制度价值标准,就越具有适合、促进任何生产力发展的永恒性;他们就看不见,共产主义——亦即完全符合国家制度价值标准的人类理想社会——具有适合、促进任何高级和发达的生产力的永恒性;他们更看不见,资本主义生产关系整体说来也具有适合、促进任何生产力发展的永恒性。

第十二章　实现社会主义和
共产主义的主观条件

本章提要　社会主义和共产主义政党在它的奋斗历程的三大阶段中,应该——而非事实——发生两次大转型,亦即由第一阶段的资本主义国家的全民党,转型为第二阶段的社会主义国家的阶级党,再转型为第三阶段的共产主义国家的新的全民党。在第一阶段,党的指导思想是改良而不是革命,是社会主义的民主主义,亦即社会民主主义。它的指导原则可以归结为三条:1.实现民主;2.发展资本主义生产力,达到高度发达;3.通过福利国家和经济民主制度,限制资本主义剥削和压迫,使资本主义剥削最小化和无产阶级利益最大化。党的最终指导原则是最大限度接近国家制度价值标准:公正、平等、人道、自由和增进每个人利益总量。在第二阶段,党的指导思想是革命,是民主主义的社会主义,亦即民主社会主义。党的指导原则可以归结为两条:1.在高度发达的生产力基础上建立全民所有制;2.逐步实现遵循国家制度价值标准的民主、按劳分配、没有政府指挥的市场经济,最终实现只有一个主权和一个世界政府的全球国家。党的最终指导原则是不断接近完全实现国家制度价值标准:公正、平等、人道、自由和增进每个人利益总量。在第三阶段,党的指导思想是革命,是共产主义革命。它的指导原则是完全实现共产主义国家制度,亦即实现高度发达的生产力＋全民所有制＋按劳分配＋没有政府指挥的市场经济＋遵循国家制度价值标准的民主＋只有一个主权和一个世界政府的全球国家。党的最终指导原则是完全实现国家制度价值标准：公正、平等、人道、自由和增进每个人利益总量。

一、阶级与阶层的类型：实现
社会主义力量的阶级分析

当生产力高度发达从而社会主义能够适合其发展的时候，就具备了实现社会主义和共产主义的客观条件。这时，人类的理想社会——社会主义和共产主义——能否实现，显然完全取决于实现社会主义和共产主义的主观条件：人类实行社会主义和共产主义的自由活动。不难看出，这种人类自由活动，正如马克思所发现，乃是一种阶级斗争。因为社会主义和共产主义的根本特征就是生产资料公有制。这样一来，实行社会主义和共产主义就意味着消灭私有制，因而必定引起生产资料占有者、垄断者群体（资产阶级）的反抗和克服这种反抗的无生产资料群体（无产阶级）的斗争：阶级斗争。因此，实现社会主义和共产主义的主观条件，说到底，就是阶级斗争。那么，在具备实现社会主义客观条件——亦即生产力高度发达——的社会，究竟存在着哪些阶级和阶层？哪些阶级和阶层是实现社会主义的力量？哪些阶级和阶层是反对实现社会主义的力量？这种阶级斗争的途径——亦即实现共产主义的途径——应该是怎样的？是暴力革命还是议会道路？

1. 阶级分类：资产阶级与无产阶级以及中间阶级

所谓阶级，如前所述，乃是人们因权力——经济权力与政治权

力——之有无或垄断而分成的不同群体。因此,阶级分类无非三种。首先,根据政治权力之有无或垄断,阶级可以分为两类,亦即官吏阶级或统治阶级与庶民阶级或被统治阶级:前者是垄断了政治权力的群体;后者是没有政治权力的群体。其次,根据经济权力之有无或垄断,阶级可以分为奴隶主阶级与奴隶阶级、地主阶级与农民阶级以及无产阶级、资产阶级和中间阶级。最后,根据政治权力与经济权力全权之有无或垄断,阶级可以分为全权垄断的官吏阶级与全权丧失的庶民阶级,如亚细亚生产方式国家的官吏阶级与庶民阶级。

然而,不言而喻,在具备实现社会主义客观条件——亦即生产力高度发达——的社会,只可能存在三个阶级:资产阶级和无产阶级以及中间阶级。因为,如上所述,具备实现社会主义客观条件的社会,只能是生产力高度发达的民主的资本主义社会。它是民主的社会,每个人平等执掌国家最高权力,因而虽然存在官吏与庶民或统治者与被统治者,却不存在政治权力垄断,不存在垄断政治权力的群体(官吏阶级或统治阶级)和没有政治权力的群体(庶民阶级或被统治阶级)。它是生产力高度发达的资本主义社会,因而既不存在奴隶主阶级与奴隶阶级,也不存在地主阶级与农民阶级,而仅仅存在资产阶级和无产阶级以及中间阶级。因此,研究实现共产主义的主观条件,主要讲来,也就是研究三大阶级——资产阶级和无产阶级以及中间阶级——围绕实现共产主义而展开的阶级斗争。

所谓资产阶级,正如恩格斯的定义,就是拥有生产资料并作为资本雇佣劳动者的资本家群体:"资产阶级是指占有社会生产资料并使用雇佣劳动的现代资本家阶级。"①这就是说,资产阶级之所以为资产阶级,乃在于拥有生产资料和经济权力两大特征。第一个特征是拥有一定量——亦即能够成为资本雇佣相当数量劳动者——的生产资料,众所周知,毋庸赘述。第二个特征是将所拥有的生产资料作为资本雇佣劳动者,从而拥有对于雇佣劳动者的经济权力。谁拥有生产资料或财富,谁就拥有支配所雇佣的劳动者的经济权力。这个道理,斯密曾有深刻论述:"霍布斯说:财富就是权力。但是,获得或继承巨大财产的人,未必就获得或继承了任何政治权力——不论民事还是军事方面。他的财产,也许可以提供他一种获得两者的手段,但仅有财产未必就拥有政治权力。财产使他立即和直接拥有的权力,乃是购买力,是某种对于市场上各种劳动或劳动生产物的支配权。他的财产的大小与这种支配权的大小恰成比例,亦即与他所能购买或所能支配的他人劳动量或他人劳动生产物数量的大小恰成比例。"②

因此,所谓资产阶级,说到底,就是拥有生产资料并作为资本和经济权力雇佣劳动者的资本家群体,就是拥有生产资料并作为资本从而拥有支配雇佣劳动者的经济权力的阶级,就是拥有生产资料和经济权力的阶级。相应地,无产阶级之所以为无产阶级,与资产阶级之所以为资产阶级恰恰相反,乃在于没有生产资料和经济权力:无产阶级就是没有生产资料和经济权力的雇佣劳动者群体,就是没有生产资料和经济权力——因而完全处于被管理被支

---

①　《马克思恩格斯选集》第一卷,人民出版社 1995 年版,第 272 页。

②　Adam Smith, *The Wealth of Nations*, Books I-III, London: Penguin Inc., 1970, p. 134.

配的执行者地位——的雇佣劳动者群体。因此,无产阶级与工人阶级并不是同一概念。一方面,无产阶级未必都是工人。一个雇佣劳动者,譬如一个技术员,只要他既无生产资料又无经济权力,他就属于无产阶级。另一方面,工人未必都属于无产阶级。一个工人是否属于无产阶级,不但要看他是否有生产资料,而且要看他是否有管理权或经济权力。蓝领工人都是体力劳动者,既没有生产资料,也没有管理权或经济权力,因而都属于无产阶级。白领工人则不然。因为白领工人虽然也都没有生产资料,却并不都没有管理权或经济权力。属于管理人员的白领工人拥有行使一定经济权力的管理权,因而并不属于无产阶级。因此,苏联学者梅里尼科夫在界定无产阶级时曾这样写道:"无产阶级是没有生产资料,从而靠出卖自己的劳动力为生,受资本主义剥削,并在生产、流通、办公室劳动中以及服务领域内执行纯执行者职能的雇佣劳动者阶级。"[1]

然而,马克思恩格斯以及众多马克思主义思想家论及无产阶级定义,竟然都忽略经济权力,而认为无产阶级就是没有生产资料的雇佣劳动者群体。马克思说:"'无产者'在经济学上只能理解为生产和增殖'资本'的雇佣工人。"[2]恩格斯说:"无产阶级是完全靠出卖自己的劳动而不是靠某一种资本的利润来获得生活资料的社会阶级。"[3]"无产阶级是指没有自己的生产资料,因而不得不靠出卖劳动力来维持生活的现代雇佣工人阶级。"[4]

---

[1]　转引自倪力亚:《论当代资本主义社会的阶级结构》,中国人民大学出版社1989年版,第88页。

[2]　〔德〕马克思著,中共中央编译局:《资本论》第一卷,人民出版社1995年版,第674页。

[3]　《马克思恩格斯选集》第一卷,人民出版社1995年版,第230页。

[4]　同上书,第272页。

这一定义实难成立。因为随着生产力的发展,特别是所谓"管理革命"的发生,形成了一种日益壮大的特殊的没有生产资料的雇佣劳动者群体:经理群体。他们也属于无产阶级吗?按照马克思恩格斯的定义,答案无疑是肯定的。诚然,马克思恩格斯清楚看到,资本主义生产的发展已经使资本的所有权与管理权分离开来:"资本主义生产本身已经使那种完全同资本所有权分离的指挥劳动比比皆是。因此,这种指挥劳动就无须资本家亲自担任了。"[①]但是,马克思恩格斯却仍然认为,执行资本家管理职能的经理人员属于无产阶级,是"总体工人"的一部分,是"特种的雇佣工人",是"位置较高和待遇较好的工人":

> "资本家把直接或经常监督单个工人和工人小组的职能交给了特种的雇佣工人。正如军队需要军官和军士一样,在同一资本指挥下共同工作的大量工人也需要工业上的军官(经理)和军士(监工),在劳动过程中以资本的名义进行指挥。"[②]"铁路和大部分远洋轮船都不属于那些亲自经营业务的单个资本家,而属于股份公司,这些公司的业务是由支薪的雇员,由那些实际上地位相当于位置较高和待遇较好的工人和职员代为经营。"[③]"薪金只是,或者应该只是某种熟练劳动的工资。"[④]

这是根本错误的。没有生产资料的经理人员虽然属于雇佣劳动者,却并不属于无产阶级。据《美国新闻与世界报道》1982 年 5 月的调查资料,在美国 349 家最大企业高级管理人员中,有 26 人

---

① 《马克思恩格斯全集》第二十五卷,人民出版社 1971 年版,第 435 页。
② 《马克思恩格斯全集》第二十三卷,人民出版社 1971 年版,第 369 页。
③ 《马克思恩格斯全集》第十九卷,人民出版社 1971 年版,第 316 页。
④ 《马克思恩格斯全集》第二十五卷,人民出版社 1971 年版,第 454 页。

年薪为 100～266.85 万美元；74 人年薪为 70～100 万美元；102 人年薪为 50～60 万美元。最高的年薪 266 万是美国总统年薪 20 万美元的 12 倍。[①] 说这些企业高管属于无产阶级，岂不荒唐可笑之极！

如果企业高级管理人员不属于无产阶级，那么，中级和低级管理人员也就不能属于无产阶级。因为在资本的所有权与管理权分离的情况下，高级、中级和低级管理人员同样都没有生产资料，因而同样都没有将生产资料作为资本来雇佣和支配工人的经济权力。经济权力完全归资本家所有，而仅仅由管理人员代理行使，却并不归管理人员所有："只要经理和监督者参与了生产中统治的实践活动，他们就可以被看作是代理行使资产阶级的权力。"[②] 在资本的所有权与管理权分离的情况下，任何管理人员，不论级别如何，不论如何高级，不论薪金如何丰厚和拥有多少财富，都仅仅享有管理权或经济权力的行使权；而并不享有管理权或经济权力的所有权；管理权或经济权力的所有权完全属于资本或生产资料的所有者。因此，赖特·米尔斯一再说：

"当所有者和管理者不再是同一人时，管理者并没有剥夺所有者，拥有财产的企业对工人和市场的权力也没有减少。权力并没有和财产分开，……财产所有权的各种权力都是非个人的、居间的和隐蔽的。但是它们并未缩小，也没有减少。"[③]"公司的管理者是那些拥有最大宗财产的所有者的代理人。"[④]"白领雇员是权力的帮

---

① 转引自倪力亚：《论当代资本主义社会的阶级结构》，中国人民大学出版社 1989 年版，第 152 页。

② 〔美〕赖特著，陈心想等译：《后工业社会中的阶级》，辽宁教育出版社 2004 年版，第 21 页。

③ C. Wright Mills, *White Collar: The American Middle Classes*, London: Oxford University Press, 1956, p. 101.

④ 同上书，p. 103。

手,他们行使的是派生的权力,但他们是实实在在行使着它。"①

因此,在资本的所有权与管理权分离的情况下,高级、中级和低级管理人员都属于享有经济权力的行使权——而并不享有经济权力的所有权——的同一个阶级的不同阶层。因为所谓阶级,如前所述,乃是人们因权力之有无或垄断——而不是因权力之大小多少——而分成的不同群体;因权力之大小多少而分成的不同群体是阶层,而不是阶级。高级、中级和低级管理人员之分,显然是根据所行使的经济权力的大小多少,而不是根据所行使的经济权力之有无或垄断。

因此,高级、中级和低级管理人员属于享有经济权力的行使权的同一个阶级的三个不同阶层。这就是为什么我们说,如果高级管理人员不属于无产阶级,中级和低级管理人员也就不能属于无产阶级。这就是为什么,将无产阶级定义为没有生产资料的雇佣劳动者群体,是错误的:它犯了定义过宽——亦即将无产阶级包括高管等享有经济权力行使权的雇佣劳动者——的错误。无产阶级是没有生产资料和经济权力——经济权力的所有权和行使权——的雇佣劳动者群体。

高级、中级和低级管理人员三个阶层既然都不属于无产阶级,那么,他们属于资产阶级吗?答案也是否定的。因为资产阶级是拥有生产资料并作为资本从而拥有支配雇佣劳动者的经济权力的资本家阶级,是拥有生产资料和经济权力的资本家阶级。在资本的所有权与管理权分离的情况下,高级、中级和低级管理人员同样

① C. Wright Mills, *White Collar : The American Middle Classes*, London: Oxford University Press, 1956, p. 74.

都仅仅享有经济权力的行使权,而既没有资本或生产资料,也没有经济权力,因而不属于资本家,不属于资产阶级。这样一来,在资本的所有权与管理权分离的情况下,高级、中级和低级管理人员都既不属于无产阶级,又不属于资产阶级。那么,他们究竟属于哪一个阶级?属于中间阶级!

所谓中间阶级,亦即中产阶级——其英文均为 middle class——就是介于无产阶级与中产阶级之间而兼具二者特征的阶级。中间阶级分为新老中间阶级。老中间阶级就是所谓自我雇佣者群体,也就是拥有小量生产资料的小资产阶级和农民,但也包括自由职业者。老中间阶级的根本特点是经济活动的独立自主,既没有经济权力雇佣和支配他人,也不受他人经济权力的雇佣和支配。马克思恩格斯所谓的中间阶级就是指这一群体:

"除了资产阶级和无产阶级以外,现代大工业还产生了一个站在它们之间的类似中间阶级的东西——小资产阶级。这个小资产阶级是由原先的半中世纪的市民阶级残余和稍稍高出一般水平的工人组成的。"[①]"中等阶级的广大阶层——小贩、手工业者和商人。"[②]"资产阶级社会的各个中等阶层,即小资产阶级和农民。"[③]"中间等级的下层,即小工业家、小商人和小食利者,手工业者和农民。"[④]

新中间阶级就是没有生产资料或资本的管理人员群体。它是新中间阶级,因为它的产生和发展是资本主义生产和经营管理方

①《马克思恩格斯全集》第十六卷,人民出版社 1971 年版,第 75 页。
②《马克思恩格斯全集》第十七卷,人民出版社 1971 年版,第 363 页。
③《马克思恩格斯全集》第七卷,人民出版社 1971 年版,第 30 页。
④《马克思恩格斯选集》第一卷,人民出版社 1995 年版,第 259 页。

式新的变化的结果。这种新的变化,主要是所谓的"管理革命",亦即资本所有权与管理权的分离,从而形成了一个没有生产资料却行使经济权力的庞大的管理人员群体:所谓"白领雇员"、"白领职业者"大都属于这一群体。对于这一群体,古尔德纳的《新阶级与知识分子的未来》曾有精辟说明:"大量相似的例证表明,拥有很大权力却没有相应财产的管理人员,逐渐取代了旧的金钱阶级的位置……蔡特林曾引用菲利普·博奇在1950—1974年间作的一项调查,其结果表明在这段时期内,美国五十家最大的企业中,平均有百分之五十八的权力很可能是由管理人员控制着的,而在三百家最大的企业中,其中百分之四十的权力也可能是由管理人员控制着的。"①

合观新老中间阶级可知,中间阶级与资产阶级和无产阶级一样,也是根据生产资料和经济权力之有无所划分出来的一个阶级。因为一方面,新中间阶级没有生产资料,被资本家雇佣和支配,同时却行使经济权力支配雇佣劳动者;另一方面,老中间阶级是既不被他人雇佣也不雇佣他人的自我雇佣者,他们虽然有一定生产资料因而不被资本家雇佣和支配,但其所有的生产资料却太少,以致没有经济权力雇佣和支配他人。这样一来,中间阶级便是这样一个阶级,一方面,它或者拥有生产资料或者执掌经济权力或者不被他人雇佣,因而具有资产阶级特征,与无产阶级根本不同;另一方面,它或者没有生产资料或者没有经济权力或者被资本家雇佣,因而具有无产阶级特征,与资产阶级根本不同。

可见,中间阶级是既被雇佣又雇佣他人或既不被雇佣也不雇

---

① 〔美〕古尔德纳著,杜维真等译:《新阶级与知识分子的未来》,人民文学出版社2001年版,第6-7页。

佣他人的群体,是介于雇佣和被雇佣之间的群体,是没有生产资料
却有经济权力或有生产资料却无经济权力的群体,说到底,是根本
不同于资产阶级与无产阶级同时却又兼具二者根本特征的群体,
是介于无产阶级与资产阶级之间的亦此亦彼的矛盾群体。因此,
赖特一再强调说,中间阶级处于无产阶级与资产阶级"阶级关系中
的矛盾位置":

"他们可被看作是同时处于资产阶级和工人阶级中:从他们统
治着工人这点看,他们像资本家;从他们受资本家控制并在生产中
受剥削这点来看,他们像工人。因而他们处于我称之为阶级关系
中的矛盾位置上。"[1]"在阶级分析的剥削和支配框架中,中产阶级
被定义为那些同时处于剥削和被剥削,或支配和被支配地位的那
些人。他们占据着笔者曾经说过的'阶级关系中的矛盾位置',在
剥削和支配关系中,他们的工作带有这些关系的两面性。经理和
主管是其典型例子。"[2]

然而,很多学者却认为,高级经理或公司高级管理人员并不属
于中间阶级,而属于资产阶级,是资产阶级的"经理资本家"阶层。
因为这些高级经理人不但年薪极高,而且拥有大量的公司股票:
"据统计,全球前 500 家大公司中,至少有 80% 已向高级管理人员
实行了股票期权报酬制度。高级管理人员的年收入中,来源于股
票期权的比重越来越大。如亨氏公司的总裁托尼·欧仁在 80 年
代末收到一笔高达 40 万股的股票期权,远远超过其工资收入。

---

[1] 〔美〕赖特著,陈心想等译:《后工业社会中的阶级》,辽宁教育出版社 2004 年
版,第 21 页。

[2] 李春玲主编:《比较视野下的中产阶级形成》,社会科学文献出版社 2009 年版,
第 10 页。

1990 年,美国苹果电脑公司的首席执行官获得 1670 万美元的年收入,来自股票期权的占 87%。沃尔特·迪斯尼制片公司的迈克·艾斯钢 1993 年 11 月通过优先认股权,获得 1.97 亿美元。这个数字使他登上了 1993 年收入排行榜榜首。2000 年素有'全球第一CEO'之称的杰克·韦尔奇获得的 1670 美元,连比尔·盖茨同期63.9 万美元的年薪都相形见绌。1999 年,韦尔奇还获得了 300 万份期权。在 2000 年前的 5 年时间里,美国大公司高层管理人员年薪过亿,高级经理人的平均年薪也有 2740 万美元。"①

诚然,如果一个高级经理人所拥有的股票之多已经使他成为公司雇佣劳动者的股东,那么,他确实是资本家,可以称之为"经理资本家"。这样一来,他就不仅因其是经理而拥有经济权力的行使权,而且与其他资本家一样,拥有经济权力的所有权。因此,他不属于中间阶级,而属于资产阶级,是地地道道的经理资本家。但是,如果他不是雇佣劳动者的股东,那么,不论他拥有多少财产,即使他是全球首富,他也没有将财富变成资本用以雇佣劳动者,他也不是资本家,他也没有经济权力的所有权,而仅仅拥有经济权力的行使权。因此,他不属于资产阶级,而属于中间阶级。因为阶级划分的根据并不是财富或财产,而是权力。财富或财产并不是经济权力;财富或财产只有作为生产资料或资本雇佣劳动者,才是经济权力。因此,戴伊说:

"把个人财富与经济权力等同起来是错误的,……单单拥有个人财富,哪怕有一亿美元,也还不能保证能有经济实权,……经济学家阿道夫·伯利在论述个人财富与机构权力之间的关系时

---

① 藏秀玲:《当代资本主义新发展研究》,山东大学出版社 2004 年版,第 210－211 页。

说的好：'今天的美国和西欧，富人之所以权力很小，就是因为他富有……假使他希望得到一个有权力的职位，他必须到他的银行户头之外去找。'"①

诚然，不论如何，毕竟有高级管理人员同时是经理资本家。那么，这是否意味着：资产阶级中存在所谓经理资本家阶层？是否意味着高级管理人员不是属于中间阶级——而是属于资产阶级——的一个阶层？否。因为在资本的所有权与管理权分离的情况下，资本所有者不是管理者，管理者不是资本所有者。因此，在资本的所有权与管理权分离的情况下，高级管理人员同时是资本所有者——亦即经理资本家——必定极少，凤毛麟角，实属个别成员，构不成一个阶层："目前经营大公司的人们，在他们所管理的企业里并不占有多少股份。"②因此，高级管理人员，作为个人，可以属于资产阶级；但是，作为一个阶层，却完全属于中间阶级，是中间阶级的高层。

认为高级管理人员属于资产阶级的另一个根据在于：高级管理人员是榨取和瓜分无产阶级剩余价值的剥削者。确实，不仅经理资本家，而且整个高级管理人员阶层，都是无产阶级所创造的剩余价值的瓜分者、占有者和剥削者，因而都属于剥削阶级；而剥削无疑是资产阶级的根本特征。但是，由此不能说高级管理人员属于资产阶级。因为高级管理人员同时还具有"没有生产资料因而被拥有生产资料的资产阶级所雇佣"的特点：这无疑是无产阶级的

---

① 〔美〕托马斯·戴伊梅士等译：《谁掌管美国》，世界知识出版社 1983 年版，第 53 页。

② 同上书，第 42 页。

根本特点。因此,高级管理人员既具有无产阶级特征也具有资产阶级特征,是根本不同于资产阶级与无产阶级同时却又兼具二者根本特征的群体,是介于无产阶级与资产阶级之间的亦此亦彼的矛盾群体,因而完全属于中间阶级。

总之,根据生产资料或经济权力之有无或垄断,生产力高度发达的资本主义社会可以划分出三个阶级:资产阶级是拥有生产资料并作为资本和经济权力雇佣劳动者的群体;无产阶级就是没有生产资料和经济权力的雇佣劳动者群体;中间阶级是介于雇佣与被雇佣之间的群体(管理人员和小资产阶级、农民以及自由职业者),主要是没有生产资料却有经济权力(经理人员)和有生产资料却无经济权力(小资产阶级和农民)的群体:这就是为什么小资产阶级、农民、自由职业者和管理人员群体叫做中间阶级的缘故。

因此,一方面,中间阶级只是根据生产资料或经济权力所划分出来的无产阶级与资产阶级之间的一个群体,该群体兼具无产阶级与资产阶级根本特征;而并不是无产阶级与资产阶级之外的一切群体,譬如说,不包括政府官吏:官吏与庶民的划分根据是政治权力而非经济权力。另一方面,否定"中间阶级"概念而代之以"中间阶层"的观点是不正确的。因为,如前所述,阶层的划分根据可以是任何一种与利益获得不平等有关的属性,如收入、财富、职业、声望、生产资料的占有、经济权力垄断、政治权力垄断、性别、知识、年龄等等;相反地,阶级的划分根据仅仅是一种极其重要的特定的属性,亦即权力垄断:经济权力垄断与政治权力垄断。中间阶级划分的根据与资产阶级或无产阶级一样,都是生产资料或经济权力之有无或垄断,因而完全是一个阶级,而绝不仅仅是一个阶层。

2. 阶层分类：官吏阶层与知识阶层

细究起来，不难看出，不论在各个阶级——资产阶级与无产阶级以及中间阶级——内部还是外部，都存在着各种社会阶层。毋庸赘述，就这些阶级内部来说，都可以分为上层与下层或上层、中层和下层。这些阶级外部的社会阶层，也并不复杂，真正讲来，恐怕只有一个：官吏阶层。诚然，在专制等非民主制国家，官吏乃是一个阶级。因为专制等非民主制，意味着政治权力垄断，意味着庶民毫无政治权力，而官吏垄断了全部政治权力：垄断了政治权力的群体叫做官吏阶级或统治阶级；没有政治权力的群体叫做庶民阶级或被统治阶级。

然而，我们这里所分析的乃是具备了实现社会主义客观条件的国家的阶级结构，因而也就是生产力高度发达的民主的资本主义国家的阶级结构。在这样民主的国家里，每个人平等执掌国家最高权力，因而并不存在政治权力垄断群体，并不存在官吏阶级与庶民阶级，并不存在统治阶级与被统治阶级，甚至也可以说不存在统治者与被统治者之分。因为每个人平等执掌国家最高权力，岂不意味着：每个人都是统治者同时又都是被统治者？在这样民主的国家里，只存在政治权力多少大小之分，因而只存在官吏阶层与庶民阶层：官吏阶层就是拥有政治权力较多的阶层，就是既拥有政治自由又拥有政治职务的阶层，说到底，就是拥有政治职务的阶层；庶民阶层则是拥有政治权力较少的阶层，就是只拥有政治自由而不拥有政治职务的阶层，说到底，就是没有政治职务的阶层。

官吏阶层，大体说来，无疑独立于资产阶级和无产阶级以及中间阶级之外。因为，大体说来，一个官吏，不论如何富有，他都不会是雇主,因而不会是资本家;不论如何贫穷,他都不会是雇佣劳动者,因而不会是工人或无产者;他更不会是经理或自我雇佣者,因而不会是中间阶级。但是,庶民阶层并不独立于资产阶级、无产阶级和中间阶级以及其他阶层之外;而恰恰是由其构成:拥有生产资料并作为资本和经济权力雇佣劳动者的庶民群体是资产阶级;没有生产资料和经济权力的雇佣劳动者庶民群体是无产阶级;介于雇佣与被雇佣之间的庶民群体是中间阶级。因此,庶民阶层并不独立于三大阶级之外,独立于三大阶级之外的只有官吏阶层。

那么,有没有既存在于三大阶级之内也存在于三大阶级之外的阶层?有没有普遍存在于一切阶级和阶层的社会阶层?有的,那就是知识阶层(或知识分子阶层)与非知识阶层(或非知识分子阶层)。划分的标准无疑是一定的学历和学力,一般说来,亦即是否具有大学学历和学力:具有大学学历和学力的人就是所谓知识阶层;没有大学学历和学力的人就是所谓非知识阶层。知识阶层与非知识阶层,与其他阶层或阶级的存在方式有所不同。资产阶级和无产阶级以及中间阶级和官吏阶层,就其成员构成来说,都是互相排斥而不相互包含的独立存在的群体。譬如,无产阶级成员中,不会有资产阶级成员,不会有资本家,也不会有中间阶级成员,更不会有政府官吏。相反地,整个非知识阶层和知识阶层相当大的一部分成员,分散存在于几乎所有阶级和阶层之中。

不过,分散存在于几乎所有阶级和阶层之中的知识分子,无论如何众多,并非知识阶层的核心和主体。知识阶层的核心阶层也是独立存在的群体,亦即专门从事精神财富活动——亦即文化活动——的知识分子群体,说到底,亦即从事精神财富的研究、创造、传播、传授和学习的知识分子群体,如哲学家、社会科学家、科学家、作家、画家、书法家、思想家、音乐家、编辑和记者以及学校教育系统、科学研究机构、新闻广播、出版单位、戏剧影视等各种文化部门的知识分子群体。这一阶层的知识分子是如此重要，以致西摩·利普赛特将它与知识分子完全等同起来，因而知识分子定义为：

"所有那些创造文化、传播文化和应用文化的人，其中包括艺术、科学和宗教。在这个知识分子集团内，主要有两类水平的人：一类是创造文化的核心人物——即学者，艺术家，哲学家，作家，某些编辑和记者；另一类是传播者——各种艺术的表演者，大多数教师，大多数广播员。"[①]

知识阶层随着社会的发展进步越来越重要。特别是，它在后工业社会中的作用是如此重要，以致一些思想家，如德鲁克、古尔德纳和贝尔等人，竟然称之为"知识阶级"、"新阶级"。古尔德纳说："一个由知识分子和技术知识匠组成的新阶级，同已然控制了社会经济的商人或政党领袖，展开了激烈的斗争。"[②]贝尔说："正在兴起中的新社会里的主要阶级首先是一个以知识而不是以财产为基础的专业阶级……知识阶级可能是新社会中的最高阶级。"[③]德鲁克则认为后资本主义社会只有知识工作者与服务工作者两大阶级："现在真正控制资源和绝对是决定性的'生产要素'既不是资本也不是土地或劳动力，而是知识。后资本主义社会的阶级划分

---

　① 〔美〕托马斯·戴伊著，梅士等译：《谁掌管美国》，世界知识出版社 1983 年版，第 168 页。

　② 〔美〕古尔德纳著，杜维真译：《新阶级与知识分子的未来》，人民文学出版社 2001 年版，第 1 页。

　③ 〔美〕丹尼尔·贝尔著，高銛译：《后工业社会的来临》，商务印书馆 1984 年版，第 411 页。

是知识工作者和服务工作者,而不是资本家和无产者。"①

　　知识分子究竟是一个阶级还是一个阶层? 阶级划分的根据只能是权力——经济权力与政治权力——的有无或垄断。知识分子与非知识分子的划分根据,如所周知,是某种程度——如大学——的知识之有无或垄断,是知识之有无或垄断。因此,如果知识是一种权力,那么,知识分子就是一个阶级;如果知识不是一种权力,那么,知识分子就是一个阶层。知识究竟是不是权力? 古尔德纳和贝尔的回答是肯定的。他们的理由,要言之,就在于知识是一种文化资本,知识分子就是文化资本家,知识阶级就是文化资本家阶级:"新阶级之所以拥有独特的力量和特权,完全是由于他们各自掌握了多种文化、语言和技术。新阶级是一群将历史和集体所创造的文化变成资本,据为己有,并从中渔利的文化资本家。"②

　　确实,知识是一种文化资本。但是,资本有广义资本与狭义资本之分。狭义的资本属于经济学范畴,就是能够产生财货的财货,就是能够产生物质财富的物质财富,就是能够增值的物质财富,说到底,就是生产资料。广义的资本则是能够生利、增值或产生和带来财富的任何东西,不论这种东西是物质还是精神抑或社会,如文化资本、知识资本和道德资本等。确实,这些资本都可以产生和带来权力,但这一点与知识是不是权力毫无关系。因为任何东西,如溜须拍马、欺上瞒下、美色智慧等,都可能产生和带来权力;我们决不能因为这些东西能够带来权力,就说这些东西是权力。问题的

---

　　① 〔美〕彼得·德鲁克著,张星岩译:《后资本主义社会》,上海译文出版社 1998 年版,第 6 页。
　　② 〔美〕古尔德纳著,杜维真译:《新阶级与知识分子的未来》,人民文学出版社 2001 年版,第 15 页。

关键在于,文化资本是不是权力?

只有狭义资本或生产资料是权力。因为只有拥有生产资料,才能拥有雇佣、控制和支配雇佣劳动者的经济权力。相反地,文化资本不是权力。因为一个人不论拥有多少文化资本,都不可能用文化资本来雇佣劳动者,不可能拥有雇佣和支配雇佣劳动者的经济权力。他的文化资本只能够使他被雇佣,只能够使他被生产资料资本家雇佣,成为生产资料资本家的代理人,行使控制和支配雇佣劳动者的经济权力。但是,他不是经济权力的所有者,而只是经济权力的行使者,经济权力的所有者只能是雇佣他的生产资料资本家。

可见,文化资本家并没有经济权力,文化或知识并不是权力.因此,托马斯·戴伊说:"知识'界'并不对全国资产的重要部分有什么正式的控制权。只有当一个知识分子被选拔到高级职位,如像亨利·基辛格或兹比格纽·布热津斯基那样的情况,才能说他是有权力的。"①因此,知识分子群体不是知识分子阶级,而只是知识分子阶层。因为知识分子群体与非知识分子群体的划分根据是一定水平知识的有无或垄断,而不是权力的有无或垄断:知识不是权力。但是,知识不是权力,只意味着,知识分子不是一个阶级,而是一个阶层;并不意味着,知识和知识分子阶层不重要。恰恰相反,知识和知识分子阶层极端重要。因为,正如贝尔所言,知识与财产和政治职务一起,成为后工业社会权力的三大来源;②只不过,财产和官职本身就是权力,而知识则仅仅是权力的来源罢了。

---

① 〔美〕托马斯·戴伊著,梅士等译:《谁掌管美国》,世界知识出版社 1983 年版,第 174 页。

② 〔美〕丹尼尔·贝尔著,高銛译:《后工业社会的来临》,商务印书馆 1984 年版,第 400 页。

3. 支持与反对：各阶级与阶层在实现 社会主义中的作用

在具备实现社会主义客观条件的社会——亦即生产力高度发达的民主的资本主义社会——存在着三大阶级和两大阶层，亦即资产阶级、无产阶级和中间阶级以及官吏阶层和知识阶层。这些阶级与阶层的关系，根本讲来，不但是压迫与被压迫关系——垄断经济权力的群体必定压迫没有经济权力群体——而且是剥削与被剥削的关系：垄断经济权力的群体必定剥削没有经济权力的群体。

因为生产资料私有制或生产资料垄断使资本家（劳动买方）有权成为支配和领导无产者（劳动卖方）的雇主，使无产者成为被领导、被支配和必须服从的雇员。劳动的买方与卖方地位的这种不平等，势必导致对于劳动价格的决定作用的不平等：雇主或劳动买方必定是价格的决定者和控制者；而雇员或劳动卖方则只能是价格的接受者。这就是所谓劳动市场的买方垄断。任何垄断，不论是劳动市场的买方垄断，还是产品市场的卖方垄断，都同样意味着垄断者在一定程度上控制价格，因而势必导致价格与价值的背离，导致不等价交换：不等价交换是垄断价格规律，正如等价交换是自由竞争的价格规律一样。只不过，产品市场的卖方垄断因其是卖方垄断，所导致的价格与价值的背离，当然是价格高于价值或边际成本；反之，劳动市场的买方垄断因其是买方垄断，所导致价格与价值的背离，则显然是价格低于价值，亦即劳动价格或工资低于劳动价值，低于劳动的边际产品。工资低于劳动价值或劳动的边际产品的差额，就是劳动者所创造的被资本家无偿占有的剩余价值,因而也就是资本家对劳动者的剥削,亦即所谓资本主义剥削。

因此,资本主义剥削或资本家对劳动者的剥削——亦即工资低于劳动价值或劳动的边际产品的差额——正如萨缪尔森所言,乃是劳动市场买方垄断的必然结果:"剥削来源于雇主在购买劳动时的垄断力量(即所谓'买方垄断')。"[①]劳动市场买方垄断源于资本主义私有制。所以,资产阶级对无产阶级的剥削与压迫,说到底,乃是资本主义私有制的必然结果。这样一来,无产阶级便属于坚决废除私有制和实现社会主义的群体。它坚决主张废除生产资料私有制,不仅因为它没有生产资料,更主要地,是因为只有废除私有制、实现社会主义和共产主义,它才能摆脱资产阶级的压迫和剥削。因此,恩格斯一再说:"共产主义是关于无产阶级解放的条件的学说。"[②]"无产阶级运动的理论表现即科学社会主义。"[③]相反地,资产阶级则属于坚决反对废除私有制和实现社会主义的群体。它坚决反对废除生产资料私有制,不仅因为它拥有生产资料,更主要地,是因为废除了私有制,它就不能够支配、压迫和剥削无产阶级。

中间阶级的情况比较复杂。老中间阶级(拥有小量生产资料的小资产阶级和农民以及自由职业者)属于自我雇佣者群体,既没有经济权力雇佣和支配工人,也不受资产阶级经济权力的雇佣和支配。因此,老中间阶级既不被资产阶级压迫和剥削,也不压迫和

---

①　〔美〕萨缪尔森著,萧琛主译:《经济学》中册,商务印书馆1986年版,第232页脚注。

②　《马克思恩格斯选集》第一卷,人民出版社1995年版,第230页。

③　《马克思恩格斯选集》第三卷,人民出版社1995年版,第760页。

剥削无产阶级。这样一来,正如马克思主义所指出,它在废除私有制和实现社会主义的阶级斗争中,便既具有革命性,同时也存在政治上的动摇性、斗争中的软弱性和革命的不彻底性。但是,这一中间阶级随着生产力的发展日渐萎缩,因而日益丧失昔日它在阶级斗争中的重要作用。

新中间阶级(没有生产资料或资本的管理人员群体)没有生产资料,被资本家雇佣和支配,同时却行使经济权力支配雇佣劳动者,因而是介于压迫工人与被资本家压迫以及剥削工人与被资本家剥削的矛盾关系。高级管理人员的压迫与被压迫以及剥削与被剥削的净余额,显然是压迫和剥削,因而与资产阶级一样,属于压迫者和剥削者群体,势必反对废除生产资料私有制和实现社会主义。但是,高级管理人员毕竟没有生产资料,废除私有制和实现社会主义并没有直接剥夺他们什么。更何况,资本主义生产关系的社会化程度越来越高,私人资本不仅发展为社会资本,而且社会资本大量股份化、大众化、分散化、全球化,从而越来越具有社会主义因素。这样一来,高级管理人员的管理工作岂不越来越具有社会主义的性质? 因此,他们与资产阶级毫不动摇地反对社会主义必将有所不同,在一定条件下,可能动摇于无产阶级与资产阶级之间,甚至倒戈加入废除私有制的社会主义群体。

低级管理人员的压迫与被压迫以及剥削与被剥削的净余额,无疑是被压迫与被剥削。因为正如米尔斯所言,白领大众与普通工人的收入与工作相差无几:“白领大众在结构中的地位和普通工人越来越相似,两者都没有财产,收入也越来越接近。使白领区别于普通工人的所有地位因素,如今都无可挽回地削弱了。不断加强的办公室合理化降低了技术水平,使他们的工作越来越像车间工作。"①这样一来,白领大众或低级管理人员便与无产阶级一样,属于被压迫与被剥削群体,势必支持废除私有制和实现社会主义。中级管理人员介于高级管理人员与低级管理人员之间,因而压迫与被压迫以及剥削与被剥削的净余额是零,是介于压迫与被压迫以及剥削与被剥削之间的典型中间群体,势必动摇于资产阶级与无产阶级之间,动摇于支持和反对废除私有制之间。

不难看出,新中间阶级在废除私有制和实现社会主义的斗争中具有举足轻重的重要作用。因为资本所有权与管理权的分离,特别是资本的社会化,越来越使经理人员控制、执掌和行使资本主义社会绝大部分经济权力:"今天,对技术和计划工作的客观要求,使得工业方面越来越需要组织工作方面的专门才干。资本是目前大公司可以自给的东西。老式的'巨头'已经过时。于是,美国经济领域中的权势便由资本转移到组织才华,而且我们有理由认为,这种转移将会在整个社会权力的分布上反映出来。它反映在由个人和家庭控制的大公司越来越少,而由经理人员控制的大公司所占的比例越来越大。单个的资本家对于投资资本的积累已不再举足轻重。现在,大约五分之三的工业资本来自大公司所保留的利润,而不是来自资本家的投资。另外五分之一来自信贷,主要借自银行。尽管余下的五分之一来自'外界'投资,但其中大部分也是来自大保险公司、互助基金和退休金信托部,而不是个体投资者。实际上,购买大公司股票的个体投资者只不过提供整个工业资本的百分之五。由此可见,私人投资者已不再在美国资本构成中占

---

① 〔美〕赖特·米尔斯著,杨小东等译:《白领——美国的中产阶级》,浙江人民出版社1987年版,第333页。

优势地位。"①

官吏阶层,就其最根本的职能和作用来说,属于维护资本主义私有制群体,属于反对废除资本主义私有制和实现社会主义公有制的群体。因为资本主义国家的政府官吏,显然只能维护资本主义,维护资本主义私有制;维护资本主义私有制乃是资本主义国家政府官吏阶层之最根本的任务和职能。

但是,维护资本主义私有制和反对实行社会主义公有制,仅仅是官吏阶层之最根本的任务和职能,而并不是其全部的任务和职能。就其全部的任务和职能来说,随着资本主义国家普选制民主的实现和社会方发展,随着政府官吏的更迭越来越完全取决于全体国民的选票,官吏阶层的目标、任务和职能也就越来越凌驾于阶级和阶层之上而具有全民性,具有为所有阶级和全体国民谋利益的本性;否则势必下台。

特别是欧洲各国普遍实行的福利国家和经济民主制度,充分表明资本主义国家及其政府官吏阶层的目的,是为所有阶级和全体国民谋利益:它保护资本主义私有制,因而是为资产阶级谋利益;它又严厉限制资本主义的剥削和压迫,使其最小化,使无产阶级和劳动人民的利益最大化,因而是为无产阶级和劳动人民谋利益。

更何况,官吏阶层的成员虽然可以既贵且富,甚至大富大贵;但是,他们毕竟生活于民主的而不是专制等非民主制的资本主义国家,因而不可能拥有生产资料。因此,废除资本主义私有制而代

---

① 〔美〕托马斯·戴伊著,梅士等译:《谁掌管美国》,世界知识出版社1983年版,第40页。

之以社会主义公有制,并没有剥夺它什么;相反地,他们在社会主义生产资料公有制社会,却能够拥有他们在资本主义社会所没有的东西,亦即与全民共同拥有生产资料和经济权力。因此,就其根本利益说来,他们骨子里赞成废除私有制而代之以社会主义公有制。

诚然,具体说来,官吏阶层具有两面性,超越或动摇于无产阶级和资产阶级之对立。因为整个阶级或阶层的政治立场虽然取决于其经济地位;但是,该阶级和阶层的某些成员的政治立场却未必取决于其经济地位。当实现社会主义必要条件已经具备的时候,可以断定,社会主义政党或社会民主党执政的资本主义国家官吏阶层,将赞成废除私有制而代之以社会主义公有制,并且是实现社会主义的领导力量;而资产阶级政党执政的官吏阶层,将反对废除私有制而代之以社会主义公有制,成为实现社会主义的阻碍力量。

但是,无论如何,与资产阶级全体一致、始终不渝、毫不动摇地反对社会主义根本不同,官吏阶层——特别是中下层官吏——的具体成员将会审时度势、随机应变、动摇于无产阶级与资产阶级之间,在一定条件下,更可能加入废除私有制的社会主义群体。这或许就是为什么,很多学者都将中下层官吏与中下层经理一起归入中间阶级的缘故。

知识阶层更加复杂和重要。因为知识阶层可以分为两个阶层:分散的外围阶层与独立的核心阶层。所谓外围阶层,就是分散存在于各个阶级和阶层而为其成员的知识分子。这一阶层的知识分子无疑执掌、控制和行使所谓知识社会——亦即发达资本主义社会——绝大部分经济权力和政治权力。因为官吏和经理——特别是高级官吏和高级经理——的绝大多数都是知识分子。他们对于废除私有制和实现社会主义的态度,大体说来,势必与他们所属的各个阶级与阶层的态度一致。诚然,背叛自己阶级和阶层的知识分子也相当可观,但毕竟是例外而非常规。譬如,恩格斯就其经济地位来说,是资本家,属于资产阶级。但是,恩格斯却主张废除私有制和实行社会主义,是无产阶级的思想和政治领袖。这显然是例外而非通则。诚然,细究起来,恩格斯之所以能够成为这样的例外,恐怕因为整体说来,与其说他属于资产阶级知识阶层,毋宁说他属于所谓独立存在的核心的知识阶层:专门从事精神财富创造的知识阶层。

马克思、恩格斯、列宁、布哈林、李卜克内西、拉萨尔、普鲁东、魏特林、卡贝、圣西门、傅立叶、欧文、康帕内拉、梅林等社会主义思想家和著作家们,都属于从事精神财富创造的独立的核心知识阶层。在资本主义社会,在各个阶级和阶层之外独立存在的所谓"核心知识阶层",乃是精神财富的主要创造者;正如无产阶级是物质财富的主要创造者一样。但是,就核心知识阶层的本性来说,他们没有生产资料,不是资本家,既不属于资产阶级及其管理人员,因而没有经济权力;也不属于官吏阶层,因而没有政治职务权力。因此,他们必定遭受有权群体——官吏阶层和资产阶级以及管理阶层——的压迫和剥削;他们属于被压迫和被剥削群体。因此,不论其现实态度如何,就其内在本性来说,该阶层势必反对资本主义,向往实现人类的理想社会:社会主义和共产主义。

不仅此也!因为如前所述,社会主义和共产主义是人类的理想社会,它取代资本主义的客观条件,与资本主义生产关系是否阻碍生产力发展无关;而只在于生产力高度发达,以致能够满足社会全体成员物质需要、国民品德普遍提高,从而社会主义能够适合——而决不会阻碍——其发展。这样一来,具备实现社会主义条件之日,无产阶级和劳动人民的实际工资势必不断提高,生活质量势必不断改善,阶级矛盾势必日趋缓和。当此际,倘若没有通晓人类理想社会的核心知识阶层,倘若没有马克思们,没有傅立叶们,无产阶级的革命意识和历史使命感势必逐渐淡化以至于消失。

当此际,唯有独立的核心知识阶层的思想家、理论家和政治家们,唯有这些先知先觉们,才可能高瞻远瞩,察觉实现人类理想社会——社会主义和共产主义——的客观条件已经具备,从而呼唤、启迪和组织无产阶级等一切可以团结的阶级和阶层,实现社会主义和共产主义。因此,核心知识阶层不但属于主张废除私有制和实现社会主义的群体,而且是这一群体的精神和政治领袖,是除私有制和实现社会主义的启蒙者、领导者和先锋队,是组织和领导一切反对资本主义群体的社会主义政党的缔造者。因此,在废除私有制和实现社会主义的阶级斗争中,知识分子阶层具有莫大作用:独立的核心知识阶层是实现社会主义的精神导师和政治领袖;分散的外围知识阶层则执掌资本主义社会绝大部分经济权力和政治权力。

那么,能否说,知识阶层是废除私有制和实现社会主义的主力军呢? 否。因为在废除私有制和实现社会主义的群体中,占据人口多数的不是知识阶层,而是无产阶级:无产阶级是废除私有制和实现社会主义的主力军。诚然,近年来,无产阶级是主力军的观点遭到一些学者质疑。因为在他们看来,发达资本主义社会阶级结构发生了重大变化,中产阶级占绝对多数,资产阶级和无产阶级都成了少数,并且无产阶级越来越少:"发达资本主义国家的阶级结构已改变了马克思预计的'两头大,中间小'的'葫芦'式,变化为'两头小,中间大'的枣核型。即不是资产阶级和无产阶级两头大,而是发展为中间阶级占绝对多数,资产阶级和无产阶级都成了少数。"①

确实,如果中间阶级是多数而无产阶级是少数,并且越来越少,那么,无产阶级还是不是实现社会主义的主力军,就很成问题了。但是,不难看出,"中间阶级是多数而无产阶级是少数"的观点,是不能成立的。因为他们所谓的无产阶级就是蓝领工人、蓝领劳动者,所谓中间阶级主要是白领雇员,因而由西方发达资本主义国家白领雇员人数超过蓝领劳动者的事实,而得出结论说:中间阶级是多数而无产阶级是少数。安东尼·吉登斯便这样写道:"中产阶级主要由从事白领工作的人组成,如教师、职业医务人员和服务行业中的雇员。在大多数工业化的国家中,中产阶级现在都占人口的大多数,……工人阶级是由从事蓝领工作或体力劳动的人所组成。"②贝尔亦如是说:"无产阶级在先进的社会或后工业社会中,甚至在其广义的定义上作为蓝领集团是缩小着的少数。"③

殊不知,蓝领劳动者与无产阶级——白领雇员与中间阶级——根本不同,决非同一概念。因为,如前所述,阶级是因生产资料、经济权力的有无或垄断所形成的群体:资产阶级是拥有生产

---

① 高放:《纵览世界风云》,中国书籍出版社 2002 年版,第 184 页。

② 〔英〕安东尼·吉登斯著,李康译:《社会学》,北京大学出版社 2003 年版,第386 页。

③ 〔美〕丹尼尔·贝尔著,高銛译:《后工业社会的来临》,商务印书馆 1984 年版,第 148 页。

资料并作为资本和经济权力雇佣劳动者的资本家群体；无产阶级是没有生产资料和经济权力——因而完全处于被管理被支配的执行者地位——的雇佣劳动者群体；中间阶级是介于雇佣和被雇佣之间的群体，是没有生产资料却有经济权力（新中间阶级）和有生产资料却无经济权力（老中间阶级）的群体。

这样一来，没有管理权力的白领雇员便与蓝领劳动者一样，都属于无产阶级；而只有那些没有生产资料却有经济权力的白领雇员才属于中间阶级。这些白领雇员虽然与中间阶级并非同一概念，却与新中间阶级是同一概念：新中间阶级就是没有生产资料却有经济权力的经理人员群体。因此，就人数来说，如果像吉登斯等西方学者那样撇开老中间阶级——因为老中间阶级越来越迅速地衰落和萎缩——而仅就新中间阶级来说，那么，中间阶级的人数远远少于无产阶级。因为无产阶级是没有经济权力的被管理者，而中间阶级是拥有管理权的管理者：无权的被管理者的人数岂不必定远远多于有权的管理者！因此，赖特一再说："即使采用狭义的定义，工人阶级仍然是发达资本主义社会阶级结构中最庞大的阶级位置。"[1]"尽管当代资本主义在技术和社会方面发生了变化，但工人阶级到目前为止仍然是在劳动力中最大的阶级。"[2]

中间阶级占人口大多数的观点的错误，首先就在于将白领雇员等同于中间阶级，将无产阶级等同于蓝领劳动者。殊不知，一方面，蓝领劳动者虽然都属于无产阶级，却仅仅是无产阶级的一部

---

[1] 〔美〕赖特著，陈心想等译：《后工业社会中的阶级》，辽宁教育出版社2004年版，第75页。

[2] 〔美〕赖特著，刘磊等译：《阶级》，高等教育出版社2006年版，第288页。

分。另一方面,只有一种白领——亦即没有生产资料却有经济权力的经理人员——才属于中间阶级;而没有权力的白领属于无产阶级,拥有政治职务权力的白领属于官吏阶层;教师等从事精神财富活动的白领属于核心知识阶层。

　　中间阶级占人口大多数的观点的错误,还在于混同阶层与阶级,误将中间阶层当作中间阶级。因为阶级是因权力的有无或垄断而形成的群体:阶级的划分根据只能是权力的有无或垄断。反之,阶层的划分根据则可以说任何一种与人们的利益相关的性质,如财富、财产、权力、性别、种族等。如果以财富或财产为根据,发达资本主义社会可以分为上层阶层、下层阶层和中间阶层或中产阶层。上层与下层都是极少数,而中产阶层是绝大多数:"在美国,大富翁是极少数,生活在贫困线以下的也不是最多,大多数算作所谓中产阶层,约占美国家庭总数的 76％。"[①]这种社会群体的划分虽然具有极大意义,却不是阶级划分,而是阶层划分;因为划分的根据是财富或财产的多少,而不是权力的有无。然而,许多学者却顾名思义,将这种根据财产的多少所划分出来的中产阶层当作中产阶级,因而得出中产阶级占人口大多数的谬论:"实际财富的增长使美国社会结构更像一个菱形,而不像一个金字塔,中产阶级有了巨大的膨胀。"[②]

　　综观各阶级和阶层在实现社会主义中的利益、态度和作用可知,资本主义是一种阶级压迫与阶级剥削制度,压迫与剥削的根源

---

　　①　吴大琨:"重访美国有感",《世界知识》1980 年第 13 期。
　　②　胡连声、杨玲:《当代资本主义新变化与社会主义的新课题》,人民出版社 2000年版,第 141 页。

是生产资料或经济权力的有无或垄断。被压迫与被剥削群体包括无产阶级、中间阶级下层和独立知识阶层；压迫与剥削群体包括资产阶级、中间阶级的高层；官吏阶层介于二者之间或超越于二者之上。因此，一方面，实现社会主义（亦即废除私有制、消除权力垄断、消灭阶级和剥削）的主要反对者是资产阶级，资产阶级政党执政的官吏阶层和中产阶级的高层则是资产阶级的同盟军和领导者。另一方面，实现社会主义的主力军是无产阶级；先锋队、领导者和领袖是核心知识阶层和社会主义政党执政的官吏阶层；同盟军是中间阶级的下层和社会主义政党执政的官吏阶层的中下层；争取的对象是中间阶级的中层、资产阶级等非社会主义政党执政的官吏阶层的下层和中层。因此，在一定条件下，正如柯尔所言："不仅店员和办事员，而且在日益扩大的范围内，科学工作者、管理人员和出最高级以外的公务员，都在整体上同体力劳动者联合起来，反对赚利润的人和不劳而获的人。"[①]这样一来，实现社会主义和共产主义的主观条件，也就是无产阶级与资产阶级——围绕实现社会主义和共产主义——所进行夺取国家政权的阶级斗争；也就是围绕废除私有制、实现社会主义和共产主义，无产阶级及其同盟军在其政党和独立知识阶层领导下，与资产阶级及其同盟军在其政党领导下所进行的夺取国家政权的阶级斗争：无产阶级的胜利就意味着社会主义的实现。那么，无产阶级应该通过怎样的途径——暴力革命还是议会道路——才能真正取得胜利从而实现社会主义呢？

---

① 〔英〕格兰特著，盛震溯译：《社会主义与中间阶级》，商务印书馆1964年版，第22页。

二、夺取政权和实现社会主义途径

1. 夺取政权和实现社会主义途径：议会道路与 暴力革命的价值分析

夺取国家政权和实现社会主义，意味着建立、缔建和产生一种新国家，意味着重新缔结一种关于国家最高权力的契约。因为任何权力无疑必然都产生、形成和起源于社会成员的普遍同意；失去社会成员普遍同意的权力便不再是权力，而仅仅是强制力量。国家最高权力属于权力范畴，因而必定产生、形成和起源于社会成员的普遍同意。任何两个以上的人就某种利益交换关系所达成的同意无疑都是契约。于是，最高权力或国家——国家就是拥有最高权力的社会——便必然直接产生、形成和起源于契约，起源于社会成员就最高权力所关涉的的权利与义务等利益之交换所缔结的契约。因此，恩格斯曾这样写道：

"德意志帝国，同一切小国家，也同一切现代国家一样，是一种契约的产物：首先是君主之间的契约的产物，其次是君主与人民之间的契约的产物。"①

最高权力或国家起源于最高权力契约，亦即起源于社会成员就最高权力所关涉的权利与义务等利益之交换所缔结的契约，是必然的、普遍的、不可选择的，因而是不能进行善恶评价的。但是，它究竟起源于何种最高权力契约，是起源于自由的、无强制的、心

① 《马克思恩格斯选集》第四卷，人民出版社 1995 年版，第 525 页。

甘情愿的最高权力契约,还是起源于被迫的、强制的、不自由和不情愿的最高权力契约,则是偶然的、特殊的、可以选择的,因而是可以进行善恶评价的。那么,究竟何种最高权力契约是善的、应该的和具有正价值的?换言之,国家究竟应该起源于何种最高权力契约?说到底,衡量最高权力契约善恶的价值标准究竟是什么?

毋庸赘言,任何契约缔约过程的主要价值标准都是"自由缔约"或"缔约自由",人们往往称之为"契约自由"。按照这一标准,缔结最高权力契约应该是缔约者自由缔结的,而不应该是被迫缔结的;从而所缔结的是自由的、无强制的、心甘情愿的最高权力契约,而不是被迫的、强制的、不自由和不情愿的最高权力契约。这样一来,在最高权力契约的缔结过程中,实现契约自由的前提无疑是缔约者相互间的政治地位完全平等。否则,如果最高权力缔约者的政治地位是不平等的,譬如一边是征服者,另一边是被征服者,那么,他们所缔结的最高权力契约,显然不可能是自由的、无强制的、心甘情愿的;而必定是被迫的、强制的、不自由和不情愿的。

因此,符合契约自由的关于最高权力契约的缔约过程,只能是一种民主的缔约过程。因为,一方面,民主——并且只有民主——才意味着每个缔约者的政治地位完全平等:"每个人只顶一个,不准一个人顶几个。"这种政治地位的完全平等,便保障了每个缔约者在最高权力契约的缔结过程中,谁也强制不了谁,谁也不会被谁强制,从而达成一种无强制的、自由的、心甘情愿的最高权力契约。

另一方面,缔结最高权力契约的全体社会成员往往数以千万计,怎样才能缔结毫无强制而为人人一致自由同意的最高权力契约呢?无疑只有实行民主,从而通过代议制和多数裁定原则而间接地取得一致的自由的同意。按照代议制原则,代表们所缔结的最高权力契约可能有一些条款是很多社会成员不同意的；但代表既然是他们自己选举的，那么，这些他们直接不同意的最高权力契约条款，却间接地得到了他们的同意。按照多数裁定原则，多数代表所确定的最高权力契约，可能有一些条款是少数代表不同意的；但他们既然同意少数服从多数的原则，那么，这些他们直接不同意的最高权力契约条款，也就间接地得到了他们的同意。

可见，只有实行民主，通过代议制和多数裁定原则，数以千万计的社会成员才可能缔结人人一致自由同意的最高权力契约。因此，夺取国家政权、建立一种新国家、重新缔结一种关于国家最高权力的契约，只有通过民主的方式——亦即所谓议会道路——才是应该的、善的、具有正价值的；而任何非民主的方式，都是不应该的、恶的、具有负价值的。然而，事实上，正如休谟所言，几乎所有国家或最高权力都是通过暴力或征伐建立起来的：

"几乎所有现存的政府，或所有在历史上留有一些记录的政府开始总是通过篡夺或征伐建立起来的，或者二者同时并用……地表上的情况在不断变化，小的王国发展成大的帝国，大的帝国分解成许多小王国，许多殖民地陆续建立，一些种族迁居他乡。在这一切事件中除了武力和强暴你还能看到什么呢？"[①]

确实，甚至一直到马克思恩格斯逝世，古今中外几乎所有新国家——特别是资本主义国家——的诞生皆是暴力的结果，以致马克思说："暴力是每一个孕育着新社会的旧社会的助产婆。"[②]因

---

①　〔英〕休谟著，张若衡译：《休谟政治论文选》，商务印书馆1993年版，第122 - 123页。

②　《马克思恩格斯选集》第二卷，人民出版社1995年版，第266页。

此,一直到马克思恩格斯逝世,古今中外几乎所有国家总是产生于强制缔约,亦即产生于被迫的、强制的、不自由和不情愿的同意或契约,因而都违背契约自由标准,都是恶的、不应该和具有负价值的。可是,如果通过暴力所诞生的是先进的和能够给人民带来巨大利益的新国家,这种暴力也是恶吗? 暴力革命也是恶吗? 法国大革命是恶吗?

答案是肯定的。因为任何暴力革命,一方面,不但都意味着流血牺牲,意味着千万人头落地,而且都属于强制缔约,都违背契约自由标准,因而就其自身来说,都是恶。另一方面,暴力革命诞生的国家势必为专制国家。因为暴力革命所缔结的最高权力契约,既然是一种暴力的、强制的、非民主的契约,那么,不论这种契约内容如何民主,这种契约的实际执行势必是非民主的,势必是专制或专政,是形式民主而实质专制或专政。马克思亦承认:无产阶级的阶级斗争和暴力革命必然导致无产阶级专政:"这个专政不过是达到消灭一切阶级和迈入无阶级社会的过渡。"[①]因此,暴力革命所取得的新政权势必形式民主而实质专制或专政:最可能是专制(个人独裁)而不是专政(阶级独裁)。因为暴力革命的最高领导者,势必是新国家最高权力的执掌者,他决不会乖乖将他九死一生夺取的最高权力,拱手奉献给毫无权力的平民百姓,兑现他建立民主国家的诺言。这就是为什么通过暴力革命实现的所有社会主义国家——中国除外——几乎都是形式民主而实质专制的缘故。

因此,暴力革命,就其自身来说,都是一种恶。只不过,暴力革命既可能是一种必要恶,也可能是一种纯粹恶:如果新旧社会更替

---

① 《马克思恩格斯选集》第四卷,人民出版社1995年版,第547页。

不可能通过民主的方式，而只可能通过暴力革命的方式，那么，暴力革命就是一种必要恶，因而属于善的范畴，是应该的、善的和具有正价值的；如果新旧社会更替可能通过民主的方式，那么，暴力革命就是一种纯粹恶，因而属于恶的范畴，是不应该的、恶的和具有负价值的。

　　法国大革命等资本主义暴力革命，一般说来，都是必要恶。因为正如伯恩斯坦所言，封建专制主义国家更替为资本主义国家几乎不可能通过民主的方式，而只可能通过暴力革命的方式："具有各种僵化的等级制度的封建主义几乎到处都必须用暴力来炸毁。"[①]相反地，社会主义暴力革命，一般说来，则是纯粹恶。因为，如前所述，任何社会的发展，都必然经过资本主义阶段：资本主义是社会发展的不可逾越的历史阶段。因此，社会主义所取代的社会只能是资本主义。

　　问题的关键恰恰在于，与封建专制等以往国家制度根本不同，资本主义国家最主要最普遍最典型的政体无疑是民主制，以致今日世界上所有资本主义国家几乎都实行民主制。因此，即使还没有实现民主的资本主义国家，也与封建专制帝国根本不同：前者极有可能实现民主制，而后者几乎不可能实现民主制。这样一来，社会主义取代资本主义就可能通过民主的方式。因为资本主义民主制，特别是资本主义普选权制民主，使社会主义国家取代资本主义国家可能通过民主的和平的方式，而不必诉诸暴力革命。

---

　　① 〔德〕爱德华·伯恩斯坦著，宋家修等译：《社会主义的前提和社会民主党的任务》，三联书店1965年版，第208页。

因为普选权制民主意味着,每个成年国民都完全平等享有选举权和被选举权,完全平等享有政治自由权利,完全平等共同执掌国家最高权力。这样一来,由于无产阶级等被剥削被压迫的劳动人民占据人口绝大多数,因而代表他们利益的社会主义政党便可能通过竞选获得多数选票成为执政党,取得国家政权、推行公有制,实现社会主义和共产主义。因此,恩格斯指出,在人民代议机关执掌最高权力——亦即实现普选权制民主——的国家里,社会主义国家取代资本主义国家可能通过民主的和平的方式:

"可以设想,在人民代议机关把一切权力集中在自己手里、只要取得大多数人民的支持就能够按宪法随意办事的国家里,旧社会可能和平地长入新社会,比如在法国和美国那样的民主共和国,在英国那样的君主国。"①

可是,在一个资本主义国家没有实现民主或很难实现民主——以及虽然实行民主但人民却不选择社会主义和社会主义政党——的情况下,社会主义政党通过暴力革命取得政权和实现社会主义是否应该? 否。因为与封建专制帝国实现民主几乎没有可能性不同,某个资本主义国家实现民主再困难,却毕竟可能实现,因而也就可能通过民主的方式取得政权,而不必诉诸暴力革命。因此,在还没有实现民主的国家,社会主义政党首先应该努力实行民主,然后通过民主的方式取得政权、实现社会主义。所以,马克思恩格斯一再重申,社会主义政党的首要任务是实行民主:"《共产党宣言》早已宣布,争取普选权、争取民主,是战斗的无产阶级的首

---

① 《马克思恩格斯全集》第二十二卷,人民出版社1971年版,第273页。

要任务之一。"①"如果说有什么是无可置疑的,那就是:我们的党和工人阶级只有在民主共和国这种形式下,才能取得统治。"②

然而,迷信暴力革命的社会主义政党却违背马克思恩格斯的教导,在没有民主的情况下,不全力以赴争取民主;在虽然实行民主但人民不选择社会主义和社会主义政党的情况下,不全力以赴争取人民的选择。相反地,他们却想方设法和理直气壮地通过暴力革命夺取政权会实现社会主义。他们理直气壮,因为他们宣称这样做完全是为了解放人民,为人民谋利益。

殊不知,这是对人民的最大损害。因为在已经实现或可能实行民主的情况下,不通过民主的方式而通过暴力革命夺取政权和实现社会主义,不但意味着让人民毫无必要地充当炮灰、流血牺牲,而且意味着为民做主、强奸民意和强迫人民缔结最高权力契约,因而意味着对人民所应享有的最根本最主要最重大的权利和利益——政治自由权利——的剥夺,意味着对人民所应享有的最根本最主要最重大的权利和利益——执掌最高权力的权利——的践踏:这岂不是对人民的权利和利益的最大损害?

不但此也! 这种社会主义政党既然为民做主夺取政权,势必继续为民做主执掌政权,从而导致专制等非民主制的社会主义,形成垄断政治权力的官吏阶级与没有政治权力的庶民阶级:官吏阶级不但因非民主制而垄断了政治权力,而且通过公有制垄断了全国主要经济权力,成为全权垄断的统治阶级;庶民阶级不但因非民主制而没有政治权力,而且因公有制而没有经济权力,成为全权丧

---

① 《马克思恩格斯选集》第四卷,人民出版社 1995 年版,第 516 页。
② 同上书,第 412 页。

失的被统治阶级。

这样一来,庶民阶级或所谓人民,不但遭受人类历史上最深重的压迫与剥削——全权垄断的压迫与剥削——而且不服从政府和官吏就意味着没有工作,就意味着活活饿死:不服从者不得食。这就是为什么,通过暴力革命取得政权的社会主义国家——中国除外——无不实行政府官员拥有控制国民全权的"不服从者不得食"制度:这就是主张暴力革命的社会主义政党给予人民的解放和幸福!

2. 暴力革命还是议会道路:恩格斯的政治遗言

显然,在一个资本主义国家没有实现民主或很难实现民主——以及虽然实行民主但人民却不选择社会主义和社会主义政党——的情况下,社会主义政党取得政权和实现社会主义,不但只有通过实现民主和民主的方式才是善,而诉诸暴力革命则是纯粹恶;而且通过暴力革命所实现的社会主义——中国除外——乃是有史以来人民所遭遇的最深重的恶:全权垄断的压迫与剥削。因此,当我们读到恩格斯的政治遗言——亦即逝世前几个月写就的《1848年至1850年的法兰西阶级斗争一书导言》——不禁感慨万端,唏嘘不已,崇敬之情油然而生。因为在该遗言中,恩格斯修正了他和马克思的暴力革命理论,转而盛赞德国社会民主党利用普选权竞选所取得的成就,认为它是无产阶级争取解放的最锐利的武器:

"由于德国工人善于利用1866年实行的普选权,党的惊人的成长就以无可争辩的数字展现在全世界面前:社会民主党所得的选票1871年为102000张,1874年为352000张,1877年为

493000张。接着就是当局以实行反社会党人法高度赞扬了这些成就：党暂时被打散了，所得选票在1881年降到了312000张。但是这种情况很快被克服了，当时正是受非常法压迫、没有报刊、没有合法组织、没有结社集会权利的情况下，真正开始了迅速的增长：1884年为550000张，1887年为763000张，1890年为1427000张。于是国家的手就软了。反社会党人法也没有了，社会党人的选票增到了1787000张，即超过总票数的四分之一。政府和统治阶级使尽了一切手段，可是毫无用处，毫无成效，毫无结果。当局，从巡夜人以至首相，都不得不接受——并且是从被看不起的工人那里接受！——表明自己无能为力的明显证据，而这种证据数以百万计。国家已经走入绝境，工人却刚才起程。

"但是，德国工人仅仅以自己作为最强有力、最守纪律并且增长最快的社会主义政党的存在，就已经对工人阶级事业作出头一个重大贡献，除此之外，他们还对这个事业做出了第二个重大贡献。他们给了世界各国同志一件新的武器——最锐利武器中的一件武器，向他们表明了应该怎样使用普选权。

"普选权在法国老早就已经存在了。但是，它在那里因为被波拿巴政府滥用而声名狼藉。公社之后，就没有工人政党去利用它了。在西班牙，普选权也是自共和国成立时就已经施行了的，但在西班牙拒绝参加选举早已成为所有严肃的反对党的通则。瑞士实施普选权的结果，恰恰最不能鼓舞工人政党。罗曼语族各国的革命工人都惯于把选举权看作陷阱，看作政府的欺骗工具。在德国，情况就不同了。《共产党宣言》早已宣布，争取普选权、争取民主，是战斗的无产阶级的首要任务之一，而拉萨尔又再次提出这个要求。当俾斯麦不得不实施普选权作为促使人民群众对他的计划发生兴趣的唯一手段时,我们的工人立刻就认真地加以对待,把奥古斯特·倍倍尔选进了第一届制宪帝国国会。从此以后,他们就一直这样使用选举权,以致使他们自己得到了千百倍的好处,并成了世界各国工人的榜样。如果用马克思主义纲领中的话来说,选举权已经被他们由历来是欺骗的武器变为解放的手段。"①

社会主义取代资本主义,不但可能通过民主的方式而不必通过暴力革命;而且随着资本主义生产力的发展,越来越只可能通过民主的方式而不可能通过暴力革命。因为政府拥有的武器越来越先进,可以轻而易举镇压人民的暴力革命运动。特别是,在具备实现社会主义必要条件——生产力高度发达——的资本主义国家,社会主义通过暴力革命来取代资本主义,显然是完全不可能的。因此,正如恩格斯的最后遗言,资产阶级和资本主义政府真正害怕的,并不是无产阶级和劳动人民的暴力革命活动;而是通过民主方式所进行的合法活动:"资产阶级和政府害怕工人政党的合法性活动更甚于害怕它的不合法活动,害怕选举成就更甚于害怕起义成就。"②

接着,恩格斯谆谆告诫德国社会民主党人,切勿上当进行暴力革命活动,避免像1871年在巴黎那样流血,一定要继续通过民主的方式进行议会斗争;如果这样,那么在本世纪末就能发展成国内的决定力量,成为执政党:

"现在,读者是否已经明白了,为什么统治阶级一定要把我们引到枪鸣剑啸的地方去? 为什么现在人家因为我们不愿意贸然走

---

① 《马克思恩格斯选集》第四卷,人民出版社1995年版,第515—516页。
② 同上书,第517页。

上我们预先知道必遭失败的街头，就指责我们怯懦？为什么他们这样坚决恳求我们最后一定答应去当炮灰？

"这些先生们总是徒然地恳求和挑战，我们并不这么笨。他们也可以在下一次战争中同样要求敌人，把军队排列成老弗里茨式的横队，或是排列成瓦格拉姆会战和滑铁卢会战中那样的整师构成的纵队，并且手持燧发枪。如果说国家间战争的条件已经变化，那么阶级斗争的条件也有了同样大的变化，实行突然袭击的时代，由自觉的少数人带领着不自觉的群众实行革命的时代，已经过去。凡是要把社会组织完全加以改造的地方，群众自己就一定要参加进去，自己就一定要弄明白这为的是什么，他们为争取什么而流血牺牲。近五十来年的历史，已经教会了我们认识这一点。但是，为了使群众明白应该做什么，还必须进行长期的坚持不懈的工作，而我们现在正是在进行这种工作，并且进行得很有成效，已经使敌人陷于绝望。

在罗曼语族国家里，人们也开始逐渐了解到对旧策略必须加以修正。德国人作出的利用普选权夺取我们所能夺取的一切阵地的榜样，到处都有人效法；无准备的攻击，到处都退到次要地位。在法国，虽然在百多年来地基已经被一次又一次的革命掏空，那里没有一个政党不曾采取过密谋、起义和其他各种革命行动，因此政府丝毫也不信赖军队，一般说来，环境对于突然起义要比在德国有利得多，但是甚至在法国，社会主义者也日益认识到，除非预先把人民中的广大群众——这里就是农民——争取过来，否则就不可能取得持久的胜利。耐心的宣传工作和议会活动，在那里也被认为是党的当前任务。成绩很快就出来了。社会主义者不但夺取了许多市镇委员会，而且已经有 50 个社会主义者在议院中占有议席,他们已经推翻了共和国的三个内阁和一个总统。在比利时,工人去年争得了选举权,并在四分之一的选区获得了胜利。在瑞士、意大利、丹麦,甚至在保加利亚和罗马尼亚,都有社会主义者参加议会。在奥地利,所有一切政党都已经一致认定再不能继续阻挠我们进入帝国议会了。我们是一定要进去的,现在争论的问题只是从哪一个门进去。甚至在俄国,如果召开著名的国民代表会议,即尼古拉现在徒然反对召开的那个国民议会,我们也能很有把握地预期那里也将有我们的代表参加。

不言而喻,我们的外国同志们没有放弃自己的革命权。须知革命权总是唯一的真正'历史权利',——是所有现代国家一无例外都以它为基础建立起来的唯一权利,连梅克伦堡也算在内,那里的贵族革命是1755年以《继承条约》这个至今还有效力的光荣的封建主义文书而告终的。革命权已经如此普遍深入人心,甚至冯·博古斯拉夫斯基将军也只是根据这个人民权利才为自己的皇帝引申出举行政变的权利。

但是,不管别国发生什么情况,德国社会民主党总是占有一个特殊的地位,所以它,至少在最近的将来,也就负有一个特殊的任务。由它派去参加投票的200万选民,以及虽然非选民而却拥护他们的那些男青年和妇女,共同构成为一个最广大的、坚不可摧的人群,构成国际无产阶级大军的决定性的'突击队'。这个人群现在就已经占总票数的四分之一以上,并且时刻都在增加,帝国国会的补充选举以及各邦议会、市镇委员会和工商业仲裁法庭的选举都证明了这一点。它的增长过程是自发的,经常不断的,不可遏止的,并且是平稳的,正如自然界中发生的各种工程一样。政府对此进行的一切干涉都毫无成效。我们现在就已经能指望拥有225万选民。如果这样继续下去，我们在本世纪末就能夺得社会中等阶层的大部分，小资产阶级和农民，发展成为国内的一个决定力量，其他一切势力不过愿意与否，都得向它低头。我们的主要任务就是不停地促使这种力增长到超出现政府制度的控制能力，不让这支日益增强的突击队在前哨战中被消灭掉，而是要把它好好地保存到决战的那一天。只有一种手段才能把德国社会主义战斗力量的不断增长过程暂时遏制住，甚至使它在一个时期内倒退：使它同军队发生大规模冲突，像 1871 年在巴黎那样流血。假以时日这也会被克服的。要把一个成员以百万计的党派从地面上消灭是不可能的，即使动用欧洲和美洲所有的弹仓中的枪都做不到。但是这种冲突会阻碍正常的发展进程，使得我们临到紧急关头也许没有了突击队，决定性的战斗就会推迟、延缓并且不得不作出更大的牺牲。

世界历史的讽刺把一切都颠倒了过来。我们是'革命者'、'颠覆者'，但是我们采用合法手段却比用不合法手段和用颠覆的办法获得的成就要多得多。那些自称为秩序党的党派，却在他们自己所造成的合法状态下走向崩溃。它们跟奥迪隆·巴罗一起绝望地高叫——合法性害死我们，可是我们在这种合法性下却长得身强力壮，面带红光，简直是一副长生不老的样子。只要我们不糊涂到任凭这些党派把我们骗入巷战，那么它们最后只有一条出路：自己去破坏这个致命的合法性。"①

恩格斯逝世后，西欧各国社会民主党忠实执行并实现了恩格斯的遗言。社会民主党通过议会道路、多党平等竞选等民主方式

---

① 《马克思恩格斯选集》第四卷，人民出版社 1995 年版，第 521－524 页。

先后成为执政党的西欧国家,有英国、法国、德国、瑞典、芬兰、奥地利、葡萄牙、荷兰、意大利、冰岛、希腊、比利时、卢森堡、圣马力诺、爱尔兰、挪威、瑞士、西班牙等 18 个国家:西欧政治版图呈现一片耀眼的粉红色。这不但可以告慰马克思恩格斯的在天之灵,而且意味着:夺取国家政权和实现社会主义,只有通过民主的方式——亦即议会道路——才是应该的、善的、具有正价值的途径;而暴力革命等非民主的方式,都是不应该的、恶的、具有负价值的途径。因为任何暴力革命都是恶:在新旧社会更替不可能通过民主的方式的前提下,暴力革命是一种必要恶;在新旧社会更替可能通过民主的方式的前提下,暴力革命是一种纯粹恶。

3. 议会道路:社会民主党夺取政权和推行公有制的实践

百年来,社会民主党纷纷成为执政党或参与执政和转型的实践,充分证实了社会主义政党通过民主方式——议会道路——夺取政权和实现社会主义的正确性。因为社会民主党属于社会主义政党范畴。社会民主主义一词最早出现在 1848 年欧洲革命时期。当时马克思恩格斯都自称社会民主党人。1864 年德国社会民主工党建立后,马克思恩格斯也一直以党内人的身份参与该党的建设。19 世纪 80 年代,随着马克思主义的广泛传播,社会主义政党在各国普遍建立起来,大都命名为社会民主党或社会民主工党,信奉马克思暴力革命的科学社会主义。但是在 1871 年巴黎公社暴力革命失败之后,随着资本主义国家普选制民主的发展,马克思恩格斯的思想也发生了变化。1872 年马克思说:"我们知道,不同的国家的制度、风俗和习惯都是必须加以考虑的。有这样的国家如英国、美国以及如果我更好地了解你们的制度的话,我甚至还可以加上荷兰,这些国家的工人可以用和平的方法达到他们的目的。但是并不是所有的国家都如此。"①恩格斯逝世前几个月写成的《法兰西阶级斗争·导言》,则更加系统地提出无产阶级政党可以通过议会民主道路和平过渡到社会主义。

恩格斯逝世后,社会民主党分化为左派和右派:左派继续主张暴力革命的科学社会主义;右派主张议会道路的民主社会主义。十月革命胜利后,俄国社会民主党更名为共产党,得到其他国家社会民主党左派的普遍响应,纷纷另建共产党。社会民主党的右派继续主张议会道路的民主社会主义,并于 1923 年建立了国际组织"社会主义工人国际"。从 1919 年到 1949 年的 30 年间,总共有德、英、法、瑞典、丹麦等十几个欧洲的社会民主党先后通过多党平等竞选的方式上台执政:单独或联合执政。1951 年,社会民主党建立了社会党国际,通过了《民主社会主义的目标和任务》的纲领。苏东剧变后,这些国家的共产党绝大部分都更名换姓,最终都转变为社会党或社会民主党。截止 1991 年,世界五大洲的社会党已经有 151 个,先后有 40 多个社会党上台执政,而且连续执政时间较长,特别是瑞典社会民主党,累计执政 60 多年。

这一事实,岂不充分证明恩格斯的最后遗言——社会主义政党可以通过民主方式取得国家政权——的真理性? 诚然,严格说来,社会民主党通过竞选纷纷成为执政党或参与执政,仅仅证实社会主义政党可以通过民主方式取得国家政权,而并未证实可以通

---

① 转引自〔德〕考茨基著,骆静兰等译:《无产阶级专政》,三联书店 1958 年版,第 6 页。

过民主方式实现社会主义国家。因为还没有一个执政的社会民主党使公有制居于国家经济支配的地位，从而实现社会主义国家。但是，这并不是因为社会民主党不可能通过民主的方式废除资本主义私有制、实现社会主义。恰恰相反，正是社会党通过民主的方式推行公有制和国有化的实践，使他们改正了在还不具备实现社会主义必要条件——亦即生产力高度发达足以满足全体社会成员的物质需要——就废除资本主义私有制的错误主张。

1918年，英国工党把生产资料公有制写入党章第四条，作为党的奋斗目标。战后，英国工党成为执政党，便开始将第四条付诸实施。在工党执政的 1945—1951 年、1964—1970 年和 1974—1979 年，先后掀起了三次国有化的高潮。第一届工党艾德礼政府一上台就颁布了一系列国有化法令，陆续将银行、民航、输电系统、煤气厂、矿井、钢铁厂等 20％ 的基本经济部门收归国有。第二次和第三次国有化运动主要涉及汽车、造船、飞机、宇航和石油等部门。但是，国有化没有取得预期效果。国有企业大都严重亏损，即使赢利，也只有 1％～2％。战后英国政府共向国有航空事业投资 15 亿英镑，只收回 1.5 英镑。政府曾给予吉尔比引擎公司 476 万英镑的资助，但该公司在 1978 年上半年就亏损 70 万英镑，下半年又出现 100 万英镑的赤字。在造船业方面，为了资助造船业向波兰出口价值 1.15 亿英镑的船只，工党政府曾向该企业提供了 2100 万英镑的资助，但结果却是入不敷出，售船所得的钱款还不足以支付工人的工资。有鉴于此，工党于 1982 年修改了所有制政策，认为公有制的实现形式不应该局限于国有化，而应该采取多种形式，但仍将公有制代替私有制作为工党奋斗目标。直到 1994 年，布莱尔当选为工党领袖，经过激烈斗争，工党才承认私有制的地位,放弃了废除私有制而代之以公有制的主张。①

　　战后,法国社会党一直坚持废除资本主义私有制而代之以社会主义公有制的传统思想。第四共和国时期(1946—1985 年),法国社会党先后参加了 21 届政府,并在其中 5 届担任政府总理职务。在参政和执政时期,社会党积极推动国有化。在此期间,包括法兰西银行在内的五家最大银行,主要的保险公司,采煤、电力、煤气等工业部门都实行了国有化、计划化。1981 年,社会党领袖密特朗当选总统后,主张建立"法国式的社会主义",掀起了比以往历次国有化规模都大的国有化运动。根据国民议会 1982 年通过的《国有化法令》,政府先后将通用电气公司、国际电报电话公司等九家大公司收归国有。同时收归国有的还有存款在 10 亿法郎以上的 36 家大银行和两大金融公司。此外,国家还以控股形式掌握了北方炼铁联合公司和洛林炼钢公司。到 1985 年,国有企业产值在整个国民经济中的比重达到 24.1%。但是,国有化企业大都亏损,仅 1984 年亏损额就高达 370 亿法郎。尽管如此,直到 1988 年,法国社会党才不得不放弃废除私有制而代之以公有制的主张:岂不足见其拳拳社会主义之心乎!②

　　英法等众多国家的社会民主党通过民主的方式取得政权和推行生产资料公有化制度的实践充分证实:社会主义政党可以通过民主方式取得国家政权、实现社会主义。社会党推行公有化、实现社会主义最终失败,并不是因为民主的方式不可能推行公有化、实

---

　　①　刘玉安、蒋锐等著:《从民主社会主义到社会民主主义》,人民出版社 2010 年版,第 119-121 页。
　　②　同上书,第 120-121 页。

现社会主义制度,而是因为这些国家都不具备实行生产资料公有制和社会主义的必要条件:生产力高度发达。在生产力还没有高度发达——因而国民物质需要都能够得到满足和国民品德普遍提高——的条件下,废除私有制而代之以公有制必定导致效率低下。社会党推行国有化最终失败,根本说来,岂不就是因为国有企业效率低下? 否则,如果英法国有化企业高效率,那么从上可知,英国工党和法国社会党使公有制经济占据主导地位——从而实现社会主义——岂不易如反掌?

民主的方式或议会道路,不但能够使社会主义政党取得政权和实现社会主义,而且能够避免在不具备实现社会主义必要条件——生产力高度发达——强行实现社会主义的莫大的错误和灾难。试想,为什么40多个社会主义政党——社会民主党——执政或参与执政,却没有一个国家实行社会主义? 说到底,岂不就是因为这些社会民主党都是通过民主的方式取得政权和推行公有化? 岂不就是议会和人民的选票阻止了废除资本主义私有制、实现社会主义的错误? 否则,如果取得政权和推行公有化不是通过民主的方式,而是通过专制和暴力等非民主的方式,那么,信奉社会主义和共产主义的专制者,岂不更可能借助暴力不断扩大公有化比重,直至实现社会主义?

最令人欣慰和羡慕——甚至有些后怕而为之捏一把汗——的是,英法等社会民主党推行生产资料公有化的实践统统都有始无终、半途而废、悬崖勒马,因而仅仅是失误,而没有酿成莫大灾难:这种公有化还远没有达到在国民经济中占据支配地位时,就被人民的选票有效阻止了。因此,这种公有化所造成的失误仅仅是那些公有化企业的效率低下。如果没有人民选票的有效阻止,如果这种公有化继续扩大,直至在国民经济中占据支配地位因而实现了社会主义,那就是莫大的灾难了。因为,如前所述,在实现社会主义条件——生产力高度发达——不具备的情况下实现社会主义,不但必定导致全国效率低下,而且势必导致专制等非民主制,以致政治权力垄断群体(官吏阶级)不但垄断政治权力,而且通过公有制垄断经济权力,最终导致人类历史上最具奴役性的"不服从者不得食"的阶级和剥削制度:全权垄断的阶级和剥削。

"每个人是他自己的权利和利益的唯一可靠捍卫者。"[①]今日欧洲各国人民之所以普遍接受资本主义而反对实行社会主义,只是因为在生产力还不够发达的条件下,资本主义比社会主义更能够给他们带来利益,说到底,只是因为资本主义私有制、阶级和剥削能够避免更大的恶——全权垄断的阶级和剥削以及效率低下——因而是必要恶。但是,生产力必然不断发展,而且越来越迅猛,因而必然会达到高度发达的水平。那时,全体社会成员的物质需要都能够得到相对充分的满足,因而国民思想品德和政治觉悟普遍提高。

在这种条件下,废除资本主义私有制而代之以社会主义公有制,便既能真正消除阶级和剥削,又能保障经济高效率发展,因而资本主义私有制、阶级和剥削便由必要恶而演进为纯粹恶。在这种条件下,社会主义的受损者便不再是人民和资产阶级,而仅仅是资产阶级,仅仅是极少数国民;而社会主义的受益者则是没有生产资料和经济权力群体,是绝大多数国民,是人民大众。因此,在这种条件下,人民大众必定支持、鼓励和督促社会民主党推行公有

---

① John Stuart Mill, *On Liberty* · *Representative government* · *Utilitarianism* Chicago:Encyclopaedia Britannica Inc. ,1952,p. 344.

化、不断扩大公有化直至实现社会主义。

可见，通过民主方式，不但可以取得国家政权和实现社会主义，而且可以在实现社会主义必要条件——生产力高度发达和国民觉悟普遍提高——不具备时避免强行社会主义，最终在必要条件具备时一定能够实现社会主义。因此，取得政权和实现社会主义，只有通过民主的方式或议会道路才是善；而通过非民主的方式或暴力革命都是纯粹恶。

三、实现社会主义和共产主义的历程——社会主义和共产主义政党在不同历史阶段的奋斗纲领

社会主义政党通过民主的方式或议会道路，取得政权、实现社会主义和共产主义，显然并非一朝一夕之事，而必定要经过一个漫长的奋斗历程。那么，这一奋斗历程可以分为几个阶段？每个阶段党的任务和使命是什么？社会主义和共产主义政党的奋斗目标，如前所述，可以分为直接目标、根本目标和终极目标：直接目标是实现、发展民主与资本主义，创造实现社会主义的必要条件，亦即高度发达的生产力；根本目标是废除私有制、实现社会主义；终极目标是实现共产主义。这样一来，社会主义和共产主义政党的奋斗历程便分为三大阶段：第一阶段是实现和发展民主与资本主义，从而创造高度发达的生产力；第二阶段是废除私有制，实现社会主义；第三阶段是不断完善社会主义，逐步实现高度发达的生产力＋全民所有制＋按劳分配＋没有政府指挥的市场经济＋遵循国家制度价值标准的民主＋只有一个主权和一个世界政府的全球国家＝共产主义。

1. 社会主义与共产主义政党的奋斗目标
——在实现社会主义客观条件不具备的情况下

　　社会主义和共产主义政党奋斗历程第一阶段的目标是创造实现社会主义的必要条件:高度发达的生产力。可是,实现社会主义所必需的高度发达的生产力,如上所述,只有资本主义与民主结合起来才能够创造:生产力高度发达是实现社会主义的直接的必要的客观条件;资本主义与民主是实现社会主义的根本的必要的客观条件。因此,社会主义和共产主义政党奋斗历程第一阶段的目标、使命和任务,主要说来,就是实行民主、保护资本主义私有制和发展资本主义生产力,从而创造实现社会主义的必要条件:高度发达的生产力。

　　然而,这岂不意味着:实现社会主义的必要条件乃是民主资本主义发展的必然结果? 社会主义者岂不应该等到这种客观条件具备之后,再组织政党带领群众来实现社会主义? 非也! 因为社会主义者不但应该积极创造实现社会主义的客观条件——这无疑是社会主义的首要任务——而且更重要的乃在于:废除资本主义私有制而代之以社会主义和共产主义的目的,就是为了消除资本主义的剥削和压迫,实现公正与自由。这样一来,在生产力还没有高度发达因而不具备实现社会主义客观条件的情况下,社会主义者虽然应该保护而不是废除资本主义私有制和实现社会主义,却无疑应该努力限制、减少资本主义的剥削和压迫程度,使资本主义的剥削和压迫最小化,使无产阶级和劳动人民的利益最大化,从而最大限度接近公正与自由,最终促进生产力迅猛发展,尽快达成实现社会主义的必要条件:这乃是在不具备实现社会主义必要条件下社会主义政党之所以为社会主义政党的独特且根本的目标、使命和任务,因而是社会主义政党在不具备实现社会主义必要条件下的身份特征。

百年来,欧洲各国社会主义政党——社会民主党——通过议会道路竞选成为执政党的成功和失败,使他们改正的最大的错误,就是废除私有制的主张。如所周知,各国社会党都经历了从主张废除资本主义私有制的错误,到正确主张保护和促进资本主义私有制的根本转变。他们错误的根本原因,显然是囿于社会主义根本特征就在于废除私有制、实行公有制,囿于社会民主党既然是社会主义政党,因而务必主张废除私有制,否则就不是社会主义政党:废除私有制而代之以公有制是社会主义政党的身份特征。

殊不知,社会主义与社会主义政党根本不同。社会主义的根本特征或身份特征就是废除私有制、实行公有制,否则就不是社会主义。但是,如果由此断言社会主义政党的根本特征或身份特征就是废除私有制、实行公有制,否则就不是社会主义政党,那就大错特错了。因为社会主义和共产主义政党要实现社会主义必定要经过漫长的因而可以分为不同历史阶段的奋斗历程。不言而喻,我们不能根据一个政党在不同历史阶段的使命不同,就说她不是一个政党而是不同的政党。

我们更不能根据社会主义和共产主义政党在三个阶段的任务和目标不同,就说她是三个政党而不是同一个政党。在第一阶段,社会主义和共产主义政党显然应该保护资本主义私有制,限制资本对雇佣劳动的剥削,而不是废除资本主义私有制。当今世界,显然还不具备实现社会主义的必要条件——生产力高度发达——因而各国社会主义和共产主义政党都处于第一阶段。因此,各国社会主义和共产主义政党都应该保护——而不是废除——资本主义私有制。所以,我们决不能因为这些政党保护——而不是废除——资本主义私有制,就说他们不是社会主义和共产主义政党。

然而,保护资本主义私有制,显然并不是社会主义政党区别于其他政党的特征,并不是社会主义政党的身份特征;社会主义政党区别于其他政党的身份特征,乃在于限制、减少资本主义的剥削和压迫程度,使资本主义的剥削和压迫最小化,使无产阶级和劳动人民的利益最大化,从而最大限度接近公正与自由。可是,在不废除资本主义私有制的条件下,究竟怎样才可能做到这一点呢?毫无疑义,只有一条路,那就是执掌国家政权,亦即使自己的政党成为执政党或参与执政。因为资本就是经济权力,就是雇佣、剥削和压迫劳动者的经济权力。权力只有权力才能加以限制。如果没有权力,限制资本主义的剥削和压迫岂不就是一句空话?因此,社会主义政党只有执掌或参与执掌国家政权,才能在不废除资本主义私有制的条件下,有效限制资本主义的剥削和压迫程度,从而做到使资本主义的剥削和压迫最小化,使无产阶级和劳动人民的利益最大化。

百年来,欧洲各国社会民主党最大的历史功勋,就是通过议会道路执政或参与执政,并通过执政或参与执政而实现政治民主、经济民主和社会民主,从而卓有成效地限制了资本主义的剥削和压迫程度,几乎做到了资本主义的剥削和压迫最小化、无产阶级和劳动人民的利益最大化,最大限度接近公正与自由。社会民主党达成这些目标的最主要最根本最主要的手段,无疑是建立福利国家制度和参与共决的经济民主制度化。

2. 福利国家与经济民主：限制剥削和最大限度 接近公正的主要手段

资本主义的剥削和压迫，如前所述，源于生产资料或经济权力的垄断，源于生产资料私有制使资本家有权成为支配和领导工人的雇主，说到底，源于雇主是价格的决定者和雇员是价格的接受者。因此，限制资本主义的剥削和压迫而使其最小化的途径——正如欧洲各国社会民主党通过执政或参与执政已经普遍做到的——就是削弱和减少雇主对经济权力的垄断，使雇员与雇主共同拥有经济权力，亦即建立参与共决等经济民主制度，使雇员在劳资工资协议和企业决策等经济活动中，拥有信息权、协商权、共决权、监督权、提要权等经济权力，从而能够与雇主共同商定雇员工资、经济战略、劳动组织、职业教育等方针大计。对此，《社会党国际十八大声明》曾这样写道：

"必须用一种不同的社会秩序来取代少数私有者集中控制经济权力的情况。在这种秩序中，每个人都有权作为公民、消费者或工薪劳动者来影响生产的方向和分配、生产资料的形态和劳动生活的条件。实现这个目标的办法是，吸引公民参与经济决策、保证工薪劳动者在工作场所的影响。"[①]

德国实施的参与共决的经济民主制度最为完整系统；主要是推行《煤钢共决法》(1951 年)、《经营组织法》(1952 年)、《工作章程法》、(1972 年)和《工人共同决策法》(1976 年)。这些法令规定，德国的共决制分为两个层次：工厂委员会参与共决模式与雇员代表

---

① 《社会党国际重要文件选编》，当代世界出版社 2005 年版，第 15 页。

参与监事会模式。工厂委员会成员由工人代表组成,职权可以分为"施加影响"和"参与决定"。施加影响就是知情权和协商调解的权利,包括工作环境、人事计划、工作组织、企业管理、工艺流程、新技术等;参与决定包括工作时间表、劳动报酬、休假时间表、超时工作、职业培训、企业规章制度、劳动保护、福利设施等。雇员代表参与监事会成员由劳资双方对半组成,权力相同。监事会是企业最高领导机构,决定企业预算和决算、工资与分红、批准重要的投资和战略决策、任命负责处理企业日常事务的董事会成员。[①]

瑞典参与共决经济民主制的最激进措施,恐怕是《雇员投资基金法案》。瑞典社会民主党 1978 年提出的《雇员投资基金与资本形成》的报告写道:"社会民主党在瑞典的任务,就是实现对现在基本上控制在私营公司金融势力之下的经济制度的转变,而代之以一种新的经济秩序,使每一个公民对于生产的方向、利润的分配、生产体制和工作条件具有发言权,换句话说,这就是'经济民主'。""因此,争取经济领域内平等和民主的工人运动必然提出对企业利润进行分成。"[②]

1983 年,瑞典议会通过了这一雇员投资基金法案。该法案规定,雇员投资基金通过两条途径筹集资金。一是利润分享税。所有瑞典股份公司、合作社、储蓄银行和财产保险公司都要向基金支付超额利润的 20%。二是养老税,所有雇主必须支付提高了的养老税金,1984 年为各企业工资总额的 0.2%,逐步增加到 0.5%。

---

① 李宏:《另一种选择:欧洲民主社会主义研究》,法律出版社 2003 年版,第 63 - 64 页。

② 袁群:《瑞典社会民主党的历史、理论与实践》,云南人民出版社 2009 年版,第 132 页。

雇员投资基金将用于购买瑞典企业的股份。这样一来,据计算,只要企业的利润率为 10%—15%,转移到职工名下的雇员投资基金可在 25 到 30 年内,占有企业股份的 50%。[①] 这样一来,《雇员投资基金法案》通过占有股份,便可以极大地增强雇员在企业股东大会及董事会中的力量,以实现参与和管理,影响企业的经营方向,促进生产和就业。[②]

参与共决的经济民主赋予工人参加决策和管理的权力,激发了他们的生产积极性和创造性,从而大大提高了企业的经济效益。据统计,在 1972—1976 年间,联邦德国实行参与共决制的企业,工人平均产值提高了 17%,而没有实行这种制度的企业,人均产值只提高了 4%。[③] 但是,整体说来,欧洲各国的参与共决制的经济民主,主要是从经济权力——而不是经济权利——方面,限制资本主义剥削和压迫、实现其最小化的手段。从经济权利方面限制资本主义剥削和压迫、实现被剥削被压迫群体利益最大化的手段,则主要是社会民主党政府所建立的福利国家制度。

典型的福利国家制度为二战后英国工党政府首创。在 1945 年的大选中,工党提出的一个主要的政策主张就是创造福利国家。1945—1951 年的艾德礼工党政府履行了这一诺言。该政府根据英国经济学家贝弗里奇的《社会保障及有关各种服务的报告》,通过 1945—1948 年间的一系列立法——包括国民教育、医疗卫生、国民保险、国民救济、家庭补助、住房等各个方面——为所有公民

---

① 袁群:《瑞典社会民主党的历史、理论与实践》,云南人民出版社 2009 年版,第 134 页。

② 同上书,第 134 页。

③ 李宏:《另一种选择:欧洲民主社会主义研究》,法律出版社 2003 年版,第 82 页。

创造了一套"从摇篮到坟墓"的社会保障制度,被人们称之为"典型的福利国家(classic welfare state)"。这种福利国家制度,使每个人的生、老、病、死、孤、寡、衣、食、住都得到了基本的保障,都能够过上正常而体面的生活。

英国工党政府的福利国家制度,为欧洲社会民主党执政或参与执政树立了榜样,以致先后纷纷建成福利国家:"'社会福利国家政党'的形象到处都成了社会民主党的标志。"①社会民主党政府的福利国家以及参与共决的经济民主等制度,有效限制了资本主义的剥削和压迫程度,几乎达到资本主义的剥削、压迫最小化和劳动人民的利益最大化。这可以从两方面看:

一方面,无产阶级和劳动人民劳动时间大幅度减少。以1993年为例,雇员每周平均劳动时间,德国37.6小时,法国38.6小时,英国43.1小时,丹麦31.5小时,挪威36.8小时,西班牙36.2小时,奥地利34.5小时。同年,德国开始讨论试行每周4天工作制。80年代西欧各国实行支付薪金的父母假、教育假和年度假。瑞典政府规定生育子女的妇女和她的丈夫可以一起享受为期15个月的休假,而且在孩子年满12岁以前每年父母都可以休假90天。年度休假一般是1个月左右。加上各种传统的、法定的节假日,雇员每年劳动时间大幅度减少,以致有西欧社会已从劳动社会进入休闲社会的说法。②

另一方面,无产阶级和劳动人民工资和实际收入水平相当高。

---

① 〔德〕托马斯·迈尔著,殷叙彝译:《社会民主主义的转型》,北京大学出版社2001年版,第38页。

② 张世鹏:《当代西欧工人阶级》,北京大学出版社2001年版,第70-82页。

据统计,1993 年,工人每小时工资,法国是 50.63 法郎;英国是 6.25
英镑;瑞典是 98.47 瑞克朗;联邦德国是 23.79 马克。20 世纪 70
年代末和 80 年代初,联邦德国的工人,47%拥有房地产;95%有储
蓄簿;47%进行休假旅行;61%拥有私人小汽车;一个工人的薪金相
当于 70 名俄罗斯工人的工资。[①] 据柯华的《在马克思的墓前》记载,
1978 年前后,一个中国副总理工资,约为英国一个清洁工的工资的
六分之一,约为一个电梯工的工资的八分之一;中英两国人均国民
收入的比例是 1:42.3。当时中国驻英大使柯华曾陪同国务院副总
理王震到一个英国失业工人家里访问,眼前情景令他们惊诧不已:

　　这个失业工人住着一栋一百多平方米的两层楼房,有餐厅,客
厅,有沙发、电视机,装饰柜子里有珍藏的银器。房后还有一个约
50 平方米的小花园。由于失业,他可以不纳税,享受免费医疗,子
女免费接受义务教育。

　　福利国家和经济民主制度的成效由此可见一斑。然而,对于
资本主义的剥削和压迫的限制最为成功的,还不是英、德、法,而是
瑞典。瑞典福利国家和经济民主制度对于资本主义的剥削和压迫
的限制,可以说真正达到了资本主义剥削最小化和劳动人民的利
益最大化。这一点最突出的明证,个案说来,就是曾导致 1983 年
资产阶级组织 75000 人游行抗议的《雇员投资基金法案》,被认为
是对资本主义的正面进攻,[②]资本家则称之为"西方世界从来未目
睹过的最大规模的没收举动"[③];整体说来,则是瑞典的人均国民

---

①　张世鹏:《当代西欧工人阶级》,北京大学出版社 2001 年版,第 70-82 页。

②　〔荷〕鲁塞弗尔达特等主编,佘云霞等译:《欧洲劳资关系——传统与转变》,世
界知识出版社 2000 年版,第 240 页。

③　〔美〕戴维·加尔森汇编,裴彭龄等译:《神话与现实》,工人出版社 1986 年版,
第 76 页。

总产值位居世界前列，1974 年曾名列第一，但是，瑞典却是全世界贫富差距最小的国家。收入最高的 10％的国民，与收入最低的 60％的国民，税前收入有的高达 144 倍；政府竟然通过高额累进税等税收政策，使税后收入的绝对平均差距是三倍。瑞典是全世界税收和福利支出最高的国家：

"1986 年至 1987 年度，各种税收占瑞典国家收入的 64.8％，其中个人和企业所得税占 21.4％，增值税占 22.8％，烟酒税 16.7％。在同年的政府支出中，卫生和社会事务部预算最大，占 25％，教育部占 12.3％。这两个部的开支主要用于社会福利。此外，在劳工、住房和工业部中许多项目也与社会福利有关。"[①]

然而，问题在于，经济民主固然公正，但福利国家似乎并不公正：高税收岂不侵犯资本家和富人的权利？非也！因为无论如何参与共决，无论如何经济民主，根本说来，雇主与雇员的关系都是一种支配和被支配的关系，都是一种权力和服从关系，都是一种不平等的关系：雇主是拥有经济权力或较多经济权力的支配者；雇员是没有经济权力或只有较少经济权力的服从者。否则，如果雇主与雇员拥有平等的经济权力，因而不再是支配和被支配的关系，那就无所谓雇主与雇员之分了。就拿参与共决制实施得最好的德国来说：

联邦德国 1976 年法令规定，在监委会主席选举中选票不足三分之二的多数时，由资方决定主席人选，享有双票权；在监督委员会表决时，最后的决定权掌握在主席手中；企业董事会中的劳方经

---

① 李兴耕：《当代西欧社会党的理论和实践》，黑龙江人民出版社 1988 年版，第 286 页。

理人选由资方提名,不必得到监委会中劳方代表的认可;工厂委员会同资方进行协商时不得使用罢工手段进行威胁。[①]

可见,在生产资料私有制的条件下,参与共决的所谓经济民主制度,真正讲来,并不是也不可能是经济民主,而只可是最大限度地接近经济民主,只可能是一种"准经济民主":它只可能最大限度地接近而不可能做到雇员与雇主完全平等地执掌经济权力;只能限制而并不能剥夺雇主支配雇员的经济权力;只能限制而并不能剥夺雇主决定劳资价格的经济权力;只能限制而并不能剥夺劳动市场的买方垄断,因而也就只能限制而并不能消除雇主对雇员的剥削和压迫。因此,仅仅依靠参与共决准经济民主制度,仍然会存在相当严重的剥削、压迫和贫富差距。这一点的明证,就是连参与共决经济民主最完善的瑞典,收入最高的 10% 的国民,与收入最低的 60% 的国民的贫富差距,税前收入仍然高达 144 倍。赖有瑞典高税收的福利国家制度,才使税后收入的贫富绝对平均差距是三倍。据英国官方机构对 1982 年 7428 个家庭收入的调查,收入最低的 20% 家庭与收入最高的 20% 家庭的税前收入之比是 1∶120;而税后收入缩小为 1∶4。[②]

这意味着,社会民主党所创造的福利国家制度乃是比参与共决更重要更有效的限制资本家剥削和实现经济公正的手段。不但此也!真正讲来,福利国家制度乃是一种在任何时代都应该实行——因而具有普世价值的——确保公正的国家制度。因为,即使在不存在阶级和阶级剥削的理想国家,即使在没有生产资料私

---

① 李宏:《另一种选择:欧洲民主社会主义研究》,法律出版社 2003 年版,第 86 页。

② 王绍西:"西欧'福利国家'之得失",《西欧研究》1987 年第 1 期,第 38 页。

有制或经济权力垄断(因而没有劳动市场买方垄断)的完全自由竞争条件下(因而商品完全等价交换)的公正的理想的市场经济社会,仍然有能力大、贡献大或强势群体和能力小、贡献小者或弱势群体之分。

然而,按照公正原则,如前所述,一方面,每个人不论具体贡献如何不同,却因其最基本的贡献完全相同——每个人一生下来便都同样是缔结、创建社会的一个股东——而应该完全平等地享有基本权利。另一方面,每个人因其具体贡献的不相同而应享有相应不平等的非基本权利。换言之,贡献大者应该享有较多的非基本权利,贡献小者应该享有较少的非基本权利;但是,每个人所享有的非基本权利的不平等,与自己所做出的具体贡献的不平等的比例,应该完全平等。不过,在这种非基本权利比例平等的分配中,正如罗尔斯"差别补偿原则"所主张,获利较多者还必须给较少者以相应的补偿权利。因为能力大贡献大的获利多者,比能力小贡献小的获利少者,较多地利用了双方共同创造因而应该平等利用的资源——社会合作(亦即所谓社会资本)——侵占了获利较少者的权利。被侵占的权利应该获得权利补偿:这就是为什么获利较多者必须给较少者以相应的补偿权利的缘故。

可是,这种非基本权利补偿和基本权利的平等享有,如何才能得到真正的实现和充分的保障呢?无疑只有通过福利国家!如果没有福利国家,没有高额累进税和高税收的社会再分配,不但不可能真正实现绝大多数公民所应该享有的非基本权利补偿,也不可能真正保障那些弱势群体的基本权利。福利国家制度乃是任何时代任何社会真正实现绝大多数公民所应该享有的非基本权利补偿和弱势群体的基本权利的根本途径,是任何时代任何社会真正实现分配公正、经济公正与社会公正的根本的国家制度：福利国家制度实乃具有普世价值的实现权利和公正的国家制度。因此，马歇尔、吉登斯和韦伦斯基等思想家一再强调，福利国家并非慈善制度，而是公民权利的实现：

"福利国家是一个长期的公民权演进过程所达到的最高峰。"[1]"福利国家的关键是政府保证所有公民享有最低标准的收入、营养、健康、住房、教育和就业机会。这些保障表现为公民的政治权利而不是以慈善的形式出现。"[2]

然而，如所周知，新自由主义和经济自由主义思想家们却认为福利国家制度侵犯公民个人自由权利和市场经济自由权利。事实恰恰相反，如果没有福利国家制度，没有国家和政府的干预，无论如何完善的市场经济体制，也显然不可能实现每个人的非基本权利补偿和基本权利的平等享有，因而也就不可能实现真正自由且公正的市场经济。因为任何社会活动，小到家庭，大到国家，如果没有道德和法律规范，都是不可能存在发展的。市场经济没有政府的指挥而能够自发地存在发展，无疑以其遵循自由、平等和公正等市场经济制度道德及其法律为前提：自由、平等和公正等市场经济制度道德及其法律乃是市场机制有效调节市场经济存在发展的必要条件。制定市场经济制度道德及其法律并保障其实行，无疑是政府职责之所在。因此，市场经济存在发展固然可以离开政府的指挥，却离不开政府的适当干预：制定和保障市场经济制度道德

---

① 〔英〕安东尼·吉登斯著，郑戈译：《第三条道路：社会民主主义的复兴》，北京大学出版社 2000 年版，第 11 页。

② 和春雷：《社会保障制度的国际比较》，法律出版社 2001 年版，第 65 页。

及其法律的实行。新自由主义和经济自由主义经济学家弗里德曼也承认这一点:"自由市场的存在当然并不排除对政府的需要。相反地,政府的必要性在于,它既是'游戏规则'的论坛和制定者,又是解释和强制执行这些既定规则的裁判者。"[1]

福利国家的核心制度——高额累进税的再分配制度——岂不正是自由且公正的市场经济制度道德及其法律?岂不正是保障市场经济存在发展的"竞赛规则"?诚然,一方面,福利国家制度有时可能意味着牺牲和侵犯市场经济的经济自由原则。但这只是因为,任何两种以上的道德原则或价值标准相互间都可能发生冲突。市场经济的经济自由原则与经济公正原则也可能发生冲突,譬如说,强者的经济自由,有时可能剥夺那些运气不好的弱者的经济人权。那么,这种剥夺虽符合经济自由原则,却违背经济公正原则:经济自由原则与经济公正原则发生了冲突。在这种情况下,应该怎么办呢?

显然应该牺牲经济自由原则而保全经济公正原则,亦即应该实行福利国家制度,由政府干预和限制强者的经济自由,通过累进税等税收政策而从强者的收入中拿出一部分补偿给弱者,从而使市场经济遵循经济公正原则,做到每个人完全平等地分享基本经济权利:公正原则对于自由原则具有优先性。因此,福利国家制度既主张经济自由又主张经济公正,但是当经济自由原则与经济公正原则发生冲突时,福利国家制度主张牺牲经济自由原则而保全经济公正原则:这显然是唯一正确的抉择和无奈之举。

---

[1]　Milton Friedman,*Capitalism and Freedom*,Chicago:The University of Chicago Press,1962,p. 15.

另一方面,确如经济自由主义所言,符合经济自由原则的市场经济体制能够保证公正价格、等价交换。因为只要在自由竞争条件下,商品价格完全由供求关系决定,就能够且必然导致自由价格、公平价格(等价交换)和资源配置效率最佳状态。但是,经济自由主义没有看到,公平价格或等价交换仅仅意味着交换公正,仅仅意味着每个人贡献的产品与所得的产品交换的公正(等价交换);而并不意味着分配公正和全部的经济活动的公正,并不意味着非基本权利补偿和基本权利的平等享有。

殊不知,如果只有市场经济而没有福利国家制度,那么,不论市场经济体制如何完善、自由和公正,岂不都一定会有人连基本权利都得不到——很可能失业穷困而饿死街头——更不用说非基本权利补偿? 因此,福利国家制度并不意味着政府指挥和取代市场经济,并不意味着计划经济或混合经济;而仅仅意味着政府干预市场经济,亦即使市场经济不仅遵循自由原则而且遵循公正原则。没有福利国家制度,市场经济可能是自由的,但不可能是公正的:福利国家制度是自由且公正——公正对自由具有优先性——的完善的市场经济体制的根本的保障和必要条件。

因此,所谓福利国家制度,说到底,原本属于使市场经济遵循自由且公正规范的国家制度:制定市场经济制度道德及其法律并保障其实行,乃是任何国家政府——不论它是如何自由民主的国家——职责之所在。这样一来,福利国家制度岂不意味着完善的市场经济体制? 岂不意味着遵循国家制度价值标准——公正与人道以及平等与自由——的市场经济体制? 因此,新自由主义经济学家否定福利国家制度的两个根据——自由和效率——都是不能成立的。福利国家制度,就其本性来说,不但必定比非福利国家制度更能够保障自由和公正,而且必定比非福利国家制度更有效率。因为完善的市场经济体制比不完善的市场经济体制不但更能够保障自由和公正,而且更有效率。这就是为什么,从 20 世纪 50 年代西欧各国福利国家制度的建立,一直到 70 年代,各国经济持续稳定和高速增长。到 1973 年,以福利国家橱窗著称的瑞典,人均国民生产总值跃居世界第三,1974 年人均 CNP(国民生产总值)为 6720 美元,高出美国 1‰,名列世界第一。特别是,这一时期瑞典以及西欧各国的福利国家制度,还是新事物,具有种种缺陷,属于所谓"消极福利国家制度"。这些弊端和缺陷,自 20 世纪 90 年代末以来,已经不断改进和克服,从而转型为"积极的福利国家制度"。可以预期,逐步完善的福利国家制度将加公正且有效率。

　　不过,无论如何,在实现社会主义的必要条件——生产力高度发达——还不具备的资本主义私有制社会,福利国家制度只可能最大限度地接近——而不可能完全实现——保障权利和实现公正。因为生产资料私有制或经济权力垄断乃是剥削和压迫的根源;不废除私有制和经济权力垄断,不可能消除剥削和压迫。诚然,可以设想,通过高税收等方法将资本家剥削的劳动成果全部转移给被剥削者,从而消灭剥削。这是地地道道的空想。因为赚取利润和剩余价值是资本主义经济活动的目的。如果无利润可图资本家还会投资吗?资本家可以通过不再投资、投资国外廉价劳动力地区和游行示威等方法迫使政府和雇佣劳动者就范:

　　"从 1987 年到 1995 年,对发展中地区总体的国际投资按当时美元币值计算,每年平均递增 25％。据世界银行的统计,1987 年流入发展中国家的国际直接投资为 150 亿美元,1991 年增加到 350 亿美元,1995 年增加到 900 亿美元,相当于全球国际直接投资总额的 1/3。"[1]

因此,在不废除私有制或经济权力垄断条件下,福利国家制度无论如何都不可能消除资本家的剥削和压迫,而只可能限制资本家剥削和压迫,实现资本主义剥削和压迫最小化、被剥削阶级利益最大化,从而最大限度地接近公正。因此,高税收和高额累进税等福利国家制度,不但没有侵犯资本家和富人的权利,而不过是将资本家和富人侵占无产阶级和劳动人民的权利,归还给无产阶级和劳动人民;并且不可能使资本家归还侵占的全部权利,而只可能最大限度地接近归还全部权利,只可能最大限度地接近公正。

那么,福利国家制度对资本主义剥削和压迫限制的最大限度的标准究竟是什么? 使资本主义的剥削最小化和劳动人民利益最大化的标准究竟是什么? 答案无疑是:公正且有效率。这就是说,在一个国家的福利国家制度没有造成经济衰退、低效率、失业和依赖文化的限度内,它的高额累进税等税收越重、用于公民的福利越多、对资本主义剥削和压迫的限制越大、对劳动人民利益的增进越大,就越接近公正且有效率,因而就越好。

但是,如果不满足于最小限度的剥削和最大限度的接近公正,而是努力消除剥削和实现公正,势必尽可能增加税收,尽可能增进福利,结果必定掉进"福利陷阱",造成劳动力成本昂贵、企业竞争力下降和劳动积极性削弱,最终导致经济衰退、低效率、失业和依赖文化。如此固然更加公正,然而却——因其导致经济衰退、低效率、失业和依赖文化——不但损害了资产阶级,而且也使劳动人民比更加不公正却有效率的生活更坏,因而净余额是负价值,是不应

---

[1]　李宏:《另一种选择:欧洲民主社会主义研究》,法律出版社 2003 年版,第 87 页。

该的、恶的:减少全民利益的公正或造成更大损害和不公正的公正
是一种纯粹恶。

相反地,如果满足于最小限度的剥削和最大限度的接近公正,
而不是消除剥削和实现公正,那么,虽然更加不公正却有效率,不
但有利于资产阶级,而且也使劳动人民比更加公正却无效率生活
得更好,因而净余额是正价值,是应该的、善的:能够增进全民利益
或避免更大不公正和损害的不公正是一种必要恶。这样一来,"更
加公正却无效率的福利国家制度",相对"更加不公正却有效率的
福利国家制度"来说,前者便具有负价值,是不应该的、恶的福利国
家制度;后者则具有正价值,是应该的、善的福利国家制度。

可见,公正与效率是衡量福利国家制度优劣对错的双重标准:
在有效率的前提下,福利越多越公正,就越好。换言之,某种福利
国家制度是优良的正确的,当且仅当更加公正且有效率,当且仅当
公正与效率一致;某种福利国家制度是错误的恶劣的,当且仅当公
正与效率冲突,当且仅当虽然更加公正却无效率。但是,不论如
何,福利国家制度都是具有普世价值的实现绝大多数公民所应该
享有的非基本权利补偿和弱势群体的基本权利的根本途径。更何
况,错误乃是正确之母。因此,即使是恶劣的错误的福利国家制
度,也远比非福利国家制度好得多。恶劣的错误的福利国家制度,
并不意味着福利国家制度应该放弃,而仅仅意味着福利国家制度
应该改革,代之以优良的正确的福利国家制度,亦即代之以最接近
公正且有效率的福利国家制度。

福利国家制度在西欧各国取得了巨大成就。从 20 世纪 50 年
代西欧各国福利国家制度的建立,一直到 70 年代,各国经济持续
稳定和高速增长,堪称"福利国家黄金期"。因此,这一时期西欧各

国的福利国家制度,虽然属于所谓"消极福利国家制度",存在着种种弊端,但是,整体说来——特别是与非福利国家制度相比——仍然达到了公正与效率一致,是比非福利国家制度远为优良和正确的国家制度。

但是,物极必反。各国的社会福利像雪球一样越滚越大,甚至超过了国民经济的增长速度。1961 至 1971 年间,国民经济与社会福利开支增长速度的比例,瑞典为 1∶1.37;联邦德国为 1∶1.28;法国为 1∶1.41;英国为 1∶1.96;意大利为 1∶2.02;丹麦为 1∶2.17。[①]致使消极福利国家制度的种种弊端,在 1973—1975 年西方所爆发战后最严重的经济危机的条件下,导致福利国家制度危机:经济衰退、低效率、失业和依赖文化。

结果,20 世纪 90 年代,欧洲各国纷纷响应英国进行所谓"第三条道路"——亦即不同于传统社会民主主义与新自由主义的第三条道路——的福利国家制度改革,力图将传统社会民主主义所强调的公正原则,与新自由主义所强调的效率原则结合起来,从而使"消极福利制度"转变为"积极的福利制度"。这种转变的根本特征,可以归结为两个方面。

一方面,变国家投资为社会投资,改变福利开支完全由政府包干,而由政府、企业、社会团体和个人共同提供,以建立"社会投资国家"。另一方面,变强调结果平等为强调机会平等,变片面强调权利为权利与责任相结合,从福利走向工作,发展以培养个人能力为中心的责任福利制度,将投资的重点由公益事业转变为人力资本投资,增加教育和培训经费,开发和实现人的潜能:"为有能力工

---

① 李宏:《另一种选择:欧洲民主社会主义研究》,法律出版社 2003 年版,第 119 页。

作的人提供工作岗位,为无力工作的人提供安全保障"。

这种所谓第三条道路的积极的福利国家制度,克服了传统的消极福利国家制度的种种弊端,并且初见成效——社会民主党执政的欧洲各国社会失业率普遍由两位数下降到一位数——似乎堪称优良的正确的福利国家制度。

3. 福利国家与经济民主:社会主义和共产主义政党的身份特征

在实现社会主义必要条件——生产力高度发达——还不具备条件下,如前所述,社会主义和共产主义政党的目标、使命和任务,主要说来,就是实行民主、保护资本主义私有制和发展资本主义生产力,从而创造实现社会主义的必要条件:高度发达的生产力。但是,这样一来,就使社会主义政党与其他政党难以区别开来,因而造成所谓"身份特征危机"。那么,在这一历史阶段,社会主义和共产主义政党的身份特征究竟是什么?

迈尔认为是福利国家制度:"'社会福利国家政党'的形象到处都成了社会民主党的标志。"①吉登斯亦如是说:"没有哪一个问题会比福利国家更能泾渭分明地把社会民主党人和新自由主义者区别开来的了。对前者来说,一套发展完备的福利体制是一个公正体面而且人道的社会的基石;而对后者来说,福利制度则是企业的敌人、市民秩序衰败的原因。一个团体想要维持最大化的福利国家,另一个团体想要把福利制度减小到安全网的程度。"②

---

① 〔德〕托马斯·迈尔著,殷叙彝译:《社会民主主义的转型》,北京大学出版社2001年版,第38页。

② 〔英〕安东尼·吉登斯著,周红云译:《失控的世界》,江西人民出版社2001年版,第100页。

确实,福利国家和经济民主制度无疑是社会主义政党或社会民主党区别于资产阶级等其他政党的身份特征。诚然,社会民主党下野而其他政党执政,并没有废除社会民主党人所创造的福利国家和经济民主制度。但是,福利国家和经济民主制度的本质是严厉限制资产阶级对无产阶级的剥削和压迫,是资产阶级的剥削利益最小化和无产阶级不被剥削的利益最大化。因此,福利国家和经济民主制度,只能是社会主义政党——社会民主党——的奋斗目标,只能是社会民主党所追求和创造的制度,只能是社会民主党的自觉自愿自由的行为;而不可能是资产阶级等其他政党的奋斗目标,不可能是资产阶级等其他政党所追求和创造的制度,不可能是资产阶级等其他政党的自觉自愿自由的行为。

资产阶级等其他政党实行福利国家和经济民主制度,完全是被迫的、不自由的、不得已的、不敢不实行和不敢不照办的异化行为;否则,必定被人民的选票赶下台去而沦为在野党:那样岂不更糟!这就是为什么,只要稍有可能或有机可乘,只要不致下台,资产阶级等其他政党就会削弱福利国家和经济民主制度的缘故。因此,实行福利国家和经济民主制度,不过是资产阶级等政党之所以为资产阶级等政党的身份特征之异化;而只能是社会民主党之所以为社会民主党的身份特征。

由此可以理解,为什么西欧国家普遍实行——而堪称世界最发达最自由最民主的美国却没有实行——参与共决的经济民主和从摇篮到坟墓的福利国家制度?岂不就是因为西欧国家社会主义政党纷纷执政或参与执政,而美国却没有社会民主党?诚然,美国是否福利国家是有争议的。但是,不争的是,美国福利制度与欧洲福利国家制度根本不同;这种不同堪称欧洲福利国家制度是社会主义政党身份特征之明证：

首先，美国的社会保障项目和失业保险项目采用基金化的运作方式；政府征收工资税构成两个专门的保险基金，保险开支完全由基金负担，政府不再直接投入资金。而西欧国家的同类项目中，公共开支一般要占资金来源的三成左右。其次，美国没有西欧国家那样面向全民的"国民医疗保健制度"，政府只负责65岁以上老人的医疗保险，其他公民的医疗保健由商业保险来实施。老年人的医疗保险是美国社会保障制度中直接公开开支最多的部分。再次，美国没有面向全体公民的社会福利制度；美国的社会福利相当于西欧的社会救济，西欧国家以"居住权"或"公民权"为条件的社会福利在美国是没有的。美国福利制度的特点是强调针对性，而且一直保持以企业为核心的社会保障运行机制。[①]

由于美国福利制度的覆盖面小、社会之分配程度低，和多数西欧国家比较起来，存在的贫困和不平等现象要严重得多。对此，美国当代政治哲学家迈克尔·帕伦蒂曾这样写道："与人们平常所灌输的常识不同，美国并不是由为数众多的中产阶级所支撑的。最上层1%的人群控制了全国总财富（包括股票、债券、投资基金、土地、自然资源、商业资产等）的40%，这比最下层90%的人拥有的财富还多。有人说大约40%的家庭拥有某种形式的股票或债券，此话不假。可是他们的这种私人投资几乎没有超过2000美元的。再考虑一下他们的债务和抵押贷款，90%的美国家庭没有真正的净资产。"[②]

---

①　顾俊礼主编：《福利国家论析》，经济管理出版社2002年版，第253-270页。

②　〔美〕迈克尔·帕伦蒂著，张萌译：《少数人的民主》，北京大学出版社2009年版，第9页。

　　确实,目前在美国 25—35 岁的男子中,有 34％的人的工资不够维持一个四口之家享有贫困线以上的生活水平。美国社会已经分化成拥有股票和希望拥有股票的两个阶层:前者可以享受到经济增长带来的财富增加,后者则基本与之无缘。有 6300 万美国人有钱购买股票或公共基金,其中大部分财富集中在他们中的少数人手里,只有 50％的美国家庭拥有 1000 美元以上的金融资产。相形之下,多数美国家庭负债累累,根本没有能力投资。美国家庭为还债支付的款项平均达到了可支配收入的 18％。一般情况是收入越低,债务负担越重。多数人被隔绝在经济增长的成果之外的情况竟然如此严重,以致从 1973—1994 年,美国人均国民生产总值提高了 33％,但第一线(不参与管理监督他人的男女职工)的实际小时工资却下降了 14％,实际周工资下降了 19％。到 1994年末,美国工人的实际工资已经回落到了 20 世纪 50 年代水平。①

　　因此,美国虽然堪称世界最发达最自由最民主的国家,却不是最好的国家:美国远不如欧洲各福利国家好。因为,就符合国家制度价值标准——终极价值标准"增进每个人利益总量"和根本价值标准"公正与平等"以及最高价值标准"人道与自由"——的程度来说,美国显然远不如欧洲各福利国家。究其原因,说到底,就是因为美国没有强大的社会民主党,因而没有参与共决制和从摇篮到坟墓的福利国家制度:二者实为社会主义政党——社会民主党——的身份特征。这一根本缺陷,遂使人类最美好最完善最先进的民主——遵循国家制度价值标准的民主——沦为迈克尔·帕伦蒂所谓的"少数人的民主",导致今日的席卷美国全国的声势浩

---

　　① 顾俊礼主编:《福利国家论析》,经济管理出版社 2002 年版,第 253－270 页。

大的"占领华尔街"运动。迈克尔·帕伦蒂在在 2007 年问世的论证"美国的民主是少数人的民主"的杰作《少数人的民主》中这样发人深省地写道：

"本书的主旨在于揭露政府的实质：它更多地代表了特权阶层的利益而不是大众阶层的利益。从原则上来说，它往往以牺牲我们的利益为代价，换取少数人的特权利益。即使法律在字面上体现了人人平等，但其实际执行却是采取了相当不公正的方式。这里所说的'少数人的民主'，不仅是特定政府官员贪污受贿的产物，也是整个政治制度的一个反应，是权力资源被分配和使用的方式。"[①]

4. 社会主义与共产主义政党必经的两次转型——转型党的性质与目标以及指导原则与指导思想

社会主义和共产主义政党奋斗历程的第一阶段，亦即在实现社会主义必要条件——生产力高度发达——还不具备条件下，如前所述，党的奋斗目标是实现和发展民主以及资本主义，从而创造高度发达的生产力。因此，在第一阶段，社会主义和共产主义政党主要的任务和使命不是废除资本主义私有制，而是保护资本主义私有制，是实现福利国家和参与共决的经济民主制度；这种制度能够最大限度地限制资本主义私有制所必然导致的剥削和压迫，使资本主义的剥削和压迫最小化，使无产阶级和劳动人民的利益最大化，从而最大限度接近公正和自由。

因此，在实现社会主义必要条件还不具备条件下，一方面，社

---

① 〔美〕迈克尔·帕伦蒂著，张萌译：《少数人的民主》，北京大学出版社 2009 年版，第 2 页。

会主义和共产主义政党奋斗的目标是改良而不是革命；不是废除资本主义私有制，而是保护资本主义私有制，是实现和发展资本主义。这意味着，一方面，资产阶级和资本主义不是社会主义和共产主义政党的敌人，而是社会主义和共产主义政党的朋友、伙伴和被保护者。所以，20世纪中叶以来，欧洲各国社会民主党纲领或政策都一再强调雇主与雇员、政府与企业、公营与私营之间应该是伙伴关系；并将团结互助奉为社会主义基本价值之一："社会民主主义的推动力从一开始就是要建立一个由团结互助共同工作和生活的，自由和平等的人们组成的社会。"①

另一方面，社会主义和共产主义政党奋斗的目标，是福利国家和参与共决的经济民主制度，是限制资本主义私有制所必然导致的剥削和压迫程度，使资本主义的剥削和压迫最小化，使无产阶级和劳动人民的利益最大化。这意味着，社会主义和共产主义政党的阶级立场是被压迫和被剥削阶级，是无产阶级和劳动人民；而不是剥削阶级和压迫者阶级，不是资产阶级。

这样一来，社会主义和共产主义政党就不是只为某些阶级谋利益的阶级党，而是一个为所有阶级或全民（不论无产阶级还是资产阶级抑或中间阶级，不论官吏阶层还是庶民阶层抑或知识阶层）谋利益的全民党：它保护资本主义私有制和发展资本主义，因而是为资产阶级谋利益；它使资本主义的剥削和压迫最小化，使无产阶级和劳动人民的利益最大化，因而是为无产阶级和劳动人民谋利益。然而，迟至20世纪50年代，欧洲各国社会民主党方有此觉

---

① 〔德〕托马斯·迈尔著，殷叙彝译：《社会民主主义的转型》，北京大学出版社2001年版，第7页。

悟,先后由阶级党转型为全民党。影响深远的德国社会民主党
1959 年通过的《哥德斯堡纲领》宣布:"社会民主党已经从一个工
人阶级的政党变成了一个人民的政党。"

　　因此,在第一阶段,亦即在实现社会主义必要条件——民主、
资本主义和生产力高度发达——还不具备或不完全具备情况下,
社会主义和共产主义政党,就其身份特征来说,虽然站在无产阶级
与劳动人民立场;但就其性质来说,却是为所有阶级谋利益和由所
有阶级构成的全民党。它在这一历史阶段的奋斗目标,仅仅是为
了实现社会主义必要条件,亦即实现和发展民主以及资本主义从
而创造高度发达的生产力,因而也就是包括资产阶级在内的所有
阶级和国民共同的奋斗目标:实现和发展民主以及资本主义——
从而创造高度发达的生产力——岂不也是资产阶级奋斗的一个极
其重大的目标? 因此,在这一历史阶段,它应该领导所有国民为
了实现一个共同目标——实现和发展民主以及资本主义——而
奋斗。

　　当社会主义和共产主义政党实现了第一阶段目标——民主、
资本主义和生产力高度发达——的时候,才转型为阶级党,成为废
除资本主义私有制和实现社会主义的无产阶级政党:无产阶级政
党或阶级党是实现社会主义必要条件已经完全具备情况下的社会
主义和共产主义政党的转型,是奋斗历程第二阶段的社会主义和
共产主义政党,是为了实现社会主义和共产主义的政党。在这一
历史阶段,社会主义和共产主义政党的历史使命是革命:废除资本
主义私有制而代之以社会主义公有制,从资本主义飞跃为社会主
义。一旦实现了社会主义公有制,就意味着革命的完成,就意味着
社会主义实现,就意味着第二阶段结束而进入第三阶段或终极阶

段。因此,第二阶段是短暂的,是一种突变式的质变和革命。在第三阶段,社会主义和共产主义政党的历史使命是渐进式革命:高度发达的生产力＋全民所有制＋按劳分配＋没有政府指挥的市场经济＋遵循国家制度价值标准的民主＋只有一个主权和一个世界政府的全球国家＝共产主义实现。当共产主义实现时,社会主义和共产主义政党又转型为新的全民党:无阶级社会的全民党。

因此,社会主义和共产主义政党在它的奋斗历程的三大阶段中,应该——而非事实——发生两次转型而构成一个否定之否定的三段式,亦即由第一阶段的资本主义国家的全民党,转型为第二阶段的社会主义国家的阶级党,再转型为共产主义国家的新的全民党:否定之否定。社会主义和共产主义政党的转型只是应该或至少必经两次。但是,社会主义和共产主义乃是人类从未有过的理想社会,人类在追求和实现这种理想社会的奋斗历程中难免错误、挫折和失败。因为错误、挫折和失败乃是成就任何崭新而伟大事业之母。因此,事实上,社会主义和共产主义政党在其奋斗历程中必定错误多多,挫折连连,误走很多弯路,因而需要通过多次——而不是两次——转型才能踏上正确的道路。

社会主义和共产主义政党——欧洲社会民主党——在本来不应该发生转型的第一阶段(亦即不具备实现社会主义必要条件阶段),如所周知,就已经发生了两次大转型。第一次大约是19世纪末到20世纪初,由错误的暴力革命党到正确的议会道路党的转型。第二次是20世纪中叶由错误的阶级党到正确的全民党的转型。经过这两次大转型,欧洲社会民主党才走上她们建党伊始就应该走的唯一正确之路:全民党。1959年《德国社会民主党基本纲领》(哥德斯堡纲领)宣布:"社会民主党已经从一个工人阶级的政党变成了一个人民的政党。"

诚然，当代资本主义国家各种政党趋同，在某种意义上都是全民党。但是，这种趋同只是现象，而不是本质。因为作为社会主义和共产主义政党的全民党，与作为资产阶级等政党的全民党根本不同。首先，党的目标不同。社会主义和共产主义政党的全民党的直接目标(实现民主、资本主义和生产力高度发达)虽然无异于作为资产阶级政党的全民党，但是，作为社会主义和共产主义政党的全民党的根本目标和终极目标(废除私有制、实现社会主义和实现共产主义)显然根本不同于作为资产阶级政党的全民党。其次，阶级立场不同。作为社会主义和共产主义政党的全民党，站在被剥削和被压迫的阶级立场，限制资本的经济权力对雇佣劳动者的剥削和压迫，使无产阶级和劳动人民的利益最大化；相反地，作为资产阶级政党的全民党，则站在资产阶级立场，维护资本的经济权力对雇佣劳动者的剥削和压迫，使资产阶级利益最大化。最后，党所主张的基本价值根本不同。作为社会主义和共产主义政党的全民党所主张的基本价值是公正和自由，因其限制资本对雇佣劳动的剥削和压迫，使其最小化；相反地，作为资产阶级政党的全民党，不论其言辞如何漂亮，但其实际主张的基本价值却是不公正和不自由，因其维护资本对雇佣劳动的剥削和压迫，使资产阶级利益最大化。

社会主义和共产主义政党在不同历史阶段的转型，使其指导思想和指导原则有所不同。在第一阶段，社会主义全民党，就其主要使命来说，也可以称之为"民主党"。因为它的指导思想是改良而不是革命，是社会主义的民主主义，亦即社会民主主义。它的指导原则可以归结为三条：1.实现普选制民主；2.发展资本主义生产力,达到高度发达;3.通过福利国家和经济民主制度,限制资本主义剥削和压迫,使资本主义剥削最小化和无产阶级利益最大化。它的最终指导原则是最大限度接近国家制度价值标准:公正、平等、人道、自由和增进每个人利益总量。

在第二阶段,社会主义阶级党,就其主要使命来说,也可以称之为"社会党"或"社会主义党"。因为它的指导思想是革命,是民主主义的社会主义,亦即民主社会主义。它的指导原则可以归结为两条:1.在高度发达的生产力基础上建立全民所有制;2.逐步实现遵循国家制度价值标准的民主、按劳分配、没有政府指挥的市场经济,最终实现只有一个主权和一个世界政府的全球国家。它的最终指导原则是不断接近完全实现国家制度价值标准:公正、平等、人道、自由和增进每个人利益总量。

在第三阶段,共产主义新全民党,就其主要使命来说,也可以称之为"共产党"。因为它的指导思想是革命,是共产主义革命。它的指导原则是实现共产主义国家制度,亦即实现高度发达的生产力＋全民所有制＋按劳分配＋没有政府指挥的市场经济＋遵循国家制度价值标准的民主＋只有一个主权和一个世界政府的全球国家。它的最终指导原则是完全实现国家制度价值标准:公正、平等、人道、自由和增进每个人利益总量。

可见,社会主义和共产主义政党在每一历史阶段的直接的具体的指导原则和指导思想都是不同的。但是,口之于味,有同嗜焉。无论这些历史阶段的指导原则和指导思想如何不同,却存在着共同点,存在着一以贯之的普遍的终极的指导原则和指导思想。这个普遍的终极指导原则就是国家制度价值标准:根本标准"公正与平等"、最高价值标准"人道和自由"以及终极价值标准"增进每个国民利益"。因此,欧洲各国社会民主党一致将这些标准奉为社会民主党的基本价值,作为党在任何历史时期的普遍指导原则。1996 年 9 月,布莱尔和施罗德在共同声明中特别强调:"公平和社会公正,自由和机会平等,团结和对他人负责,这些价值是永恒的。社会民主主义永远不会牺牲这些价值观。"

只不过,在第一阶段,亦即在实现社会主义必要条件还不具备的情况下,社会主义和共产主义政党是全民党,它的指导原则是通过福利国家和经济民主最大限度接近这些国家制度价值标准。在第二阶段,亦即在实现社会主义必要条件已经具备的情况下,社会主义和共产主义政党是阶级党,它的指导原则是通过废除资本主义私有制而由部分到完全地逐步实现国家制度价值标准。在第三阶段,亦即在共产主义国家,共产主义政党是新的全民党,它的指导原则是全面地完全地——通过高度发达的生产力+全民所有制+按劳分配+没有政府指挥的市场经济+遵循国家制度价值标准的民主+只有一个主权和一个世界政府的全球国家——实现国家制度价值标准。

二战后,国家制度价值标准——公正与人道以及平等与自由——逐渐成为各国社会民主党的普遍的指导原则。1951 年《法兰克福声明》写道:"社会党人之所以反对资本主义……最主要的是因为它违背了社会党人的正义感。"社会党的"目标就是一个社会公平合理、生活美好、自由与世界和平的制度。"1959 年《德国社会民主党基本纲领》(哥德斯堡纲领)首次明确将社会民主党的指导原则归结为"社会主义基本价值"。在该纲领的题目就是"社会主义的基本价值"的第一条中这样写道:"自由、公正相助和从共同的结合中产生出来的彼此间所承担的义务,即是社会主义意向的基本价值。"

1989 年德国社会民主党《柏林基本原则纲领》进一步明确将这些基本价值作为国家制度价值标准和社会民主党的指导原则："自由、公正、团结互助是民主社会主义的基本价值。它们是我们判断政治现实的标准,是衡量一种新的和更好的社会制度的尺度,同时也是每个男女社会民主党人的行动指南。"

这些所谓民主社会主义基本价值,先后被各国社会党所接受,并经 1989 年社会党国际第十八大的《原则声明》确认,正式成为各国社会党的指导原则:"民主社会主义是争取自由、社会公正和团结的国际运动。它的目标是实现一个和平世界,在这个世界中,这些基本价值能得到增进,人人都能过有意义的生活,男男女女的个性与天赋都能得到充分发展,人权与公民权利都能在民主的社会框架中得到保障。"

这样一来,社会主义和共产主义政党在任何历史阶段的普遍的终极的指导思想,便都应该是关于国家制度价值标准——根本标准"公正与平等"、最高价值标准"人道和自由"以及终极价值标准"增进每个国民利益"——的理论和真理。国家制度价值标准的研究告诉我们,一方面,国家制度终极价值标准的谬误是义务论;真理是全面的科学的功利主义,亦即增进每个人利益总量:它在利益冲突条件下表现为最大多数人最大利益标准,而在利益不相冲突条件下表现为不害一人地增进利益总量。另一方面,国家制度最高标准和根本标准的谬误是专制主义;真理是人道主义、自由主义和平等主义。因此,社会主义和共产主义政党在任何历史阶段的普遍的终极的指导思想,都应该是全面的科学的功利主义、人道主义、自由主义和平等主义。

　　这显然意味着，一方面，社会主义和共产主义政党在任何历史阶段的指导思想，都应该包括自由主义而并不局限于自由主义，都应该包括平等主义而并不局限于平等主义，都应该包括人道主义而并不局限于人道主义，都应该包括功利主义而并不局限于功利主义——应该是人道主义、自由主义、平等主义和功利主义的总和而不应该仅仅是其中之一——否则就会堕入片面性和教条主义的谬误之泥潭。另一方面，社会主义和共产主义政党在任何历史阶段的指导思想，都应该包括马克思主义而不局限于马克思主义，否则就会堕入片面性和教条主义的谬误之泥潭。

　　因为，毫无疑义，马克思主义属于功利主义、人道主义、自由主义和平等主义范畴，但并不等于功利主义、人道主义、自由主义和平等主义，更不是也不可能是完善得不必修正的功利主义、人道主义、自由主义和平等主义。《哥德斯堡纲领》说得不错："在欧洲植根于基督教伦理学、人道主义和古典哲学的民主社会主义不想宣布任何最后的真理。"《法兰克福声明》亦如是说："不论社会党人把他们的信仰马克思主义的分析社会的方法上，还是建立在其他的方法上，不论他们是受宗教原则的启示还是受人道主义原则的启示，他们都是为了共同的目标而奋斗。这个目标就是一个社会公平合理、生活美好、自由与世界和平的制度。"

第十三章 社会主义和共产主义实现条件的理论

本章提要 马克思和恩格斯无疑是世界顶级的理论巨匠,仅仅就其理论成就来说,仅《资本论》一部书稿,就足以与柏拉图、亚里士多德和孔子、老子并列,远远高于伯恩斯坦、考茨基等民主社会主义理论家;马克思、恩格斯是博大精深的科学社会主义理论之创造者;而伯恩斯坦、考茨基之流不过是马克思、恩格斯所创造的科学社会主义理论之运用者和修正者而已。然而,问题的关键在于,民主社会主义理论家们虽然是马克思、恩格斯的学生,他们却因此而得以站在伟大导师的肩膀上,经历伟大导师逝世以后的世界新变化和新实践,因而可以见马克思、恩格斯所未见,看得更加高远、清楚和确切。特别是,实践是检验真理的唯一标准。在科学泰斗马克思、恩格斯面前,伯恩斯坦、考茨基等民主社会主义理论家虽然渺小之极,甚至如马克思曾轻蔑地称之为"天生的俗种";但当这些渺小平庸之辈运用伟大导师的科学社会主义理论于实践时,却足以发现和修正科学社会主义的谬误,从而形成民主社会主义之真理:科学社会主义实乃民主社会主义之母;没有科学社会主义就没有民主社会主义。

导论 社会主义理论流派分类：暴力
社会主义与和平社会主义

　　社会主义的根本特征，如前所述，是生产资料公有制。这是否意味着，只有主张废除私有制而代之以公有制的理论，才堪称社会主义理论，因而不主张废除私有制的圣西门和傅立叶学说不属于社会主义理论？否！据柯尔考证，社会主义一词初次出现于1832年的法文期刊《地球报》，就是用以表示圣西门学说；而在1827年，欧文主义者的《合作杂志》则已经使用"社会主义者"一词来称呼欧文合作学说的信徒。为什么主张公有制的欧文学说与不主张公有制的圣西门学说都被叫做社会主义？为什么社会主义的根本特征是公有制，而不主张公有制的圣西门学说却被叫做社会主义？

　　原来，欧文和圣西门学说的根本特征是改造社会的意见和计划；而社会主义和社会主义者的根本内涵，在柯尔看来，就是改造社会的意见和计划："用这两个词来称呼某些改组社会的意见和计划是相当方便，也是十分自然的；到了19世纪30年代，日常用语中已经需要一种大体上切合的词来称呼这类改组社会的意见和计划了。"①确实，社会主义就是一种改造社会的意见和计划，就是一种理想的应该的良好的——亦即就是符合社会制度价值标准的——社会之意见和计划，就是理想的应该的良好的符合社会制

----

　　① 〔英〕柯尔著，何瑞丰译：《社会主义思想史》第一卷，商务印书馆1977年版，第8页。

度价值标准的社会制度,就是关于理想的应该的良好的符合社会制度价值标准的社会制度的学说。

从词源上看也是如此。社会主义一词源于古拉丁文 socialis,本意为同伴的、社会的,引申为改造社会的、理想社会的:社会主义就是理想的社会制度,主要是理想社会的经济制度。因此,柯尔说:"在社会主义一词用开以前,人们已经谈到过'社会制度'这一含义大致相同的术语。'社会主义者'一词指的就是在许多种'社会制度'中拥护其中一种的人。这些'社会制度'在内容上虽然彼此有出入,但都一致反对经济学中流行的个人主义制度,一致反对当时一般人在人类关系和如何正确安排公众事务的看法和态度上把政治问题列在社会问题和经济问题前面的见解。"①

然而,究竟什么社会制度才是理想的、好的、应该的呢? 答案自然是仁者见仁、智者见智、众说纷纭。这就是为什么社会主义流派之众多无与伦比的缘故,这就是为什么圣西门和傅立叶并不主张废除私有制却被仍然被冠以社会主义者的缘故。但是,随着社会主义和理想社会思想的发展,社会主义和理想社会便越来越以生产资料社会所有制或公有制为根本特征了:理想社会必定消除剥削因而必定废除私有制而代之以社会所有制或公有制。因此,宽泛地说,圣西门和傅立叶学说以及一切关于理想社会的理论,都可以叫做社会主义;但严格讲来,却唯有主张公有制的理想社会理论,才堪称社会主义。

这样一来,社会主义也就是一种共产主义,从而属于共产主义

---

① 〔英〕柯尔著,何瑞丰译:《社会主义思想史》第一卷,商务印书馆 1977 年版,第8 页。

范畴。因为一个社会只要实行了生产资料公有制,就堪称共产主义社会:共产主义社会就是实行生产资料公有制的社会。这就是为什么马克思主义经典作家会将社会主义看作共产主义同义语的缘故。因此,社会主义理论和共产主义理论及其流派,大体说来,便可以作为同义语来看待,而不必分离开来进行研究。

然而,社会主义和共产主义思想流派极为众多,纷纭复杂,据说仅在 19 世纪的欧洲,就有 260 余种。[①] 徐觉哉的《社会主义流派史》曾将众流派归结为 25 种,分为 25 章——研究。但是,这些划分,如"空想社会主义"、"封建社会主义"、"基督教社会主义"、"工场社会主义"、"农民社会主义"等,显然都是基于某种流派的某种特征,而并不是按照分类的逻辑规则。因此,这些社会主义流派的类型,并列杂陈,没有内在联系,因而并不是社会主义流派的分类。堪称社会主义或共产主义流派的科学分类,无疑必须以社会主义和共产主义理论的某种根本性质为根据进行划分:首先依此性质之不同而将所有社会主义理论分为几大流派;然后再将各大流派以某种性质为根据继续划分为众多的小流派。这种科学分类的起点显然是:各种社会主义和共产主义理论最根本的性质或最具区别性的特征是什么?

不难看出,社会主义和共产主义理论的全部内容无非两方面:一方面是社会主义和共产主义社会制度;另一方面是实现这种社会的条件和途径。对于社会主义和共产主义社会制度究竟如何,思想家们虽有不同看法,却没有因此形成不同流派。更何况,绝大多数社会主义思想家都认为社会主义的根本制度是生产资料公有

---

① 刘玉安等著:《从民主社会主义到社会民主主义》人民出版社 2010 年版,第 3 页。

制。特别是，马克思恩格斯也与莫尔、康帕内拉、温斯坦莱、摩莱里、马布利、欧文、卡贝等众多思想家完全一样，都认为未来的共产主义社会实行公有制、按需分配、计划经济、消除了商品和货币，因而也就不存在商品经济或市场经济了。所以，各种社会主义和共产主义学说的根本区别——特别是马克思恩格斯与其他社会主义和共产主义思想家的区别——说到底，乃在于如何实现社会主义和共产主义社会，亦即实现社会主义和共产主义的条件和途径究竟如何。

因此，各种社会主义和共产主义理论最根本的性质或最具区别性的特征，并不是社会主义和共产主义社会制度究竟如何，而是究竟如何实现这种社会的条件和途径。围绕社会主义和共产主义实现的条件和途径问题，社会主义和共产主义理论分为两大对立流派，亦即"暴力社会主义"与"非暴力社会主义"或"和平长入社会主义"：暴力社会主义就是主张通过暴力手段取得政权和实行社会主义的社会主义思想体系；非暴力社会主义就是主张通过非暴力手段取得政权和实行社会主义的社会主义思想体系。

暴力社会主义的代表人物，主要有16世纪的闵采尔、17世纪的康帕内拉、18世纪的巴贝夫和梅叶、19世纪的布朗基、德萨米和魏特林；马克思、恩格斯和列宁则是暴力社会主义之集大成者。因为马克思、恩格斯和列宁不但构建了融会以往社会主义成果的暴力社会主义思想体系——从1873年起马克思恩格斯自己将他们的暴力社会主义称之为"科学社会主义"——而且在这种体系的指导下，1917年在俄国取得社会主义革命胜利；到1949年，在东欧建立了八个社会主义国家，在亚洲建立了四个社会主义国家；到

1988 年,又增加了三个国家(1959 年建国的古巴、1975 年建国的柬埔寨和老挝),全世界有 16 个信奉暴力社会主义的共产党执政的社会主义国家。

非暴力社会主义理论的代表人物主要有古希腊哲学家柏拉图、16 世纪的莫尔、17 世纪的维拉斯和温斯坦莱、18 世纪的摩莱里和马布利、19 世纪的圣西门、傅立叶、欧文和卡贝;民主社会主义则集非暴力社会主义之大成。因为民主社会主义,不但是一种满载以往社会主义成果的思想体系,不但是一种通过普选制民主取得政权和实行社会主义的科学体系,而且在这种体系的指导下,自 1919 年以来,先后有 40 多个社会党上台执政,欧洲政治版图呈现一片耀眼的粉红色。特别是,从 1989 年到 1991 年,信奉暴力社会主义的共产党执政的国家垮掉了 11 个(东欧八国加上苏联、蒙古和柬埔寨);这些国家的共产党最终大都转变为信奉民主社会主义的社会民主党。

因此,自柏拉图的理想国和孔夫子的大同社会问世以来,社会主义和共产主义理论的各种流派,虽然纷纭复杂,不胜枚举,层峦叠嶂,并且不断修正更新,实在令人眼花缭乱;但经过近一百多年世界各国的实践之成功与失败的检验,最终融会贯通为两种相反而又皆有强大生命力的流派:民主社会主义与科学社会主义。所有社会主义和共产主义理论流派之精华,都作为某种构成要素,而凝结于——或者可以凝结于——民主社会主义与科学社会主义。因此,对于社会主义和共产主义理论流派的分析,最终便可以归结为对于科学社会主义和民主社会主义的分析。对科学社会主义和民主社会主义的分析,显然应该围绕二者所争论的四大问题——社会主义的必然性与应然性问题、国家政权本性问题、夺取政权和实现社会主义途径问题、经济建设的改良与革命问题——进行。

一、科学社会主义

1. 科学社会主义的根本特征：一种历史必然性的知识体系

所谓科学社会主义，就是马克思恩格斯所创立的社会主义思想体系："马恩从 1873 年起自称'科学社会主义'。"[①]然而，马克思恩格斯的社会主义与布朗基、魏特林、巴贝夫和德萨米的社会主义一样，都属于暴力社会主义范畴，都主张通过暴力革命夺取政权，都主张过渡阶段实行革命专政，说到底，都主张夺取政权和实现社会主义只能通过暴力革命和革命专政的途径。那么，根据什么断言只有马克思恩格斯的暴力社会主义是科学？伯恩斯坦 1901 年问世的《科学社会主义怎样才是可能的》曾这样写道："马克思主义的社会主义（我们采用这一简化的说法）既不是唯一的，也不是第一个自称科学的社会主义学说。……几乎可以说，19 世纪差不多所有的社会主义者都以这种或那种方式声称自己的学说是科学。"[②]试问，马克思恩格斯究竟根据什么自称其暴力社会主义是科学社会主义？

---

① 高放："百年来科学社会主义与民主社会主义关系的演变"，曹天予编：《社会主义还是社会民主主义》，大风出版社 2008 年版，第 261 页。

② 《伯恩斯坦文选》，人民出版社 2008 年版，第 377 页。

恩格斯答曰:根据马克思的两个伟大发现,亦即唯物主义历史观和剩余价值理论。[①] 因此,所谓科学社会主义,也就是基于唯物主义历史观和剩余价值理论的暴力社会主义,就是以唯物主义历史观和剩余价值理论为根据的暴力社会主义,说到底,就是基于唯物史观和剩余价值学说而以暴力革命和无产阶级专政为实现社会主义唯一途径的社会主义理论。这就是科学社会主义的定义。可是,为什么基于唯物主义历史观和剩余价值理论的社会主义思想体系就是科学社会主义? 恩格斯解释说,唯物主义历史观与剩余价值理论,破天荒第一次系统证明了社会主义具有历史必然性:

"一种唯物主义的历史观被提出来了,用人们的存在说明他们的意识,而不是像以往那样用人们的意识说明他们的存在这样一条路已经找到了。因此,社会主义现在已经不再被看作某个天才头脑的偶然发现,而被看作两个历史地产生的阶级即无产阶级和资产阶级之间斗争的必然产物。……以往的社会主义固然批判了现在的资本主义生产方式及其后果,但是,它不能说明这个生产方式,因而也就制服不了这个生产方式……问题在于,一方面应该说明资本主义生产方式的历史联系和它在一定历史时期存在的必然性,从而说明它灭亡的必然性,另一方面应当揭露这种生产方式的一直还隐藏着的内在性质。这已经由剩余价值的发现而完成了。……这两个伟大的发现——唯物主义历史观和通过剩余价值揭开资本主义生产的秘密,都应该归功于马克思。由于这些发现,社会主义变成了科学。"[②]

---

① 《马克思恩格斯选集》第三卷,人民出版社1972年版,第740页。

② 同上书,第739-740页。

社会主义原本是一种以经济形态为根据的社会形态,用马克思的话来说,就是一种"经济的社会形态"。因此,社会主义具有历史必然性,便意味着:社会主义乃至任何经济的社会形态的发展与自然的进程和自然的历史是相似的。因此,马克思说:"我的观点是把经济的社会形态的发展理解为一种自然史的过程。"①这样一来,关于社会主义的知识体系就与自然的知识体系一样,都是一种揭示事物必然性、规律性或普遍性的知识体系,因而都属于科学范畴——科学就是揭示事物必然性、规律性或普遍性的知识体系——可以称之为科学社会主义:科学社会主义就是揭示社会主义历史必然性的思想体系。

因此,在马克思和恩格斯看来,科学社会主义区别于以往的、空想的、非科学的社会主义的首要特征就在于:后者从正义、平等、人道和自由等原则出发,是一种应然的、应当的、道德的、理想的——因而是非科学的——思想体系;前者则从生产力、经济、政治、阶级和阶级斗争等事实出发,是一种具有历史必然性和规律性的——因而是科学的——思想体系。这就是为什么,马克思恩格斯反对将人道与自由以及公正与平——自柏拉图、亚里士多德以来这些道德原则一直被奉为国家制度价值标准——奉为社会主义价值标准或指导原则的缘故,这就是为什么这些国家制度价值标准在科学社会主义中没有位置的缘故,这就是为什么马克思、恩格斯一再说:

"共产主义对我们来说不是应当确立的状况,不是现实应当与之相适应的理想。我们所称为共产主义的是那种消灭现存状况的

---

① 《马克思恩格斯选集》第一卷,人民出版社1972年版,第102页。

现实的运动。"①"共产主义不是教义,而是运动。它不是从原则出发,而是从事实出发。"②"如果我们说,这是不公平的,不应该这样,那么这句话同经济学没有什么直接的关系。我们不过是说,这些经济事实同我们的道德感有矛盾。所以马克思从来不把他的共产主义要求建立在这样的基础上,而是建立在资本主义生产方式的必然的、我们眼见一天甚于一天的崩溃上;他只说了剩余价值由无酬劳动构成这个简单事实。"③"把社会主义社会看作平等的王国,这是以'自由、平等、博爱'这一旧口号为根据的片面的法国人的看法。"④"无产阶级平等要求的实际内容都是消灭阶级的要求。任何超出这个范围的平等要求,都必然要流于荒谬。"⑤"自从资本主义生产方式在历史上出现以来,由社会占有全部生产资料,常常作为未来的理想隐隐约约地浮现在个别人物和整个整个的派别的脑海中。但是,这种占有只有在实现它的物质条件已经具备的时候才能成为可能,才能成为历史的必然性。正如其他一切社会进步一样,这种占有之所以能够实现,并不是由于人们认识到阶级的存在同正义、平等等相矛盾,也不是仅仅由于人们希望废除阶级,而是由于具备了一定的新的经济条件。"⑥

　　对于科学社会主义的这一特征,考茨基曾有极为精辟的总结:"唯物史观先完全夺去道德理想为社会进化的指导者的地位,又指示我们依物质的基础之智识,而推论社会的欲求。""代替旧社会状

---

①　《马克思恩格斯选集》第一卷,人民出版社 1972 年版,第 87 页。

②　同上书,第 210 页。

③　《马克思恩格斯全集》第二十一卷,人民出版社 1971 年版,第 209 页。

④　《马克思恩格斯选集》第三卷,人民出版社 1972 年版,第 325 页。

⑤　同上书,第 448 页。

⑥　《马克思恩格斯全集》第二十卷,人民出版社 1971 年版,第 306 页。

态之种种新社会状态,决不依赖着道德理想,而是依赖于已存的物质条件。""这些前途的希望,不是从自由、平等、博爱、正义、人道之狂热的道德理想而有所博得,乃自由坚实的经济的考虑而达到。""在科学社会主义中,这种理想完全没有;科学的社会主义,就是因为要知道平民阶级的运动之目的及必然的倾向起见,而为社会之发达与运动的规律之科学的研究。"①

可见,科学社会主义根本特征可以归结为3组命题:命题1:科学是揭示事物必然性、规律性或普遍性的知识体系。命题2:科学社会主义是揭示社会主义历史必然性的思想体系。命题3:科学社会主义区别于以往的、空想的、非科学的社会主义的根本特征就在于:后者从正义、平等、人道和自由等原则出发,是一种应然的、应当的、道德的、理想的思想体系;前者则从生产力、经济、政治、阶级和阶级斗争等事实出发,是一种具有历史必然性和规律性的思想体系。

2. 实现社会主义条件:客观条件与主观条件

科学社会主义发现,生产关系与社会革命具有不以人的意志为转移的历史必然性:"人们在自己生活的社会生产中发生一定的、必然的、不以他们的意志为转移的关系,即同他们的物质生产力的一定发展阶段相适合的生产关系。……社会的物质生产力发展到一定阶段,便同它们一直在其中运动的现存生产关系或财产关系(这只是生产关系的法律用语)发生矛盾,于是这些关系便由

---

① 〔德〕考茨基著,董亦湘译:《伦理与唯物史观》,教育究研社1927年版,第150－155页。

生产力的发展形式变成生产力的桎梏。那时社会革命的时代就到来了。随着经济基础的变更，全部庞大的上层建筑也或慢或快地发生变革。"①

这就是唯物史观的最为根本之原理。它意味着，取代资本主义的社会主义，乃是生产力发展的必然结果，是高度发达的生产力与资本主义生产关系的矛盾冲突之必然结果：生产力高度发达以致与资本主义生产关系发生冲突是实现社会主义的客观条件。在长达数十年的时间里，马克思恩格斯一直认为，生产力已经发展到与资本主义生产关系发生冲突——因而具备实现社会主义客观条件——的程度："正如从前工厂手工业以及在它影响下进一步发展了的手工业同封建的行会桎梏发生冲突一样，大工业得到比较充分的发展时就同资本主义生产方式用来限制它的框框发生冲突了……这种冲突表现在哪里呢？"②

马克思、恩格斯答道，这种冲突可以归结为三大矛盾——生产的社会化与资本主义私人占有的矛盾、个别企业生产的有计划性与整个社会生产的无政府状态的矛盾、无产阶级与资产阶级的矛盾——及其导致的经济危机："生产资料和生产实质上已经变成社会的了。但是，它们仍然服从于这样一种占有形式，这种占有形式是以个体的私人生产为前提……社会的生产和资本主义占有之间的矛盾表现为无产阶级和资产阶级的对立……社会的生产和资本主义占有之间的矛盾表现为个别工厂中生产的组织性和整个社会中生产的无政府状态之间的对立。资本主义生产方式在它生而具

---

① 《马克思恩格斯选集》第二卷，人民出版社1995年版，第32页。
② 《马克思恩格斯选集》第三卷，人民出版社1995年版，第741－742页。

有的矛盾的这两种表现形式中运动着,它毫无出路地处在早已为傅立叶所发现的'恶性循环'中……事实上,自从1825年第一次普遍危机爆发以来,整个工商业世界,一切文明民族及其野蛮程度不同的附属地中的生产和交换,差不多每隔十年就要出轨一次……危机暴露出资产阶级无能继续驾驭现代生产力。"①

资本主义三大矛盾冲突及其导致的经济危机,表明废除资本主义而代之以社会主义的革命的客观条件已经具备。那么,社会主义革命的主观条件是什么?马克思恩格斯的回答是无产阶级革命运动。因为剩余价值规律的发现表明,资本主义是一种存在着阶级剥削和阶级压迫的制度;无产阶级是资本主义制度的受害者,是被剥削和被压迫阶级;资产阶级是资本主义制度受益者,是剥削和压迫阶级。这意味着:无产阶级是社会主义革命的主力军。因此,恩格斯论述资本主义社会三大矛盾及其导致的经济危机之后,接着便这样写道:

"无产阶级革命,矛盾的解决:无产阶级将取得公共权力,并且利用这个权力把脱离资产阶级掌握的社会生产资料变为公共财产。通过这个行动,无产阶级使生产资料摆脱了它们迄今具有的资本属性,使它们的社会性有充分的自由得以实现。从此按照预定计划进行的社会生产就成为可能的了。生产的发展使不同的社会阶级的继续存在成为时代的错误。随着社会生产的无政府状态的消失,国家的政治权威也将消失。人终将成为自己的社会结合的主人,从而也就成为自然界的主人,成为自身的主人——自由的人。完成这一解放世界的事业,是现代无产阶级的历史使命。"②

---

① 《马克思恩格斯选集》第三卷,人民出版社1995年版,第741—753页。
② 同上书,第759—760页。

这就是社会主义革命的客观条件和主观条件。从此出发,马克思恩格斯认为社会主义只能在生产力发达的多国(英美法德)同时胜利:"共产主义革命将不是仅仅在一个国家的革命,而是将在一切文明国家里,至少在英国、美国、法国、德国同时发生的革命。在这些国家的每一个国家中,共产主义革命发展得较快或较慢,要看这个国家是否有较发达的工业,较多的财富和比较大量的生产力。"①

列宁则否定生产力发达之为实现社会主义的必要的客观条件:"'俄国生产力还没有发展到可以实行社会主义的高度'第二国际的一切英雄们,当然也包括苏汉诺夫在内,把这个论点真是当作口头禅了。……我们为什么不能首先用革命手段取得达到这个一定水平的前提,然后在工农政权和苏维埃制度的基础上赶上别国人民呢?"②从此出发,列宁进而认为社会主义可能首先在生产力比较落后的一国(俄国)获得胜利:"资本主义的发展中各个国家是极不平衡的。而且商品生产下也只能是这样。由此得出一个必然结论:社会主义不能在所有国家内同时获得胜利。它将首先在一个或几个国家内获得胜利,而其余的国家在一段时间内将仍然是资产阶级的或资产阶级以前的国家。"③

综上可知,科学社会主义关于社会主义实现条件理论可以归结为四组命题。命题1:社会革命或迟或早必然发生于生产关系与生产力冲突之时。命题2:生产力与资本主义生产关系发生冲突是实现社会主义的客观条件。命题3:实现社会主义的主观条

---

① 《马克思恩格斯选集》第一卷,人民出版社1995年版,第241页。
② 《列宁选集》第四卷,人民出版社1995年版,第277页。
③ 《列宁选集》第二卷,人民出版社1995年版,第722页。

件是无产阶级革命运动。命题4：生产力已经发展到与资本主义生产关系发生冲突，这种冲突可以归结为三大矛盾——生产的社会化与资本主义私人占有的矛盾、个别企业生产的有计划性与整个社会生产的无政府状态的矛盾、无产阶级与资产阶级的矛盾——及其导致的经济危机。

3. 国家政权的本性和实现社会主义途径：暴力革命与无产阶级专政

科学社会主义认为，夺取政权和实现社会主义的途径，是暴力革命和无产阶级专政；这是由国家政权的本性——国家亦即阶级镇压工具——决定的。因为在私有制或阶级社会，剥削阶级与被剥削阶级的利益在某些重大和根本的方面是对立的：国家的政治权力机构或政府如果维护剥削阶级的剥削利益，就不能保护被剥削阶级免于被剥削的利益——只能二者择一，非此即彼。那么国家的政治权力机构究竟维护哪一个？在私有制或阶级社会，国家的政治权力机构显然只能维护私有制从而只能维护剥削阶级对被剥削阶级的剥削；维护私有制从而维护剥削阶级对被剥削阶级的剥削是阶级社会国家的政治权力机构之最根本的任务和职能。因此，在私有制或阶级社会，根本说来，国家的政治权力机构乃是维护剥削阶级对被剥削阶级进行剥削的工具，是镇压被剥削阶级反抗的机器，是一个阶级压迫和剥削另一个阶级的机器。

因此，马克思说："现代工业的进步促使资本和劳动之间的对立更为发展、扩大和深化。与此同步，国家政权在性质上也越来越变成了资本借以压迫劳动的全国政权，变成了为进行社会奴役而组织起来的社会力量,变成了阶级压制的机器。"①恩格斯说:"国家照例是最强大的、在经济上占统治地位的阶级的国家,这个阶级借助于国家而在政治上也成为占统治地位的阶级,因而获得了镇压和剥削被压迫阶级的新手段。因此,古代的国家首先是奴隶主用来镇压奴隶的国家,封建国家是贵族用来镇压农奴和依附农的机器,现代的代议制国家是资本剥削雇佣劳动工具。"②列宁说:"国家是一个阶级压迫另一个阶级的机器,是使一切被支配的阶级受一个阶级控制的机器。"③

国家的政权是一个阶级压迫和剥削另一个阶级的机器,显然意味着,一切国家——不论是民主国家还是专制国家——的政权都是一个阶级压迫和剥削另一个阶级的机器。因此,资本主义民主国家的民主政权也不能不是一个阶级压迫和剥削另一个阶级的机器,说到底,不能不是资产阶级剥削和压迫无产阶级及劳动人民的机器。

因此,恩格斯说:"国家无非是一个阶级镇压另一个阶级的机器,而且在这一点上民主共和国并不亚于君主国。"④"现代国家,不管它的形式如何,本质上都是资本主义的机器,资本家的国家,理想的总资本家。"⑤列宁说:"最民主的资产阶级共和国无非是资产阶级镇压工人阶级的机器,是一小撮资本家镇压劳动群众的机器。"⑥

①　《马克思恩格斯选集》第三卷,人民出版社 1995 年版,第 53 页。
②　《马克思恩格斯选集》第四卷,人民出版社 1972 年版,第 168 页。
③　《列宁选集》第四卷,人民出版社 1972 年版,第 49 页。
④　《马克思恩格斯选集》第三卷,人民出版社 1995 年版,第 13 页。
⑤　同上书,第 753 页。
⑥　《列宁选集》第三卷,人民出版社 1995 年版,第 701 页。

资本主义国家的民主政权是一种资产阶级剥削和压迫无产阶级及劳动人民的手段,意味着:资本主义国家的民主政权是为资产阶级服务的,而不是为无产阶级和劳动人民服务的,因而只是对资产阶级的民主,是资产阶级民主,而不是对无产阶级和劳动人民的民主,不是无产阶级和劳动人民的民主。因此,资本主义国家的民主政权,不论如何民主,不论如何进行议会斗争和多党平等竞选,到头来都只能为资产阶级掌握,而不可能被无产阶级和劳动人民掌握。理由很简单:如果无产阶级执掌国家政权,怎么能维护资产阶级剥削和压迫无产阶级呢?因此,论及资本主义国家民主政权的实质时,列宁援引马克思的话说:"马克思正好抓住了资本主义民主的这一实质,他在分析公社的经验时说:这就是容许被压迫者每隔几年决定一次究竟由压迫阶级中的什么人在议会里代表和镇压他们。"①

这就是为什么,马克思、恩格斯和列宁都一再说,无产阶级不可能通过资本主义国家的民主方式——议会道路——取得政权;无产阶级取得政权只能依靠武装斗争,只能诉诸暴力革命。《共产党宣言》最后一段写道:"共产党人不屑于隐瞒自己的观点和意图。他们公开宣布:他们的目的只有用暴力推翻全部现存的社会制度才能达到。让统治阶级在共产主义革命面前发抖吧。"②1889年,恩格斯又强调:"无产阶级不通过暴力革命就不可能夺取自己的政治统治,即通往新社会的唯一大门。"③列宁进一步总结道:"马克

---

① 《列宁选集》第三卷,人民出版社1995年版,第190页。
② 《马克思恩格斯选集》第一卷,人民出版社1995年版,第307页。
③ 同上书,第685页。

思、恩格斯关于暴力革命不可避免的学说是针对资产阶级国家说的。资产阶级国家由无产阶级国家(无产阶级专政)代替,不能通过'自行消亡',根据一般规律,只能通过暴力革命。……必须系统地教育群众这样来认识而且正是这样来认识暴力革命,这就是马克思和恩格斯全部学说的基础。……无产阶级国家代替资产阶级国家,非通过暴力革命不可。"①那么,通过暴力革命所取得的无产阶级政权将是一种怎样的政权?

马克思的回答是六个字:无产阶级专政。因为,在科学社会主义看来,国家的政权无论如何民主,都必定是一个阶级压迫和剥削另一个阶级的独裁专政:奴隶制国家政权是奴隶主阶级剥削和压迫奴隶阶级的机器,是奴隶主阶级专政;封建制国家政权是贵族地主阶级剥削和压迫农民阶级的机器,是贵族地主阶级专政;资本主义国家政权是资产阶级剥削和压迫无产阶级的机器,是资产阶级专政,即使是最民主的资本主义国家亦然:"资产阶级共和国在这里是表示一个阶级对其他阶级实行无限制的专制统治。"②"最民主的资产阶级共和国从来都是而且不能不是资本镇压劳动者的机器,资本政权的工具,资产阶级专政。"③

社会主义国家政权也不例外。只不过,它是多数人镇压少数人的独裁专政的政权,是无产阶级领导广大劳动人民镇压资产阶级和反革命分子的独裁专政的政权,是无产阶级专政。马克思很看重这一无产阶级专政理论,认为这是他的新贡献:"至于讲到我,

---

① 《列宁选集》第三卷,人民出版社 1995 年版,第 127－128 页。

② 《马克思恩格斯选集》第四卷,人民出版社 1995 年版,第 593 页。

③ 《列宁选集》第三卷,人民出版社 1995 年版,第 795 页。

无论是发现现代社会中有阶级存在或发现各阶级间的斗争,都不是我的功劳。在我以前很久,资产阶级历史编纂学家就已经叙述过阶级斗争的历史发展,资产阶级的经济学家也已经对各个阶级作过经济上的分析。我所加上的新内容就是证明了下列几点:(1)阶级的存在仅仅是同生产发展中的一定的历史斗争相联系;(2)阶级斗争必然要导致无产阶级专政;(3)而这个专政只是达到最终消灭一切阶级和进入无阶级社会的过渡。"[①]

　　然而,按照科学社会主义,无产阶级专政并不是取消民主:"民主共和国甚至是无产阶级专政的特殊形式。"[②]因为,正如盖伊·埃尔梅所说,所谓"专政"就是独裁统治;而"阶级专政"则是一个阶级的独裁统治:"专政一词最终意味着某种独裁政权而不是某一个独裁者的专制政权。F. 诺伊曼提出了这个词的最终也最完整的定义:'我们理解的专政一词是指,僭取并垄断了国家权力,因而可以不受约束地使用这种权力的一个人或一群人的统治。'"[③]

　　这意味着,专政与专制根本不同:专制必定是一个人独掌国家最高权力;专政则可以是一个阶级独掌国家最高权力。因此,一个阶级的专政既可能是专制的,也可能是民主的:如果该阶级每个人共同执掌最高权力,就是民主;如果该阶级的最高权力由一个人执掌,就是专制。但是,资产阶级专政的政权,不论如何民主,都是资产阶级对无产阶级话劳动人民的镇压,都是为资产阶级服务的,都是资产阶级民主,是少数人的民主:以往的民主都是对少数人的民

---

　　①　《马克思恩格斯选集》第四卷,人民出版社 1995 年版,第 547 页。

　　②　《马克思恩格斯全集》第二十二卷,人民出版社 1965 年版,第 274 页。

　　③　邓正来主译:《布莱克维尔政治学百科全书》,中国政法大学出版社 1992 年版,第 201 页。

主和对多数人的镇压。相反地,无产阶级专政的民主政权,则是无产阶级领导劳动人民对资产阶级和反革命分子的镇压,是为无产阶级和劳动人民服务的,是无产阶级民主,是对多数人的民主和对少数人的镇压,因而是人类历史上最高级最广泛的民主。对于这一极具辩证法精神的思辨理论,列宁的论述可谓连篇累牍:

"不仅在君主制度下,就是在最民主的共和制度下,国家也无非是一个阶级镇压另一个阶级的机器。资产阶级不得不伪善地把实际上是资产阶级专政,是剥削者对劳动群众的专政的(资产阶级的)民主共和国说成'全民政权'……只有无产阶级专政才能使人类摆脱资本的压迫,彻底认清资产阶级民主这种富人的民主是谎言、欺骗和伪善,才能实行穷人的民主……用无产阶级专政代替事实上的资产阶级专政(以资产阶级民主共和国形式伪装起来的专政)。这是用穷人的民主代替富人的民主。"[①]"如果按马克思主义观点来推论,那就得说:剥削者必然要把国家(这里说的是民主,即国家的一种形式)变成本阶级即剥削者统治被剥削者的工具。因此,只要剥削者还统治着被剥削者多数,民主国家就必然是对剥削者的民主。被剥削者的国家应该根本不同于这种国家,它应该是对被剥削者的民主,对剥削者的镇压,而镇压一个阶级,就是对这个阶级不讲平等,把它排除于'民主'之外。"[②]

总而言之,科学社会主义的暴力革命和无产阶级专政理论可以归结为三组命题。**前提 1**:国家政权是一个阶级压迫和剥削另一个阶级的机器。**前提 2**:资本主义民主政权是资产阶级剥削和

---

① 《列宁选集》第三卷,人民出版社 1995 年版,第 685－686 页。

② 同上书,第 608－609 页。

压迫无产阶级的机器,是对资产阶级的民主和对无产阶级的专政。

结论:无产阶级只能通过暴力革命——而不可能通过民主方式——取得政权;只能通过无产阶级专政实现社会主义;无产阶级专政是对无产阶级的民主和对资产阶级的专政。

二、民主社会主义

1. 民主社会主义:概念分析

民主社会主义是个颇为复杂的概念。因为民主社会主义与社会民主主义以及马克思恩格斯的科学社会主义,如所周知,原本都是社会主义政党——社会民主党、社会党和工党——所信奉的社会主义思想体系。社会民主主义一词初见于1848年欧洲革命时期。革命后,欧洲各国无产阶级政党纷纷建立,都叫做社会民主党或社会党、社会民主工党,马克思恩格斯也都自称社会民主党人:"社会党就是社会主义党的意思,我们在翻译时省去了'主义'二字,就类似共产主义党省去'主义'二字而称共产党。凡是民主革命任务尚未完成的国家则称社会民主党,意即肩负社会主义与民主主义双重任务。"①

大约马克思恩格斯逝世以前,各国社会民主党——以及第二国际——的指导思想"社会民主主义"就是马克思恩格斯的科学社会主义;二者是同一概念。对于当时的情况,布劳恩塔尔曾这样

---

① 高放:"百年来科学社会主义与民主社会主义关系的演变",曹天予编:《社会主义还是社会民主主义》,大风出版社2008年版,第260-261页。

总结道:"第二国际的绝大多数党在纲领上都以马克思主义的思想体系,他的哲学观、经济学理论、阶级斗争理论、国家学说和革命理论为依据。因此,第二国际在其意识形态方面是一个革命的国际。"①

但是,1871 年巴黎公社暴力革命失败之后,随着资本主义国家普选制民主的发展,马克思恩格斯的科学社会主义思想发生了变化。恩格斯逝世前几个月写成的《卡尔·马克思〈1848 年至1850 年的法兰西阶级斗争〉一书导言》根本修正了他和马克思的暴力社会主义理论,转而盛赞德国社会民主党利用普选权竞选所取得的成就,认为它是无产阶级争取解放的最锐利的武器;并谆谆告诫德国社会民主党人,切勿上当进行暴力革命活动,避免像1871 年在巴黎那样流血,一定要继续通过民主的方式进行议会斗争;如果这样——恩格斯预言——德国社会民主党在本世纪末就能发展成国内的决定力量,成为执政党。②

恩格斯的这种修正主义思想在他逝世后,使德国社会民主党分为两派:以右派领袖伯恩斯坦为代表的修正主义和以左派领袖卢森堡为代表的拒绝修正的科学社会主义。十月革命后,考茨基也与伯恩斯坦合流;列宁则成为拒绝修正的科学社会主义——亦即暴力革命社会主义——的领袖,俄国社会民主党更名为共产党,其他国家社会民主党左派普遍响应,纷纷另建共产党。从此,共产党信奉拒绝修正的——亦即暴力革命和无产阶级专政等原则一成

---

　　① 〔奥〕尤利乌斯·布劳恩塔尔,杨国寿等译:《国际史》第一卷,上海译文出版社1985 年版,第 2 页。

　　② 《马克思恩格斯选集》第四卷,人民出版社 1995 年版,第 521—524 页。

不变的——科学社会主义;而社会民主党则信奉修正主义,亦即根据历史进程和实践的变化而不断修正科学社会主义。

　　这种自恩格斯逝世以来,至今一直不断修正的社会主义思想体系,有一点却是在任何条件下都不变的,那就是伯恩斯坦所主张的、只应该通过民主的方式夺取政权和实行社会主义:"民主既是手段又是目的。它是为实现社会主义而奋斗的手段,也是社会主义的最终形式。"[①]对此,托马斯·迈尔曾这样解释说:"当然有一些制度、组织形式和制度性指导思想是与规范性基本思想和历史经验有直接联系的,因此它们作为实现以基本价值为基准的政策的框架条件在任何情况下都是不可放弃的。其中包括民主制和多元化的政治形式、人权的保证、民主的经济体制的基本因素,所有的人都能享受的教育体系和社会福利国家。"[②]说到底,"社会主义历来以民主原则作为基础。"[③]

　　这就是为什么,社会民主党人将其所信奉的这种不断修正的社会主义思想体系叫做"民主社会主义"的缘故。因此,一方面,民主社会主义,就其定义来说,乃是主张只应该通过民主的方式夺取政权和实行社会主义的思想体系,亦即反对暴力革命和无产阶级专政而主张只应该通过民主的方式夺取政权和实行社会主义的思想体系。

　　因此,雅克·德罗兹说:"民主社会主义就是建立在议会制和

---

　　① 〔德〕爱德华·伯恩斯坦著,宋家修等译:《社会主义的前提和社会民主党的任务》,三联书店1965年版,第191页。

　　② 〔德〕托马斯·迈尔著,殷叙彝译:《社会民主主义的转型》,北京大学出版社2001年版,第28—29页。

　　③ 〔德〕托马斯·迈尔等著,刘芸影等译:《论民主社会主义》,东方出版社1987年版,第6页。

为实现各自目标而进行合法斗争的各政党基础之上的社会主义。"①托马斯·迈尔也这样写道:"德国社会主义运动为了强调它的开明性,把自己的纲领称为'民主社会主义'。这个做法始于列宁把他那种一党绝对专政的政策说成是社会主义传统的时候。这并不意味着社会主义的概念有任何变化,而只是强调社会主义历来以民主原则作为基础。"②"对于民主社会主义来说,民主制是社会主义的核心和前提……社会主义政策的每一步骤都必须是多数人愿意迈出的通向更多的自由和平等的一步。"③

准此观之,民主社会主义并不仅仅是社会民主党的思想体系,更不仅仅是明确将民主社会主义奉为指导思想的《法兰克福声明》之后社会党国际的思想体系;凡是主张只应该通过民主的方式夺取政权和实行社会主义的思想体系,都属于民主社会主义范畴。因此,费边主义思想家萧伯纳、伦理社会主义思想家柯尔和国家社会主义思想家拉萨尔等都属于民主社会主义者。

但是,另一方面,民主社会主义,就其思想主流来说,并不是萧伯纳的费边主义、柯尔的伦理社会主义和拉萨尔的国家社会主义,而是修正主义,是不断修正马克思主义及其科学社会主义的社会主义,是根据历史进程不断修正其社会主义思想——但在任何条件下都不放弃民主——的修正主义;因而就民主社会主义最直接的思想源头来说,却正是马克思主义,是马克思恩格斯所创立的社

---

① 〔法〕雅克·德罗兹著,时波译:《民主社会主义》,上海译文出版社 1985 年版,第 1 页。

② 〔德〕托马斯·迈尔等著,刘芸影等译:《论民主社会主义》,东方出版社 1987 年版,第 6 页。

③ 〔德〕托马斯·迈尔著,时波译:《社会民主主义导论》中央编译出版社 1996 年版,第 74 页。

会主义,亦即所谓科学社会主义;民主社会主义的实质是修正主义。这个道理,迈尔曾有精辟论述:

"社会民主党人,尤其是社会主义工会运动,变得愈来愈修正主义化。在由德国的历史进程所决定的民主社会主义的几个发展阶段中,民主社会主义逐步用修正主义来表达自己的理论和纲领。1859年德国社会民主党通过的哥德斯堡纲领使修正主义的主要内容成为现代民主社会主义的理论基础。在魏玛共和国时期(1918—1933年)和德国国家社会主义时期(1933—1945年,当时社会民主党再次被取缔,它的主要倡导者流亡国外),民主社会主义的理论和纲领大体上也是具体表述和进一步发展修正主义关于社会主义的一些观点。"①

因此,民主社会主义主流思想的始作俑者,不是别人,正是恩格斯。他的民主社会主义凝结于他的政治遗言:《卡尔·马克思〈1848年至1850年的法兰西阶级斗争〉一书导言》。诚然,民主社会主义主流思想的真正代表,当推伯恩斯坦与考茨基,以及拉斯基、克罗斯兰、克赖斯基、赫希伯格、密特朗、奥伦豪埃尔、勃兰特、饶勒斯、鲍威尔、希法亭、埃希勒、帕尔梅、卡尔松、迈尔、吉登斯等不胜枚举的社会民主党思想家。这样一来,民主社会主义主流思想便不但因其代表人物纷纭复杂而千头万绪、重峦叠嶂,而且因其根据实践变化不断修正而千变万化、极难把握。但是,万变不离其宗,它总是围绕它所修正的科学社会主义而变化,因而基本特征可以归结为四个方面:"社会主义基本价值;社会主义历史必然性片

---

① 〔德〕托马斯·迈尔等著,刘芸影译:《论民主社会主义》,东方出版社1987年版,第44页。

面化之修正";"普选制民主国家政权势必为全民服务:国家政权是
阶级专政机器之修正";"民主既是手段又是目的:暴力革命与无产
阶级专政理论之修正";"混合经济、市场经济、经济民主与福利国
家:公有制与计划经济之修正"。

2. 社会主义基本价值:社会主义历史必然性 片面化之修正

　　科学社会主义认为,社会主义具有历史必然性:它是生产力发
展的必然结果,是生产力发展与资本主义生产关系的矛盾冲突之
必然结果。在长达数十年的时间里,马克思恩格斯一直认为,生产
力已经发展到与资本主义生产关系发生冲突的程度,这种冲突可
以归结为三大矛盾——生产的社会化与资本主义私人占有的矛
盾、个别企业生产的有计划性与整个社会生产的无政府状态的矛
盾、无产阶级与资产阶级的矛盾——及其导致的经济危机。结果
必然导致无产阶级革命和社会主义——因其公有制和计划经济而
能够解决这些矛盾冲突及其经济危机——的实现。

　　然而,托马斯·迈尔等众多民主社会主义理论家指出,事实恰
恰相反。首先,资本主义生产社会化程度越来越高,资本主义社会
的生产力不但没有停滞不前,而且迅速提高,虽有短期的动荡和危
机出现,但经济保持了较长时期的相对稳定发展,经济发展前景普
遍看好,呈现着强劲的发展势头;其次,生产力的巨大发展,使劳动
人民的实际工资不断提高,生活质量不断改善,阶级矛盾日趋缓
和;再次,社会主义政党——社会民主党——纷纷通过民主的方式
取得了政权。

　　据此,民主社会主义理论家对科学社会主义——特别是社会

主义历史必然性理论——进行了根本的修正,进而提出被世界各国社会民主党奉为指导原则的社会主义基本价值理论。这种修正,细究起来,可以分为两派:极端派与温和派。极端派以伯恩斯坦、迈尔和吉登斯等人为代表,他们根本否定马克思唯物史观,否定人类社会发展的历史必然性,断言社会主义并不是生产力发展的必然结果,并不是生产力发展与资本主义生产关系的矛盾冲突之必然结果:社会主义不具有历史必然性。

　　伯恩斯坦说:"我实际上并不认为社会主义的胜利要取决于它的'内在的经济必然性',不如说我认为给社会主义提供纯粹唯物主义的论证,既是不可能的,也是不必要的。"①吉登斯说:"社会主义,特别是马克思式的社会主义求助于深深植根于欧洲文化的天命论。……今天,我们必须与天命论决裂,不论它采用的是什么方式。我们不接受资本主义孕育着社会主义的观点,也不接受有可以拯救我们的历史能动者的观点,不论它是无产阶级的还是其他阶级的,更不接受'历史'有任何必然方向的观点。"②《法兰克福声明》写道:"社会主义的实现不是必然的。"③瑞典社会民主工人党2001年通过的新党纲也断言,马克思恩格斯关于"历史的发展遵循某些预定法则的理论在现代科学中找不到任何依据。社会民主主义在早期就背弃了这种宿命论。未来不由命运主宰,而由人民自己决定。"④

　　①　〔德〕爱德华·伯恩斯坦著,宋家修等译:《社会主义的前提和社会民主党的任务》,三联书店1965年版,第255页。

　　②　〔英〕安东尼·吉登斯著,李惠斌等译:《超越左与右:激进政治的未来》社会科学文献出版社,2000年版,第262页。

　　③　《社会党国际文件集》,黑龙江人民出版社1989年版,第4页。

　　④　《当代世界社会主义问题》2003年第1期,第26页。

　　温和派以饶勒斯、莱昂·勃鲁姆、康拉德·施密特、路德维希·沃尔特曼和卡尔·福尔伦德尔等为代表,他们并不否定社会主义历史必然性,而仅仅修正科学社会主义对社会主义应然性的否定,主张社会主义必然性与应然性之统一。勃鲁姆一再援引饶勒斯,来说明社会主义乃必然性与应然性之统一:"饶勒斯那时已经指出,社会革命不仅是经济进化的不可避免的后果,而同时也是人的理性和道德的永恒要求的终点。因此,社会主义使法国革命的光荣口号即人权和公民权、自由、平等、博爱得到完满的实现和精确的证实。"①施密特说:"现代社会趋向社会主义的、由无产阶级的阶级斗争为中介的发展方向的必然性,这种历史观因此同时也为那种理想主义奠定了它赖以建立的基础。"②福尔伦德尔说:"社会主义不能停留在单纯的历史和经济理论上,而是必须提出这样一个问题:社会主义应当和必须努力实现的最终目的是什么? 只有一种关于'应在'的哲学,即伦理学才能回答这个问题。"③1921 年格尔利茨通过的《德国社会民主党纲领》也这样写道:

　　"资本主义经济把被现代技术极大发展了的生产资料的主要部分置于相对一小撮有产者的统治之下。它使广大工人群众与生产资料相分离,变为一无所有的无产者。它加剧了经济上的不平等,使生活富裕的极少数人同贫穷困苦的广大阶层相对立。它因此使争取无产阶级解放的阶级斗争成为历史的必然,成为道德的要求。"④

---

① 转引自:殷叙彝:《社会民主主义概论》,中央编译出版社 2011 年版,第 65 页。
② 转引自:殷叙彝:《民主社会主义论》,中央编译出版社 2007 年版,第 85 页。
③ 同上书,第 89 页。
④ 张世鹏译:《德国社会民主党纲领汇编》,北京大学出版社 2005 年版,第 32 页。

显然,不论如极端派所言,社会主义不是必然的;还是如温和派所言,社会主义是必然性与应然性之统一,同样都意味着社会主义具有应然性:社会主义是一种理想社会,是一种符合公正与平等以及人道与自由等国家制度价值标准的理想社会。这样一来,民主社会主义就是马克思科学主义的否定之否定:马克思以其具有历史必然性的、"事实如何"的社会主义,否定了以往依据正义、平等、人道和自由等原则的应然的、"应该如何"的社会主义;原本属于马克思主义流派的民主社会主义,则又否定马克思的仅仅具有历史必然性的社会主义,重新回到依据正义、平等、人道和自由等原则的应然的、伦理的社会主义。这样一来,民主社会主义便无疑属于伦理社会主义范畴:

比利时工人党主席德·曼便这样写道:"如果有人问我是否相信社会主义在将来会实现,我要回答说:我相信这一点,但我是把它当作一项道德义务,而不是一个自然的必然性。"[1]民主社会主义理论家卡尔·赫希伯格亦如是说:"社会主义的本质的一个突出特征是,它的社会政策的实际理想,即迫切需要实现的理想的来源,主要不是对现有状态的客观观察,不如说它是来自对应当存在的事物的意识。这种意识是自由的,不受现存状态束缚的,甚至是同现存状态相对立的。"[2]《哥德斯堡纲领》之父埃希勒说:"社会主义是一个道义上的必要性,至于它在历史上是否会成为现实,要取决于它的信奉者的行动意愿。"[3]

---

[1]　转引自:殷叙彝:《民主社会主义论》,中央编译出版社 2007 年版,第 104 页。

[2]　中共中央编译局编:《国际运动史研究资料》第七集,人民出版社 1982 年版,第 135 页。

[3]　转引自:殷叙彝:《民主社会主义论》,中央编译出版社 2007 年版,第 118 页。

特别是,埃希勒所起草的《哥德斯堡纲领》,堪称伦理社会主义
发展史的里程碑。因为此后社会党国际及其所属各国社会党的纲
领性文件无不是《哥德斯堡纲领》所主张的原则的阐述和发挥。该
纲领的巨大历史意义,正如埃希勒的传记作者所指出,乃在于首次
使伦理社会主义正式成为社会党国际和各国社会党纲领性文件的
理论基础:

"这一纲领是德国社会民主党历史上第一个奠定在伦理的社
会主义理解基础上的纲领。这种理解与列昂纳德·纳尔松以及诸
如爱德华·伯恩斯坦和魏玛共和国时期德国社会民主党内若干新
康德主义哲学家所主张的伦理社会主义理解是相似的。但是他们
的思想未能产生任何特殊的影响。《哥德斯堡纲领》再现的基本思
想包括:社会主义是人们自觉争取的、主张一切人权利平等的社会
制度,而不是历史进程中必须存在的一个发展阶段;社会主义是持
久的任务,需要不断重新加以解决;人的生活应当获得不到任何折
扣的价值,还有诸如此类的其他思想。"①

二战后,各国社会党普遍将这种伦理社会主义作为他们所主
张的民主社会主义的理论基础,进而具体地将公正、平等、自由、人
道和互助等道德原则奉为理想社会制度的价值标准和社会民主党
人的行动指南,称之为"社会主义基本价值"。《哥德斯堡纲领》第
一个标题就是"社会主义的基本价值",其中写道:

"自由、公正相助和从共同的结合中产生出来的彼此间所承担
的义务,即是社会主义意向的基本价值。……社会民主党努力追
求一个体现这种基本价值精神的生活制度。社会主义是一个持久

---

① 转引自:殷叙彝:《民主社会主义论》,中央编译出版社 2007 年版,第 122 页。

任务——为实现自由和公正而斗争,保卫自由和公正,而且自身也要经受自由和公正的考验。"[1]

这些社会主义基本价值,先后被各国社会党所接受,并经 1989 年社会党国际第十八大的《社会党国际原则宣言》确认,正式成为各国社会党衡量社会制度好坏的价值标准和一切行动的指导原则。该宣言的核心——即第二部分——的标题就是"原则",这样写道:

"民主社会主义是争取自由、社会公正和团结的国际运动。它的目标是实现一个和平世界,在这个世界中,这些基本价值能得到增进,人人都能过有意义的生活,男男女女的个性与天赋都能得到充分发展,人权与公民权利都能在民主的社会框架中得到保障。

自由是个人与合作努力两者产物——这两个方面是同一个进程的组成部分。人人都有权免受政治胁迫,有权得到追求个人目标和发挥的潜力的最大机会。但只有全体人类在争取成为历史的主人并为确保任何人、任何阶级、任何种姓、任何宗教和任何种族都不会成为他人(或旁类)的仆从而进行的长期斗争中取得胜利,这才有可能实现。

公正与平等。公正意味着结束一切对个人的歧视,以及平等的权利与机会。它要求对体力、智力与社会的不平等进行补偿,要求实现既免于依赖生产资料所有者,又免于依赖于持政治权柄者的自由。

平等是一切人类都具有同等价值的表现,是人的个性自由发展的先决条件。基本的经济、社会与文化平等为人的多样性与社会进步所必不可少。

---

① 张世鹏译:《德国社会民主党纲领汇编》,北京大学出版社 2005 年版,第 70 页。

自由与平等并不矛盾。平等是个性发展的条件。平等与个人自由不可分。

团结一致的内容无所不包,是全球性的。它表达了共同的人性和对不公正的受害者的同情意识。团结一致得到了一切人道主义重要传统的正确强调与弘扬。在个人之间与各国之间空前相互依存的现时代,由于团结一致为人类生存所迫切需要,其意义就更为重要。

民主社会主义者对这些基本原则同等重视。这些原则相互依存,互为必要条件。与此相反,自由主义者和保守主义者主要强调个人自由,无视公正和团结一致;共产党人则声称实现了平等,而无视自由。"①

综上所述,民主社会主义基本价值理论,不过是对科学社会主义关于社会主义必然性的片面化——亦即否定社会主义应然性——之修正,这种修正可以归结为三组命题。命题1:社会主义或者不具有历史必然性或者是必然性与应然性之统一。命题2:社会主义是应然的,是一种符合公正、平等、自由、人道和互助等价值标准的理想社会。命题3:公正、平等、自由、人道和互助等道德原则是社会主义基本价值,是变革社会制度的价值标准和社会民主党人的行动指南。

3. 民主既是手段又是目的:暴力革命与无产阶级专政理论之修正

科学社会主义的暴力革命和无产阶级专政理论,如前所述,可

---

① 《社会党国际重要文件选编》,当代世界出版社2005年版,第5-6页。

以归结为三组命题。**前提 1**:国家政权是一个阶级压迫和剥削另一个阶级的机器。**前提 2**:资本主义民主政权是资产阶级剥削和压迫无产阶级的机器,是对资产阶级的民主和对无产阶级的专政。**结论**:无产阶级只能通过暴力革命——而不可能通过民主方式——取得政权;只能通过无产阶级专政实现社会主义:无产阶级专政是对无产阶级的民主和对资产阶级的专政。

民主社会主义理论家们原本深信这些理论,拉斯基 1935 年问世的《国家的理论与实际》还承认国家政权是一个阶级压迫和剥削另一个阶级的机器:"国家由于它本身存在的法则,不能在阶级关系中间保持中立。它不得不有所偏袒,就因为它是一个国家。它的政府必须为那个在经济上掌握着社会生存攸关的生产组织的阶级服务,成为它的一个执行委员会。"[1]

但是,民主社会主义理论家们看到,越来越多的事实与这些理论相矛盾。首先,并不是无产阶级只能通过暴力革命——而不可能通过民主方式——取得政权。恰恰相反,正如恩格斯逝世前几个月所预言的那样,德国社会民主党通过民主的方式——议会道路——取得了国家政权;只不过时间稍晚一些,不是在 19 世纪末,而是在 20 世纪初。社会民主党通过议会道路、多党平等竞选等民主方式先后成为执政党的欧洲国家,还英国、法国、瑞典、芬兰、奥地利、葡萄牙、荷兰、意大利、冰岛、希腊、比利时、卢森堡、圣马力诺、爱尔兰、挪威、瑞士、西班牙等 18 个国家。

其次,资本主义国家的民主政权并不是资产阶级剥削和压迫无产阶级的机器,并不是对资产阶级的民主和对无产阶级的专政。

---

① 〔英〕拉斯基著,王造时译:《国家的理论与实际》,商务印书馆 1959 年版,第 86 页。

恰恰相反,英法等社会民主党执政的资本主义国家政权的头等任务,曾是剥夺资产阶级经济权力,大力推行公有化,只是因其效率低下和人民反对而不得不停止。尔后成功创造和推行的福利国家制度和参与共决制度化,不论就其动机看还是就其效果说,无疑都是使资本主义的剥削和压迫最小化、无产阶级和劳动人民的利益最大化。特别是,尽管资产阶级组织 75000 人游行抗议《雇员投资基金法案》——该法案被认为是对资产阶级最大规模的没收举动——瑞典议会还是通过了这一法案。

最后,无产阶级专政并不是对无产阶级的民主和对资产阶级的专政。恰恰相反,苏联等几乎所有社会主义国家——中国除外——的无产阶级专政都是形式民主而实质专制,是以民主形式实行的一人独裁和对所有人的专政,以致社会党国际主要领导人布鲁诺·克赖斯基这样写道:"所谓的无产阶级专政实际上是特权阶层的政治,归根结底只不过是开明专制主义的新变种。"[1]

据此,民主社会主义理论家对暴力革命和无产阶级专政理论进行了根本的修正。暴力革命和无产阶级专政理论的根本错误,在民主社会主义理论家看来,乃在于只看到以往非民主制国家政权是剥削阶级剥削和镇压被统治阶级的阶级专政机器,因而误以为资本主义民主政权是资产阶级剥削和压迫无产阶级的专政机器,是对资产阶级的民主和对无产阶级的专政。这样一来,无产阶级也就只能通过暴力革命——而不可能通过民主方式——才能取得政权。殊不知,实行普选制的资本主义国家政权性质发生了根

---

[1] 〔德〕勃兰特等著,丁冬红等译:《社会民主与未来》,重庆出版社 1990 年版,第42 页。

本转变,已经从镇压劳动人民的阶级专政,转变成为全民服务的工具,从而可以转变为解放大多数人——无产阶级和劳动人民——的手段。因为无产阶级和劳动人民的政党可以凭借无产阶级和劳动人民占人口绝大多数,通过竞选获得多数选票成为执政党,取得国家政权和实现社会主义;普选制民主是无产阶级取得政权和实现社会主义的社会原则。伯恩斯坦一再说:

"当马克思写作时,工人在任何国家都没有选举权,工人必须首先进行争取普选权的斗争,并且根据当时情况,似乎工人只有通过暴力革命的道路才能取得这种权利。但在选举权取得之后(这在大多数国家是通过另外的方法达到的),工人阶级的一种完全不同的政治斗争就必然发展起来了。"[①]"工人阶级有自己的武器,它可以和古代伟大的物理学家阿基米德所说过的话的含义媲美:'给我一块立足的地方,我就要把世界翻过来。'工人阶级也可以这样说:'给我普遍和平等的选举权,作为解放的基本条件的社会原则就得到了。'"[②]"在工人运动斗争的影响下,社会民主党内出现了另一种对国家的评价。那里实际上流行着人民国家的思想,人民国家不是上层阶级和上层阶层的工具,而是由于人民大多数有了平等的选举权而获得自己的性质。这一点来说,拉萨尔在历史面前证明是正确的。"[③]

考茨基进而在 1927 年出版的巨著《唯物主义历史观》更加系统地论述道:"现代民主国家不同于以前各种形式的国家的地方是

①　《伯恩斯坦言论》,三联书店 1973 年版,第 428 页。
②　《伯恩斯坦文选》,人民出版社 2008 年版,第 472 页。
③　《伯恩斯坦言论》,三联书店 1973 年版,第 442 页。

在于,国家机器这样被利用来为剥削阶级服务并不是现代国家的本质所决定的,并不是和现代国家的本质不可分割地联系在一起的。正相反,现代民主国家就其素质而论,并不像以前的国家那样,注定要成为少数人的器官,而毋宁注定要成为多数居民中的,即劳动阶级的器官。如果它竟变成了少数剥削者的器官,那么,其根源并不在于国家的素质,而是在于劳动阶级的素质,在于劳动阶级的不统一、无知、缺乏独立性或没有斗争能力,这些又是他们生活于其中的那些条件所造成的。民主本身,就提供了可能性,来消除大剥削者在民主制度下取得政治权力的这些根源,至少,人数不断增长的雇佣劳动者,愈来愈能做到这一点。愈能这样,民主国家就愈不再仅仅是剥削阶级的工具,国家机器于是在某些情况下就开始转过来反对剥削阶级,也就是开始执行和它至今的活动恰恰相反的职能。它就开始从镇压被剥削者的工具转变为解放被剥削者的工具。"①

这就是为什么,民主社会主义竭力反对暴力革命而主张只应该通过民主取得政权:"劳工运动的斗争所取得的成就增强了社会民主党的这一信念:以民主社会主义为基础的和平的社会过渡是解放人类的唯一可行的途径。"②更何况,在考茨基等民主社会主义看来,无产阶级和劳动人民通过暴力革命取得政权,势必导致无产阶级专政:"无论哪里,只要有用暴动方式推翻现政权的条件存在,并有这样的机会发生,或显得会有这样的条件和机会,这种专

---

① 〔德〕考茨基著,《哲学研究》编辑部编译:《唯物主义历史观》第五分册,上海人民出版社,1964年版,第301-302页。

② 《社会党重要文件选编》,中共中央党校科研办公室发行,1985年版,第478页。

政的观念就会显现出来。"①相反地,如果通过普选制民主取得政权,就可以避免无产阶级专政。因为民主意味着每个人完全平等地共同执掌国家最高权力,因而不论社会主义政党是否执政,国家政权都必定是为全民服务,而不可能是一个阶级镇压另一个阶级的专政。

因此,考茨基等民主社会主义理论家一再说,如果实行阶级专政,不论是资产阶级专政还是无产阶级专政,显然都一定不是民主。专政就是消灭民主,就是一个政党的独裁,最终沦为一个克伦威尔或拿破仑专制:"就字义来讲,专政就是消灭民主。就本义来讲,它还表明不受任何法律限制的个人独裁。"②"当我们说专政是一种政府形式时,我们不可能意味着一个阶级的专政。因为,正如已经说过了的,一个阶级只能统治,不能治理。假如我们不仅仅把专政当作一种掌握统治权的情况,而且还当作一种政府形式,那么,专政就意味着一个单独的个人、或者一个组织的专政,不是无产阶级,而是一个无产阶级政党的专政了。"③"如果说,这个革命就像资产阶级革命那样,等于内战和专政,那么,我们也得承认它的后果,而且还必须说,这个革命必然归结为一个克伦威尔或拿破仑的统治。"④

这样一来,民主社会主义不但认为只应该通过民主——而不应该通过暴力革命——手段夺取政权,而且认为只应该通过民

---

① 〔德〕考茨基著,李石秦译:《社会民主主义对抗共产主义》,三联书店1958年版,第27页。

② 〔德〕考茨基著,叶至译:《无产阶级专政》,三联书店1958年版,第24页。

③ 同上书,第26页。

④ 同上书,第33页。

主——而不应该通过无产阶级专政——实行社会主义:"民主既是手段又是目的。它是为实现社会主义而奋斗的手段,也是社会主义的最终形式。"①因此,社会民主党纲领一再强调,民主是社会主义的核心、本质和灵魂,要把民主作为总的生活方式,排除任何形式的专政;社会主义政党应该是一个人民的政党,国家应该是全民国家,国家政权应该为所有人服务:

《哥德斯堡纲领》写道:"社会主义者努力建设这样一个社会,在这个社会中,每个人都能自由发展自己的个性,并且作为为共同体服务的成员,负责地参与人类的政治、经济、文化生活。……我们为民主而斗争。它必须成为普遍的国家制度和生活制度,因为只有民主制才能体现对于人的尊严和人的自身责任的尊重。我们反对任何专政,反对任何极权主义和专制主义统治,因为这种统治蔑视人的尊严,消灭他们的自由,破坏法律。社会主义只有通过民主制才能实现,只有社会主义才会履行民主。"《利马委托书》写道:"民主制是人民权力本身所必不可少的基础。因此,我们摈弃一切阶级的专政,也摈弃一切专政的阶级。"《法兰克福声明》写道:"没有自由,就没有社会主义。社会主义只能通过民主来实现,民主只能通过社会主义来完成。……任何专政,无论出现在什么地方,都构成了对所有国家人民自由的威胁。"②《社会党国际原则宣言》写道:"民主化人权不仅是实现社会主义目的的政治手段,而且是这些目的即建立一个民主经济和民主社会的实质内容。"

---

　　① 〔德〕爱德华·伯恩斯坦著,宋家修等译:《社会主义的前提和社会民主党的任务》,三联书店1965年版,第191页。

　　② 张世鹏译:《德国社会民主党纲领汇编》,北京大学出版社2005年版,第61页。

综上所述,民主社会主义的"民主既是手段又是目的"理论可以归结为三组命题。命题1:以往非民主制国家政权是剥削阶级剥削和镇压被统治阶级的阶级专政,因而被统治阶级只能通过暴力革命——而不可能通过民主方式——才能取得政权。命题2:普选制民主国家政权必定为全民服务,而不可能是一个阶级镇压另一个阶级的专政;阶级专政必非普选制民主。命题3:社会主义政党只应该通过普选制民主的方式——而不应该通过暴力革命与无产阶级专政——取得国家政权和实现社会主义。

4. 民主社会主义的改良主义:公有制与计划经济之修正

科学社会主义认为,社会主义政党取得政权,实行生产资料公有制与计划经济,就可以解决资本主义三大矛盾——生产的社会化与资本主义私人占有的矛盾、个别企业生产的有计划性与整个社会生产的无政府状态的矛盾、无产阶级与资产阶级的矛盾——及其导致的经济危机。对此,正如托马斯·迈尔所指出,民主社会主义理论家们和社会民主党人曾深信不疑,因而将废除私有制和实行计划经济写入党纲;并且各国社会民主党夺取政权之后,便纷纷推行公有制、国有化和计划经济:

"社会民主主义替代性方案的核心在于这一纲领性结论:一个真正促进平等的自由的经济制度要求对生产资料实行公共占有并且对经济实行向整个社会负责的调控。"[1]

---

[1]　〔德〕托马斯·迈尔著,殷叙彝译:《社会民主主义的转型》,北京大学出版社2001年版,第11页。

1918年,英国工党把生产资料公有制写入党章第四条,作为党的奋斗目标。战后,英国工党成为执政党,便开始将第四条付诸实施,先后掀起了三次国有化的高潮。但是,国有企业大都严重亏损,即使赢利,也只有1%～2%。法国社会党在参政和执政时期,积极推动国有化。1981年,法国社会党领袖密特朗当选总统后,主张建立"法国式的社会主义",掀起了比以往历次国有化规模都大的国有化运动。但是,国有化企业大都亏损,仅1984年亏损额就高达370亿法郎。

苏联社会主义模式是纯粹的生产资料公有制和计划经济,堪称科学社会主义蓝图的完全实现。但是,奉行该模式的众多社会主义国家,如前所述,不但效率极其低下,而且国民收入差距巨大——远超美国——特别是官吏不但垄断了政治权力,还通过控制公有制生产资料垄断了全国主要经济权力,成为全权垄断阶级;庶民阶级不但没有政治权力,而且没有经济权力,因而不服从官吏就意味着没有食物,就意味着饿死——不服从者不得食——以致社会党国际第一任书记布劳恩塔尔这样写道:"这几十年的历史经验已表明,取资本主义而代之的也可能是十分凶恶的野蛮制度。"[①]

这些事实迫使民主社会主义根本修正了科学社会主义的公有制和计划经济的理论及实践,进而提出基于社会主义基本价值的经济目标和达成这一目标的四大手段——混合所有制经济、政府干预的自由且公正的市场经济、经济民主和福利国家——的新理论。《哥德斯堡纲领》写道:"社会民主党经济政策的目标是不断增

---

① 〔奥〕布劳恩塔尔著,杨寿国等译:《国际史》第三卷,上海译文出版社1985年版,第259页。

长的富裕,使所有人公正地分享国民经济成果,享受一种没有使人
丧失尊严的依附性和不受剥削的自由的生活。"①

　　实现这些经济目标的首要经济手段,在民主社会主义看来,就
是混合经济——以资本主义私有制为基础——和政府干预的自由
且公正的市场经济体制。因此,《哥德斯堡纲领》写道:"生产资料
私有制,只要它不妨碍建立一个公正的社会制度,就有资格获得保
护和促进。"②《德国社会民主党 1975 至 1985 年经济政治大纲》写
道:"社会民主党'赞成……在凡真正存在着竞争的地方实行自由
市场经济,而在凡市场受到个别人或集团控制的地方,则需采取各
种措施,以维护经济领域的自由。'(哥德斯堡纲领)因此,社会民主
党经济政策的手段是实行市场经济制度,辅以对竞争的严格的法
律调节和社会约束。"③

　　但是,民主社会主义认为,混合经济和市场经济虽然能够导致
经济繁荣,却不能够达成经济公正与平等,因而不能全面实现民主
社会主义的经济目标。因为以资本主义私有制为基础的混合经济
与市场经济,必然导致资本家经济权力垄断及其对劳动人民的剥
削和压迫。因此,为了实现民主社会主义经济目标,还必须削弱和
减少雇主对经济权力的垄断,使雇员与雇主共同拥有经济权力,亦
即建立参与共决等经济民主制度,使雇员在劳资工资协议和企业
决策等经济活动中,拥有信息权、协商权、共决权、监督权、提要权
等经济权力,从而能够与雇主共同商定雇员工资、经济战略、劳动

---

①　张世鹏译:《德国社会民主党纲领汇编》,北京大学出版社 2005 年版,第 74 页。
②　同上书,第 75 页。
③　《社会党重要文件选编》,中共中央党校科研办公室发行,1985 年版,第 207 页。

组织、职业教育等方针大计。对此,《社会党国际十八大声明》曾这样写道:

"必须用一种不同的社会秩序来取代少数私有者集中控制经济权力的情况。在这种秩序中,每个人都有权作为公民、消费者或工薪劳动者来影响生产的方向和分配、生产资料的形态和劳动生活的条件。实现这个目标的办法是,吸引公民参与经济决策、保证工薪劳动者在工作场所的影响。"①

战后,许多社会民主党执政或参与执政的国家都将参与共决制付诸实施,创造了各种经济民主模式,如德国的参与决定模式,瑞典的劳资合作集体谈判模式,英国的共同协商模式,比利时和荷兰的工厂委员会模式等。然而,民主社会主义认为参与共决制的经济民主,主要是从经济权力——而不是经济权利——方面,限制资本主义剥削和实现经济公正的手段;从经济权利方面限制资本主义剥削和实现经济公正的手段,则是社会民主党所创造的福利国家制度。英国社会学家哈罗德·韦伦斯基给福利国家下定义说:

"福利国家的关键是政府保证所有公民享有最低标准的收入、营养、健康、住房、教育和就业机会。这些保障表现为公民的政治权利而不是以慈善的形式出现。"②

1951年社会党国际第一次代表大会原则声明——《民主社会主义的目标与任务》——宣称,福利国家制度就是保障每个公民的经济权利和社会权利的社会主义制度:"社会主义不仅意味着基本

---

① 《社会党国际重要文件选编》,当代世界出版社 2005 年版,第 15 页。
② 和春雷:《社会保障制度的国际比较》,法律出版社 2001 年版,第 65 页。

的政治权利,而且意味着经济和社会权利。后者包括:工作的权利;享受医疗保险和产期津贴的权利;休息的权利;因年老、丧失工作能力或失业而不能工作的公民有获得经济保障的权利;儿童有享受福利照顾的权利;青年有按照其才能接受教育的权利;得到足够住房的权利。"①

　　然而,这种典型地保障每个公民的经济权利和社会权利的福利国家制度,原本为二战后英国工党政府首创。在 1945 年的大选中,工党提出的一个主要的政策主张就是创造福利国家。1945—1951 年的艾德礼工党政府履行了这一诺言。该政府根据英国经济学家贝弗里奇的《社会保障及有关各种服务的报告》,通过 1945—1948 年间的一系列立法——包括国民教育、医疗卫生、国民保险、国民救济、家庭补助、住房等各个方面——为所有公民创造了一套"从摇篮到坟墓"的社会保障制度,被人们称之为"典型的福利国家"。这种福利国家制度,使每个人的生、老、病、死、孤、寡、衣、食、住都得到了基本的保障,都能够过上正常而体面的生活。

　　社会民主党执政或参与执政的欧洲各国,纷纷以英国工党政府的福利国家制度为榜样,先后建成福利国家,以致迈尔写道:"'社会福利国家政党'的形象到处都成了社会民主党的标志。这一形象带有英国工党和瑞典社会民主党政策的深刻烙印,它代表以社会公正和社会保障为基础的社会一体化以及在这一框架内国家和私有经济的合作。社会民主主义政党全力支持为一切由社会造成的生活风险公正地提供保障的社会福利国家的发展,后者保

---

　　① 《社会党国际重要文件选编》,当代世界出版社 2005 年版,第 7 页。

障弱者能维持最低的生活水平和参加社会与文化生活。"①

这样一来,民主社会主义及其政党认为,他们放弃科学社会主义所主张的公有制和计划经济,而代之以混合经济——资本主义私有制为基础——和政府干预的自由且公正的市场经济,并通过经济民主与福利国家制度,便实现了民主社会主义所追求的经济目标:既保障了经济繁荣又实现了公正和自由。这种混合经济和市场经济以及经济民主与福利国家制度,用托马斯·迈尔的话来说,乃是民主社会主义的改良主义的社会主义观之核心:

"斯堪的那维亚国家的社会民主党以及荷兰、奥地利和德国的社会民主党尽管没有放弃关于一个新的社会的梦想,但是早在50年代后60年代就已经放弃通过计划化和社会化而贯彻一种与市场逻辑(连同它的危机的可能性和重大的社会政策缺陷)完全不同的经济发展逻辑的期望。不如说它们的政策的宗旨是承认市场化私有制能在它们的经济政策方案中持续发挥作用,但是要通过经济生活内部的民主化,通过社会福利国家政策和劳动权利政策以及民主决定的宏观经济调控使私有财产和公共利益、市场机制和政治控制结合起来。这是改良主义的社会主义观的核心。"②

民主社会主义——从伯恩斯坦到勃兰特和迈尔——一直自称改良主义,实已意味着:民主社会主义仅仅主张政府干预的自由且公正的市场经济与经济民主以及福利国家等资本主义社会之改良,而并不主张推翻资本主义和代之以根本不同于资本主

①　〔德〕托马斯·迈尔著,殷叙彝译:《社会民主主义的转型》,北京大学出版社2001年版,第38页。

②　同上书,第35页。

义——如生产资料公有制和计划经济——的新社会之革命。这
一点,德国社会民主党人 H. 维耐尔说得很清楚:"不久前有人问
我,社会民主党真的不打算推翻资本主义吗? 我说是真的。因
为资本主义不是可以推翻的事物,要关心的只不过是使它们有
所改变罢了。"①

　　然而,问题的关键在于,民主社会主义最终是否废除资本主义
私有制而代之以生产资料公有制、计划经济和按需分配? 共产主
义是否民主社会主义的最终目标? 答案如果也是否定的,民主社
会主义就属于反对革命的改良主义;如果是肯定的,民主社会主义
就仅仅主张改良而并不反对革命,并不是改良主义。民主社会主
义的答案正如维·勃兰特的回答,是否定的:"关于消灭现存制度
的口号是不正确的,而且它不会带来任何好处。民主社会主义不
是以某种最终目标为方向的,应当把它解释为一种过程,民主社会
主义没有最终目标,应当把它理解为长久性的任务。"②托马斯·
迈尔也这样写道:

　　"社会主义并不意味着立即和全面地由完全不同的另一种模
式取代资本主义社会。社会主义并不是一个有着明确规定的机构
制度的社会模式,而只是组织社会的一种原则(就是说,各阶层的
人由于团结互助和组织起来而享有自由)。不可能通过这样一个
模式来决定哪种体制最好,有利于在社会主义发展的特定阶段按
照那个阶段人们的经验和态度来实现社会主义原则。这个问题必

---

　　① 　转引自:汪恩键主编:《民主社会主义与科学社会主义比较研究》,中央编译出
版社 1998 年版,第 237 页。
　　② 　转引自贾春峰:《怎样认识民主社会主义》,中国青年出版社 1991 年版,第 115 页。

须由有关人民根据当时的情况来决定。无论建立了什么样的机构制度,都必须根据社会主义原则和经验来经常对之进行复核。"①

原来,民主社会主义的目标,正如《哥德斯堡纲领》等社会民主党文件所指出,并不是某种确定的具体的最终的社会制度,而是在一定历史条件下与社会主义基本价值——公正与平等以及人道与自由——相符的任何一种社会制度:

"自由、公正相助和从共同的结合中产生出来的彼此间所承担的义务,即是社会主义意向的基本价值。……社会民主党努力追求一个体现这种基本价值精神的生活制度。社会主义是一个持久任务——为实现自由和公正而斗争,保卫自由和公正,而且自身也要经受自由和公正的考验。"②

民主社会主义的目标,是在一定历史条件下与社会主义基本价值——公正与平等以及人道与自由——相符的任何一种社会制度,也就是一种历史的、发展的、不断完善和不断变化的社会制度,因而也就没有最终目的:运动就是一切!这样一来,任何确定的具体的社会制度,不论是资本主义还是社会主义抑或共产主义,都不可能是民主社会主义的最终目标。恰恰相反,这些社会制度都可能——且只能——是在一定历史条件下实现民主社会主义目标的手段:如果私有制或资本主义符合公正与平等以及人道与自由,就应该选择私有制或资本主义制度;如果公有制或社会主义和共产主义不符合公正与平等以及人道与自由,就应该摒弃公有

---

① 〔德〕托马斯·迈尔等著,刘芸影等译:《论民主社会主义》,东方出版社 1987 年版,第 40－41 页。

② 张世鹏译:《德国社会民主党纲领汇编》,北京大学出版社 2005 年版,第 70 页。

制或社会主义和共产主义。这个道理，考茨基1918年就已经说得十分透辟：

"确切地说，社会主义本身并不是我们的目标，我们的目标是消灭各种剥削和压迫，不管这种剥削和压迫是来自一个阶级、一个政党、一个性别、或一个种族的。……假如在这个斗争中我们把社会主义的生产方法当作目标，那就是因为在今天流行的技术和经济条件下，社会主义的生产似乎是达到我们的目的的唯一手段。假如有人能向我们证明我们这样做是错了，并且有办法证明无产阶级和全人类的解放只是在私有财产的基础上就能实现，或者，用普鲁东所说的那种方法能够更易于实现的话，那么，我们就摈弃社会主义，而却还丝毫不至于放弃我们的目标，甚至于还是有利于实现这个目标的。"①

这就是为什么，民主社会主义摈弃公有制和计划经济而选择资本主义和市场经济；这就是为什么，民主社会主义反对推翻资本主义的革命而仅仅选择经济民主和福利国家等改良；这就是为什么，维·勃兰特说："唯有改良主义的道路才是与基本价值如言论自由与信仰自由协调一致的"②；这就是为什么，民主社会主义认为就社会制度来说运动就是一切而否定最终目的。这也终于使我们可以理解，为什么伯恩斯坦会说出那段他自己怎么也解释不清楚的备受责难的名言：

"我公开承认，对于人们通常理解的'社会主义的最终目的'，

---

① 〔德〕考茨基著，叶至译：《无产阶级专政》，三联书店1958年版，第2—3页。

② 〔德〕勃兰特等著，丁冬红等译：《社会民主与未来》，重庆出版社1990年版，第92页。

我非常缺乏爱好和兴趣。无论这一目的是什么,它对我来说是微不足道的。运动就是一切。我把运动理解为既是社会的一般运动即社会进步,也是促进这一进步的政治的宣传和组织工作。"①

综上所述,民主社会主义的改良主义可以归结为三组命题。命题1:民主社会主义目标是在一定历史条件下与社会主义基本价值——公正与平等以及人道与自由——相符的任何一种社会制度,是一种历史的、发展的、不断完善和不断变化的社会制度,因而也就没有最终目的:运动就是一切。命题2:公有制和计划经济是违背社会主义基本价值的社会制度;混合经济——资本主义私有制为基础——和政府干预的自由且公正的市场经济以及经济民主与福利国家是符合社会主义基本价值的社会制度。命题3:民主社会主义主张实现政府干预的自由且公正的市场经济、参与共决的经济民主与福利国家制度等资本主义社会之改良;反对推翻资本主义而代之以根本不同于资本主义——如生产资料公有制和计划经济——的新社会之革命。

三、科学社会主义与民主社会
主义:真理与谬误

1. 社会主义的必然性与应然性:社会主义的
价值标准和指导原则

伯恩斯坦等民主社会主义论者否定科学社会主义的根本原

---

① 《伯恩斯坦文选》,人民出版社 2008 年版,第 506 页。

理——社会主义具有历史必然性——的观点是不能成立的。诚然,马克思恩格斯认为生产力已经发展到与资本主义生产关系发生冲突的程度——这种冲突可以归结为资本主义三大矛盾及其导致的经济危机——是根本错误的。实际上,不但正如民主社会主义理论家所指出,资本主义生产关系至今仍然适合生产力的发展;而且所谓资本主义三大矛盾——生产的社会化与资本主义私人占有的矛盾、个别企业生产的有计划性与整个社会生产的无政府状态的矛盾、无产阶级与资产阶级的矛盾——也是不能成立的。

因为如前所述,首先,所谓生产的社会化与资本主义私人占有的矛盾是资本主义基本矛盾,根本不能成立;因为并非只有公有制才能够适合——私有制也可以通过股份制和社会资本等方式适合——生产社会化。其次,个别企业生产的有计划性与整个社会生产的无政府状态,无非就是市场经济状态,因而也就是唯一可以导致资源配置效率最佳的经济状态;这种状态存在的矛盾和冲突,没有政府指挥——但有政府适当干预——的市场经济制度能够予以最好的解决,而绝对不应该代之以计划经济:计划经济是不自由、非人道、不公正和低效率的经济制度。最后,无产阶级与资产阶级的矛盾日益加剧也不是事实;因为生产力的巨大发展,使劳动人民的实际工资不断提高,生活质量不断改善,阶级矛盾日趋缓和。

究竟言之,马克思恩格斯认为社会主义是生产力发展与资本主义生产关系的矛盾冲突之必然结果,也是根本错误的。殊不知,资本主义生产关系,就其总体效用说来,永远都不会阻碍任何生产力的发展。因为资本主义生产关系,就其本性来说,具有促进任何生产力发展的永恒动力机制:市场经济与私有制。这可以从两方面看:

一方面,如前所述,资本主义生产关系或经济形态乃是一种商品经济或市场经济,是资本通过雇佣劳动而增值的商品经济或市场经济制度;而人类社会只有一种经济制度,亦即没有政府指挥——但有政府适当干预——的市场经济制度,是符合经济自由等国家制度价值标准和可以导致资源配置效率最佳状态的经济制度;其他一切经济制度(计划经济和自然经济以及存在政府指挥的市场经济或混合经济)都程度不同地违背国家制度价值标准,都程度不同地属于不自由、非人道、不公正和低效率的经济制度。

另一方面,如前所述,在生产力还没有高度发达——因而国民品德不可能普遍提高——的条件下,唯有私有制才有效率,才能促进生产力发展;而公有制必定无效率,必定阻碍生产力发展。更何况,最根本的人性定律是爱有差等:每个人必定恒久为自己,而只能偶尔为他人。这岂不意味着,即使在生产力高度发达——因而国民品德普遍提高——的条件下,私有制也比公有制更加符合人性,更加能够调动人的劳动积极性,更能够促进生产力的发展?

诚然,资本主义私有制具有两面性:它虽然比公有制更能够调动劳动积极性,促进生产力的发展,却因其经济权力垄断而必定导致剥削、经济不公、两极分化和经济危机,从而破坏和阻碍生产力发展。但是,整体说来,亦即就资本主义生产关系适合、促进与不适合、阻碍生产力发展的净余额来说,无疑是适合、促进生产力发展的,甚至能够适合、促进任何生产力的发展,不论它达到何等发达程度。

因此,如果像马克思恩格斯所说的那样,社会主义是生产力发展与资本主义生产关系的矛盾冲突之必然结果,那么,社会主义就永无实现之日了。不过,由此不能否定社会主义的历史必然性。

因为如前所述,正如马克思所发现,一个社会究竟实行比较高级的新生产关系,还是比较低级的旧生产关系,决定于生产力发展水平,因而具有不以人的意志为转移的历史必然性:新的生产关系必然诞生于旧的生产关系不再适合——而新的生产关系则适合——新的生产力之时。

这意味着,新的生产关系诞生的历史必然性的原因是双重的:一方面因为旧生产关系不再适合生产力的发展;另一方面因为新生产关系适合生产力的发展。但是,马克思却绝对化了自己的伟大发现,误以为任何新生产关系的诞生,都是旧生产关系不再适合生产力发展的结果。殊不知,无阶级无剥削的、人类理想的生产关系(社会主义和共产主义)诞生的历史必然性,可能仅仅在于它已经能够适合新生产力的发展,而不必旧生产关系(亦即资本主义生产关系)不再适合生产力的发展。

社会主义生产关系究竟适合什么样的生产力呢? 只能适合高度发达的生产力:生产力高度发达是实现社会主义的必要条件。只要生产力高度发达——从而能够满足社会全体成员物质需要和国民品德普遍提高——因而社会主义能够适合其发展,那么,不论资本主义如何适合生产力发展,不论资本主义社会生产力如何迅猛发展,不论阶级矛盾如何缓和,都应该且必然废除资本主义而代之以社会主义。

因为,一方面,这时实现社会主义,必定因国民政治觉悟、公民文化和思想品德普遍提高,既能够保障公有制经济高效率发展,又能够实行完全民主制,从而真正消除政治权力和经济权力垄断,消除阶级和剥削,而决不会导致效率低下和全权垄断的奴役制社会主义。

另一方面,这时应该且必然废除资本主义,因为资本主义私有制所必然导致的剥削、两极分化和经济危机,已经不再是一种能够防止更大恶——亦即效率低下和全权垄断的奴役制社会主义——的必要恶,因而是一种不必要的恶,是一种纯粹恶,是纯粹不公平、不应该、具有负价值的东西。

问题的关键恰恰在于,正如人类不可能长久在一种纯粹错误的思想指导下生存一样,人类不可能长久生活于一种纯粹恶的制度,而或迟或早必然要消灭这种纯粹恶的制度。特别是,在生产力高度发达的条件下,国民的思想觉悟普遍提高,他们显然决可能继续生活于已经变成纯粹恶的资本主义阶断和剥削制度,而必然选择消灭这种制度的无阶级无剥削的社会主义和共产主义:这就是社会主义和共产主义的历史必然性。

因此,伯恩斯坦等民主社会主义论者否定社会主义历史必然性,是根本错误的。然而,马克思却由社会主义是必然的,进而否定社会主义是应然的:"共产主义对我们来说不是应当确立的状况,不是现实应当与之相适应的理想。我们所称为共产主义的是那种消灭现存状况的现实的运动。"①

细察马克思的论述,不难发现,马克思内心深处原本为休谟难题——是与应该的关系——所困,因而与爱因斯坦和罗素一样,误以为科学只研究事实而不研究应该:"科学只能断言'是什么',而不能断言'应该是什么'。"②这也是马克思为什么居然认为商品价值是商品固有属性:商品价值作为经济科学对象只能是商品的事

---

① 《马克思恩格斯选集》第一卷,人民出版社 1972 年版,第 87 页。
② 《爱因斯坦文集》第三卷,商务印书馆 1979 年版,第 182 页。

实属性——固有属性属于事实属性范畴——亦即凝结于商品中的劳动。

殊不知，口之于味，有同嗜焉。应该、价值和道德也具有普遍性和必然性，因而也是科学对象——科学是普遍性、必然性的知识体系——于是遂有事实科学与价值科学之分。价值科学比事实科学更为艰深复杂。因为事实科学只由事实判断构成；而价值科学则由事实判断和价值判断以及主体判断构成。因为元伦理学对于休谟难题的研究表明：

价值、应该、应该如何是通过主体目的——亦即价值终极标准——从是、事实、事实如何中产生和推导出来的：应该等于事实与主体目的之相符；不应该等于事实与主体目的之相违。

准此观之，民主社会主义说得不错，社会主义乃是一种应该的、价值的、道义的或理想的科学：社会主义是一种道义的必然性。这样一来，社会主义理论便不像马克思所认为的那样简单，仅仅研究事实；而至少包括事实与价值以及二者之中介——主体目的——三大部分：

第一部分主要研究资本主义生产力、生产关系、经济制度和人性等事实，特别是私有制、市场经济与剩余价值之事实。这是社会主义和共产主义社会之应该如何的价值实体。第二部分主要研究国家制度好坏优劣之价值标准，诸如国家制度价值终极标准（亦即国家目的"增进每个国民利益"）和国家制度价值根本标准（公正与平等）以及国家制度价值最高标准（人道与自由）等。这是社会主义和共产主义社会之应该如何的价值标准、指导原则。第三部分则主要通过国家制度价值标准，从生产力、人性和剩余价值等事实如何，推导出国家制度之应该如何：资本主义不符合国家制度价值标准,是一种不理想、不应该、不好的、具有负价值的国家制度;社会主义和共产主义符合国家制度价值标准,是一种理想的、应该的、好的、具有正价值的国家制度。这是社会主义和共产主义社会应该如何之价值、理想或道义性。

因此,只有将科学社会主义看作是一种价值科学或道义的必然性,才能真正将科学社会主义建立在唯物史观与剩余价值理论基础之上:剩余价值理论说明资本主义属于阶级剥削制度,不符合国家制度价值标准,是一种不理想的、坏的、具有负价值的因而应该摈弃的经济制度;唯物史观说明消灭阶级剥削——因而符合国家制度价值标准——的社会主义制度取代资本主义的历史必然性。

然而,马克思恩格斯却片面地认为科学社会主义仅仅研究事实,以致认为社会主义仅仅建立在资本主义必然崩溃的事实,而不是建立在剩余价值所揭示的资本主义制度的不公平的基础上:"如果我们说,这是不公平的,不应该这样,那么这句话同经济学没有什么直接的关系。我们不过是说,这些经济事实同我们的道德感有矛盾。所以马克思从来不把他的共产主义要求建立在这样的基础上,而是建立在资本主义生产方式的必然的、我们眼见一天甚于一天的崩溃上;他只说了剩余价值由无酬劳动构成这个简单事实。"①

问题的关键在于,社会主义和共产主义制度究竟如何,究竟是按需分配还是按劳分配?是计划经济还是市场经济?是国有制还是全民所有制?是否应该消灭商品和货币?夺取政权后,就应该实行公有制和计划经济,还是应该等到生产力高度发达时再实行

---

① 《马克思恩格斯全集》第二十一卷,人民出版社 1971 年版,第 209 页。

公有制和计划经济抑或永远都不应该实行计划经济？解决这些难题全赖国家制度价值标准：公正与平等以及人道与自由。因为公正与平等以及人道与自由乃是国家制度好坏优劣的价值标准和指导原则，是社会主义和共产主义制度究竟应该如何的价值标准和指导原则，是我们究竟应该在怎样的条件下实行怎样的社会主义和共产主义等国家制度的价值标准和指导原则。

这样一来，科学社会主义摈弃自柏拉图以来视正义、平等与自由为国家制度价值标准的传统，将公正与平等以及人道与自由等国家制度价值标准排除科学社会主义领域之外，就使我们失去了究竟应该在怎样的条件下实行怎样的国家制度的价值标准和指导原则，就使社会主义和共产主义究竟应该如何失去科学的价值标准和指导原则，而成为没有科学的价值标准的一套僵化不变的高调——最高级最理想最美好——教条：各取所需的按需分配和消灭了商品和货币的计划经济等。

殊不知，人类社会只有一种经济形态，亦即没有政府指挥——但有政府适当干预——的市场经济，符合经济自由等国家制度价值标准，是符合国家制度价值标准的经济形态；其他一切经济形态（计划经济和自然经济以及存在政府指挥的市场经济或混合经济）或多或少都不符合经济自由原则，都是违背国家制度价值标准的经济形态。因此，社会主义和共产主义的经济形态只应该是没有政府指挥——但有政府适当干预——的市场经济。

马克思科学社会主义的褊狭性，不但在于将公正与平等以及人道与自由等国家制度价值标准排除科学社会主义领域之外；而且作为科学社会主义对象的事实也极为狭窄，仅仅包括生产力、剩余价值、经济、阶级斗争等，而不包括空想社会主义所关注的人性等事实。这也是为什么，他所设想的某些共产主义制度——如按需分配等——竟然不符合国家制度价值标准，是一种不公正的制度。

因为，如前所述，共产主义社会的人仍然是人，因而绝不可能违背"爱有差等"的人性定律：每个人都自爱必多于爱人、为己必多于为人。这样一来，共产主义社会人与人的关系必定仍然是一种以利益为为基础的社会。既然如此，那么，按需分配岂不剥夺需要少而贡献多者按照公正原则所应该多得的权利？因而岂不是一种不公正的制度？

然而，马克思和列宁科学社会主义只看到社会主义的历史必然性而无视国家制度价值标准的最大恶果，恐怕还是主张通过违背国家制度价值标准的方法——亦即非民主或暴力革命和无产阶级专政——实现社会主义；特别是当苏联社会主义模式（公有制和计划经济）导致效率低下和全权垄断阶级，因而极端违背"增进每个人利益"等国家制度价值标准时，仍然坚持实行公有制和计划经济，致使国民遭受莫大的剥削和压迫，生活于一种"不服从者不得食"的奴役制社会主义社会。

相反地，民主社会主义继承柏拉图以来，视正义、平等与自由为国家制度价值标准的传统，将这些国家制度价值标准奉为社会主义基本价值，作为变革社会制度的标准和行动指南，因而主张只应该通过民主——唯有民主符合国家制度价值标准——的方法夺取政权和实现社会主义；特别是，当公有化和计划经济导致效率低下因而违背"增进每个人利益"等国家制度价值标准时，能够代之以混合经济、市场经济、经济民主和福利国家制度，遂使国民的利益极大增进，生活于一种民主、平等、自由和繁荣的国度。

诚然，伯恩斯坦等民主社会主义论者否定社会主义历史必然性是一种根本性错误。但是，如前所述，并非所有民主社会主义论者都否定社会主义历史必然性。很多民主社会主义论者，如饶勒斯和莱昂·勃鲁姆以及康拉德·施密特、路德维希·沃尔特曼和卡尔·福尔伦德尔等，都主张社会主义必然性与应然性的统一。这种将社会主义必然性与应然性的统一起来的所谓伦理社会主义观点，堪称真理。

然而，多年来，人们大都追随马克思的科学社会主义，仅仅看到经济和政治的力量，以为道德是软弱无力的，因而否定社会主义的伦理基础，否定伦理社会主义。这是根本错误的。殊不知，正如伦理社会主义论者纳尔松和埃希勒所引证的康德名言："政治是得到运用的伦理"。[①] 因为没有规矩不成方圆。人类的一切社会活动，如经济和政治等，都应该且必须遵循规范，都应该且必须遵循法和道德，因而都是法和道德的实现：法是权力规范；道德是非权力规范。

问题的关键在于，如前所述，法自身仅仅是一些具体的、特殊的、琐琐碎碎的规则，法自身没有原则；法是以道德原则为原则的：法的原则就是道德原则。法的原则，如所周知，是正义、平等、自由等。这些原则并不属于法或法律范畴，而属于道德范畴。因此，人类的一切社会活动，如经济和政治等，说到底，都是道德原则的实现，都是国家制度价值标准——公正与平等以及人道与自由——的实现。这意味着，社会主义，说到底，乃是道德原则的实现，是国家制度价值标准——公正与平等以及人道与自由——的实现。这岂不意味着，唯有伦理社会主义是真理？

---

① 转引自：殷叙彝：《民主社会主义论》，中央编译出版社2007年版，第118页。

2. 国家政权的本性：阶级专政的机器还是为
全民服务的工具

科学社会主义认为，一切国家——不论是民主国家还是专制国家——的政权都是一个阶级压迫和剥削另一个阶级的阶级专政：奴隶制国家政权是奴隶主阶级剥削和压迫奴隶阶级的奴隶主阶级专政；封建制国家政权是贵族地主阶级剥削和压迫农民阶级的贵族地主阶级专政；资本主义国家政权是资产阶级剥削和压迫无产阶级的资产阶级专政；社会主义国家政权是无产阶级镇压资产阶级的无产阶级专政。反之，民主社会主义认为，以往非民主制国家政权是剥削阶级剥削和镇压被统治阶级的阶级专政机器；而实行普选制的资本主义国家政权性质发生了根本转变，已经从镇压劳动人民的阶级专政，转变成为全民服务的工具，从而可以转变为解放大多数人——无产阶级和劳动人民——的手段。孰是孰非？答案是：前者根本错误而后者大体正确。

因为国家政权是否一个阶级镇压另一个阶级的阶级专政机器，显然完全取决于谁执掌国家最高权力和按照谁的意志进行统治，因而完全取决于国家政体。如果国家最高权力执掌者是一个剥削阶级——亦即奴隶主阶级和地主阶级或资产阶级——按照该阶级的意志进行统治，那么，国家政权确实是该剥削阶级压迫和剥削被剥削阶级的阶级专政机器。但是，阶级社会的历史和现实告诉我们，任何民主国家的最高权力的执掌者都不可能是一个这样的剥削阶级，不可能有按照这样一个剥削阶级的意志进行统治的民主国家政权。

因为，如前所述，民主的定义是全体公民执掌最高权力；民主的实现途径、原则和形式是按照多数公民的意志进行统治：获得多数选票的政党是执政党。这样一来，如果一个国家实行民主政体，那么，全体公民便共同执掌国家最高权力，国家政权必定按照多数公民的意志进行统治，必定为全体或多数公民谋利益，而不可能是一个阶级（奴隶主阶级、地主阶级或资产阶级）镇压另一个阶级（奴隶阶级、农民阶级或无产阶级）的阶级专政机器。诚然，有些史实——特别是古希腊雅典民主——似乎足以否定这一点。

粗略看来，雅典民主政权确实是奴隶主阶级镇压和剥削奴隶阶级的奴隶主阶级专政，是少数富人对多数穷人的专政。因为雅典民主制全盛时代——伯里克利时代——公民只占全部人口（约40万）的十分之一左右，约4万；奴隶（约20万）和外邦人（3.2万）以及全部妇女都不是公民。这样一来，雅典民主制便是执掌最高权力的十分之一的人（公民）的民主，便是这十分之一的少数人对十分之九的多数人的专政。然而，问题的关键在于，能否说雅典民主政权是奴隶主阶级专政？是富人对穷人的专政？

答案是否定的。因为，雅典的公民由贵族与平民构成：贵族亦即贵族奴隶主；平民亦即农民和手工业者，包括工商业奴隶主。问题的关键正如亚里士多德所说，穷人总是多于富人："世上常常是富户少而穷人多。一个城邦组织内，全部都是自由的公民，而富于资财的人则限于其中较小部分。"[1]据统计，当时雅典自由民16.8万，按财产资格划分为四个等级：第一等级和第二等级加起来人数不过4000人；其余都属于第三等级和第四等级。[2]因此，无论如

---

[1]　〔古希腊〕亚里士多德著，吴寿彭译：《政治学》，商务印书馆1996年版，第135页。

[2]　参阅徐海山主编：《古希腊简史》，中国言实出版社2006年版，第143页。

何,奴隶主——贵族奴隶主与工商业奴隶主——都不可能占雅典公民多数;多数必定是比较贫穷平民。而占据多数的雅典贫穷平民,正如威廉·威斯特曼所考证,不可能是奴隶主:"柏拉图在《法律篇》中阐述了他那个时代雅典的实际情况,穷困的雅典公民没有奴隶,必须亲自工作。"①

因此,雅典民主政权,虽然为全体公民执掌,虽然为贵族和平民共同执掌,却必定是按照平民的意志——而不可能按照贵族的意志——进行统治;必定是按照比较贫穷的平民(他们是多数公民而非奴隶主)的意志进行统治,而不可能按照奴隶主阶级(他们是少数公民)的意志进行统治;必定是按照穷人的意志进行统治,而不可能按照富人的意志进行统治。

因此,亚里士多德将雅典的民主政体叫做平民政体,指出梭伦"建立了雅典'平民政体的祖制'"②;并反复强调平民政体是按照穷人的意志进行统治,以穷人的利益为依归:"平民政体的确解应该是自由而贫穷——同时又为多数——的人们所控制的政体。"③"寡头政体以富户的利益为依归;平民政体则以穷人的利益为依归……平民政体的定义为人数甚多的贫民控制着治权。"④

这样一来,雅典的民主政权不但不是为奴隶主和富人服务的阶级专政工具,恰恰相反,倒往往是剥夺奴隶主阶级利益而为贫穷平民服务的工具。因此,亚里士多德论及雅典民主时这样写道:

---

① 〔美〕威廉·威斯特曼著,邢颖译:《古希腊罗马奴隶制》,大象出版社 2011 年版,第 29 页。
② 〔古希腊〕亚里士多德著,吴寿彭译:《政治学》,商务印书馆 1996 年版,第 103 页。
③ 同上书,第 185 页。
④ 同上书,第 134 - 135 页。

"当代的平民英雄们热衷于取媚平民群众,往往凭借公众法庭没收私财以济公用。(译者注:平民城邦的公众法庭因陪审员以平民(贫民)为多,没收富室财产的法案时常提出)……极端平民政体一般地施行于人口繁盛的城邦,这种城邦的公民,要是没有津贴,就难于出席公民大会。如果事先缺乏充分的库藏来支付这种津贴,则负担势必落到贵要阶级身上,于是当局便假手恶劣的法庭实行苛罚或没收私产,并举办财产税等方法,聚敛所需款项。"①

阮炜的学术专著《不自由的希腊民主》亦曾这样描述雅典民主政权:"前5世纪中叶以降,一个比一个激进的民主措施被推出,富人周期性、制度性地被民众剥夺。"②"希腊人非常喜欢法律,表面上看也很尊重法律,但他们尊重法律的方式,却带有明显的以众暴寡的性质。事实上,多数人掠夺少数人成为激进民主的常态……雅典样式的均贫富行为不仅在当今发达国家,就是在中国、马来西亚、泰国一类发展中国家也已不可接受。"③

可见,雅典的民主政权不但不是为奴隶主和富人服务的阶级专政工具,恰恰相反,往往倒是剥夺奴隶主阶级利益而为贫穷平民服务的工具。因此,雅典民主并不是奴隶主阶级专政,并不是对奴隶主阶级的民主和对奴隶阶级的专政,并不是对富人的民主和对穷人的专政。诚然,雅典全部奴隶都没有民主,都是被剥削和被镇压的专政对象。但是,并不能说雅典民主是奴隶主阶级镇压和剥削奴隶阶级的奴隶主阶级专政。

---

① 〔古希腊〕亚里士多德著,吴寿彭译:《政治学》,商务印书馆1996年版,第324页。
② 阮炜:《不自由的希腊民主》,上海三联书店2009年版,第179页。
③ 同上书,第271页。

因为,一方面,被剥削和被镇压的专政对象,并不仅仅是奴隶阶级,而且包括属于奴隶主阶级的全部妇女,包括属于外邦人的全部奴隶主;另一方面,执掌最高权力和政权的不但不仅仅是奴隶主阶级,而且占据多数的是贫穷的平民。这样一来,雅典民主政权的执掌者便是居于少数的一部分奴隶主和占据多数的贫穷平民;而且参与执掌最高权力的奴隶主无疑是奴隶主阶级中的小部分,而绝大多数奴隶主(属于奴隶主阶级的全部妇女和属于外邦人的全部奴隶主)都是专政对象。

可见,绝不能说雅典民主是奴隶主阶级专政,绝不能说雅典民主是奴隶主阶级镇压和剥削奴隶阶级的奴隶主阶级专政。但是,如前所述,一方面,专政是垄断最高权力和政权,是一个人、一部分人或阶级的独裁政权,而不是所有人和阶级共同执掌的政权。另一方面,阶级是人们因权力——政治权力和经济权力——垄断所导致的剥削与压迫关系而分成的不同群体:垄断政治权力或经济权力的群体是一个阶级;没有政治权力或经济权力的群体是另一个阶级;至于拥有较多和较少政治权力或经济权力的不同群体则属于阶层范畴。

准此观之,雅典民主虽然不是奴隶主阶级专政,却仍然是一种专政,并且是一种阶级专政:它是垄断政治权力的公民阶级对没有政治权力的非公民阶级的专政,是对垄断政治权力的公民阶级的民主和对没有政治权力的非公民阶级的专政,说到底,是对少数人的民主和对多数人的专政。不仅雅典民主,而且包括资本主义国家在内的任何非普选制民主——亦即公民仅仅是一部分国民的民主——显然都是如此:都是垄断政治权力的公民阶级对没有政治权力的非公民阶级的专政。

普选制民主则不然。因为普选制民主意味着公民与国民外延相等；所有国民都是公民。因此，普选制民主必定是所有国民共同执掌最高权力，必定是所有阶级共同执掌最高权力，因而国家政权势必为每个国民和所有阶级谋利益，必定是对所有国民的民主，而不可能是对任何国民的专政；不可能是一部分国民镇压另一部分国民的专政，不可能是一个阶级镇压另一个阶级的阶级专政。

普选制民主是资本主义国家的伟大创造——主要是无产阶级和劳动人民的伟大创造——是人类历史的最伟大的进步。普选制的资本主义民主的公民与国民外延相等。因此，普选制的资本主义民主必定是所有国民——资产者与无产者等——共同执掌最高权力，必定是所有阶级共同执掌最高权力——因而国家政权势必为所有国民和所有阶级服务——必定不可能只有资产阶级执掌最高权力，而无产阶级不执掌最高权力，必定不可能是对资产阶级的民主和对无产阶级的专政。

自 20 世纪初至今，一百多年来，欧洲社会民主党执政或参与执政的实践充分证明，实行普选制民主的资本主义国家政权是为全民谋利益的工具，而决非资产阶级镇压无产阶级和劳动人民的资产阶级专政机器。举例说，1918 年，英国工党把生产资料公有制写入党章第四条，作为党的奋斗目标。战后，英国工党成为执政党，便一方面开始将第四条付诸实施，掀起了生产资料公有化的高潮；另一方面进行福利国家建设。

这种社会民主党执政的资本主义国家政权推行生产资料公有化，显然不是为了资产阶级利益，而是为了无产阶级和劳动人民的利益。同样，他们创造福利国家的主要目的，也不是为资产阶级谋利益，而是为无产阶级和劳动人民谋利益，是使无产阶级和劳动人民利益最大化,使资本主义剥削和压迫而使其最小化。因为福利国家制度的实质,就是通过累进税,对高收入者和富人课以重税,再由政府通过社会保障方式部分地将税收收入补贴给社会中下层收入者,说到底,也就是剥夺资产阶级和富人相当大的一部分收入,再分配给无产阶级和劳动人民。

据英国——典型福利国家——官方机构对 1982 年 7428 个家庭收入的调查,收入最低的 20% 家庭与收入最高的 20% 家庭的税前收入之比是 1∶120;而税后收入缩小为 1∶4。另一个典型的福利国家瑞典,收入最高的 10% 的国民,与收入最低的 60% 的国民的贫富差距,税前收入高达 144 倍;税后收入的贫富绝对平均差距仅 3 倍。面对这些事实,还能说资本主义国家政权是资产阶级镇压无产阶级和劳动人民的资产阶级专政机器吗?

然而,资本主义国家政权为无产阶级和劳动人民谋利益的明证,恐怕还是瑞典政府所实行的《雇员投资基金法案》。该法案规定,雇员投资基金通过两个途径筹集资金,一是利润分享税,每年对税后利润超过 50 万克朗的企业征收 20% 的利润分享税;二是养老税,所有雇主必须支付提高了的养老税金,1984 年为各企业工资总额的 0.2%,逐步增加到 0.5%。雇员投资基金将用于购买瑞典企业的股份。这样一来,据计算,只要企业的利润率为 10%~15%,转移到职工名下的雇员投资基金可在 25 到 30 年内,占有企业股份的 50%。[1]

该法案被认为是对资产阶级的正面进攻,[2]是对资产阶级所

---

① 袁群:《瑞典社会民主党的历史、理论与实践》云南人民出版社 2009 年版,第 134 页。

② 〔荷〕鲁塞弗尔达特等主编,佘云霞等译:《欧洲劳资关系——传统与转变》,世界知识出版社 2000 年版,第 240 页。

进行的"西方世界从来未目睹过的最大规模的没收举动"①。结果,激起资产阶级的强烈反抗,1983 年 10 月 4 日组织了一次75000 人游行,抗议《雇员投资基金法案》。但是,瑞典议会还是于1983 年 12 月 12 日通过了《雇员投资基金法案》,于 1984 年 1 月 1日开始实行。

该法案的目的显然不是为资产阶级谋利益,而是为无产阶级和劳动人民谋利益。但是,瑞典并不是社会主义国家,而是典型的资本主义国家,94％的生产资料还集中在 100 家大资本家手中。因此,资本主义国家政权可以是为无产阶级和劳动人民谋利益。不但社会主义政党——社会民主党——执政的资本主义国家如此,资产阶级政党执政的资本主义国家也是如此。因为资产阶级等非社会主义政党执政的欧洲各国,并没有废除社会民主党所创立的福利国家制度。只不过,与社会民主党不同,他们实行福利国家制度是不敢不实行,是惧怕无产阶级和劳动人民的选票,不得已而为之;如果他们胆敢废除经济民主和福利国家制度,就一定会被无产阶级和劳动人民的选票赶下台。所以,不是别的,正是普选制的民主,使国家政权不可能不为——也不敢不为——全民谋利益。

确实,普选制的民主,使国家政权不可能不为——也不敢不为——全民谋利益。即使是社会主义政党执政的普选制的资本主义国家政权,虽然必定是为无产阶级和劳动人民谋利益,但也并不仅仅为无产阶级和劳动人民谋利益;它也必定为资产阶级谋利益,是为所有阶级和所有公民谋利益:它保护资本主义私有制和发展

---

① 〔美〕戴维·加尔森汇编,裴彭龄等译:《神话与现实》,工人出版社 1986 年版,第 76 页。

资本主义,因而是为资产阶级谋利益;它使资本主义的剥削和压迫最小化,使无产阶级和劳动人民的利益最大化,因而是为无产阶级和劳动人民谋利益。

诚然,普选制的资本主义民主仅仅是资本主义民主的普通类型;资本主义民主也可以有非普选制民主类型。非普选制资本主义民主意味着:国民并不都是公民,公民仅仅是一部分国民。但是,显而易见,非普选制资本主义民主只有在一种情况下是对资产阶级的民主和对无产阶级和劳动人民的专政,那就是:只有资产阶级是公民,而无产阶级和劳动人民都不是公民。

因为只有如此,资本主义民主——亦即资本主义国家全体公民执掌最高权力——才意味着只有资产阶级执掌最高权力,因而才是对资产阶级的民主和对无产阶级以及劳动人民的专政。但是,这种情况——亦即只有资产阶级是公民而无产阶级和劳动人民都不是公民——显然从未有过也不可能有。因此,断言资本主义民主——不论是否普选制——是对资产阶级的民主和对无产阶级以及劳动人民的专政,是根本不能成立的。

社会主义民主也不可能是无产阶级专政,不可能是对无产阶级的民主和对资产阶级的专政。因为社会主义民主必定是社会主义国家所有公民共同执掌最高权力,否则就不是民主。普选制的社会主义民主则必定是所有国民——资产者与无产者等——共同执掌最高权力,必定是所有阶级共同执掌最高权力,必定不可能只有无产阶级和劳动人民执掌最高权力而资产阶级不执掌最高权力,因而必定不可能是对资产阶级的专政和对无产阶级的民主,必定不可能是无产阶级专政:无产阶级专政必非社会主义民主。

诚然,社会主义民主并非绝对不可能是无产阶级专政。不难看出,社会主义民主只有在一种情况下是无产阶级专政——亦即对无产阶级和劳动人民的民主和对资产阶级的专政——那就是废除普选制民主:只有无产阶级和劳动人民是公民,而资产阶级不是公民。因为只有如此,社会主义民主——亦即社会主义国家全体公民执掌最高权力——才意味着只有无产阶级和劳动人民执掌最高权力,因而才是对无产阶级和劳动人民的民主和对资产阶级的专政。但是,一方面,从理论上看,这种情况——资产阶级不是公民——是不可能的。因为这意味着社会主义民主极端野蛮和狭隘,远远低劣和狭隘于资本主义民主;而社会主义民主在科学社会主义看来乃是人类历史上最高级最广泛的民主。因此,无产阶级专政必非社会主义民主。另一方面,从实践上看,苏联等所有社会主义国家的无产阶级专政,不但皆非社会主义民主,而且无不是徒有民主形式的极端暴虐的专制,无不属于形式民主而实质专制政体。

因此,所谓"资产阶级民主"与"无产阶级民主"乃是极不科学的术语;科学的术语只能是资本主义民主与社会主义民主。因为资产阶级民主就意味着资本主义国家最高权力被——并且仅仅被——资产阶级全体成员执掌:无产阶级民主就意味着社会主义国家最高权力被——并且仅仅被——无产阶级全体成员执掌。这样的资本主义和社会主义国家都是不存在也不可能存在的;存在的只能是资本主义民主与社会主义民主。所谓"资产阶级民主与无产阶级民主"理论的错误就在于:

一方面,将资本主义民主与资产阶级民主等同起来,误认为资本主义民主就是资产阶级民主,就是对资产阶级民主和对无产阶级专政;另一方面,则将社会主义民主与无产阶级民主或无产阶级专政等同起来，误认为社会主义民主就是无产阶级民主，就是无产阶级专政，就是对无产阶级的民主和对资产阶级的专政。

民主的国家政权——不论是奴隶制民主还是资本主义民主抑或普选制民主与非普选制民主——都不可能是奴隶主专政和资产阶级专政以及无产阶级专政。那么，专制等非民主制的国家政权是否一个阶级对另一个阶级的专政？所有非民主制——君主专制和有限君主制以及寡头共和制——的国家最高权力都被专制者一人或若干寡头垄断；而绝大多数国民则没有最高权力。因此，专制等非民主制国家政权，必定都是垄断最高权力的一个人或若干寡头对绝大多数国民的专政。可是，一个人或若干寡头究竟是怎样使绝大多数国民服从其专政统治的呢？答案是：等级制！

因为，如前所述，等级制意味着特权。一方面，等级制意味着官民之间等级森严：官吏阶级（政治权力垄断群体）享有他们在民主制中得不到的巨大的政治权利、经济权利和机会权利等权利。就拿专制国家小小的七品芝麻官县长来说吧。他可是父母官、县太爷呀！他所享有的权利，从很多方面来说，恐怕都远远大于和多于一个民主国家的总统！至于专制国家的高官所享有的特权之大就更不必说了。因为等级制的另一方面，意味着官吏之间等级森严：官越大，对于专制等非民主制统治能否稳定的作用就越大，所享有的权利就越大；宰相等高官所享有的权利，就某些方面说，已经很接近君主了。

这就是一个人或若干寡头使绝大多数国民服从其专政的诀窍：非民主制国家的每个官员都享有在民主制中不可能得到的巨大特权和权益。因此，非民主制国家的官吏阶级，必然要维护自己如此巨大的特权和权益，因而必然维护非民主制。这样一来，专制等非民主制国家政权,直接说来,必定是垄断最高权力的一个人或若干寡头对绝大多数国民的专政;根本说来,则必定是一个阶级对另一个阶级的专政,亦即垄断政治权力的官吏阶级对没有政治权力的庶民阶级的专政:官吏阶级对庶民阶级的专政。

因此,专制等非民主制国家政权必定是一个阶级对另一个阶级的专政。但是,这种专政只是一个政治阶级(垄断政治权力的阶级或官吏阶级)对另一个政治阶级(没有政治权力的阶级或庶民阶级)的专政;而不是一个经济阶级(亦即垄断经济权力的阶级,如奴隶主阶级和地主阶级以及资产阶级)对另一个经济阶级(亦即没有经济权力阶级,如奴隶阶级和农民阶级以及无产阶级)的专政。

因为任何非民主制国家的官吏阶级的所有成员,都不可能仅仅由某一个经济阶级的所有成员构成;而必定由若干个经济阶级的某些成员构成。专制等非民主制国家官吏阶级构成的典型,恐怕当推中国隋唐以来逐渐完备的科举取士制度。因为该制度使所有经济阶级的成员都可能通过科举入仕而成为官吏阶级的成员,致使官吏阶级由所有经济阶级的成员构成。这样一来,官吏阶级对庶民阶级的专政,虽然属于阶级专政范畴,却仅仅是一个政治阶级对另一个政治阶级的专政,而不可能是一个经济阶级对另一个经济阶级的专政。

综上可知,根本就没有也不可能有科学社会主义所说的奴隶主专政和地主阶级专政以及资产阶级专政。首先,非民主制国家政权,直接说来,必定是垄断最高权力的一个人或若干寡头对绝大多数国民的专政;根本说来,则必定是垄断政治权力的官吏阶级对没有政治权力的庶民阶级的专政。其次,限选制民主国家废除了官吏对政治权力的垄断,因而不存在垄断政治权力的官吏阶级;却没有废除公民对政治权力的垄断，致使国家政权成为垄断政治权力的公民阶级对没有政治权力的非公民阶级的专政。最后，唯有普选制民主，必定是所有国民共同执掌最高权力，必定是所有阶级共同执掌最高权力，因而国家政权势必为每个国民和所有阶级谋利益，必定是对所有国民的民主，而不可能是对任何国民的专政：不可能是一部分国民镇压另一部分国民的专政，不可能是一个阶级镇压另一个阶级的阶级专政。

　　科学社会主义的错误就在于，从经济上占据统治地位的阶级必定在政治上也占据统治地位——亦即垄断经济权力的阶级也必定垄断政治权力——的似是而非的教条出发，进而错误地断定：奴隶制国家政权必定为奴隶主阶级垄断，必定是奴隶主阶级专政；封建制国家政权必定为地主阶级垄断，必定是地主阶级专政；资本主义国家政权必定为资产阶级垄断，必定是资产阶级专政。考茨基等民主社会主义原本深信这一教条，但普选制民主的实践使他们修正了这一教义，认识到实行普选制民主的资本主义国家政权的本性发生了根本转变，不再是少数人对多数人的专政，而是可以被所有国民共同执掌，从而按照多数国民的意志进行统治，最终成为被剥削阶级和劳动人民——他们占据人口绝大多数——获得解放的工具：

　　"现代民主国家不同于以前各种形式的国家的地方是在于，国家机器这样被利用来为剥削阶级服务并不是现代国家的本质所决定的，并不是和现代国家的本质不可分割地联系在一起的。正相反，现代民主国家就其素质而论，并不像以前的国家那样，注定要成为少数人的器官，而毋宁注定要成为多数居民中的，即劳动阶级的器官……愈能这样，民主国家就愈不再仅仅是剥削阶级的工具，国家机器于是在某些情况下就开始转过来反对剥削阶级，也就是开始执行和它至今的活动恰恰相反的职能。它就开始从镇压被剥削者的工具转变为解放被剥削者的工具。"①

3. 实现社会主义途径：暴力革命与无产阶级专政还是普选制民主

不言而喻，实现社会主义途径——暴力革命与无产阶级专政还是普选制民主——取决于国家政权本性：国家政权究竟是阶级专政的机器还是为全民服务的工具。国家政权本性的研究表明，普选制民主是全体国民和所有阶级共同执掌最高权力，因而实现普选制民主的国家政权势必为全体国民和所有阶级谋利益，而不可能是对任何阶级和国民的专政。这意味着：科学社会主义认为无产阶级只能通过暴力革命——而不可能通过民主方式——取得政权和只能通过无产阶级专政实现社会主义的观点，是不能成立的；相反地，民主社会主义认为社会主义政党只应该通过普选制民主的方式——而不应该通过暴力革命与无产阶级专政——取得国家政权和实现社会主义的观点，是完全正确的。

因为只有在"资本主义普选制民主政权是资产阶级镇压无产阶级和劳动人民的资产阶级专政机器"能够成立的前提下，才可以得出结论说：无产阶级只能通过暴力革命——而不可能通过民主方式——取得政权。相反地，如果实行普选制民主的资本主义国家政权是为全体国民和所有阶级服务的工具，而不是资产阶级镇

---

① 〔德〕考茨基著，《哲学研究》编辑部编译：《唯物主义历史观》第五分册，上海人民出版社，1964年版，第 301－302 页。

压无产阶级和劳动人民的资产阶级专政机器,那么,无产阶级和劳动人民的政党岂不就可以凭借占人口绝大多数的优势,通过竞选获得多数选票成为执政党?这样一来,社会主义政党岂不就可以通过普选制民主的方式——而不通过暴力革命——取得国家政权?

事实胜于雄辩。从 1919 年到 1949 年的 30 年间,总共有德、英、法、瑞典、丹麦等十几个欧洲的社会主义政党——社会民主党、工党和社会党——先后通过多党平等竞选的方式上台执政:单独或联合执政。截至 1991 年,世界五大洲的社会主义政党已经有151 个,先后有 40 多个通过普选制民主的方式上台执政,而且连续执政时间较长,特别是瑞典社会民主党,累计执政 60 多年。这岂不充分证明,科学社会主义关于社会主义政党只能通过暴力革命——而不可能通过民主方式——取得政权的观点,大谬不然?

诚然,1871 年巴黎公社暴力革命失败以后,马克思恩格斯的思想发生了变化,认为无产阶级及其社会主义政党取得政权,既可能通过和平的民主的途径,也可能采取暴力革命的途径;如可能通过和平的民主的途径,就应该采取和平的民主的途径;如果不可能通过和平的民主的途径,就应该采取暴力革命的途径。恩格斯逝世前夕——1895 年 4 月——谈及无产阶级和平的和反暴力策略时还这样写道:

"我谈的这个策略仅仅是针对今天的德国,而且还有重大的附带条件。对法国、比利时、意大利、奥地利来说,这个策略就不能整个采用。就是对德国,明天它也可能就不适用了。"[1]

这种和平民主与暴力革命两条途径的观点,似乎很全面和正

---

[1]　《马克思恩格斯全集》第三十九卷,人民出版社 1974 年版,第 436 页。

确,实则不然。因为社会主义暴力革命与资本主义暴力革命根本不同。资本主义暴力革命,一般说来,是必要恶,因而是应该的、善的、具有正价值。因为,一方面,正如伯恩斯坦所言,封建专制主义国家更替为资本主义国家几乎不可能通过民主的方式,而只可能通过暴力革命的方式:"具有各种僵化的等级制度的封建主义几乎到处都必须用暴力来炸毁。"①另一方面,资产阶级暴力革命所建立的资本主义,无论如何,必定远远先进于封建专制主义,因而是一种历史的进步。

相反地,社会主义暴力革命必定都是纯粹恶,必定都是不应该的、恶的、具有负价值的。因为资本主义国家最主要最普遍最典型的政体无疑是民主制,以致今日世界上所有资本主义国家几乎都实行民主制。因此,即使还没有实现民主的资本主义国家,也与封建专制根本不同:前者极有可能实现民主制,而后者几乎不可能实现民主制。这样一来,资本主义国家不论如何专制,社会主义政党都有可能通过民主的方式取得政权:首先使专制等非民主制的资本主义国家转变为民主的资本主义国家,然后通过普选制民主取得政权;不论资本主义国家由专制转变为民主需要多么漫长时间,都只应该如此!

因为在可能实行民主——无论如何困难——的情况下,不通过民主的方式而通过暴力革命夺取政权和实现社会主义,不但意味着让人民不必要地充当炮灰、流血牺牲,而且意味着为民做主、强奸民意和强迫人民缔结最高权力契约,因而意味着对人民所应

---

① 〔德〕爱德华·伯恩斯坦著,宋家修等译:《社会主义的前提和社会民主党的任务》,三联书店1965年版,第208页。

享有的最根本最主要最重大的权利和利益——政治自由权利——的剥夺，意味着对人民所应享有的最根本最主要最重大的权利和利益——执掌最高权力的权利——的践踏：这岂不是对人民的权利和利益的最大损害？

不但此也！这种为民做主的社会主义政党既然暴力地、不民主地、为民做主地夺取政权，势必继续暴力地、不民主地、为民做主执掌政权，从而导致专制等非民主制的社会主义。这就是为什么通过暴力革命实现的所有社会主义国家——中国除外——几乎都是形式民主而实质专制的缘故。问题的关键在于，资产阶级暴力革命所建立的资本主义，不论如何专制，总比封建专制主义先进；反之，无产阶级暴力革命所建立的专制的社会主义国家，必定远远恶劣于它所取代的专制的资本主义国家。

因为资本主义不论如何专制，官吏阶级毕竟仅仅垄断了政治权力，而并没有垄断经济权力。相应地，庶民阶级仅仅没有政治权力，而并没有丧失经济权力。因此，资本主义不论如何专制，都堪称"不服从者亦得食"的国家。因为生产资料主要为私有者所拥有，而并不为政府和官吏所垄断，因而政府和官吏没有控制国民的全权：不服从政府和官吏亦可得食。

反之，在非民主制社会主义社会，官吏阶级不但垄断了政治权力，而且通过垄断国有资源和公有制生产资料，垄断了全国主要经济权力，是全权垄断阶级，是人类历史上权力垄断最多最大的官吏阶级；相应地，庶民阶级不但没有政治权力，也没有经济权力，是人类历史上权力丧失最干净最彻底的庶民阶级。这样一来，庶民阶级不但遭受人类历史上最严重的压迫与剥削——全权垄断的压迫和剥削——而且不服从政府和官吏就意味着没有工作，就意味着饿死;不服从者不得食。

这种政府官员拥有控制国民全权的奴役制社会主义,显然远远恶劣于资本主义;这就是苏东九国资本主义复辟的根本原因。这就是为什么,不论资本主义国家由专制转变为民主需要多么漫长时间,都应该首先使专制等非民主制的资本主义国家转变为民主的资本主义国家,然后通过普选制民主取得政权;否则,通过暴力革命、流血牺牲所建立的社会主义却必定远远恶劣于它所取代的资本主义,最终必定像苏东九国那样复辟资本主义。

因此,不但马克思恩格斯认为无产阶级只能通过暴力革命取得政权的理论是极端错误的;而且认为夺取政权应有两种途径——和平民主与暴力革命——的理论也是错误的,只不过错误的程度较轻罢了。这种错误之根本原因显然在于,马克思恩格斯为当时历史环境所局限而几乎不可能看到资产阶级暴力革命与无产阶级暴力革命之双重不同:

一方面,资本主义取代封建专制不可能通过民主的方式,而社会主义取代资本主义则可能通过民主的方式。另一方面,资产阶级暴力革命所建立的资本主义总比封建专制主义先进,因而是一种进步的暴力革命;反之,无产阶级暴力革命所建立势必是全权垄断的奴役制社会主义,远远恶劣于资本主义,因而是一种退步的暴力革命。

这就是为什么,真理乃为生活于新的历史环境——民主社会主义模式与苏联社会主义模式——的民主社会主义所发现:夺取政权和实现社会主义只应该有一种途径,亦即只应该通过民主。民主意味着,每个人平等地执掌最高权力,从而不存在政治权力垄断。因此,民主的社会主义社会不但不存在因政治权力垄断而分成的官吏阶级与庶民阶级；而且也因公有制而不存在经济权力垄断，不存在因经济权力垄断而分成的阶级。这样一来，民主的社会主义社会也就意味着阶级和阶级剥削的消灭，无疑远远先进于因私有制而存在经济权力垄断的资本主义社会：民主与否乃社会主义是否优越于资本主义的决定性因素。因此，在任何条件下无产阶级都只应该通过民主夺取政权和实行社会主义：民主社会主义此见实乃具有普世价值之绝对真理也！

然而，列宁不但抛弃晚年马克思恩格斯无产阶级革命两种途径理论而退回到《共产党宣言》，认为无产阶级只能通过暴力革命取得政权；而且抛弃马克思恩格斯实现社会主义必要条件——生产力高度发达——和社会主义在生产力发达的多国同时胜利理论，提出恰恰相反的理论：社会主义可能且应该在生产力比较落后的一国（俄国）通过暴力革命和无产阶级专政获得胜利。这一理论更加违背实现社会主义的客观条件和主观条件，更加偏离真理，因而不能不遭受更加可怕的失败后惩罚。

首先，必定遭受效率低下的惩罚和苦难。因为，如前所述，生产力高度发展——从而使每个人的物质需要得到相对满足——乃是国民思想品德和政治觉悟普遍提高的根本条件。如果生产力不够发达，产品还不能满足全体社会成员物质需要的时候，国民思想品德和政治觉悟绝不可能普遍提高。这样一来，便唯有私有制才有效率；而公有制则注定无效率：生产力比较落后的社会主义必定效率低下。这就是苏联等生产力落后而通过暴力革命和无产阶级专政所建立的社会主义国家——中国除外——无一不效率低下、停滞和倒退之根本原因。

其次，必定导致暴虐且巩固的专制。因为民主实现和巩固的客观条件无非有四：经济条件、政治条件、社会条件和文化条件。生产力落后，意味着不具备民主的经济条件。国民政治觉悟低下，意味着臣民文化盛行和公民文化衰微，不具备民主的文化条件。生产力落后和臣民文化盛行，意味着公民社会不发达，不具备民主的社会条件。暴力革命，意味着暴力地、不民主地、为民做主地夺取政权，势必继续暴力地、不民主地、为民做主执掌政权，因而不具备民主的政治条件。这就是为什么，苏联等生产力落后而通过暴力革命和无产阶级专政所建立的社会主义国家——中国除外——无一不实行极端暴虐且巩固专制之根本原因。

最后，必定导致极端残酷的全权垄断的阶级剥削和阶级压迫。因为只要实行非民主制，就意味着政治权力垄断，就意味着存在垄断政治权力的官吏阶级和没有政治权力的庶民阶级。社会主义实行非民主制，意味着全权垄断，意味着官吏阶级不但垄断了政治权力，而且通过垄断国有资源和公有制生产资料，垄断了全国主要经济权力，进而垄断社会权力与文化权力。社会主义实行专制，意味着专制者一人的全权垄断，意味着亚细亚生产方式——亦即生产资料形式上为国有而实质上却为专制者一人及其官吏阶级所有——的阶级和剥削制度的复辟。社会主义实行极端暴虐且巩固的专制，意味着专制者一人的极端暴虐且巩固的全权垄断，意味着极端暴虐且巩固的亚细亚生产方式复辟，因而意味着人类历史上最全面、最深重、最极端、最极权、最可怕的阶级和剥削制度：庶民阶级不但遭受专制者一人及其官吏阶级的全权垄断的压迫和剥削，而且所有国民——除了专制者一人——不服从的最好的下场就是不得食而活活饿死。这就是为什么海耶克断言社会主义是通往奴役之路的缘故，这就是为什么，苏联等生产力落后而通过暴力革命和无产阶级专政所建立的社会主义国家——中国除外——人们争先恐后将奴才的锁链当作花环来佩戴的缘故！

马克思说："通向地狱的道路是由良好的意图铺成的。"[①]诚哉斯言！苏东九国人民饱尝半个多世纪列宁"生产力落后国家通过暴力革命和无产阶级专政实现社会主义"理论苦果，最终通过民主方式抛弃社会主义而复辟资本主义，充分证实这一理论之谬误：它恐怕是人类所能犯下的通过美好愿望而将我们带向地狱的最可怕的谬误。我们不禁要问，这样一种给人类带来如此巨大灾难的极端错误的所谓科学社会主义理论，比它的前辈——巴贝夫、布朗基、德萨米以及魏特林——的所谓空想社会主义的暴力革命和革命专政理论，究竟更加正确还是更加错误？

答案恐怕是：二者实质上并无根本不同。只不过，前辈们未能成功夺取政权，没有使人民遭受人类最深重最具奴役性的全权垄断的阶级剥削和阶级压迫之苦难，最终没有被人民抛弃而复辟资本主义；后继者则成功夺取政权，使人民饱尝数十年人类最深重最具奴役性的全权垄断的阶级剥削和阶级压迫之苦难，最终被人民抛弃而复辟资本主义。诚然，按照马克思恩格斯和列宁的观点，他们的暴力革命与无产阶级专政理论，与布朗基等人的暴力革命和革命专政理论根本不同，因为他们的暴力革命与无产阶级专政理论基于唯物史观和剩余价值学说：唯物史观和剩余价值学说使他们的暴力革命与无产阶级专政理论变成了科学，成为科学的暴力革命和无产阶级专政理论。

---

① 〔德〕马克思著，中共中央编译局译：《资本论》，中国社会科学出版社 1983 年版，第 179 页。

然而,一方面,如前所述,唯物史观固然是伟大发现,但科学社会主义却由唯物史观——特别是社会主义具有历史必然性——进而否定社会主义的应然性,摈弃自柏拉图以来视正义、平等与自由为国家制度价值标准的传统,致使劳动人民生活于一种"不服从者不得食"的奴役制社会主义社会。试问,究竟这种基于唯物史观的暴力革命和无产阶级专政理论更加错误,还是布朗基的暴力革命和革命专政——没有发现唯物史观因而没有摈弃柏拉图以来视正义、平等与自由为国家制度价值标准的传统——的理论更加错误?

另一方面,如前所述,马克思的剩余价值理论并不科学,它未能科学地证明资本主义剥削的必然性;它所赖以成立的劳动价值论,也是根本不能成立的。即使剩余价值理论是科学的,它也成不了被剥削阶级进行暴力革命和无产阶级专政理论的基础。因为马克思恩格斯弃自柏拉图以来视正义、平等与自由为国家制度价值标准的传统,将公正与平等以及人道与自由等国家制度价值标准排除科学社会主义领域之外,以致认为社会主义仅仅建立在资本主义必然崩溃的事实基础上,而不是建立在剩余价值所揭示的资本主义制度的剥削或不公平的基础上。试问,究竟这种"不是基于资本主义制度的剥削或不公平的基础上"的暴力革命和无产阶级专政理论更加错误,还是布朗基的"基于资本主义制度的剥削或不公平的基础上"的暴力革命和革命专政的理论更加错误?

4. 经济纲领:改良与革命

科学社会主义认为,社会主义政党取得政权之后,应该废除资本主义私有制和市场经济,而代之以社会主义公有制与计划经济,从而解决资本主义生产关系与生产力的矛盾冲突,消除阶级和剥

削,使无产阶级和劳动人民获得解放和幸福。这恐怕是人类所能创造的动机最美好而效果最邪恶的谬误。因为,如前所述:

一方面,在生产力还没有高度发达——因而国民品德不可能普遍提高——的条件下,唯有私有制才有效率,才能促进生产力发展;而公有制必定无效率,必定阻碍生产力发展。另一方面,人类社会只有一种经济制度,亦即没有政府指挥——但有政府适当干预——的市场经济制度,是符合经济自由等国家制度价值标准和可以导致资源配置效率最佳状态的经济制度;其他一切经济制度(计划经济和自然经济以及存在政府指挥的市场经济或混合经济)都程度不同地违背国家制度价值标准,都程度不同地属于不自由、非人道、不公正和低效率的经济制度。

因此,社会主义政党取得政权之后,一方面,只有在生产力高度发达和国民品德普遍提高的条件下,才应该废除私有制而代之以公有制;另一方面,在任何条件下,都不应该废除市场经济而代之以计划经济,只应该不断完善市场经济制度。否则,如果废除市场经济而代之以计划经济,如果在生产力还不够发达——因而国民品德没有普遍提高——的条件下废除私有制而代之以公有制,不但必定导致效率低下,而且必定导致全权垄断:官吏阶级不但垄断政治权力,而且因控制国有资源和公有制生产资料而垄断了经济权力以及社会权力和文化权力;庶民阶级不但没有政治权力,而且没有经济权力以及社会权力和文化权力。这样一来,庶民阶级不但遭受人类历史上最严重的压迫与剥削——全权垄断的压迫和剥削——而且不服从政府和官吏就意味着没有工作,就意味着活活饿死,以致几乎丧失全部自由而与奴隶实无二致。

这并非纸上谈兵,而是苏联等社会主义国家实行公有制和计划经济的实践所昭示的极端可怖之真理。民主社会主义和社会民主党当初也无不深信这种科学社会主义教义,因而将废除私有制和实行计划经济写入党纲;并且各国社会民主党夺取政权之后,便纷纷推行公有制、国有化和计划经济。只不过,民主的纠错机制——特别是人民的选票——使社会民主党的公有化和计划经济导致效率低下不久就被废除,因而没有导致全权垄断的阶级和剥削制度。

这些事实迫使民主社会主义根本修正了科学社会主义的公有制和计划经济理论,进而提出基于社会主义基本价值的经济目标和达成这一目标的四大手段——以资本主义私有制为基础的混合所有制经济、政府干预的自由且公正的市场经济、经济民主和福利国家——的新理论。该理论堪称生产力不够高度发达——因而国民品德没有普遍提高——条件下的伟大真理。

首先,选择和摈弃任何经济制度的唯一正确的标准,确如民主社会主义所指出,只能是社会主义基本价值,亦即国家制度价值标准,说到底,亦即国家制度终极价值标准"增进每个人利益"和根本价值标准"公正与平等"以及最高价值标准"人道与自由"。问题的关键在于,在生产力不够高度发达条件下,唯有资本主义私有制符合——而社会主义公有制则不符合——国家制度价值标准;在任何条件下,唯有政府干预的市场经济符合——而计划经济则不符合——国家制度价值标准。因此,这些年来,民主社会主义在生产力不够高度发达条件下主张资本主义私有制和政府干预的市场经济制度,是完全正确的。

其次,资本主义私有制和政府干预的市场经济虽然能够导致经济繁荣,却不能够真正达成经济公正与平等。因为资本主义私有制与市场经济必然导致资本家经济权力垄断及其对劳动人民的剥削和压迫。因此,正如民主社会主义所指出,为了实现社会主义基本价值,还必须削弱和减少雇主对经济权力的垄断,使雇员与雇主共同拥有经济权力,从而达到资本主义的剥削和压迫最小化、无产阶级和劳动人民的利益最大化。因此,民主社会主义创造了参与共决等经济民主制度,使雇员在劳资工资协议和企业决策等经济活动中,拥有信息权、协商权、共决权、监督权、提要权等经济权力,从而能够与雇主共同商定雇员工资、经济战略、劳动组织、职业教育等方针大计。

最后,参与共决制的经济民主,主要是从经济权力——而不是经济权利——方面,限制资本主义剥削和实现经济公正的手段;从经济权利方面限制资本主义剥削和实现经济公正的手段,则是民主社会主义所创造的福利国家制度。福利国家制度无疑是限制资本主义剥削和实现经济公正——从而达到资本主义的剥削最小化和劳动人民的利益最大化——的最主要的手段。这一点的明证,恐怕就是连参与共决经济民主最完善的瑞典,收入最高的 10% 的国民,与收入最低的 60% 的国民的贫富差距,税前收入仍然高达 144 倍;赖有瑞典福利国家制度,才使税后收入的贫富绝对平均差距是 3 倍。

究竟哪一种——民主社会主义与科学社会主义——经济建设理论,堪称使人类获得解放和幸福的真理?实践是检验真理的唯一标准。20 世纪 70 年代末和 80 年代初,实行民主社会主义的联邦德国的工人,47% 拥有房地产;95% 有储蓄簿;47% 进行休假旅行;61% 拥有私人小汽车;一个工人的薪金相当于 70 名俄罗斯工人的工资。[1] 还在 1939 年,苏联人口 11%—12% 的上层人的收入就已经占国民收入的 50% 左右,差距比美国的还大;因为当时美国 10% 的上层人的收入占国民收入的 35%。民主社会主义国家恰恰相反,不用说瑞典,就连英国,收入最低的 20% 家庭与收入最高的 20% 家庭,税前收入之比是 1:120,而税后收入则仅为 1:4。[2]

瑞典、英、法、德等民主社会主义与苏联等科学社会主义经济建设的实践充分证明:民主社会主义的基于资本主义私有制的混合经济与市场经济以及经济民主和福利国家理论,乃是在生产力不够高度发达条件下使劳动人民获得解放和幸福的伟大真理。但是,这一真理无论如何伟大,却毕竟是相对真理:它只有在生产力不够发达——因而国民品德不可能普遍提高——的条件下才是真理;而在生产力高度发达——因而国民品德普遍提高——的条件下,维护资本主义私有制的民主社会主义理论就是谬误,唯有废除私有制而代之以公有制的共产主义理论才是真理。

因为在生产力不发达条件下,资本主义私有制及其所导致的经济权力垄断,虽然是剥削和压迫的根源,是恶的、不公平、不应该和具有负价值的;却能够避免更大的恶——效率低下、全权垄断的阶级与剥削、政府官员拥有控制国民全权的新奴隶制度和专制等非民主制等等——其净余额是利和善,因而是一种必要恶,是应该的、善的、具有正价值。因此,在生产力不发达的条件下,维护资本主义私有制的民主社会主义理论是真理。

但是,到生产力高度发达——从而国民思想品德和政治觉悟

---

[1]　张世鹏:《当代西欧工人阶级》,北京大学出版社 2001 年版,第 70－82 页。
[2]　王绍西:"西欧'福利国家'之得失",《西欧研究》1987 年第 1 期,第 38 页。

普遍提高——的时候,资本主义私有制及其导致的剥削和压迫就不再是必要恶,而是有害无益的纯粹恶,是纯粹不公平、不应该、具有负价值的东西。因为在这时废除私有制必定——因国民思想品德和政治觉悟普遍提高——既能够保障公有制经济高效率发展,又能够实行完全民主制,从而消除政治权力垄断和经济权力垄断,消除阶级和剥削。因此,在生产力高度发达的条件下,反对废除资本主义私有制的民主社会主义理论就是谬误了。

这样一来,真理显然是:在生产力不够发达的条件下应该保护资本主义私有制而只进行改良;在生产力高度发达条件下应该废除资本主义私有制而进行革命。遗憾的是,民主社会主义也没有避免那些伟大真理发现者们的惯常错误:忽略伟大真理的适用条件以致将相对的有条件的真理夸大为绝对的无条件的真理。因为在民主社会主义看来,可以通过经济民主和福利国家制度消灭剥削和压迫、实现公正和自由。这意味着,经济民主和福利国家使资本主义私有制不再是剥削和压迫的根源,因而只要有经济民主和福利国家制度——无论生产力是否高度发达——就不应该进行革命废除资本主义私有制了。这就是为什么,民主社会主义会堕入改良主义——亦即反对废除资本主义私有制的革命而仅仅主张改良资本主义——的缘故。

民主社会主义的改良主义是根本错误的。因为生产资料私有制或经济权力垄断乃是剥削和压迫的根源;不废除私有制和经济权力垄断,不可能消除剥削和压迫。参与共决的经济民主和福利国家制度虽然堪称解放人民的伟大发明,但如前所述,在不废除资本主义私有制的条件下,无论如何都不可能消除——只可能限制和减少——资本家的剥削和压迫;只有废除资本主义私有制而代之以社会主义和共产主义公有制,才可能断绝剥削和压迫的根源——经济权力垄断——才可能消除剥削和压迫。因此,对资本主义的改良发展到一定程度——亦即达到生产力高度发达——便应该且必然要进行废除资本主义的社会主义革命;社会主义和共产主义革命是社会主义政党的最终目标。

细察民主社会主义改良主义,可知其根据,除了如上所述——亦即经济民主和福利国家制度使资本主义私有制不再是剥削和压迫的根源——还有三个。一个是"社会不断发展变化,永无止境;没有最终目的,运动就是一切";另一个是"所谓共产主义制度——公有制和按需分配以及计划经济等——并不是一个有着明确规定的社会模式,未必符合社会主义基本价值,是不可靠和不能信赖的,因而不可能作为最终目的"。最后一个,则是否定社会主义和共产主义的历史必然性;否则,如果社会主义和共产主义具有历史必然性,岂不就应该成为社会主义政党的最终目的?

这些根据——除了最终目的问题——如前所述,都是不能成立的。那么,最终目的之根据能否成立?否!诚然,社会不断发展变化,永无止境。但是,这并不能否定一个人或一个政党应该怀抱奋斗目的:直接的最近的目的和长远的最终的目的。因为任何一个人和一个政党的任何行为,都是有目的的;否则就不是行为:行为就是主体为了达到一定的目的而进行的实际活动过程。问题的关键在于,有目的就必定有直接的最近的当下的目的和长远的根本的最终的目的。试问,一个人都有长远的根本的最终的目的,一个政党——特别是社会主义政党——怎么能没有长远的根本的最终的目的?社会主义政党之所以叫做社会主义政党,岂不就是因为它的最终目的是实现社会主义和共产主义?

人类的社会和国家虽然不断发展变化永无止境；但是，人类也应该怀抱最终目的，那就是建立符合国家制度价值标准——公正与平等以及人道与自由——的国家和社会。这种国家和社会的具体的、微观的和细节的制度，虽然不可预测，但宏观的、普遍的和必然的制度，却无疑是可以科学预测的，那就是：它必定不存在剥削和压迫，因而必定不存在剥削和压迫的根源：权力——经济权力和政治权力——垄断。

因此，一方面，它必定是生产力高度发达，因而可以废除私有制而代之以公有制，从而消除经济权力垄断；另一方面，它必定是遵循国家制度价值标准的民主，每个人都完全平等地执掌国家最高权力，从而消除政治权力垄断。合而言之，这种符合国家制度价值标准的未来的理想的国家必定具有六个特征：高度发达的生产力＋全民所有制＋按劳分配＋没有政府指挥的市场经济＋遵循国家制度价值标准的民主＋只有一个主权和一个世界政府的全球国家。

试问，这种以公有制为其最根本特征的国家不是共产主义又能称之为什么？因此，共产主义应该是社会主义政党乃至全人类的最终目的。它是人类追求的最终目的，因为唯有它符合——而其他任何非共产主义社会都不符合——国家制度价值标准。所以，人类最终只应该追求共产主义社会，而不应该追求其他任何社会：追求任何其他非共产主义社会都意味着追求不符合国家制度价值标准的社会。因此，共产主义是人类追求的最终目的。

但是，这并不意味着共产主义实现之日，就是人类社会停止之时。共产主义必定仍然不断发展变化，永无止境。这种发展变化显然表现为两方面。一方面是进步，它会越来越完善：它的生产力会越来越发达；它的公有制形式会不断改变，从而越来越符合人性，越来越有利于调动人的劳动积极性；它的遵循国家制度价值标准的民主会越来越名副其实、日益进步；它的按劳分配越来越精确，它的市场经济会越来越自由且公正；它的只有一个主权和一个世界政府的全球国家越来越繁荣。另一方面是退步，它如逆水行舟：不进则退。因为共产主义仍然是人类社会，不是神仙社会，仍然可能出现专制等非民主制，可能出现全球国家之分裂等。

因此，共产主义社会仍然会存在共产党和民主党等政党，它们仍然有奋斗目的，那就是使社会沿着进步路线不断前进和日益完善，阻止和反对社会沿着退步路线下滑和堕落。因此，民主社会主义的改良主义是错误的：误以为社会不断发展就意味着不可能有最终目的；误以为资本主义私有制＋经济民主＋福利国家＝消除剥削和压迫；误以为按需分配和计划经济等违背国家制度价值标准的制度是共产主义特征；误以为社会主义和共产主义不具有历史必然性。

改良主义无疑是民主社会主义的致命伤。因为毫无疑义，只有将公有制或共产主义作为最终目的，对资本主义进行的改良——经济民主和福利国家制度——才属于社会主义政党的身份特征。相反地，如果否定最终目的，只主张对资本主义进行改良而反对最终废除私有制和代之以公有制的社会主义革命，那么，对资本主义进行的改良——经济民主和福利国家制度——就不再是社会主义政党的身份特征；而这种主张也就不再是社会主义理论：民主社会主义不是真正的社会主义。因为社会主义的充分且必要条件就是生产资料公有制：反对废除私有制而代之以公有制的理论不属于社会主义范畴。这就是为什么，就连托马斯·迈尔等民主社会主义理论家自己，也认为社会民主党应该放弃民主社会主义概念，而代之以社会民主主义：

"我现在倾向于使用'社会民主主义'这个概念。我要说的是，在过去很长的时间里，我也喜欢'民主社会主义'这个概念。但是，自从 1989 年以来，世界形势发生了深刻、巨大的变化。我认为'民主社会主义'这个概念已不可能准确描述社会民主主义的原则和方法。这并不是因为社会民主主义的方法发生了基本的变化，而主要是因为政治主题发生了改变。在我们的新党纲中，不再坚持那种在生产资料社会化意义上的社会主义了。我们的原则与方法的基础就是基本的经济社会权利。很清楚，我们倡导的社会民主主义，就是以实现社会、经济基本权利为基础的民主。"①

5. 总结

综观科学社会主义与民主社会主义可知，二者是围绕四大问题而形成的截然相反的社会主义理论。首先，围绕社会主义的必然性与应然性问题，科学社会主义误以为科学只研究事实或必然而不研究应该或应然，因而从社会主义具有历史必然性的伟大发现出发，进而错误地否定社会主义是应然的；以致摈弃自柏拉图以来视正义、平等、人道与自由为国家制度价值标准的传统，误将其排除科学社会主义领域之外，遂使社会主义和共产主义制度究竟应该如何——以及究竟应该在怎样的条件下实行怎样的社会主义和共产主义制度——失去科学的价值标准和指导原则。反之，一

---

① 何秉孟等编著：《欧洲社会民主主义的转型：与德国、瑞典学者对话实录》社会科学文献出版社 2010 年版，第 25 页。

些民主社会主义论者虽然错误地否定社会主义历史必然性,却能够与那些"正确主张社会主义必然性与应然性之统一"的民主社会主义论者一样,正确将国家制度价值标准——公正与平等以及人道与自由——奉为社会主义基本价值,作为变革社会制度的标准和行动指南。

其次,围绕国家政权本性问题,科学社会主义从"经济上占据统治地位的阶级必定在政治上也占据统治地位"的似是而非的教条出发,进而错误地断定:国家政权是一个阶级压迫和剥削另一个阶级的机器,资本主义民主政权是资产阶级剥削和压迫无产阶级的机器,是对资产阶级的民主和对无产阶级的专政。民主社会主义则正确发现普选制民主国家政权必定为全民服务,而不可能是一个阶级镇压另一个阶级的专政;阶级专政必非普选制民主。

再次,围绕夺取政权和实现社会主义途径,科学社会主义误认为夺取政和实现社会主义只能通过暴力革命和无产阶级专政;反之,民主社会主义则正确认为只应该通过普选制民主的方式——而不应该通过暴力革命与无产阶级专政——取得国家政权和实现社会主义。列宁认为社会主义可能且应该在生产力比较落后的一国(俄国)通过暴力革命和无产阶级专政获得胜利,就更加偏离真理了。

最后,围绕经济建设纲领,科学社会主义错误地摈弃自柏拉图以来视正义、平等与自由为国家制度价值标准的传统,失去究竟应该在怎样的条件下实行怎样的社会主义和共产主义制度的科学的价值标准,以致误以为取得政权之后,无论如何,都应该废除资本主义私有制和市场经济而代之以社会主义公有制与计划经济,即使当公有制和计划经济导致效率低下和全权垄断阶级——因而极端违背"增进每个人利益"等国家制度价值标准时——也仍然坚持实行公有制和计划经济。反之,民主社会主义则继承了柏拉图以来国家制度价值标准理论传统,因而当公有化和计划经济导致效率低下——因而违背"增进每个人利益"等国家制度价值标准时——能够正确地代之以符合国家制度价值标准的"基于私有制的混合经济、市场经济、经济民主和福利国家制度";但却错误地否定最终目的而堕入改良主义。

可见,在社会主义基本理论的所有方面——社会主义指导原则与国家政权本性以及夺取政权、实现社会主义途径和经济建设纲领——科学社会主义都是极其错误的。因此,与 19 世纪差不多所有的社会主义者都声称自己的学说科学而实际上并不科学一样,马克思恩格斯自称的科学社会主义,实际上也是不科学的。相反地,在这些方面,民主社会主义几乎完全正确,因而堪称科学社会主义。诚然,在这些方面,民主社会主义有一个——并且只有这一个——错误,那就是否定最终目的而堕入改良主义。这一错误,从理论上看,关系社会主义政党身份特征,无疑极其重大;但从实践上看,它现在带给我们的实际危害却微不足道。

因为所谓最终目的就是废除资本主义私有制而代之以生产资料公有制,就是实现社会主义和共产主义。可是,正如马克思所指出:"人类始终只提出自己能够解决的任务,因为只要仔细考察就可以发现,任务本身,只有在解决它的物质条件已经存在或者至少是在生成过程中的时候,才会产生。"[①]问题的关键在于,现在世界

---

① 《马克思恩格斯选集》第二卷,人民出版社 1972 年版,第 33 页。

各国距离具备实现社会主义和共产主义的物质条件和思想条件——亦即生产力高度发达和国民品德普遍提高——无疑还十分遥远。在这种情况下，坚持还是放弃最终目的，便因其是十分遥远的未来而对现在的我们的利害关系显然不大，甚至是微不足道的。这恐怕就是为什么伯恩斯坦一再强调"最终目的仅仅**对我来说**才是微不足道的"之真谛。

那么，民主社会主义放弃最终目的，对于遥远未来的我们是否会有重大损害？答案恐怕也是否定的。因为当实现社会主义和共产主义的物质条件以及思想条件终于到来的时候，民主社会主义势必放弃改良而主张废除资本主义私有制。因为到那时，资本主义私有制和经济权力垄断所必定导致的剥削和压迫，就不再是一种能够防止更大恶——效率低下和全权垄断的奴役制社会主义——的必要恶，而是一种纯粹恶。正如人类不可能长久在一种纯粹错误的思想指导下生存一样，人类不可能长久生活于一种纯粹恶的制度，而或迟或早必然要消灭这种纯粹恶的制度。特别是，在生产力高度发达的条件下，国民的思想觉悟普遍提高，他们显然决不可能继续生活于已经变成纯粹恶的资本主义的阶级和剥削制度，而必然选择消灭这种制度的无阶级无剥削的社会主义和共产主义。试问，在这种情况下，以为全民谋幸福为宗旨的民主社会主义，怎么可能不主张废除资本主义而代之以社会主义和共产主义呢？

诚然，无论如何，科学社会主义与民主社会主义毕竟互有对错；但大体说来，前者是谬论而后者是真理，无疑能够成立。真理势必使信奉者成功；谬误注定使信奉者失败。这就是为什么，半个多世纪以来，民主社会主义给予人民的是名副其实的民主、自由、平等、富裕和幸福:民主社会主义是人民翻身解放的理论武器;相反地,按照科学社会主义建立起来的所有社会主义国家几乎无不陷入效率低下、专制以及全权垄断的阶级剥削和阶级压迫之苦难:科学社会主义是极权主义全权垄断的官吏阶级剥削和压迫全权丧失的庶民阶级的冠冕堂皇的理论武器。

但是,这并非因为,科学社会主义理论家不如民主社会主义理论家伟大。恰恰相反,马克思恩格斯无疑是世界顶级的理论巨匠,仅仅就其理论成就来说,仅仅就《资本论》一部书稿,就足以与柏拉图、亚里士多德和孔子、老子并列,远远高于伯恩斯坦、考茨基等民主社会主义理论家:马克思恩格斯是博大精深的科学社会主义理论之创造者;而伯恩斯坦考茨基之流不过是马克思恩格斯所创造的科学社会主义理论之运用者和修正者而已。

然而,问题的关键在于,民主社会主义理论家们虽然是马克思恩格斯的学生,他们却因此而得以站在伟大导师的肩膀上,经历伟大导师逝世以后的世界新变化和新实践,因而可以见马克思恩格斯所未见,看得更加高远、清楚和确切。特别是,实践是检验真理的唯一标准。在科学泰斗马克思恩格斯面前,伯恩斯坦考茨基等民主社会主义理论家虽然渺小之极,甚至如马克思曾轻蔑地称之为"天生的俗种";但当这些渺小平庸之辈运用伟大导师的科学社会主义理论于实践时,却足以发现和修正科学社会主义的谬误,从而形成民主社会主义之真理:科学社会主义实乃民主社会主义之母;没有科学社会主义就没有民主社会主义。这个道理,富有自知之明的伯恩斯坦自己倒说得很清楚:

"问题不在于我同马克思比起来低劣到多大程度。任何在知识上和思想上远不能望马克思之项背的人在反对马克思时都可能是正确的。问题在于,我所确认的事实是否正确,它们是否能证明我由它们得出的结论是正确的。从前面说的可以清楚看出,连像马克思这样的人也不能摆脱这样的命运,即在英国大大地修改了他的先入之见,他也在英国背弃了他带到那里去的某些见解。"①

①　〔德〕爱德华·伯恩斯坦著,宋家修等译:《社会主义的前提和社会民主党的任务》,三联书店 1965 年版,第 252 页。

索　引

W

图书在版编目(CIP)数据

理想国家/王海明著. —北京:商务印书馆,2014
ISBN 978 - 7 - 100 - 10458 - 6

I.①理… II.①王… III.①国家制度—研究
IV.①D034

中国版本图书馆 CIP 数据核字(2013)第 277560 号

理 想 国 家
(上下册)

王海明 著

商 务 印 书 馆 出 版
(北京王府井大街36号 邮政编码100710)
商 务 印 书 馆 发 行
三河市尚艺印装有限公司印刷
ISBN 978 - 7 - 100 - 10458 - 6

2014 年 4 月第 1 版　　　　开本 880×1230 1/32
2014 年 4 月北京第 1 次印刷　印张 27 7/8
定价:88.00 元